제 4 판

시장지향적 마케팅 관리

/ 박충환 · 오세조 · 김동훈 · 박진용

박영사

MARKETING MANAGEMENT*

마 케 팅 관 리

MARKETING MANAGEMENT

제 4 판

머리말

경영환경은 국내외적으로 급변하고 있다. 기업의 경쟁 양상과 정도의 변화가 극심하여 오늘의 최고 기업이 내일을 기약하지 못하는 시대로 접어든 것이다. 경영환경의 변화 중에서도 시장의 변화는 그 어느 때보다도 급박하게 전개되고 있다. 브랜드의 개념은 카테고리를 넘나들며 재편되고, 시장에서의 효과적인 커뮤니케이션을 위한 기업의 노력은 눈부실 정도이다. 서비스와 제품을 막론하고 유통에서의 경쟁력을 확보하기 위한 활발한 투자가 전개되면서도, 가격에서의 경쟁력을 확보하기 위한 기업의 고군분투가 거듭되고 있다.

점차 국내시장과 해외시장의 구분은 사라지고 있고, 기업이 생존하기 위해서는 세계적인 시야를 가지고 총력적인 시장 관리 방식을 도입하여야 한다. 경쟁자에 비해 보다 분명하게 표적고객을 정의하여야 하며, 이들이 지각하는 가치를 극대화하기 위한 모든 마케팅 자원 활용의 극대화가 요구된다. 실로 시장에서의 성과가 기업의 성패를 좌우하는 시대인 것이다.

내년이면 시장지향적 마케팅관리가 출판된 지 20년이 된다. 그동안 급변하는 경영환경과 마주한 기업과 마케팅관리자들의 경쟁력을 제고하기 위하여 시장지향적 경영사고의 개념을 전파하는 데 공헌한 짧지 않은 시간이었다. 그리고 시장지향적 경영사고를 선도적으로 도입하여 마케팅 활동을 성공적으로 수행한 기업과 브랜드가 경쟁력을 확보해 가는 과정을 확인한 시간이기도 하였다.

본서가 주장하는 시장지향적 마케팅관리의 핵심은 시너지 효과의 창출과 동태적인 접근이다. 시너지는 마케팅 부문을 비롯한 기업의 모든 이해관계자들과의 협력과 조화 속에서 전략, 조직 및 인력의 적절한 결합을 추구하는 것이다. 그리고 시너지를 추구함에 있어서 단편적인 시야에서 벗어나 장기 비전과 전략의 동태적인 연계를 추구하며, 기업 안팎의 기능들의 원활한 상호작용을 창출하는 것을 동태적인 접근이라 할 수 있다.

그러나 대부분의 마케팅 교과서들은 마케팅 기능을 각각의 기법으로 분절하여 정태적인 상황분석과 단기적인 대응 위주의 전략개발에 초점을 맞춤으로써 상대적으로 시너지의 조화 개념과 동태적 접근의 장기적 관점이 부족하였다. 그러나 경영환경의 변화가 격심하고, 오늘의 성과를 미래에 기약할 수 없는 상황에서 기업의 지속적인 경쟁력 유지를 위한 시각의 전환은 그 중요성이 점점 더 부각되고 있다.

이번 개정에서는 본 저서가 처음 출판된 시점부터 꾸준히 강조한 기본적인 마케팅관리의 체계를 집중적으로 다루는 것은 물론, 환경, 기업, 그리고 마케팅전략의 다각적인 변화와 적응에 초점을 두고 구성되었다. 시장지향적 경영사고를 확장하고 고객만족 경영사고에 근거하여 마케팅관리의 기본원리가 실무에서 응용 가능하도록 하였다. 또한 마케팅관리에 있어서 고객 획득과 유지라는 단계적 상황을 조화롭게 유지하는 일련의 프로세스가 강조되도록 보완하였다. 주요한 특징은 다음과 같다.

첫째, 시장지향적 마케팅관리의 배경과 중요성 강조에 깊이를 더하였다. 그 핵심인 시너지 및 동태적 관점을 중심으로 마케팅관리계획의 체계를 제안하였다. 이를 이해함으로써 기업과 마케팅관리자는 마케팅관리의 전반적인 로드맵을 구축할 수 있을 것으로 기대된다.

둘째, 마케팅관리의 기본 프로세스를 신규고객의 획득과 기존고객의 유지 모두에 적용 가능하도록 구성하면서도 각 부와 장의 특성에 맞춰 초점을 달리하여 기술하였다. 즉, 초반부터 3부에 이르기까지는 신규고객의 획득과업에 초점이 맞추어져 새롭게 시장을 정의하고 기업과 브랜드를 관리하는 입장에서 기술되었으며, 5부에서는 동태적 관점에 근간을 두고 기존 고객의 유지 방안에 초점을 두고 구성하였다. 그리고 마케팅믹스 각론과 통합을 취급하는 4부에서는 이러한 상황적 차이가 모두 반영되도록 기술하여 다양한 마케팅 기법의 이해를 돕기에 충분하도록 하였다.

셋째, 마케팅관리 실무자들의 관점에서 전략적 접근을 강조하며 기술되었다는 점이다. 마케팅 프로세스를 전략적 관점에서 해석하고 고객의 가치 극대화와 경쟁자에 대한 경쟁우위 제고에 필요한 구체적인 노하우를 제공하고 있다. 즉, 고객욕구의 파악을 통한 시장의 발견과 지속적인 고객관계 관리를 통한 시장의 유지에 이르기까지 전략적 접근에 근간을 두었다. 그리고 고객관리의 각 단계에서 기존의 마케팅 기법을 설명하는 것은 물론, 실무자들의 관점에서 혁신적으로 가치를 제고할 수 있는 새로운 방안 역시 제시하였다.

넷째, 시장지향적 마케팅관리라는 핵심 개념에 근간을 두고 서술하면서 기존의 마케팅 기법들 대부분을 망라함으로써 마케팅에 대한 기본적 이해를 목적으로 사용되는 것이 가능하도록 집필하였다.

다섯째, 시장지향적 마케팅관리의 개념을 체계적으로 전달하는 최근의 우수한 사례를 대폭 강화하였다. 이는 본서의 명료한 서술방식과 함께 마케팅관리에 대한 독자의 이해를 돕는 데 기여할 것으로 기대된다.

상기의 내용을 보완하면서 일일이 열거할 수 없을 정도로 많은 교수들과 학생들, 그리고 실무 관리자들의 조언과 도움을 받았다. 이번 개정은 그분들의 마케팅에 대한 순수한 열정과 사랑의 산물임을 밝히면서 깊은 감사를 드린다. 그리고 이 개정작업을 함께하면서 궂은 일을 마다하지 않고 언제나 우리 곁에 있어 준 연세대 경영대학 노원희 박사, 박사과정 김문정, 석사과정 장정우에게 고마운 마음을 전한다. 그리고 본 개정작업을 격려해 주고 적극 후원해 준 박영사의 안종만 회장님, 편집부의 홍석태 차장님, 기획마케팅부의 김중용 차장님께도 깊은 감사를 드린다. 마지막으로 우리 가족들의 헌신적인 사랑에는 앞으로 더 좋은 책이 되도록 더욱 노력하겠다는 말로 미안함을 대신하고자 한다.

2011년 8월

저자 일동

제 4 판

MARKETING MANAGEMENT

마케팅관리

차 례

책의 구성 BRIEF CONTENTS

제 I 부 마케팅관리의 전반적 체계

01 CHAPTER 시장지향적 경영사고

02 CHAPTER 마케팅관리계획의 체계

제 II 부 마케팅기회분석과 시장세분화

03 CHAPTER 환경분석

CHAPTER 07 마케팅목표의 정립과 포지셔닝전략

제 Ⅳ 부 마케팅믹스의 관리

CHAPTER 08 제 품 관 리

CHAPTER 09 유 통 관 리

CHAPTER 10 촉진관리 I : 광고

CHAPTER 11 촉진관리 Ⅱ : 판매촉진

CHAPTER 12 촉진관리 Ⅲ : 홍보, 구전, 판매원 관리

CHAPTER 13 가격: 개념과 책정방법

CHAPTER 14 마케팅믹스의 통합: 전략적 응용

제 V 부 마케팅전략의 수행

CHAPTER 15 동태적 마케팅관리: 장기적 제품(브랜드)관리

CHAPTER 16 브랜드에 기초한 사업성장관리

CHAPTER 17 CRM: 고객관계관리

CHAPTER 18 경쟁적 마케팅관리

제 VI 부 마케팅조직 및 통제

CHAPTER 19 마케팅조직

CHAPTER 20 마케팅통제

제 4 판

MARKETING MANAGEMENT

마케팅관리

about
PART 1

제Ⅰ부는 기업의 고객만족경영사고와 전략적 경영계획의 수립, 그리고 그를 바탕으로 한 마케팅관리의 전반적인 체계를 소개한다. 먼저 제1장에서는 마케팅관리의 새로운 접근시각을 소개한다. 이때는 고객만족경영과 마케팅활동을 위한 경영철학으로서의 시장지향적 경영사고와 시너지개념이 그 핵심을 이루며, 이는 이후 이 책의 내용에 기본적인 사고의 틀을 제공한다. 제2장은 앞 장에서 소개되는 시장지향적 경영사고와 시너지개념을 토대로 제품(혹은 서비스)별 마케팅관리과정을 제시한다. 제2장에서의 마케팅관리계획의 체계는 본 저서의 길잡이 역할을 할 것이다.

마케팅관리의 전반적 체계

제1장 시장지향적 경영사고

제2장 마케팅관리계획의 체계

PART 01

MARKETING MANAGEMENT

CHAPTER 1

시장지향적 경영사고

MARKETING MANAGEMENT

기업이 수행하는 마케팅활동, 즉 제품과 서비스의 제공, 촉진활동, 유통경로형태, 가격결정 등은 개인, 조직, 그리고 사회의 가치관과 행동양식에 중요한 영향을 미친다. 또한 이러한 마케팅활동은 경영의사결정 활동에 영향을 미칠 수 있으며, 궁극적으로는 기업의 경제적 건강을 좌우한다. 예컨대, 시장조사는 신제품에 대한 의사결정에 중요한 영향을 미칠 것이며, 동시에 생산, 구매, 재무 등 기업의 모든 기능분야에도 영향을 미칠 것이다. 나아가, 신제품이 소개되면서 나타나는 성과는 향후 장기간에 걸쳐서 기업의 존속과 성장에 영향을 줄 수도 있다. 실제로, 기업의 존속은 마케팅활동의 성과에 의존한다고 해도 과언이 아닐 것이다.

기업은 그들이 속해 있는 환경의 변화 가운데서 성장기회를 발견하고 그에 접근함으로써 존속이 가능하다. 마케팅기능은 이러한 환경의 변화를 기업조직에 연계시키는 일차적인 메커니즘이다. 그러므로 마케팅기능은 기업의 가장 전위적이고 핵심적인 활동이다. 이러한 주장은 미국 및 일본 기업들의 최고경영자들에 의해 일반적으로 받아들여지고 있으며, 최근 국내외 시장에서 치열한 경쟁 상황에 처해 있는 우리나라 기업의 경영자들도 수긍하고 있다.

마케팅은 고객이나 유통업자와 같은 개인이나 조직에 영향을 미칠 뿐만 아니라 넓게는 사회의 전반에도 영향을 미친다. 또한 마케팅활동은 사회의 제반 가치관, 규범, 그리고 일반문화와도 연관되어 있다.

그런데 마케팅을 이해하는 데에 간혹 오해가 발생하기도 한다. 어떤 사람에게는 마케팅이 부주의한 판매원의 이미지로 채색되기도 하고, 저질제품을 순진한 사람이나 구매의도가 없는 소비자에게 가가호호 방문하여 판매하는 숨은 설득자 혹은 약삭빠른 장사꾼의 이미지로 생각하기도 한다.

마케팅이 다른 경영활동에 비해 오해가 큰 것은 아마도 마케팅이 지니고 있는 광범위성에 근거한다고 생각된다. 모든 사람들은 생활 속에서 한 가지 혹은 그 이상의 마케팅활동에 끊임 없이 참여하고 있기 때문이다. 가장 기본적으로 말해서, 마케팅이란 교환(exchange)관계를 일으키는 데 관여하는 활동이라 할 수 있다. 예컨대 이력서를 만들어 취업하고자 하는 기업에 제출하거나 오디오 가격이나 아파트 매매조건을 협상할 때에도 우리는 마케팅활동, 즉 상호간 최상의 교환활동을 시도하고 있다고 할 수 있다.

제 1 절 마케팅에 대한 두 가지 접근시각

마케팅활동은 고대의 역사적 문헌에도 기록되어 있으며, 많은 역사적 사건의 발생 배경이 되기도 하였다. 세계역사에 많은 영향을 끼쳤던 마르코 폴로나 콜럼부스, 그 외 수많은 사람들의 탐험은 교역경로의 개척이나 교역기회의 확대라는 기대 때문에 재정적으로 지원되었던 것이다. 실제로, 육지와 바다의 상인들과 그들이 만든 시장은 분산되어 있는 사람들을 연계시키는 일종의 마케팅활동이었다. 그러므로 마케팅은 고대에도 오늘날처럼 하나의 사회적 활동이었다.

마케팅기술은 크게 변화하고 있지만, 그 기본적인 과정과 현상은 그렇지 않다. 역사의 어떤 시점에 있어서도 마케팅에 관한 연구는 두 가지의 방법에 의하여 접근될 수 있을 것이다. 하나는 미시마케팅적 접근(micromarketing approach)이고, 다른 하나는 거시마케팅적 접근(macromarketing approach)이다.

미시마케팅은 기본적으로 기업수준에서의 활동을 말하며, 고객의 수요를 이해하고, 촉진시키며, 만족시키고, 그리고 유지시키는 것이다. 이는 시장조사, 제품개발, 판매촉진, 유통경로, 그리고 서비스활동을 포함한다. 일반적으로, 미시마케팅이란 기업이 고객들과의 교환을 창출하는 것이라 할 수 있다. 거시마케팅은 (i) 어떻게 기업의 미시마케팅 활동들이 사회에 영향을 미치는가와 (ii) 어떻게 사회가 미시마케팅 활동들에 영향을 미치는가에 대해 관심을 두고 있다. 거시마케팅 연구는 국내시장의 개방이나 경쟁구조의 변화, 혹은 정부규제가 어떻게 기업이나 소비자의 행동, 그리고 마케팅활동의 효율성에 영향을 미치는지에 대한 보다 산업 일반적인 면에 초점을 두고 있다.

이 책에서는 고객들에 대한 심층적인 접근을 위한 기업수준에서의 미시마케팅에 보다 중점을 둘 것이다.

제 2 절 기존의 세 가지 마케팅사고

경영철학, 사회분위기, 그리고 경제적 환경은 마케팅이 무엇인지, 그리고 어떻게 해야 그것을 가장 잘 실행할 수 있는지에 대한 의미를 변화시킨다. 그러나, 마케팅을 넓은 시각에서 본다면, 금세기에 걸쳐 몇 가지 사고의 형태가 나타난 것으로 의견이 모아진다. 이들 개개의 사고형태는 각 시대에 걸쳐 지배적인 사고형태로 작용하였지만, 현재에는 이들이 다양하게 혼합되어 나타나고 있다고 할 수 있다.

2.1. 생산지향적 사고

20세기에 미국에서 나타난 가장 초기의 마케팅철학은 아마도 생산지향적 사고라고 불리어야 할 것이다. 이 사고는 제품 및 서비스의 생산과 유통을 강조하여, 그 효율성을 개선시키는 데 주안점을 두었다. 그러나 생산과 유통의 지나친 강조로 인해 많은 제품이 실패를 경험하였다. 생산지향적 사고의 지배적인 결함은 소비자욕구를 간과한다는 점이다. 예컨대, 미국의 한 회사는 혁신적이고 완벽하게 설계된 쥐덫을 생산하였다. 그것은 자동화되어 있고, 미끼도 필요없으며, 냄새도 나지 않았다. 쥐덫은 쥐들이 구멍으로 들어와 물이 담긴 용기에 빠져 죽도록 설계되었다. 커다란 기대를 가지고 시장에 진출했지만, 그 즉시 제품을 포기해야만 했다. 실패의 원인은 '보다 나은 쥐덫'에 대한 수요의 부족에 있었던 것이 아니라 29.95달러라는 부적절한 가격에 있었다. 나중에 이 회사의 사장은 "우리의 큰 실수는 우리들이 책정한 높은 가격으로 고객들이 쥐덫을 살 수 있는지를 먼저 조사하지 않았다는 것이다"라고 언급하였다.

위의 예로부터, 그리고 일반적으로 생산지향적 사고로부터 배운 교훈은 아무리 품질이 좋은 제품도 그것이 효과적으로 마케팅되지 않는다면 성공할 수 없다는 것과 마케팅은 소비자욕구에 대한 철저한 이해가 선행되어야 한다는 것이다.

2.2. 판매(영업)지향적 사고

판매지향적 사고의 초점은 판매량을 증가시키기 위한 판매기술의 개선에 있다. 1930년대 초 그 동안 생산과 유통에서 강점을 얻은 미국의 관리자들은 판매과정이 기업활동의 흐름에 약하게 연계되어 있다고 보고 판매에 커다란 관심을 기울이기 시작하였다. 이 시대에 있어서의 좌우명은 '우리는 어떤 것이든지 팔 수 있다'라는 것이었다. 그러나 여전히 소비자의 욕구와 선호에 대해서는 별로 관심을 기울이지 않았다. 시간이 흐름에 따라 판매지향적 사고는 정착되었고 마케팅노력에 있어 지배적인 것이 되었다. 많은 관리자들의 마음 속에 판매활동이 너무나 크게 자리잡고 있어서, 그것이 마케팅과 구별되는 활동으로까지 생각되었다. 많은 관련문헌에서도, 마치 두 활동이 연관이 없는 것처럼, '판매(영업)와 마케팅'이라고 지칭하였다. 기업들도 흔히 두 개의 과나 부로 나누어, 하나는 판매기능을, 다른 하나는 마케팅기능을 수행하게 하였다. 미국에서 아직까지 몇몇 주요기업들은 그렇게 하고 있다. 그러나 현재 대개의 선진국기업들은 판매를 전반적인 마케팅기능 중에서 하나의 부수적인 기능으로 간주하고 있다. 최근 우리나라의 대기업들도 이러한 추세를 밟고 있다.

2.3. 마케팅지향적 사고 혹은 고객지향적 사고

1950년대에 들어와 미국의 마케팅관리자들은 고객의 욕구에 대해 깊은 관심을 가지기 시작하였다. 마케팅 혹은 고객지향적 사고는 다음과 같은 네 가지의 특징을 지닌다.

- 고객의 욕구를 이해하고 반응하는 데 초점을 둔다.
- 모든 기업조직의 활동들(생산, 재무, 판매 등)을 고객의 욕구에 부응하도록 통합한다.
- 고객의 욕구를 충족시킴으로써 모든 목표 — 금전적인 것뿐만 아니라 사회적이고 인간적인 것도 포함 — 를 달성할 수 있다는 점을 강조한다.
- 고객의 욕구에 부응하는 데 있어 나타나는 사회적 결과 — 고객의 욕구가 기업에 의해 다루어지는 방법도 포함 — 에 관심을 가진다.

고객의 욕구에 초점을 맞춘 마케팅지향적 사고는 초기의 사고에 비해 현저한 관리효과를 가져 왔다. 그러나 그것은 고객에게 너무 집중적인 초점을 맞춤으로써 소매상 등 다른 주요한 관련집단들을 무시할 수 있다는 비판을 받아 왔다. 비록 고객의 욕구가 기업의 마케팅노력의 견인차이기는 하지만, 고객 이외의 다른 주요한 집단에도 관심이 두어져야 한다는 것을 의미한다. 이들 관련집단들은 다양한 상호작용을 통하여 기업과 고객간의 교환관계에 직접적인 영향을 미칠 수 있기 때문이다.

두 번째 비판은 고객들이 그들이 원하는 것을 형상화할 수 없다거나 명확한 센스를 가지지 못할 수도 있다는 것이다. 이들 잠재적인 욕구를 확인하고 촉진하는 것도 마케팅활동의 주요한 영역이 될 수 있다. 많은 환경적 요소와 고객 이외의 다른 주요한 집단들은 고객들이 제품이나 서비스를 받아들이는 의지뿐만 아니라 그들의 욕구를 형상화하는 능력에도 영향을 미친다. 고객욕구에 대한 일방적인 관심을 "마켓 풀"(market pull: 고객욕구를 충족시키는 차원)에 너무 과도하게 의존하고, "마켓 푸시"(market push: 고객욕구를 창조하고 개발하는 차원)에는 불충분하게 의존함으로써 결과적으로 제품혁신을 저해시킬 수 있다. 다시 말해서, 향후에 개발될 수 있는 시장기회가 있는 데도 불구하고 지금 당장 시장기회가 없다고 해서 혁신적인 제품 개발을 소홀히 할 수 있는 것이다.

제 3 절 새로운 사고의 변환: 시장지향적 경영사고

기존의 세 가지 마케팅사고가 지니는 취약점을 고려하여, 박충환 교수와 Zaltman 교수는 마케팅에 대한 하나의 새로운 사고 혹은 접근을 제시하였다.

'시장지향적 경영사고'가 바로 그것이다. 이는 고객지향적 사고의 장점을 포함하면서 그 한계점을 극복하기 위한 하나의 노력이다. 이는 기업이 최종고객들과의 원활한 교환을 통하여 그들에게 최상의 가치를 제공해 주기 위하여 시장에서 활동하고 있는 기업내외의 모든 구성요소들간 상호작용을 관리하는 기업의 총체적 노력을 의미한다. 여기서 가치(value)의 인식은 고객이 받는 제공물에 관련된 모든 혜택(benefit: 이하 '편익'과 동일한 개념으로 사용)과 그와 관련된 비용(cost)을 준거물(비교대상)의 그것과 상호비교하면서 이루어진다. 혜택과 비용에는 경제적인 것은 물론 사회적이거나 심리적인 요소들도 포함된다.

시장지향적 경영사고의 핵심은 고객들을 위한 가치를 극대화하기 위해서는 시장의 다양한 구성요소들이 보다 많은 부가가치를 창출하기 위해 상호작용할 수 있도록 그들을 효과적으로 관리하고 이용하여야 한다는 것이다. 예컨대, 기업내부에서 마케팅관리자는 다른 부서와의 상호작용관계를 이해하고 이를 효율적으로 마케팅활동에 반영하도록 관리하여야 한다. 또한 어느 한 제품에 있어서 제품기획, 가격결정, 그리고 촉진활동의 상호작용을 통하여 그 제품의 차별적인 이미지를 창출하여야 한다. 나아가 기업외부의 다양한 이해관련 집단들(도·소매상, 공급업체, 주주 등)의 상호작용관계와 진행과정을 지속적으로 파악하여야 하고, 그것이 마케팅활동에 효과적으로 영향을 미칠 수 있도록 관리하여야 한다.

다시 말해서, 시장지향적 사고는 기업이 (i) 외부의 사업이나 이익기회들을 확인하고, (ii) 이러한 사업이나 기회에 영향을 주는 다양한 시장 구성요소들이 원만하게 상호작용을 하도록 관리하면서, (iii) 외부의 기회에 대하여 적시에 그리고 정확하게 대응하여 다른 경쟁자들보다 고객들에게 더 큰 가치를 제공하는 경영의식을 의미한다. 그러므로 시장지향적 경영사고는 단순히 마케팅부서만이 가져야 될 개념이 아니라 기업내외의 전 부서와 기관들이 가져야 할 하나의 경영철학이 되어야 하는 것이다. 이는 단순히 기업활동에 있어서 마케팅의 중요성만을 강조하는 것이 아니라 최종사용고객들의 가치창출을 위해 기업의 모든 경영기능들이 그 자원과 노력을 응집시켜야 하며, 이를 위해 모든 구성원들이 시장지향적 사고를 기업의 핵심적인 경영사고로서 갖추고 있어야 함을 의미하는 것이다.

풀무원의 고객을 위한 가치창출:
고객중심과 시너지 극대화를 위한 마케팅

1980년대 초 일반소득이 증가함에 따라 소비자들의 건강에 대한 관심이 증대되기 시작하였다. 이러한 때에 풀무원 식품은 '환경공해로부터 벗어난 바른 식생활과 건강한 삶을 바라는 일반대중을 위하여 유기농 및 무첨가의 건강 무공해식품을 제공하는 종합식품회사'라는 전사적 사명을 설정하고, 1981년 강남지역에 유기식품(야채류, 미곡류, 자연란)을 판매하는 유기농산물 직판장을 신설하였다. 여기서 유기농이란 농약 및 화학비료를 사용하지 않고 퇴비로 농산물을 기르는 것을 말하며, 무첨가란 방부제, 색소 등 인공물질을 포함시키지 않는 것을 말한다. 그러나 유기식품 혹은 무공해 식품이라는 것이 초기단계였고, 사람들의 선택이 외관에 치중하는 편이었으므로, 처음 2년간은 고전을 면치 못하였다. 그러던 중 국민의 가장 친근한 먹거리인 두부와 콩나물에 농약이나 석회가 들어가는 사건이 줄을 이어 발생함에 따라 직판장의 풀무원 유기식품은 사람들 사이에서 조금씩 인기를 얻기 시작했다. 이러한 상황에서 풀무원은 유기식품에서 얻은 풀무원 브랜드의 이미지를 두부, 콩나물 등의 자연식품으로 확대시키기로 하고, 이의 개발을 시도하였다.

우선 제조과정뿐만 아니라 원료의 선별에서부터 차별화를 두기 위해 두부나 콩나물을 만드는 콩을 모두 수입콩에서 국산콩으로 대체하였다. 수입콩은 가격이 국산콩의 1/3밖에 되지 않았으나, 배를 통해 수입될 때 뿌려지는 방부제의 양이 건강을 위협하는 수준까지 이르게 되어, 우리 농가에서 재배한 안전한 콩을 사용하기로 한 것이다. 이런 보이지 않는 차이점 외에도 국산콩으로 만든 두부의 맛이 우수해서 한번 제품을 먹어 본 사람은 그 맛을 계속 찾게 된다고 한다. 그리고 판두부뿐이었던 두부를 1회용 포장으로 하여 위생적으로 만들었는데, 이는 국내에서는 최초의 시도였다.

흔한 식품이지만 제대로 된 식품이 없던 유기식품과 자연식품에 풀무원이라는 유명 브랜드를 창출해 낸 풀무원 식품은 우리 전통의 음식에 계속적인 관심을 갖고 전통식품의 과학화라는 새로운 캐치프레이즈를 내걸고, 전통조미식품의 개발에도 많은 투자를 하였다. 현대 도시생활을 하다보니 된장, 고추장들을 사먹을 수밖에 없다는 것에 착안하여 전통의 장담그는 방식을 그대로 쓰면서 자동화, 위생화를 이룬 장류를 개발한 것이다. 무방부제라는 차별점을 강조하면서 일반 판매대가 아닌 냉장 판매대에서 판매하는 것이 사람의 손길을 끌었는데, 두부와 콩나물이 이미 일반 판매대에 진출해 있는 분야였으므로 냉장 판매대에서 자리를 잡는 것이 매우 쉬웠다. 그리고 가짜 때문에 문제가 되는 참기름의 경우, 백화점의 식품코너에서 직접 짜주는 실현매장을 운영하여 인기를 끌었다.

상기 일반식품사업부(현재 신선식품사업부(FRESH FOOD WORK)에 해당)의 성공과 함께 보조식품사업부(현재 건강기능식품사업부(HEALTH FOOD WORK)에 해당)를 신설하였다. 이 부서도 풀무원의 전사적 사명과 일관되게 자연/신선의 가치를 고객에게 제공하는 제품을 제조/판매하며, 이를 통해 식탁을 통해 섭취되지 못하는 영양소를 다양한 건강식품으로 보완 섭취함으로써 소비자들의 건강한 바른 식생활의 사업을 돕도록 한 것이다. 이 부서에서는 현재 건강기능식품이나 화장품, 친환경식품, 녹즙 등을 판매하고 있다. 1983년 당시만 해도 건강보조식품이라는 것이 제조업자가 영세하고 만병통치약처럼 선전되고 있어서 소비자들의 불신이나 오해가 많았으므로 이를 극복하고 올바른 제품의 보급을 위하여 선택한 것이 방문판매방식이다. 가족들의 건강과 식생활을 책임지고 있는 주부들을 모아 식생활과 영양학 강의를 하며 제품을 판매하게 하는 방법으로, '건강레이디' 라고 불리는 이들은 다른 판매원들과는 달리 건강을 전달한다는 개념으로 이루어진 특수한 조직이었다. 한 가지 건강식품으로 모든 질병을 치료한다고 선전하던 업체들과는 달리 건강식품의 섭취 이전에 바른 식생활의 중요성을 강조하고 이를 보조해 주는 개념으로 건강식품을 판매한 것이 소비자들에게 부담없이 제품을 받아들이게 하는 요인이 되었다.

건강보조식품판매에 방문판매방식의 마케팅을 접목했고, 여느 영업조직과 다른 바른 식생활 시스템의 판매라는 이념을 가진 영업방식이 건강보조식품의 급속한 성장을 이루게 한 요인이며, 현재에도 이러한 방식은 유지되고 있다. 특별한 광고매체를 통하지 않고도 건강식품이 알려지게 된 것은 일반식품사업부서의 유기식품, 자연식품, 그리고 전통조미식품에서의 풀무원의 명성 때문이었다. 그리고 이제는 일반식품들도 건강식품의 이미지효과를 보는 상호보완적인 시너지효과를 누리고 있다. 여기에다 풀무원의 바른 먹거리 정신을 외식 영역까지 확대하여 제공하는 푸드서비스사업, 소비자의 친환경 식탁을 구현하기 위해 One-stop shopping을 제공하는 친환경유통사업, '풀무원샘물' 이라는 이름의 먹는 물 사업인 미네랄워터사업도 수질오염이라는 사회적인 환경에 영향을 받아 건강-무공해식품의 풀무원 이미지와 맞아떨어져 호황을 누리고 있다. 요약하면, 풀무원의 일반식품과 건강식품, 푸드서비스, 친환경유통, 미네랄워터 사업은 풀무원의 전사적 사명과 일관성을 유지하고 그들 상호간의 보완성을 고양시킴으로써 결과적으로 시너지 효과(브랜드 연계효과, 매출액 증대효과, 비용절감효과 등)를 극대화시키고 있는 것이다.

이제 시장지향적 경영사고를 보다 명확히 이해하고 응용하기 위해서 '고객' 의 개념을 제시하고, 그를 바탕으로 마케팅의 개념과 마케팅관리자의 역할을 정립해 보기로 한다.

3.1. 고객개념의 이해

먼저 기업내부에 있는 고객들이 어떻게 가치를 창조하는지를 고려해 보자. 기업의 임직원들은 회사의 사명을 공유하고 최종고객들의 욕구를 부합시킬 수 있는 제품이나 서비스를 다함께 추구함으로써 그들은 가치창출의 직접적인 역할을 담당한다. 그러나 이들만이 독자적으로 가치를 창출할 수 있는 것은 아니다. 이들의 가치창출은 외부 협력기관들의 도움을 필요로 한다. 즉 외부협력기관들은 기업의 종사자들이 최종고객에게 가치를 창출할 수 있도록 도움을 주는 또 다른 고객의 역할을 하고 있다. 그리고 창출된 가치를 소비하는 최종고객들이 또 다른 고객이다. 그러므로 시장지향적 경영사고를 실행하기 위해서, 기업은 세 가지 형태의 고객들과의 관계를 관리하여야 한다: 가치를 소비하는 고객인 최종고객들, 기업외부에서 가치생산을 촉진하는 고객인 협력기관들(도 소매상, 물류기관, 광고업체, 금융기관 등), 그리고 기업내부에서 가치를 생산하는 고객인 기업의 임직원들.

최종고객들이 기업의 이익창출을 위해 궁극적인 관심과 초점의 대상이 되기는 하지만, 기업활동의 효과성을 간접적으로 결정하는 외부고객들도 있다. 외부의 가치촉진 고객으로서의 협력기관들은 생산단계의 관점에서 생산 이전의 가치촉진 고객과 생산 이후의 가치촉진 고객으로 구분되어진다. 생산 이전의 가치촉진 고객들은 기업의 내부생산과정을 원활하게 하는 기관들이다. 이들은 기업의 내부생산과정에 투입하는 부품이나 원재료를 제공하는 공급업자를 포함한다. 생산 이후의 가치촉진 고객들은 제품이 기업내부의 생산시설을 떠난 다음에 그 제품을 옮기고 촉진하는 기관들이다. 그들은 도 소매유통업체들이나 제품홍보를 위한 언론매체 등이다. 이들 가치촉진 고객들은 최종고객들에게 가치를 이전시키려는 기업의 노력을 원활하게 하는 데 결정적인 기능들을 수행한다.

기업외부의 주요한 가치촉진 고객들과의 관계가 관리되어야 하는 것과 같이, 기업내부의 가치생산자의 욕구도 이해되고 관리되어야 한다. 내부의 가치생산 고객들은 외부의 가치촉진 고객들과 최종고객들의 가치인지에 영향을 주는 무수한 과정들을 관리하여야 한다. 기업은 외부의 가치촉진 고객들과 최종가치 소비자들과의 관계를 관리해야 하는 책임을 지는 반면, 그러한 관리는 내부의 가치생산 고객들을 통하여서만 가능해지는 것이다. 그러므로 내부의 가치생산 고객들이 기업의 최고경영층과 중역들에 의해 적절하게 관리되어지지 않는

그림 1-1
시장지향적 사고에 입각한 고객의 유형

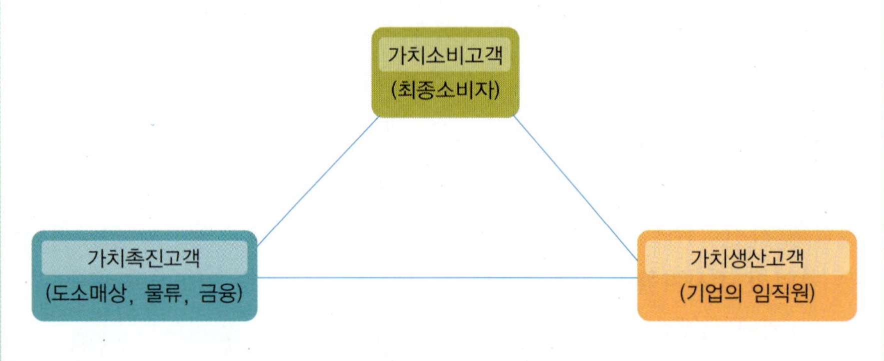

다면, 내부 가치생산 고객들이 외부 가치촉진 고객들이나 최종가치 소비자들과 가지는 관계는 부정적이 될 가능성이 높으며 그런 경우에는 기업활동 자체에 문제가 생기게 된다.

「가치를 소비하는 고객」인 최종고객은 기업의 경영 및 마케팅활동의 제 1 차적인 관심의 대상이 된다. 즉 기업활동의 궁극적인 성패는 기업이 최종사용자들에게 경쟁자들에 비해서 얼마나 높은 가치를 제공해 줄 수 있는가에 달려 있다. 지금까지 우리 기업들은 최종고객이 제품을 어떠한 기준으로 평가하는가에 대한 이해가 부족하였으며, 이러한 이해부족은 마케팅믹스전략에 대한 입체적 사고보다는 단편적이고 직선적인 마케팅전략(예를 들어, 가격위주, 광고위주, 품질위주 등)을 뿌리내리게 했다. 한 예로서 해외시장에서 경쟁적 우위의 한 요소에 불과한 가격이 우리 기업의 전체 경쟁력을 좌우하는 장기적인 전략으로서 인식되어 온 현상은 분명히 시정되어야 하는 것이다.

실제로 기업과 고객들간의 관계를 복잡하게 만드는 것은 기업이 고객과의 관계 속에서만 마케팅활동을 수행하는 것이 아니고, 항상 비교의 대상인 경쟁자가 존재하기 때문이다. 우선 최종고객을 예로 들어 보자. 최종고객은 결코 가격만으로 가치를 판단하지 않는다. 항상 경쟁상표와 비교한 상대적 혜택과 상대적 비용에 따라 제품의 가치를 결정한다. 고객들은 적어도 상대적 혜택이 상대적 비용을 초과할 경우에만 그 제품을 살 만한 가치가 있는 물건이라고 판단한다. 물건 값이 아무리 싸더라도 고객들이 그 제품을 구매해서 얻는 혜택이 상대적으로 낮다고 생각한다면 그 제품은 고객들로부터 외면을 받게 된다. 이때 제품으로부터 고객이 느끼는 혜택은 제품의 성능뿐 아니라 애프터 서비스, 보증기간, 디자인, 포장, 광고, 홍보 등에 의해서 종합적으로 결정된다. 이 혜택을 느끼게 하는 작업은 어렵고 비용이 많이 드는 일이다. 따라서 적은 비용으로 막강한 경쟁자들과 경쟁하기 위해서는 흔들리지 않는 혜택제고전략을 효율성 있게 장기간 지속해야 한다는 점을 잊어서는 안 된다. 현재 우리 기업들이 안고 있는 문제점은 경쟁브랜드가 고객에게 제공하는 혜택을 증가시키고 있는 데 반해서 그에 상응하는 혜택을 주지 못하거나 시도조차하지 않는 데서 찾을 수 있다. 이 같은 가치판단 방식은 최종고객뿐 아니라 「가치를 생산하는 고객」과 「가치생산을 촉진하는 고객」에게도 모두 동일하게 적용된다. 종업원은 항상 자기가 소속해 있는 직장과 다른 회사를 비교하며 유통업체들은 어느 상표가 가장 큰 혜택을 가져다 주는지를 계산한다. 종업원이 직장에서 가치를 찾지 못하면 당장 회사를 옮기지는 못한다 할지라도 신명을 다해 일할 리는 만무하다. 따라서 마케팅은 고객들로 하여금 혜택을 피부로 느끼게 함으로써 설령 낮은 가격의 제품이나 적은 임금이라 할지라도 상대적으로 높은 가치를 갖도록 유도하여야 한다.

앞에서 살펴본 바와 같이 각 형태의 고객들을 위한 가치창출은 마케팅노력으로 연결되어야 하며 마케팅믹스는 그러한 노력을 이끄는 수단이 되어야 한다. 그러므로 마케팅믹스의 적용범위는 최종고객에만 한정되는 것이 아니다. 마케팅믹스는 시장지향적 경영의 목표를 충족시키기 위하여 관련된 모든 고객 집단에 적용 가능한 원리가 되는 것이다. 각 고객형태에 따라 마케팅믹스의 내용은 다를지 몰라도 근본적인 원리와 목표는 같은 것이다. 마케팅믹스를 통한 가치의 창출과정에 대해서는 최종고객들을 대상으로 한 네 가지 마케팅믹스 요소들(제품, 촉진, 유통, 가격)의 개별적 관리와 통합적 관리를 통하여 보다 자세히 설명되어질 것이다. 이 원리는 물론 기업내부의 가치생산 고객들과 기업외부의 가치촉진 고객들에 대한 관리에도 적용될 수 있는 것이다.

3.2. 마케팅개념의 정립

시장지향적 경영사고를 보다 명확히 이해하기 위해 그 다음으로 필요한 것은 마케팅 개념의 정립니다. 마케팅은 대체로 교환관계의 개념 속에서 이해되고 정의되어진다. 미국마케팅학회(AMA: American Marketing Association)는 최근 다음과 같은 개념을 공식적으로 채택하고 있다.

> 마케팅이란 개인적이거나 조직적인 목표를 충족시키기 위한 교환을 창출하기 위해 아이디어, 제품, 그리고 서비스의 개념정립, 가격결정, 촉진, 그리고 유통을 계획하고 집행하는 과정이다.

Bagozzi 교수는 "마케팅이란 교환관계를 창출하고 해결해 나가는 과정이다"라고 정의했으며, Levy 교수와 Zaltman 교수는 마케팅을 "개인들이나 사회집단들 사이에서 발생하는 교환의 진행과정"으로 정의하고 있다. 또한 Dwyer 교수와 오세조 교수 등은 마케팅을 "보다 장기적인 차원에서의 지속적인 교환관계의 관리"로 제안하고 있다. 이와 같이 생산, 판매, 고객 그리고 시장지향적 사고의 생성과 발전에 관계없이 마케팅의 기본적인 개념은 교환이나 거래를 창출하고 원활하게 하며, 그것을 지속적으로 유지하게 하기 위한 의도된 활동의 총체라고 할 수 있을 것이다.

위의 논의에서 마케팅의 핵심적인 개념은 교환관계(exchange relationship)임을 알 수 있다. 즉 마케팅활동은 기본적으로 모든 형태의 교환관계 속에서 일어날 수 있다고 할 수 있다. 시장지향적 경영의 관점에서 보면, 가장 근본이 되는 마케팅활동은 기업과 최종소비자와의 교환관계이며, 이에 관련된 다양한 시장 구성요소들과의 교환과정은 최종소비자와의 교환을 원활하게 하기 위한 부수적인 마케팅활동들인 것이다. 여기서 교환은 쌍방간의 교환을 통하여 가치를 증대시키기 위한 것이다. 따라서 기업은 교환 상대방이 느끼는 가치를 극대화시키는 것이 가장 근본적인 과제이다. 이러한 관점에서 시장지향적 경영사고에 의하여 마케팅을 정의해 보면 다음과 같다.

마케팅이란 기업이 최종고객들과의 교환과정을 통하여 그들에게 가능한 한 최대한의 가치를 제공해 주기 위해 아이디어, 제품 그리고 서비스의 개념정립(제품기획), 촉진, 유통, 그리고 가격결정을 계획하고 집행하는 과정이며, 이를 위해 기업내부의 가치생산 고객들과 기업외부의 가치생산촉진고객들의 상호작용을 지속적으로 관리하는 것을 말한다.

여기에서 고객은 자신이 기대하는 가치를 기업의 제품이나 서비스가 충족시켜 주면 만족하게 되고, 이 만족이 반복되면 그 제품에 대한 고객애호도(customer loyalty)가 높아지게 된다. 이하에서 고객이란 최종고객을 의미하며, 그들을 대상으로 하는 마케팅전략의 체계를 제시할 것이다. 그러나 그 원리는 다른 형태의 고객들과의 교환관계에서도 적용될 수 있음을 명심해야 한다.

3.3. 조정자로서의 마케팅관리자

그렇다면 시장지향적 경영사고를 가진 마케팅 관리자는 어떠한 역할을 수행해야 하는가? 시장지향적 경영사고에 의한 관리는 마케팅의 범위를 제품이나 판매원 혹은 고객관계를 관리하는 것으로 제한하지 않는다. 마케팅관리자는 고객들에게 기업의 제품과 서비스가 그들의 욕구와 선호에 부응하고 있다는 것을 알림으로써, 그리고 교환을 저해하는 주요한 장애요인들을 제거함으로써 그들과의 교환과 거래를 창출하고 원활하게 하는 하나의 조정자인 것이다. 또한 마케팅관리자는 기업의 구성원으로서 기업의 목적과 사명을 알아야 하고, 다양한 경영활동의 설정과 개발과정에 참여하여 적극적인 역할을 수행해야 한다. 특히 기업내부구성원들간의 상호관계가 개별제품이나 서비스의 마케팅활동에 도움을 줄 수 있도록 유도해야 한다. 마케팅관리자는 비록 기업 내 경영활동의 한 구성원이기는 하지만 시장 내의 다양한 이해집단들에 대해 기업의 대표자로서의 기능을 또한 수행해야 한다. 시장 내 다양한 집단들의 관심 및 활동에 대한 이해의 폭을 넓히고, 현재와 미래의 국내외 경쟁자들, 중간상들, 그리고 중요한 사회적 · 경제적인 요소들에 대해서도 깊은 이해를 해야 한다. 이와 같은 넓은 시각은 해외 주요 마케팅관리자들의 언급에서도 나타난다.

> 나는 때때로 스스로를 거대한 교향악단의 지휘자로 생각한다. 시장에 있는 모든 서로 다른 구성요소들은 다양한 악기로 대변되는데, 이들 활동을 조정하고 통제하는 것이 나의 일이다(Eastman Kodak사의 마케팅관리자).
>
> 역설적이기는 하지만 성공적인 마케팅관리자가 된 것은 제품만을 관리하는 데 그치지 않았기 때문이다. 나는 실제로 공급자, 유통업자, 경쟁자, 고객, 그리고 나의 동료들(다른 부서에 있는)을 관리하고 있다. 또한 정부규제에 대해 많은 우려를 하며, 안정규정의 시행을 재검토하는 데 많은 시간을 보내고 있다(General Electric사의 마케팅관리자).

성공적인 마케팅관리자들은 모두가 기업 내외부의 다양한 마케팅활동 및 시장 구성요소들에 대한 계획, 조정, 그리고 통제에 대해 깊이 관여하고 있다고 말하고 있다. 그리고 이들은 이중적인 입장을 나타낸다. 그들은 스스로를 기업의 일부분으로 인식하는 동시에 독립된 별개로 인식하는 것이다. 이것은 마치 교향악단의 지휘자가 악단의 일부분임과 동시에 별개인 것과 같은 것이다.

제 4 절 시장지향적 경영사고에 의한 관리

4.1. 상호작용의 성격

상호작용은 기업이 제반활동을 운영관리하는 과정상 여러 곳에서 나타날 수 있다. 예를 들어 마케팅 관리자들이 이용하는 다양한 전략수단들 간에서 상호작용이 일어날 수 있으며 기업 내부에서의 다양한 사업 및 기능부서들 간에서도 일어날 수 있으며 또한 외부환경에서의 유통업체 등 다양한 관련집단들간에서도 일어 날 수 있다. 이러한 상호작용이 이상적으로 이루어져서 기업이 추구하는 결과를 효율적으로 얻게 되기 위해서는 상호작용의 성격과 시너지에 대한 개념을 이해하여야 한다.

(1) 상호작용의 성격

개별 구성요소들은 두 가지 방법으로 상호작용을 한다. 첫째로, 하나의 요소가 다른 요소의 기능을 도와 줌으로써 두 가지 요소가 함께 사용될 때에 각 요소를 분리하여 사용하는 것보다 더 큰 효과를 갖게 되는 경우이다. 물론 그 반대의 경우로 두 가지 요소가 함께 사용될 때에 더 적은 효과를 가져올 수 있다. 예컨대, 집단 내의 구성원들은 그들의 상호작용에 따라 개별적일 때보다 더 효율적 혹은 비효율적으로 업무를 수행할 수 있다. 보험수주를 위한 전화마케팅 캠페인을 함에 있어 먼저 보험대리점과 담당자를 소개하는 직접우편 캠페인을 실시한 후에 한다면 더 효과적일지 모른다. 다른 예로서, 성공적인 광고캠페인은 제품에 대한 소비자의 관심도를 높이고 동시에 그들의 가격민감도를 낮춤으로써 경쟁자들보다 더 높은 제품가격의 설정을 가능하게 한다. 높은 제품가격은 다시 기업에게 더 많은 광고를 할 수 있도록 자원을 제공해 주며, 또한 제품을 더욱 차별적으로 만들 수 있게 하고, 소비자의 관심을 더욱 자극시킬 수도 있게 한다.

두 번째 형태의 상호작용은 독특한 것을 형성하기 위해 둘 혹은 그 이상의 요소를 결합하는 경우이다. 각 요소들은 개별적인 검사로는 나타나지 않는 어떤 결합효과를 지닐 수 있다. 하나의 좋은 예가 요리를 하는 데서 찾을 수 있다. 오븐에 들어가기 전 빵의 반죽은 단순히 보면 준비된 내용물의 혼합체이다. 그러나, 구어진 빵은 밀가루, 바닐라액, 우유 등의 단순한 합이 아니다. 빵을 굽는 화학작용은 그것을 다른 어떤 것으로 변화시킨다. 또 다른 예로서는 크롬, 니켈 그리고 강철의 특수혼합물이 개개의 금속이 줄 수 없는 응집력을 주고, 아주 높은 온도에서도 견딜 수 있는 구조적인 안정감을 준다는 것이다. 금속들의 특수한 결합이 상이한 특성을 지닌 하나의 새로운 금속을 탄생시키는 것이다.

위의 두 가지 형태의 상호작용은 모두 개별적인 부분의 단순한 합과는 다른 어떤 결과를 창출한다는 점에서 상호 유사하다. 그러나 두 번째 형태의 상호작용은 기업의 경영활동에서 찾아보기 힘들 뿐 아니라 상호작용의 관리가 어렵다는 점에서 첫번째 형태의 상호작용과 구분된다. 이 책은 경영에서의 적용이 보다 용이한 첫번째 형태의 상호작용에 초점을 맞추고 있다.

(2) 시너지: 개념, 측정 그리고 창출

위에서 살펴본 두 가지 상호작용 중 첫번째 상호작용을 시너지라고 볼 수 있다. 시너지는 마케팅관리에 있어서 가장 중요하고, 가장 도전적인 데 반해 가장 무시되었던 개념 중의 하나이며, 시장지향적 관리의 근간이다. 시너지는 다양한 방법으로 정의되지만, 시스템의 맥락에서 가장 쉽게 이해될 수 있다.

시스템이란, 동태적인 상호작용 속에 있는 구성요소들의 결합이라 할 수 있는데 이들 구성요소들의 결합효과를 시너지라 일컫는다. 그러므로 시너지는 시스템 구성요소들의 상호작용이 시스템이 추구하는 결과에 미치는 영향이라 할 수 있다. 이 영향은 중립적, 긍정적 또는 부정적일 수 있다. 서로 다른 구성 요소들이 어떻게 서로에게 작용하는가에 따라 그 결과는 각각 개별적으로 나타낼 수 있는 효과와 같을 수도, 더 클 수도 또는 더 작을 수도 있다. 이것을 우리는 중립적, 긍정적, 그리고 부정적 시너지라고 부르기도 한다. 그러나 일반적으로 시너지라고 하면 긍정적인 시너지를 가정하고 있다. 긍정적인 시너지는 구성요소들의 결합(신제품에 관련된 의사결정들의 믹스와 같은)이 효율성(산출 · 투입 비율 정도: 생산성)을 제고할 때 발생한다. 기업이 추구하는 목적은 상대적으로 적은 비용이나 시간 또는 노력을 들여 성취할 수 있다면 그것은 긍정적인 시너지의 좋은 결과이다. 예를 들어 신제품이 나와서 기존 제품과 함께 고객들에게 팔릴 경우, 같은 비용으로 각 제품의 매출이 각각 단독으로 팔릴 때보다 더 많이 팔리는 경우 마케팅노력의 시너지효과가 증진됨을 의미한다. 만약 신제품이 기존의 생산설비를 이용하고 기존의 유통경로 시스템을 통해 판매된다면, 평균단위당 생산비와 유통비용이 그렇지 않은 경우보다 낮아질 수도 있다. 이와 같은 결과는 생산 및 마케팅 노력의 효율성이 제고됨을 의미한다.

구성요소들의 상호작용에 의한 긍정적인 결합효과는 경제학이나 경영학분야에서 이용되는 학습곡선이나 경험곡선과는 다른 것이다. 학습곡선이나 경험곡선은 일을 하는 동안의 학습과정을 강조하고 있다. 즉, 일을 하면 할수록 일의 원리를 잘 이해하게 되고, 보다 빨리 보다 적은 비용으로 보다 잘 수행할 수 있다는 것이다. 이에 비해 시스템의 개념은 긍정적인 결합효과를 일으키는 상황이나 조건들을 형성함으로써 일을 하기 전의 학습과정에 더 중점을 둔다. 즉,

구성요소들이 일관된 목표를 가지고 있으며, 서로간에 부족한 기능을 보완해 줄 수 있는 상황이나 조건들에 더 관심이 있다.

부정적인 시너지는 구성요소들의 결합효과가 구성요소들의 단순한 합보다 덜 효율적인 마케팅결과를 일으킬 때 발생한다. 중립적인 시너지는 구성요소의 결합이 목표달성에 어떠한 결합효과도 일으키지 못할 때 나타난다. 그 결과는 단순히 각 구성요소의 합이다. 기업이 긍정적인 시너지를 창출하는 것은 쉽게 달성할 수 있는 것이 아니다. 두 사업부와 제품의 통합이 같은 비용에서 더 많은 효과(매출)를 올려서 전체 수익을 증가시키는 긍정적인 방향의 결과를 나타낼 수도 있으나 반대로 단위 비용의 증가, 전체 수익의 감소, 높은 기회 비용, 종업원의 사기저하 등의 부정적인 결과를 보일 경우도 많이 발생한다. 따라서 기업이 효과적으로 시너지를 창출하기 위해서는 기업 내 조직과 제도상의 장애요인을 제거하고 동기를 부여하여 전략의 진행을 원활하게 할 수 있도록 뒷받침하는 기업문화가 필요하다.

〈표 1-1〉은 두 개의 독립된 제품이나 사업부가 시너지 창출을 위해 통합할 경우 발생할 수 있는 결과를 보여 주고 있다.

〈표 1-1〉을 보면 일반적으로 시너지는 두 가지 상황에서 생각해 볼 수 있다. 첫째, 결과 2의 경우로 두 개의 독립된 제품이나 사업부가 서로 연계되어 평균단위비용을 줄임과 동시에 총매출액이 증가된 경우이다. 만약 기업이 두 제품에서 독자적으로 새로운 고객을 찾다 보면 시간과 비용이 많이 소요될 수 있고, 두 제품 각각의 기존 고객에 대한 관리나 이미지 또한 희석될 수 있으므로 제품이나 사업부의 상호연계를 통하여 서로 간의 고객과 제품, 서비스를 공유한다면, 신규고객을 확보하는 비용을 줄일 수 있으면서, 보다 나은 서비스로 인한

표 1-1
시너지 창출을 위한 전략적 통합의 결과

구 분	결과 1	결과 2	결과 3	결과 4	결과 5	결과 6
평균단위비용	↓	↓	↓	=	↑	↑
전체 수익	↓	↑	=	↓	+	↑
효체체과	?	+ +	+	+	−	?
비체체고		가장 바람직	비교적 긍정적 시너지		부정적 결과	

매출 증대를 예상할 수 있다.

둘째, 결과 3과 결과 4의 경우로 전체수익은 일정하게 유지하면서 평균단위비용을 줄이는 경우, 평균단위비용은 일정하게 유지하면서 전체수익을 늘리는 경우이다. 전자의 경우는 두 조직간 판매조직의 공유, 공동물류 등을 통해 평균단위비용을 줄이는 것을 의미하고, 후자의 경우는 두 조직간 마케팅전략의 적절한 조합을 통해 더 큰 매출을 올리는 것이다. 예를 들어, 두 조직의 제품을 상호간의 보완제품 또는 구색제품으로 구성한다든지, 유통 및 촉진 활동에서 상호보완성을 갖게 되면, 같은 비용으로 더 큰 매출을 올릴 수 있게 된다. 그러나 시너지가 생기는 상황은 두 개 또는 그 이상의 독립된 제품이나 사업부간에서만 일어나는 것은 아니다. 한 제품 내에서도 그 제품의 수요를 창출하기 위한 목적으로 여러 가지 마케팅요소들을 혼합 사용할 때 시너지가 생길 수 있다. 즉 기업이 한 제품 내에서 마케팅믹스라고 불리는 네 가지 마케팅 요소(제품, 가격, 유통, 촉진)를 효과적으로 잘 믹스하게 되면 상대적으로 적은 비용으로 큰 매출을 올릴 수 있다. 가령 〈그림 1-2〉에서 보는 바와 같이 신제품의 제품, 가격, 유통, 촉진들을 포함한 마케팅믹스가 적절히 통합된다면 그 효과는 부적절한 마케팅믹스를 적용했을 경우보다 더 크게 된다.

그림 1-2

시너지 효과의 창출과정: 신제품 소개의 경우

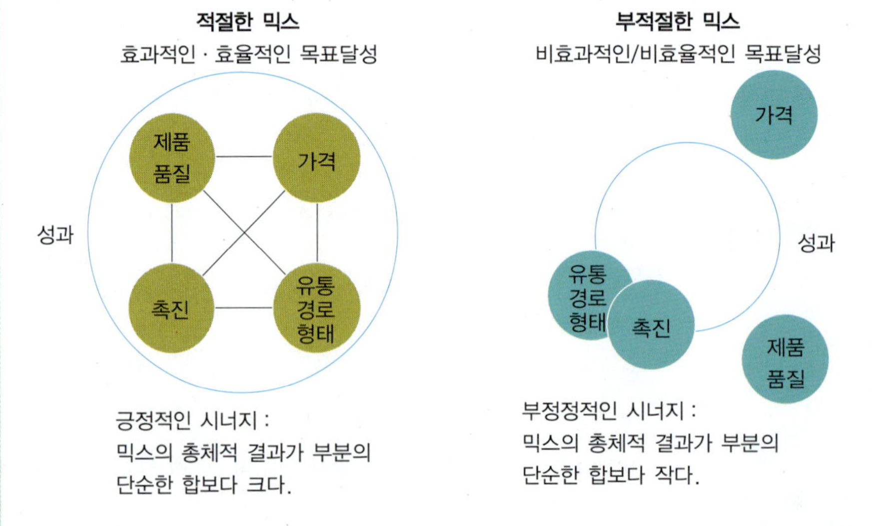

(3) 시너지의 창출원리: 일관성과 보완성

마케팅관리자들은 그들의 목표를 명확히 한 다음, 각 구성요소간의 시너지를 달성하기 위한 절차를 밟아야 한다. 이는 관련 구성요소나 변수들의 확인과 그들의 결합을 의미하는데 이 과정을 인도하는 두 가지 원리로서 일관성의 원리와 보완성의 원리가 있다. 일관성은 두 가지 이상의 구성요소가 동일한 목표를 추구하는 것이고 보완성은 동일한 목표를 추구함에 있어 구성요소간 부족한 부분을 상호보완하여 극복해 나가는 것이라할 수 있다.

기업에서 사업부간에 발생할 수 있는 일관성과 보완성의 원리는 다음의 풀무원 예를 통해 뚜렷하게 파악될 수 있다. 위에서 언급한 하나의 제품 내에서 나타나는 마케팅믹스의 일관성과 보완성의 예는 제2장의 AT&T 사례에서 자세히 다루기 때문에 여기에서는 사업부 간의 일관성과 보완성만을 언급하기로 한다.

풀무원은 처음에 하나의 사업부서, 즉 일반식품부서를 가지고 영업을 시작하였다. 점차 판매가 증대되면서 새로이 보조식품을 추가하였고 이때마다 새로운 보조식품부서가 갖는 목표가 전사적 사명과의 일관성을 갖고 기존의 일반식품부서와 보완성을 가지고 있는지에 대한 철저한 검토가 이루어졌다. 풀무원은 이러한 일관성과 보완성의 원칙 아래 사업확장을 하였고 현재에는 〈그림 1-3〉과 같은 다양한 사업을 영위하고 있다.

그림 1-3

풀무원의 사업부간 일관성과 보완성을 바탕으로 한 시너지 창출

Summary & Review _ 요약 및 복습

기본적으로 마케팅은 교환이나 거래를 창출하고 원활하게 하며, 그것을 지속적으로 유지하게 하기 위한 의도된 활동의 총체라고 정의된다. 그러므로, 마케팅관리란 시장 내에서의 교환의 과정을 관리하는 것을 의미한다. 이는 기업 전체의 성공에 영향을 미치는 중요한 기능을 수행한다. 20세기에 있어 마케팅관리의 접근 철학, 즉 시장 내에서의 제반 교환과정 중에서 어디에 보다 초점을 맞추어 어떻게 접근하는 것이 보다 큰 교환가치를 창출할 수 있을 것인가에 의해 크게 세 가지의 관리사고가 나타났다. 생산지향적, 판매지향적, 그리고 고객지향적 사고가 그것이며, 각기 장단점을 지닌다.

이 책에서는 마케팅에 대한 하나의 새로운 사고로서 시장지향적 경영사고를 제시하고 있다. 이는 기업이 고객들에게 최상의 가치를 제공하기 위해 시장의 다양한 구성요소들의 상호작용을 효과적으로 관리하는 것을 말한다. 여기에서 시너지는 중요한 역할을 하게 되는데, 시너지란 구성요소들의 상호작용에 의해 나타나는 결합효과를 의미한다. 이러한 결합효과는 개별적 요소들의 단순한 합에 대한 상대적인 의미로서 긍정적, 중립적 혹은 부정적인 시너지로 구별된다. 긍정적인 시너지를 얻기 위해서는 일관성과 보완성의 두 가지 원리가 적용되어야 한다.

Issues raised & Question _ 문제제기 및 질문

1 마케팅의 발전에 대해서 생산지향, 판매지향, 마케팅지향 그리고 시장지향적 경영사고를 중심으로 토의해 보자. 그리고 각각의 고유한 특징에 대해서 비교해 보자. 오늘날 어떠한 곳에서 각각의 예를 찾을 수 있는가?

2 시장지향적 경영의 어떠한 면이 교향악단의 지휘자가 행하는 방식과 유사하다고 말할 수 있는가? 다시 말해서, 다수의 악기집단을 지휘하는 방식이 마케팅관리자의 임무와 어떻게 닮았다는 것인가?

3 다음 단어들 사이의 관계를 정의해 보자 : 믹스, 상호작용, 구성요소, 전체, 성과. 이러한 관계들과 부정적 및 긍정적 시너지의 개념을 연결해 보라.

4 2+2=5와 같은 표현이 시너지의 개념을 기술하는 데 종종 사용된다. 왜 그러한 결과가 얻어지는지를 설명하라. 이러한 현상을 보여주는 두 가지 마케팅의 예를 제시하라(힌트 : '일석이조' 혹은 '팀 정신' 등의 개념을 생각해 보라).

5 긍정적인 시너지를 얻기 위해서 왜 일관성과 보완성의 원리가 요구되는가? 기업 내의 어떤 곳에 이러한 원리가 적용되어야 하는가?

참고문헌 _ REFERENCES

Lee Berton(1967), "Firms Strive to Avoid Producing Mousetraps That Nobody Will Buy," *The Wall Street Journal*, 6(March), pp. 1-17.

Park, C. Whan and Gerald Zaltman(1986), *Marketing Management*, 1st edition, The Dryden Press, USA.

Philip R. Harris(1981), "The Seven Uses of Synergy," *Journal of Business Strategy*, Fall, pp. 59-66.

R. Buckminster Fuller(1975), *Synergetics: Explorations in the Geometry of Thinking*(New York: Macmillan).

Richard P. Bagozzi(1986), *Principles of Marketing Management*(Chicago: Science Research Associates).

Richard P. Bagozzi(1979) "Toward a Formal Theory of Marketing Exchanges," in Conceptual and *Theoretical Developments in Marketing*, eds, (O. C. Ferrell, S. W. Brown, and C. W. Lamb, Jr. Chicago: American Marketing Association), pp. 431-447.

S. J. Levy and Gerald Zaltman(1975), *Marketing, Society, and Conflict*(Englewood Cliffs N. J.: Prentice-Hall).

William L. Shanklin and John K. Ryans, Jr.(1983), *Marketing High Technology*(Lexington, Mass.: Lexington Books).

김기혼(1994), "공생적 마케팅전략과 사례연구", 연세대학교 경영학과 석사학위 논문.

CHAPTER 2

마케팅관리 계획의 체계

신제품시장진입전략(Customer Acquisition Task) & 기존제품강화유지전략(Customer Retention Task)

본 장에서는 기업의 개별제품 및 서비스에 대한 마케팅활동을 어떻게 관리할 것인가에 초점이 맞추어진다. 기업이 치열한 경쟁 속에서 오랜 세월에 걸쳐 존속과 성장을 유지하기란 쉽지 않다. 특히 개별 브랜드로서 오랫동안 강력한 경쟁적 위치를 유지하기는 더욱 쉽지 않을 것이다. 그러나 일단의 브랜드들은 그렇게 하고 있다. 미국 P&G사의 아이보리 비누는 100년이 넘게 미국시장에 선두 브랜드 자리를 지키고 있다. 이외에도 미국의 각 제품시장에서 60년 이상 선두 자리를 지키고 있는 브랜드를 살펴보면 Kodak(카메라), Delmont(과일쥬스), Carnation(커피크림), Wrigley(껌), Hershey(2위, 초콜릿), Gold Medal(밀가루), Life Savers(박하사탕), Sherwin-Williams(페인트), Prince Albert(파이프 담배), Gillette(면도날), Coca-Cola(청량음료), Campbell(수프), Lipton(홍차), Goodyear(타이어), Colgate(2위, 치약) 등이 있다. 그들 모두가 차별적인 이미지를 지속적으로 유지하고 있다.

우리나라에서 15년 이상 선두의 위치를 유지하고 있는 브랜드로는 서울우유(우유), 칠성사이다(탄산음료), 박카스(드링크), 맥심(인스턴트커피), 쵸코파이(빵류), 피죤(섬유유연제), 신라면(라면) 등이 있으며, 이들은 오랜 시간 동안 비교적 성공적인 브랜드 이미지를 구축하고 있다.

이들 브랜드들이 구가하는 성공을 어떻게 설명할 수 있을까? 어떠한 요소들이 이들의 성공을 지속시킬 수 있는 것일까? 특히 이 질문들에 주목할 이유는, 상기한 대부분의 제품들이(특히 미국제품들의 경우) 고객의 선호가 자주 바뀌고 매우 경쟁적인 시장상황에서도 자기의 위치를 확연히 점유하고 있기 때문이다. 하나의 전략적인 요소로서 이러한 성공을 설명하기는 어렵다. 성공은 실패와는 달리 하나의 요인에 의해 설명되어질 수 없는 것이다. 어느 한 악기의 불

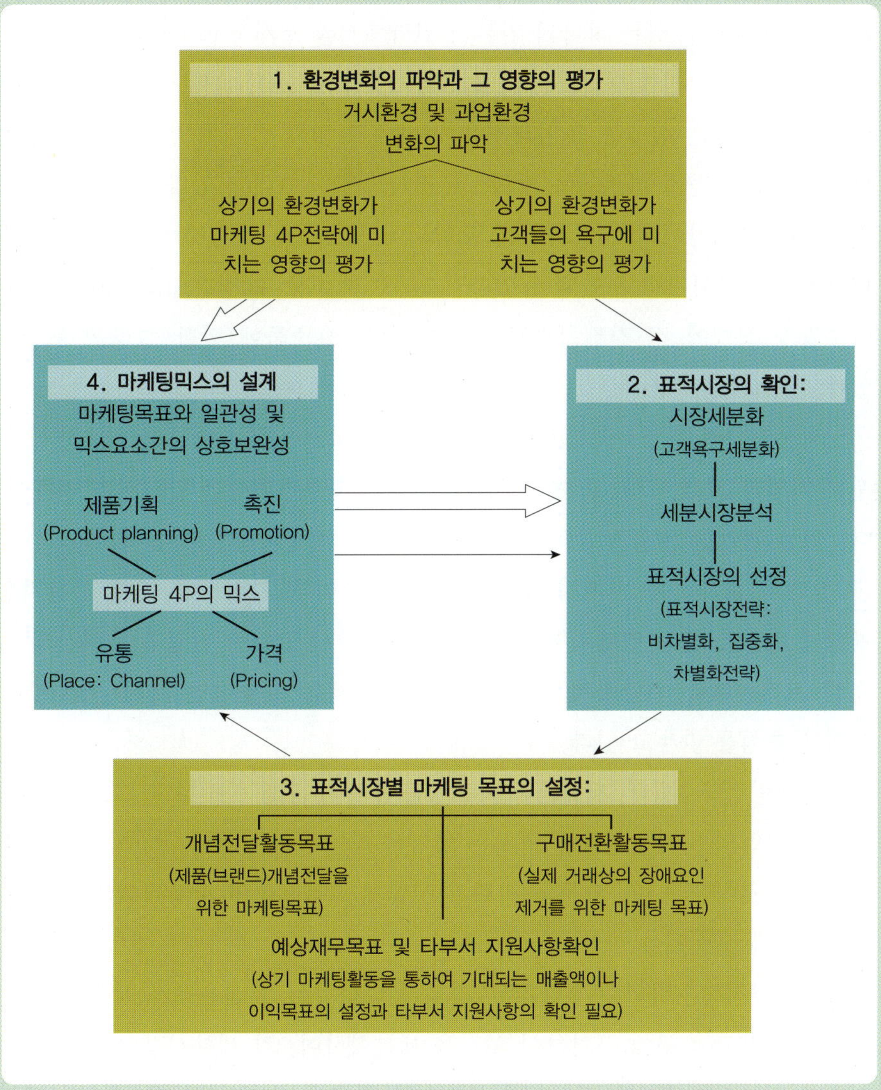

그림 2-1
마케팅계획수립의 도시(圖示)

협화음이 전체 심포니를 해치는 것과 같이, 하나의 요소가 전체의 조화를 해침으로써 실패를 야기시킬 수 있다. 이에 비해 성공은 다양한 요소들을 조화롭게 조정한 산물인 경우가 많다.

시장을 장기적으로 지배하는 성공적인 브랜드가 되기 위한 마케팅관리의 과업은 다음의 두 가지로 구분된다. (i) 신제품 도입과업(신제품 시장진입전략), (ii) 기존제품 유지과업(기존제품의 강화유지전략)이 그것이다. 즉 성공적인 브랜드가 되기 위해서는 효과적인 신제품의 시장진입전략이 있어야 하며 일단 시장진입에 성공한 브랜드는 기존제품으로써 지속적으로 제품의 가치를 제고하여 경쟁력을 강화 · 유지하는 전략이 필요하다. 본 장에서는 이 두 가지 과업의 수행과정을 이해할 수 있는 하나의 기본적 전략체계를 소개하고자 한다. 〈그림 2-1〉은 이 두 과업의 진행과정을 나타내고 있다. 〈그림 2-1〉에서 시계방향으로 가는 직선 화살표들은 신제품 도입과정을 나타내고 있으며 시계 반대방향으로 가는 복선의 화살표들은 기존제품 강화 · 유지과정을 나타내고 있다. (i)에 관한 구체적인 설명은 4장에서 14장까지에 포함되어 있고, (ii)에 관한 구체적인 설명은 15장에서 18장까지에 포함되어 있다. 그리고 제19장, 20장은 (i)과 (ii)에 관한 전략수립과 집행에 직·간접적으로 영향을 주는 요소들에 관한 설명을 포함하고 있다.

시장지향적 경영사고에 의해서 제품이나 서비스의 마케팅관리를 하기 위해서는 기업과 고객, 그리고 여타 시장환경과의 상호관련성을 반드시 고려해야 한다. 이들 관계를 성공적으로 관리할 때 제품의 성공가능성도 높아지는 것이다. 본 장에서 소개하는 마케팅계획이란 개별제품이나 서비스에 대한 시장지향적 경영에 바탕을 둔 운영계획체계를 의미한다. 다시 말하면 기업과 고객간의 성공적인 거래관계를 원활하게 하기 위하여 요구되는 효율적인 마케팅전략수립과 운영에 초점을 맞추고 있다.

마케팅전략수립의 제 1 단계는 시장환경의 변화를 이해하고 그것이 고객의 욕구와 기업의 마케팅전략에 미치는 영향을 파악하는 것이다. 이를 위해 환경요소에는 무엇이 있으며, 그들의 변화가 어떻게 고객욕구와 시장기회의 변화를 일으키는지를 분석해야 한다.

마케팅전략수립의 제 2 단계는 새로이 나타나는 고객욕구가 무엇인지를 정확히 파악하고 욕구에 근거하여 시장을 세분화하여, 각 세분시장이 충분한 시장기회가 있는지를 확인하고, 여러 세분시장 중에서 마케팅활동을 집중할 표적시장을 명확히 결정하는 것이다. 이를 위하여 시장의 개념을 명확히 이해해야 하고, 고객의 제품구매 및 사용상황, 고객 특성에 따라 시장을 세분화하여야 하며, 시장의 크기 · 경쟁의 강도 · 운영상의 시너지 효과 등을 고려하여 표적시장을 선정해야 한다.

마케팅전략수립의 제3단계는 표적고객 집단들을 위해 그들 욕구의 성격을 파악하여(제품 혹은 브랜드 개념 정립), 고객들에게 그 제품개념을 어느 정도 신속하고 정확하게 알려 줄 것인지를 명확히 하고(개념 전달활동 목표), 나아가 실제 거래상의 어떠한 장애 요인들을 어느 정도 제거시켜 주며 거래를 효율적으로 할 수 있게 할 것인지를 정하여야 한다(구매전환활동 목표). 그리고 그에 따른 매출액이나 이익 등의 재무목표와 마케팅 이외의 다른 경영활동 즉 생산 · 인사 · 재무 · 회계 부서로부터의 지원목표도 가급적이면 설정하여야 한다. 이와 아울러 기업은 마케팅 활동을 통해 자사의 브랜드 이미지를 고객의 머릿속에 어떻게 경쟁제품과 차별적으로 지각시켜야 하는지에 대한 포지셔닝(위상정립)전략도 세워야 한다.

마케팅전략수립의 제4단계는 마케팅목표달성을 위해 사용가능한 전략수단들 즉, 제품, 촉진, 유통, 그리고 가격정책과 관련된 수단들을 어떻게 설정하여 통합적으로 추진할 것인가를 계획하는 것이다. 이를 위해서는 상기한 제3단계의 요소들을 고려하여야 한다.

이 모든 단계는 환경과 고객의 욕구 변화에서 출발하므로, 이 변화에 대해 지속적으로 관심을 가져야 하며, 변화에 신속하게 대응하여야 한다.

제1절 신제품도입전략(신규고객확보전략)

1.1. 계획수립의 체계

마케팅계획에는 조정(관리)되어야 할 활동들이 명확하게 제시되어야 한다. 〈표 2-1〉과 〈그림 2-1〉은 이 활동들의 내용과 전반적인 구성을 보여 주고 있다. 〈표 2-1〉은 기업이 신규고객 확보와 기존고객과의 관계강화를 위해 수행하는 일련의 활동들을 나타내고 있다. 여기서 개별제품이나 서비스의 지속적인 성공

표 2-1
마케팅계획의 수립 체계

• 1단계 : 환경변화의 파악과 그것이 고객 및 마케팅전략에 미치는 영향에 대한 평가

1. 환경변화의 파악 : 거시환경 및 과업환경 등 외부환경 변화의 파악
2. 환경변화의 영향에 대한 평가 : 고객욕구와 마케팅전략에 미치는 영향에 대한 평가

• 2단계 : 표적(목표)시장의 확인

1. 시장세분화(고객욕구세분화)
2. 세분시장분석
3. 표적시장의 선택(표적시장전략) : 비차별화 · 집중화 · 차별화 전략

• 3단계 : 표적시장별 마케팅목표의 설정

1. 개념전달활동목표 : 제품개념과 포지션을 정확하고 신속하게 전달하기 위한 활동. 이를 위해서는 우선 제품개념 및 포지션의 정립이 필요함 : 표적고객의 욕구에 부응하는 기능적 · 상징적 · 감각적 제품개념의 정립. 이러한 장기적인 제품개념하에 경쟁자와의 차별화를 고려한 보다 단기적인 전략적 제품개념(포지션)을 정립
2. 구매전환활동목표 : 실제 거래상의 거래장애요인을 제거하기 위한 활동목표. 이를 위해서는 표적고객들에 대한 구매욕구분석이 선행되어야 함.
3. 예상 재무목표 및 타부서 지원사항 확인 : 개념전달과 (구매전환)목표의 달성을 통하여 기대되는 이익이나 매출액의 재무적 목표(이를 위한 생산, 재무 등 다른 기능부서에서의 지원활동에 대한 이해 및 확인 필요)

* 포지셔닝 : 제품개념과 포지션(제품위상)을 소비자의 지각 속에 적절히 위치화시키는 활동. 장기제품개념을 유지하면서 경쟁자의 변화에 따라 포지션을 변화시킬 수 있음. 단기적인 포지셔닝은 제6장 시장세분화와 표적시장선정, 제7장 마케팅목표와 포지셔닝에서, 장기적인 포지셔닝관리는 제15장 동태적 마케팅관리에서 보다 자세하게 언급될 것임.

• 4단계 : 개념전달활동과 구매전환활동을 수행하기 위한 마케팅믹스의 설계

1. 마케팅목표와의 일관성
2. 마케팅믹스 요소(제품기획, 촉진, 유통, 가격)간의 상호보완성
3. 최적 마케팅 4P믹스의 구성 : 고객의 가치와 기업이익의 극대화를 위한 최적 마케팅믹스의 구성

가능성을 높이기 위해서는 〈그림 2-1〉에 나타나 있는 바와 같이 제반활동들이 충분히 체계적으로 조정되어야 한다. 이에 대한 이해를 돕기 위하여 본 장의 말미에서는 미국의 장거리 전화회사인 AT&T사의 사례를 제시하고 마케팅계획의 규범적 틀에 맞춰 이를 검토해 보기로 한다.

1.2. 환경변화의 파악과 환경변화가 마케팅활동에 미치는 영향에 대한 평가 : 계획수립의 제 1 단계

효과적인 마케팅계획의 전개를 위한 첫번째 단계는 외부환경의 변화를 인식하고, 신제품에 미칠 수 있는 영향을 평가하는 것이다.

과업환경이나 거시환경의 변화를 통해 마케팅관리자는 좋은 시장기회를 발견할 수 있으며, 또한 외부환경의 변화를 명확히 인식함으로써 새로운 기회에 대하여 보다 빨리 반응할 수도 있다. 특정상황하에서는 신제품의 성공적인 진입을 위해 보다 유리한 환경변화를 조성할 수도 있을 것이다.

(1) 환경변화의 파악

환경변화의 영향은 다양하며, 언제나 직접적인 것은 아니다. 어떤 환경변화는 "파문효과"를 통해 다른 환경변화를 유발시키기도 한다. 그리고 이러한 환경변화는 소비자의 욕구를 변화시킬 수도 있다. 예컨대, 여권운동은 직업여성의 수를 증가시키고, 이는 다시 가정에서의 식사준비 습관을 변화시킨다. 직장여성들의 시간압박이 높아짐에 따라 전자레인지(microwave oven)와 같은 시간절약형 주방제품에 대한 수요가 증가하게 되었고, 이들 주방제품에 적합한 용기나 식품에 대한 수요도 증가하게 되었다. 이를 그림으로 나타내면 〈그림 2-2〉와 같다.

또한 환경변화는 거래방식에도 영향을 미친다. 예컨대, 맞벌이 부부가 증가함에 따라 직접마케팅이나 전화거래의 양이 증가하게 된다. 의사소통기술의 변화(예컨대, 인터넷 등)는 특정한 산업재의 판매방식에도 영향을 미칠 수 있으며, 법률적 환경의 변화는 제품의 포장이나 가격결정 또는 제품촉진전략 등에

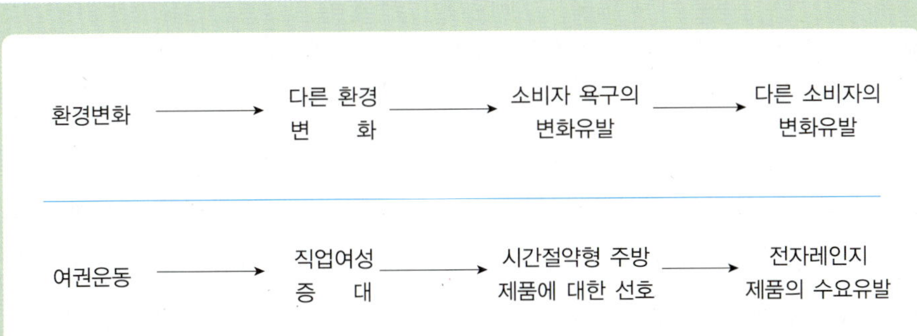

그림 2-2 파문(물결)효과

즉각적인 변화를 유발시킬 수 있다. 인플레이션과 높은 실업률은 가격이 낮은 무상표제품에 대한 수요를 증가시키며, 현금부족이나 높은 이자율은 산업재시장에서의 물물교환을 증가시킨다.

(2) 환경변화의 영향에 대한 평가

환경변화가 모든 기업에 동일한 마케팅기회를 제공해 주는 것은 아니다. 마케팅기회는 특정환경의 변화, 기업의 사명, 그리고 주요사업분야에서의 기업의 강·약점간 상호관계 여하에 따라 결정되는 것이다. 새로운 기회는 기업의 사명 그리고 기업의 현재 자원능력과 일치되어야 한다. 기업의 내부환경인 조직부서들도 새로운 마케팅기회에 부합하고 상호보완될 수 있어야 한다. 예컨대, 생산부서는 제품개발에 꼭 필요한 기술적 노하우를 지니고 있어야 하며, 연구개발부서는 자사제품의 경쟁적 차별화를 꾀할 수 있는 경험과 자원을 보유하고 있어야 한다. 마지막으로 기업의 관련집단들(Stakeholders; 고객, 주주, 공급업자, 유통업자 등)로 구성되어 있는 과업환경도 새로운 마케팅기회에 일치하여야 한다.

위의 세 가지 환경—내부환경, 거시환경, 과업환경—은 마케팅활동에 각기 다른 영향을 미친다. 거시환경과 과업환경은 시장기회를 창출하는 데 중요한 역할을 한다. 그러나 기업내부환경의 도움과 활동이 없다면 새로운 시장기회는 실현될 수 없을 것이다. 효율적인 환경관리를 위해서는 각 환경의 변화뿐만 아니라 환경간의 상호관계에 대해서도 주의를 기울여야 한다.

1.3. 표적시장의 확인: 계획수립의 제2단계

환경변화가 신제품의 성공적인 시장진입에 유리한 상황이라는 전제하에 시장진입전략의 두 번째 단계는 신제품의 표적시장을 확인하는 작업이다. 표적시장을 파악하는 일은 다음과 같은 세 단계의 과정을 거친다 : 시장세분화(고객욕구세분화), 세분시장 분석, 표적시장의 선택(표적시장전략).

(1) 시장세분화(고객욕구세분화)

고객들은 환경의 변화에 의해 제품사용과 구매서비스상에서 다양한 욕구변화를 일으킬 수 있으며, 그 욕구의 충족방법과 시기, 그리고 장소 등에서도 현저한 차이를 보일 수 있다. 다시 말해서, 고객들이 접하고 있는 경제, 사회, 정치, 문화 등 거시환경의 변화와 유통구조혁신(예컨대, 할인점이나 온라인 거래의 확산 등), 업체간 과다경쟁 등 과업환경의 변화에 의해 새로운 고객욕구가 나타날 수 있으며, 새로운 고객집단을 창출할 수 있는 것이다.

예컨대, 태블릿 컴퓨터의 수요증가는 여러 가지 요인들에 기인된다. 어떤 떤 고객들을 자녀의 교육을 위해, 어떤 고객은 오락용 게임 기구로서 혹은 사진이나 서류의 등의 보관을 위해 태블릿 컴퓨터를 가지고 싶어 한다. 더 나아가 최근 우리나라의 정보통신과 관련된 기술환경의 변화에 따른 태블릿 컴퓨터의 발전은 재택근무, 영업사원처럼 활동적인 업무에서 회계, 정보, 재고, 고객 관리에 많은 영향을 미치고 있다. 이에 따라 태블릿 컴퓨터의 소프트웨어를 많은 고객들이 이용하는 추세이며, 소프트웨어의 설계도 이러한 욕구를 충족시켜 줄 수 있는 방향으로 이루어지고 있다.

또 다른 예로 항공여행에 대한 규제가 완화되고, 요금이 대폭 인하되면 이전에 비행기 여행이 불가능했던 많은 사람들이 비행기를 탈 수 있게 된다. 그러나 새로운 고객은 소득이나 연령면에서 현재의 고객과는 다를 것이다. 새로운 고객층에는 소득이 낮은 젊은층이나, 고정연금으로 살아가는 노년층이 포함될 것이다.

상기에서와 같이 환경변화에 따라 고객욕구가 다양해지고 여러 경쟁자들이 진입하게 되면, 전체시장을 대상으로 막연히 마케팅활동을 하는 것보다는 사용 및 구매욕구나 고객특성이 유사한 고객들끼리 세분화하고, 세분된 시장들 중 특정시장을 표적으로 삼아 그들 욕구에 부응하는 마케팅전략을 수립하는 것이 바람직할 것이다. 시장세분화에 대해서는 제 6 장에서 자세히 언급될 것이다.

(2) 세분시장 분석

욕구가 발생한 다수의 세분시장(고객집단) 중에서 한 개 혹은 몇 개의 세분시장을 표적으로 선정할 수 있는데, 이를 위해 각 세분시장의 크기와 성장성, 상대적 경쟁력, 기업(혹은 사업단위)의 목표와 자원, 그리고 접근의 용이성 등을 구체적으로 분석하여야 한다. 이에 대해 보다 자세한 설명은 제 6 장의 3 절 세분시장의 분석을 참조하기 바란다.

(3) 표적시장의 선정

각 세분시장을 분석한 다음, 기업은 자사에 가장 유리한 세분시장을 표적시장으로 선정하여 표적시장별로 마케팅활동을 수행하여야 한다. 이때 기업이 취할 수 있는 전략적 대안은 크게 세 가지이다. 비차별화전략, 집중화전략, 그리고 차별화전략이 그것이다. 비차별화전략은 고객들의 욕구나 특성이 비교적 동질적이어서 세분시장으로 쪼개는 것이 기업이나 사업부 목표달성에 적합치 않을 경우에 해당 제품시장의 전체 고객들을 대상으로 마케팅활동을 수행하는 것이다. 그리고 집중화전략은 앞서의 세분시장분석을 통하여 기업 및 사업부의 목표달성에 가장 적합한 하나 혹은 소수의 세분시장을 선정하고, 이들 시장에 마케팅활동을 집중시키는 전략이다. 차별화전략은 기업목표에 부합되는 다수의 세분시장을 대상으로 하여 각 세분시장별로 차별적인 마케팅활동을 수행하는 것이다.

이들 세 가지 전략대안은 환경변화나 기업여건에 따라 변화되어질 수 있다. 국내 어느 식품회사의 경우, E-mart, Costco 등 본격적인 할인점이 들어서면서 그 동안의 비차별화전략을 수정하여 기존고객들과 이들 신규점포를 선호하는 고객들을 세분화하여 각각 다른 마케팅목표와 다른 제품(예컨대, 상표명, 제품크기, 포장 등의 차별화) 및 가격, 그리고 촉진활동을 전개하고 있다. 이에 대한 자세한 설명은 제6장 4절 표적시장의 선정을 참조하기 바란다.

첨언할 것은, 표적시장전략은 기업목표달성에 바람직한 세분시장의 수를 결정하기 위한 기본적인 접근방향을 제시하는 것이며, 보다 구체적으로 몇 개의 세분시장에, 그리고 각 세분시장에 어느 정도의 마케팅자원을 투여해야 하는가 하는 문제는 앞서의 세분시장분석과 함께 기업 및 사업부의 장단기 경영목표의 관점에서 조정되어져야 한다.

1.4. 마케팅목표의 설정: 계획수립의 제3단계

(1) 마케팅목표의 설정

표적시장이 선정되면 표적고객들의 욕구에 관한 정보를 바탕으로 이들에게 제품의 개념적 특성을 전달하고 그들의 구매행위를 원활하게 하기 위한 마케팅목표를 설정할 필요가 있다. 이것이 세 번째 단계이다. 즉 마케팅이란 기업과 고객간의 교환이나 거래행위를 원활하게 하는 활동이다. 이는 두 가지 활동, 즉 개념전달활동과 구매전환활동에 의해 수행되어지며, 이들 두 활동은 개별제품의 마케팅목표에 명확하게 반영되어져야 한다. 즉 제품이 어떻게 고객의 욕구를 충족시켜 줄 수 있는지에 대한 의미가 분명하게 고객에게 전달됨과 동시에 그들이 경험하게 될지 모를 일체의 구매장애요인들을 제거시켰을 때 표적고객들은 그 제품에서 높은 가치를 느끼게 되며 이것은 거래로 직결된다. 즉 구매전환활동은 개념전달활동을 통해 기업제품이 그들의 욕구 및 선호를 충족시킬 수 있다고 지각한 고객들에게 거래나 교환상에 나타나는 장애를 제거해 줌으로써 최소한의 노력으로 구매를 할 수 있도록 하는 것이다. 여섯 가지 형태의 구매장애로는 장소, 시간, 소유, 지각, 기능 그리고 감각적 장애가 있다.

여섯 가지 형태의 구매장애

① **장소**(제품근접성): 제품이 고객들과 분리된 체계 속에서 생산되어진다는 사실은 장소장애를 일으키게 한다. 적절한 장소에서 고객들에게 제품과 서비스를 제공할 수 있다는 것은 주요한 구매전환활동과업의 하나이다. 그러므로 유통 등 마케팅활동들은 고객과 판매자 사이에 발생하는 장소장애를 제거할 수 있어야 한다. 예컨대, 교통이 불편하고 주차장 시설이 부족하여 고객들을 유치하기 어려운 일부 백화점에서 주차장 시설을 확충하거나 혹은 통신판매를 권장하는 것도 장소장애의 제거를 위한 노력이라 할 수 있다.

② **시간**(제품구입가능성): 적시에 제품이나 서비스를 제공하는 것이 마케팅믹스의 두 번째 활동과업이다. 오랜 시간 영업하고, 일요일에도 영업하는 점포는 평일에 늦게까지 직장근무하는 고객들에 대해서 시간장애를 극복하게 한다. 또한 원하는 시간 내에 배달되거나 애프터 서비스가 제때에 이루어지게 하는 것도 시간장애를 제거시키는 활동이 된다.

③ **소유**(이용가능성): 소유장애는 제품이나 서비스를 소유하거나 이용하는데 관련되는 장애이다. 예컨대, 제품설치의 어려움, 임대의 불가능함, 장시간의 배달기간, 구매능력을 초과하는 가격 그리고 제품의 무보증 등이 이에 해당된다. 이들 장애요소들을 제거시킬 수 있는 방법들이 강구되어져야 한다.

④ **지각**(확인성): 지각장애는 고객들이 관련제품을 필요로 할 때 그 이름을 기억하기 어렵거나, 혹은 많은 경쟁제품들 사이에서 해당제품을 인지하고 확인하기 어려울 때에 발생한다. 제품설계, 포장, 상표, 광고, 그리고 판매원활동 등 다양한 마케팅활동들이 이들 지각상의 장애를 완화시킬 수 있다.

⑤ **기능**(사용편의성): 기능장애는 고객들이 제품이나 서비스를 사용하는 데 있어 그들이 원하는 기능을 가지고 있지 않을 때 발생한다. 가령 카드회사의 경우 많은 수의 가맹점을 확보하여 고객들이 카드를 사용하는데 번거로움이나 불편함이 없도록 노력해야 한다. 이를 제거하기 위해서는 고객이 원하는 욕구 및 선호도를 정확히 파악하여 이를 철저히 제품이나 서비스에 반영시켜야 한다.

⑥ **감각**(감각적 혜택): 고객들이 제품에 대해 느끼는 오감(미각, 시각, 청각, 후각, 촉각) 즉 감각적인 면에서 거부반응을 느끼는 것도 하나의 장애요인으로 작용한다. 따라서 제품의 색깔, 음향, 디자인, 촉감 등을 고려하여 고객들에게 더 가까이 다가갈 수 있도록 감각적 혜택을 증진시키는 것이 중요하다.

마케팅목표에는 이 두 가지 활동을 달성하려는 목표가 분명하게 명시되어야 한다. 예를 들면 '2002년에는 특정목표 시장에서 A제품(브랜드: 상표)개념의 인지도를 기존의 30%에서 40%로 증진시키며, 시간 · 장소 · 가치상의 특정장애들을 각각 기존보다 10%씩 감소시키기로 한다' 등으로 나타낼 수 있다. 물론 마케팅관리자는 이들 활동의 수행을 통해서 나타날 매출액이나 시장점유율의 증가에 대한 예상목표를 가지고 있어야 하며 목표매출액과 시장점유율을 달성하기 위하여 타부서들로부터 어떠한 지원이 필요한지에 대해서도 명확히 이해하고 있어야 한다. 이러한 이해는 마케팅관리의 조정과 통제에 필수불가결한 것이다. 기업의 판매결과는 단순히 마케팅활동의 결과가 아니라 전사적 활동의 결과임을 명심해야 한다. 시장에서의 성공은 마케팅활동과 기타 부서와의 원활한 조정이 이루어질 때 가능한 것이다. 제품의 품질과 기능은 생산부서와 연구개발부서에 의해 좌우되며, 원료의 품질은 구매부서의 영향을 받게 된다. 자금부서는 자원할당에 관한 의사결정에 상당한 영향을 미치며, 가격설정 및 수익성 평가에 기초가 되는 원가(비용)에 관한 정보는 회계(경리)부서를 통해서 얻을 수 있다. 조직 전체에 있어서 마케팅관리자는 자신의 기본적인 역할이 판매를 원활하게 하는 판매조정자로서의 역할이지, 판매를 전담하는 유일한 결정자가 아님을 명심해야 한다.

마케팅목표정립에 대한 보다 구체적인 설명과 예는 제 7 장 1 절에 제시되어 있다.

(2) 마케팅목표 설정상의 문제점

마케팅목표를 제품개념의 전달과 구매전환이라는 관점에서 설정하는 것은 예상매출액이나 시장점유율만 가지고 마케팅목표를 설정하는 기존의 방식과는 꽤 큰 차이를 나타낸다. 예상매출액이나 시장점유율로써만 마케팅목표를 표현해서는 안 되는 주요 이유는 다음의 두 가지로 요약될 수 있다.

1) 목표달성을 위한 활동지침을 제공하지 못한다

단순히 '매출을 10% 증가시킨다' 라는 목표는 엄밀한 의미에서는 전략의 집행에서 나타나는 결과이지 전략의 방향을 제시하는 목표는 되지 않는다. 무엇을 어떻게 해서 10%의 매출증가를 하겠다는 목표달성을 위한 방향제시가 결여되어 있다. 그런 의미에서 제품개념을 전달하고 구매전환을 유도하기 위한 목표의 제시는 직접적으로 마케팅계획의 실행과 개발에 대한 지침(guide)을 제공하여 줄 수 있다. 예컨대, 예상고객들에게 전달하여야 할 제품개념과 실행하여야 할 특정 구매전환활동의 명확한 제시를 통해 마케팅믹스의 구성 및 집행이 결정될 수 있는 것이다.

2) 통제의 범위를 넘는 목표가 된다

기업의 판매와 시장점유율은 전사적 활동의 결과로 나타나는 것이기 때문에 이를 전적으로 마케팅관리자만이 할 수 있는 일로 간주할 수는 없다. 그러므로 마케팅관리자의 책임 및 통제영역을 확실히 하는 것이 필요하며, 이를 위해 마케팅목표의 명확한 정립이 요구된다. 그런 의미에서 개념전달활동과 구매전환활동의 목표개념이 설정된다면 이 활동들을 마케팅관리자가 책임을 지고 수행할 수 있기 때문에 마케팅관리자의 통제의 범위는 명확해지며, 나아가 이 두 가지 활동의 성공적인 수행과 더불어 타부서로부터 필요한 지원도 뒤따른다면 시장점유율과 매출액 증대에 직접적으로 기여할 수 있다.

1.5. 마케팅믹스의 설계: 계획수립의 제4단계

제3단계에서 설정된 두 가지 형태의 마케팅목표를 수행하는 단계가 네 번째 단계이다. 마케팅관리자는 두 가지 형태의 마케팅목표를 수행하기 위해 네 가지 기본적인 마케팅전략수단들을 이용한다. 제품(Product), 촉진(Promotion), 유통경로(Place; Distribution Channel), 그리고 가격(Pricing)이 그들이다. 이들 네 가지 전략수단들을 마케팅믹스 혹은 4P라고 한다. 마케팅관리자는 제품, 촉진, 유통, 가격활동의 조합인 마케팅믹스를 통해 개념전달활동과 구매전환활동을 수행하게 된다. 비록 이 두 가지 활동은 상호보완작용을 하는 것이지만, 개념전달활동이 우선적인 역할을 하게 된다. 고객들은 어떤 거래를 행하기 앞서 먼저 자신들의 욕구충족을 위해 어떤 물건이나 서비스를 필요로 하는가를 생각하게 된다. 풀무원의 '유기농 · 무첨가의 바른 먹거리 제공', 맥심 모카골드의 '부드러운 맛', 대한항공의 '편리한 항공여행', 아이리버의 'Redesign your Lifestyle', 청정원의 '건강한 프로포즈' 등 성공적인 개념전달활동의 예를 찾는 것은 그리 어렵지 않다(상기의 제품개념은 축약된 것임).

개념전달활동을 통해 수립된 고객의 관심을 실제거래로 전환시키기 위해서는 거래상에서 나타나는 여러 가지 장애들을 제거시킬 수 있는 구매전환활동이 필요하다. 즉 구매전환활동은 개념전달활동을 지원해야 한다. 잠재고객이 기업제품에 관심을 갖고 있더라도, 원하는 시간에 원하는 장소에서 구입할 수 없거나 구매능력을 벗어날 정도로 높은 가격이면 거래는 발생하지 않는다.

제품개념을 위한 마케팅믹스의 구성은 조각그림 맞추기와 유사하다. 하나의 그림조각을 맞출 때 전체의 형태나 크기, 색깔, 설계 등을 고려해야 하는 것처럼 마케팅믹스의 구성도 마찬가지다. 제품개념을 전달하기 위해 사용되는 마케팅믹스요소들은 각각 그 제품개념을 반영할 수 있도록 일관성을 가져야 하며, 나아가 이들 믹스요소들은 고객들에게 제품의 개념을 분명하게 그리고 신속하게 전달할 수 있도록 상호보완성을 가져야 한다. 조각그림 맞추기에서의 완성된 그림과 마찬가지로 고객들은 마케팅믹스의 구성요소에 관심이 있는 것이 아니라 완성된 이미지로서의 최종 개념에 관심을 두며, 그를 통해 기업의 제품개념을 이해하게 된다. 예를 들어 순수한 비누라는 제품개념을 전달하기 위해 아이보리(Ivory)는 마케팅믹스요소 중 하나인 제품의 경우 제품의 이름을 Ivory(상아)로 하였고 제품의 색깔도 흰색으로 표현하였으며, 제품의 포장에서도 흰색을 많이 반영하였으며, 마케팅믹스의 또 다른 요소인 광고(촉진의 일부)에서도 99.44% 순수하다는 내용을 표현하고 있고, 또한 이 내용이 포장에서도 분명히 나타나 있다. 따라서 제품명, 포장, 제품색깔, 광고 등에서 나타나는 특징들이 '순수하다'는 개념과 모두 일관성을 갖고 있으면서 동시에 이들은 그러한 개념전달을 위해 서로를 도와 주는 보완성을 갖고 있다.

구매전환활동을 위한 일관성과 보완성의 원리를 충족시키기 위해 마케팅믹스 구성요소들은 (i) 거래장애를 제거하는 데 도움을 주고(일관성), (ii) 서로가 서로를 지원할 수 있어야 한다(보완성). 이 두 가지 조건들은 마케팅믹스요소 간의 긍정적인 시너지 효과를 유발시킨다. 예컨대, 촉진활동의 한 분야인 광고는 고객들이 제품을 기억하거나 인식하는 데 어려움을 갖는 지각적 장애를 제거한다. 효과적인 포장은 제품을 인식하거나 상표를 기억하는 데 문제가 되는 지각적 장애를 더 감소시켜 준다. 광고와 포장전략에 의해 상표와 제품의 특이점이 알려지면 유통업자들은 자기 점포에 그 제품을 진열하려고 할 것이다. 이는 고객의 지각적 장애뿐만 아니라 시간 및 장소적 장애를 감소시켜 준다. 또한 제품에 의해 제공되는 편익이 광고나 포장에 의해 고객에게 알려지면 설정된 가격의 정당성이 강화되어 소유의 장애를 감소시켜 준다. 마케팅믹스의 각 구성요소들이 구매전환활동의 수행에 있어서 상호지원될 때 그 전체적 효과는 각 구성요소의 독립적 효과의 단순한 합보다 커진다. 즉 시너지 효과가 발생하는 것이다.

한편 거래장애들은 마케팅믹스의 네 가지 요소들의 조합에 의해 제거되거나 감소되어져야 한다. 하나의 마케팅믹스 요소로써는 모든 거래장애는 물론 하나의 장애를 제거하는 데도 충분하지 못할 경우가 많다. 제품은 비록 부분적이기는 하지만 감각, 소유, 지각장애를 경감시키는 데 특히 도움을 줄 수 있으며, 제품설치 서비스나, 운반서비스, 제품보증 등은 소유장애를 제거하는 데 도움을 준다. 그러나 지불방법과 관련된 소유장애의 제거에 있어서 제품은 별로 도움을 주지 못한다. 이들 장애는 다른 마케팅믹스의 구성요소로써 해결되어져야 한다(예를 들어, 가격에 의해 이러한 소유장애는 제거될 수 있다).

마케팅믹스의 각 구성요소들은 개별적으로 일관성의 원칙에 따라 그리고 상호보완성의 원칙을 따르면서 제품이 고객의 욕구와 선호에 어느 정도 부응하고 있는지를 알려 준다. 이것이 잘 실행된다면 고객들은 제품개념을 빠르고 정확하게 이해하고 평가할 수 있게 된다. 구매전환활동의 경우도 개념전달활동에서와 동일한 진행과정이 이루어진다. 마케팅관리자는 마케팅믹스요소들 각각에서 거래장애를 제거하는 것과 일치하는 의사결정 대안들이나 행동대안들을 우선 찾아낼 수 있다. 그런 다음에 이런 대안 중 상호보완성이 가장 높은 대안들의 조합을 선택해 나가게 된다.

제 2 절 기존제품 강화 · 유지전략(기존고객유지전략)

〈그림 2-1〉의 시계반대방향의 과정이 기존제품 강화 · 유지전략이다. 일단 신규제품이 성공적으로 시장진입을 하게 되면 일정한 고객층이 형성된다. 이들이 기존고객들이 되는 것이며, 제품 또한 기존제품이 된다.

기존제품의 강화 · 유지전략은 기존고객들에게 제품의 우월성과 신뢰성을 높이면서 안정적인 유대관계를 이루어서 이들과 장기적인 고객관계를 유지하는 것이다. 즉 제품의 경쟁력(가치의 우월성)을 높여서 장기적인 성공을 거두려면 계속적으로 신규고객 영입에만 노력을 집중하기보다는 기존고객들과 돈독한 유대관계를 맺음으로써 이들을 통해 안정적인 성장을 할 수 있을 뿐만 아니라 이들의 호의적인 구전이나 소개로 신규고객의 확보도 가능하도록 해야 한다. 이 작업을 성공적으로 이루려면 제품의 경쟁력에 직접적인 영향을 주는 환경변화에 따라 마케팅믹스의 전략을 조정 · 운영할 수 있어야 한다. 기존고객의 유지 · 강화에 대한 내용은 제15장(동태적 마케팅관리), 제16장(브랜드에 기초한 사업성장관리), 제17장(CRM-고객관계관리), 제18장(경쟁적 마케팅관리)에서 더 자세히 다룰 것이다.

환경이 변화하는 상황에서 어제의 전략이 그대로 오늘의 전략이 될 수는 없다. 고객들은 제품의 구매경험이 축적됨에 따라 더 다양하고, 더 새로운 욕구를 갖게 된다. 경쟁자들은 그들 나름대로 가격이 저렴한 또는 품질이 더 우수한 제품들을 소개하려 할 것이다. 제품의 품질 또는 대체제품의 출현에 영향을 주는 기술적 환경, 경제적 그리고 제반법규에 관한 환경도 변한다. 이러한 환경변화가 제품의 경쟁력에 주는 영향을 분석하고 이에 대한 적절한 대응을 통하여 제품의 경쟁력(가치의 우월성)을 높이는 작업이 기존제품의 강화 · 유지전략이며, 이 대응은 마케팅믹스의 개선을 통해서 가능하게 된다.

제품의 품질이나 특성, 제품의 디자인, 포장, 사용방법 등에서 개선이 이루어져야 하고, 가격도 제품의 가치를 높이는 방향으로 조정되어야 하며, 유통에서도 고객의 구매 편리성과 구매 접근성을 제고하는 방향으로 개선 · 강화되어야 하며, 마지막으로 촉진전략도 제품의 우수한 가치를 고객들에게 설득하고 그들과 정감적인 긴밀한 관계를 유지할 수 있도록 한층 강화되어야 한다. 이러한 마케팅믹스요소들을 동원한 노력의 궁극적인 목적은 기존고객들이 제품에 대해 경쟁제품보다 더 많은 혜택을 받고 있으면서 같거나 더 적은 비용을 지불하고 있다고 믿도록 하는 것이다. 이러한 가치제고 노력의 성공은 결국 기업에게 다음과 같은 세 가지 긍정적인 결과를 부여하여 기존제품의 강화 · 유지가 가능하게 된다.

첫째는 고객들의 제품에 대한 재구매 빈도를 높인다. 고객들은 일주일에 한 번 구매하던 제품을 두 번, 세 번 구매하게 된다. 즉 경쟁제품보다 더 자주 구매하게 된다. 두 번째는 고객들의 호의적인 구전을 유발시켜 잠재고객들을 실제 구매고객으로 전환 시켜 준다. 세 번째는 고객들이 그들의 친지, 동료, 이웃들을 제품의 구매고객으로 전환시키는 데 결정적인 역할을 한다. 따라서 기존고객-신규고객의 선순환이 구축되며 기업은 적은 비용으로 많은 신규고객들을 확보하면서 지속적인 성장을 경험하게 된다.

기존고객의 강화 · 유지전략은 〈그림 2-1〉에서 보듯이 환경변화에 따른 마케팅믹스의 조정 · 개선과정을 거치는 것으로 설명되었다. 이것은 환경변화로 기존고객의 욕구변화가 생겼어도 그 변화를 마케팅믹스의 개선으로 해결할 수 있으며 두 가지 형태의 마케팅목표(제품개념과 여섯 가지 구매장애요인제거방법) 자체의 수정은 필요하지 않다는 가정하에서 설명된 것이다. 만약 환경변화가 표적고객의 욕구를 변환시켜 두 가지 형태의 마케팅목표의 수정이 필요한 경우는 마케팅믹스의 조정 · 개선뿐만 아니라 마케팅목표 자체의 조정 · 개선도 필요하게 된다.

마케팅계획수립체계의 AT & T사의 Universal Card에 대한 적용

미국 최대의 장거리 전화회사인 AT&T는 1990년에 Universal Card라는 이름으로 신용카드사업에 진출하여 큰 성공을 이루어냈다. 지금은 더 이상 AT&T의 소유는 아니지만 짧은 기간에 거둔 괄목할 만한 성공에서 우리는 많은 점을 배울 수 있다. 전화회사가 신용카드를 운영한다는 것은 상당히 어색할 수 있지만, 이 기업은 체계적인 마케팅계획의 수립으로 자사의 마케팅목표에 적합한 제품개념을 일관성 있게 전달하였고, 동시에 고객이 기존의 신용카드에서 느끼던 구매장애요인들을 제거할 수 있는 최적의 마케팅믹스를 개발하여 상호보완적인 역할을 수행할 수 있도록 적용함으로써 성공을 거둘 수 있었다.

- **1단계 : 환경변화의 파악과 그것이 고객 및 마케팅전략에 미치는 영향에 대한 평가**

1989년 당시 신용카드사업은 성숙기였고, 높은 수익률을 가진 시장이었다. 일반 소매은행들에게 있어서도 신용카드가 가장 수익성이 높은 사업으로, 대출포트폴리오의 수익률이 1% 정도인데 반해 신용카드사업은 약 5%의 수익률을 달성할 수 있었던 것이 당시의 현실이었다. 이러한 상황하에서 신기술의 발전으로 은행들보다 더 저렴한 결제시스템을 설치 운영할 수 있는 비은행계 사업자들이 나타나기 시작하였고, 이들은 낮은 비용구조를 바탕으로 더 많은 수익을 창출할 수 있는 잠재력을 지니고 있었다.

- **2단계 : 표적(목표)시장의 확인**

AT&T가 신용카드산업에 진입한 가장 중요한 이유는 무엇보다도 고객들이 현재 보유하고 있는 신용카드의 서비스에 만족하지 않고 있다는 사실을 간파하였기 때문이다. 신용카드 사용자들은 높은 연회비와 평범한 서비스에 불만족하고 있었다. 많은 사람들은 간단한 주소변경에 몇 주씩이나 걸리고, 분실 후 새 카드를 발행받는 데 수많은 서류작성과 전화를 걸어야 하는 것에 심한 불편을 느끼고 있었다. AT&T는 자사의 역량을 활용하여 고객들에게 훨씬 나은 서비스를 제공할 수 있을 것이라고 생각하였고 이를 통해서 수익을 창출할 수 있을 것이라고 판단하였다 .

- **3단계 : 표적시장별 마케팅목표의 설정**

(1) 개념전달활동 목표

AT&T는 '가치, 품질, 서비스, 그리고 당신이 믿을 수 있는 회사 AT&T' 라는 메시지를 전달하기 위하여 AT&T의 Universal Card는 누구든지(anyone), 언제(anytime), 어디서나(anywhere) 사용할 수 있는 편리하고 보편적인 카드라는 개념을 전달하기로 결정하였다.

(2) 구매전환활동 목표

AT&T는 경쟁자들이 신용카드를 발급하는 데 걸리는 시간이 길어서 고객들이 느끼는 시간상의 장애요인을 극복하기로 하였다(시간상의 장애요인 제거).

또한 신용카드산업에 거의 존재하지 않았던 브랜드 인지도를 확립함으로써 소비자들이 느낄 수 있는 인지상의 장애를 최소화하기로 하였다(지각적 장애요인 제거).

낮은 질의 서비스를 제공하는 것에 비하여 비용의 불합리성을 가지고 있는 경쟁사와 차별적으로 소유 및 기능상의 장애요인을 제거하기로 하였다(소유 및 기능적 장애요인 제거).

- **4단계 : 개념전달활동과 구매전환활동을 수행하기 위한 마케팅믹스의 설계개념전달활동에서의 일관성과 보완성**

AT&T Universal Card의 제품개념은 누구든지(anyone), 언제(anytime), 어디서나(anywhere) 사용할 수 있는 편리하고 보편적인 카드라는 것이었다. AT&T Universal Card는 고객에 대한 개념전달목표로서 편리함이라는 브랜드 개념을 설정하면서 이 목표와 관련하여 기능, 이자율, 디자인 등의 요소에 대한 일관된 의사결정을 하였다. 이들 의사결정 변수들은 편리함의 개념을 강조한다는 하나의 전반적 목표를 달성하기 위한 마케팅믹스의 구성요소들이었다. 여기서 일관성의 원리는 각 구성요소가 편리함이라는 개념을 일관되게 표현할 것을 요구하였다. 즉, 각 요소는 전달하고자 하는 브랜드 개념을 반영해야 했다. 〈그림 2-3〉에서 보는 바와 같이, 이자율(interest rate)이 낮고, 연회비(annual fee)가 없으며, 장거리 전화할 때에도 사용함은 물론 카드업무에 관하여 신속하게 처리한다는 것은 모든 사람이 언제, 어디서나 편리하게 이용할 수 있다는 개념과 일관성을 지니고 있는 것을 볼 수 있다.

보완성의 원리는 의사결정믹스 내에서 각 구성요소가 다른 요소를 강화시킬 것을 요구한다. 낮은 이자율, 연회비 무료, 동시에 2가지 기능(물품구매와 장거리 전화 사용)을 가지고 있다는 것은 누구든지, 언제, 어디서나 사용할 수 있는 편리함의 개념을 반영하는 것일 뿐만 아니라 서로서로가 편리함을 전달하는 것을 돕고 있었다.

연회비가 없다는 것만 가지고는 별로 효과가 없었을 것이다. 여기에 이자율이 낮다는 것이 함께 더해짐으로써 소위 말하는 상승작용이 일어난 것이다. 이들 구성요소들은 다함께 긍정적이고 보완적으로 상호작용함으로써 편리함이라는 개념을 더 효과적으로 전달할 수 있었다. 그래서 이러한 제품개념이 고객들에게 더욱 쉽게 전달, 이해되었으며, 더 가까이에서 설득을 할 수 있었던 것이다. 이것은 곧 마케팅비용의 절감과도 연결되었고 동시에 Universal Card의 매출증가에도 도움을 주었다.

구매전환활동에서의 일관성과 보완성

AT&T Universal Card의 예는 개념전달활동에 있어서의 일관성과 보완성의 중요성을 잘 보여 주고 있을 뿐만 아니라, 구매전환활동에 있어서도 일관성과 보완성의 원칙을 지키고 있었다. 마케팅믹스는 구매장애요인을 제거하기 위하여도 적절히 혼합되어져야 하는 것이다. 즉 고객들에게 제품을 보다 쉽게 확인하고 기억나게 함으로써(지각장애), 그리고 제품을 원할 때에(시간장애), 쉽게 구할 수 있고(장소장애), 정당한 가격으로 구매할 수 있도록(소유장애) 각각의 장애요인제거를 위한 일관성의 원칙을 만족시킴과 동시에 구매장애요인이 효율적으로 제거될 수 있도록 서로 보완성을 갖을 수 있는 방안들을 선택해야 할 것이다. 그러므로 각 마케팅활동은 구매전환활동에서 일관성과 보완성을 유지하고 제품을 구매하는 고객의 노력이 최소화되도록 이루어져야 한다(그림 2-3 참조). 이것 또한 마케팅비용의 절감과 매출증가에 도움을 줄 것이다.

AT&T는 기존고객정보를 바탕으로 신용조회를 경쟁사보다 빠른 시간 내에 할 수 있었으므로 신규카드발급시 소요시간을 단축할 수 있었고(시간에 관한 장애 요인), AT&T라는 모 브랜드명을 그대로 명시함으로써 인지도 확보에 필요한 비용을 줄이는(지각장애) 등의 노력을 통해 단위비용절감을 이루었다.

또한 하나의 카드로 장거리 전화와 신용카드를 한 번에 사용할 수 있다는(기능장애) 점과 신용카드 결제대금에 따른 장거리 전화 할인혜택 제공(소유장애), 낮은 이자율과 연회비 무료정책(소유장애) 등은 Universal Card 가입자를 증가시켰고 이는 수익의 증대로 나타났다. 즉 각 전략의 보완성과 일관성이

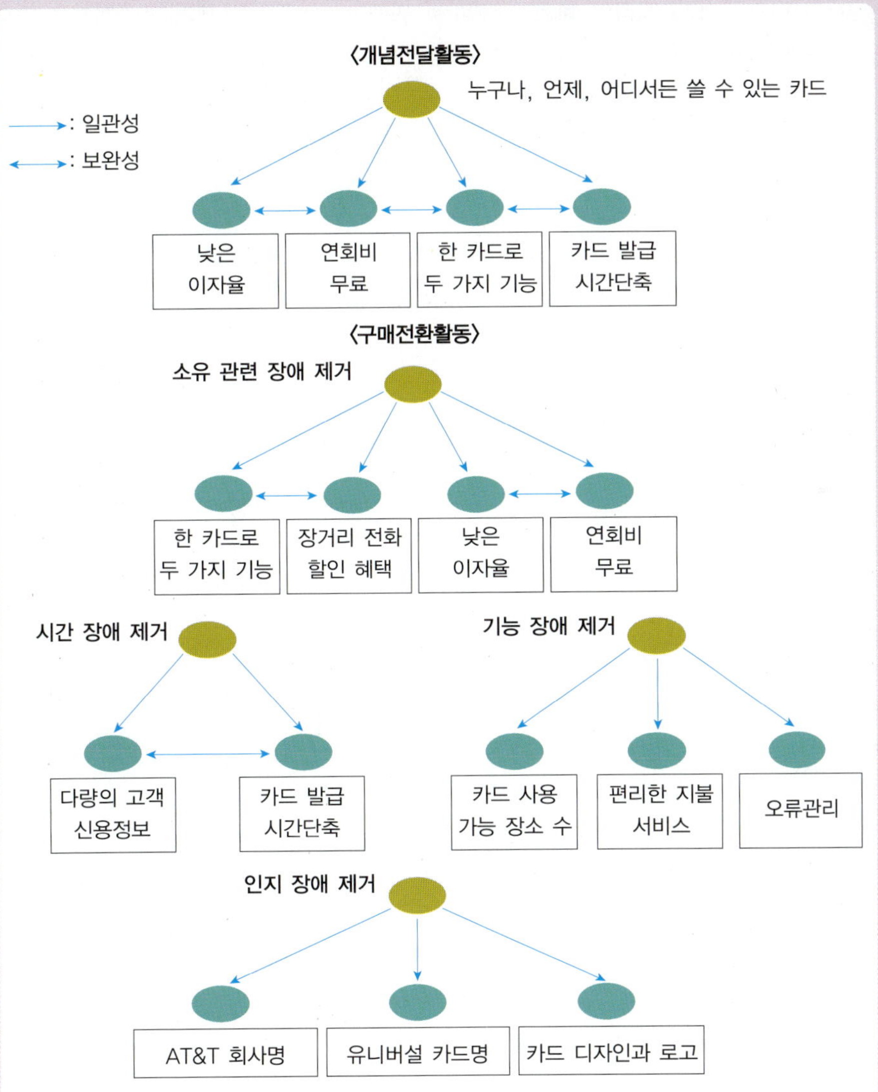

그림 2-3
AT&T사의 Universal Card의 개념전달활동과 구매전환활동

더 큰 혜택을 불러일으킨 것이다.

여기서 한 가지 눈여겨 볼 점은 개념전달활동이나 구매전환활동에서 모든 마케팅믹스 활동요소들이 서로가 보완성을 갖고 있어야만 하는 것은 아니라는 점이다. 물론 믹스활동요소들 모두가 서로 보완성을 갖고 있는 것이 가장 이상적일 것이나 일반적으로 믹스활동요소들 중의 일부가 서로 보완성을 갖고 있으면서 나머지 다른 요소들과는 서로 보완성이 없는 경우가 많다. 그러나 보완성이 일부 요소들간에 없다고 하더라도 그 요소들 각각이 예외 없이 개념전달이나 구매전환활동 목표에 일관성을 유지한다면 그것은 상승효과를 노리는 마케팅 믹스의 원칙에 위배가 되지 않는다. 예를 들어 〈그림 2-3〉에서 구매전환활동을 살펴보면, 기능장애제거에서 카드 사용가능 장소의 수와 편리한 지불 서비스 그리고 오류관리 등은 서로가 상호보완성은 없지만(양방향의 화살표가 없음), 이 세 가지 요소 각각이 기능장애제거라는 구매전환활동목표와 일관성을 갖고 있기 때문에(세 요소가 모두 기능장애제거를 가능하게 함) 보완성에 기인하는 상승효과는 기대할 수 없더라도 기능장애제거라는 과제를 충분히 수행해 나갈 수 있었던 것이다.

Summary & Review

_ **요약** 및 **복습**

시장을 장기적으로 지배하는 성공적인 브랜드가 되기 위한 마케팅관리의 과업은 다음의 두 가지로 구분된다. (i) 신제품 도입과업(신제품 시장진입전략), (ii) 기존제품 유지과업(기존제품의 강화 · 유지전략)이 그것이다. 즉 성공적인 브랜드가 되기 위해서는 효과적인 신제품의 시장진입전략이 있어야 하며 일단 시장진입에 성공한 브랜드는 기존제품으로써 지속적으로 제품의 가치를 제고하여 경쟁력을 강화 · 유지하는 전략이 필요하다.

첫번째 과업인 신제품 시장진입전략을 위한 마케팅계획은 다음과 같은 4단계로 구성된다. 첫번째 단계는 과업환경과 거시환경의 변화를 파악하고, 그것이 마케팅활동에 미치는 영향을 평가하는 것이다. 만약 마케팅기회가 발생한다면, 제2단계에서는 보다 명확하게 고객욕구를 분석하여 세분화가능시장을 도출한 후, 각 세분시장의 분석을 통하여 최적표적시장을 선정하여야 한다. 세 번째 단계에는 환경변화에 반응하여 왜 표적시장 고객들이 자사제품을 선호해야 하는지를 설명해 줄 수 있는 개념을 개발해야 한다. 이 개념은 서술적인 내용이나 아이디어의 형태로 나타난다. 또한 기업은 고객들이 최소한의 노력으로 구매할 수 있도록 여섯 가지 거래장애를 제거하기 위한 구매전환활동의 목표를 명확히 제시해야 한다. 마케팅목표에 나타나고 있는 개념전달활동과 구매전환활동은 마케팅믹스의 네 가지 구성요소로써 실행된다. 이들 구성요소들은 나름대로의 하부구성요소를 가지며 서로 상호조정되어야 한다. 이와 마찬가지로 네 가지 마케팅믹스 요소들도 서로 조정되어져야 한다. 이와 같은 조정노력의 과정이 마케팅관리과정의 네 번째 단계를 구성한다.

일단 신제품이 성공적으로 시장에 진입하여 고객들을 확보하게 되면, 그 다음 과제는 이러한 고객들과 안정적인 유대관계를 이루어 장기적인 고객관계로 발전시키는 것이다. 이 목적으로 위하여 기업은 끊임 없는 가치제고의 노력을 시도하여야 한다. 이러한 노력에 의하여 고객들은 재구매빈도를 높이고, 호의적인 구전을 유발시키며 신규고객들을 유치하는 데 도움을 주게 된다.

Issues raised & Question

_ **문제제기** 및 **질문**

1 매우 표준화된 제품의 마케팅관리자가 제품의 중요한 경쟁요소가 거의 동일하기 때문에 단지 가격밖에는 경쟁할 요소가 없다고 한탄하고 있다. 이러한 불평에 문제가 있다고 생각한다면, 구체적인 예를 들어 설명해 보라.

2 많은 기업에서 마케팅목표로서 매출액이나 시장점유율을 사용하고 있다. 예컨대,

'2002년 시장점유율 2% 증가목표' 혹은 '2002년 매출액 2억원 이상의 증가목표' 등이 그것이다. 이러한 기준을 사용하여 마케팅의 목표를 설정하는 것에 대해 어떻게 생각하는가? 이러한 방식으로 마케팅목표를 설정하는 것에 동의하지 않는다면, 어떻게 달리 정할 수 있는지와 왜 그러한지에 대해서 설명해 보라.

3 왜 마케팅부서와 생산부서간의 갈등이 자주 발생하는지를 말해 보라. 이러한 갈등을 피하기 위해 어떠한 장치가 필요한지 말해 보라.

참고문헌 _ R/E/F/E/R/E/N/C/E/S

Michael Treacy and Fred Wiersema(1995), *The discipline of market leaders: choose your customers, narrow your focus, dominate your market*(Addison - Wesley Pub. Co.), pp.67 - 83.

about
PART 2

앞에서도 보았듯이 기업이 당면하고 있는 시장의 제반 환경을 명확히 이해하고 그로부터 기회를 발견하는 것은 모든 마케팅전략의 출발점이 된다. 제Ⅱ부에서는 이에 대한 접근방법과 분석절차를 다룬다. 제 3 장에서는 시장환경의 구성요소와 그에 대한 분석방법을 소개하고 환경과 마케팅전략 간의 적합성이 왜 중요한가를 서술한다. 제 4 장에서는 시장환경의 한 부분이며 기업과 직접적으로 관계를 가지는 고객들의 행동에 대해 이해하고 제 5 장에서는 그들의 욕구를 분석하는 과정을 설명한다. 여기서는 특히, 고객행동에 대한 철저한 분석과 그에 대응하는 마케팅전략간의 관계를 교환 전 과정, 교환과정, 그리고 교환 후 과정을 나누어 고찰한다.

마케팅기회분석과 시장세분화

제3장 환경분석

제4장 고객행동의 이해

제5장 고객의 욕구분석과 신제품 개발과정

PART 02

MARKETING MANAGEMENT

CHAPTER 3

환경분석

MARKETING MANAGEMENT

2010년 주목할 소비 트렌드 7

소비 트렌드의 변화를 감지하는 것은 경영 활동의 출발점이다. 남보다 먼저 소비 트렌드를 간파하고 재빠르게 대응하는 기업만이 시장을 리드할 수 있다. 2010년 경인년(庚寅年). 대한민국 소비자들은 과연 어떻게 소비할 것인가? LG경제연구원은 2010년 예상되는 경제/사회/문화 등 주요 경영환경의 변인과 맞물린 7가지 핵심 소비 트렌드를 소개했다.

• 모빌리티(Mobility): 이동 소비의 부상

스마트폰은 통화 패턴뿐 아니라 사람들의 라이프 스타일까지 바꾸는 큰 변화의 매개체로 작용한다. 소비자들은 언제나 휴대 단말기기를 이용하여 인터넷에 접속하고 있기 때문에 기업은 목표 고객이 어디서 무엇을 하는 지에 대한 위치 기반 정보 습득이 가능하다. 따라서 모바일에서 습득된 고객 정보의 효율적 활용 여부가 기업 경쟁력을 가늠하는 중요 요인으로 자리잡을 전망이다.

• 패밀리(Family) 2.0: 패밀리 네트워킹의 확장

온라인에서 가족간의 교류를 편하게 할 수 있는 사이트들을 패밀리 2.0 사이트라고 부르면서 이 용어가 알려지기 시작했다. 패밀리 2.0은 온라인에서 이루어지는 패밀리 네트워킹 활동이지만, 좀 더 넓혀서 보면 가족중심주의의 연장선이다. 경기 불황 등 위기 이후에 가족을 찾고자 하는 심리는 강해지고 가족의 가치를 중요하게 생각하는 경향이 증가하면서 가족 중심의 소비는 지속될 것으로 보인다.

• 알파 그린(Alpha Green): 실질적 혜택을 주는 친환경 소비 확대

전 세계 기업들은 '지구도 살리고 제품도 팔 수 있는' 그린 제품 개발에 몰두하고, 소비자들도 이에 동참하면서 웰빙이 한참 강조되던 2000년대 초반 이후에는 친환경 제품을 우선적으로 구매하려는 소비 성향이 강하게 나타났다. 하지만 당초의 기대와는 달리 그린 소비에 대한 성과는 그다지 높지 않다. 소비자들은 그린 소비가 중요한 것으로 인식하지만 제품을 소비하는 단계에서는 또 다른 가치를 찾아 소비하려는 성향이 점차 강해지고 있다. 친환경 제품은 기본이고 고객이 진정으로 추구하는 가치를 찾아내고 그 가치를 소비자들에게 적극적으로 알리는 노력이 더욱 요구된다.

• 브라보 시니어 라이프(Bravo Senior Life): 새로운 자아를 찾고자 하는 중년

많은 기업체에서도 중년을 대상으로 한 제품, 서비스 마케팅이 점점 확대되는 추세이다. 자신을 위한 삶을 찾고 있고 자아를 위한 소비를 늘려가고 있는 이른바 꽃중년의 새로운 몸짓이 더욱 뚜렷해지는 것이 우리 사회의 여러 분야에서 자주 관찰된다. 이렇게 새로운 소비의 주된 계층으로 50대 중년의 등장이 하나의 트렌드로 더욱 두드러지고 있다. 중년들의 삶에 대한 가치관과 관심사의 변화가 이러한 트렌드의 주 요인이라 할 수 있다.

• 몰링(Malling): 쇼핑과 여가, 두 마리 토끼 잡기

몰링은 대형 복합 쇼핑몰에서 쇼핑뿐만 아니라 오락 등 다양한 여가 활동을 즐기는 소비 행위를 일컫는다. 물건을 사는 행위를 넘어 쇼핑 자체를 하나의 '즐거운 경험'으로 여기는 소비자가 늘고 있다. 최근 몰링을 추구하는 소비자들이 늘어나는 이유는 원스탑(One-stop), 엔터테인먼트에 대한 니즈가 커지고 있기 때문이다. 소득 수준의 향상도 몰링 확대에 영향을 미친다.

• 하비 홀릭(Hobby-holic): 취미에 흠뻑 빠진 사람들

가처분 소득은 꾸준히 증가하고 있는데, 취미생활에 소요되는 비용은 줄어드는 경우가 많으니, 사람들은 좀 더 쉽게 취미를 시작하게 된다. 취미 확산의 두 번째 원인은 여유 시간이 늘어났다는 점이다. 금전적, 시간적 여유가 취미 확산의 토대가 되었다면, 취미 확산의 방아쇠가 된 것은 인터넷 커뮤니티다. 인터넷 커뮤니티에서 얻은 지식과 간접 체험은 취미를 행동으로 옮기게 한다.

• 멀티 컬처(Multi-Culture): 이종 문화 소비 확대

우리에게 익숙하지 않았던 나라와 문화에 대한 관심이 커지고 있다. 이른바 '멀티 컬처(Multi-Culture)'에 대한 관심 확대에 가속도가 붙어 이종 문화 관련 상품과 서비스가 2010년 소비의 중요한 트렌드가 될 전망이다. 문화 관련 소비가 점차 확대되고 보편화되면서, 잘 알려지지 않은 국가나 문화를 남보다 앞서 경험함으로써 남들과 차별화하겠다는 소비 심리를 반영하는 것이다. 최근 외국인 이주노동자와 다문화 가정의 증가 속에서도 이종 문화와 관련된 소비 트렌드의 동인을 감지할 수 있다.

〈자료원: LG경제연구원 보고서, "2010년 주목할 소비 트렌드 7"〉

마케팅관점에서 보면, 환경관리는 다음과 같은 세 가지 과제와 관련된다. 즉 (i) 환경에 변화가 생길 때 어떠한 새로운 시장기회(신제품 기회)를 발견할 수 있을까? (ii) 환경의 변화는 기존제품에 대하여 어떠한 변화와 개선을 요구하는가? (iii) 환경에 대한 변화를 어떻게 관리 · 예측할 수 있을까? 등에 대한 답을 찾는 노력을 환경관리라고 할 수 있다. 본 장에서는 처음 두 과제를 다루고 세 번째 과제는 본 장의 부록에서 논의된다.

환경변화는 신제품의 진입기회를 마련해 줄 뿐만 아니라 기존제품의 개선과 기존제품에 대한 마케팅전략을 수정하도록 요구하기도 한다. 제 2 부에서는 신제품의 시장진입과정을 다루고 제 3 부에서는 기존제품의 개선과 마케팅전략의 수정을 논하게 되어 있으나 본 장에서는 환경의 변화가 마케팅전략에 미치는 영향을 두 가지 측면 모두에서 종합적으로 살펴보기로 한다.

새로운 기회를 찾아내어 경쟁우위를 차지하고 계속적인 성장을 하기 위해서는 환경관리가 마케팅관리에 포함되어야 한다. 마케팅관리과정에 영향을 미치는 환경차원은 세 가지가 있는데 그것은 내부환경(internal environment), 과업환경(operation environ- ment), 그리고 거시환경(macro environment)이다. 이중 거시환경의 변화는 새로운 마케팅믹스 전략이나, 새로운 상품, 또는 상품을 수정할 마케팅기회를 만들어 내기도 하지만, 모든 기회가 모든 회사에 똑같이 적용되어지지는 않는다. 한 기업이 거시환경의 변화로 생긴 기회를 활용할 수 있느냐 없느냐는, 내부환경과 과업환경이 특정한 마케팅 기회에 얼마나 잘 부합하느냐에 의해 결정되기 때문이다. 때로는, 내부환경과 과업환경의 변화가 마케팅기회를 만들어내기도 한다. 예컨대, 미국 3M사의 조사부에서 우연히 아교를 개발했을 당시, 이 변화는 내부환경에 있어서의 '기술적 요소'의 변화를 가져와 수익률이 매우 높은 접착가능노트(post-it, self-adhesive note)의 개발을 이끌었다. 그리고, 특별한 거시환경(일반적인 사회 · 문화환경)의 영향이 없었어도, 특정 고객의 욕구(과업환경의 한 부분) 변화에 의한 마케팅기회가 생기기도 한다.

본 장에서는 먼저 각각의 환경과 마케팅과의 관계를 살펴본 후 세 가지 환경 사이의 관계를 알아볼 것이다. 세 가지 환경 사이의 상호관계와 각각의 환경내부요소들의 상호관계는 마케팅결과에 중요한 영향을 미치므로, 마케팅관리자는 마케팅기회를 창출하기 위해 이러한 상호관계를 적절한 방향으로 관리할 필요가 있다. 다시 말해서. 환경요소들의 변화에 대해서 대응적으로 접근하는 방법(reactive environmental approach)도 중요하지만, 더 나아가 이들 환경요소들을 기업의 마케팅활동을 위해 보다 유리한 방향으로 창출해 나가는 주도적인 환경접근방법(proactive environmental approach)과 진취적인 자세도 필요하다.

제 1 절 내부환경의 영향

기업 내의 각 부문들간의 조정은 마케팅관리자의 중요한 업무이다. 예컨대, 생산 부문은 생산능력, 재고품, 생산공정, 생산일정을 통제함으로써 마케팅관리 프로그램의 성공 여부에 영향을 줄 것이고, R&D부문은 제품을 향상시킬 수 있는 아이디어 개발과 제조공정에 대한 지원업무를 수행한다. 재무부문은 자원의 분배를 통해, 실제적인 영향을 발휘함으로써 마케팅관리의 강도에 영향을 주며, 때때로 고객들과의 협상에 참가함으로써 판매에도 영향을 준다. 운송부문은 판매부서원들이 약속한 선적계획을 맞춤으로써 결정적인 역할을 하기도 한다. 회계부문은 정확한 회계시스템을 제공함으로써 기업의 이익에 대해 각각의 상품과 서비스가 얼마나 기여하는지를 측정하는 데 도움을 준다. 또한 회계절차는 여러 상품들이 동일한 유통경로, 동일한 판매력, 동일한 생산설비를 사용할 때 실제비용이 얼마나 드는지 정확하게 산출하는 데 도움을 준다. 구매부문은 위급한 상황일 때도 시간에 맞춰서, 적은 비용으로 질 좋은 원료를 충분히 공급함으로써 마케팅활동의 성공에 기여한다 인사부서에서 개발한 동기부여시

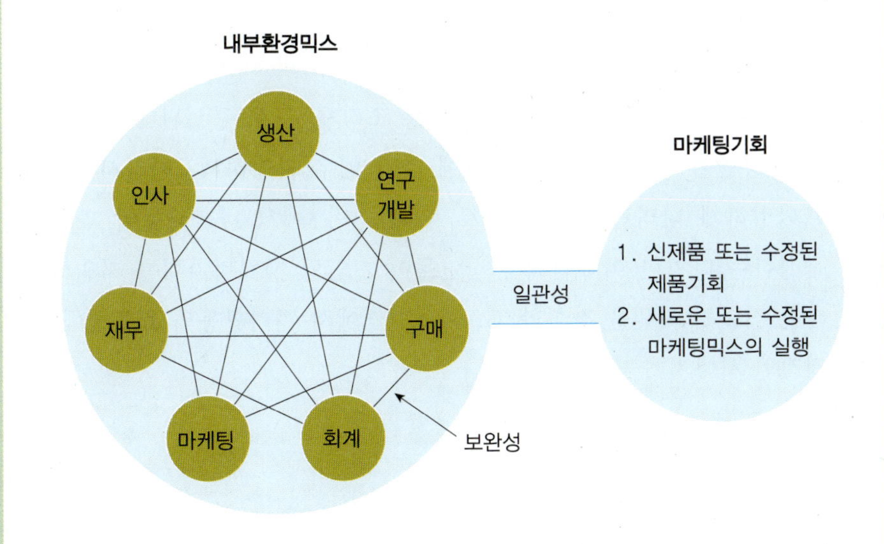

그림 3-1
내부환경믹스에서의 시너지 창출

스템은 새로운 기회를 확보함에 있어서 필요한 판매인력을 할당하는 데에 효과적으로 기여할 것이다.

마케팅관리자는 때때로(공식적으로, 비공식적으로) 자신의 부서뿐 아니라 다른 부서 사람들과도 상의를 한다. 예컨대, 판매와 마케팅부서가 분리되어 있을 때, 마케팅부서에 있는 상품관리자는 마케팅부서를 지원하고 있는 판매원들의 수와 그들이 해야 할 활동에 대하여, 판매관리자와 함께 심도 깊은 상의를 한다.

한편 시장에서 상품의 성공은(예컨대, 매출액이나 시장점유율의 증대) 마케팅부서만의 노력이라기보다는 기업 전체의 노력을 반영하는 것이다. 예컨대, 미국에서 많은 일본 제품이 성공하는 데 있어서 일본기업 마케팅부서의 활동이 중요한 역할을 했다. 또한 R&D부서와 생산부서도 성공에 큰 도움이 되었다. 그것은 신뢰성이 높고 질 좋은 상품을 제공했기 때문이다. 상품의 질은 마케팅부서의 관리가 비교적 덜 관여하는 분야이다. 기업의 직무부서들은 내부환경믹스를 구성하는 중요한 요소들이다. 그들이 개별적으로 기업의 마케팅활동을 지원하는 동시에 서로의 역할을 도와 줄 때, 내부환경관리에 긍정적인 시너지가 만들어질 것이다.

제 2 절 과업환경의 영향

과업환경은 기업의 이해 관계자들—즉 기업의 마케팅목표의 성취에 직접·간접으로 영향을 주고 받는 개인 또는 조직체—로 구성된다. 그들은 개별 기업 또는 당면한 마케팅환경의 특성에 따라 매우 다양하며, 따라서 그들의 영향력도 다양하게 나타난다. 그러므로 〈그림 3-2〉에서 나타나듯이 과업환경믹스를 구성하는 다양한 이해관계자 집단들이 기업의 마케팅기회를 지원하고, 서로가 다른 집단의 지원을 강화할 때, 과업환경에서 관리활동의 효율성에 기여하는 긍정적인 시너지가 발생할 수 있다.

2.1. 고 객

마케팅관리자가 가장 관심을 가지는 이해관계자는 소비자이다. 사실, 마케

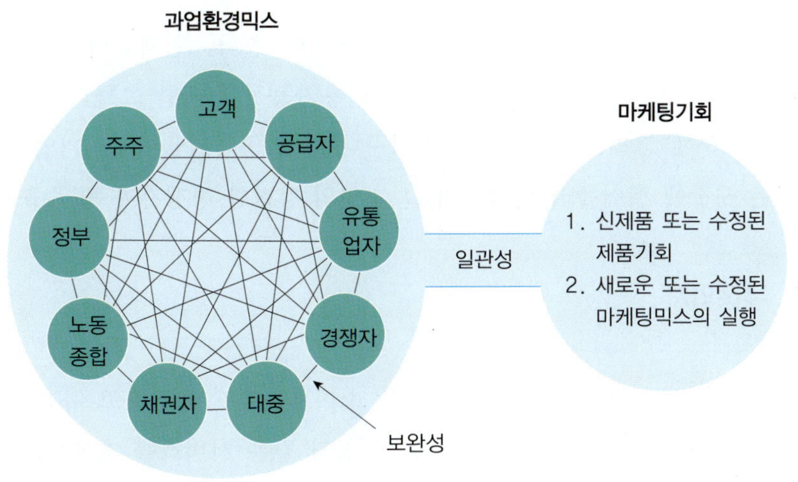

그림 3-2 과업환경믹스에서의 시너지의 창출

팅지향적 사고는 소비자의 욕구를 가장 중요하게 여기며, 소비자 욕구의 변화는 마케팅전략의 변화에 영향을 미친다. 따라서 소비자가 주 고려사항이기는 하지만 단지 이해관계자 집단 중 하나일 뿐이라는 관점에서 검토되어져야 한다. 기업과 소비자 사이에는 다른 많은 이해관계자들이 존재하며, 서로 상호작용하고 있다. 이러한 상호작용은 소비자의 욕구를 충족시키려는 기업의 마케팅활동에 영향을 미친다.

소비자들은 때로는 자신들의 권리와 힘을 강화하기 위하여 조직적인 운동을 시도하기도 한다. 예를 들어, 1960년대를 시작으로 미국을 중심으로 나타난 소비자주의는 점차 세계적으로 확산되고 있으며, 그것이 기업의 마케팅활동에 미치는 영향도 적지 않다. 한국도 1968년 한국소비자보호협회와 1970년 한국소비자연맹의 탄생을 시작으로 30여 년간의 발전과정을 거쳐오고 있다.

한국소비자원은 1987년 7월 1일 소비자보호법에 의하여 '한국소비자보호원'으로 설립된 후, 2007년 3월 28일 소비자기본법에 의해 '한국소비자원'으로 기관명이 변경되었다. 한국소비자원은 소비자의 권익을 증진하고 소비생활의 향상을 도모하여 국민경제이 발전에 이바지하기 위하여 국가에서 설립한 전문기관이다.

2.2. 공 급 자

공급자들의 행동은 신중하게 조사되어져야 한다. 원재료의 공급, 가격에 대한 영향력, 가격 안정성, 대체재료의 이용가능성에 대한 그들의 능력과 안정성은 중요하게 고려되어져야 한다. 더구나 만약 공급자들이 그 기업이 활동하고 있는 시장에 뛰어들려고 한다면 그 기업의 강력한 경쟁자가 될 수도 있다.

2.3. 유통업자

유통업자들은 제조업자들이 상품을 소비자들에게 촉진하고 유통시키는 것을 돕기 위해 필요한 촉진활동. 운송, 저장과 같은 서비스를 제공한다. 대체로 유통업자는 이와 같은 업무를 제조업자보다 저렴하게 수행할 수 있으므로 관리자는 유통업자들의 유형, 수, 규모에 대한 깊은 지식이 필요하다. 그들이 제공하는 서비스의 질, 유통가격 등 모든 것이 기업의 마케팅전략에 중요한 영향을 미친다.

2.4. 경 쟁 자

경쟁자라 함은 특정시장의 고객들의 비슷한 욕구를 만족시키는 제품이나 서비스를 공급하는 기업들이다. 대체로, 기업들은 그들의 경쟁자를 같은 상품을 생산하는 기업이라는 아주 좁은 의미로 규정하지만, 서로 다른 제품이라도 고객의 동일한 욕구를 충족시킬 수 있다면 그 제품들은 서로 경쟁관계에 있다고 볼 수 있다. 예를 들면, 츄잉껌은 상쾌한 숨결에 대한 욕구를 만족시킨다는 점에서 구강청정제와 경쟁관계에 있다고 할 수 있다. 또한 산업재의 경우 공급자(후방통합을 통해서)나 고객(전방통합을 통해서)도 잠재적 경쟁의 원천이 될 수 있다. 많은 마케팅관리자들은 경쟁을 너무 좁게 규정할 뿐만 아니라 경쟁환경을 단순히 싸움이라고 생각한다. 과업환경 내의 다른 요소들이 위협인 동시에 기회라고도 생각되는 반면, 기업은 경쟁자들을 기업의 시장위치에 대한 위협적 요소로만 여겨지고 있다. 그러나 경쟁자는 이익의 원천이 될 수도 있다. 새로운 기업이 특정시장에 진입할 때, 그들이 지출하는 마케팅경비는 관련 수요를(즉, 제품계열에 대한 수요를) 촉진시키는 데 도움을 준다. 그래서 그 시장에 있는 모든 기업의 과업성과를 향상시킨다. 유사하게, 보다 성숙한 시장에서 다른 기업이 무시했거나 서비스할 능력이 부족했던 곳에 어느 기업이 진출하면, 소비자들은 성장기에 진입한 대체상품을 쓰지 않고 성숙기에 있는 기존제품을 계속 쓸 것이다.

어느 정도 한계성은 있겠지만 경쟁자들이 우리 기업의 마케팅활동을 지원하느냐 안하느냐는 우리 기업이 경쟁에 대해 어떻게 접근하느냐에 달려 있다. 경쟁자들과 공정하지 못하고, 자기 훼손적인 관계를 가진다면, 절대로 긍정적인 관계를 이끌어내지 못한다. 그러나 적절하게 관리하면, 경쟁자들은 언젠가는 가치가 있는 이해관계자 집단이 될 수도 있다.

2.5. 대 중

대중은 그 기업의 고객은 아니지만. 고객들의 가치체계에 간접적으로 영향을 주는 사람들의 집단이다. 예컨대, 담배를 피우지 않는 사람들은 담배회사의 고객들에게 영향을 주는 중요한 사람들이다.

2.6. 채 권 자

유리한 조건으로 자금을 얻어내는 능력은 낮은 가격으로 질 좋은 원재료를 구입하는 것만큼이나 기업의 성공에 중요한 영향을 미친다. 기업은 채권자들(은행, 투자기관, 주식중개회사)의 정책변화에 대해 민감해야 하며 그들과 좋은 관계를 유지하기 위해 끊임없는 노력을 경주해야 한다.

2.7. 노동조합

노동조합과의 관계는 노동자들의 생산성과 회사의 비용-수익 방정식을 결정하는 데 점점 중요성이 높아지고 있다. 조합의 요구에 민감하게 반응하는 데 실패하면 기업의 비용과 수익에 직접적인 영향을 주고, 그것은 마케팅관리 노력에 영향을 준다. 국내에서는 2011년 7월 1일부터 기업단위 복수노조가 허용되어, 기업단위 근로자는 자유롭게 노조를 설립하거나 가입할 수 있다. 복수노조가 있으면 교섭대표 노조를 정해 사용자와 교섭하는 창구 단일화 제도가 시행된다.

2.8. 정 부

정부의 규제는 여러 가지 방법으로 마케팅관리에 영향을 준다. 예컨대, 우리나라의 철근제품은 공정거래법에 의해 가격이 규제되어 있어, 제조기업들은 철근의 가공과 같은 부가가치의 창출을 통해 가격을 조정할 수 없는 입장이다. 그에 따라 마케팅관리의 초점은 물류비용의 절감 등 원가측면에 두고 있다. 또한, 정부는 기업의 마케팅기회의 원천이기도 하다. 마케팅관리자들은 그들의 마케팅노력을 촉진시킬 수 있는 다양한 정부의 프로그램에 대해 알고 있어야 한다. 예컨대 특정한 소비자들을 만족시키기 위한 새로운 상품을 찾고 있는 관리자는 기술에 관한 여러 가지 형태의 도움을 정부나 정부관련기관으로부터 받을 수 있다. 외국의 마케팅기회를 이용하기를 원하는 관리자들의 경우도 마찬가지이다. 시장에 관한 정보를 가장 풍부하게 제공하는 정부부서나 관련부서로는 기획재정부, 지식경제부, 산업연구원(KIET), 대한무역투자진흥공사(KOTRA) 등이 있다.

2.9. 주 주

주주들은 장기 마케팅계획뿐 아니라 단기 마케팅계획을 결정할 때도 중요한 역할을 한다. 기업주식에 대한 시장가치는 경영전략 및 마케팅전략을 수립할 때 고려되어져야 한다.

기업과 이해관계자와의 관계는 때때로 유동적이다. 기업은 잠재적인 변화에 대해 기민하게 대처해야 할 뿐만 아니라 가장 만족스러운 관계를 확립하기 위해 과업활동을 통제하기도 해야 한다. 이때 기업 이해관계자들의 목표와 관심은 기업의 마케팅전략과 일관성이 있어야 하고 기업의 전략을 서로 보완을 해 줄 수 있어야 한다. 기회가 아무리 좋다고 하더라도, 긍정적인 시너지가 과업환경믹스에 나타나지 않는다면. 기업은 마케팅기회를 충분히 이용하지 못할 수도 있다.

제 3 절 거시환경의 영향

거시환경은 경제환경, 기술환경, 문화·사회환경, 법 · 정치환경, 그리고 경쟁환경을 포함한다. 이러한 요소들이 거시환경믹스를 구성한다. 그리고 거시환경에서의 변화는 관리자에게 두 가지 중요한 결과를 가져온다.

첫째, 거시환경의 변화는 때때로 새로운 상품기회를 제공하거나 소비자들의 상품선호도에 변화를 가져온다. 예를 들면, 1974년의 석유파동 때는 에너지 효율성이 높고 크기가 작은 집과 자동차에 대한 소비자들의 욕구가 높아졌다. 이로인해 일본의 소형자동차는 에너지 효율성이 높다는 장점으로 미국의 대형 자동차들을 도태시키고 미국시장에서 성공할 수 있었다.

또 다른 예로, 건강과 날씬한 아름다움에 대한 소비자의 새로운 선호경향은 소비자의 라이프 스타일과 과업환경에 큰 변화를 일으켰다. 금연캠페인과 흡연인구의 급격한 하락은 담배회사에 큰 위협을 가져왔던, 반면에 특히 건강시장에서 새로운 상품과 새로운 기업이 급성장하면서 상당한 수익을 올렸다. 예컨대, 건강에 대한 대중의 인식이 높아짐에 따라 알코올 소비량이 줄어들었고, 저알코올 맥주와 저알코올 포도주의 수요가 높아졌다. 또한 소비자들은 독한 술보다는 가벼운 음료를 찾기 시작했다. 건강과 스포츠와 관련된 상품과 서비스를 취급하는 새로운 기업들이 괄목할 만한 수익을 올리고 있고, 더 나아가 식품산업은 건강지향적 이미지를 이용하여 세분시장을 개척할 수 있었다. 예를 들어, 오렌지 쥬스는 '아침식사 때만 마셔야 할 이유가 전혀 없다' 라는 건강음료의 이미지로 촉진될 수 있었다.

둘째. 환경변화는 마케팅믹스에 중요한 수정을 가한다. 환경변화는 새로운 상품에 대한 기회를 제공할 뿐만 아니라 관리자들에게 기존마케팅믹스전략의 변화를 실험해 볼 수 있는 기회를 제공한다. 예컨대, 미국의 경우 항공산업에 대한 규제완화는 항공운송수단의 경쟁적 상황에 중요한 변화를 초래했다. 이전에는 요금이 민간항공위원회(Civil Aeronartics Board)에 의해 통제되었지만, 항공산업의 규제가 해제됨에 따라 기업이 각자의 운임을 결정할 수 있게 되었다. 규제의 해제에 따른 이러한 상황변화는 항공산업의 마케팅믹스에 큰 변화를 가져왔다. 서비스 루트를 확장시켰고, 더 큰 기종의 구입과 운임경쟁이 심화되었으며.

그림 3-3
거시환경믹스에서의 시너지의 창출

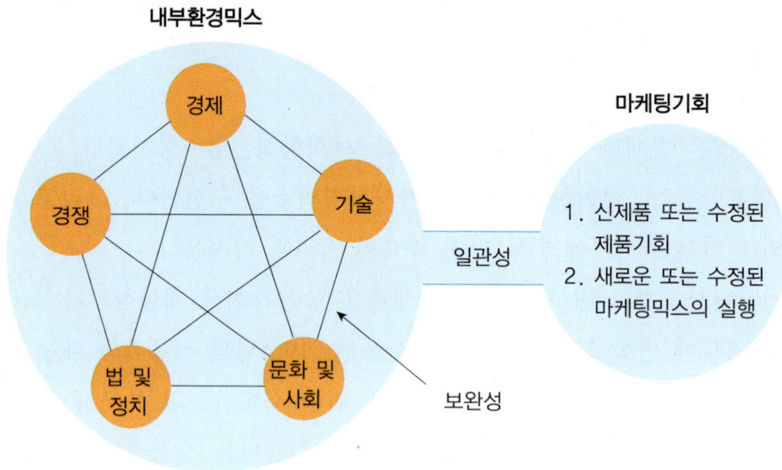

광고가 더 공격적이 되었고. 임대자동차의 가격인하, 어린이 무료요금, 주주에 대한 요금인하 같은 판촉이 강화되었다.

이와 같은 거시환경의 영향은 〈그림 3-3〉에서 잘 나타나 있다. 간단히 살펴보면, 여러 거시환경들이 주어진 마케팅기회와 일관성을 가질수록 그리고 그들 서로간의 보완성이 커질수록, 마케팅기회는 더 커지게 된다.

3.1. 경제환경

경제환경은 관리활동에 영향을 주는 요소 중 가장 변덕스러운 요소일 것이다. 게다가, 대개의 경제환경은 일반적으로 경영관리의 통제 밖에 있다. 경제환경은 경기주기, 인플레이션, 원자재의 이용가능성으로 잘 설명된다. 또한 경제환경은 경기주기의 위치, 인플레이션의 확장 정도, 원자재 공급부족의 잠재성에 따라 기회가 되기도 하고, 위협이 되기도 한다. 물론, 이러한 조건들의 변화는 마케팅활동에 영향을 준다.

(1) 경기주기

경기주기의 각각의 4단계—번영기, 쇠퇴기, 불황기, 회복기—는 기업의 마케팅활동에 영향을 준다. 번영기는 경제성장이 높을 때를 말한다. 번영기일 때, 소비자들의 소비는 대체로 증가한다. 동시에, 기업은 소비자들의 소비에 맞춰 생산능력을 확충하게 되고 많은 경비를 지출하게 된다. 그러나, 과도한 생산능력 확충과 무계획적인 생산품목의 다양화는 경기가 하락할 때 기업의 수익에 치명적인 손해를 입힌다.

실업률이 높고, 소비자의 가처분 소득이 줄어드는 때를 쇠퇴기라 한다. 그다지 경제전망이 낙관적이지 못하면, 번영기 때보다 소비자나 사업자 모두 소비와 지출을 줄이게 된다. 예컨대, 내구소비재를 생산하는 생산자와 소매상은 생산비용을 줄이고, 심각한 손실을 피하기 위해 생산량을 낮추고 생산라인을 제한하고 촉진활동을 감소시켜야 할 것이다.

소비자들도 쇠퇴기 동안은 소비량을 줄인다. 자동차나 세탁기 같은 내구소

불황기의 마케팅전략

경쟁관계에 있는 두 개의 가전제품 제조업체들에 대한 하나의 가상적 상황이 다음에 제시되어 있다. A기업의 제품은 B기업에 비해 품질수준이 높으며 또한 가격이 비싼 것으로 지각된다. 그림 (a)는 지각된 혜택과 가격의 차원에서 A, B 두 상표의 위상이 표시되어 있다. 이 경우 두 상표가 동일한 혜택 대비 가격선에 위치하고 있음에 주의해야 한다. 즉 이것은 고객들이 A나 B상표 중 어느 것을 구입하든지, 비용에 대해 동일한 혜택을 획득할 수 있다고 느낀다는 것을 의미한다. 보다 많은 혜택을 원하는 고객은, A 상표에 대해 지급할 여력이 있다면, A 상표를 구입하게 된다. 반면에 적게 지급하고자 하는 고객은 B 상표를 구입할 것이다.

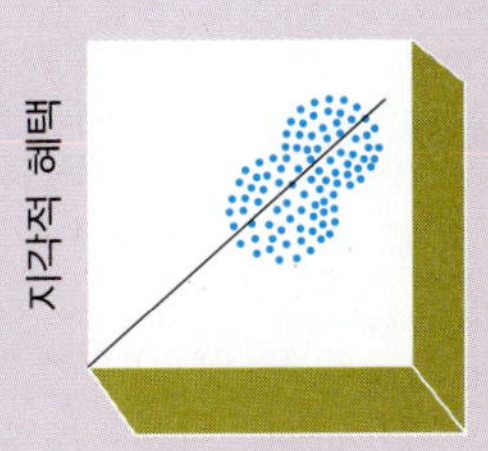

그림 (a)

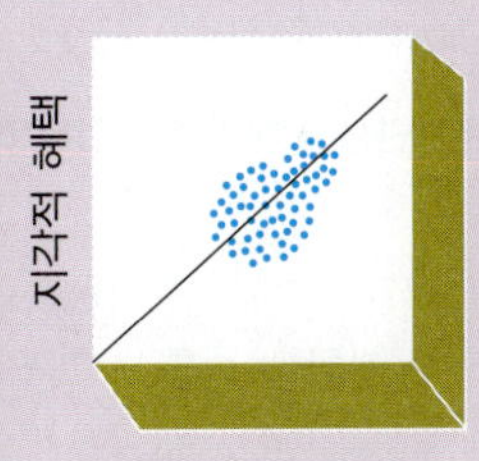

그림 (b)

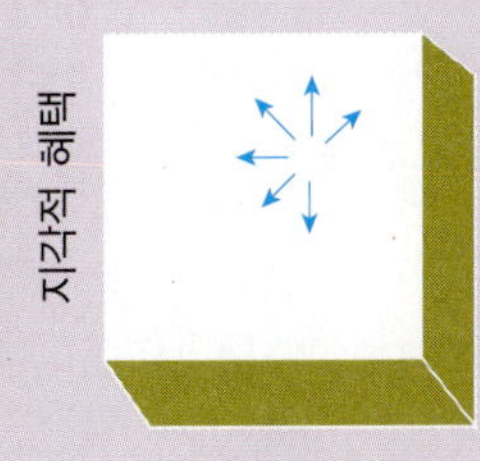

그림 (c)

그림 (a)의 점은 혜택 · 가격 관계에 대하여 잠재구매자들의 선호성을 나타내는 것으로서, 구매자들의 선호성이 A에 가깝게 있으면 A제품을 구입하고, 5 에 가까이 있으면 B제품을 구입한다는 것을 의미한다. 분명히 각 상표는 실제적인 시장을 확보하고 있으며, 또한 두 상표는 양호한 시장점유율을

누리고 있다. 경제가 불황기에 접어들면, 구매자의 선호는 값이 저렴한 B제품으로 이동하게 된다(그림 (b) 참조). 즉 고가격의 가전제품을 구입하고자 하는 구매자의 수는 감소하게 되는데, 만약 A기업이 이에 대해 아무런 조치를 강구하지 않는다면, 시장점유율은 낮아지게 된다. 이 경우, A기업은 여러 가지 마케팅 대안을 규명하여, 그 대안 중에서 하나를 선정해야 하는데, 최소한 일곱 가지 마케팅 대안이 있을 수 있다. 이는 상기의 그림 (c)에 표시되어 있고, 그에 대한 설명은 다음 표에 정리되어 있다.

A기업은 다음과 같은 전략적 고려를 해야 함.

① A기업은 점증하는 절약형 고객을 확보하기 위하여 B기업의 모델과 비슷한 위치에 위상정립할 수 있는 절약형 모델을 출시할 것을 신중히 고려해야 한다(6번 대안의 수정). 긍지형(prestige type) 및 절약형(economy type)의 두 모델을 판매함으로써 A기업은 시장점유율을 유지하거나 높일 수가 있다.

전략대안	대안의 설정 이유	결 과
1. 기존의 가격과 지각된 혜택을 유지함. 선택적인 고객 선정에 힘씀	높은 고객충성도가 확보됨. 저가격소구 고객을 경쟁자에게 빼앗김	시장점유율이 낮아짐 수익성이 낮아짐
2. 가격과 지각된 혜택을 높임	원가인상을 상쇄하기 위해서 가격을 인상함. 고가격을 정당화하기 위하여 품질을 개선함	시장점유율이 낮아짐 수익성이 유지됨
3. 가격은 유지하되, 지각된 혜택은 높임	가격을 유지하고, 지각된 혜택을 높여 기존보다 더 가치가 있도록 함	시장점유율이 낮아짐 단기적으로 수익성은 저하됨 장기적으로 수익성이 증가됨
4. 부분적으로 가격은 인하하고, 지각된 혜택은 높임	고객에게 가격인하를 실시하는 반면에 제품 혜택을 강조	시장점유율은 유지됨 단기적으로 수익성은 저하됨 장기적으로 수익성은 유지됨
5. 전면적으로 가격은 인하하고, 지각된 혜택은 유지함	가격경쟁에 참여하는 대신 경쟁우위를 확보함으로써 더 이상의 출혈가격경쟁을 규제	시장점유율은 유지됨 단기적으로 수익성은 저하됨
6. 전면적으로 가격도 인하하고, 지각된 혜택도 낮춤	가격경쟁에 참여하면서 가격에 맞는 가치를 제공하여 이익폭을 유지	시장점유율은 유지됨 이익폭도 유지됨 장기적인 수익성은 감소됨
7. 가격은 유지하고, 지각된 혜택은 낮춤	원가인상에 대응하기 위해 마케팅 비용을 삭감함	시장점유율은 감소됨 이익폭은 유지됨 장기적인 수익성은 저하됨

② 만약 A기업이 가격인상을 불가피하게 단행하는 경우에는 동시에 지각된 위상도 높여야 한다(2번 대안). 지각된 혜택은 품질, 특성 및 스타일 개선, 보다 양호한 고객서비스 및 효과적인 광고 등을 통해 높일 수 있다.

③ 마케팅전략을 선택할 때에는 A기업의 현재의 시장점유율, 현재 및 계획된 설비능력, 시장성장률, 고객의 가격민감성, 지각적 가치민감성, 시장점유율 · 수익성 관계, 경쟁자의 전략적 반응과 독자적 행동 등 여러 가지를 고려해야 한다. 동시에 각 마케팅전략이 판매, 시장점유율, 비용, 이익 및 장기적 투자에 미치는 영향을 예측해야 한다.

〈자료원: Philip Kotler(2009), *Marketing Management*, 13th ed., Peason Prentice-Hall.〉

비재 구입을 미루고 그 대신 수선하는 데 경비를 지출한다. 또한 서비스 내용을 줄이고 스스로 혼자 하는 경우가 많아진다. 비싼 경비가 드는 여가활동은 줄어들고 덜 비싼 여가 활동이 선호된다. 쇠퇴기 동안 기업에 있어 적절한 대응은, 경기주기의 하락세에 대해 과도하게 반응하지도, 얕보지도 않는 것이다. 왜냐하면, 과도하게 반응하면 번영기가 돌아올 때 새로이 재투자하는 과정에 돈이 많이 들게 되며, 너무 얕보게 되면 심각한 손실을 입을 수 있기 때문이다.

실업률이 심각하고 소비자들의 구매의욕이 심각할 정도로 떨어지면, 이 상황을 불황이라 한다. 경기주기에서 이 시기의 마케팅관리는 '생존'과 관련된다. 마케팅노력은 가장 민감하고 경제적으로 접근이 가능한 소비자 그룹에 우선적으로 초점을 맞추어야 한다.

회복기단계에서 경제는 쇠퇴기에서 번영기로 움직인다. 이 단계에서는 실업률은 줄어들고 가처분소득은 늘어난다. 관리자들은 완전한 회복까지 얼마나 시간이 걸릴지를 예측해야 하며, 회사는 새로운 상품기회와 요구가 실질적으로 증가하는 것에 대비하여야 할 것이다.

(2) 인플레이션

인플레이션은 일반적인 가격인상이 그 특징이다. 이러한 인플레이션은 경기주기의 어느 단계에서도 일어날 수 있다. 이것은 돈이 너무 많거나, 상품이 너무 적거나 또는 생산성에 비해 과도한 임금 때문에 발생한다. 높은 인플레이션은 소비자들의 구매능력과 구매의도를 감소시킨다. 특히 이것이 쇠퇴기와 함께 일어날 때 문제는 더욱 심각해진다(높은 실업률과 높은 물가). 반면 정부가 인플레이션 통제를 위해 세금 증가, 긴축재정, 가격통제 등 여러 방법을 사용할 때, 실업률이 높아지고 소득이 낮아지는 경기후퇴의 결과를 초래하는 경향이 있다. 이것을 스태그플레이션 경제국면이라 한다.

한편 인플레이션 시기 동안 소비자들의 반응은 경기주기의 쇠퇴기와 거의 같다. 이때 인플레이션은 기업의 마케팅전략에 중요하고도 심각한 영향을 준다. 첫째, 회사는 인플레이션율에 따라 상품의 가격을 높여야 한다. 그렇지 않으면, 원자재와 다른 생산가격이 증가하기 때문에 수익이 감소한다. 수익이 감소되면 계획되었던 투자가 감축되거나 연기되고, 이 투자를 못하면 생산성이 낮아지게 된다. 다음의 전략들은 심각한 가격인상 없이 수익의 손실을 막는 일반적인 방법들이다.

- 가격인상보다는 상품의 양을 줄인다.
- 덜 비싼 원료와 재료로 대체한다.
- 생산비를 낮추기 위해 상품특징을 줄이거나 없앤다.
- 무료설치, 운반. 장기보증 같은 상품서비스를 낮추거나 없앤다.
- 포장비를 낮추기 위해 값싼 포장재를 이용하거나 덕용 포장을 사용한다.
- 기존의 모델과 규격의 수를 줄인다.
- 새로운 절약형 상표나 일반상표를 만든다.

물론 전략이나 전략의 조합은 경쟁상황과 소비자의 욕구와 선호도에 따라 달라져야 한다.

(3) 디플레이션

디플레이션은 물가하락은 물론 경제전반에 걸쳐 경기가 침체되는 것이 그 특징이다. 이러한 디플레이션은 통화량의 감소, 정부의 재정지출 축소, 수요의 억제, 과잉설비 및 과잉공급, 생산성 향상 등으로 발생한다. 인플레이션이 물가상승을 동반한 경기의 과열을 의미한다면, 디플레이션은 물가하락은 물론 전반적으로 경기가 침체되는 상태라고 할 수 있다. 또한, 인플레이션은 광범위한 초과수요가 존재하는 상태인 반면, 디플레이션은 광범위한 초과공급이 존재하는 상태이다.

디플레이션은 경기 후퇴가 심화되는 국면으로 물가하락은 기업의 수익성을 악화시키고, 기업의 수익성 악화는 투자를 감소시켜, 이는 결국 실업률의 증가로 이어지게 된다. 다음의 전략들은 이러한 디플레이션에 기업이 효과적으로 대비하기 위해서 경영효율성을 높이고 수요창출 능력을 키울 수 있는 방법들이다.

- 채산성 없는 사업과 제품의 정리
- 잉여자산 처분
- 재고 축소
- 비용 절감과 아웃소싱을 통한 코스트 경쟁력 확보
- 적극적인 신제품, 신기술 개발

〈참고자료: LG경제연구원 보고서, "디플레이션 대비 기업경영"〉

(4) 기초원재료 공급의 문제

기초 원재료, 즉 국제 유가, 곡물, 유지류, 육류 등의 수급 불안정은 마케팅활동, 특히 가격문제에 중대한 변화를 일으킨다. 국제 유가는 2009년 이후 꾸준히 상승하고 있으며, 밀, 옥수수 등의 세계 곡물가격 또한 가파른 상승곡선을 그리고 있다. 이러한 기초원재료의 가격상승은 수급 불안정에 따른 것으로 기후 변화에 따른 수확량 감소, 신흥 개발도상국의 식량 수요 급증 등에 따른 것이다. 국제 유가 또한 수급 불안정에 따라 운송비와 난방비의 엄청난 증가를 가져오고 있다.

이러한 기초원재료의 수급 불안정과 높은 가격 상승률은 제조업자들에게 대체상품개발이나 현존상품의 수정을 가할 수 있는 새로운 기회를 제공한다. 예컨대, 석유부족은 원자력, 태양열, 같은 대체에너지 개발을 촉진시키고, 쓰레기에서 연료로 사용할 수 있는 가스를 뽑아내는 기술도 촉진시킨다.

3.2. 기술환경

오늘날 기술의 변화는 급격히 일어나고 있으며 상품공급시장에 대한 영향도 점점 커지고 있다. 기술은 적어도 두 가지 면에서 소비자와 기업 사이의 관계에 영향을 준다. 첫째, 삶의 질을 향상시키는 새로운 또는 개선된 상품의 개발을 유도한다. 둘째 마케팅관리 업무의 수행을 촉진시키거나 개선시킴으로써 제품을 보다 원활하게 유통시킬 수 있다.

MP3는 기술의 발달이 새로운 상품개발에 공헌한 예이다. 1980~90년대 소니(SONY)사의 휴대용 음향기기인 워크맨은 원하는 음악을 언제 어디서나 들을 수 있어 전세계적으로 큰 인기를 끌었다. 그러나 워크맨은 테이프나 CD를 통해 제한된 수의 음악만을 들을 수 있고, 휴대하기에도 상대적으로 큰 크기였다. 하지만 기술의 발달로 새롭게 등장한 MP3는 테이프나 CD 없이도 인터넷을 통해 불과 몇분 만에 음악을 다운로드할 수 있고, 비슷한 데이터크기의 음악을 CD와 동일한 음질로 감상할 수 있게 하였다. 새로운 상품개발이 가져오는 충격은 의학분야에서 특히 두드러진다. 만약, 충치가 서기 2010년에 완전히 뿌리뽑힌다면, 치과의사들은 미용을 위한 치과의술로 자기자신의 위치를 재정립해서, 구강성형외과의사가 되어야 할 것이다. 새로운 기술은 또한 소비자가 시장과 교류하는 방법에 있어서도 큰 영향을 준다. 스마트폰의 발달은, 통화를 비롯해 인터넷, 음악, 게임, 영화 감상 등 언제 어디서나 모든 것을 즐길 수 있도록 소비자들의 라이프스타일을 변화시키고 있다. 기술은 마케팅믹스의 모든 측면에 영향을 준다. 생산과 영업비용을 낮추고, 상품의 질을 향상시키고, 소비자와의 의사소통을 촉진시키고 상품유통을 향상시킬 수 있다. 생산기술의 발달은 더 낮은 가격으로 스마트폰을 생산하고 판매할 수 있게 할 뿐만 아니라 기능과 선택범위도 늘어나게 한다. 전자공학의 발전은 많은 생산 과정을 혁명적으로 변화시켰다. 서비스회사에 있어서 전자공학의 영향은 대단하다. 기술은 생산자가 상품을 중개상인에게 전달하는 능력도 향상시켰으며, 자동화된 장비에 의해 소매점 영업과 쇼핑의 형태도 변화시켰다. 최근 슈퍼마켓, 편의점, 백화점에서는 POS를 도입하여 소비자들이 계산대에서 기다리는 시간을 줄여줄 뿐 아니라 관리자에게 소비자의 구매행동에 대한 유용한 정보를 제공해 준다. 제조업자와 중개상인 사이에 자동화된 유통구조가 확립되면, 마케팅계획에 쓸 수 있는 유용한 시장정보를 만들어 낼 수 있다. 그에 따라 마케팅전략은 더 효율적으로 이행될 수 있게 된다.

3.3. 문화 · 사회환경

모든 사회는 다양한 상황에 처해 있는 개인과 조직의 행동과 사고를 이끌고 지도하는 기본적인 믿음, 가치, 규범들을 가지고 있다. 그리고, 다른 환경과 마찬가지로 문화 · 사회 환경도 시간에 따라 변하며, 이러한 변화들은 소비자의 선호도를 변화시키고 마케팅활동을 조정하는 데 영향을 준다.

맞벌이 부부의 증가는 구매하는 상품의 형태뿐 아니라 소비수준에까지 큰 영향을 준다. 맞벌이 부부는 즉석 간이음식과 시간절약형 전자레인지, 여행이나 외식 같은 여가 선용 서비스에 돈을 많이 쓴다. 또한 집안 일하는 사람을 쓸 만큼 돈을 벌고 있는 맞벌이 부부들은 새로운 형태의 서비스를 즐기고 있다. 예를 들면, 우리나라의 경우 심부름 서비스, 자동차 관련 대행서비스, 파출부 서비스(집안일은 물론 아이들까지 돌봐주는) 등이 그러한 것들이다. 또한 일하는 여성이 늘어남에 따라 가족구성원이 점점 적어진다. 한 가구당 자녀수가 줄어들수록, 부모들은 한 아이에게 더 많은 돈을 쓰고 싶어하고 쓸 수도 있게 된다. 예를 들어, 삼성생명에서는 이러한 시장변화에 맞추어 '엄마맘아이사랑보험'이라는 상품을 만들어 태아 때부터 보험에 가입할 수 있게 하였다.

가족의 구성도 변하고 있다. 핵가족화는 물론이고, 독신가계도 점차 늘어가고 있다. 독신, 분가, 이혼, 사별의 증가는 소형으로 포장된 식료품만 아니라, 아파트, 가구 등에 있어서도 소형을 선호하게 만들었다.

이러한 문화 · 사회환경의 변화에 대응하여, 건축업자들은 독신자용 아파트, 별장 등을 짓게 되었다. 라이프 스타일의 변화는 독특한 마케팅기회를 만들어 내기도 하였다. 예컨대 술, 자동차와 같이 남성들이 주소비자였던 상품들이 이제는 여성고객을 유치하기 위해 노력하고 있으며, 전통적으로 여성상품이라고 인식되던 것들도(예컨대, 다이어트 콜라, 화장품) 이제는 남성시장을 겨냥하고 있다. 혼자 사는 사람이 많아진 것이 한 이유이고, 또 다른 이유는 여성들의 소득이 많아졌기 때문이기도 하다. 결국, 성역할의 뚜렷한 구별이 희미해짐에 따라, 이제 여자가 자동차 수리공을 하고, 남자가 저알콜맥주를 선호하게 되었다. 또 하나의 중요한 사회변화인 소비자운동은 상품의 안정성과 정보 노출, 환경보호 문제를 주로 다룬다. 소비자운동은 광고에 그들의 요구사항이 받아들여지도록 노력하고 있으며, 소비자의 불만을 대변하고, 상품성능과 보증서비스를 향상시킬 수 있는 마케팅관리를 촉진시킨다. 기업조직은 소비자의 불만에 민감하게 반응하기 위해, 소비자 상담부서를 만드는 등 변화하는 환경에 새롭게 대처하고 있다('소비자주의의 영향' 참고).

최근 또 다른 추세로는 환경에 대한 사람들의 인식이 점점 높아지고 있다는 것이다. 사람들은 삶의 질을 계속 추구하고, 생활수준이 높아질수록, 깨끗한 공기, 신선한 물, 자연자원의 보호에 관심이 높아진다. 소비자들의 이러한 변화는 기업에게 다양한 마케팅기회를 제공해 주고 있다('환경주의의 영향'과 '그린마케팅' 참고).

3.4. 법 · 정치환경

기업에 있어 법 · 정치환경의 영향은 다른 거시환경요소와 함께 큰 의미를 지닌다. 법 · 정치환경 내에서의 규제활동은 상품개발에서부터 촉진에 이르기까지 마케팅의 모든 측면에 영향을 미친다. 예컨대, 금속을 용해시키는 제강소, 주조공장 등 공기오염의 가능성이 있는 공장을 운영하는 기업은 환경보호와 관련되어 정부기관에 의해 공표된 새로운 공기오염방지법의 기준치를 넘지 않도록 하여야 한다.

정부규제의 변화는 세 가지 차원에서 마케팅활동에 영향을 준다. 우선, 규제는 특정활동을 금지하거나 억제한다. 다음으로, 규제의 변화는 이전에는 금지되었던 마케팅 활동을 가능케 해 주기도 한다. 이를 통해서 어떤 기업은 다른 기업에 대하여 경쟁적 우위를 가질 수도 있다. 이러한 차이는 그 기업이 환경변화에 얼마나 잘 준비하고 참여하는지에 달린 것이다. 마지막으로, 법 · 정치환경의 변화는 그 전에는 필요해 보이지 않았거나 수익성이 없어 보였던 마케팅활동을 응용할 기회를 준다. 최근 들어 마케팅관리자들이 특히 관심을 기울여야 할 법률은 독과점금지, 소비자보호, 환경보호, 부당노동행위, 공정거래 등에 관련된 것이다.

소비자주의(consumerism)의 영향

1960년대를 시작으로, 미국기업들은 점증하는 소비자운동에 그들 자신이 표적이 됨을 알게 되었다. 소비자들의 교육수준은 점점 높아졌으며, 기업이 생산해 내는 제품들은 점점 복잡해지고 위험스런 요소를 많이 포함하게 되었다. 이는 소비자들을 불안하게 하고, 그들의 기업에 대한 불만을 확산시켰다. John Kenneth Galbraith, Vance Packard 그리고 Rachets Carson 등과 같이 영향력을 가진 작가들은 그들의 작품에서 대기업이 낭비적이며, 조작적으로 기업을 운영한다고 고발하는 목소리로 비난하였다. 또한 1962년 케네디 대통령은, 소비자는 안전의 권리, 정보를 받을 권리, 선택의 권리, 청원할 권리를 갖는다는 교서를 발표하였다. 이와 같은 움직임들은 특정산업에 대한 의회의 조사활동을 낳게 하였고, Ralph Nader와 같은 소비자주의의 지도자들이 활발하게 기업의 문제점을 지적하게 만들었다. 이러한 초기의 상황은 많은 소비자단체의 등장은 물론이고 여러 가지 소비자 관련법안을 통과시켰고, 각 주와 지방에 소비자상담소를 개설하게 하였다. 나아가 이러한 소비자운동은 국제적으로 확대되어 점차 프랑스, 독일 및 일본에서도 대중화되기 시작하였다.

그렇다면, 소비자주의란 무엇인가? 소비자주의(소비자중심주의)란 판매자와 관련하여 구매자들의 권리와 힘을 강화하기 위하여 시민들과 정부의 조직화된 운동과 그러한 운동의 기반이 되는 정신을 말한다. 소비자주의자들은 소비자를 위한 많은 정보, 교육 및 보호를 증가시키려고 한다. 소비자주의자들에 의해 많은 부분에 있어 소비자의 권익을 보호하려는 개선이 이루어졌지만, 한걸음 더 나아가, 소비자주의자들은 대출에 대한 실제 이자율, 경쟁상표들에 대한 단위당 원가의 진실한 공시, 제품의 구성요소나 식품의 영양가 및 믿을 만한 유통기한의 표시, 광고상의 진실성을 알 권리 등이 법적으로 제도화되어야 함을 주장하고 있다. 그들은 정부로 하여금 위험성을 내포하고 있는 제품에 대한 정부차원의 관리와 불성실기업에 대한 처벌의 강화를 요구하고 있다. 기업에 대하여서는 기업이 의사결정을 내릴 때 소비자를 고려할 수 있도록 소비자의 대표를 중역회의에 참여시킬 것을 주장하고 있다. 가장 대표적인 소비자집단은 Ralph Nader가 결성한 Public Citizen이다. Ralph Nader는 소비자주의를 통해서 소비자가 사회적으로 중요한 영향력을 가져야 함을 주장하였다. 실제적으로 자동차의 안전성에 대한 소비자의 불안을 해소시키려는 노력에서 시작하여, 정육처리에서의 함량에 관한 준수, 은행대출의 공정성, 자동차수리비의 공정성, 보험 및 X선 설비의 실제원가에 관한 조사를 실시하였다. 이러한 노력의 대가로 1962년에 교통 및 차량안전에 관한 법이 통과되었으며, 정육에 관한 위생법이 통과되었다. 처음에 많은 기업들은 소비자운동을 회피하는 태도를 취하였다. "특정 자동차의 안전성이 떨어진다," "아침식사용 곡물가공식품은 열량이 없다. 보험회사의 프리미엄이 부당하게 차이가 난다" 등 소비자주의자들의 지적은 기업의 수요를 격감시켰고 이는 기업을 당혹하게 만들 수밖에 없었다. 또한 기업은 소비자주의자들이 필요 이상으로 민감하다고 여기고 있었다. 예컨대, 대부분의 소비자들이 단위가격이나 성분표시에 주의를 기울이지 않고 구매를 한다고 주장하였다. 그리고 광고내용의 입증, 광고 진실성의 지나친 준수, 대응광고에 대한 준수사항 등은 오히려 광고의 창의성을 저해한다고 주장하였다.

한편, 어떤 기업들은 소비자주의의 활동에 무관심하고, 그들의 사업에만 관심을 기울이는 기업도 있었으며, 의욕적으로 소비자주의의 취지에 적극적인 기업도 있었다. 예컨대, Whirlpool Corporation은 소비자 정보와 서비스를 항상 시키기 위한 여러 가지 제도를 마련하였다. 즉, 소비자들이 당사의 설비나 서비스에 대한 소비자들의 불만을 회사에 언제라도 전화할 수 있도록 수신자부담 전화를 설치하고, 제품보증의 범위를 확대하고, 소비자의 불만이나 궁금증에 대해 편지를 통해서 일일이 답장을 해 주었다.

최근에는 많은 기업들이 원칙적으로 소비자주의의 취지를 받아들이고 있다. 그들은 정보와 보호에 대한 소비자의 권리를 인식하고 있으며, 그에 따라 선도적 역할을 하고 있는 기업에서는 소비자주의가 최고경영자들에 의해 전반적인 관심사가 되어 새로운 정책의 지침으로 자리잡게 되었고, 모든 조직구성원에 대한 교육프로그램에도 반영되었다. 또한 많은 기업들이 소비자의 문제를 다루기 위하여 소비자문제 처리부서를 설치하기도 하였다. 오늘날 제품관리자들은 안전을 위하여 제품의 성분 및 제품의 특성을 조사하고, 안전한 포장과 정보를 제공하는 표시를 제시하며, 광고의 주장내용을 입증하고, 판매촉진을 검토하며, 분명하고도 적절한 제품보증을 하고자 많은 투자를 하고 있다. 또한 그들은 소비자보호와 관련된 각종 법률에 대한 이해를 위해 회사법률가들과 긴밀한 의사소통을 한다.

소비자주의는 실제로 마케팅개념의 최종적인 표현이라 할 수 있다. 왜냐하면, 기업의 마케팅관리자들로 하여금 소비자들의 관점에서 모든 것을 고려하도록 하기 때문이다. 즉, 소비자주의는 그 산업에 종사하는 기업들이 간과하였던 소비자들의 욕구와 요구사항을 표현해 주는 것이기 때문에, 능력있는 경영자라면, 소비자주의에 대해 거부감을 느끼기보다는 그것으로부터 긍정적인 시장기회를 포착해야 할 것이다.

〈자료원: Philip Kotler(2009), *Marketing Management*, 13th ed., Pearson Prentice-Hall.〉

환경주의(Environmentalism)의 영향

소비자주의자들은 기업들이 어떻게 효율적으로 소비자들의 물질적 욕구를 충족시키느냐에 초점을 맞추는 반면에 환경주의자들은 이러한 욕구와 필요를 충족시키기 위해 부담해야 하는 환경비용에 중점을 둔다. 환경주의(환경중심주의)란 인간의 생활환경을 보호하고 향상시키는 데 관심이 있는 시민이나 정부가 벌이는 조직적인 운동이다. 따라서 환경주의자들은 노천채광, 삼림의 황폐, 공장매연, 옥외간판 및 폐기물 등으로 인한 야외휴식 기회의 상실과 오염된 공기와 물 및 화학물질이 살포된 식품 등으로 인한 건강문제 등에 관심을 나타낸다. 환경주의자들은 마케팅이나 소비에 반대하지는 않으며, 다만 마케팅 내지 기업 활동이 보다 생태적 원리에 맞게 수행되기를 바란다. 따라서, 그들은 마케팅 시스템의 목표가 생활의 질을 극대화해야 하는 것으로 보는데. 여기서 생활의 질이란 소비용품 및 서비스의 양과 질뿐만 아니라, 환경의 질도 포함하는 것이다.

환경주의자들은 생산자 및 소비자가 의사결정을 할 때 생산비용을 고려할 것을 요구한다. 그들은 반환경적 행동으로 인해 야기된 사회비용을 규제하는 법규와 과세제도를 제정하도록 주장한다. 예컨대, 기업에 대해 공해방지 장치에 투자하도록 하거나, 회수불가능한 공병에 과세하고, 고인산세제의 사용을 금지하며, 또한 기업과 소비자가 환경면에서 건전한 방향으로 활동을 하는 데 필요한 여타 조치도 필요하다고 주장한다.

이들은 소비자주의자보다 마케팅활동에 대해 여러 면에서 더 비판적이다. 즉 환경주의자들은 소비자주의자들은 포장의 편이성을 옹호하는 반면, 환경주의자들은 포장의 낭비성에 대해 불만을 나타낸다. 또한, 소비자주의자들이 대중광고의 기만성을 걱정하는가 하면, 환경주의자들은 광고가 필요 이상의 과소비를 조장한다고 생각한다. 그외에도, 소비자주의자들이 새롭게 생겨나는 많은 점포를 환영하고 인정하는 데 반해, 환경주의자들은 쇼핑센터가 많은 것을 우려한다.

환경주의자들은 특정산업에 심각한 타격을 주기도 한다. 철강회사와 공익사업은 공해방지설비에 수십억 달러를 투자하고, 값비싼 연료를 쓰지 않을 수 없게 되었다. 자동차산업은 값비싼 배기제어장치를 부착하여야 하고, 비누제조공업은 폐기물을 줄이는 한편, 미생물로 분해될 수 있도록 하는 방법을 연구개발하지 않을 수 없으며, 정유산업은 새로이 저연 또는 무연휘발유를 정제하지 않을 수 없게 되었다. 이에 따라, 이들 산업들은 환경적 규제를 싫어하게 되고 특히 기업으로 하여금 조속한 시일 내에 적절하게 조정하도록 요청하는 경우에는 더욱 분개하였다. 이들 기업들은 엄청난 비용을 부담하게 되고, 이를 구매자들에게 전가하지 않을 수 없게 된 것이다. 그러므로 각 기업들은 소비자들이 환경상품에 대해서 얼마나 더 비용을 지불할 의향을 가지고 있는가를 의문시하게 되었는데, 1991년의 한 보고에 의하면, 미국 소비자들의 약 42%가 비싸더라도 환경상품을 구매할 의향이 있는 것으로 나타났다. 따라서 기업들은 그들의 제품, 포장, 생산과정이 환경에 미치는 영향을 고려해야만 하게 되었고, 몇몇 기업들은 의사결정과정에서 환경적 기준을 충족시키기 위해서 환경관리자를 두기도 한다. 또한 R&D부서에 대해서도 생태적으로 우수한 제품을 개발하도록 하여 경쟁우위요소로 삼고 있다. 예컨대 Sears사는 인산이 전혀 없는 세척제를 개발하여 판매하였으며, Pepsi-Cola는 폐기물 처리시 미생물에 의해서 분해될 수 있는 1회용 플라스틱 청량음료용 용기를 개발하였고, American Oil 사는 무연 및 저연 휘발유를 처음으로 개발하였다. 어떤 기업들은 환경관리에 있어서 뛰어난 성과를 나타내고 있다. 3M은 오염감소를 위해 'Pollution Prevention Pays' 프로그램을 운영하고 있고, Dow는 에너지를 40% 줄이고, 폐수를 97%나 줄일 수 있는 에틸렌 공장을 가동중이며, AT&T는 에너지 사용을 줄이고, 해로운 자재를 덜 사용하며, 재활용을 늘릴 수 있는 소프트웨어 프로그램을 사용하고 있다. 그리고 McDonald's도 지금은 폴리에틸렌 상자 대신에 종이상자를 사용하고 있다.

환경관리가 철저한 기업들은 환경의 깨끗함을 추구할 뿐만 아니라, 오염방지를 위해서도 노력하고 있다. 그들은 오염물질을 땅 속에 묻는 것으로는 궁극적인 해답을 얻을 수 없다고 생각하고, 진정한 환경관리는 쓰레기에 대해서 3Rs(reducing, reusing, recycling)를 실행해야 한다고 여기고 있다. 즉 기업의 환경관리는 다가올 규제에 대한 대응이나, 환경주의자들의 감시 때문이 아니라, 환경에 대한 대중의 요구와 기대를 기업들이 적극적으로 충족시켜야 한다는 태도를 가지는 것이 무엇보다도 전제되어야 한다는 것이다.

〈자료원: Philip Kotler(2009), *Marketing Management*, 13th ed., Pearson Prentice-Hall.〉

그린마케팅(Green Marketing)

환경에 대한 관심이 점점 커지고 있다. 경제적인 풍요로움과 기본적인 생존의 욕구가 어느 정도 해결되고 나자, 진정한 의미의 안전을 우려하는 사람들은 환경을 새롭게 인식하게 되었다. 즉 지구를 무한한 자원의 창고로 보기보다는 함께 가꾸고 보호해야 하는 대상으로 생각하기 시작하였다.

환경에 대한 인식의 변화는 사람들의 소비형태를 바꾸어 놓았고 이것은 기업에게도 큰 변화를 제시해 주었다. 바로 '환경'에 대한 적극적인 자세이다. 환경을 보호하고 지켜나가는 노력을 통해서 기업의 이미지를 제고하여 궁극적으로 환경, 소비자, 기업이 함께하는 '그린마케팅'을 도입하게 된 것이다. 소극적인 환경캠페인 차원을 떠나 환경을 신제품 개발, 제품차별화, 신시장 창출 등 새로운 마케팅기회로 이용하는 것이다. 이러한 활동은 주로 팀을 구성하여 장단기적으로 접근하고 있다. 우선 자연과 기업의 이미지를 접목시키는 소구점으로 촉진전략에서의 차별화를 꾀하고 있고, 제품전략에서는 세제, 가전, 그리고 플라스틱을 필두로 무공해 제품개발에 박차를 가하고 있다. 최근 들어 우리에게 친숙한 자연세제와 프레온대체냉장고, 분해가능한 플라스틱이 그것이다.

산업별로도 환경에 대한 깊은 관심은 일반적이다. 유통업계의 경우 대형백화점과 편의점을 중심으로 무공해 채소나 농수산품 코너를 신설 확대하여 소비자의 욕구에 맞추고 있다. 신세계의 경우 환경캠페인과 매장전략의 연계를 통해서 기업이미지의 고취를 꾀하고 있다. 자동차업계에서는 현대, 대우, 기아와 같은 승용차업체들을 중심으로 LPG모델개발과 메탄올 엔진개발을 서두르고 있다. 또한 식품업계에서는 인스턴트식에서 탈피하고자 하는 경향으로 풀무원과 같은 무공해제품을 전문으로 취급하는 회사가 등장하였다. 제지업계는 전주제지가 폐지를 이용한 건축자재의 개발에 성공하고, 유한킴벌리는 적극적인 삼림보호와 기업이미지를 접목시켜 기업이윤의 사회환원을 실천하고 있다. 기존산업에서의 활발한 그린마케팅뿐만 아니라 공해방지의 차원을 넘어서는 자원의 재활용, 대체에너지개발, 천연소재 사용을 특징으로 하는 에코산업(ecologic industry)이 새롭게 등장하고 있다. 소비자의 욕구변화를 만족시키고 환경을 보호하는 그린마케팅의 도입은 앞으로의 기업성장에 큰 영향을 미칠 것이다.

이러한 법적제약을 바탕으로 규제기관들은 마케팅활동에 여러 모로 제약을 가하거나 영향을 미친다. 예컨대, 제품안전이나 품질표시, 과대 및 허위광고금지, 공해방지시설의 확보 등이다.

하지만, 법 · 정치 환경이 항상 마케팅활동의 위협으로만 존재하는 것은 아니다. 예를 들어, 최근 강조되고 있는 환경보호는 어떤 산업이나 기업에는 위협요인으로 작용하겠지만, 공해방지시설 제조업자에게는 좋은 마케팅기회가 될 수도 있다. 또한 국제 경쟁력이 떨어지는 산업에서 국가적 차원의 육성정책(예컨대. 연구개발의 지원, 세금 혜택, 특별융자)은 그 산업에 진출한 기업에게 다양한 기회를 제공해 줄 수 있다. 뿐만 아니라 거시환경의 한 요소로서 법 · 정치 환경의 영향은 기업이 고객의 욕구를 잘 만족시킬 수 있는 분위기를 만들어 줄 수 있다. 우선 정부부서는 제품이나 서비스의 구매자로서 사회간접자본관련산업, 국방관련산업 등의 수요조건에 가장 직접적인 영향을 미칠 수 있다. 선진화된 신제품이나 서비스를 구매함으로써 국내기업에게 이러한 영역으로 유도할 수 있으며, 가능하면 다른 선진국에서도 가치 있는 까다로운 제품규정들을 설정하여 국내기업들의 질적고도화를 꾀할 수 있고, 나아가 기존에 생산가능한 제품보다는 다음 세대의 제품을 요구하여 향후 해외시장개척의 경쟁원천이 될 수 있도록 유도할 수도 있다.

결국 법 · 정치 환경의 변화는 기업의 전략경영 및 마케팅활동에 직간접적인 영향을 미치며, 이러한 환경의 변화에 민감하게 대처하는 기업이나 제품만이 생존할 수 있을 것이다.

3.5. 경쟁환경

경쟁환경과 그 환경의 변화가능성은 마케팅관리자에게 세 가지 중요한 의문점을 던진다.

① 경쟁의 범위는 어디까지이고, 그 범위는 어떠한 변화를 할 것인가?
② 산업에서 경쟁의 방법은 무엇이고, 그 방법은 어떠한 변화를 할 것인가?
③ 산업에서 기업의 상대적 경쟁위치는 무엇이고, 그 위치는 어떠한 변화를 할 것인가?

이 세 가지 모두가 마케팅관리 업무의 설계와 집행에 중대한 정보를 제공한다.

(1) 경쟁의 범위

경쟁의 범위를 어디까지로 설정하느냐 하는 문제는 마케팅관리자에게 점점 중대한 문제가 되고 있다. 전통적인 경제학적 관점에서는, 경쟁을 같은 산업분야에 있는 기업 사이 또는 직접적인 대체상품들 사이의 것으로 본다. 이것을 경제학자들은 산업의 경쟁적 구조라고 말한다. 특히, 경쟁적 시장구조는 세 가지 기준으로 정의될 수 있다.

① 실제 또는 인지되고 있는 상품차별화의 정도
(이것은 원칙적으로 효과적인 의사소통전략과 경쟁의 비가격적 요소에 의해 결정된다.)
② 기업이 가격결정을 통제할 수 있는 정도
③ 시장에 있는 기업의 수

이러한 요소들의 변화에 기초를 두고, 네 가지 보편적인 시장구조들이 나타난다.

첫째, 판매자들과 구매자들이 다수이고, 동종류의 상품들이 많으며, 시장활동에 최소한의 제약이 있을 때를 완전경쟁(pure competition)이라 한다. 이러한 상태에서 각 회사들은 전체 시장수요의 작은 부분들만 담당하고, 그에 따라 각자가 비교적 작은 세력을 가진다. 농업은 순수경쟁 시장구조의 가장 적합한 예 중의 하나이다.

둘째, 순수경쟁의 극단적인 반대의 예가 독점(monopoly)이다. 이것은 하나의 판매자가 해당시장의 전체를 지배하는 것이다. 비슷한 대체상품도 존재하지 않는다. 다른 기업이 그 시장에 진입하기 위해서는 장애가 많기 때문에 독점업자들은 평균보다 훨씬 높은 수익을 올린다.

셋째, 과점(oligopoly)은 몇 개의 큰 기업의 지배를 받는 시장구조이다. 상품차별화가 전혀 되지 않을 수도 있고(예, 철강이나 석유), 매우 높게 차별화가 되기도 한다(예, 자동차. 음료수). 시장에 있는 기업의 수가 비교적 적기 때문에, 경쟁행동은 상호의존성이 눈에 띌 정도로 현저한 것이 특징이다. 즉 한 회사가 가격이나 제품스타일, 광고나 유통전략을 변화시키면 틀림없이 다른 회사들의 대응전략에 부딪히게 된다.

넷째, 독점적 경쟁(monopolistic competition)은 여러 기업들이 경쟁자의 상품과 몇 가지 면에서 차별화된 상품을 파는 것이다. 상품들은 독자적인 외양, 상표, 포장방법 등으로 차별화되어진다. 많은 시장구조가—특히 국가를 단위로 보면—독점적 경쟁상태와 비슷하다.

경쟁적 시장구조는 위에서 제시된 네 가지 상황처럼 단속적 형태로 존재하는 것이 아니라 완전경쟁에서부터 독점에 이르는 연속선으로 묘사된다. 더욱이 경쟁적 시장구조의 구체적인 형태는 경쟁의 한계를 어디로 할 것인가에 달려 있다. 좁은 의미로 규정하면 할수록 경쟁적 시장구조는 과점상태에 가까이 간다. 예를 들면, 어느 한 치약 회사를 성인용 제품을 생산하는 회사로만 규정하면, 경쟁자의 수가 제한된다(즉, 과점). 그러나 모든 치약시장으로 넓히거나, 더 넓게 잡아 모든 구강 세척제 시장까지로 확대하면, 경쟁시장구조는 독점적 경쟁구조에 접근한다. 경제적 관점에서 마케팅관리자에게 경쟁시장구조가 경쟁전략과 가격결정에 대해 중요한 시사점을 주지만, 경쟁의 범위는 한 산업에 국한하지 말고 좀더 넓은 맥락에서 검토되어야 한다.

기업은 그들의 좁은 산업 테두리에서 벗어나 바깥의 경쟁을 관찰해야만 한다. 즉 고속버스 회사인 금호고속은 항공회사와 경쟁하고 있고 칠성사이다는 코카콜라와 경쟁하고 있는 것이다. 경쟁이 점점 보편적이 되고 복잡해질수록 마케팅행동에 더 큰 영향을 미친다. 마케팅관리자는 소비자의 욕구를 만족시키기 위해서 경쟁이 한 산업분야 내의 상품수준에서 일어나는 것인지, 산업간의 경쟁도 포함되어 있는지를 파악해야 한다. 만약 후자라면, 기업은 현재의 상품이 광범위한 경쟁에 부딪힐 수도 있다는 것을 고려해야 한다. 또한 이때에는 산업 내 경쟁뿐 아니라 산업간 경쟁상황도 제품의 시장성과에 많은 영향을 주므로 기업은 다른 대체상품이 사용되고 있는 시장상황에서 대체상품과 경쟁할 수 있는 제품개발로 산업간의 경쟁에 대처할 수 있어야 한다. 또한 다른 대체상품과의 경쟁뿐 아니라 같은 산업내의 경쟁 브랜드에 대처하기 위해 아주 세분된 틈새시장에만 집중할 수도 있다.

(2) 경쟁의 방법

일정한 시장 또는 같은 범주의 소비자욕구에 대한 경쟁방법의 변화는 중요한 의미를 갖고 있다. 만약 기업이 그 경쟁방법을 유통경로의 새로운 변화를 시도하는 쪽으로 선택한다면 그 기업은 경로변화를 고려해야만 한다. 예컨대, 호주산 쇠고기가 저렴한 가격의 좋은 품질임을 강조하며 쇠고기 소비를 판촉한다면, 국산 한우와의 경쟁을 예상할 수 있다. 그러므로 국산 한우는 호주산 쇠고기의 촉진노력이 소비자에 미치는 영향을 줄이기 위해 특별한 대책을 세워야 할 것이다.

(3) 상대적인 경쟁위치

한 산업분야에서의 기업의 현재 위치, 그 위치의 변화 가능성, 그 산업에 있어서의 집중도(경쟁사의 수)는 기업의 마케팅의사결정과 중요한 관련이 있다. 예컨대, 저가 화장품시장의 선두기업인 미샤는 3,300원이라는 혁신적인 가격으로 온라인 쇼핑몰에서 성공했으며, 이를 바탕으로 오프라인 사업에 진출함으로써, 저가 화장품산업에서의 경쟁적 위치를 변화시켰을 뿐 아니라 산업집중에도 영향을 주었다. 미샤의 초기 성공은 비슷한 저가 브랜드 화장품들을 줄줄이 탄생시켜, 더페이스샵과 에뛰드하우스와 같은 다른 회사들을 고무시켰다.

기존의 기업위치와 예상되는 기업위치의 변화는 시장선도자와 그 뒤의 후발기업들에게 있어 서로 다른 의미를 준다. 시장선도자가 자기의 위치를 변화시키기 위해서는 기존제품의 새로운 소비자개발, 상품의 새로운 용도나 새로운 사용상황의 개발 또는 소비자들에게 상품을 더 많이 사용하도록 촉진하는 것 등이 적절한 대책이 될 수 있을 것이다. 선두기업은 또한 리더의 위치에 도전하는 여러 세력들에 대항해 자신의 위치를 지켜야 한다. 그리고 선두기업은 변화의 원인을 분석하고 필요한 대응방안을 개발해야 한다.

시장에 새롭게 도전하는 기업들에게도 경쟁의 위치변화는 매우 중요한 의미를 지닌다. 이러한 기업들은 원가우위에 기초한 가격선도, 제품차별화, 강력한 촉진을 통한 경쟁위치 변화의 가속화를 시도할 것이다. 동시에 생산량의 증가와 마케팅능력의 향상도 신중히 고려해야 할 것이다. 왜냐하면 지나친 확장은 보통 원가우위를 저해하기 쉬우며, 미래의 경쟁상태에 대하여 그 기업이 대처하기 어렵게 만들 수 있기 때문이다.

3.6. 거시환경관리

거시환경과 그것이 미치는 마케팅기회는 거시환경의 다섯 가지 요소 사이의 관계 속에서 이해되어져야 한다. 한 요소의 변화는 때때로 다른 요소의 변화를 촉진시키게 되고, 결국에는 원래 요소의 변화를 가속시킨다. 따라서 전체 변화는 각 요소의 변화의 합보다 크게 되는 것이다. 반면에 한 요소의 변화는 다른 요소와의 갈등 때문에 마케팅기회로 완전하게 발전하지 못할 수도 있다. 그러므로 거시환경의 요소가 마케팅기회와 일치하면 할수록, 서로서로를 더 잘 보완할수록 마케팅기회는 더욱더 유용해진다.

제 4 절 환경믹스의 시너지: 세 가지 환경과의 상호작용

수많은 복잡한 상호작용이 서로 다른 환경요인 사이뿐 아니라 각각의 환경요인 내에서도 일어난다. 이러한 이유 때문에 환경은 서로 분리되어 다루어질 수 없으며, 하나의 전체로서 관리, 집행, 그리고 통제되어야 한다. 관리자는 기업의 마케팅기회와 관련된 세 가지 환경 요인들의 관계에 민감하게 대처해야 한다. 각 환경요인이 기업의 마케팅 기회와 일치하고 서로서로 보완이 되면, 특정한 환경믹스에서 마케팅기회에 대한 긍정적인 시너지가 발생하는 것이다. 예컨대 아모레퍼시픽의 헤라옴므와 라네즈옴므의 경우, 각 환경 사이에 긍정적인 시너지를 발생시켜 성공적인 마케팅결과를 보인 사례로 볼 수 있다.

아모레퍼시픽에서는 그루밍족과 같이 패션과 미용에 아낌없는 투자를 하는 남성들의 증가로 이러한 남성들을 타겟으로 한 시장이 확대추세에 있으며, 그들의 가치관과 행동양식이 기존의 남성들과는 다른 새로운 양상을 보이고 있다는 거시환경의 변화를 느꼈다. 그리고 이러한 변화에 따라 남성 전용 제품들이 다양화 · 고급화되고, 다양한 경쟁자들이 등장함에 따라 경쟁은 더욱더 치열해질 것이라는 과업환경의 변화를 파악하였다. 또한 내부적으로도 선발업체로서 자사의 이미지를 강화하고, 자사제품에 중고가의 적당한 남성용 화장품이 없다는 약점 등을 극복하기 위해서 새로운 마케팅 전략을 추구해야 되었다. 따라서 각 환경의 변화요인들이 보완적으로 작용하면서 일관된 마케팅기회를 가질 수 있도록 남성용 화장품의 시장확보와 자사 이미지 강화라는 측면에서 남성용 헤라옴므와 라네즈옴므를 출시하게 된 것이다.

결국 헤라옴므와 라네즈옴므의 성공은 기존 여성화장품의 브랜드 파워를 바탕으로 한 뛰어난 제품력 등의 결과로 볼 수 있지만, 이에 앞서 환경변화를 잘 파악하여 각 환경믹스들 사이에서 상호보완성을 바탕으로 일관된 마케팅목표를 추구했다는 점이 성공의 가장 핵심적인 요인이 되었다고 할 수 있다.

그러나 특정한 마케팅기회에 대하여 각각의 환경믹스가 일관성 있게 적절하다고 해서 반드시 환경믹스들 사이에서도 보완성이 있다는 것을 의미하지는 않는다. 예를 들어, 내부환경믹스와 과업환경믹스 각각이 독립적으로는 어떤 특정한 마케팅기회에 적절하다고 하더라도 내부환경믹스의 한 부분인 기업의 구매부서가 과업환경믹스의 한 요소인 주요공급자와 나쁜 관계를 가지고 있다면 이 두 믹스가 상호보완적으로 작용하지 못한다. 만약 다른 공급자가 없을 때는, 환경믹스들 사이의 시너지가 없기 때문에 마케팅기회는 좋은 기회가 되지 못한다. 반면에 만약 다른 공급자가 있다면 기업의 마케팅기회는 내부환경과 과업환경이 상호보완되기 때문에 매우 좋은 기회가 될 수 있다. 〈그림 3-4〉는 여러 환경요인 내 그리고 환경요인간의 복잡한 상호작용을 잘 나타내 준다. 전체 환경믹스에서 긍정적인 시너지 효과의 창출을 위해, 마케팅관리자는 일관성과 보완성의 원리를 적용하여야 한다. 그러나 각 환경요소에 대해서 기업의 마케팅 업무와의 일관성의 원리는 이미 설명되었으므로 이 시점에서는 세 가지 환경요소 사이의 보완성원리가 보다 중요한 고려사항이 된다.

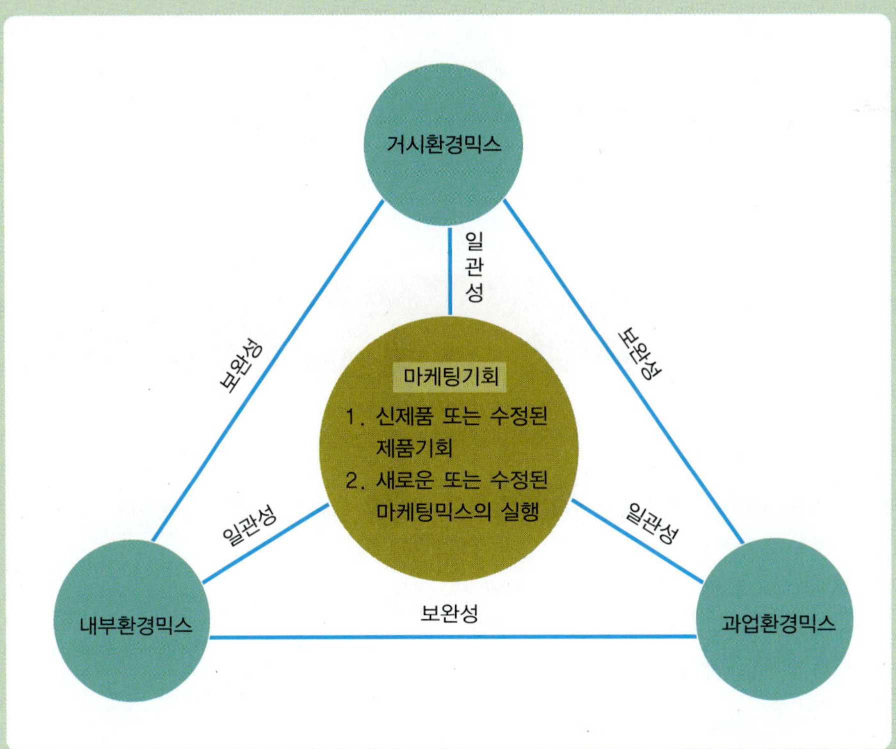

그림 3-4 전체환경믹스에서의 시너지 창출

요약 및 복습 Summary & Review

마케팅관리활동에 영향을 주는 환경요인은 내부환경, 과업환경, 거시환경의 세 가지이다. 환경믹스에서 긍정적 시너지를 만들기 위해, 기업은 세 가지 환경요소들 각각뿐만 아니라 환경요인들 사이에서도 긍정적 시너지를 확보해야 한다.

기업구조 중 기능부서들은 내부환경믹스를 구성한다. 기업의 마케팅기회에 대한 내부환경의 지지정도와 그 지지의 강화는 시장에서 기업의 상품과 서비스가 성공하는 데 필수적이다. 과업환경믹스의 경우에 기업은 이해관계자와의 관계변화를 관찰하고 또한 이 관계를 통제함으로써, 결국은 가장 바람직한 시너지가 나타나도록 해야 한다.

한편 거시환경의 요인들로는 경제, 사회 · 문화, 기술, 법 · 정치 그리고 경쟁환경 등이 있다. 기업경영에 있어 거시환경의 효과는 대단하다.

경기주기상의 어떠한 단계—쇠퇴기, 불황기, 회복기, 번영기—에 있어서도 인플레이션과 자원부족은 제품의 공급, 원자재의 사용, 연구 개발의 확장에 영향을 준다. 기술환경의 변화는 제품에 영향을 미치고, 생산량과 교환과정도 촉진시킬 수 있다. 소비자운동이 기업의 사회적 책임을 강조하는 반면, 사회 · 문화적 환경은 소비자의 선호도를 변화시키는 주요 요인이 된다. 법 · 정치 환경은 생산과정, 제품의 품질에 대한 표준을 제공하고, 믹스 중 어느 요인이 적절한지도 결정한다. 법 · 정치 환경은 규제를 완화시켜 산업특성을 변화시킬 수도 있다. 경쟁은 경쟁의 범위, 경쟁의 기초, 경쟁의 상대적 위치의 관점에서 변화한다. 각각은 마케팅기회에 영향을 준다. 거시환경의 각 요소는 기업의 마케팅기회를 지원하고, 서로서로 강화를 할 때, 긍정적 시너지를 만들어 낸다.

환경믹스간, 환경믹스 내에 보완성이 있고, 기업의 마케팅기회와 일관성이 있을 때, 긍정적 시너지가 전체환경믹스 내에서 형성된다.

문제제기 및 질문 Issues raised & Question

1 화장품산업에서 성장가능성이 있는 시장 중 하나는 남자용 피부보호제품 시장이다. 기존의 화장품회사에 남자용 피부보호제품 사업을 소개하기 위한 계획의 초안을 잡아 보라. 기존의 사업과 새로운 사업 사이에서 시너지를 창출하는 내부 · 과업 · 거시환경요소는 무엇인가? 이 시장의 마케팅기회가 환경과 긍정적인 시너지를 내는지를 평가할 수 있는 절차를 토론해 보라.

2 과업환경에서 중요한 이해관계자 중의 하나는 경쟁자이다. 그러므로 과업환경관리는 기업의 다른 이해관계자와 기업의 경쟁자와의 일관

성 있고 상호보완적인 관계를 고려해야 한다. 그러나 경쟁자들의 목표와 관심은 대개 자사기업의 목표와 관심과 갈등을 일으킨다. 기업의 경쟁자와 다른 이해관계자 사이의 관계를 관리하는 것은 어렵다. 이 점에 관한 당신의 의견은 무엇인가? 기업이 어떻게 해야 과업환경믹스에서 긍정적 시너지를 만들어 낼 수 있을까?

3 조직에 있는 기능부서는 생산, 회계, 인사부서 등을 포함하고 있다. 만약 마케팅관리자가 이 부서들을 통제하지 못한다면, 새로운 마케팅기회에 대해 내부환경에서 긍정적 시너지를 만들어 낼 수 있을까?

4 한 기업이 알코올의 대체품인 '성인 청량음료'를 선보일 것을 고려하고 있다. 마케팅관리자는 그것에 전력투구할 것인지 말 것인지를 결정해야 한다. 이것을 어떻게 결정할 수 있나?(참고: 환경믹스관리의 진행과정을 적용해 보라.)

R/E/F/E/R/E/N/C/E/S _ 참고문헌

"Annual Liquor Survey: Why Consumption Is Down," (May 7, 1984), *Business Week*, pp. 120-122.

"Kristia Fires Up a Market," (January 14, 1980), *Sales and Marketing Management*, 31.

"Marketing: The New Priority," (November 21, 1983), *Business Week*, pp. 96-106.

Kotler, Philip, *Marketing Management*, 13th ed. (Pearson Prentice-Hall).

Pride, William M. and O. C. Ferrell(1984), *Marketing Basic Concepts and Decisions*, 4th ed.(Boston: Houghton Mifflin).

부록 지속적 환경탐색시스템

MARKETING MANAGEMENT

지속적 환경탐색시스템은 과업환경뿐만 아니라 거시환경의 변화를 신속하게 발견하기 위해서 이해관계자 집단의 협조를 필요로 한다. '지속적' 모델에 기초한 접근을 함에 있어서 기업은 두 가지 기본적 요인을 탐색해야 한다. 하나는 기업의 사명, 전략사업단위의 목적, 마케팅목표를 촉진하는 요소이고, 또 다른 하나는 반대로 방해하는 요소이다. 촉진요소를 확인함으로써 기업은 이익을 발생시킬 수 있는 상황의 발생을 파악하거나 혹은 상황이 발생하였을 때 적어도 그것을 사업화하기 용이하게 할 것이다. 또한 방해요소의 확인은 그러한 요소를 변경시킬 수 있게 하고 역효과를 줄이는 대응방안을 준비하게 한다.

환경탐색을 위한 아홉 가지의 절차가 〈표 1〉에 요약되어 있다. 이 절차는 마케팅관리자가 특정한 제품 또는 제품집단에 대해서 유념하고, 그 제품에 대한 자료수집시스템을 가지고 있다고 가정하고 있다. 더 나아가 관리자가 의사결정에 관련된 요소가 무엇인지를 사전에 알고 있다는 것도 전제하고 있다. 이러한 접근의 주된 특징은 다음 세 가지를 포함한다. (i) 목표지향성(goal-driven)의 강조, (ii) 적극적인 조치, 그리고 (iii) 환경탐색에 대한 학습과정이다.

이 접근은 특정제품에 대한 미래의 환경이 바람직한 상태인지 또는 바람직하지 못한 상태인지를 구체화하는 것에서부터 시작한다. 이것이 기본적으로 목

표 1
지속적인 환경탐색의 절차

1. 각 환경요소의 바람직한 상태와 바람직하지 못한 상태의 구체화
2. 관련된 이해관계자들로부터의 정보수집
3. 정보의 1차범주와 하위범주의 구분
4. 징후(signal)의 해석
5. 변화에 대한 징후의 확인
6. 변화의 정도와 결과의 예측
7. 변화의 마케팅적 의미해석과 마케팅 프로그램의 개발
8. 마케팅계획의 공식화
9. 환경탐색절차의 재평가와 수정

표지향성이다. 즉 기업이 바라는 환경상황이 무엇인지를 우선 확인하는 것이다. 이러한 목표지향적 접근법을 사용하는 기업은 그렇지 않은 기업보다도 훨씬 더 효율성을 기할 수 있다. 목표를 발전시키지 않는 기업은 환경을 불규칙하게 탐색하거나, 모든 잠재적 변화를 전부 탐색하려고 시도할 것이다. 하지만,이러한 방법은 재정적 능력과 인력의제한 속에서 결코 용이한 활동이 아닐 것이다. 더욱이, 마케팅관리자에 의해 수집, 활용되고 또한 바람직하게 여겨지는 우수한 정보를 통한 방향제시의 역할도 제대로 수행되지 못할 것이다. 반면에 9단계 접근은 마케팅관리자에게 핵심적인 환경상의 욕구들을 확인할 수 있게 해 준다. 그러므로 사전에 구체화된 환경조건과 여러 변수들은 첫번째 국면에서 탐색되어져야 할 필요가 있다. 이러한 접근은 비용을 절감시키고, 복잡성을 줄여 주고, 의사결정자들에게 유용하다고 인식되는 정보의 수집에 초점을 맞추게 해 준다.

또한, 9단계접근법에서는 기업이 자신의 환경을 스스로 형성할 수 있게 하는 적극적인 역할도 수행한다. 단순히 환경을 탐색하기보다 기업은 환경변화의 방향에 영향을 주거나, 이미 발생한 변화를 촉진시킬 수 있는 행동을 구체화할 수 있어야 한다. 마지막으로 이 접근방법은 환경탐색시스템에 대한 계속적인 수정과 적응을 할 수 있게 하는 하나의 접근구조를 제공함으로써 조직적인 학습을 촉진시킬 것이다.

(1) 각 환경요소의 바람직한 상태와 바람직하지 못한 상태의 구체화

주어진 환경의 변화를 발견하고, 그에 대한 영향을 주기 위한 첫번째 단계는 현재의 다섯 가지 거시환경을 이해하고, 바람직한 미래상태를 분명히 정립하는 것이다. 바람직한 상태(Desired Future States : DFSs)라는 것은 기업의 제품에 대하여 가장 도움이 된다고 여겨지는 과업환경과 거시환경의 현실화된 상태를 말한다. 그러므로 바람직한 상태를 각 환경에 대한 목표상태라고 말하면 적절한 것이다. 예컨대, '건강식품제조회사'의 문화환경상의 한 가지 바람직한 상태는 "일반대중에게 건강식품의 소비가 증대된다"는 것이 될 것이다. '바람직한 상태'를 구체화하는 동시에 기업은 자신의 제품에 좋지 못한 영향을 미치는 바람직하지 못한 상태 또한 구체화해야 한다. 이러한 불이익을 주는 바람직하지 못한 환경을 나타내는 변수에 보다 초점을 맞추어 탐색이 이루어져야 한다. 예컨대, 화학제품 제조업자들은 포장에 있어서의 어떠한 기술의 변화가 자신의 제품저장 컨테이너시스템에 바람직한 상태인지 혹은 바람직하지 못한 상태인지를 파악하고 있어야 한다.

바람직한 미래상태와 바람직하지 못한 미래상태를 구체화하는 것은 환경탐색에 있어서 한계와 방향을 제시해 준다. 목표기술서와 유사하게, '미래상태'는 관련된 정보의 유형에 대한 범주를 제시한다. 예컨대, '건강식품 소비의 증대'라는 '바람직한 상태'를 가진 영양식품회사는 다이어트 음식의 매출, 자연식품의 매출, 건강보조물의 소비와 같은 자료들을 중점적으로 조사할 것이다.

구체화된 바람직한 미래상태와 바람직하지 못한 미래상태는 다른 요인이 나타남에 따라 변화될 수 있다. 예컨대, 어떤 장난감 제조업자는 정부의 법규를 바람직하지 못한 상태로 분류했었다. 그러나 나중에 장난감 포장제조과정에 있어서 중대한 경제적 이익을 주는 화학적 처리기법을 개발하고, 법에 의해 그 독특한 처리기법이 보호를 받았다. 이것은 제조업자들로 하여금 그 법규에 대항하는 적극적인 로비스트에서, 그 법규를 지지하는 적극적인 옹호자로 바꾸어 놓은 셈이다. 새로운 기술 때문에 외적환경의 변화가 위협적인 요소에서 경제적 우위를 가져다 주는 기회로 재분류된 것이다.

(2) 관련된 이해관계자들로부터의 정보수집

지속적인 환경탐색의 두 번째 단계는 환경변화에 대한 통찰력을 제공해 주는 정보의 출처를 확인하는 것이다. 이러한 과정을 위해서 관련 이해관계자들에 대한 주의깊은 관찰이 요구된다. 가장 대표적인 것으로는 인구통계학적 추세, 고객태도의 변화, 그리고 구매행위의 변화 등에 초점을 맞추는 '시장조사'이다. 어떤 기업에서의 구매담당 대리인은 일상적으로 주된 공급자와 방문판매원에게 경쟁기업에 대하여 질문을 한다. 이러한 유형의 조사는 경쟁자의 신제품 개발과 공장확장에 대한 믿을 만한 단서를 제공한다.

이해관계자들 사이에서 적절한 정보출처를 선택함에 있어서, 기업은 변화에 대해 가장 빠르고 가장 정확한 징후를 알 수 있는 출처가 어디인지를 선택해야 한다. 경쟁기업 중에서, 어떤 때는 그 시장에 새로 진출한 기업이 주된 미래 시장변화의 단서를 제공하기도 하며, 다른 때는 오랜 역사를 가진 기업이 단서를 제공하기도 하기 때문이다.

(3) 정보의 1차 범주와 하위범주의 구분

각 환경요소는 1차적으로 일반적인 범주(categories)로 구분되어질 수 있으며, 그들은 각각 하위범주를 지닐 수 있다. 예컨대, 문화환경은 건강인식, 여가선용패턴, 그리고 일반적 생활패턴과 같은 범주들로 구성되어진다(그림 5-1). 이중 건강인식은 건강식품산업에서의 유통점포의 수, 건강이슈에 대한 미디어의 포괄범위의 정도, 국가체육의 방향, 음식 준비현황, 그리고 저칼로리 음식에 대한 수요와 같은 하위범주들로 구성되어진다. 하위범주 내에서의 변화는 자주 장기적인 추세를 지적해 주며, 따라서 마케팅관리자에게는 관심 있는 징후들이 된다.

(4) 징후(signal)의 해석

이 단계에서, 징후는 마케팅평가에 상당한 의미와 함축성을 나타낸다. 몇 개 지표의 변화가 동일한 방향으로 나타난다 할지라도, 마케팅관리자는 그들의 제품에 대한 함축된 의미를 조사해야 한다.

이러한 징후의 해석은 아마도 전체적인 조사과정에서 가장 중심적인 단계일 것이다. 이것은 인구, 연령구조의 변화와 같은 통계학적 자료를 의사결정에

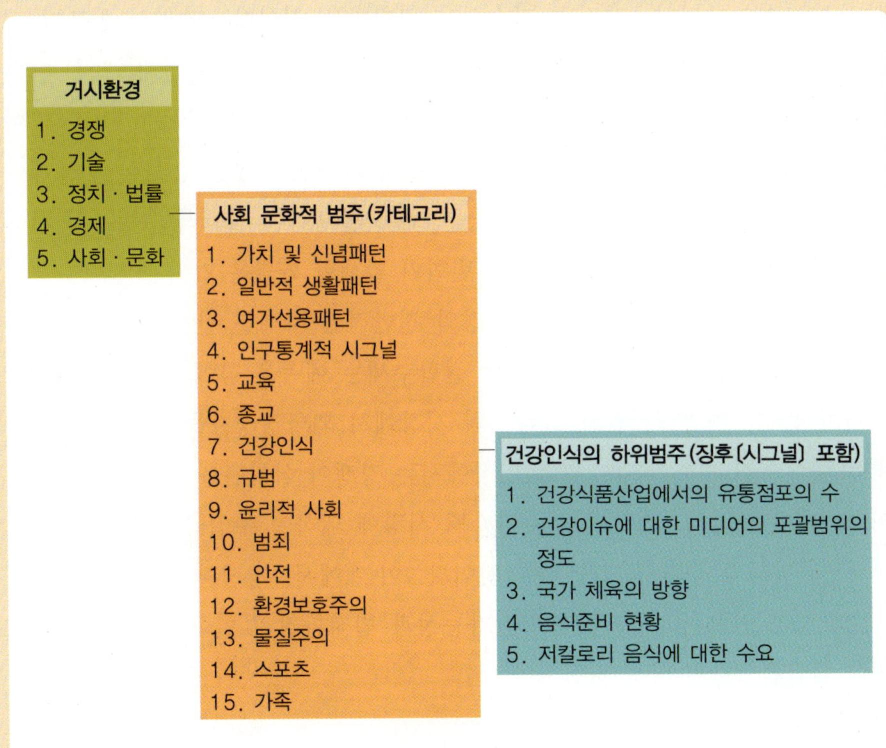

그림 1
정보의 분류: 식품이나 음료수회사의 경우

도움이 되는 특정한 형태로 바꾸는 것을 포함한다. 이것은 주관적인 절차이기 때문에 관리자들은 "병에 우유가 반밖에 남지 않았는지, 아니면 반이나 남았는지"와 같은 고전적인 질문에 답하기 위해 씨름해야 한다.

또한 관리자들은 충분하고도 강력한 징후가 존재하는지를 파악해야 한다. 이것은 깊은 주의를 기울일 만큼 중요한 징후이기 위해서는 얼마나 많은 변화가 필요하고, 얼마나 장기적인 변화가 지속되어야 하는가와 같은 질문들과 관련되어져 있다. 예컨대, 기업이 인플레이션이 시작될지도 모른다는 결론을 내리기 전에, 얼마나 많은 생계비의 지출이 있어야 하고, 그 생계비가 얼마나 오랫동안 증가해야 하는지를 질문해 보아야 한다.

(5) 변화에 대한 징후의 확인

일단 어떤 징후가 나타나서 중요하다고 판단되어진다면, 어떻게 변화될 것이라는 지표가 확인되어져야 한다. 중요한 의미를 지니는 자료를 획득하는 것과, 잠재적 변화가 실제로 발생할 것인가를 확인하는 것은 서로 별개의 것이다.

징후를 확인하는 데는 두 가지 방법이 있다. 첫번째는 각 하위범주의 사건(event)을 확인하거나, 사건의 지속성을 관찰하는 것이다. 발생의 빈도가 크면 클수록, 예상된 변화가 발생하거나 지속될 확률이 커진다. 예컨대, 생활비의 지출이 증가한다든가, 인플레이션 증가의 한몫을 담당하는 항목이 점점 많아질 때, 관리자는 인플레이션이 시작된다고 더욱 확신할 수 있다. 물론 인플레이션의 다른 지표들도 평가되어져야 한다. 변화가 발생하는 일반적인 범주나 하위범주의 수가 많으면 많을수록, 예측된 변화가 발생할 확률은 커지게 된다.

징후확인의 두 번째 방법은 환경의 전반적인 추세를 산정하는 것이다. 두 개 또는 그 이상의 환경범주에 대한 결합추세는 예측을 함에 있어서 확신을 증대시켜 준다. 예컨대, 만약 플라스틱 시장에서 외국경쟁자들이 연구개발의 노력을 증대시킨다면, 국내기업의 입장에서는 경쟁이 심화됨을 예상할 수 있을 것이다. 게다가 만약, 정부에서 플라스틱 시장에 대하여 수입규제의 완화를 고려한다면, 경쟁의 증대가 더욱 커질 것이다. 이 예에서, 경쟁환경의 변화가능성은 기술환경의 변화(경쟁자의 연구개발)가능성과 법적환경의 변화(수입규제완화)가능성이 결합됨으로써 더욱 커진 것이다.

(6) 변화의 정도와 결과의 예측

일단 변화의 징후가 확인되었다면, 이들 징후로부터의 정보를 이용하여 징후의 중요성과 결과를 예측해야 한다. 예측은 조직환경의 미래사건이나 상태를 예상하는 것이다. 이때 관리자들은 계획을 세우거나 의사결정을 할 때 이용되어질 수 있는 미래에 대한 가정과 가설을 개발해야 한다.

이와 같은 예측의 기본적 유형에는 비공식적 방법, 질적 방법, 양적 방법이 있다. 세 가지 중의 어떤 것도 모든 환경여건에 다 적용가능한 것은 아니다. 마케팅관리자는 특정상황마다 각 방법의 적용가능성을 평가하여야 한다. 이때, 고려해야 될 점은 환경구성요소의 성격, 예측에 필요한 자료, 그리고 예측의 구체적인 성격 등이다.

1) 비공식적 예측

비공식적 예측은 관리자들이 자신의 개인적인 경험이나 직관에 기초해서 상황에 대한 지식을 바탕으로 미래환경을 예측하는 방법이다. 많은 관리자들이 사용하고 있는 이 주먹구구식 방법은 반드시 다른 방법으로 보완되어져야 한다.

2) 예측의 양적 방법

양적 방법에는 여러 가지가 있으나 대표적으로 시계열분석방법과 회귀분석법이 있다. 시계열분석방법은 과거의 추세가 미래에도 계속될 것이라는 가정하에 과거의 자료를 바탕으로 미래환경의 변화를 예측하는 방법이며, 회귀분석법은 과거의 자료를 분석하여 환경요인과 그 환경요인의 변화에 따른 결과간의 관계를 찾아내 이를 이용하여 환경변화를 파악하는 방법이다.

3) 예측의 질적 방법

질적 방법에는 전문가의견조사법(delphi-method), 판매원의견조사법(composite of salesforce opinions), 시나리오기법(scenario-method) 등이 있다. 전문가의견조사법은 특정한 문제에 대해 전문가들의 의견을 체계적으로 분석하고자 하는 방법이며, 판매원의견통합법은 판매를 예측할 수 있는 유경험 판매자의 예상과 의견을 수집하는 방법이다.

시나리오기법이란 미래의 환경이 어떠한 양상을 보이면서 변화하고 또한 그에 따른 결과가 어떻게 나타날 것인지에 대하여 전체적인 시나리오를 개발하여 환경을 분석해 보고자 하는 기법이다. 이는 미래환경에 영향을 미칠 수 있는 개별사건은 너무 많고, 또 이들간에도 서로 상호작용을 하므로, 개별적으로 사건과 추세를 예측한다는 것은 별로 의미가 없다는 생각을 바탕으로 한다. 시나리오를 이용한 환경예측기법 가운데 가장 일반적으로 이용되는 것은 미래 환경을 낙관적, 비관적, 큰 변화 없음의 세 가지로 나누어, 각 환경이 일어날 확률과 그에 따른 환경변화내용, 기업의 대응방안을 마련하는 방법이다. 따라서 시나리오기법은 마케팅시스템을 결정하는 구성요소들간의 복잡한 관계를 고려할 수 있는 하나의 틀을 제공하며, 이는 다른 방법이 지니지 못하는 시나리오기법의 큰 장점이라 하겠다.

(7) 변화의 마케팅적 의미해석과 마케팅 프로그램의 개발

변화가 일어나거나 일어날 것이 기대되고 발생가능한 결과가 확인된다면 남은 문제는 "그래서 무엇인가?"(So what?)에 대한 대답을 하는 것이다. 만약 대략적인 변화의 추세가 바람직한 방향으로 계속 나아간다면 기업은 그 변화를 가속화시키고, 그 바람직한 변화로부터 나오는 이득을 취하게 된다. 또 만약 대략적인 변화의 추세가 바람직하지 않은 방향으로 나아간다면 기업은 변화를 차단하려고 할 것이고 새로운 신제품 기회를 창조하거나 기존제품에 대한 마케팅계획을 변경함으로써 환경적 추세에 대해 반응하게 된다. 위의 어떤 경우든 변화에 대한 마케팅적 의미를 해석하고 그에 적당한 마케팅 프로그램을 개발하여야 한다.

적절한 마케팅 프로그램의 개발에 앞서서, 흔히 환경변화로 인한 기회(opportunity)와 위협(threat), 회사의 강·약점(strengths & weaknesses)을 분석하는 데 있어서 SWOT기법이 사용되기도 한다. SWOT분석법은 시장기회를 이용할 수 있는 기업의 강점, 기회를 활용하기 위해서 보강해야 할 약점, 위협에 대처하기 위한 기업의 능력 등을 하나의 매트릭스에 넣어서 복합적으로 분석하는 기법이다. 물론 이러한 기계적인 분석이 바로 마케팅전략수립과 연결되지는 못하지만, 전체적인 마케팅 프로그램개발의 방향을 제시해 주고 사용하기 쉽다는 이점 때문에 널리 사용되고 있다.

변화에 대한 마케팅의 의미해석이 무엇이든지간에 마케팅계획은 지속적으로 변화를 반영하여야 한다. 다음의 논의는 변화에 대한 실제적인 의미를 평가하는 시각과 그 변화에 대응하는 마케팅계획을 개발하는 데 필요한 유용한 제안들이다.

1) 변화에 대한 소비자의 관점

조사방법들에 의해서 기업이 환경에 대한 '창'(window)을 가지게 된다면, 소비자들(다른 이해관계자들)도 또한 '창'을 가지고 있다. 소비자들의 관점은 기업의 관점과 같을 수도 있고 다를 수도 있다. 이 때문에 변화의 의미와 마케팅 믹스의 변경을 평가할 때, 외국의 대규모 자동차 제조회사와 같은 조직들은 빅토리 모델(A VICTORY Model)을 사용하여 소비자의 관점을 평가하고 있다. 학습이론을 바탕으로 나온 이 모델은 소비자 반응에 대하여 8가지 요인을 조사함으로써 변화에 대한 의미를 해석하려고 시도하고 있다. 즉 소비자들이 변화를 이해하고 그 기업의 제품과 서비스의 변경에 적응할 수 있는 능력(ability)이 있는지, 환경변화와 기업의 새로운 제공물에 부응되는 가치관(value)을 가지고 있는지, 그리고 변화에 반응할 수 있는 기업의 혁신(innovation)에 대해서 긍정적인지를 물어 본다. 또한 소비자들이 변화에 반응할 수 있는 여건(circumstance)을 갖추고 있는지, 반응을 준비할 적절한 시간(timing)을 지니고 있는지, 반응의 필요성과 의무(obligation) 혹은 내부심리적 저항감(resistance)이 있는지, 그리고 기업노력의 산출물(yield)이나 편익을 명확하게 인지하고 있는지를 물어 본다.

소비자 관점과 여건에 대한 고려는 "합리주의의 편견"(rationalistic bias)을 줄일 수 있다. 합리주의의 편견이란 기업이 합리적이라고 고려하는 것은 역시 다른 이해관계자들에게도 합리적으로 고려될 것이라고 생각하는 경향을 말한다.

2) 소비자의 동적인 발단(Moving Thresholds)

발단(thresholds)은 사고나 행동에 있어서의 변경을 촉진하는 사람과 조직에 의해 경험된 변화의 시점이다. 구어적으로 발단은 "마지막 조짐"(last straw)이라 할 수 있으며, 긍정적으로 "이륙점"(take off point)이라고 할 수 있다. 하나의 예로서 실내온도의 변화에 대한 반응으로서 온도조절장치가 꺼졌다 켜졌다 하는 것을 들 수 있다. 발단은 자주 이동되는데, 이는 이해관계자의 사고나 행동의 변화를 일으키는 데 필요한 환경의 변화 정도를 결정짓는 중요한 업무를 복잡하게 한다. 동적인 발단이 없이 갑자기 일어나는 환경적인 변화에 대한 반응은 기업이 마케팅계획을 수립하는 데 있어 과잉대응을 하게 한다. 이것에 대한 예로서 플라스틱을 판매하는 두 기업이 서로 다른 방법으로 어떻게 환경의 변화에 반응하며, 그로 인한 결과가 어떻게 나타났는지를 살펴봄으로써 설명이 가능하다.

첫번째 기업의 경영자는, 산업재를 쓰는 소비자들이 플라스틱 가격이 상승하면 플라스틱의 사용을 줄이게 되어 결국 시장매력도가 떨어져서 수요가 급격히 감소할 것이라고 예상했다(가격의 변화는 원자재 비용이 증가하기 때문에 불가피한 것이었다.) 그들은 가격의 상승에 따른 부정적 반응이 있을 것이므로 다른 제품 라인으로 자원을 옮기는 상황계획을 준비했다. 실제로 소비자들은 대체재를 찾았고, 이 기업은 지속적으로 플라스틱의 생산규모를 줄여 나갔다.

플라스틱이 똑같이 중요한 품목인 경쟁기업은 첫번째 회사와 다른 의사결정을 내렸다. 때문에 이 회사의 경영자들 역시 가격의 상승은 상당수의 소비자들의 수용수준을 초과할 것이라서 다른 대체재의 사용을 유발할 것이라고 예측하였다. 그러나 소비자의 수용가능한 가격의 발단(문턱, threshold)이 상대적으로 짧은 시간 내에 위로 상승할 것이라는 것도 예측하였다. 왜냐하면 플라스틱은 기존의 대체재들보다 더 나은 대안으로 보였기 때문이다. 때문에 이 기업은 플라스틱 시장에서 공급을 감소시키지 않았다. 1년이 채 못 되어 소비자들 사이에서 수용가능한 가격발단은 위로 올라갔고, 시장은 그 전의 활발함과 이익성을 되찾게 되었다.

이 예는 많은 시사점을 제공해 준다. 앞을 내다볼 때, 다음과 같은 질문에 답할 수 있어야 한다: 마케팅계획들이 집행된 후에 발단이 위로 움직일 것인가 아래로 움직일 것인가? 새로운 기회가 지속될 것인가? 잃어버린 기회가 다시 나타날 것인가?

3) 소비자의 잠재적 차이

서로 유사해 보이는 현재의 소비자들은 환경의 변화와 변화에 의해 야기된 새로운 마케팅계획에 다양하게 반응할 수 있다. 예컨대, 소규모 수퍼마켓의 경우 대부분의 고객들이 쇼핑빈도, 가게애호도, 그리고 주당 식품비용에 대해 비슷한 반응을 보일 것이다. 그러나 수퍼가 외상판매를 했을 때, 소비자들은 급속히 부채선호그룹과 부채회피그룹으로 나누어질 것이다.

집단적인 구분은 이들의 차이를 설명하는 데 도움을 준다. 미국에서 1930년대의 경기 침체기에 성장한 사람들은 신용으로 물건을 거의 사려고 하지 않을 것이며, 보다 젊은 사람들은 보다 자주 신용거래를 할 것이다.

4) 환경의 상호작용

환경구성요소의 차이는 마케팅적 관점에서 보면 이롭기도 하고, 해롭기도

하다. 하나의 환경변화에 따른 마케팅기회를 평가할 때, 다른 환경들이 그 기회에 어떻게 영향을 줄 것인가를 고려하는 것은 필수적이다. 예컨대, 듀퐁사의 기술환경에 있어서의 중요한 변화는 신발제조회사에게 가죽 대신에 사용할 수 있는 새로운 재료를 제공할 수 있는 기회를 제공했다. 코팜(Corfarm)이라고 불리는 새로운 재료는 가죽보다 더 오래 가고, 비싼 것이었다. 또한 가볍고, 윤을 낼 필요가 없었으며, 형태유지가 오래 가고, 딱딱하지 않았다. 듀퐁사는 이런 특별한 이점들이 초과비용에 비해 가치가 있을 것이라고 생각했다. 이에 듀퐁사가 의사소통시켰던 코팜제품개념은 높은 패션성과 품질을 하나로 묶은 것이었다. 전체마케팅믹스는 품위, 패션, 품질을 전달할 수 있도록 꾸며졌다. 이런 믹스 중 부분적으로는 신발에 대한 고가격을 형성하는 것과 관련되어졌다.

그러나 다른 환경과의 관계에서 두 가지의 실수가 나타났다. 듀퐁사의 기술변화에 대한 관점이 잠재소비자들(사회적 환경)의 관점과 일치하지 않았다는 점이었다. 소비자들은 가죽을 아주 높은 품질을 지니는 것으로 인지하고 있었다. 기술변화에 대한 소비자들의 관점은 듀퐁사의 그것과 맞지 않았다. 결국 듀퐁사는 소비자들이 어떻게 신제품을 인지할 것이고, 이런 인지를 변화시키는 것이 얼마나 어려운지를 정확히 아는 데 실패한 것이다. 그러므로 소비자 환경에서의 요구되는 변화——새로운 기술에 대한 우호적인 태도의 발전——가 나타나지 않았던 것이다. 게다가 많은 소비자들은 그 재료가 가죽과는 달리 통풍성이 전혀 없어서 불편함을 경험했다.

두 번째, 듀퐁사는 경쟁자들이 어떻게 반응하는지를 알지 못했다. 즉, 듀퐁사는 소비자들이 그 제품을 가짐으로 해서 품위를 얻을 수 있다는 것을 별로 느끼지 못하는 데도 불구하고 고가격정책을 쓴 반면에 경쟁업체는 듀퐁사의 동제품이 우수하다고 느끼는 소비자들을 대상으로 저가격정책을 쓴 것이다. 그래서 코팜신발은 아주 커다란 시장실패를 경험하게 된 것이다. 만약 듀퐁사가 소비자나 경쟁환경의 변화에 보다 더 주의를 기울였다면 그 신발시장에 진입하지 않거나 진입하더라도 다른 방법을 택했을 것이다.

(8) 마케팅계획의 공식화

환경탐색의 여덟 번째 단계는 관계되는 환경변화에 바탕을 두고 마케팅계획을 공식화하는 것이다. 만약 나타나는 변화가 바람직한 미래상태로 간다면, 마케팅관리자는 그 변화를 가속화시키거나 그 추세에서 충분한 이득을 얻기 위해서 기존의 마케팅계획의 변경을 고려해야 한다. 만약 나타나는 변화가 바람직한 방향으로 나가지 못한다면, 마케팅관리자는 두 가지의 선택을 할 수 있다. 추세를 바꿀 수도 있고 새로운 마케팅계획(예컨대, 신제품 소개)을 수립하여 그 변화에 대응하거나 기존의 마케팅계획을 그 추세에 맞추어 변경할 수도 있을 것이다. 마케팅관리자가 선택하는 것이 어떤 것이든간에, 공식화된 마케팅계획은 세 가지 환경차원의 시너지 효과를 내는 데 적합하도록 세워져야 한다.

이러한 공식화된 마케팅계획은 그 변화가 예측한 대로 일어나지 않을 경우에도 사용할 수 있는 상황(비상)계획을 포함하여야 한다. 변화는 기대와 반대방향으로 일어날 수도 있으므로, 상황계획은 근본적인 계획에 대한대안이 된다. 마케팅전략의 성공을 위해서 각각의 마케팅계획들은 상황계획을 포함해야 하며, 각각의 마케팅계획들에 대해 두 번째 혹은 세 번째 대안도 비용이나 이익 모두를 고려해서 평가되어야 한다.

상황계획은 그것이 시행되어야 할 발사점(trigger point)을 나타내고 있어야 한다. 발사점은 그 기업이 상황계획으로 대체하도록 하는 필요성을 제공하는, 선명하고 불균형적인 환경상의 징후이다.

유비쿼터스 헬스케어(u-Healthcare)

u-Healthcare가 다가온다. u-Healthcare는 인류의 건강 회복, 유지 및 증진을 위하여, 언제 어디서나 이용할 수 있도록 정보통신기술을 토대로 제공되는 보건의료서비스(Healthcare)라 정의할 수 있다. 정보통신기술을 기반으로 Healthcare의 시간/공간적 제약을 완화시킨 서비스가 u-Healthcare다.

시간과 공간의 제약을 거의 받지 않고 의료서비스를 받을 수 있게 된다는 것이 사람들의 상상력과 결합하여 다양한 형태로 구체화될 것이다. 가장 초보적인 형태를 필립스의 원격 모니터링 서비스 프로그램에서 찾아볼 수 있다. 따라서 이 기업에게 바람직한 미래상황은 다음과 같다. 환자의 집에서 혈압, 혈당, 산소포화도 등의 생체신호를 계측하고, 정보통신망을 통해 계측치를 전송하면, 의사나 건강관리사가 그 수치를 보고 적절한 피드백을 해 주는 구조이다. 병원에 가지 않고도 일상적인 건강관리를 받을 수 있고, 신체 이상이 발견되면 온라인이나 오프라인으로 의료진의 조치를 받을 수 있게 되는 것이다(표 1의 1단계).

먼저 이 회사는 미국과 그 밖의 나라에서 잠재적인 위협을 줄 수 있는 규모가 다른 여러 개의 경쟁기업을 분류할 것이다(표 1의 2단계). 그리고 각각의 기업에 대한 연구개발비용, 제품수정, 장기 및 단기 가격정책, 그리고 서비스 요원들의 수 등에 관한 정보를 수집할 것이다(표 1의 3단계). 이 정보는 개별기업 각각에 대해서 전반적인 변화추세를 파악할 것이다. 나아가 그들은 각 정보들을 주의깊게 살펴보고, 그들의 중요성에 따라 가중치를 달리해서 정보의 변화를 요약할 것이다(표 1의 4단계). 예를 들어, 연구개발비용의 변화는 기업들마다 다른 의미를 지니기 때문에, 각 경쟁기업에 따라 같은 변화에 대해서도 다른 가중치를 할당하고 있다. 큰 기업의 R&D비용의 증가는 그것이 보다 작은 기업에서 일어났을 때보다 더 중요한 의미를 주기 때문이다.

다음으로 주요 지표상에서 상당한 변화가 일어났을 때, 이것이 진정한 변화인지를 다른 측면에서 살펴보아야 한다(표 1의 5단계). 예컨대, 마쓰시타에서 승마기, 발마사지기, 정수기, 모발관리, 바디/구강케어 등 건강과 미용관련 기기들을 출시, 판매하며 홈 헬스케어 사업을 확장하고 있으며, 또 다른 경쟁사도 기술적 향상을 이루었다는 것이 확인되었다면, 유능한 경영자는 경쟁사의 제품이 향상될 것이라는 것을 예측하여 자사의 매출에 미칠 영향을 분석해 보아야 하는 것이다(표 1의 6단계).

이때 의사들로부터 수집된 정보는 변화의 중요성을 측정하는 데 사용된다. 비록 경쟁사에 의한 적당한 개선임에도 불구하고 경쟁환경의 변화의 의미와 중요성은 심각한 매출감소를 초래할 수 있는 것이다(표 1의 7단계). 따라서 이 기업은 u-Healthcare 장비의 새로운 모델의 발표를 앞당김으로써 더 나은 경쟁적 가격으로 더욱 향상된 설비를 제공해야 한다는 결론을 내리게 될 것이다(표 1의 8단계). 이 결정은 기업의 고유능력(내부환경), 정밀성에 대한 고객의 계속적인 강조(과업환경), 그리고 의료기술의 향상을 바라는 사회적 기대(거시환경)의 시너지에 기초를 둔 것이다.

끝으로 기대와 다르게 환경이 변해간다면 새로운 마케팅 프로그램이 개발되어야 하고, 전체적인 환경조사시스템의 재평가도 아울러 실시되어야 한다(표 1의 9단계). 이 새로운 마케팅 프로그램에서의 바람직한, 바람직하지 못한 미래의 상황은 이전의 마케팅 프로그램에서와는 다른 것이다. 예컨대, 새로운 마케팅 프로그램하에서 바람직한 미래의 상황은 의사들이 u-Healthcare 장비에 대해 계속적으로 정교한 것을 원하는 것이고, 바람직하지 못한 상황은 의사들이 경쟁사의 u-Healthcare의 새로운 장비에 대해 상당히 호의적으로 되는 것이다. 물론 환경조사시스템의 나머지 단계들도 재평가되고 개선되어야 한다.

〈참고자료: LG경제연구원 보고서, "u-Healthcare가 다가온다〉

(9) 환경탐색절차의 재평가와 개선

〈표 1〉의 단계들은 전체적인 환경탐색시스템을 나타낸다. 그렇지만 설령 마케팅 계획수립이 마무리되었다고 할지라도, 계속적인 환경탐색은 여전히 요구된다. 만약 환경이 바람직한 방향으로 계속해서 나아간다면, 마케팅관리자는 기대와 일치시키기 위하여 단지 2단계에서 5단계까지를 반복하면 된다. 그렇지만 지난번의 환경탐색경험을 습득한 결과(예컨대, 보다 더 좋은 정보원천이 있을 수 있다)가 있기 때문에 약간의 변화만을 줄 수도 있다.

만약 기업이 환경의 바람직하지 못한 상태에 대응하기 위하여 마케팅계획을 재정립해야 한다면 보다 더 세밀한 개선이 요구된다. 특히, 새로운 마케팅계획은 바람직하거나 바람직하지 않은 미래상황을 재규명하거나, 환경탐색체계의 전체과정에 대한 검토를 필요로 하게 된다. 그러므로 환경탐색은 끊임 없는 진화의 과정이라 할 수 있다.

CHAPTER 4

고객행동의 이해

MARKETING MANAGEMENT

본장에서는 고객의 행동분석을 다루고 있다. 고객은 기업이 행하는 모든 마케팅활동의 초점이다. 이들이 어떤 식으로 구매결정을 하게 되며, 그 결정을 하기 위해 어떤 정보를 탐색하며 그 정보들을 어떻게 처리하는가 그리고 구매결정 후에 이들은 어떤 식으로 자신들의 구매결정 자체를 평가하는가에 대한 총체적인 이해를 하게 되면 앞으로 전개되는 신제품 시장진입전략 및 기존제품 강화 · 유지전략에 대한 이해도 용이하게 될 것이다.

마케팅활동의 근본목적은 고객에게 최상의 가치를 제공하여 그들이 기업의 제품을 구매하고 또한 제품의 상표에 대한 높은 충성도를 보이면서 반복구매를 하도록 유도하는 것이다. 여기서 가장 중요한 개념은 앞장에서도 언급하였지만 가치에 대한 개념이다. 고객이 어떤 제품의 가치를 적다고 느끼면 그 제품은 구매하지 않는다. 어떤 상표를 구매하든 간에 고객의 입장에서는 그 상표의 제품이 다른 경쟁제품보다 더 많은 가치를 주고 있다고 믿는다. 가치의 개념은 앞으로 언급할 모든 내용에 직접적으로 연결이 되기 때문에 자세한 개념설명과 함께 어떻게 측정, 판단할 것인가에 대해 살펴보기로 하자.

가치의 개념과 측정, 판단

가치(value)란 교환을 일으키는 기초적인 변수로 작용하는 것으로 시장에서 제품을 선택할 때 개인이 그 제품을 보다 선호하게 되는 이유로 설명된다. 소비자가 개념적으로 받아들이는 가치는 혜택과 비용면에서 설명될 수 있다. 비용 측면에서의 가치는 금전적인 개념을 도입할 경우 쉽게 측정 및 비교 가능하나, 어느 한 제품이 주는 혜택을 가치로 표현하는 것은 비용측면과 같이 금전적으로 표현되기 어렵다.

예컨대 10만원짜리 일반적인 MP3 A와 20만원짜리 고성능 · 고음질의 MP3 B가 있을 때, 단순히 구입금액을 비용으로 본다면 MP3 B가 MP3 A의 2배이지만 각각의 MP3로 인해 고객이 얻게 되는 혜택은 금액단위로 측정할 수 없다. 더욱이 개인의 특성에 따라 혜택의 크기도 매우 달라질 수 있다. 만약 고객이 음악 매니아라면 MP3 B에 대해 느끼는 혜택은 MP3 A에 대해 느끼는 혜택보다 2배 이상 많을 수 있다.

이와 같이 비용과 혜택측면의 가치측정에 있어서 단위의 통일이 어렵기 때문에 절대치로서의 가치보다는 제품에 대한 상대적 가치로 표현하는 것이 일반적이다.

상대적인 개념에서의 가치측정 및 비교는 준거제품을 기준으로 평가할 수 있다. 즉 비용이 절감된다는 장점을 혜택의 증가로 보고, 반대로 비용의 증가라는 단점을 혜택의 감소로 설정하여 가치를 제품이 가지는 혜택차원으로 일원화하여 측정하게 된다.

〈표 4-1〉에서 보듯이 제품의 가치를 평가하는 데에는 일정기준 제품을 두고 제품을 구성하고 있는 속성별로 상대적인 점수를 부여하게 되며, 여기에 각 속성의 가중치를 고려한 총점을 계산하여 최종 상대가치를 나타낸다. 위에 나타난 가격 속성에서 2점이라는 점수는 준거제품에 비해 가격이 적절하게 인식되어 고객들에게 긍정적인 평가를 가져다주고 있음을 나타내는 것이다. 가치의 점수가 0보다 높으면 높을수록 제품은 준거제품보다 높은 가치를 갖게 되며, 0보다 낮으면 낮을수록 가치가 없는 것이며, 0일 경우는 제품이 준거제품과 동일한 가치를 갖는 것이다.

이러한 측정방식에서도 알 수 있듯이 기업이 제품의 가치를 향상시킬 수 있는 방법으로 다음의 4가지를 고려할 수 있다.

속 성	준거제품 이하			준거제품	준거제품 이상			가중치
	−3	−2	−1	0	1	2	3	(7점 척도)
가 격						V		6
에 어 백			V					5
배 기 량				V				5
외 형					V			4
가치점수								11점

표 4-1 시너지 창출을 위한 전략적 통합의 결과

- 일정제품이 가지는 속성별 평가를 개선한다. 예를 들어, 위의 자동차 사례를 보면 가중치가 비교적 높은 에어백의 성능을 향상시키는 것이다.
- 제품이 가장 잘 평가받고 있는 속성의 중요성을 높인다. 위의 자동차 사례에서는 가중치가 보통인 외형에 대한 평가가 비교적 좋은데 이 외형에 대한 중요도를 향상시키는 것이다.
- 제품이 고객에게 제공할 수 있는 새로운 속성을 추가한다. 위의 자동차 사례에서 자사제품이 '저소음'의 특징을 가지고 있다면 '저소음'이라는 새로운 속성을 고객들에게 인식시키는 것이다.
- 목표고객에게 인식되어 있는 준거제품을 자사의 제품보다 떨어지는 제품으로 바꾸도록 유도한다. 위의 자동차 사례에서 준거제품을 수준이 낮은 준거제품으로 바꾸어 비교하도록 고객들을 유도하면 자사제품의 모든 속성이 준거제품 이상의 평가를 받게 된다.

위와 같은 4가지 방식 중 어느 것이라도 성공적으로 시행될 때 경쟁구도를 바꿀 수 있다.

고객들이 느끼고 판단하는 가치의 기준이 서로 다르고 어떤 제품이 다른 제품보다 더 많은 혜택을 제공하거나 더 적은 비용을 요구하는가에 대한 판단방법들도 다를 수 있다. 이런 이유 때문에 많은 경우에 고객들의 제품구매와 선호현상도 쉽게 설명되지 않는다. 예를 들어 패션내의는 밖에서는 볼 수 없지만 경우에 따라서는 많은 고객들에게 내의의 상표명이 큰 의미를 가질 수 있다. 유명상표 내의를 입으면서 본인이 자신의 중요성이나 소중함을 재차 확인할 수 있기 때문이다. 식료품의 경우 단순히 색깔의 변화만으로도 그 소구점과 지각되는 맛이 극적으로 바뀔 수 있다. 미니스커트, 반바지 등은 엄청난 기세로 시장에 들어오지만 그만큼 빨리 시장에서 물러나기도 한다.

고객들은 저가제품을 선호하지만 때로는 고가제품을 구매하기도 한다. 이는 고객들이 내용에 있어서는 크게 다르지 않더라도 무상표품보다는 전국적으로 알려진 상표를 선호하는 것과 같다. 그들은 구매할 제품에 대해 더 많은 정보를 원하지만 실제의 구매결정시에는 이용가능한 모든 정보를 다 사용하지는 않는다. 그들은 오렌지쥬스의 선택에 있어서는 비교적 덜 민감하여 상표를 쉽게 전환하지만, 담배나 맥주의 선택에 있어서는 특정한 상표에 대해 비교적 일관된 선호를 갖고 있다. 더욱이, 그들은 자신들의 강한 상표애호도에도 불구하고 그 선호와 애호도의 배후에 있는 이유들을 분명히 알지 못하는 경우도 많이 있다.

이처럼 다양한 형태의 고객구매행동이나 소비행태를 이해하고 예측하여야만 고객에게 높은 가치를 제공할 수 있고, 그렇게 되었을 때 구매·반복구매를 통하여 충성고객이 형성되며 상표의 자산가치도 높아지게 된다. 제2장에서 표

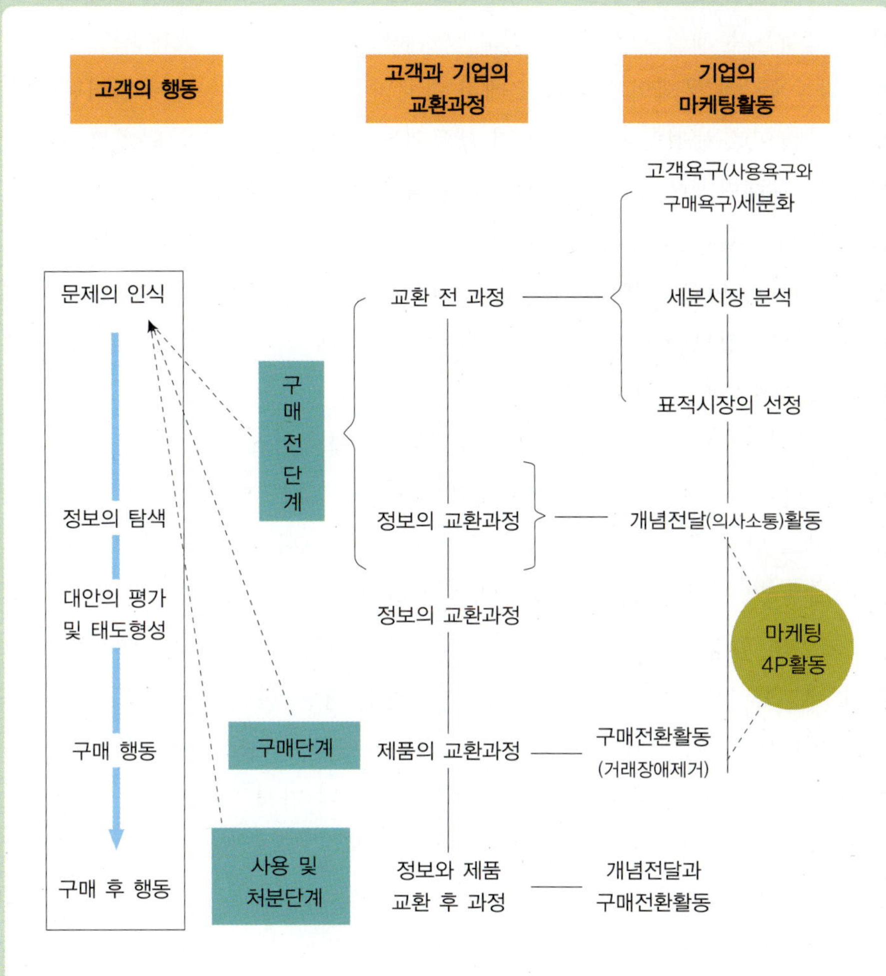

그림 4-1
고객의 행동, 고객과 기업의 교환과정, 그리고 기업의 마케팅활동

적고객에게 왜 그리고 어떻게 기업의 제품이 그들의 욕구를 효과적으로 충족시켜 줄 수 있는가에 대한 개념전달활동과 그들의 구매시 겪게 될지 모르는 여섯 가지 장애 요인들을 제거하는 구매전환활동은 마케팅믹스를 통해 이루어야 한다는 마케팅계획체계를 설명하였다.

본 장에서는 왜 이 두 가지 활동의 수행이 결국 고객에게 가치판단의 근거가 되는지를 고객의 행동 전과정에 대한 체계적인 분석을 통하여 설명하려고 한다.

〈그림 4-1〉에서 보는 바와 같이, 고객의 행동과정은 문제의 인식(욕구의 발생), 정보의 탐색, 대안의 평가 및 태도형성, 구매행동 그리고 구매 후 행동으로 이루어진다. 고객의 문제 인식(욕구의 발생)은 제품의 소비와 관련되는 어느 단계

에서나 발생할 수 있다. 즉 구매전 단계나 구매단계, 사용단계, 처분단계 모두에서 고객은 문제를 인식할 수 있고, 이 문제의 해결은 각 단계별로 다르게 나타난다. 예컨대 문제의 인식이 구매전 단계의 정보 수집차원에서 일어난다면 정보의 탐색으로 해결하여 그 나머지 행동과정은 탐색된 정보를 근거로 이루어질 것이고, 구매단계에서 지불능력에 대한 문제가 인식되었다면 그 단계에서 정보의 탐색(다른 지불방법의 탐색)을 거쳐서 그 다음의 과정인 구매 후 행동단계로 연결될 것이다. 만약 구매 후 행동단계에서 사용상의 문제가 인식이 된 경우에는 다시 적절한 정보탐색과정을 거쳐 제품에 대한 태도를 조정하여 추후의 구매행동에 그 태도를 반영시킬 것이다.

고객과 기업 간의 교환과정상으로 본다면 정보의 교환 전 과정으로부터 정보의 교환과정, 제품의 교환과정, 제품과 정보의 교환 후 과정으로 진행되는 가운데 어느 단계에서나 고객이 문제를 인식하면 〈그림 4-1〉의 좌측에 나타나 있는 고객행동모형을 따라 문제를 해결하려 하게 된다.

기업의 입장에서 볼 때 고객욕구의 확인과정인 교환 전 과정에서는 고객욕구의 세분화, 세분시장분석, 표적시장의 선정 등을 통해 시장기회를 확인하는 것이 중요하다. 이에 따른 표적시장별 마케팅목표는 개념전달활동목표와 구매전환(거래장애요인제거)활동목표로 구분되는데, 이 두 가지 마케팅목표를 달성하고자 하는 노력이 마케팅4P 활동이다. 개념전달활동은 정보교환과정을 통하여 고객들에게 그들의 욕구를 충족시킬 수 있는 제품이 있다는 정보를 신속하고 정확하게 전달하여, 고객들이 제품 대안들을 평가하고 태도를 형성하는 데 도움을 주는 것이며, 궁극적으로는 자사제품이 고객들에게 호의적으로 인지될 수 있도록 하는 것이다. 다음으로 실제거래활동에서의 장애를 제거하기 위한 구매전환활동은 고객들의 제품 구매과정을 보다 용이하게 하는 것이다. 또한 구매 후 계속적인 재구매를 유도하기 위해서 기업은 자사제품들에 대한 가치의 우월성을 개념전달활동과 구매전환활동에 대한 지속적인 노력을 통하여 확신시켜야 한다.

본 장에서는 먼저 고객의 유형과 고객행동모델을 개략적으로 검토한 후, 이에 대한 이해를 바탕으로 하여 고객의 제품소비단계(구매전 - 구매 - 사용 - 처분단계)를 기준으로 고객과 기업간의 교환과정을 보다 구체적으로 살펴볼 것이다. 그리고, 마지막으로 고객행동의 변화와 그에 대응한 마케팅관리의 동태적 접근을 연계시키기 위한 하나의 개념적인 틀로서 '고객행동의 동태적 모델'을 소개하기로 한다.

제1절 고객의 유형

소비재 시장에서의 고객은 가정, 산업재 시장에서는 조직구매자가 될 것이고, 경우에 따라서는 〈그림 4-2〉에서 보는 바와 같이 개인이나 개인들의 집단이 될 것이다. 현재까지 대부분의 고객행동에 대한 연구는 개인의사결정자(cell 1)에 집중되어 왔다. 그러나 고객은 여러 명으로 구성된 의사결정단위가 될 수도 있다. 가족구매단위(cell 2)에서는 의사결정과정의 각 단계에서 가족구성원 상호간에 서로 다른 영향을 미칠 수 있다. 더욱이 가족의 구성원들은 서로 상이한 구매역할을 수행하기도 한다. 즉, 어떤 구성원은 소비의 필요성(욕구 발생, 문제인식)을 제기하며(발안자: initiator), 또다른 구성원은 정보의 형태를 결정함으로써 정보통제자가 되거나 의사결정에 영향력을 행사하고(영향자: influencer), 다른 가족 구성원들은 어떤 제품이 가장 적합한가를 결정하거나(결정자: decider), 구매자금을 제공하거나(지출자: financier), 제품을 구매하거나(구매자: purchaser), 혹은 사용할 수 있다(사용자: user). 그러므로 가족구성원들은 구매과정에서 상이한 또는 복수의 역할을 수행할 수 있다. 둘 또는 그 이상의 개인들이 구매에 관여할 때 전체의 욕구와 각 개인의 욕구가 상충되는 경우가 있어 갈등이 일어나기도 한다.

조직구매자의 경우 구매결정과정에 관련되는 구성원들은 흔히 구매센터(cell 4)라 부르기도 한다. 예컨대, 재료와 자본설비의 구매에 있어 구매센터의 구성

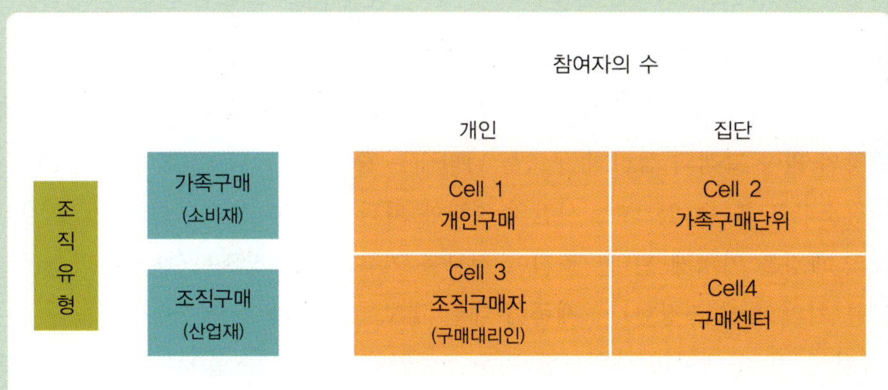

그림 4-2 고객의 유형

원들은 구매대리인, 기사, 자금부서원, 그리고 외부의 자문역을 포함할 수 있다. 일반적으로 가족의 의사결정과 마찬가지로 제품 또는 서비스가 중요하거나 위험성이 있거나 비쌀수록, 구매센터의 사람 수는 많아진다. 또한 각 구성원들은 구매과정에서 상이한 역할을 수행하고 그 역할들은 구매의 성격에 따라 달라진다. 그러므로 조직의 구매행동은 조직 구성원들 상호간에 의사결정상의 갈등을 일으킬 여지를 안고 있다. 한편, 조직구매는 구매대리인 같은 개인에 의해 수행되기도 한다(cell 3).

학자들은 흔히 조직구매를 가족구매와 다른 것으로 취급한다. 그러나 둘 사이에는 많은 유사성이 존재한다. 가족과 조직은 모두 의사결정과정에 한 사람 이상을 포함한다. 또한 둘은 모두 의사결정과정에서 갈등을 경험하기도 하고, 하나 혹은 그 이상의 구매역할을 수행하는 구성원들로 이루어지며, 구매에 관련된 위험에 직면하기도 하고 가격이 정해진 상황이거나 혹은 협상을 요구하는 상황에 직면할 수 있으며, 제품을 구매해야 할 것인가 아니면 빌려야 할 것인가를 결정하여야 한다. 그러므로 고객으로서 개인과 조직 사이에는 중요한 차이점이 있지만 또한 매우 중요한 유사성도 존재한다고 할 수 있다.

제 2 절 고객행동모델

〈그림 4-3〉은 고객구매과정의 모델을 보여 주는 것으로서 〈그림 4-1〉의 좌측에 있는 부분을 보다 구체적으로 서명하는 것이다. 이 모델은 교환 전 과정과 연결될 뿐만 아니라 교환과정과 교환 후 과정에 대한 토론을 위한 일반적인 틀을 제공해 준다.

고객행동모델은 정보처리, 중앙통제, 의사결정과정으로 구성되어 있는데, 중앙의 원이 고객의 심리적 구조를 나타내는 중앙통제 부분이다. 이것은 경험의 저장소라고 볼 수 있으며, 시간의 경과에 따라 새로운 정보가 들어와 가·감·변형의 과정을 거치게 된다. 조직이 정보를 기록으로 저장하는 것처럼 개인은 정보를 기억 속에 저장한다. 제품에 대한 정보는 제품(상표)의 개념, 제품의 속성과 편익, 또는 개인의 사용경험 등을 포함한다. 또한 중앙통제부분은 개인의 독특한 특성이라 할 수 있는 개성을 포함하는데, 개성은 정보처리와 의사결정과정

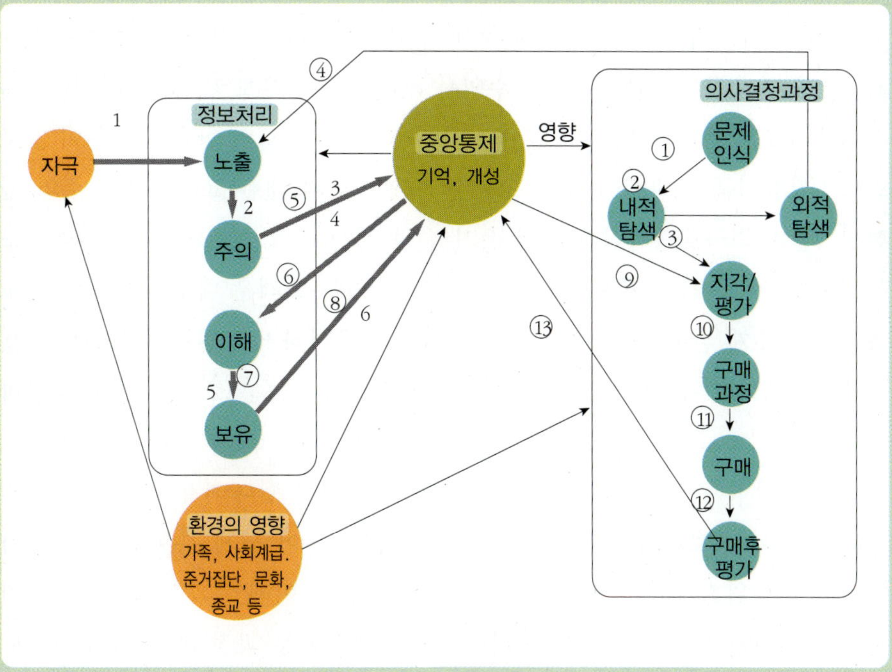

그림 4-3
개인 고객행동모델

뿐만 아니라 특정제품에 대해 추구하는 편익의 선호도에도 영향을 미친다. 개인이 사전경험을 통해 정보를 축적하는 것과 마찬가지로 가족이나 조직들 또한 그러하다. 관계된 개인들의 경험의 합이 가족이나 조직의 새로운 정보를 처리하는 방법에 영향을 미친다.

모델에서 정보처리부분은 개인이 외부자극을 어떻게 처리하는지를 나타낸다. 여기에는 노출(exposure), 주의(attention), 이해(comprehension), 보유(retention)의 네 가지 처리단계가 있다. 그림에서 1, 2, 3, 4, 5, 6은 정보처리 과정의 흐름을 나타낸다. 노출(과정 1)은 시장에 있는 물리적 · 사회적 정보를 인식하는 단계로서 오감을 통해 매순간 마다 얻어지는 정보이다(보다 자세한 내용은 본 장 제4절 중 정보교환과정 참조). 이러한 정보는 변형 되지 않은 채 잠시 보관될 뿐이므로 감각적 정보라고 한다. 노출된 정보는 너무 많기 때문에 주의를 끌 수 있는 것만이 중앙통제부분에 기억된다. 어떤 정보가 주의를 끌 것인가(과정 2), 즉 주의의 선택과 강도는 정보 자체의 구조적 특성(예컨대, 자극의 강도, 대조, 반복, 신기함 등), 중앙통제부분의 기억과 개성, 그리고 의사결정과정에서의 동기나 욕구 등에 의해 결정된다.

정보가 신기하고 호기심을 자극하기 때문에 고객의 주의가 높아질 수 있다. 이는 정보 자체의 구조적 특성 때문에 주의가 높아지는 경우이다. 또한 현재의 욕구가 높을수록 관련된 정보에 주의를 기울이는 경우도 있다. 예를 들어 식이요법중인 고객은 제품에 부착된 표시사항을 볼 때 칼로리 함유량을 눈여겨 보는 반면, 건강식품에 관심이 있는 고객은 인공성분에 대한 표시사항을 주의 깊게 본다. 한편 의사결정과정과 사전의 기억 및 개성도 역시 주의의 선택 및 강도를 결정한다. 예를 들어 제품에 대해 많이 알고 있는 고객은 매우 구체적인 정보에 초점을 맞추게 된다. 또한 정보가 사전경험과 유사하거나 일관성이 있으면 쉽게 선택 · 체계화될 수 있으나, 그렇지 않고 분절된 정보는 주의를 받지 못한다고 볼 수 있다.

이와 같이 주의를 끄는 정보는 실제로 기억되기 쉽다(과정3). 그러나 주의의 강도가 높은 정보라할지라도 체계적으로 조직화되어 쉽게 부호화될 수 없다면 기억이 어려워진다. 즉 임시적으로 저장된 정보가 이해의 과정(과정4)과 단기적인 보유의 과정(과정5)을 거쳐 장기기억으로 저장되는 과정(과정6)에서, 쉽게 이해될 수 없거나 빨리 잊혀지는 정보는 사라져 버리고 만다. 예를 들어 광고문안이 이해하기 쉽게 표현되지 못한다면 그 설득효과는 떨어지게 된다. 또한 주의를 높이는 데만 집착한 나머지 원하는 내용을 고객에게 이해시키지 못한다면 광고의 목적을 달성할 수 없다. 예컨대, 선정적인 화장품광고에 대한 주의의 강도는 높지만 그것이 어떤 제품의 광고인지 이해할 수 없다면 광고의 효과는 미약하다 할 것이다.

의사결정과정은 모델의 세 번째 구성 요소이다(단계 ①~⑬). 이는 문제의 인식(고객 욕구의 발생), 내적 · 외적 탐색, 제품의 평가, 구매과정, 구매, 그리고 구매 후 평가 등을 포함 한다. 구매상황에서 문제인식(단계 ①)은 해결을 필요로 하는 특별한 문제, 즉 욕구에 대한 인식이다. 일단 문제가 인식되면 고객은 그 문제를 해결할 방법에 대한 필요한 정보를 저장된 기억에서 탐색하거나(내적탐색: 단계 ②), 외부에서 추가적으로 탐색하기도 한다(외적 탐색). 문제를 인식했을 때 개인이 가지고 있는 내부기억정보의 탐색만으로 충분하다면 내적탐색단계에서 곧바로 평가단계로 넘어가지만(단계 ③), 내부 기억정보가 없거나 불충분하다면 외적탐색을 필요로 하는데, 이때는 새로운 정보수집을 위한 정보처리의 과정(단계 ④~⑧)을 거치게 된다. 정보처리과정을 거쳐 탐색된 정보는 경험과 지식의 일부로서 이해되어 기억에 저장되며, 이 정보는 대안들을 평가하고 비교하는 데 사용된다(단계 ⑨). 평가단계에서 외적탐색을 통해 입수된 정보로도 충분하지 못하다고 느끼면 더 많은 정보를 탐색하고 평가한다. 이렇게 입수된 정보를 근거로 제품의 속성들에 대한 인지적 신념을 형성하며, 인지적 신념들이 가중치로 결합되어 제품에 대한 전반적인 호감도(예컨대, 좋아한다 · 싫어한다)를 나타내는 감정적 태도를 형성하게 된다. 일단 형성된 태도는 구매행동을 가장 잘 예측할 수 있는 행동의향(behavioral intention)에 영향을 미친다. 일단 형성된 태도는 쉽게 변하지 않고, 사람들은 태도에 적합한 정보만을 선택적으로 지각하게 되므로 이러한 태도의 기능을 이해하는 것은 매우 중요하다. 대안의 평가 및 태도형성과정에 이어 고객은 구매과정(단계 ⑩)을 거친 후 구매(단계 ⑪)를 하게 된다. 고객은 제품을 구매하고 사용해 본 후 그 제품에 대한 평가를 하게 된다(단계 ⑫). 즉 제품에 대한 만족 · 불만족 여부, 불만족시 그 원인, 자기의사결정에 대한 불안감 등을 가지게 된다. 마지막으로 이들 구매 후의 평가내용은 중앙통제부분의 기억장치 속에 다시 들어가 지식으로 축적된다(단계 ⑬).

모델의 고객의사결정과정 부분을 고객과 기업의 교환프로세스상에서 보다 구체적으로 이해될 수 있도록 하기 위하여 다음 제3절에서는 구매 전 단계 상에서의 교환 전 과정(고객의 문제인식 및 욕구발생에 초점)과 고객과 기업간의 정보교환과정(정보의 탐색과 관련하여 인지형성에 초점), 대안의 비교평가 및 태도형성과정(제품의 평가와 관련하여 고객의 평가모델과 태도형성에 초점)에 대해서 자세히 알아보기로 한다. 또한 제4절에서는 구매단계에 해당하는 제품교환과정(구매과정과 구매에 관련하여 고객의 행동형성에 초점)에 대하여 알아보고, 제5절에서는 사용 및 처분단계에 해당하는 정보와 제품의 교환 후 과정(구매 후 평가에 관련하여 고객의 새로운 인지 · 태도 · 행동 형성에 초점)을 제시할 것이다.

이러한 교환과정을 원활하게 하기 위하여 기업은 마케팅의 네 가지 전략적인 도구들(마케팅 믹스: 4P)을 적절히 선택하여 시행하여야 한다. 더 나아가서는 고객의 행동을 보다 동태적으로 이해하는 것이 필요하며, 이는 고객의 상표애호도(brand loyalty)를 강화시키는 지속적인 고객관리와 연결되어진다. 이에 대해서는 제6절에서 자세하게 언급될 것이다.

앞에서 제시한 〈그림 4-3〉의 의사결정모델은 개인의 의사결정에 관한 것이며, 집단의사결정에는 몇 가지 다른 면이 작용한다. 첫째, 집단의사결정과정에서는 모든 활동이 한 사람에 의해 수행되지 않는 것이 일반적이다. 제품에 대한 필요는 한 개인에 의해 인식될지 모르지만 정보의 수집은 다른 사람이 책임져야 될 수도 있다. 이것은 조직 내에서 개인들의 능력과 임무가 상이할 때 특히 그러하다.

둘째, 집단을 구성하는 개인들의 구매동기가 다양하고, 선호 역시 상이할 수 있기 때문에 집단의사결정은 하나의 갈등해결과정이라고 할 수 있다. 집단이 결정에 도달하기 위해 구성원들은 협상, 흥정, 강요와 같은 갈등해결전략을 사용하기도 한다. 그들은 또한 자신의 관점이나 선호를 반영시키기 위해 공동의 관심사를 중심으로 상호제휴할 수도 있다. 상호간의 의견불일치는 모든 의사결정단계에서 발생할 수 있다. 예컨대 어떤 제품의 필요 자체에 대해, 어떤 종류의 제품을 구매할지에 대해, 또는 어떤 회사의 제품을 구매할지 등에 대해서 의견불일치의 가능성은 상존한다.

셋째, 집단의사결정은 조직에 의해 규정된 절차와 규칙을 따르는 경우가 많다. 예컨대 공식조직에서는 누가 의사결정에 참여할 것인지, 누가 어떤 측면에 책임을 질 것인지, 그리고 누가 최종구매결정권을 가질 것인지 등을 규정하고 있다. 그러나 비공식적인 영향이 개입되는 경우도 흔히 나타난다. 이것은 보통 몇몇 집단구성원들 사이에서 비공식적 토론 및 계획수립 형태로 나타난다.

넷째, 가족이나 조직의 의사결정에 필요한 시간은 개인이 의사결정을 하는 데 필요한 시간보다 일반적으로 더 길다. 의사결정과정을 공유함으로써 절약되는 시간보다 의견차를 조정하는 데 소모되는 시간이 더 긴 경우도 많다.

한국 소비자들의 7가지 라이프스타일

LG경제연구원이 2011년도 전국의 소비자 1,800명을 대상으로 조사를 통해 밝힌 우리나라 사람들의 라이프스타일에 대한 분석은 다음과 같다.

• 몸(Body): 건강(Health)과 아름다움(Beauty) 등 몸에 대한 투자에 몰입하는 라이프스타일이다. 한국 소비자들은 건강에 최우선 가치를 두고 있다. 이로 인해 식품의 원산지와 첨가물을 확인하는 등 건강 지향 의식주 생활이 보편화되고 있다. 또한 외모지상주의(lookism)의 모습도 확인하였다. 예컨대 '우리 사회에서 외모로 호감을 주지 못하면 손해를 본다'는 질문에 65%의 긍정 응답률을 보였다.

• 의미(Meaning): 일과 삶의 불균형에서 삶의 의미를 생각하고, 찾는 라이프스타일이다. 일인당 국민소득 2만 달러 시대의 한국인들은 과반수 이상이 행복하다고 느끼지만, 동시에 상당한 스트레스에 시달리는 것으로 조사되었다. 가계 수입과 지출, 직장 생활, 자녀교육과 육아 등이 가장

큰 스트레스 요인이다. 사람들은 일 중심의 삶을 살아가고 있다. 조사 결과를 보면, 일과 삶의 중요도 비율은 각각 53%, 47%이고, 시간 등 실제 자원 투입 비율은 일이 60%, 삶이 40%로 나타났다. 사람들은 일의 중요도에 비해 개인의 자원을 더 많이 투입하고 있었다. 이처럼 각박한 삶 속에서 사람들은 삶의 의미를 찾고자 노력한다. 예컨대 장기 기증 운동 참여, 기업의 사회적 책임 요구, 기부 소비 등 사회적 가치에 대한 질문에 각각 42%, 50.8%, 26.6%의 긍정 응답률을 보였다.

• 개인화(Individualism): 세상의 중심을 자신에게 두고 개인의 가치를 높이고자 하는 라이프스타일이다. 집단이나 조직보다 개인의 가치를 중시하는 사람들이 적지 않았다. '조직보다 개인이 우선이다', '공익을 위한다고 해도 나의 권리가 포기되거나 제한될 수는 없다'라는 질문에 각각 36.4%, 36.8%의 긍정 응답률을 보였다.
나, 개인 중심의 사고 방식은 결혼, 부부, 노후 생활에서도 뚜렷하게 나타났다. '결혼은 부모님의 의사보다는 나의 선택이 중요하다', '맞벌이를 할 경우 부부가 소득을 독립적으로 관리할 수 있다', '노후에는 자식들과 독립해 따로 살고 싶다'라는 질문에 각각 69.1%, 50.6%, 69.8%의 긍정 응답률을 보였다. 또한 이혼에 대해서도 개방적 태도를 보였다. '부부 사이의 갈등을 해결할 수 없다면 이혼하는 것이 낫다', '노년이 되어서도 부부갈등이 커지면 이혼할 수 있다(황혼 이혼)'라는 질문에 각각 43.1%, 50.6%의 긍정 응답률을 보였다. 특히 황혼 이혼에 대해서는 여성이 남성보다 더욱 개방적인 것으로 나타났다(여성의 긍정 응답률은 54.6%, 남성의 긍정 응답률 46.7%). 또한 최근 지속적으로 늘고 있는 1인 가구는 개인화 현상의 일환으로 볼 수 있다.

• 현실주의(Realism): 원칙이나 전통보다 '실제 이득'을 중시하는 가치 지향적 라이프스타일이다. 사람들은 원칙, 전통, 과정보다 실리, 결과를 중시하는 성향을 보였다. '원칙과 격식보다는 융통성을 중시한다', '매장보다는 화장을 선호한다', '일의 과정보다 결과를 중시한다'라는 질문에 각각 55.8%, 59.4%, 51.6%의 긍정 응답률을 보였다.
실리를 중시하는 삶은 전업 주부 남편 등 남녀의 전통적 성 역할에 대한 인식도 바꾸는 것으로 나타났다. '남자가 육아와 살림을 하고 여자가 돈을 벌 수 있다', '필요하다면 처가살이도 괜찮다'라는 질문에 각각 45.9%, 46.9%의 긍정 응답률을 보였다.
현실주의 성향은 돈을 중시하는 가치관에서 잘 나타났다. 또한 학벌과 배경을 중시하고 대학 교육의 실용성을 더욱 중시하는 경향을 보였다. '사회적 지위는 낮더라도 돈을 많이 벌면 성공했다고 말할 수 있다', '한국 사회에서 성공하기 위해서는 학벌이 중요하다', '대학 교육은 학문적 지식을 쌓는 것보다 취업준비에 도움이 되는 것 이 우선이다'라는 질문에 각각 55.8%, 80.7%, 53.9%의 긍정 응답률을 보였다.
주거생활에 대한 현실주의 경향도 나타났다. 집을 소유가 아닌 경험의 대상으로 여기는 사람도 많아 '집을 사지 않고 전세에 살아도 상관없다'는 문항에 대해 응답자 전체는 37%, 30대는 41.1%의 긍정 응답률을 보였다.

• 가정(Home): 가족의 가치를 소중히 여기는 라이프스타일이다. 사람들은 가족 가치를 소중히 여기며, 처가나 본가보다 자신의 가족이 우선이라고 생각하는 사람들이 많았다. 고소득, 서울/수도권 사람들이 상대적으로 이러한 인식이 높았다. 가족중시 성향은 요리, 실내외 오락 등 가족 중심의 라이프스타일로도 보인다. '오락, 영화감상 등 집에서 하는 여가활동이 과거보다 많아졌다', '가족들과 야외에 나가 캠핑하고 싶다'라는

질문에 각각 46.9%, 48.6%의 긍정 응답률을 보였다.
사람들은 가족을 위해 많은 것을 희생하지만 중년들은 자녀 교육비 투자 등 가족 헌신으로 인해 정작 본인의 노후 준비를 못하고 있는 것으로 나타났다. '가족을 위해서라면 나를 희생하는 것은 당연하다'는 문항에 대해 응답자 전체는 67.3%, 50대는 76.6%의 높은 긍정 응답률을 보였다. 하지만 '노후(은퇴 후)를 위해 저축/연금 등 재정적 준비를 전혀 하지 못하고 있다'라는 문항에 22.4%의 긍정 응답률을 보였다.

• 온라인 사교(e-Socializing): SNS를 통해 타인과의 온라인 소통을 즐기는 라이프스타일이다. SNS가 삶의 질을 높여주고, 신뢰할 만한 매체라고 인식하는 동시에 소통 수단으로서 음성보다 편리하다고 생각하는 젊은 세대들이 많았다. 'SNS는 나의 삶의 질을 높여준다', 'SNS에서 사람들이 말하는 이야기나 견해를 신뢰한다', '전화 거는 것보다 문자나 SNS로 대화하는 것이 더 편하다'라는 질문에 응답자 전체는 각각 32.5%, 32.6%, 38.6%, 20대는 37.4%, 34.4%, 42.4%의 긍정 응답률을 보였다.

• 이동성(Mobility): 스마트폰 등 모바일 기기를 적극 활용하여 일과 삶을 바꾸어 가는 라이프스타일이다. 스마트폰으로 인한 연결(Connectivity)로 새로운 공간과 시간이 만든 편리한 일상을 향유하고 있다. '언제 어디서나 지인들과 연결된 느낌이다', '스마트폰으로 인해 대중 교통도 매우 다양한 활동의 공간이 된다', '궁금한 것이 생기면 바로 스마트폰을 이용해 검색한다'라는 질문에 각각 46.4%, 58.7%, 78.4%의 긍정 응답률을 보였다.

〈자료원: LG경제연구원 보고서, "한국 소비자들의 7가지 라이프스타일"〉

제 3 절 구매 전 단계

3.1. 교환 전 과정

(1) 구매를 할 것인가

고객들은 무엇을 구매할 것인가를 결정하기 전에 먼저 구매가 합당한 것인가를 결정하여야 한다. 고객들이 해야 할 가장 기본적인 결정 중의 하나는 자신의 수입을 지출에 할당하는 예산수립과정이다. 이러한 결정은 가처분소득범위 내에서 이루어진다. 수입은 의 · 식 · 주, 운송, 의료와 같은 생존을 위해 필요한 부문들에 할당되어져야 한다. 나아가 고상함, 지위, 또는 즐거움에 대한 욕구—예컨대, 스키장비, 잡지—를 충족시키는 기호품 구매에도 사용될 수 있다.

한편 기업의 조직은 두 가지 형태의 욕구를 지니고 있다. 기본적 욕구와 임의적 욕구. 먼저 기본적 욕구는 매출, 시장점유율, 그리고 경제적 성장을 달성하는 데 도움을 주는 제품들에 대한 욕구이며, 임의적 욕구는 기본적인 생존욕구를 성공적으로 충족시키기 위한 부수적인 욕구이다. 예컨대, 기술적으로 정교한 기계류의 구매가 생존에 필수적인 것은 아니지만 그로 인해 일이 더 쉬워지고, 덜 지루하게 되며, 더 즐겁게 됨으로써 종업원의 사기를 증진시킬 수 있는 것이다.

(2) 언제 구매를 할 것인가

구매가 언제 일어날 것인가에 영향을 미치는 가장 중요한 요인들 중의 하나는 경제적 실현 가능성이다. 소비재 시장에서는 일반적인 경제상황뿐만 아니라 고객들의 현재 및 장래의 직위와 수입이 구매시기에 영향을 미친다. 미국의 중간층 고객들을 경제적으로 어려운 궁지에 몰아 넣은 십년 간의 스태그플레이션은 지출형태에 예기치 않은 영향을 미쳤다. 물가가 큰 폭으로 상승할 때 고객들은 보통 지출을 줄이는 반응을 보인다. 그러나 1970년대 중반에 들어서면서 반대현상이 나타났다. 비록 물가상승은 높았지만 많은 제품의 경우에 소비자 지출이 오히려 증가했다. 고객들은 향후의 경제상황이 더 나빠질 것으로 생각하였기 때문에 더 많은 구매를 하였던 것이다.

또 기업의 마케팅관리자들이 구매의 긴급함을 강조함으로써 소비자들의 구매시기에 영향을 미칠 수 있다. 24시간판매나 시간제한판매 등은 제품의 현재가치를 높인다. 마케팅관리자들은 또한 현재의 구매에 따른 추가적인 제품편익—예컨대, 안전함, 안락함 또는 기쁨—이 구매로 인한 재무적 비용보다 가치가 있다고 고객들에게 알림으로써 구매의 긴급함을 강조할 수 있다. 예컨대, 생명보험회사들은 흔히 가족들에 대한 안전한 미래의 보장이 현재의 비용보다 가치가 있다는 메시지를 생동감 있게 전달한다.

마지막으로 구매시기에 대한 결정은 실제의 구매시점뿐만 아니라 다른 구매자들의 구매시기에 의해서도 영향을 받는다. 신제품의 구매를 유보하는 고객들이 있는 반면, 신제품이 시장에 나오자마자 구매하는 혁신자들도 있다. 혁신자들은 다른 잠재고객들에게 중요한 정보원천이 되고, 그들의 구매결정에 커다란 영향을 미치기도 한다. 혁신자들은 일반적으로 다른 구매자들보다 제품군에 대해 더 많은 지식을 가지고 있다. 그들은 때때로 신기한 것에 대한 욕망 또는 위험감수경향의 특징을 가지고 있다. 그들은 사회체계 내로 잘 통합되는 경향이 있고, 많은 의사소통망을 가지고 있다. 마케팅관리자들은 혁신자들에게 최초의 판매노력을 집중시킴으로써 신제품의 채택과 확산을 촉진시킬 수 있고, 혁신자들에 의한 구전효과를 활용하여 제품확산을 꾀할 수 있다.

(3) 무엇을 구매할 것인가

고객들의 욕구는 무엇을 구매할 것인가에 대한 결정에 영향을 미친다. 운송수단의 부족, 시간의 부족, 그리고 과도한 긴장감은 고객들의 기능적 욕구를 불러일으킨다. 마찬가지로 조직들 역시 경영활동을 쉽게 하기 위해 기계류나 사무설비와 같은 기능적 상품들에 대한 욕구를 가지고 있다. 만약 그들이 제조업자라면, 그들은 원재료의 지속적인 공급을 반드시 필요로 할 것이다.

고객들은 그들에게 특정집단의 일부라는 귀속감을 주거나 자신이 특이하고 흥미 있는 사람이라고 느끼게 하는 제품들에 대한 상징적인 욕구를 가지고 있다. 이러한 제품들은 다른 사람들에게 자신이 누구인가, 자신의 품위가 어떠한가에 대한 표현을 해 주고, 일반적으로 자신이 다른 사람의 눈에 호의적으로 보이도록 한다.

고객들은 또한 감각을 만족시켜 주는 제품들에 대한 감각적 혹은 경험적 욕구를 가지고 있다. 이 제품들은 좋게 보이고, 좋은 냄새가 나고, 맛이 좋으며, 좋은 느낌을 주고, 감정을 자극하거나 혹은 신기하거나 긴장을 풀어 주는 등의 역할을 한다. 동일제품이 다양한 욕구들을 충족시키는 경우를 찾아볼 수도 있다. 즉 제품이 충족시켜 주는 가장 큰 욕구는 그것이 고객에게 어떻게 제시되느냐에 달려 있다. 예컨대, Benz는 운송욕구를 해결함과 동시에 고급차로서의 상징적인 의미를 갖는다. 마찬가지로 콘택트렌즈는 사용자가 사물을 보는 것을 돕는다는 점에서 기능적이지만 안경보다 더 편리하고 개인이 좀 더 매력적으로 보이도록 할 수도 있다.

이러한 고객의 구매욕구에 가장 큰 영향을 미치는 것 중의 하나는 사회화—사회집단에서 받아들여지고 기대되는 행동을 학습하는 과정—이다. 사회화는 고객의 삶을 통하여 지속적으로 일어나게 되며 개인들이 살고 있는 문화, 그들이 동일시하는 하부문화집단, 그리고 그들이 속하는 집단과 조직을 통해 이루어진다.

1) 역할, 집단 그리고 상징적 제품

개인이 소속되기를 원하는 집단을 준거집단이라고 하는데, 해당 준거집단의 구성원들은 기대하는 나름의 상징적 행동양식을 가지고 있다. 예컨대, 자신을 상류계층과 동일시하는 사람은 집단구성원의식의 상징으로 고급승용차를 타고 다닌다든지, 주로 높은 사회적 지위를 상징하는 제품들을 선택한다. 자연보호주의자는 에너지를 절약하고 비용이 적게 드는, 그리고 환경에 해를 미치지 않는 제품들을 사용함으로써 소속감을 갖는다. 집단구성원의식을 반영하는 상징들은 매우 다양하며 어떤 것은 장기간 동안 지속된다. 반면 단기적인 상징성을 갖는 제품들은 마케팅 관리자들에게 어려움을 야기시킬 수도 있다. 예를 들어 십대의 소녀집단은 그들과 동일성을 나타내는 상징에 특히 민감하다. 그러나 그들이 동일시하는 상징은 하룻밤 사이에 변할 수 있다는 것이다. 영화에 나온 의상이 유행할 경우 의류제조 업자들이 그 의상에 대한 요구에 응할 수 있을 때쯤이면, 유행은 이미 지나버리고 마는 것이다.

마케팅관리자들은 다양한 집단의 구성원들에게 자사 제품의 이미지가 어떻게 보여지는가에 민감해야 한다. 예컨대, 고객들에게 기분을 상하게 하는 나쁜 이미지를 전달하지 않도록 주의하여야 한다. 미국의 한 설탕회사의 광고에서 흑인 부인이 부엌에서 요란하게 춤추는 장면이 있는데, 이는 흑인들을 잘못 나타내고 있는 것이었다. 흑인 여성은 절대로 부엌에서 엉덩이를 흔들거나 춤을 추지 않는다. 그들은 요리할 때 매우 신중하다. 노인들도 고정관념에 대해 특히 민감하다. 대부분의 사람들은 자신의 실제 나이보다 훨씬 젊다고 느끼기 때문에 구세대나 늙은이라고 부르는 것에서 모욕감을 느끼곤 한다.

특정한 집단의 구성원으로서 고객은 기대되는 행동에 대한 역할을 수행하고 있다. 즉, 한 가족의 일원인 주부는 자신의 역할 중의 하나가 가족들의 건강을 유지하는 것이라고 생각하고 건강식품을 구매한다. 〈표 4-2〉는 역할, 역할구성원, 기대되는 행동, 역할일치제품의 상징의 예를 보여 준다. 가족에 있어 식료품 소비에 관한 어머니의 행동은 역할일치행동을 상징한다. 작업집단에서 사무직 구성원들은 구성원의식을 상징하는 양복, 흰 셔츠, 서류가방, 그리고 전문잡지 등을 구매할 것이다.

성역할의 중요성이 줄어들고 있기는 하지만 적합한 성행동에 대한 규범적 기대는 여전히 제품구입에 영향을 미치고 있다. 예컨대, 남성들은 주로 사냥도구의 구매자인 반면 화장품은 주로 여성들에 의해 구매된다. 흥미롭게도 의복에

표 4-2 역할과 역할적합제품

집 단	역할 구성원	기대되는 역할 행동	역할일치제품
가 족	어 머 니	가족의 영양과 건강에 관심	건강식품
작업집단	중 역	보수적인 의복과 태도, 세련된 행동, 세상사에 밝음	전문잡지, 서류가방
사회계급	상 류 층	부유함, 값비싼 제품 선호	고급승용차, 시계
나 이	십 대	불복종, 급진적	펑크머리
성	여 성	전통적으로 여자다움과 얌전함	향수

있어서는 여성보다는 남성이 더 까다로운 조건을 많이 지닌다. 여성들은 남성용이나 여성용을 다 입을 수 있는 반면에 그 반대는 생각할 수도 없기 때문이다.

2) 역할, 집단 그리고 경험적(혹은 감각적) 제품

사회화는 상징적 제품뿐만 아니라 경험적 제품의 구매에도 영향을 미친다. 가족에 있어 사회화는 음식의 맛과 선호, 여가활동, 그리고 실내장식 등에 영향을 미친다. 한 예로서, 어떤 음식과 음료—김치, 차, 술, 커피—의 맛이 본래 나쁠지라도 가족을 통해 좋은 것으로 인식될 수 있다. 색깔조차도 사회화 경험의 결과로서 다른 의미를 갖는다. 미국인들은 녹색포장을 젊음과 성장을 상징하는 것으로 생각한다. 그러나 아랍국가에서 녹색은 이슬람 예언자의 상징인 신성한 색이므로 결코 포장용 디자인에 사용하지 않는다.

3) 역할, 집단 그리고 기능적 제품

미국인들은 깨끗함, 교양, 안전, 건강, 그리고 교육에 가치를 두도록 사회화된다. 이 가치들은 청결을 유지하는 방법이 무엇인가, 어떤 음식이 최적의 건강을 위해 가장 좋은가, 그리고 어떤 학교가 최상의 교육을 제공하는가와 같은 문제를 제기한다. 노출되는 기능적 문제들은 각 사회들마다 크게 다를 수 있다. 게다가 같은 기능적 욕구를 수행하는 수단들도 사회에 따라 다양할 수 있다. 기능적 욕구는 또한 상황적 제약이나 조건으로부터 발생한다. 예컨대, 석유파동 시에는 연비가 효율적인 자동차에 대한 요구가 증대된다.

3.2. 정보의 교환과정

기업과 고객 사이의 정보교환은 쌍방적인 교환과정이다. 기업은 고객들에게 그들의 욕구를 충족시켜 줄 수 있는 정보를 제공하고, 고객들은 그들의 구매행동과 태도, 의견, 그리고 신념과 같은 정보를 기업에 제공한다.

(1) 고객들은 왜 정보를 탐색하는가

고객들이 제품정보를 탐색하는 것은 제품을 구매하기 위해서, 혹은 단순히 제품정보를 수집하기 위해서, 아니면 점포에 대한 정보를 수집하기 위해서와 같은 서로 다른 동기들 때문이다. 그럼에도 불구하고 고객행동을 설명하는 대부분의 모델들은 구매지향적 탐색에 국한되어 있다. 즉 고객들은 기능적, 감각적 또는 상징적 욕구를 충족시키는 제품의 구매를 원하기 때문에 정보를 탐색한다는 것이다. 조직적 상황에서 대부분의 탐색활동들은 구매지향적 이유들 때문에 수행된다. 한편 제품지향적 탐색은 제품을 구입하기 위해 정보를 탐색하는 것이 아니고, 단순히 제품군 내의 상품에 관한 정보를 얻기 위해 이루어진다. 예컨대, 이미 스테레오시스템을 가지고 있는 전문가라도 판매점을 간혹 방문하고, 스테레오기기에 관한 잡지를 읽고, 신제품에 대해 판매원과 이야기하는 것으로부터 커다란 기쁨을 얻을지 모른다. 마지막으로 과정지향적 탐색자는 구매과정 자체에 대해 흥미를 느끼고 정보를 탐색하는 것이다. 그들은 진열장을 구경하고, 판매에 관한 신문광고를 읽고, 제품구매경험에 대해 다른 사람들에게 물어보는 등의 행동을 할 것이다.

고객 구매행동모델이 비록 제품지향적 · 과정지향적 탐색자들을 경시하고 있지만 이런 유형의 탐색행동을 하는 고객들이 구매행동에 간접적인 영향을 미칠 수도 있다. 예컨대, 제품지향적 탐색자는 다른 사람들에 의해 어떤 제품군의 전문가로 간주되고 제품정보의 원천으로 인식될 수 있으며, 또 과정지향적 탐색자는 아주 다양한 시장상황에 대해 많은 지식을 가지고 있어서 다른 사람들의 구매행동에 영향을 미치는 정보를 전달하게 될 수도 있기 때문에 제품지향적 · 과정지향적 탐색자들에 대한 이해를 소홀히 해서는 안 된다.

(2) 고객들은 어디에서 정보를 탐색하는가

고객들이 갖고 있는 가장 중요한 정보원천은 그들 자신의 사전지식과 직접 경험이다. 내적 탐색은 구매결정의 지침으로 개인의 경험을 이용하는 과정이다. 예컨대, 만약 개인이 수년에 걸쳐 특정상표의 세제에 대한 좋은 경험을 가지고 있다면 대안적인 상표들에 대한 포괄적 탐색은 불필요하다. 마찬가지로 가정이나 조직은 중요하고 믿을 만한 정보원천이 되는 공급자들의 경험을 참고할지 모른다. 또한 가정이나 조직은 필요한 정보를 얻기 위해 구성원들의 다양한 경험이나 지식을 이용할 수도 있다.

외적 탐색은 제품에 관련된 정보를 얻기 위해 외부환경을 탐색하는 과정이다. 〈표 4-3〉에 요약된 외적 정보원천들은 마케팅관리자가 지배적인 역할을 하거나, 또는 비마케팅관리자가 지배적인 역할을 할 수도 있으며, 인적 또는 비인적 정보원천을 반영할 수도 있다.

마케팅관리자가 지배적인 역할을 하는 정보원천들은 마케팅믹스에 의해 수행되는 정보전달활동들을 포함한다.

각각의 믹스는 제품개념을 나타내고 거래를 촉진시키는—예컨대, 제품을 어디서 구매할 수 있는가, 어떻게 사용될 수 있는가, 또는 얼마나 많은 비용이 드는가 등—정보를 전달할 수 있다. 동일기업의 다른 제품들에 대한 이미지들은 구매자들에게 또 다른 정보의 원천이 된다. 게다가 대부분의 전통적인 모델들이 정보탐색을 실제구매의 선행조건으로 묘사하고 있으나 구매를 통해 제품을 경험하는 것 자체도 정보탐색의 한 형태라 볼 수 있다. 예컨대, 스낵제품을 구매하는 경우는 그것의 감각적 특성에 관한 직접적인 정보를 제품을 직접 구입

표 4-3
정보의 원천

구 분	마케팅주체 지배적		비마케팅주체 지배적	
	가족구매자	조직구매자	가족구매자	조직구매자
인 적	• 판매사원 • 무료전화서비스	• 판매사원 • 산업전시회	• 친구 • 친척 • 전문가 • 개인적 경험	• 최고경영자 • 외부상담역 • 구매부서 • 동료
비 인 적	• 광고 • 진열 • 판매책자 • 포장 • 직접우편	• 산업출판물의 광고 • 판매조사보고서	• Independent-testing magazine • 뉴스와 사설	• 뉴스발행기관 • 동업자 단체

하여 사용함으로써 알 수 있다. 무료견본을 사용해 보는 것도 직접적인 정보를 얻는 또 하나의 수단이 된다.

마케팅관리자가 지배적인 역할을 하는 원천들이 고객들에게 중요하지만 고객들은 흔히 이러한 정보들을 회의적으로 보는 경향이 있다. 즉, 고객들은 이런 정보의 원천을 공정하다고 믿지 않는 것이다. 반면에 비마케팅관리자가 지배적인 역할을 하는 원천들은 제품에 대한 정보를 기업의 입장으로부터 벗어나서 제공할 수 있기 때문에 편견이 적은 것으로 간주된다. 비인적 비마케팅관리자 원천들은 상품 속성들에 대한 객관적인 정보를 제공하고, 따라서 고객들이 정보를 탐색할 수 있는 효율적인 수단이 될 수 있다. 그러나 이런 원천들은 상표의 객관적 차원에 대한 정보만 제공하지 상표의 무형적, 상징적 또는 감각적 차원에 대한 정보는 거의 제공하지 못한다. 그러므로 친구와 친척 그리고 조직시장에 있어서 전문가와 상담자 같은 개인적이면서 비마케팅관리자가 지배적인 역할을 하는 원천들은 이런 형태의 정보를 제공할 수 있는 유용한 전달자가 된다.

(3) 탐색의 범위에 영향을 미치는 요인들

정보탐색자들은 일반적으로 탐색을 통하여 인지된 편익을 그것을 얻기 위해 사용되는 시간과 노력에 관한 비용과 교환하는 것으로 생각한다. 포괄적인 정보를 얻는 것은 의사결정에 있어 고객의 확신을 증가시키고 구매만족의 가능성을 높임으로써 실제적인 편익이 된다. 그렇지만 정보탐색은 비용이 많이 들고 구매를 지연시킬 수 있다. 더욱이 어떤 제품들의 속성을 평가하기 위해서는 직접 사용해 보아야만 하는데, 이러한 경우에는 제품사용이 정보탐색의 효율적인 방법이 되기도 한다.

고객들이 구매 전에 수집하는 정보의 양은 그들이 이미 제품이나 제품부류에 관하여 가지고 있는 지식의 양에 의존하게 된다. 일반적으로 그들이 더 많은 지식과 경험을 가지고 있다고 느낄수록 그들이 더 이상의 정보를 탐색할 가능성은 적어질 것이다. 또한 고객들은 시간이 부족할 때, 혹은 인식된 제품 대안의 수가 적을 때, 또는 제품에 대한 욕구가 절박할 때, 구매와 관련된 위험이 낮은 것으로 생각될 때 정보탐색의 노력을 줄이는 경향이 있다. 또한 자신이 가지고 있는 신념도 탐색에 영향을 미친다. 즉, 고객들이 수행하는 정보탐색과 그들이 사용하는 원천의 형태는 '할인점들은 저품질 상품만을 판다' 그리고 '가격은 일반적으로 품질의 좋은 지표이다'와 같은 신념들에 의해 영향을 받는다.

(4) 정보이용가능성과 형태

정보가 가지고 있는 특성들은 고객들의 정보탐색 여부와 방법에 상당한 영향을 미칠 수 있다. 첫째, 정보는 편리한 형태로 이용할 수 있어야 한다. 예컨대, 어떤 고객들이 식료품의 영양에 대한 정보를 아무리 원할지라도 어떤 회사들은 그 정보를 고객들이 이용할 수 있는 형태로 제공하지 못한다. 둘째, 정보가 쉽게 수집되고 제시된다는 것 또한 탐색에 영향을 미칠 수 있다. 어떤 원천들은 정보를 쉽게 비교할 수 있는 상표속성을 항목화하여 제시한다. 만일 자동차에 대한 속성항목이 주어진다면 고객들은 리터당 주행거리와 안정성 같은 속성을 가지고 상표 A와 상표 B를 비교할 수 있을 것이다. 그렇지만 한 상표에 대한 여러 속성정보들을 다른 상표의 그것들과 비교하기는 쉽지 않다. 예컨대, 포장에 관한 정보는 주로 제품 그 자체에 대한 것이지 비슷한 제품들 사이의 비교순위는 아니다. 더욱이 서로 상이한 제품군 제품들 사이의 속성들은 비교조차 할 수 없다. 즉, 친구에게 도서상품권을 줄 것인지 새 스웨터를 줄 것인지를 결정하려는 고객은 그 두 가지 제품을 비교할 일반적인 속성이 없다는 것을 알게 될 것이다.

3.3. 대안의 비교평가 및 태도형성

(1) 고객들은 어떻게 비교하고 평가하는가

고객들은 정보를 평가하고, 처리하는 데 한정된 능력을 가지고 있다. 따라서 그들은 선택할 제품 대안들의 수를 제한하려는 경향이 있다. 즉 선택할 제품의 수가 너무 많을 때 고객들은 선택과정을 단순화하는 경향이 있다. 고객들은 여러 가지 단순한 휴리스틱(heuristic) 모형을 사용하기도 한다.

첫번째 단순한 전략은 사전식(lexicographic)배열 휴리스틱으로 고객은 어떤 속성이 가장 중요한지를 먼저 결정한다. 자동차의 경우 고객이 안전성에 최고의 우선순위를 둔다고 가정하자. 그러면 고객은 고려중인 상표들을 가장 중요한 속성인 안전성에 근거하여 비교한다. 그렇게 하여 평점이 높은 대안이 선택된다. 또한 두 가지 이상의 넥타이 상표들의 경우 가장 중요한 속성이 동일한 수준이라면 고객들은 두 번째의 가장 중요한 속성을 근거로 하여 위의 과정을 반복한다.

양상모델(aspects model)에 의한 제거는 또 하나의 휴리스틱전략이다. 고객은 어떤 속성이 최고의 우선순위를 갖는지를 결정한다. 그리고 나서 대안들을 이 속성에 근거하여 비교하고, 가장 낮은 점수를 갖는 대안을 제거한다. 다음에 고객은 두 번째 중요한 속성을 선택하고 가장 나쁜 점수를 갖는 상표를 다시 제거한다. 이 과정은 하나 또는 몇 개의 대안이 남을 때까지 계속된다.

또 하나의 단순한 전략은 고객이 각 속성에 대해 최소한의 평가기준점을 세우는 결합전략(conjunctive strategy)이다. 예컨대, 고객은 어떤 상표의 수프가 가지고 있는 열량과 염도가 일정한 기준 이하가 되지 않으면, 그 상표를 고려하지 않을 것이라고 말할 수 있다. 이 기준을 충족시키지 못하는 대안은 어떤 것이든 고려대상이 되지 않는다. 한편 분할전략(disjunctive strategy)에 있어서는 최소기준 중의 하나라도 충족시키는 대안은 어떤 것이든 선택집합에 포함시킨다. 예컨대, 고객은 100칼로리 이하나 소금 1000mg 이하 중의 하나를 갖는 수프상표는 어떤 것이나 선택할 수 있는 것이다. 이 두 가지 전략은 한 속성의 결여가 다른 속성의 존재에 의해 상쇄되지 않기 때문에 비보상전략이라고도 불리어진다.

마지막으로 보다 복잡한 의사결정전략들 중의 하나는 선형보상모델이다. 이 모델을 사용할 때 고객은 상표의 특성들 각각에 가중치를 할당한다. 이 가중치는 고객이 그 속성을 얼마나 중요하게 생각하는가에 따라 달라진다. 다음으로 각각의 속성에 대해 상표가 그 속성을 얼마나 잘 수행하는가를 나타내는 점수가 할당된다. 점수에 가중치를 곱하고 각 상표의 총점수를 얻기 위해 모든 속성들을 합계하여 가장 높은 점수를 갖는 상표가 선택된다. 선형보상모델은 좀더 정확한 결과를 제공할 수 있지만 동시에 사용하기에는 좀 복잡한 전략 중의 하나이다.

상기 전략들을 단계적으로 사용하면 의사결정에 필요한 시간과 노력을 최소화하면서 정확성을 최대화할 수 있다. 먼저 고객은 많은 수의 대안들을 가지고 그것들 중의 몇몇을 제거하기 위해 결합전략, 분할전략, 또는 양상모델과 같은 단순한 전략으로 대안을 줄여 간다. 다음으로 고객은 시간은 많이 소요되지만 보다 정확한 결정을 위해 선형보상모델 등을 사용할 수도 있다. 흥미롭게도 단계별전략의 사용은 개인이 제품부류에 관해 가지고 있는 정보의 양과 상관관계를 가지고 있다. 그 제품에 대한 지식이 거의 없는 경우 고객들은 선택집합에 있는 많은 제품들에 관한 여러 가지 정보들을 처리할 수 없으므로 단계별전략에 의존할지 모른다. 반면에 제품부류에 관해 많은 정보를 가진 고객들은 그들이 어떤 속성이 중요하고 어떤 속성이 중요하지 않은지를 판단할 수 있기 때문에 단계별전략을 필요로 하지 않는다. 직접 한정된 대안들 중에서 선택을 하게 된다.

단계별 의사결정전략이든 아니든 간에 마케팅관리자에게 주는 가장 중요한 과제는 자사의 제품이 가장 호의적으로 비교되고 평가되도록 고객들에게 마케팅믹스를 통하여 제품개념을 인지시켜야만 한다는 것이다. 이는 고객들에게 자사의 제품이 호의적으로 평가받기 위해 휴리스틱전략의 집합에 포함되도록 유도하는 것, 혹은 고객들의 휴리스틱전략의 사용과정에서 호의적으로 보이게 하기 위한 것 등의 각각이나 혹은 둘다를 포함한다.

집단의사결정과정에서 대안을 줄이고 선택에 이르는 것은 훨씬 더 어려운 일이다. 여러 구성원들이 포함된 집단은 보통 그들의 의사결정전략들에 있어 전체적으로 보아 체계적이고, 분석적이고, 포괄적이지 못한 경우가 많다. 그 이유는 집단구성원들의 선호를 통합하는 것이 매우 어렵다는 사실에 귀인한다. 게다가 집단구성원들은 서로 다른 대안평가기준을 가지고 있을지도 모른다. 그들은 각기 상이한 속성들을 중요시할 수 있고, 제품에 대해 마음 속에 상이한 목표를 가지고 있을지도 모르며, 예산상 서로 다른 제약을 받고 있을 수도 있고, 제품속성에 대한 상이한 지식수준을 가지고 있을 수도 있다.

집단의사결정 상황에서 더욱더 어려운 문제는 구성원이 본래 자기가 속한 집단의 이해에 더 관심이 있어서, 최종결과가 모든 구성원을 만족시키기는 어렵다는 것이다. 이를 위해서는 흥정, 설득, 그리고 절충(satisficing: 집단의 모든 구성원에게 받아들여질 수 있는 대안선택)과 같은 전략들이 일반적으로 사용된다. 공동의사결정 상황에서 고객들이 사용하는 휴리스틱의 형태에 대해서는 알려진 것이 거의 없다. 이는 비교할 대안의 수가 너무 많기 때문이다. 앞으로의 연구에서 개인의사결정상황에서 사용되는 의사결정 휴리스틱이 집단상황에서도 사용될 수 있는가를 검토할 필요가 있을 것이다.

(2) 제품이나 서비스에 대한 태도의 형성

정보와 경험을 바탕으로 한 상표나 제품에 대한 일반적 혹은 총체적 평가를 제품에 대한 고객의 태도라 한다. 기억에 각인되어 있는 태도는 고객들이 제공물(offerings)을 받아들일 수 있는 집합과 받아들일 수 없는 집합으로 차별화하도록 한다. 만약 이러한 태도가 기억 속에 존재하지 않으면 고객들은 태도를 형성하기 위한 시도로서 외적탐색을 시작하게 되는 것이다.

마케팅에서 가장 널리 쓰이는 태도형성 및 변화모델은 휘시바인의 다속성 태도 모델(Fishbein's Multi-attribute Attitude Model)이다. 이 모델에 따르면 고객은 먼저 내적 또는 외적 정보탐색을 통하여 상표에 관한 중요한 신념들의 집합을 형

표 4-4
태도형성의 다속성모델

부각된 신념	신념강도(b_i)	평가치(e_i)	$b_i \times e_i$
모델A는 연료당 주행거리가 높다	.98	+2	+1.96
모델A는 수리비가 적게 든다	.40	+3	+1.20
모델A는 재판매 가치가 낮다	.90	-3	-2.70
총태도 점수			+1.46

성한다. 각각의 신념에 할당되는 확률값은 제품이 그러한 속성을 갖는다는 고객의 확신의 정도를 반영한다. 또한 각각의 신념은 고객의 선호에 의해 평가된다.

〈표 4-4〉의 예에서 고객은 모델 A가 연료당 높은 주행거리(즉 리터당 20킬로)를 갖는다고 지적하는 소비자보호원의 정보를 믿고 .98의 신념(belief)강도(가중치)를 부여한다.

고객은 그 자동차의 수리비가 저렴하다는 소비자보호원의 정보에는 낮은 신념강도를 할당한다. 왜냐하면 비싼 수리비를 지불했던 몇몇 소유자를 알기 때문에 고객은 이 신념에 .40의 신념강도를 할당한 것이다. 중고차 시세에 대한 신문광고를 통해 재판매가가 낮다는 지적을 믿고 그것에 .90의 신념강도를 할당한다.

다음으로 고객은 신념집합에 있는 각 신념들을 평가한다. 〈표 4-4〉에서 나쁜 것으로 보이는 속성들에는 -3, 가치가 좋은 것으로 보이는 속성들에는 +3의 평가치가 할당되어 있다.

만약 고객이 나쁘지도 좋지도 않다고 생각하면 0의 평가치가 할당된다. 고객은 연료당 주행거리가 높은 것을 매우 긍정적인 속성이라고 믿고 그것에 +2의 평가치를 할당한다. 수리비가 저렴하다는 데에는 그보다 더 긍정적으로 평가하여 +3의 평가치가 할당된다. 자동차의 재판매가치가 낮다는 것은 부정적인 항목이다. 그러므로 고객은 그것에 -3의 평가치를 할당한다.

각각의 속성에 대한 신념강도와 평가치가 곱해지고 이 수치들의 합계가 태도점수가 된다. 이를 수식으로 표현하면 다음과 같다.

$$A_0 = \sum_{i=1}^{n} b_i e_i$$

A_0 = 제품에 대한 태도

b_i = 특정한 속성에 할당된 신념강도

e_i = 특정한 속성에 할당된 평가치

$\sum_{i=1}^{n}$ = 모든 제품 속성들의 합계(1부터 n까지)

이 모델은 매우 높은 예측타당성을 가지고 있다. 즉, 그것은 속성들이 어떻게 형성되는가뿐만 아니라 마케팅관리자가 다음의 수단들을 통해 고객들의 태도를 어떻게 변화시킬지를 제시해 주기 때문에 흥미를 끈다. 이러한 변화의 몇 가지 방향은 아래와 같다.

① 신념의 형태를 변화시켜라: 예컨대, 어떤 새로운 신념들을 첨가시켜라.
② 고객들이 다양한 신념들에 할당하는 확률값을 변화시켜라: 즉 긍정적으로 평가된 신념의 확률값을 증가시키고, 부정적으로 평가된 신념의 확률값을 감소시켜라.
③ 다양한 속성들에 대한 고객들의 평가를 변화시켜라: 즉 이전의 부정적인 속성을 긍정적으로 보이게 하라.

지금까지는 고객들이 어떻게 여러 대안들을 배제하고, 선택집합 내에서 하나의 대안을 선택하는가에 대한 많은 연구가 유형적인 속성을 가진 제품들에 집중되어 왔다. 예컨대, 고객들이 아파트를 평가할 때는 방의 수, 직장과의 거리, 임대료와 같은 명백한 특징을 바탕으로 아파트를 평가할 수 있다. 그러나 추상적 개념을 가진 제품에 대한 연구는 상대적으로 적다. ET 인형, TV 주인공, 티셔츠와 같은 상징적 제품에 대해서 고객들은 정보의 처리과정을 거치지도 않고 또한 속성에 근거하여 선호를 결정하지 않을 수도 있다. 그들은 일반적 기준에 근거하여 ET에 관한 정보에 주의를 기울이고 처리할 가능성이 더 많다. 태도형성의 방법과 그런 태도 형성에 공헌하는 단서나 기준들을 이해하기 위해 앞으로 더 많은 연구가 행해져야 할 것이다.

구매단계 : 제품의 교환과정 제 4 절

마케팅환경의 많은 요소들은 제품의 물적교환을 촉진하거나 저해할 수 있다. 고객에게 가장 중요한 것은 적절한 시기에 적절한 장소에서 제품을 이용할 수 있는가이다. 따라서 원활한 재고관리와 적합한 제품의 구색, 그리고 적절한 구입장소(판매상)를 고객에게 알리는 것이 중요하다.

조직고객들은 흔히 운송료나 운송일정을 공급자선택의 중요한 기준으로 사용한다. 공급자의 제품이 제품명세서상으로는 적합하지만 빈번히 배달이 지연된다면 그 공급자는 선택되지 못할 것이다.

점포 내의 환경은 정보탐색에 도움을 주거나, 정보평가와 제품선택을 보다 유리하게 만들 수 있다. 예컨대, 수퍼마켓에서 식료품업자는 그들의 제품들 중 하나 또는 몇 개를 두드러지게 하는 구매시점진열과 함께 그 제품의 새로운 요리법을 소개할 수도 있다. 이것은 새로운 정보(새 요리법)를 통해 제품교환(구매)을 촉진시키는 것이다. 점포의 분위기(예컨대, 가구의 비치, 장식, 색상)는 일반적으로 점포에 관한 그리고 특히 점포 내의 제품에 관한 고객의 느낌에 커다란 영향을 미친다. 점포 내에 은은한 음악을 틀어 놓음으로써 빠른 음악이나 음악이 없는 것에 비해 고객들을 수퍼마켓에서 더 많은 시간을 보내게 하여 결국 매장 내에서 더 많은 제품을 구입하게 만들 수도 있다.

어떤 환경적 요소들은 충동구매를 조장할 수 있다. 저가격, 작은 크기, 그리고 신기한 특징과 같은 제품특성들 혹은 복도끝 진열, 혹은 계산대와의 가까움을 고려한 제품위치와 같은 것이 여기에 포함된다.

점포 내의 혼잡은 불쾌한 느낌을 증가시키고 고객들이 가능한 빨리 떠나고 싶은 마음이 들도록 만들 수 있다. 마찬가지로 서비스나 도움이 지연될수록 고객들에게 정보탐색과 관련되는 비용을 증가시키고, 귀찮게 느끼게 함으로써, 구매가능성에 부정적인 영향을 미칠 수 있다. 그러므로 신속하고 효율적인 서비스를 제공하려는 노력들은 교환을 촉진하는 데 있어 매우 중요하다. 또한 고객의 관심을 끌만한 신용판매조건과 가계수표, 신용카드의 사용과 같은 요소들 또한 교환을 촉진시킨다.

다음의 사례는 고객들이 물건을 구매하는 또는 소비하는 환경을 세심하게 연출함으로써 고객들의 행동을 우호적으로 유도할 수 있음을 보여 주고 있다. 이것은 놀이동산, 극장, 또는 백화점 등의 디자인에 많은 점을 시사하고 있다.

카지노장 내의 환경이 고객행동에 미치는 영향에 관한 사례: Caesars Boardwalk Regency

디레오나도(Di Leonardo)사의 사장인 디레오나도는 아틀랜틱 시에 있는 Caesars Boardwalk Regency 호텔 카지노를 새로 디자인하면서 환경심리학적인 측면을 고려하여 설계하였다. 즉, Caesars안의 환경이 사람들의 행동에 영향을 줄 수 있다는 점에 착안한 것이다. 그의 주안점은 "사람들의 긴장을 풀어 준다"는 것이었다.

그는 로비의 재질을 대리석으로 교체하고 로마인상을 설치하여 신비스러운 분위기를 연출하였고, 로비에 있는 창을 이태리 대리석 조각으로 대체하여 사람들로 하여금 시간을 연상하지 못하도록 하였다. 그리고 일단 안으로 들어가면 마치 아이들이 디즈니랜드에 들어가면 느낄 수 있는 흥분을 느끼도록 설계하였다. 카지노 안의 재질은 의도적으로 소음을 많이 낼 수 있는 것을 선택하였다. 왜냐하면 소음은 일반적으로 흥분을 유도하기 때문이었다. 블랙잭 테이블은 게임을 하는 사람들을 감싸는 분위기를 나타내도록 설치하였고 구경하는 사람들의 공간도 충분히 배려하였지만 일정거리를 유지하여 게임을 하는 사람이 구경꾼들에 의하여 안전을 위협받는다는 느낌을 주지 않도록 하였다. 그리고 여덟 개의 레스토랑은 갬블과 왕족 사이에 매우 친밀한 관계가 있음을 암시하도록 금색 또는 진한 빨간색 위주로 배색하여 예식에서의 근엄한 분위기를 연출하였다. 그러나 이 음식점들은 카지노에 매우 가깝게 배치하였고 음식의 질은 매우 우수하나 음식값은 매우 싸게 책정하여 카지노 안에서 게임을 하는 손님들이 식사 때문에 카지노를 떠나는 것을 방지하였다. 음료를 제공하기 위하여 바텐더를 설치하였지만 화려하지는 않게 하였고 매력적인 웨이터와 웨이트리스를 고용하여 카지노 주위를 자주 돌아다니게 하여 카지노 안에서 머무르는 시간을 늘리도록 하였다.

이상은 고객들이 주위의 환경에 얼마나 많이 영향을 받는지를 간명하게 보여준다. 미국의 카지노에 가 본 경험이 있는 사람들은 카지노 안에 들어서자마자 떨어지는 동전소리에 흥분이 되었던 경험이 있을 것이며, 저녁에 게임을 시작하였는데 카지노를 나와서야 새벽이 되었음을 느낀 경험을 기억할 수 있을 것이다. 무료로 제공되는 음료와 매력적인 웨이터와 웨이트리스들이 자신들의 게임에서의 합리적인 결정과 시간의 인식을 방해하고 있음을 카지노 안에서는 아마도 눈치채지 못했을 것이다.

〈자료원: Stephen P. Morin(1983), "nterior Designer Sets Out to Make Casino That Relaxes Your Morality," *The Wall Street Journal*(January 10), p. 21; Claus Ebsterand Marion Garaus(2011) Store Design and Visual Merchandising: Creating Store Space That Encourages Buying, Business Expert Press, Stephen P. Morin (1983), "Interior Designer Sets Out to Make Casino that Relaxes Your Morality," *The Wall Street Journal*(January 10).〉

사용 및 처분 단계: 교환 후 과정 제5절

제품의 구매와 사용 후에 고객들은 성과평가(만족: satisfaction), 귀인(attribution), 그리고 부조화의 감소(dissonance reduction)와 같은 세 가지 유형의 구매 후 평가과정을 거친다.

만족은 거래의 공정성에 대한 고객의 인지로부터 나온다. 만족한 고객들은 제품에서 얻어지는 편익들이 자신들의 기대나 금전적 지출과 일치하는 것으로 인지한다. 만약 제품이 기대 이하의 성과를 보인다면 불만족이 발생한다. 제품에 대한 고객의 만족이나 불만족은 해당 제품의 재구매에 영향을 미칠 뿐만 아니라, 그들의 친구들이나 다른 잠재고객들의 구매에도 영향을 미친다. 다시 말해서 고객들 사이의 구전효과(word of mouth)는 제품확산에 지대한 영향을 미친다. 만족이나 불만족은 처음의 기대와 실제의 결과 사이의 차이에서 일어나기 때문에 마케팅관리자들은 고객들이 제품이 제공할 수 있는 것보다 더 많은 효용을 기대하지 않도록 유도함으로써 불만족의 가능성을 최소화할 수 있다. 고객의 만족은 모든 마케팅활동의 목표이고, 마케팅활동들이 성공적으로 수행되어졌는가를 나타내는 지표이기도 하다.

귀인은 나타난 결과에 대한 추론이다. 일반적으로 고객들은 제품구매와 관련된 결과를 자신, 제품, 기업, 또는 상황의 탓으로 돌릴 수 있다. 이러한 추론들은 반복구매의 가능성에 중요한 영향을 미친다. 예컨대, 고객이 우편을 통해 제품을 구매하기로 하였는데 그것이 파손되어 도착했다고 가정해 보자. 관련된 사람들이나 상황에 따라서 누구에게 책임이 있는가에 관한 많은 추론들이 만들어질 수 있다. 고객이 제품과 기업을 신뢰할 경우 배달회사에 책임을 돌릴 수도 있고, 그렇지 않으면 제품의 견고성에 대해 의심을 할 수도 있으며, 아니면 운이 나빠서 그랬을 것이라고 생각할 수도 있다.

여기서 마케팅주체에게 중요한 것은 고객이 제품파손의 원인을 어디에서 찾는가 하는 것이다. 만약 고객이 제품파손의 원인을 배달회사 때문이라고 한다거나 운이 나빠서 그랬을 것이라고 할 경우 제품 자체에 대한 신뢰는 유지될 것이다. 이런 귀인들은 구매 후 태도와 미래 구매행동에 중대한 영향을 미칠 수 있다.

인지부조화는 자신이 생각하는 것과 행동하는 방식 사이에 불일치가 나타날 때 생기는 심리적 상태이다. 부조화는 고객들이 제품구매 후에 그들의 판단에 어떤 착오가 있었을 때 일어날 수 있다. 예컨대, 고객이 많은 시간을 투자하

그림 4-4 시장지향적 사고에 입각한 고객의 유형

문제인식

만년 차장에서 최근 부장으로 승진
기존 승용차가 구형이므로 집사람과 딸이 새 차 구입을 주장
실내 공간이 협소하여 가족여행시 불편
그래서 중형승용차를 새로 구입키로 함

↓

내적 탐색

탐색기준: 실내공간, 안전성, 디자인과 색상, 경제성
정보원천: 가족들의 자동차에 대한 일반적 이미지 및 성향

↓

외적 탐색

탐색기준: 가격, 성능, 디자인, 제원, 후속모델 출시계획, 중고차 가격, 연비, 유지비
정보원천: 마케팅주체(TV, 잡지, 카탈로그)의 광고자료 및 상담, 비마케팅주체(주변의 동료, 친구, 후배, 친척)의 조언

↓

대안 평가

중형자동차인 현대 소나타, 르노삼성의 SM5 등을 대상으로 탐색기준별 가중치를 부여하고, 이들을 각각 평가한 후 종합평가지수가 높은 현대의 소나타를 구매하기로 함

↓

구매과정

판매대리점을 방문하여 구매조건을 확정하고 물품인도계약 체결
물품인도일이 한달이 넘는다는 판매직원의 말에 언짢음

↓

구매 및 구매 후 평가

인도기간이 늦어졌으나 상당히 만족
새 차로 거래처 방문시에 자신감이 생김
가족여행시의 즐거움 만끽

여 두 가지 옷 중에서 하나를 선택했다고 하자. 즉 신중한 고려 후에, 고객은 회색 옷이 가장 좋을지라도 파란색 옷이 더 보수적이고 더 자주 입을 수 있기 때문에 파란색 옷을 구매해야겠다고 결정했다. 그러나 구매 후에 고객은 회색 옷을 구매하는 편이 나았을 것이라고 후회할 수 있다. 이때 부조화는 회색 옷이 아마도 더 좋았을 것이라는 생각과 실제로는 파란색 옷을 구매한 행동이 불일치하기 때문에 일어난다. 이러한 인지부조화 상황에 직면한 고객은 두 가지의 생각을 할 수 있다. 하나는 파란색 옷이 회색 옷보다 우월하다고 생각을 바꿈으로써 부조화 현상을 감소시킬 수 있고, 다른 한 가지는 행동의 변화를 통해—파란 옷을 회색 옷으로 교환—부조화현상을 극복할 수도 있다.

지금까지의 고객의 의사결정과정을 자동차를 구입한다고 가정하고 하나의 다이어그램으로 나타내 보면 〈그림 4-4〉와 같다. 자동차회사의 마케팅관리자는 수시로 이러한 다이어그램을 고객입장에서 그려 보면서 고객의 욕구가 어떻게 변화되고 있으며, 어떠한 어려움이 있는지를 신속히 파악하여 이에 대한 가장 적절한 마케팅활동을 효율적으로 수행하여야 한다.

제 6 절 고객행동의 동태적 모델

고객들은 그들의 욕구를 평가하고, 적절한 제품속성을 결정하고, 정보를 수집하며, 다양한 제품들을 비교평가하는 등 최종결정을 내리는 데까지 상당한 노력을 들인다. 그러나 실제적으로 많은 구매상황에서 거의 노력을 하지 않는 경우도 허다하다. 실제로 어떤 구매자들은 거의 무의식적으로 제품을 구매하기도 한다. 또 다른 구매자들은 제품의 재구매를 결정하기 전에 이용 가능한 상표들만을 비교할 수 있다. 다른 구매자들은 사용하고 있는 상표나 제품에 단순히 싫증을 느끼기 때문에 새로운 상표나 제품에 대해 탐색하게 된다. 이러한 다양한 상황들을 설명하기 위해 고객이 사전에 가지고 있던 지식의 정보를 바탕으로 동태적 틀 내에서 고객행동을 조사하기로 한다. 〈그림 4-5〉는 지식의 영향이 반영된 고객행동의 동태적인 모델이다.

그림 4-5

고객행동의 동태적 모델

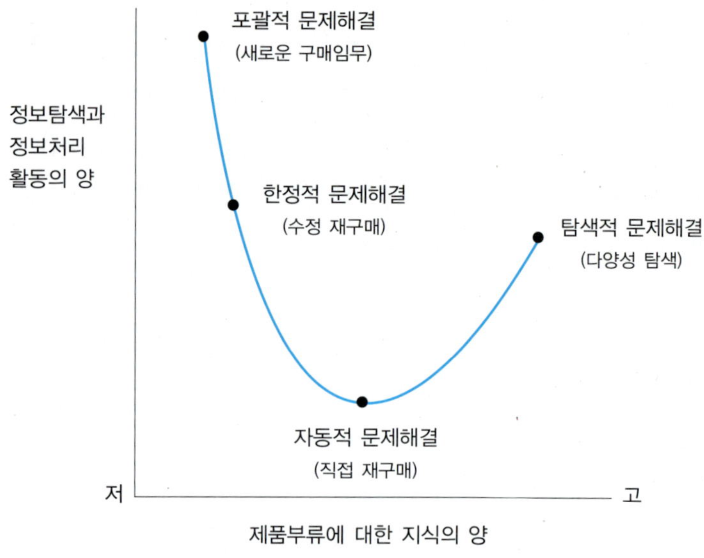

6.1. 포괄적 문제해결행동

포괄적 문제해결행동은 고객들이 신제품을 구매할 때, 여러 대체품들에 대한 사전지식이 없고, 또 각 대체품들의 평가기준을 모르는 상황에서 주로 발생한다. 이러한 상황하에서 포괄적인 정보탐색이 일어날 가능성이 있고, 고객은 많은 양의 제품관련정보를 필요로 하기 때문에 정보탐색과 정보처리활동에 많은 신경을 쓴다. 따라서 구매 후 평가 또한 포괄적이 되는 경향이 있다. 그러므로 마케팅관리자들은 인적접촉이나 대중매체를 통해 구매결정의 정당함을 재강화시켜 줌으로써 제품에 대한 고객의 구매 후 만족을 높일 수 있다.

마찬가지로 조직구매자가 새로운 형태의 제품을 구매할 경우 잘못된 선택의 위험이 매우 높기 때문에 종종 포괄적인 문제해결을 하게 된다. 새로운 구매임무의 책임을 지고 있는 구매위원회는 흔히 서로 다른 몇 가지의 기능부서와 다양한 조직계층에 속한 사람들로 구성된다. 이들은 보다 포괄적인 정보탐색을 시작하고, 부적당한 제품을 구매하거나 부적당한 공급자에게 주문을 하는 위험을 최소화하기 위해 대안들을 철저하게 분석한다.

6.2. 한정적 문제해결행동

한정적 문제해결행동은 고객들이 제품에 대한 한정적이나마 어느 정도의 경험을 가지고 있는 상황에서 일어난다. 한 예로서 압축기에 대한 약간의 경험을 가지고 있는 구매대리인이 이것을 구매하려고 할 때 여러 가지 압축기 모델들을 평가하기 위해 이미 구매대리인이 중요한 것으로 인지했던 속성들 내에서 탐색이 이루어진다. 만약 이러한 내적탐색이 불충분하다고 생각되면 외적탐색도 하게 된다. 일반적으로 이 경우에 문제해결과 정보탐색의 양은 상당히 줄어들며, 구매 후 평가도 포괄적 문제해결에서만큼 심층적인 분석을 하지 않는다. 조직구매에서 일반적으로 나타나는 수정재구매(modified rebuying)도 한정적 문제해결행동에 속한다. 예컨대, 어떤 조직이 고객들로부터 과거와 비슷한 그러나 약간의 변화를 요구하는 제품주문을 받으면 조직은 전에 구매했던 제품과 약간만 다른 신제품을 구매하게 된다. 이런 경우에는 비교적 적은 수의 사람들만 의사결정에 관련될 가능성이 높다.

6.3. 자동적 문제해결행동

자동적 문제해결행동은 고객들이 동일제품을 반복구매하여 그 제품에 대한 상당한 경험을 가지고 있고 제품의 성능에 대해 매우 만족하고 있을 때 일어난다. 이때 고객들은 이미 최상의 상품을 구매하고 있으므로, 대안을 탐색할 어떤 충동도 느끼지 않기 때문에 제품구매에 필요한 탐색노력의 양은 최소화된다. 그들은 특정한 상표의 구매를 선호하기 때문에 상표애호도를 가지고 있다. 그러므로 구매 후 평가에 필요한 심리적 노력의 정도도 상당히 낮을 것이다. 조직의 재구매상황에서는 직접적으로 과거의 만족스런 제품을 공급했던 판매자로부터 자동적으로 재구매를 하는 것이 자동적 문제해결행동이다. 하나의 예는 문구류, 연필 또는 타자기 리본 같은 사무용품의 구매이다. 즉각적으로 재구매가 이루어져야 되는 상황에서 의사결정과정은 단 한 사람 혹은 매우 적은 사람들에 의해 빠르게 이루어진다. 따라서 이런 즉각적인 재구매의 경우는 인지된 복잡성은 아주 낮으며, 고객들은 높은 상표충성도를 보인다. 마케팅관리자의 관점에서 고객들이 자동적 구매형태를 보인다는 것은 매우 성공적으로 제품관리가 되었다는 것을 의미한다.

6.4. 탐색적 문제해결행동

흥미롭게도 〈그림 4-5〉에 나타난 것처럼 포괄적인 사전지식은 네 번째 구매상황인 탐색적 문제해결행동을 유도할 수 있다. 한 가지 상표를 오랫동안 사용한 후에 고객들은 그들의 구매결정을 재평가할 필요를 느낄 수 있다. 그 이유는 단순히 자신들이 구매해 온 상표에 싫증을 느끼고 다른 상표로 전환하고 싶어 하기 때문이다. 또한 시장상황이 고객들이 처음 정보탐색을 하는 때와 다를 수 있고 평소에 구매했던 상표보다 우월한 신제품이나 수정된 제품이 나타날지도 모른다. 따라서 고객은 상표의 적합성을 재평가할 필요를 느낄 수도 있다. 탐색적 구매는 제품들이 본질적으로 감각적(식품과 음료)이거나 제품들의 개선이 단기간에 일어날 수 있는 상황에서 일어날 가능성이 높다. 탐색적 구매단계는 상표애호도를 유지하고자 하는 마케팅관리자들에게 중요한 도전이 된다. 따라서 마케팅관리자는 고객들에게 제품에 있어 지속적인 개선과 변화가 이루어지고 있다는 것을 알리고, 고객들이 자사의 제품을 지루하게 느끼지 않도록 하는 여러 가지 마케팅활동들을 계속해야 한다. 즉 제품의 품질에 대한 개선은 물론 사용상의 편익 그리고 감각적 혜택(예: 포장 디자인, 제품 디자인 등)에서 지속적인 개선을 해야 할 것이다.

6.5. 마케팅관리에 대한 의미

동태적 고객행동모델이 제시하는 것처럼 마케팅관리자들은 고객들의 문제해결행동을 포괄적 상황으로부터 한정적 · 자동적 문제해결상황으로 전환시켜야 한다. 또한 상표를 전환하고자 하는 고객들의 탐색적 문제해결행동을 억제해야만 한다. 고객들은 포괄적 문제해결단계에서 많은 정보를 필요로 하며 탐색을 한다. 이것은 많은 시간과 노력을 요구하며 정보를 처리하여 대안들을 비교평가하는 것 또한 시간과 노력이 요구된다. 구매 후 평가 또한 상당한 심리적인 부담감이 뒤따르며 시간과 노력이 요구된다. 고객들이 자신의 결정이 잘못된 결정이라고 인정을 하게 되는 것은 많은 심리적인 고통을 따르게 한다. 그렇다고 무조건 잘된 결정이었다고 합리화시키기에도 심적부담이 따른다. 마케팅목표로서 언급되었던 개념전달활동과 구매전환활동들이 효과적으로 수행된다는 것은 포괄적인 또는 한정적인 문제해결단계에 있는 고객들에게는 자사제품이 타제품에 비해 더 많은 가치(높은 혜택과 적은 비용)를 제공한다는 것을 인식시키고, 포괄적 문제해결단계에 있는 고객을 자동적 문제해결 단계로 이동시키기 위해 그들의 정보탐색과 처리활동, 구매활동과 구매 후 평가과정을 관리하는 것이다. 다음의 예들은 이러한 노력을 촉진시키는 수단들을 설명한다.

① 포괄적 문제해결상황에서 고객들이 많은 양의 정보를 탐색하고, 처리하고 싶을지라도 그 일을 효과적으로 수행할 능력이 없을지도 모른다. 따라서 마케팅관리자들은 정보의 양과 성질 그리고 정보가 목표고객들에게 전달되는 방법을 신중하게 통제해야만 한다. 마케팅관리자의 임무는 고객들의 욕구에 가장 적합한 제품관련 정보를 전달하는 것이다. P&G의 한 제품인 Crest치약의 커다란 성공이 한 예가 될 수 있다. 충치예방을 매우 가치 있는 제품편익으로 인지시키기 위해 경영진은 광고에 미국치과협회의 보증을 강조하여 목표고객들에게 플루오르화물(충치예방성분)의 편익을 지닌 Crest의 상품력을 효과적으로 전달했다.

② 고객들이 포괄적 문제해결에서 자동적 문제해결로 움직일 때 그들이 획득하는 정보의 양보다는 그들이 갖고 있는 정보에 대한 확신이 더 중요하다. 마케팅전략은 고객의 확신과 그들이 제공받는 정보의 가치를 높이도록 짜여져야 한다. 고객에게 호감을 주는 매체홍보와 구전을 통한 의사소통은 제품들과 제품성과에 대한 그들의 확신을 증가시키는 것이다. 그러므로 마케팅관리자는 호의적인 구전을 통한 의사소통을 촉진시키기 위해 고정고객 가격할인 등 사은회 활동을 하기도 한다.

③ 비용이 많이 들지 않는 신제품의 시험사용은 포괄적 문제해결에서 자동적 문제해결로 고객들을 이동시키는 데 효과적이다. 예컨대, 향수회사들은 소매점포에 시험용 샘플들을 진열하거나 잡지에 향기 나는 스티커를 삽입해서 고객들이 그들의 제품을 경험할 수 있게 한다. 향기 나는 스티커의 삽입은 3M이 사용한 포장 혁신이었다.

소매점포들은 (i) 잠재고객들의 구매시점에 가까이 있고, (ii) 점포 내에 고객이 있다는 것은 구매의도가 있다는 것을 나타내기 때문에 시험사용의 기회를 제공할 수 있다. 슈퍼마켓은 시식을 허용하고, 자동차판매상은 시험주행을 할 수 있게 하고, 음향기기판매점은 고객들이 음악을 들을 수 있게 한다. 이러한 모든 것은 고객들이 구매 전에 얻어야 하는 정보의 양과 형태를 향상시킨다. 이런 형태의 직접정보는 고객들이 받을 수 있는 가장 중요한 정보로 고객들에게 인식될 가능성이 높다.

제품이 기술적으로 복잡하고, 비싸고, 기존설비와 결합되어 작동해야 할 때 시험구매는 조직구매에서 특히 중요하다. 산업재구매환경에서 시험기간은 흔히 구매계약의 한 부분인 경우가 일반적이다. 시험기간은 종종 제품을 구매할 때의 저항요소를 상당히 줄일 수 있다.

시험사용이 불가능할 때는 재무적 위험을 낮추고 제품의 가치를 높이는 특별한 유인이나 보장이 적합할 수도 있다. 이것에는 할인권, 가격환불, 품질보장 등이 포함된다. 그런 유인들은 또한 경쟁상표들에 대한 탐색적 문제해결단계에 있는 잠재적 고객들을 끌어들일 수 있다.

6.6. 하나의 지속적인 상호작용과정

고객행동의 네 가지 구성요소—정보처리, 중앙통제, 의사결정, 그리고 환경적 영향—사이의 상호작용이 적절할 때 표적고객들을 포괄적 문제해결에서 자동적 문제해결로 이동시키는 데 필요한 시간을 단축시킬 수 있다. 기업이 제공하는 정보가 문화나 바람직한 준거집단들과 같은 환경적 세력들의 가치관과 일치할 때, 그 정보는 고객들에 의해 받아들여질 가능성이 높다. 이 정보가 고객들이 최소한의 노력으로 정보처리의 네 단계를 통하여 진행하는 방식으로 제시될 때 그들은 정보를 더 잘 처리하고 보유할 수 있다. 이러한 정보는 중앙통제구성요소에 지식과 경험을 축적할 수 있도록 하는 데 있어 그 바탕이 된다. 더욱이 이것은 기업의 제품과 그것에 대한 호의적인 태도에 관련된 평가기준의 설정에 영향을 준다. 일단 내부기억에 보유 되면 이것들은 대안적 제품에 대한 외적탐색 없이 고객의 제품구매를 촉진시키게 된다. 제품에 대한 사전지식과 제품사용을 통해 기업의 제품에 만족하고 있는 고객들은 그 제품에 대한 보다 복잡하고 상세한 정보를 처리하는 데도 관심을 갖게 된다. 따라서 이것은 제품에 대한 그들의 지식수준을 높이는 것이다. 이렇게 되면 고객들의 상표에 대한 충성도가 높아지며 그들이 탐색적 문제해결단계로 이동하여 경쟁상표로 전환하는 것을 막을 수도 있게 해 준다.

Summary & Review

_ 요약 및 복습

개념전달활동과 구매전환활동을 효과적으로 수행하기 위해 마케팅 관리자들은 고객행동을 명확히 이해하여야 한다. 고객들의 네 가지 유형은 개인고객, 조직구매자, 가족구성원, 그리고 조직에서의 구매자 집단으로 나누어진다. 마케팅관리자들은 고객들이 언제 구매를 하는가, 어떻게 구매를 하는가, 그리고 제품과 상표에 대한 정보를 어떻게 평가하고 통합하는가를 알 필요가 있다. 또한 물적교환과 구매 후 평가의 과정을 이해해야 하며, 이러한 시장 정보는 마케팅전략들을 수립하고 실행하는 데 필수적인 것이 된다.

고객행동의 전과정은 고객의 학습과 지식이 중요한 역할을 하는 동태적인 과정이라 할 수 있다. 특히, 고객들은 네 가지 구매상황을 통하여 움직인다. 네 가지 상황에서 그들의 행동은 포괄적 문제해결, 한정적 문제해결, 자동적 구매, 그리고 탐색적 구매로 나누어질 수 있다. 마케팅관리자의 주된 임무는 고객을 가능한 빨리 포괄적 문제해결에서 자동적 구매행동으로 이동시키고, 또한 기업과 제품에 대해 계속 애호적으로 만드는 것이다. 이를 위해서 잘 통합된 개념전달활동과 구매전환활동이 필요하다.

Issues raised & Question

_ 문제제기 및 질문

1 여러분들이 새로운 아파트를 구입한다고 가정하고 여러분들이 거쳐야 할 의사결정과정을 문제인식, 내적탐색, 외적탐색, 대안의 비교와 평가, 물적교환 그리고 구매 후 만족과 같은 용어들을 사용하여 다이어그램으로 그려 보시오.

2 여러분들이 전혀 모르는 비누를 구입하려고 하고 있다고 가정하고 제품선택결정에서 거치게 되는 의사결정과정 및 단계를 다이어그램으로 그려 보시오.

3 앞에서 그린 두 다이어그램의 차이점에 대해 상술하시오.

4 이미 구매자의 행동을 알고 있다고 가정하고 레이저 디스크 플레이어와 같은 첨단제품에 대한 마케팅 프로그램을 설계해 보시오. 프로그램을 설계하면서 어떻게 개념전달활동과 구매전환활동을 조화시킬 것인가를 생각해 보고 구매자의 지식수준, 구매위험, 제품에 대한 태도, 그리고 예산과 같은 요소들과 마케팅전략을 연계시켜 보시오.

5 구매행동의 동태적 모델에 포함되어 있는 단계를 규명하고 각 단계에 대해 설명해 보시오. 이 모형은 모든 제품에 적용되어도 무방한가? 또 이 모형에 맞는 제품과 그렇지 않은 제품의

차이는 무엇인가?에 대해 논하시오.

6 네 가지 고객형태를 기술하고 그들 간의 유사성과 차이점은 무엇인지 논하시오. 특히 개인구매자와 구매대리인의, 가족구성원, 조직구매자의 유사성과 차이점은 무엇인가?에 대해 설명하시오.

7 당신이 서울의 강남지역에서 부동산 중개대리인으로 일하고 있다고 가정하자. 당신은 구매자에게 좋은 평판을 얻어 그들을 단골손님으로 확보하기를 원한다. 만일 처음으로 주택을 구입하려는 구매자가 왔다면 당신은 구매자에게 어떻게 하겠는가? (당신의 과업은 구매자를 자동적 문제해결단계로 유도하는 것이며, 그래서 가능한 한 빨리 주택을 구입하게 만들고, 다음에 다른 주택을 구입하게 되더라도 당신에게 구매하도록 만드는 것이다.)

참고문헌 _ R/E/F/E/R/E/N/C/E/S

한국방송광고공사 보고서, "2000년 소비자 행태 조사."

C. Whan Park(1982), "Joint Decision in Home Purchasing: "A Muddling Through Process," *Journal of Consumer Research*, 9(September), pp. 151-162.

C. Whan Park(1976), "The Effect of Individual and Situation-Related Factors on Consumer Selection of Judgment Models," *Journal of Marketing Research*, 13(May), pp. 144-151.

C. Whan Park and Parker Lessig(1977), "Students and Housewives:Differences in Susceptibility to Reference Group Influence," *Journal of Consumer Research*, 4(September), pp. 102-110.

C. Whan Park, Henry Assae, and Seoil Chaiy(1984), *The Mediating Role of Trial and Learning Stage on the Outcomes of Consumer Involvement*(Cambridge, Mass.: The Marketing Science Institute).

Calvin P. Duncan and Richard W. Olshavsky(1982), "External Search: The Role of Consumer Beliefs," *Journal of Marketing Research*, 19(February), pp. 32-43.

David F. Midgley(1976), "A Simple Mathematical Theory of Innovative Behavior," *Journal of Consumer Research*, 3(June), pp. 31-41.

Edgar A. Pessemier(1980), "Store Image and Positioning," *Journal of Retailing*, 56(Spring), pp. 94-106.

Edward E. Fern and James R. Brown(1984), "The Industrial Consumer Marketing Dichotomy: A Case of Insufficient Justification," *Journal of Marketing*, 48(Spring), pp. 68-77.

Gerald J. Gorn(1982), "The Effects of Music in

Advertising on Choice Behavior: A Classical Conditioning Approach," *Journal of Marketing*, 46(Winter), pp. 94-101.

Gerald Zaltman and Melanie Wallendorf(1983), *Consumer Behavior*, 2nd ed.(New York: John Wiley).

Girish Punj and Richard Staelin(1983), "A Model of Consumer Information Search Behavior for New Automobiles," *Journal of Consumer Research*, 91(March), pp. 32-43.

James R. Bettman(1979), *An Information Processing Theory of Consumer Choice*(Reading, Mass.:Addison-Wesley), pp. 176-185.

Jay D. Lindquist(1974-75), "Meaning of Image," *Journal of Retailing*, 50(Winter), pp. 29-38.

Jennifer Bingham Hull(1983), "Fad Merchants Hustle to Sell Tomorrow' s Big Craze Today," *The Wall Street Journal*, 17(November), pp. 33.

Joel B. Cohen and M. E. Goldberg(1970), "The Dissonance Model in Post-Decision Product Evaluation," *Journal of Marketing Research*, 7(August), pp. 315-321.

John A. Howard(1977), *Consumer Behavior: Application of Theory*(New York: McGraw-Hill).

John D. Claxton, Joseph N. Fry, and Bernard Portis(1974), "A Taxonomy of Prepurchase Information Gathering Patterns," *Journal of Consumer Research*, 1(December), pp. 35-42.

John Koten(1984), "Teen-Age Girls, Alas, Are Big Consumers but Poor Customers," *The Wall Street Journal*, 9(November), p.1.

L. Festinger(1957), *A Theory of Cognitive Dissonance*(Evanston, Ill.: Row, Peterson).

Melanie Wallendorf and Michael Reilly, "Ethnic Migration, Assimilation, and Consumption," *Journal of Consumer Research*, 10(December 1983), pp. 292-302.

Michael D. Johnson(1984), "Consumer Choice Strategies for Comparing Noncomparable Alternatives," *Journal of Consumer Research*, 11(December), pp. 741-753.

Michael R. Solomon(1983), "The Role of Products as Social Stimuli: A Symbolic Interactionism Perspective," *Journal of Consumer Research*, 10(December), pp. 319-329.

Niken Vyas and Arch Woodside(1984), "An Inductive Model of Industrial Supplier Choice Processes," *Journal of Marketing*, 48(Winter), pp. 30-45.

P. S. Raju(1980), "Optimum Stimulation Level: Its Relationship to Personality. Demographics and Exploratory Behavior," *Journal of Consumer Research*, 7(December), pp. 272-282.

Peter Wright(1974), "The Harassed Decision Maker: Time Pressures, Distraction and the Use of Evidence," *Journal of Applied Psychology*, 59(March), pp. 555-561.

Philip Kotler(1973), "Atmospherics as a Marketing Tool," *Journal of Retailing*, 49(Winter), pp. 48-65.

Robert E. Smith and William R. Swinyard(1983), "Attitude-Behavior Consistency: The Impact of Product Trial vs. Advertising," *Journal of Marketing Research*, 20(August), pp. 257-267.

Robert E. Spekman and David T. Wilson, eds.(1985), *A Strategic Approach to Business Marketing* (Chicago, Ill, American Marketing Association).

Ronald Alsop(1984), "Firms Still Struggle to Devise Best Approach to Black Buyers," *The Wall Street Journal*, 25(October), p. 35.

Ronald Alsop(1984), "Firms Try New Ways to Tap Growing Over-50 Population," *The Wall Street Journal*, 23(August), p. 19.

Rowland T. Moriarty(1983), *Industrial Buying Bebavior: Concepts, Issues and Applications* (Lexington, Mass.: Lexington Books).

Rowland T. Moriarty, Jr. and Robert E. Spekman(1984), "An Empirical Investigation of the Information Sources Used during the Industrial Buying Process," *Journal of Marketing Research*, 21(May), pp. 137-147.

Sidney Levy(1981), " Interpreting Consumer Mythology: A Structural Approach to Consumer Behavior," *Journal of Marketing*, 45(Summer), pp. 49-61.

Stanley Sacharow(1982), *The Package as a Marketing Tool*(Radnor, Pa.: Chilton Book Company), p. 48.

Stephen P. Morin "Interior Designer Sets Out to Make Casino That Relaxes Your Morality," *The Wall Street Journal*, 10(January), p. 21.

Steven Shugan(1980), "The Cost of Thinking," *Journal of Consumer Research*, 7(September), pp. 99-111.

Thomas Bonoma, *Gerald Zaltman and Wesley Johnston*(1978), Industrial Buying Behavior (Cambridge: Marketing Science Institute).

Thomas V. Bonoma and Benson P. Shapiro(1983), *Segmenting the Industrial Market*(Lexington, Mass.: Lexington Books).

Valerie Folkes(1984), "Consumer Reactions to Product Failure: An Attributional Approach," *Journal of Consumer Research*, 10(March), pp. 398-409.

Wesley Johnston and Thomas V. Bonoma(1981), "The Buying Center:Structure and Interaction Patterns," *Journal of Marketing*, 45(Summer), pp. 143-156.

William Bearden and Michael Etzel(1982), "Reference Group Influence on Product and Brand Purchase Decisions," *Journal of Consumer Research* 9(September), pp. 183-194.

Yoram Wind and Robert Thomas(1981), "Conceptual and Methodological Issues in Organizational Buying Behavior," *European Journal of Marketing*, 14(Fall), pp. 239-263.

CHAPTER 5

고객의 욕구분석과 신제품 개발과정

MARKETING MANAGEMENT

다이아몬드 반지 시장에서의 고객욕구분석

시장에서 고객들은 하나의 제품에 대해서 개인 특성 및 용도에 따라 매우 다양한 욕구를 가지고 있다. 다이아몬드 반지 시장을 예로 들어 보자. 다이아몬드 반지의 경우 가장 주된 용도는 남자가 여자에게 결혼 예물로서 선물하는 것이라 볼 수 있다. 그러나 다이아몬드 반지를 생산 · 판매하는 기업의 입장에서 이러한 용도로만 고객에게 가치를 제공한다면 그 시장은 상대적으로 제한된 규모의 시장일 것이다. 이에 반하여 고객이 다른 용도로 다이아몬드 반지를 선물하도록 유도해 낼 수 있다면, 즉 다른 용도에 맞는 신제품을 개발한다면 추가적인 시장개척을 선도할 수 있을 것이다. 부모님께 감사의 뜻으로 선물하거나, 남성용 다이아몬드 반지전문 shop개설, 결혼 10주년 기념일에 다이아몬드 반지를 선물하는 추가적인 용도개발 등을 통하여 새로운 시장을 개척할 수 있을 것이다.

새로운 욕구에 대한 충족은 혜택의 제공측면에서 만이 아니라 비용절감측면에서도 가능하다. 다양한 가격대의 다이아몬드 반지를 제공하여 비용면에서의 접근성을 높이고 다이아몬드 반지를 대표하는 유명브랜드를 개발하여 구매시 의심, 불안감 등의 심리적 비용을 낮출 수 있다면 신규고객의 유입은 증가할 것이다.

즉 기업은 고객의 욕구를 혜택측면과 비용(문제점)측면에서 면밀히 분석함으로써 새로운 시장기회를 선점하고 고객에게 다양한 가치를 제공하여 자사 제품에 대한 시장규모를 넓힐 수 있을 것이다.

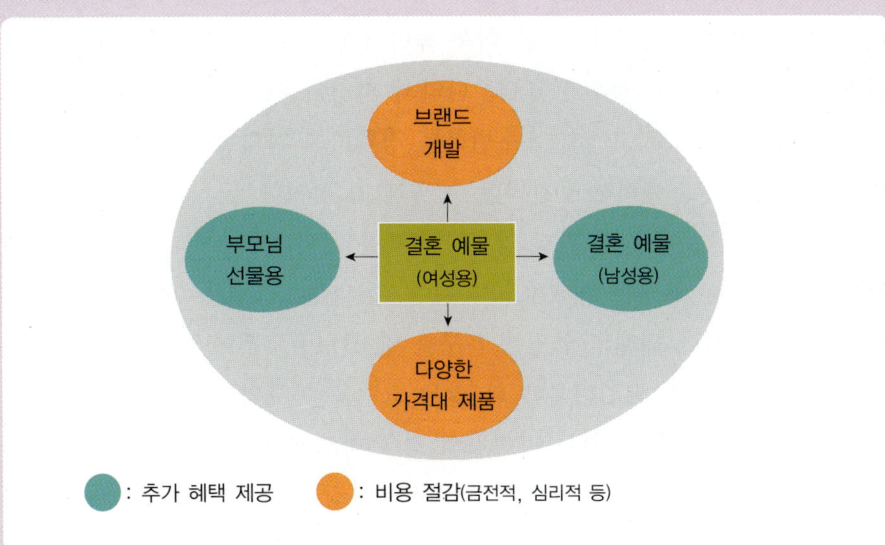

그림 5-1 다이아몬드 반지에 대한 고객욕구분석을 통한 새로운 시장기회 창출

제1절 고객욕구분석의 필요성

효과적인 마케팅전략의 수립 및 실행을 위한 고객욕구분석

표적시장을 선택하기에 앞서 시장에 존재하는 다양한 세분시장을 파악하기 위해서는 먼저 고객욕구에 대한 분석이 선행되어야 한다. 고객들은 생물학적 차이로부터 환경적 차이 그리고 사고의 차이에 이르기까지 다양한 차이를 보이고 있다. 이렇듯 시장은 다양한 고객들의 차이에 의해 나타나는 하나 하나의 욕구들의 집합이라고도 할 수 있다. 이러한 욕구는 환경의 변화 및 사회적 · 경제적 변화에 따라 다양하게 나타나고 있다.

고객들 사이의 다양한 욕구의 차이를 고려하여 의미 있는 표적시장을 파악해 내는 일은 쉬운 일이 아니다. 고객의 가슴 깊은 곳에 감추어져 있는 욕구들을 찾아서 이끌어내기까지에는 고객에 대한 철저한 이해가 필요하다. 그러므로 시장세분화(제6장)를 위해서는 고객욕구분석에 대한 체계적인 접근을 통해서 고객의 서로 다른 모습들을 정확히 그려내야 한다. 나아가 급변하는 환경 속에서 이러한 고객욕구분석에 대한 출발을 토대로 마케팅전략 수립에 대한 방향이 정해질 때 그 기업의 성공가능성은 더욱 높아지게 된다. 고객욕구의 변화는 외부환경변화에 기인하는 경우가 많다. 따라서 기업이 외부환경변화를 직접적으로 예측하기는 힘들어도 고객의 욕구변화를 정확하게 파악할 수만 있다면 환경의 변화를 간접적으로 예시하고 관리할 수 있게 될 것이다.

기업은 고객보다 항상 반발 앞서서 고객을 끌어나가야 한다. 고객들이 현실적으로 드러나는 욕구를 해결하고자 이야기한다면, 그것은 이미 늦은 것이다. 고객의 잠재의식에 내재되어 있는 욕구를 알아내어 고객이 이야기하고, 느끼기 전에 먼저 고객에게 제시하여야 더 많은 고객을 자사의 고객으로 끌어들일 수 있고 애호도도 높일 수 있다. 자동차의 경우 하드웨어적인 요소의 개발에만 몰두하던 시대에 1990년대 초 혼다의 cup-holder 장착 차량의 출시는 새로운 반향을 일으켰다. 고객의 욕구를 정확히 파악하고 기존에 없었던 혜택을 추가하여 제공함으로써 고객이 미처 생각하지 못했지만 잠재적으로 원하고 있었던 욕구를 충족시켜 큰 성과를 얻을 수 있었다. 국내에서는 최근 기아자동차의 시동 직후부터 스티어링 휠을 따뜻하게 해 주는 '히티드 스티어링 휠' 기능이 이와 비슷한 사례이다.

그러나 실제로 국내의 많은 기업들은 고객의 진정한 욕구를 찾으려는 노력이 부족한 상태에서 신제품 개발, 그리고 시장세분화 등의 전략을 구사하고 있다. 즉 기업들이 마케팅전략을 수립함에 있어서 고객의 욕구에 대해서는 이미 잘 알고 있다는 막연한 전제하에서 출발하기 때문에 신제품의 성공적인 시장진입이나 시장세분화전략 등을 효과적으로 수립하거나 적용하지 못하고 있다. 따라서 본 장에서는 고객욕구분석에 대한 철저한 이해를 통해 이를 도출하기 위한 구체적인 실행방법을 제시함으로써 효율적인 신제품 개발이나 시장개척에 대한 도움을 주고자 한다.

고객의 욕구에 대한 이해 제 2 절

고객욕구분석의 기본적 접근방법

고객들의 욕구는 그들이 접하는 다양한 환경의 변화에 따라 변하게 된다. 사실 환경변화에 대한 지각은 어렵기 때문에 대신 고객욕구의 변화를 살펴봄으로써 환경변화가 있었다는 것을 간접적으로 감지할 수 있게 된다. 신제품 아이디어도 고객욕구의 변화과정을 파악함으로써 하나의 새로운 세분시장을 대상으로 하여 창출된다고 할 수 있다.

욕구란 간단히 말하면 필요로 하는 것이다. 이러한 고객의 욕구는 무엇(혜택)을 받기 원할 때와 주는 것(시간, 노력 및 금전적인 비용)을 원하지 않을 때 발생한다. 즉 고객의 욕구란 구체적으로 혜택과 비용, 2가지 측면에서 발생한다고 할 수 있다.

〈그림 5-2〉는 고객의 욕구를 분석하고 이해하는 데 기본적인 틀을 제공하는 것이다. 여기에서 우리는 고객욕구의 발생시점을 확인하고, 고객욕구에 대한 발생원천을 이해하며 고객욕구 형태를 분류하고 이러한 고객욕구에 대한 충족방법에 대해 살펴보고자 한다.

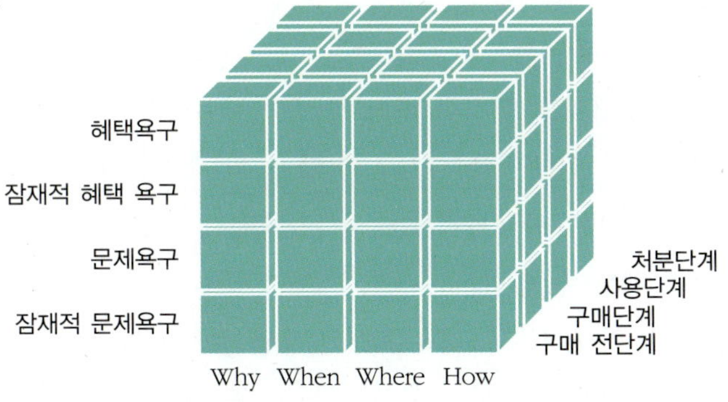

그림 5-2 고객욕구분석의 기본 틀

(1) 고객욕구의 발생시점

고객의 욕구는 제품의 소비와 관련되는 어느 단계에서나 발생할 수 있으며 총 4단계로 구분된다. 즉 고객욕구의 발생시점에 따라 구매 전단계의 욕구-구매단계의 욕구-사용 단계의 욕구-처분단계의 욕구로 나타난다. 그러므로 고객욕구 발생시점의 각 단계별로 고객의 욕구를 확인해야 한다.

가령 한 고객이 핸드폰을 구입할 경우를 생각해 보자.

먼저 구매 전단계에서 고객은 핸드폰에 대한 많은 정보를 필요로 할 것이다. 즉 고객은 구매 전에 가격은 어느 정도인지, 어떤 제품들이 있는지, 어디에서 살 수 있는지, 요금제도의 체계는 어떠한지 등의 다양한 정보를 탐색하게 된다.

둘째, 구매단계에서는 고객이 핸드폰을 구입할 때 원하는 제품을 쉽게 얻을 수 있는지에 초점을 맞추어야 한다. 이 단계에서는 제품의 진열 및 판매원의 서비스가 중요한 요소로 작용하며, 제품선정시 필요한 정보의 제공도 마련되어 있어야 한다.

셋째, 사용단계시 고객은 자기가 예기치 못했던 여러 가지 불편한 사항이나 개선되었으면 하는 사항을 경험하게 된다. 이메일 기능이나 오락 등 각종 편리한 부가서비스에 대한 욕구는 물론 유행을 반영한 자기만의 독특한 벨소리도 원할 수 있다.

넷째, 처분단계에서는 고객이 핸드폰을 처분하는 데 여러 가지 어려움을 경험할 수도 있다.

즉 핸드폰 처분시 제약사항이 많다거나 일정 장소에서만 처분이 가능하다면 고객들의 제품에 대한 평가에 부정적인 영향을 미칠 수 있다.

(2) 고객욕구의 발생원천

고객의 욕구는 앞에서도 제시한 바와 같이 4단계에서 나타날 수 있으며, 각 욕구차원은 다시 '왜', '언제', '어디서', '어떻게'의 요소로 더 세분화시켜 이해할 수 있다. 즉 고객의 욕구는 목적(why), 시간(when), 장소(where), 과정(how)의 요소로 나누어서 이해할 수 있다.

고객욕구분석을 위해서는 고객욕구의 발생원천에 따라 각 요소에 대해 고객이 무엇을 원하는 가를 정확히 파악하는 것이 중요하다. 여기에서 '왜'(why) 욕구는 고객들이 받기를 원하는 혜택이나 주기를 원하지 않는 비용(문제점)을 의미한다. 냉장고 사용단계의 욕구분석을 예로 했을 때 고객이 받기를 원하는 혜택은 냉장 또는 냉동의 기능이 되며, 비용이나 문제점의 인식차원에서는 전기요금이나 소음 등이 해당된다. 바로 이러한 이유 때문에 고객들은 특정상표의 냉장고를 선호할 수 있는 것이다.

'언제'(when)는 하루에 있어서의 시간, 계절 그리고 '이럴 경우 사용하면 좋겠다'라고 하는 상황 등으로 구분될 수 있다. 냉장고를 사용하는 경우 갈증으로 인해 물을 마시고 싶을 때이거나 음식을 조리할 때라고 한다면 이 시점마다의 고객욕구분석이 이루어져야 한다. 또한 '어디서'(where)는 제품의 사용과 관련된 다양한 장소로 구분될 수 있으며 냉장고의 경우 부엌, 거실 등 주거 공간에

표 5-1 고객욕구에 대한 기본적 이해

구 분	Framework	비 고
고객욕구의 발생시점	교환단계별 상이한 고객욕구발생 가능 구매 전단계 – 구매단계 – 사용단계 – 처분단계	고객의 욕구는 제품의 소비와 관련되는 어느 단계에서나 발생할 수 있으며, 총 4 단계로 구분됨
고객욕구의 발생근원 (3W 1H)	• Why: 이유 '왜' • When: 시점, '언제', '어떤 경우에' (시간, 계절, 상황) • Where: 장소 '어디서' (공간) • How: 과정 '어떻게' (사용방법, 사용용도, 보완재, 대체재)	고객의 욕구를 사용목적 또는 이유(Why), 사용시간(When), 사용장소(Where), 사용방법(How)의 4 가지 요소에 의하여 분석됨
고객욕구의 형태	• 혜택욕구: 고객이 현재제품의 혜택을 어떻게 인지하고 있는가 확인 • 잠재적 혜택욕구: 고객의 잠재적인 욕구파악 • 문제욕구: 고객이 이미 인지하고 있는 문제점(비용개념) 확인 • 잠재적 문제 욕구: 고객의 잠재적인 문제점 확인	이러한 욕구파악을 위해 인터뷰기법과 관찰기법 활용
고객욕구의 충족방법	• 소요시간의 단축 • 소요노력의 단축(육체적, 정신적) • 금전적 비용의 절감(보완재 사용 불필요, 유지 및 보수) • 심미적 혜택의 증진(시각, 청각, 후각, 미각, 촉각)	신제품 개발의 기준 및 기존제품 개선의 기준도됨

따른 차별화 된 고객욕구가 존재할 것이다. 마지막으로 '어떻게'(how)는 사용과정, 다른 제품과의 보완적 사용 등으로 구분하여 검토해 볼 수 있다. 사용과정상에서의 고객욕구분석을 통해 문제점을 해결하는 것으로 냉장고의 선반의 높낮이를 조절하는 과정이나 야채실 개폐과정, 얼음 tray를 끼우는 과정 중의 욕구를 분석함으로써 고객에게 더 많은 혜택을 줄 수 있도록 제품을 개선할 수 있으며, 또한 다른 제품과의 보완적 사용차원에서의 욕구분석으로 냄새 탈취제가 포함된 냉장고, 음식보관을 위한 랩이 냉장고 문에 부착된 냉장고 등 보완적인 제품 기능들을 냉장고에 포함시켜 그러한 제품들을 따로 구매할 필요가 없도록 할 수도 있을 것이다.

(3) 고객욕구의 형태

앞에서 살펴보았듯이 고객의 욕구는 혜택을 받고자 원하는 경우와 시간, 노력 등을 소요하지 않으려는 경우, 즉 혜택과 비용면에서 발생한다는 것을 알 수 있다. 이러한 고객의 욕구는 크게 혜택욕구, 잠재혜택욕구, 문제욕구 그리고 잠재적 문제욕구 네 가지 형태로 나타난다. 먼저 혜택욕구란 고객이 이미 인지, 의식하고 있는 혜택을 말하며, 잠재적 혜택욕구는 고객이 아직 인지를 하지 않고 있는 혜택을 의미한다.

앞에서 예로든 냉장고의 경우 혜택욕구차원으로는 식품의 냉장 및 냉동에 관한 욕구가 보편적일 것이나 잠재적 혜택욕구로는 요리메뉴 검색 및 메시지 교환, 기념일 알림 기능 등 정보 제공과 관련된 아직 인지되지 못한 욕구나 beer dispenser 장착 등의 부가 기능과 관련된 인지되지 못한 욕구 등이 될 수 있다. 반면 문제욕구란 고객이 이미 인지하고 있는 비용(불만사항)을 의미하며, 잠재적 문제욕구란 고객이 인지하지 못하고 있는 잠재적 비용을 의미한다. 예를 들어 냉장고에 식품을 장기보관할 시 냄새가 많이 난다거나 현재의 수납형태로는 편리한 수납을 하기 어렵다면 이는 문제욕구로 볼 수 있고 핵심 기능 이외의 잠재적인 문제점으로 지적되는 소음이나 전력소모량의 절감과 관련된 것은 잠재적 문제 욕구로 분류될 수 있다.

(4) 고객욕구의 충족방법

위에서 살펴본 것과 같이 고객욕구의 발생시점, 발생근원, 발생형태에 따른 고객욕구분석을 한 후에 기업은 발견된 고객욕구를 충족시키기 위한 여러 가지 방법을 모색하게 된다. 고객의 욕구를 충족시킨다는 것은 고객에게 가치를 제공한다는 것이며 이는 혜택제고와 비용경감 측면에서 살펴볼 수 있다. 먼저 소요시간을 단축시킴으로써 가치를 제공할 수 있다. 냉장고의 얼음 얼리는 시간을 단축시키는 기능이 추가된다면 단시간에 시원한 얼음을 필요로 하는 욕구를 충족시킬 수 있을 것이다. 또한 육체적, 정신적으로 소요되는 노력을 줄임으로써 고객욕구를 충족시킬 수도 있다. 음식의 보관상태를 밖에서 보여 줌으로써 냉장고를 열지 않고도 무엇이 어떻게 보관되고 있는지를 알 수 있다면 음식보관 후에 드는 걱정을 덜 수 있고, 일일이 냉장고를 열고 닫지 않아도 무엇이 더 필요한지 알 수 있어 육체적 노력을 줄일 수도 있을 것이다. 비용절감 측면에서 보완제품이나 유지 및 수선을 통해 고객이 지불해야 하는 비용경감으로 욕구를 충족시킬 수도 있다. 냉장고에 방향 장치가 되어 있다면 탈취제를 따로 구입해서 냉장고에 넣어 둘 필요가 없어지기 때문에 고객들이 비용을 절감할 수 있게 될 것이다. 마지막으로 시각, 청각, 후각, 미각, 촉각 등 오감을 통하여 심미적 혜택을 증진함으로써 고객의 욕구를 충족할 수 있을 것이다. 즉 냉장고의 핵심기능은 아니지만 시각적인 차원에서 디자인이나 색, 크기를 다양하게 함으로써 고객에게 새로운 가치를 전달할 수도 있을 것이다.

제 3 절 아이디어 창출을 위한 고객욕구분석 방법

지금까지 우리는 고객욕구가 다양한 시점에서 서로 상이하게 나타날 수 있다는 것을 알았다. 그러면 보다 구체적으로 기업은 다양한 고객의 욕구를 어떠한 절차를 통해 도출해낼 수 있을 것인가? 기업이 새로운 아이디어를 얻기 위한 고객욕구분석의 방법으로는 인터뷰기법(interview method)과 관찰기법(observation method)을 사용할 수 있다.

일반적으로 가장 널리 사용되는 인터뷰기법은 고객들에게 체계적인 질문을 함으로써 다양한 고객의 욕구를 도출해 내는 방법이다. 인터뷰기법은 철저하게 고객의 입장에서 질문을 함으로써 고객의 욕구파악을 통한 제품아이디어 획득에 유용한 답변을 유도해낼 수 있어야 한다. 즉 인터뷰기법은 고객들이 자신들의 입장에서 그들의 욕구가 무엇인지를 알려 주는 방법이다. 이에 반하여 관찰기법은 고객의 욕구를 확인하기 위해 고객의 행동을 관찰하여 분석하는 방법으로 인터뷰기법에서 발견되지 않았던 아이디어를 얻을 수도 있다. 관찰기법은 기업이 고객의 행동을 관찰하여 그들의 욕구를 충족시켜 줄 수 있는 아이디어들을 얻어 내는 방법이다.

고객의 욕구발생시점에 따른 두 기법의 사용범위는 다음과 같다. 특히 구매 전단계에서는 구매 전단계의 고객행동을 관찰하기 힘든 이유 때문에 관찰기법이 사용되지 않는다.

인터뷰기법이나 관찰기법을 사용할 때 강조되어야 할 사항은 이 방법들이 체계적이며 과학적인 방법들이라기보다는 탐색적인 연구방법으로, 일단 이러한 방법들에 의해 발견된 고객의 욕구와 그와 연관된 신제품 아이디어들은 상품화되어 시장에 출시되기 전에 과학적인 시장조사와 체계적인 분석을 통하여 검증되어야 한다는 것이다.

구매 전단계	인터뷰기법
구매단계	인터뷰기법 + 관찰기법
사용단계	인터뷰기법 + 관찰기법
처분단계	인터뷰기법 + 관찰기법

3.1. 인터뷰기법(Interview Method)

인터뷰기법은 고객의 욕구를 발생시점 및 발생원천에 따라 분류하여 일관된 체계를 정립한 후 각각에 대하여 4가지의 핵심질문 즉 혜택욕구, 잠재적 혜택욕구, 문제욕구 그리고 잠재적 문제욕구를 도출해 내는 방법이다. 인터뷰기법은 기업에서 보편적으로 가장 많이 이용하는 기법으로 여기에서는 설명의 편의를 위해 주로 사용단계의 욕구를 중심으로 설명할 것이나 고객욕구 발생시점상의 다른 단계에서의 욕구분석도 같은 방식으로 이용할 수 있다. 다른 단계에서의 욕구분석을 위한 인터뷰 내용은 〈부록〉을 참조하기 바란다. 그러나 각 단계별 적용에 있어서 네 가지 고객욕구의 형태 모두를 질문할 필요는 없다. 예를 들어 구매 전단계에서 또는 처분단계에서 잠재적 혜택욕구와 잠재적 문제욕구에 대한 질문이 필요하지 않다고 판단되는 경우에는 그 질문들을 반복하지 않아도 된다.

표 5-2 인터뷰기법 matrix

구 분	Why (사용목적)	When (사용시기)	Where (사용/설치장소)	How (사용과정)	How (보완·첨가품)
Ⅰ 혜택 욕구	'제품'을 어떤 목적이나 용도로 사용하십니까?	'제품'을 언제 사용하고 계십니까?	'제품'을 어디에서 주로 쓰십니까?	'제품'의 특정 사용 목적, 동기 별로 실제 사용하시는 과정과 방법을 구체적으로 말씀해 주시기 바랍니다.	앞에서 말한 사용목적이나 용도로 사용하실 때 '제품'과 같이 사용하는 다른 제품이나 첨가품이 있습니까?
Ⅱ 잠재 혜택 욕구	말씀하신 내용 이외에 새로운 사용목적이나 용도, 희망하시는 용도가 있습니까?	말씀하신 내용 이외에 사용하고 싶은 경우가 있으십니까?	말씀하신 장소 이외에 사용하시고 싶은 곳이나 장소가 있습니까? * 사용목적이 정확하지 않은 장소를 대답할 경우 사용목적, 용도를 다시 질문 함	말씀하신 과정 및 방법 이외에 다른 과정이나 방법으로 사용하신다면 그것들은 어떤 과정이나 방법이겠습니까?	말씀하신 물건 이외에 같이 사용했으면 하는 것이 있습니까?
Ⅲ 문제 욕구	Ⅰ에서 응답한 목적·용도로 사용하실 때 문제점이나 불만사항은 없으십니까?	Ⅰ에서 응답한 사용시기에 문제점이나 불만사항은 없으십니까?	Ⅰ에서 응답한 사용장소에서 사용하실 때 문제점이나 불만사항은 없으십니까?	Ⅰ에서 응답한 사용과정상에서 문제점이나 불만사항은 무엇입니까?	Ⅰ에서 응답한 보완제품이나 첨가품을 사용하실 때 문제점이나 불만사항은 무엇입니까?
Ⅳ 잠재 문제 욕구	Ⅰ에서 응답한 목적·용도로 사용하실 때에 문제점이나 불만사항은 아니나 이상적으로 개선되었으면 하는 점이 있습니까?	Ⅰ에서 응답한 사용시기에 문제점이나 불만사항은 아니지만 이상적으로 개선되었으면 하는 점이 있습니까?	Ⅰ에서 응답한 사용장소에서 사용하실 때 문제점이나 불만사항은 아니지만 이상적으로 개선되었으면 하는 점이 있습니까?	Ⅰ에서 응답한 사용과정상의 문제점은 아니지만 어떻게 개선하면 이상적이 될 수 있겠습니까?	Ⅰ에서 응답한 보완제품이나 첨가품에 대한 문제점은 아니지만 이상적으로 개선되었으면 하는 점이 있습니까?

〈표 5-2〉는 일정제품의 사용단계에서의 욕구발생원천 및 욕구의 형태에 따라 핵심질문을 통하여 다양한 욕구를 도출해 내는 기본틀을 제시한 것이다. 사

표 5-3 시너지 창출을 위한 전략적 통합의 결과

구 분	Why (사용목적)	When (사용시기)	Where (사용/설치장소)	How (사용과정)	How (보완·첨가품)
Ⅰ 혜택 욕구	• 냉장용도, 냉동용도	• 식사 준비 전·후에 – 재료를 꺼낼 때 – 음식을 만들 때 – 상을 차릴 때 – 반찬 정리 할 때 • 쇼핑 전·후에 – 쇼핑 품목을 정할 때 – 쇼핑 후 정리할 때 • 수시로 – 음료수, 물, 얼음을 먹을 때 • 잔치, 명절, 제사 음식 보관 • 손님이 갑자기 찾아왔을 때	• 부엌 • 거실 • 숙박업소 • 음식점 • 일반 상점 • 약국 • 병원 • 서재	• 야채실에 야채를 넣는 과정 • 얼음을 tray에 넣는 과정 • 냉동실의 보관식품을 꺼낼 때 • 선반의 높낮이 조절하는 방법 • 문을 열고 닫을 때 • 식사 후 반찬 정리하는 과정	• Icebox • 자석·메모판 • 냄새탈취제
Ⅱ 잠재 혜택 욕구	• 커뮤니케이션(쌍방향) – 가족간 메시지 교환 – 내부식품 파악 • 정보제공(단순검색) – 요리메뉴 검색 – 각종 기념일 알림기능	• 정보를 찾고자 할 때 – 인터넷 검색 – 개인 정보	• 공원 • 낚시터 • 승용차 • 바닷가 • 대형버스 • 요트	• 포터블 냉장고 – 시거잭 또는 배터리 충전 과정시 문제점 • docking 냉장고 – 착탈 과정상의 문제점	• 냄새탈취제
Ⅲ 문제 욕구	• 장기보관 관련 문제점 – 냄새가 난다 – 원 상태 보관 난해 – 음식이 쉽게 부패 • 수납관련 문제점 – 더 많고 편리한 수납 • 맛과 관련된 문제점 – 식품별 최적온도 보관 – 숙성 및 발효 어려움 – 더 빠르고 차게 냉각	• 식사 준비 전후에 – 빠르고 쉬운 해동 – 냉동식품을 찾기 어려움 • 쇼핑 전에 – 보관식품 확인 어려움 • 쇼핑 후에 – 식품정리 보관 어려움 – 보관 장소의 협소 • 수시로 – 전력 소모 우려 • 손님이 갑자기 왔을 때 – 과일, 쥬스가 급속 냉각될 수 있는 기능 요망	• 부엌 – 공간을 많이 차지함 • 숙박업소 – 냉동실 빈약 • 서재 – 소음이 적어야 함	• 야채실 여닫기가 힘듦 • 얼음 tray 위치가 너무 높음 • 보관식품을 찾기 힘듦 • 선반 높낮이 조절시 식품을 모두 꺼내야 함.	• Icebox용량이 작음 • 이동성이 없음 • 냄새탈취제 교환비용이 큼
Ⅳ 잠재 문제 욕구	• 무소음 • 전력소모량 감량 • 발효 기능 추가	• vending machine처럼 item을 버튼으로 선택 가능	• 아이들 방에 놓을 수 있는 용도 개발		• 무균, 무취로 탈취제가 필요 없는 냉장고

용목적(why), 사용시기(when), 사용 · 설치장소(where) 그리고 사용과정, 보완 · 첨가품(how) 각각에 대하여 혜택 욕구, 잠재적 혜택욕구, 문제욕구 및 잠재적 문제욕구를 유도하고 있다.

〈표 5-3〉은 냉장고의 예를 들어 〈표 5-2〉에 나와 있는 질문을 중심으로 인터뷰기법을 적용하여 정리한 표이다. 이에 대한 고객의 욕구를 유도하기 위한 절차를 구체적으로 살펴보면 다음과 같다(이해를 돕기 위해 분석절차를 간단히 제시한 것이며, 질문에 대한 자세한 내용은 〈표 5-3〉에 정리된 사항 참조).

첫째, 사용목적(why)에 대한 질문을 통해 욕구를 도출해 내는 과정이다.

① 냉장고를 어떤 목적이나 용도로 사용하고 계십니까?(혜택욕구)
- 냉장, 냉동

② 냉장고를 냉장이나 냉동 이외에 다른 용도로 사용할 수 있는 방법은 무엇입니까?(잠재적 혜택욕구)
- 정보제공(가족생일, 기념일 알림)

③ 냉장고를 냉장의 용도로 사용하실 때에 고객이 느끼는 불만사항은 무엇입니까?(문제욕구)
- 식품별 최적온도로 보관(채소, 음식, 맥주 등의 적정온도)

④ 현재 냉장고를 냉장의 용도로 사용하시면서 현재 문제가 되고 있지는 않지만 “정말로 이렇게 개선된 냉장고가 있었으면 좋겠다” 하는 점은 무엇입니까?(잠재적 문제욕구)
- 무소음

둘째, 사용시기(when)에 대한 질문은 다음과 같다.

① 냉장고를 언제 사용하고 계십니까?(혜택욕구)
- 저녁음식을 준비할 때, 물을 마실 때

② 말씀하신 이외에 어떤 때 냉장고를 사용하실 수 있으십니까?(잠재적 혜택욕구)
- 타이머 기능(가스렌지 off시간을 알려 줌)

③ 저녁을 준비할 때 냉장고를 사용하시는 데 어떤 불만사항이나 문제점이 있으십니까?(문제욕구)
- 냉장고 안에 무엇이 있는지 보관식품을 확인하기 어려움

④ 음식을 준비할 때 불만사항은 아니지만 이상적으로 개선되었으면 하는 점은 있습니까?(잠재적 문제욕구)

- vending machine처럼 필요한 item을 버튼으로 선택함

셋째, 사용장소(where)에 대한 질문은 다음과 같다.

① 냉장고를 어디에서 사용하십니까?(혜택욕구)

- 부엌

② 부엌 이외에 냉장고를 어디에서 사용할 수 있습니까?(잠재적 혜택욕구)

- 자동차

③ 지금 현재 부엌에서 사용하실 때 불만사항은 무엇입니까?(문제욕구)

- 공간을 많이 차지함

④ 지금 현재 부엌에서 사용하고 계시는데 현재 문제점은 아니지만 이상적으로 개선되었으면 하는 점은 무엇입니까?(잠재적 문제욕구)

- 사람의 음성에 의해 문이 열림

넷째, 사용과정 및 보완 · 첨가 제품 (how)에 대한 질문으로 구분된다.

〈사용과정에 대한 질문〉

① 실제 사용하시는 과정을 구체적으로 말씀해 주시기 바랍니다(혜택욕구).

- 야채실에 야채를 넣는 과정

② 말씀하신 과정 이외에 귀하만의 독특한 과정이나 방법으로 사용하고 계시는 것이 있으면 말씀해 주십시오(잠재적 혜택욕구).

- 화장품 보관

③ 야채를 넣는 과정에서 문제점이나 불만사항은 무엇입니까?(문제욕구)

- 야채실 여닫기가 힘듬

④ 위에서 말씀하신 사용과정에 관한 문제점 이외에 현재 문제점은 아니지만, 어떻게 개선하면 더욱 이상적일 수 있겠습니까?(잠재적 문제욕구)

- 야채를 넣기 전에 바코드로 입력하여 유효기간 표시

〈보완 및 첨가품에 대한 질문〉

① 냉장고와 같이 사용하는 다른 제품이나 첨가품이 있습니까?(혜택 욕구)

- 냄새탈취제

② 말씀하신 물건 이외에 같이 사용했으면 하는 것이 있습니까?(잠재적 혜택 욕구)

- 메모판

③ 냄새탈취제를 사용하실 때 문제점이나 불만사항은 무엇입니까?(문제욕구)

- 교환비용이 많이 듦

④ 보완제품을 사용하실 때에 문제점이나 불만사항은 아니지만 좀 더 개선되었으면 하는 점이 있습니까?(잠재적 문제욕구)

- 냄새 탈취제 사용 없이 냉장고 자체에 무균, 무취 기능을 갖고 있는 제품 개발

지금까지 살펴본 것과 같이 인터뷰기법에서는 위와 같은 심층적인 질문을 통하여 고객에 대한 욕구를 도출해 낼 수 있으며, 이 질문은 무엇보다도 일관적인 흐름에 따라 전개하는 것이 중요하다. 즉 사용목적(why)에 대한 질문에서 냉장고에 대한 사용목적으로 고객이 냉장용이라고 응답한 경우 다음 질문으로 이어질 때 냉장과 관련하여 잠재적 혜택욕구나 문제욕구, 잠재적 문제욕구 등을 먼저 이끌어내며, 하나의 사용목적을 기준으로 다른 욕구발생근원(when, where, how)에 대해서도 고객욕구의 4가지 형태에 따라 질문을 하게 된다. 이렇게 냉장목적에서 질문이 끝난 후에 다른 목적인 냉동측면에서 다시 같은 흐름으로 반복하여 질문해 나가게 된다. 따라서 사용목적이 여러 가지인 경우에 〈표 5-2〉와 같은 질문은 여러 번 반복적으로 시행되게 된다.

이러한 matrix에 따라 질문을 하다 보면 중복되는 답을 얻게 되는 경우가 많다. 특히 사용목적에 따라 반복적으로 질문을 한다면 더욱 중복이 많을 것이나 이렇게 세밀한 경로를 통해서만이 고객의 다양한 욕구를 놓치지 않고 분석해 낼 수 있을 것이다. 즉 여기서 강조해야 할 점은 동일한 욕구가 반복되는 것은 문제가 되지 않지만 중요한 고객의 욕구에 대한 정보를 놓치게 되는 것은 심각한 기회비용을 지불하는 결과를 초래할 수 있다는 점이다.

Matrix상에서 고객이 느끼는 현재의 욕구라고 할 수 있는 혜택욕구(benefit) 및 문제욕구(cost)를 먼저 질문 하는 이유는 기업의 관리자들이 현재 알지 못하고 있는 고객욕구를 관리하기 위함도 있으나 고객의 잠재욕구를 이끌어내기 위한 목적이 더 크다고 할 수 있다. 즉 현재의 욕구를 먼저 재인식하게 함으로써 잠재적인 혜택이나 문제점에 대한 아이디어의 발현을 보다 쉽게 이끌어낼 수 있기 때문에 위와 같은 흐름에 따라 질문이 이루어지는 것이다. 기업은 이러한 절차를 통하여 고객에 대한 욕구를 알아냄으로써 기존제품의 개선 및 신제품 개발을 위한 아이디어를 효과적으로 찾아낼 수 있게 된다.

3.2. 관찰기법(Observation Method)

관찰기법은 소비자들의 제품구매, 사용 그리고 처분과정상의 행동을 기업이 관찰·분석함으로써 인터뷰기법에서 발견되지 않거나 착안될 수 없었던 신상품 개발 아이디어를 추출하는 것을 목적으로 한다. 관찰기법을 사용할 시에는 고객의 행동을 세분 단위 별로 면밀히 관찰하여 "어떻게 하면 각 단위 행동수행에 있어 필요한 시간과 노력 그리고 비용을 줄일 것인가?"와 "어떻게 하면 각 단위 행동수행과정 중 제품과 연관된 심미적 혜택을 증강시킬 수 있을 것인가?"에 의한 기준을 근거로 각 행동을 분석해야 한다.

(1) 관찰상황 설정

인터뷰기법과 달리 관찰기법에서는 고객욕구 발생시점에서 구매 전단계를 따로 분석하지 않는다. 즉 구매 전단계에서의 행동이 구매단계에 투영되어 나타나기 때문에 관찰기법에서는 구매단계-사용단계-처분단계에 대해서만 관찰을 주로 행하게 된다. 따라서 관찰기법에서는 〈표 5-4〉와 같이 단계를 나누고 각 단계에서 이루어지는 고객들의 행동절차를 관찰, 분석함으로써 고객에게 필요한 새로운 가치를 발견하게 된다.

기업에서 관찰기법을 사용할 때에도 인터뷰기법에서와 마찬가지로 어느 한 단계에 초점을 맞추어 관찰을 실시하게 된다. 어느 한 단계에서도 고객의 욕구는 그들이 처한 상황에 따라 다르게 나타나기 때문에 전체적인 고객욕구를 한 가지 상황에서의 관찰로만은 알 수 없으므로 되도록이면 여러 가지 관찰상황을 설정하여 분석하는 것이 중요하다. 일반적으로 하나의 제품에 관하여 우선 고객이 자주 사용하거나 문제를 많이 느끼는 상황에 초점을 맞추어 고객의 행동을

표 5-4 관찰기법에서의 고객욕구 발생단계

단계계계	고객행동절차
구매단계	인지 – 관심 – 평가 – 구매
사용단계	준비 – 사용 – 저장 및 정리
처분단계	준비 – 처분 – 대체

하나하나 관찰하는 것이 필요하다. 또한 상황설정이 고객의 욕구를 정확히 파악하는 데 도움을 주기 위해서는 그 상황이 실제적 · 구체적으로 묘사되어야 한다. 이렇게 하기 위해서는 고객욕구발생근원(why, when, where, how)에 따른 제반 요소를 고려한 묘사가 되어야 한다.

예를 들어 Camcorder을 사용함에 있어서 고객이 마주칠 수 있는 상황중에서 프로그램 녹화를 할 때 고객이 어떠한 행동을 하는지 관찰하려 한다면 다음과 같은 상황 설정이 필요하다.

내일(when)이 딸 생일(why)이다. 집에(where) 딸의 친구들을 불러 생일잔치를 할 예정인데 이 모습을 Camcorder로 녹화(how)하고자 한다.

(2) 행동관찰 및 고객의 행동과정 정리

상황이 설정되었으면 관찰을 하게 되는 데 가장 이상적인 것은 설정된 상황에서의 고객행동을 녹화하여 세밀하게 관찰하는 것이 필요하나 이것이 가능하지 않을 경우에는 고객이 자신의 행동을 연상하면서 일련의 행동과정을 순서대로 표현할 수도 있다.

고객행동을 관찰한 후에는 일련의 행동을 세분단위로 나누는 것이 필요하다. 고객의 미충족 욕구를 충족하기 위한 방법 모색이나 새로운 가치의 창출을 위한 대안 구상을 구체적으로 하기 위해서는 각 단위행동을 가능한 최소의 단위로 나누어야 한다.

위에서 예로 든 'Camcorder 녹화 상황'에 대한 고객행동은 다음과 같이 최소의 단위로 나눌 수 있다.

1) Camcorder가 있는 곳으로 간다.
2) Camcorder를 켠다.
3) Camcorder의 건전지가 충분히 충전되어 있는지 본다.
4) 실내 조명에 맞게 Camcorder의 밝기를 조정한다.
5) 녹화 대상에 맞게 Camcorder의 렌즈를 조절한다.
6) 녹화 기능을 켠다.
7) 시험 녹화를 해본다.

8) 녹화 내용을 확인해본다.
9) 녹화 기능을 끈다.

(3) 관찰결과의 분석

관찰된 단위행동 각각에 대하여 분석할 때에는 2절에서 다룬 고객욕구의 4가지 충족 방법인 소요시간 단축, 소요노력 절감, 금전적 비용 절감 그리고 심미적 혜택의 증진과 같은 측면에서 어떻게 개선될 여지가 있으며, 개선을 하려면 어떠한 것들이 행해져야 하는가를 고려해야 한다.

먼저, 소요시간에 대한 분석은 관찰된 관련행동을 중심으로 각 단계마다 소요되는 시간을 줄일 수 있는 방법에 대한 고려사항이며, 소요노력에 대한 분석은 육체적 노력과 정신적 노력(즉 여러 가지를 생각하는데 소모되는 에너지)을 포함하며 이러한 제반 노력을 줄일 수 있는 방법에 대한 고려사항을 말한다.

다음으로 금전적 비용에 대한 분석은 보완제품 관련 비용과 유지 및 수선

표 5-5
관찰기법 분석 matrix

관찰결과의 분석기준		개선방법	개선방향(변화의 방향)	개선방법
소요시간		(관련된 단위 행동의 번호를 기입)	• 단위 행동 소요 시간을 줄인다. • 단위 행동을 생략한다. • 동일시간 내에 다른 행동을 추가로 실시 한다.	(각 단위 행동의 개선에 필요한 방법을 구체적으로 기입)
소요 노력	육체적		• 육체적 노력이나 노동을 줄인다	
	정신적		• 정신적 노력을 줄인다 (각 단계마다 신경을 덜 쓰게 함)	
금전적 비용	보완제품		• 보완제품관련 비용을 줄이거나 없앤다.	
	유지/보수		• 제품사용과 관련하여 발생하는 유지/보수비용을 줄인다.	
심미적 소구	시각		• 제품 사용시 더 멋있게 보이도록 한다.	
	청각		• 제품 사용시 더 듣기 좋게 한다.	
	후각		• 제품 사용시 더 향기가 좋도록 한다.	
	미각		• 제품 사용시 더 맛있게 한다.	
	촉각		• 제품 사용시 촉감이 더 좋게 한다.	

관련 비용을 포함하며 이러한 비용을 줄일 수 있는 방법을 알아내고자 하는 것이다.

마지막으로 심미적 소구에 대한 분석은 시각, 청각, 후각, 미각 그리고 촉각을 포함하며 이에 대한 효과를 높이는 방안을 도출하고자 하는 것이다.

이러한 분석을 위해서는 〈표 5-5〉와 같은 matrix를 이용하게 되며 각 관찰 결과의 분석 기준에 따라 모든 행동을 대입해 보고 그 중에서 관련된 행동을 선별하여 관련행동 목록란에 그 번호를 기입하게 된다.

그러나 관찰기법은 위에서도 언급한 것과 같이 관찰 가능한 행동에 대해서만 분석 가능한 것은 아니다. Camcorder 녹화를 통해 직접 관찰할 수 없는 상황의 행동들은 대체 시나리오를 통해 유추 해석할 수 있다. 대체시나리오(alternative scenario)란 가상적인 상황의 묘사를 의미하며 사전에 결정한 관찰상황과 관련하여 예기치 못한 행동에 대한 분석이나 예상과 달리 관찰되지 않은 상황에 대한 분석을 가능하게 한다. 이러한 상황분석을 통하여 잠재적 고객욕구에 관한 많은 정보를 하나의 관찰상황에서 얻어낼 수 있다. 이때 대체시나리오에서는 다음과 같은 세가지 종류의 질문을 함으로써 관찰되지 않은 행동 및 상황에 대하여 대안을 도출할 수 있다.

1. 만약 고객이 제품을 어떻게 사용하는지 알지 못한다면?

예) Camcorder를 이용한 녹화 방법을 알지 못한다면?
대안) Camcorder의 빛과 렌즈 조절 등을 좀 더 쉽게 또는 자동으로 할 수 있는 방법은 없을까?

2. 만약 보완제의 사용이 불가능하다면?

예) Camcorder 건전지를 더 빨리 혹은 아예 충전하지 않고 녹화를 할 수 있는 방법은 없을까?

3. 만약 고객이 기대한대로 제품이 제 기능을 하지 않는다면?

예) Camcorder 녹화 시 일어날 수 있는 고장에 대해서 고객이 쉽게 해결할 수 있는 방법은 없을까?
대안) Camcorder 고장 시 단순한 오류는 고객이 직접 해결 할 수 있는 손쉬운 설명서나 방법을 만들어낼 수 없을까?

이러한 과정을 거쳐 관찰기법에서 순수한 관찰로만 분석했을 때 놓치기 쉬운 고객의 잠재욕구(혜택과 비용)에 관한 정보를 획득할 수 있으며 신제품 아이디어 발굴에도 많은 효과를 얻을 수 있다.

〈표 5-6〉은 Camcorder 녹화 상황에 따른 대체시나리오를 통한 분석의 예를 보여주고 있는 것으로 각 단위 행동관찰에서 나타나지 않은 것을 대체시나리오 내에서 발견하여 개선할 수 있는 제품 아이디어들이다.

지금까지 설명한 관찰기법은 인터뷰기법과 마찬가지로 제품 기능별로 1회의 조사로써 끝낼 수 있는 것이 아니라 사용상황에 따라 다른 관찰들을 계속해야 한다는 점을 유의할 필요가 있다.

〈표 5-7〉은 사용 단계에서의 관찰기법에 대한 구체적인 방법을 관련행동을 중심으로 분석 기준에 따라 개선방향과 개선방법을 두부조리의 예로 설명한 것이다.

표 5-6 시너지 창출을 위한 전략적 통합의 결과

단위행동	대체시나리오			개선방향 개선방법	
	사용방법 모름	보완제품 사용불가	제품기능 오류발생		
1) Camcorder가 있는 곳으로 간다. 2) Camcorder를 켠다. 3) Camcorder의 건전지가 충분히 충전되어 있는지 본다.		○		Camcorder 건전지를 더 빨리 혹은 아예 충전하지 않고 녹화를 할 수 있는 방법은 없을까?	고속 충전이 가능한 기술을 개발하거나 일회용 건전지 사용도 동시에 가능한 camcorder 개발
4) 실내 조명에 맞게 Camcorder의 밝기를 조정한다. 5) 녹화 대상에 맞게 Camcorder의 렌즈를 조절한다.	○			Camcorder 사용방법을 좀 더 쉽게 만들 수 없을까?	Camcorder 녹화 시 필요한 과정을 매뉴얼 버튼으로 구성 혹은 자동으로 빛과 렌즈를 조절하는 기능 개발
6) 녹화 기능을 켠다. 7) 시험 녹화를 해본다. 8) 녹화 내용을 확인해본다. 9) 녹화 기능을 끈다.			○	녹화 버튼을 누르지 않고 녹화를 할 수 있는 방법은 없을까?	녹화 버튼 고장 시 대체 가능한 임시 버튼 추가

〈단위행동 분석〉

1) 냉장고에서 두부를 꺼낸다
2) 칼로 포장지에 구멍을 낸다
3) 간수를 빼내고 포장을 개봉한다
4) 두부를 필요한 만큼 꺼내어 자른다
5) 남은 두부를 다른 용기에 담는다
6) 용기에 랩을 씌운다
7) 용기를 냉장고에 넣는다
8) 포장지를 버린다
9) 요리를 한다
10) 완성된 요리를 식탁에 올린다

관찰결과의 분석기준		관련 행동	개선방향(변화의 방향)	개선방법
소요 시간		2), 3) 1), 9)	• 단위행동을 생략한다. – 2), 3)의 동작을 생략하여 소요 시간을 줄인다. – 9) 동작을 생략하여 소요시간 단축	• 원터치 개봉포장 개발 • 완성된 두부요리 제품 출시
소요 노력	육체적	4)	• 육체적 노력이나 노동을 줄인다 – 두부를 자르는 노력을 줄인다.	• 조리 용도에 맞도록 잘라진 두부제품 개발
	정신적		• 정신적 노력을 줄인다 (각 단계마다 신경을 덜 쓰게 함)	
금전적 비용	보완 제품	5), 6) 7), 8)	• 보완제품관련 비용을 줄이거나 없앤다. – 남은 두부를 보관하기 위해 다른 용기와 랩을 이용하게 되는 것을 없앤다.	• 여러번 개폐를 하여도 신선도에 변화 없이 저장할 수 있는 포장개발 (재활용 용기)
	유지·보수		• 제품사용과 관련하여 발생하는 유지·보수비용을 줄인다.	
심미적 소구	시각	10)	• 제품사용시 더 멋있게 보이도록 한다.	• 흑색 콩을 이용한 흑두부 제품 개발
	청각		• 제품사용시 더 듣기 좋게 한다.	
	후각		• 제품사용시 더 향기가 좋도록 한다.	
	미각		• 제품사용시 더 맛있게 한다.	
	촉각		• 제품사용시 촉감이 더 좋게 한다.	

표 5-7 포장두부 이용한 음식조리 상황에 대한 관찰기법의 적용

고객관찰에 의한 새로운 편익 발견

미국 Fisher-Price Toys사는 신제품 아이디어를 얻기 위해 관찰기법을 사용하였다. 1983년 부모들이 아이들에게 옷을 입힐 때 불편한 점이 많은 것에 착안하여 이러한 문제를 해결함으로써 하나의 시장기회를 포착하였다. Fisher-Price사는 부모들의 행동을 관찰하고자 일방거울을 이용하여 부모들이 지퍼, 단추, 벨트 등에 대하여 불만사항을 이야기하는 것을 엿듣고 여기에서 나온 아이디어들을 활용하여 1984년 취학 전 아동에게 입히기 쉬운 Velcro 형태(양면을 끈끈하게 하여 달라붙을 수 있는 형태)로 된 제품을 출시하게 되었다.

3.3. 신제품 아이디어의 원천과 두 가지

신제품 및 제품개선에 관한 아이디어가 반드시 위의 두 가지 기법에 의해서만 나오는 것은 아니다. 이러한 아이디어는 R&D 부서나 기타 다른 기업 내 조직에서 나올 수도 있으며, 경쟁사의 움직임을 면밀히 분석함으로써 얻어 낼 수도 있다. 그러나 아이디어의 원천이 어디이든 간에 인터뷰기법 및 관찰기법은 지속적으로 이를 보완하는 데 사용되어야 한다.

만약 신제품 아이디어가 마케팅 부서의 면밀한 고객욕구분석을 통해 얻어진 것이 아니라 R&D 부서에서 나온 것이라면 그러한 제품이 있다는 가정하에서 고객들에게 인터뷰기법을 통하여 잠재적 혜택욕구나 잠재적 문제욕구를 도출해 낼 수 있을 것이다. 즉 만약 그러한 제품이 어떤 목적으로 그리고 어떤 용도로 쓰인다는 가정하에 어떤 다른 목적으로 또는 어떤 다른 용도로 더 쓸 수 있을 것인가에 대한 질문을 하여 잠재적 혜택욕구도 파악할 수 있고, 또한 어떤 문제점들이 있는지도 알아서 문제욕구나 잠재적 문제욕구도 파악할 수 있을 것이다. 제품이 존재한다는 가정하에 이를 사용하는 일정 상황을 상상을 통하여 각 행동과정을 묘사함으로써 관찰기법도 적용할 수 있다.

제 4 절 신제품 아이디어에 대한 평가

인터뷰기법 및 관찰기법을 활용하여 고객욕구를 분석함으로써 신제품 개발 및 제품개선 아이디어를 얻어낸 후에는 여러 아이디어 중에서 가장 많은 가치를 창출해 낼 수 있는 것을 선별해 내는 작업이 필요하다. 즉 기업이 행할 수 있는 수많은 대안 중에서 기업의 이익에 가장 도움이 되고 또한 고객에게 기존의 제품보다 더 높은 만족을 부여하는 대안을 선정하여 시행하여야만 기업이 가진 한정된 자원으로 최대의 수익을 창출 할 수 있는 것이다.

따라서 기업은 〈표 5-8〉에서 보듯이 2 단계에 걸친 선별과정을 거쳐 최종대안으로 선택된 신제품 아이디어에 대하여 자사의 역량을 집중하게 된다.

4.1. 1차 선별과정: 아이디어 범주화

1차 선별과정의 목표는 고객욕구분석을 통하여 얻어진 많은 아이디어들을

표 5-8 신제품 개발 아이디어의 선별과정

단 계	단계별 과정
아이디어 발굴	인터뷰기법과 관찰기법을 통한 고객욕구분석 ↓ 신제품 아이디어 발굴
아이디어 평가	↓ 1차 선별과정: 아이디어 범주화 ↓ 2차 선별과정: 고객의 욕구충족도와 기업의 이익제고 기준에 의거한 아이디어 평가 ↙ ↘ 소비자 욕구충족측면 / 기업이익 제고 측면 • 신제품 선호도 / • 시장규모, 잠재 시장 규모 • 소비자 구매의도 / • 경쟁 정도, 기존제품에 미치는 영향 ↘ ↙ 신제품 아이디어의 우선순위 분석

그림 5-3
1차 선별과정

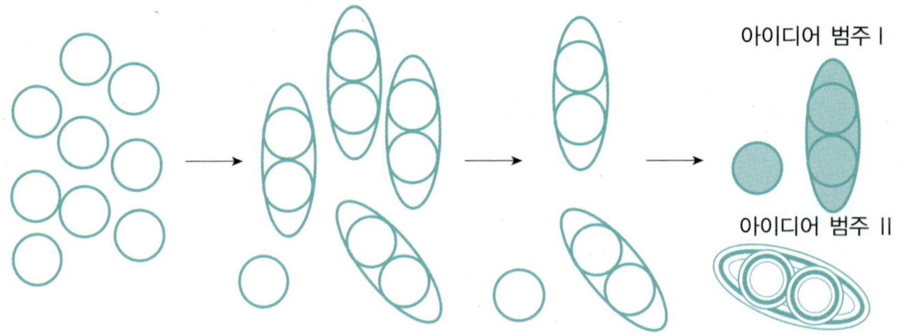

유사한 것끼리 묶어 범주화하는 데 있다. 이러한 1차 선별 과정은 다시 아이디어 통합, 아이디어 선별을 위한 세부분석, 그리고 아이디어 범주화의 3 단계로 나뉜다(그림 5-3 참조).

먼저 아이디어 통합단계에서는 각 세분 아이디어들을 보다 큰 단위로 묶게 된다. 이때 서로 다른 아이디어들이 하나로 통합될 수 있는가의 여부는 다음의 질문에 대한 답을 해봄으로써 결정된다.

• 통합시키려는 아이디어들이 서로 상호보완적인 성격을 갖고 더 높은 수익을 올릴 수 있는가?

즉, 신제품 개발에 관한 몇 개의 아이디어들이 통합됨으로써 시너지 효과를 얻어낼 수 있다는 것은 통합으로 인해 단위생산비용이 줄거나 또는 신제품의 혜택을 높여 매출을 증가시킬 수 있을 때만이 가능하다.

다음 과정인 세부분석단계에서는 통합된 아이디어를 수행가능성을 기준으로 면밀히 분석하여 1차로 실행 불가능한 것들은 제외시키게 된다. 통합 아이디어의 수행 가능성은 기업전략과의 적합도, 기술력, 자원가용도 등 3가지 기준에 의하여 판단된다. 기업전략과의 적합도란 기업이 향후 나아가야 할 사업의 방향과 신제품 성격과의 적합성을 의미하며, 기술력이란 기업의 신제품 아이디어에 대한 R&D 그리고 생산에서의 know-how를 말하고, 자원가용도란 신제품 아이디어를 실제적으로 생산, 판매, 그리고 운영관리 하는데 소요되는 자원의 보유를 의미한다. 통합 아이디어가 3가지 측면에서 모두 적합할 때만이 하나의 대안으로 고려될 수 있으며 그렇지 못한 경우 1차선별과정에서 제외된다. 특히 기술력의 경우 현시점을 기준으로 향후 몇 년이라는 목표를 설정하여 기술면에서의 경쟁적 우위확보가 가능한지 정확히 판단하여야 한다.

〈표 5-9〉의 예에서 볼 수 있듯이 통합아이디어 중에서 음성인식 시스템과 네비게이션 시스템/GPS, 터치스크린 등은 기술적 경쟁우위요소에서 적합하지 못하다고 판정되어 1차 선별과정에서 제외되게 되고 나머지 통합아이디어들을 대상으로 범주화 과정을 거치게 되는 것이다.

이렇게 선별된 아이디어들은 다시 욕구의 충족 방법 및 고객욕구의 발생근원 그리고 목표시장에 따라 범주화과정을 거치게 된다. 이때 욕구충족방법은 관찰기법을 통해서 얻어지며, 고객욕구의 발생근원은 인터뷰기법을 통해서 얻을 수 있는데 신제품 아이디어가 두 기법 중의 어느 한 기법에 의해서 나왔을 경우

표 5-9
1차 선별과정–2단계 아이디어 선별: 노트북 사례

구분	통합 아이디어	아이디어 선별기준			의사결정 (2012년 기준)
		전략적 적합성	기술적 경쟁우위 요소	자원 활용 가능성	
1	프린트 능력	○	○	○	선정
2	배터리 자가 충전 능력	○	○	○	선정
3	고장 인식 기능	○	○	○	선정
4	중량 감소	○	○	○	선정
5	케이블 통합	○	○	○	선정
6	CD 체인저	○	○	○	선정
7	케이스의 다양한 색과 모양	○	○	○	선정
8	도난 방지 시스템	○	○	○	선정
9	음성인식 시스템	○	×	○	제외
10	대체 전원 확보	○	○	○	선정
11	프로젝터 스크린	○	○	○	선정
12	네비게이션 시스템/GPS	○	×	○	제외
13	터치 스크린	○	×	○	제외
14	다중 스크린	○	○	○	선정

○: Yes ×: No

한 가지 기법에 의한 정보만을 갖게 되며 이 경우 또 다른 한 가지 부족한 정보에 대해서는 기업의 마케팅 부서에서 기존의 시장에 대한 지식을 바탕으로 분석하여 분류하게 된다. 예를 들어 노트북의 사용상황 관찰로 무게를 가볍게 하는 것이 육체적 노력을 절감시킬 수 있다는 아이디어를 얻었을 때 인터뷰기법에 의

표 5-10 1차 선별과정–3단계 아이디어 범주화: 노트북 사례

구분	통합·선별된 아이디어	고객욕구의 충족방법 (관찰기법 사용)						고객욕구의 발생근원 (인터뷰기법 사용)				목표시장 (표적고객) Who
		소요시간	소요노력		금전적 비용		심미적 소구	Why	When	Where	How	
			육체적	정신적	보완제품	유지보수						
1	프린트 능력	R	R	R				○	○	○	○	장거리 여행자
2	배터리 자가 충전 능력	R		R		R		○	○	○		장거리 여행자
3	고장 인식 기능		R			R		○		○	○	Mobile 전문가
4	중량 감소		M					○	○			Mobile 전문가
5	케이블 통합	R	R				R	○	○	○		Mobile 전문가
6	CD 체인저	R	R	R				○			○	대학생
7	케이스의 다양한 색·모양						M	○	○	○		대학생
8	도난 방지 시스템			R				○	○	○		대학생
9	대체 전원 확보	S		S		R		○	○	○		대학생
10	프로젝터 스크린	S	M	S				○	○	○		사무실 사용자
11	다중 스크린	S		R				○			○	사무실 사용자

M : Most relevant(관련이 많음)
R : Relevant(관련이 있음)
S : Somewhat relevant(어느 정도 관련이 많음)
○ : 해당 욕구 원천과 관련 있음

한 소비자 욕구의 원천을 알지 못할 경우 마케팅담당자가 고객의 욕구를 분석하여 노트북을 운반할 때 편리함을 느끼고자 하는 욕구에서 이러한 행동이 나타났을 것이라는 것을 대입하여 아이디어를 범주화시킨다. 반대로 인터뷰기법에 의한 고객욕구의 원천만을 알고 있을 경우에도 마찬가지로 고객이 그러한 욕구하에서 어떠한 행동을 할 것이라는 것을 마케팅담당자가 분석하여 분류하게 되는 것이다.

〈표 5-10〉에 나타나 있듯이 1차 선별과정을 통해 선별된 아이디어들은 고객욕구충족 방법, 고객욕구의 발생근원에 따라 범주화된다. 즉 고장인식기능 및 중량감소, 케이블 통합과 같은 것은 고객욕구 충족방법상의 육체적인 소요노력 감소라는 공통적인 방향성을 갖고 있으며, 고객이 왜 그러한 것을 요구하는지에 따라서(언제 어디서나 쉽게 사용할 수 있기를 바라는 욕구)도 동일한 발생근원을 갖고 있어 같은 범주의 아이디어로 묶을 수 있다. 이렇게 묶여진 아이디어들이 일반적으로 하나의 목표시장이 요구하는 것으로 귀결되는데 〈표 5-10〉에서는 mobile 전문가로 목표시장이 묘사되고 있다. 이러한 분류작업은 시장세분화와 표적고객(표적시장 내 고객)의 욕구규명을 위해서 필요하며 이에 대한 자세한 설명은 6장(시장세분화와 표적시장 선정)에서 다루기로 하겠다. 〈표 5-10〉과 같이 지금 단계에서 행해지는 표적고객(who)의 규명은 고객욕구의 원천에 의해 세분화된 시장에 속한 사람이 대략적으로 어떤 유형을 지니고 있는지를 인구통계학적 기준에 의거 대략적으로 묘사한 것이다.

4.2. 2차 선별과정: 고객과 기업의 입장에서 본 아이디어 평가

1차 선별과정을 통해 아이디어의 범주화가 이루어지면 다음으로 기업의 한정된 자원을 어느 곳에 집중할 것인가를 정하기 위하여 고객의 욕구 충족도와 기업의 이익 제고도를 두 축으로 하여 각 아이디어 범주를 평가하게 되는 데 이것이 2차 선별과정이다(표 5-11).

구체적으로 고객의 욕구충족도 기준은 신제품을 개발함으로써 고객의 욕구를 기존제품보다 어느 정도 더 충족시켜 줄 수 있는가를 평가함으로써 알 수 있고 기업차원의 이익제고도란 신제품을 개발함으로써 기업이 누릴 수 있는 수익성의 정도를 나타내며 이것은 신제품 아이디어가 가질 수 있는 기존제품과의 시너지 정도, 신제품의 시장 규모, 향후 시장 가능성, 그리고 신제품 시장의 경쟁

표 5-11
2차 선별과정–아이디어별 평가

구분	평가 항목	척 도	점수	가중치	최종점수
고객의 욕구 충족도	선호도	준거 제품보다 낮음 준거 제품 수준 준거 제품보다 높음 −3 −2 −1 0 +1 +2 +3	+2	0.5	1.0
	구매 의향	−3 −2 −1 0 +1 +2 +3	+1	0.5	0.5
기업의 이익 제고도	시장 규모	준거 제품보다 낮음 준거 제품 수준 준거 제품보다 높음 −3 −2 −1 0 +1 +2 +3	+1	0.25	0.25
	시장 잠재력	−3 −2 −1 0 +1 +2 +3	+3	0.25	0.75
	기존 제품과의 시너지	−3 −2 −1 0 +1 +2 +3	−2	0.25	−0.50
	경쟁 정도	−3 −2 −1 0 +1 +2 +3	+2	0.25	0.50

□아이디어 번호 : 고객가치 : 1.5점 기업가치 : 1.0점
□평가자 :
□평가일 : ☐ 채택 ☐ 제외

정도 등을 통해 판단될 수 있다. 따라서 2차 선별과정에서는 이러한 기준들을 적용하여 1차 선별과정을 통해 남은 각각의 아이디어들을 비교 검토함으로써 최소 · 최적의 포트폴리오를 구성하게 된다.

(1) 신제품 아이디어들의 우선순위 분석

각 아이디어의 우선순위를 판단하기 위해서 고객측면에서는 신제품 아이디어에 대한 고객의 선호도와 구매의사를 측정해야 하며, 기업측면에서는 신제품 시장규모, 시장 잠재력, 기존제품과의 시너지 발생 정도, 경쟁의 심화 정도 등을 측정해야 한다. 이 때 고객의 선호도는 기업 내 마케팅담당자가 시장 내에 현존하는 최고의 경쟁 브랜드(소비자 구매 의도 1위 브랜드)에 비하여 어느 정도로 더 인정받을 수 있는지를 평가하고 기업에 대한 이익기여는 기업 내 제품관리자에게 기존의 제품 중 가장 투자 우선순위가 높은 제품과 비교하여 어느 정도 더 높은 이익을 창출할 수 있는지를 평가하도록 한다.

마케팅담당자 및 기업 내 제품관리자로부터 평가자료를 수집한 다음에는 각 평가 항목 별 가중치를 결정하여 최종평가점수를 산정하게 된다.

(2) 우선순위지도(Priority Map)

각각의 아이디어에 대해서 평가가 이루어진 후에는 우선순위지도를 그려서 일정 수준 이하의 아이디어들은 제외된다. 우선순위지도는 고객측면과 기업측면의 두 축으로 나누어 각 아이디어의 평가점수에 맞는 위치에 점을 표시한 것으로 〈그림 5-4〉와 같이 나타내어진다. 기업은 〈그림 5-4〉에서와 같이 B, C, D로 표시된 2, 3, 4/4분면의 고객 및 기업 측면 모두 또는 어느 하나에서 우선순위가 낮은 아이디어들은 제외하고, 나머지 A로 표시된 1/4분면의 아이디어들을 대상으로 보다 체계적인 시장조사를 하여 최종 선별된 아이디어들을 어떻게 개발할 것인지를 결정하게 된다. 이때 비로소 고객욕구분석을 기초로 한 시장세분화와 표적고객 설정의 구체적인 작업이 시작된다.

그림 5-4
우선순위지도

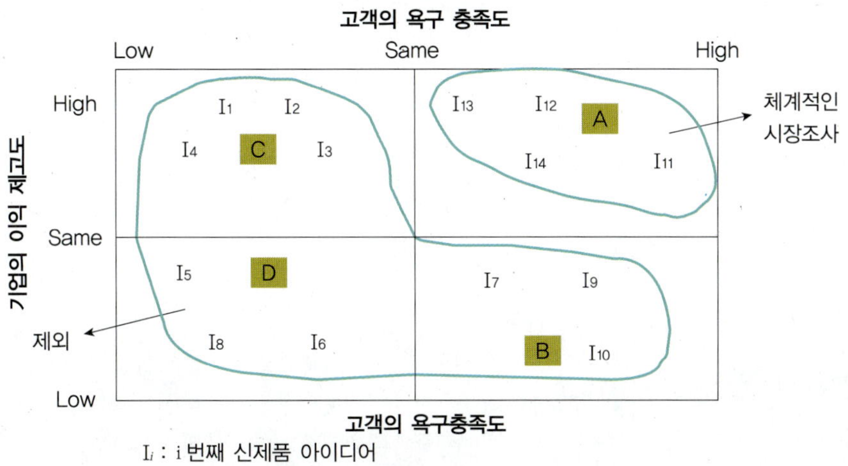

I_i : i 번째 신제품 아이디어
A: 고객의 욕구충족도 및 기업의 이익 제고도 모두 높음
B: 고객의 욕구충족도는 높으나 기업의 이익 제고도는 낮음
C: 고객의 욕구충족도는 낮으나 기업의 이익 제고도는 높음
D: 고객의 욕구충족도 및 기업의 이익 제고도 모두 낮음

20대를 위한 토종 담배 브랜드 '레종(Raison)'

2002년 8월 19일에 출시된 토종 담배 브랜드 '레종(Raison)'은 바로 외산 브랜드 던힐의 시장 잠식을 막기 위해 KT&G(당시 한국담배인삼공사)가 전략적으로 개발한 브랜드다. KT&G는 젊은 흡연층의 고객 이탈을 막기 위해 20대를 타깃으로 한 신규 브랜드를 내놓기로 결정했다. 우선 던힐의 고급 이미지에 대응하기 위해 독특한 개성을 담은 브랜드로 포지셔닝을 설정했다. 이를 위해 타깃 고객을 이기적이지만 타인에게 피해를 주지 않는 범위에서 자신만의 멋과 자유를 맘껏 즐길 줄 아는, 그리고 내면의 절제력을 갖춘 20대로 좁혔다. 20대 중에서도 자유와 방종을 구분할 줄 알고, 멋과 사치를 구분할 줄 알며, 젊음과 무모함을 구분할 줄 아는 20대 층으로 고객군을 한정한 것이다. 불어로 이성(理性), 이유(理由)를 뜻하는 '레종(Raison)'을 신규 브랜드 이름으로 삼은 것도 이 같은 이유에서다. 불어로 발음도 어렵고 영어 이름에 비해 쉽게 의미를 알 수 없는 네이밍을 통해 젊은 층들의 관심과 호기심을 유발한다는 계산도 한 몫 했다.

던힐이 업소 위주로 유통망을 활용했던 것과 달리 레종은 출시 초기 20대 타깃을 집중 공략하기 위해 편의점에만 우선적으로 출시했다. 고급스러운 이미지 구축을 위해 호텔, 레스토랑 등으로 유통 역량을 집중한 던힐과는 전혀 다른 행보였다. 사용자 층을 명확히 하고 신선한 충격을 주기 위해, 타깃의 특성과 가장 유사한 특성을 지닌 고양이 캐릭터를 디자인의 핵심 요소로 설정한 점도 주목할 만한 사항이다. '고양이=레종'이라는 인식을 소비자들의 머릿속에 심어줌으로써, 스타일리시하고 감각적인 20대 타깃 고객층의 감성을 자극하는 데 역점을 뒀다.

출시 이후에도 레종은 브랜드의 개성과 신선함을 유지하기 위해 지속적인 제품 업그레이드와 다양한 마케팅 활동을 병행했다. 출시된 후 약 2년이 지난 시점인 2004년 7월에 진행한 '19+1' 프로모션이 대표적이다. 1갑 20개비 중 독특한 그림이 그려진 1개비의 담배를 넣는 새로운 시도였다. 출시일인 19일을 상징적으로 활용해 전체 담배의 5%에서만 독특한 그림을 만날 수 있게 했다. 2년 전 출시 당시 네이밍과 독특한 디자인으로 크게 관심을 일으켰던 레종의 붐이 재현된 것은 물론이다. 소비자들은 독특한 그림이 든 담배를 우연히 사게 되면 그것을 행운으로 생각했고 독특한 디자인들을 수집하는 사용자층이 늘어났으며 고객 상담실에는 그림이 모두 몇 종류가 있는지, 모든 종류를 다 모으면 상품을 주는지 등 다양한 문의가 빗발쳤다.

이 밖에도 2004년 12월 크리스마스에는 크리스마스 스페셜 버전, 2005년에는 외부 온도에 따라

레종(Raison) 크리스마스 스페셜 버전(2004년 12월)과 데트르(2007년 12월)

패키지가 변하는 '매직 레종(Magic Raison)'을 출시해 브랜드의 신선함을 유지하려고 했다. 2006년 12월에는 문화 코드를 디자인한 스페셜 버전인 '레종 데트르(Raison D'etre)'를 출시했다. 프랑스어로 '존재의 이유'라는 의미를 담은 레종 데트르는 'Legend of Revolution(혁명의 전설)'을 테마로 미술(팝아트), 음악(펑크록), 영화(누벨바그), 문학(포스트 모더니즘), 건축(아르 누보) 등 5가지 대표 장르에서 콘셉트를 도출해 이를 상징하는 디자인을 제품당 5개의 패키지에 나눠 담았다. 대학가에서 문화를 즐기는 젊은이들의 감성을 디자인에 담아 타깃 고객들과 감성을 교류하는 브랜드로 다가가려는 시도였다. 이는 상품에 문화코드를 입힌 제품, 이른바 '컬덕트(문화를 뜻하는 culture와 제품을 뜻하는 product의 합성어)'라는 마케팅 요소를 접목시킨 사례이기도 하다. 이러한 시도를 통해 흡연가들, 특히 20대 젊은 흡연층들에 레종은 끊임없는 이야깃거리로 떠오르며 관심을 끌 수 있었다. 또한 소비자들이 레종 브랜드에 강한 애착을 갖게 하는 계기도 됐다.

〈자료원: 동아비즈니스리뷰, 2011. 2. 15 일부 발췌〉

요약 및 복습 _ Summary & Review

효과적인 마케팅전략의 수립 및 실행을 위해서는 우선적으로 철저한 고객욕구분석이 선행되어야 한다. 급변하는 환경 속에서 고객욕구분석을 토대로 마케팅전략수립에 대한 방향이 정해질 때 그 기업의 성공가능성은 더욱 높아지게 된다. 따라서 본 장에서는 고객욕구분석에 대한 철저한 이해와 도출을 위한 실행방법을 제시함으로써 기업이 신제품 개발이나 시장개척시 최대한 적용할 수 있는 기본적인 틀을 제공하였다.

또한 고객욕구를 발생시점(구매 전단계, 구매단계, 사용단계, 처분단계), 형태(혜택욕구, 잠재적 혜택욕구, 문제욕구, 잠재적 문제욕구), 발생원천(왜, 언제, 어디서, 어떻게)에 따라 구분하고 각 조합에 따라 어떻게 분석할 것이며 이를 어떠한 과정을 통해 통합할 것인지를 제시하였다.

이러한 고객욕구분석의 구체적인 기법으로는 인터뷰기법과 관찰기법이 있으며 인터뷰기법이 보다 일반적으로 사용되는 반면, 관찰기법은 직접 고객행동을 관찰하여 고객욕구를 알아내는 것으로 인터뷰기법에서 발견되지 않았던 아이디어를 얻어 낼 수도 있어 두 기법은 상호보완적으로 사용된다.

두 가지 기법을 활용하여 고객욕구를 분석함으로써 신제품 개발 및 제품개선 아이디어를 얻어낸 후에는 여러 아이디어 중에서 가장 많은 가치를 창출해 낼 수 있는 것을 선별해 내는 작업이 필요하다. 이러한 신제품 아이디어에 대한 평가과정은 크게 아이디어 범주화(1차 선별과정), 아이디어의 평가(2차 선별과정)의 두 단계로 나뉘어진다. 아이디어 범주화과정에서는 세부아이디어들을 보다 큰 단위로 묶은 후 통합된 아이디어들을 수행가능성을 기준으로 분석하여 실행불가능한 것은 제외시키고, 선별된 아이디어들은 다시 욕구충족 방법 및 고객욕구 발생원천, 목표시장에 따라 범주화과정을 거친다. 2차 선별과정인 아이디어 평가단계에서는 기업이 한정된 자원을 어느 곳에 집중할 것인가를 정하기 위하여 고객의 욕구 충족도와 기업의 이익제고도를 두 축으로 하여 각 아이디어 범주를 평가하게 된다. 이러한 평가과정을 거쳐 선별된 아이디어들을 기준으로 보다 체계적인 시장조사를 통하여 어떻게 아이디어를 구체화하고 제품화할 것인지를 결정하게 된다. 이때 비로소 고객욕구분석을 기초로 한 시장세분화와 표적고객 설정의 구체적인 작업이 시작된다.

문제제기 및 질문 _ Issues raised & Question

1 시장을 보다 구체적인 욕구개념으로 정립하는 것이 바람직하다고 한다. 이에 대해 논하시오.

2 개인용 컴퓨터(PC)와 관련하여 고객욕구의 발생시점에 따라 나타날 수 있는 욕구를 예를 들어 설명하시오.

3 조리용 후라이팬의 사용단계에 있어서의 고객욕구분석을 인터뷰기법을 사용하여 한다고 할 때 필요한 질문을 구성하시오.

4 위 2번 질문의 분석을 관찰기법으로 한다고 할 때 필요한 시나리오를 구성하시오.

5 위 2번과 3번의 과정을 통해 고객분석이 이루어진 후 최종 신제품 아이디어를 채택하기까지의 과정을 서술하시오.

R/E/F/E/R/E/N/C/E/S _ 참고문헌

"Time Is Marking Eternity," 2000년 10월 호, 제일기획 사보, pp. 4-8.

C. Whan Park(1976), "The Effect of Individual and Situation-Related Factors on consumer Selection of Judgment Models," *Journal of Marketing Research*, 13(May), pp. 144-151.

Calvin P. Duncan and Richard W. Olshavsky(1982), "External Seartch: The Role of Consumer Beliefs," *Journal of Marketing Research*, pp. 32-43.

Girish Punj and Richard Staelin(1983), "A Model of consumer Information Search Behavior for New Automobiles," *Journal of Consumer Research*, 91(March), pp. 32-43.

James R. Bettman(1979), *An Information Processing Theory of Consumer* Choice(Reading, Mass: Addison-Wesley), pp. 176-185.

William Bearden and Michael Etzel(1982), "Reference Group Influence on Product and Brand Purchase Decisions," *Journal of consumer Research*, 9(September 1982), pp. 183-194.

부록 사용단계 이외의 다른 교환단계에서의 욕구분석을 위한 인터뷰 내용

MARKETING MANAGEMENT

Ⅰ. 구매전 단계

(고객이 특정 정보를 찾고 있다고 가정)

1. 정보탐색 목적(why)
   - 당신은 왜 그 정보를 필요로 하십니까?
2. 정보탐색 시기(when)
   - 당신은 언제 그 정보를 필요로 하십니까?
3. 정보탐색 장소(where)
   - 당신은 어느 장소에서 그러한 정보를 필요로 하십니까?
4. 정보탐색 과정(how)
   - 당신은 어떠한 과정을 통해 그러한 정보를 얻게 되십니까?

(※ 각 욕구발생 원천상에서 고객욕구의 형태 중 혜택욕구에 관한 것만 나열하였고 다른 형태에 관한 질문은 사용단계의 질문을 상황에 맞도록 변형하여 적용할 수 있다.)

Ⅱ. 구매단계

(한 개 이상의 제품이 구매자의 관심을 끌고 있을 경우 가정)

1. 구매목적(why)
   - 당신은 왜 그 제품에 관심을 갖게 된 이유는 무엇입니까?
   - 그 제품이 당신의 관심을 끌도록 도와 준 다른 요소가 있습니까?
   - 그 제품이 당신의 관심을 끄는 데 방해하는 요소는 무엇입니까?
   - 지금 현재 방해가 되지 않더라도 이상적으로 개선하여 그 제품이 당신의 관심을 끌도록 할 수 있는 요소가 있다면 무엇입니까?
2. 구매시기(when)
   - 그 제품에 언제부터 관심을 갖기 시작했습니까?
   - 위에서 언급한 시기 이외에 다른 상황에서 관심을 갖게 된 적이 있습니까?
   - 당신이 관심을 갖게 된 시점에서 그것을 방해하는 요인은 무엇입니까?
   - 지금 현재는 방해가 되지 않더라도 이상적으로 개선하여 제품에 관심을 가

질 때 도움이 되도록 할 수 있는 요소가 있다면 무엇입니까?

3. 구매장소(where)

- 당신은 어느 곳에서 주로 제품에 관심을 보이게 됩니까?
- 위에서 언급한 장소 이외에 다른 장소에서 관심을 갖게 된 곳이 있습니까?
- 위에서 언급한 장소에서 제품에 관심을 갖는 것을 어렵게 만드는 요소는 무엇입니까?
- 지금 현재는 방해가 되지 않더라도 이상적으로 개선하여 특정장소에서 제품에 관심을 갖게 되는 것을 더 용이하게 할 수 있는 요소가 있다면 무엇입니까?

4. 구매 과정 및 보완제품(how)

- 당신이 그 제품에 어떻게 관심을 갖게 되었는지 구체적으로 설명해 주십시오.
- 당신이 제품에 관심을 보이는 데 더 도움이 될 수 있는 요소가 있다면 무엇입니까?
- 그 제품에 관심을 보이는 것을 방해하는 요소는 무엇입니까?
- 지금 현재는 방해가 되지 않더라도 이상적으로 개선하여 보다 더 많은 관심을 갖도록 할 수 있는 요소가 있다면 무엇입니까?

Ⅲ. 처분단계

1. 처분목적(why)

- 당신은 왜 그 제품을 처분하기로 결정하였습니까?

2. 처분시기(when)

- 당신은 언제 그 제품을 처분하기로 결정하셨습니까?

3. 처분장소(where)

- 당신은 어디에서 그 제품을 처분하기를 원하십니까?

4. 처분과정(how)

- 당신은 어떠한 과정을 통하여 그 제품을 처분하실 생각이십니까?

(※ 각 욕구발생 원천상에서 고객욕구의 형태 중 혜택욕구에 관한 것만 나열하였고 다른 형태에 관한 질문은 사용단계의 질문을 상황에 맞도록 변형하여 적용할 수 있다.)

about
PART 3

제Ⅲ부에서는 시장에 대한 기회분석을 토대로 마케팅전략의 전반적 목표를 설정하는 과정을 제시한다. 우선 제 6 장에서는 시장에 존재하는 다양한 고객욕구를 분류하고 기업에게 가장 적합한 고객집단을 선정하기 위한 방법으로 시장세분화와 표적시장의 선정과정을 설명한다. 이를 바탕으로 제 7 장에서는 마케팅전략의 전반적인 목표가 되고 앞으로 수립될 모든 마케팅믹스전략의 지침이 될 포지셔닝전략에 대해 고찰한다.

시장세분화와 마케팅목표의 수립

PART 03

MARKETING MANAGEMENT

CHAPTER 6

시장세분화와 표적시장 선정

MARKETING MANAGEMENT

제 1 절 시장전략의 기본적인 접근체계

시장은 다양한 방법으로 구분되어지거나 세분화될 수 있기 때문에 시장세분화에 대한 접근은 매우 흥미로운 것이라고 할 수 있다. 예컨대, 화장품 제조업자들은 서로 상이한 연령층과 소득층을 대상으로 표적시장을 삼을 뿐만 아니라 얼굴과 신체의 서로 다른 부분을 표적으로 삼기도 한다. 이에 따라 입술크림 및 목크림, 주름살 방지제, 습윤제, 마사지용 마스크, 햇빛 차단제 등을 만들어 내는데, 이는 각각 선택된 세분시장들을 대상으로 하는 것이며, 또한 각 세분시장간의 연결을 목적으로 출시될 수도 있다. 즉, 전체 부분 중 어떤 한 곳을 가꾸고자 하는 욕구를 지닌 소비자들을 위해 만들어진 제품은 피부의 다른 부위를 관리하기 위한 제품들과 연결되어 소비자에게 제공되어질 수도 있다. 그러기 위해서는 신체의 각 부위를 위한 제품을 개발하는 것뿐만 아니라 다른 부위를 위한 제품들과도 높은 보완성을 유지할 수 있도록 주위를 기울여야 한다. 본 장에서는 시장을 어떻게 정의하고 분류할 것인지로부터 시작하여 구체적인 시장세분화 방법과 각 세분화된 시장을 분석하여 표적시장을 선정하기까지의 과정에 대해 자세히 설명하고자 한다.

1.1. 시장의 개념 및 분류

(1) 시장의 개념

1) 일반적 개념

'시장'이란 용어는 다양하게 사용된다. 대전지역이나 서울의 강남지역 등과 같이 어떤 교환행위가 발생하는 장소를 일컫는 말이기도 하며, 소비재 시장, 산업재 시장, 정부시장(government market) 등과 같은 거래제도의 틀이나 기관을 가리키는 데 쓰이기도 한다. 또한 우유시장이나 청량음료시장 등과 같이 일정한 제품군을 일컫기도 하며, 끝으로 시장은 청년층시장이나 노년층시장 등과 같이 일정한 고객군을 지칭하기도 한다. 그러므로 '시장'의 용어는 사용된 내용에 따라 그 구체적 의미—장소, 거래기관, 제품, 고객집단—가 결정된다고 할 수 있다.

시장은 그 용어가 어떻게 사용되든지 간에 구매자와 판매자 사이의 교환이 이루어지는 곳이다. 교환(exchange)의 발생은 고객의 욕구와 이들 욕구에 부응하고자 하는 기업의 노력, 그리고 여러 가지 환경적 요소들에 의해서 결정되는 것이며, 이들 세 요소의 상호작용들이 효과적으로 관리되어질 때, 교환이 일어나게 되는 것이다. 이것이 시장지향적 관리의 기본개념이라고 할 수 있다. 따라서 다양한 상호작용을 관리하는 기업의 능력이 잠재적인 시장을 매력적으로 보이게 할 수 있고, 그렇지 않을 수도 있다. 기업들은 이러한 상호작용의 관리를 통해 어떤 잠재적인 시장을 하나의 현실적인 시장으로 바꿀 수도 있으며, 그 시장에서 충분한 수준의 이익이 나올 수 있도록 상호작용을 더 이상 관리할 수 없을 때 기업은 그 시장에서 물러나게 되는 것이다.

2) 구체적인 개념

기존의 마케팅문헌은 대체로 시장을 '특정욕구를 지니고 있으며, 그 욕구를 만족시키기 위해 기꺼이 교환에 관여하려는 현재의 고객과 잠재고객의 집합'이라고 정의하고 있다. 물론 여기서 중요한 점은 '특정욕구'에 대한 이해이다.

표 6-1
커피시장의 욕구 세분화

왜	언제	어디서	결과 6
① 잠이 안 오게 한다. ② 구취제거 ③ 숙취제거 ④ 느끼한 음식에 속을 편하게 함 ⑤ 포근하게 함 ⑥ 청량감(냉커피) ⑦ 편두통 경감 ⑧ 사색을 위함 (성숙된 이미지 · 세련된 이미지) ⑨ 심심해서 ⑩ 손님접대 ⑪ 경제성 · 부의 과시 ⑫ 향 · 맛 ⑬ 개운함 ⑭ 제품 · 포장의 미적 감각	① 느끼한 음식 먹을 때 ② 손님 접대 시 ③ 음식 후 ④ 음주 후 ⑤ 양식 후 ⑥ 추울 때 ⑦ 비올 때 ⑧ 답답할 때 ⑨ TV시청 시 ⑩ 빵과 비스켓 먹을 때 ⑪ 아침에 일어나서 ⑫ 일 시작하기 전 ⑬ 여유를 즐기기 위해 ⑭ 밤에 하루 정리 하면서	① 집안에서 ② 직장에서 ③ 야외에서 ④ 커피숍에서 ⑤ 자판기에서 ⑥ 음식점에서	① 원두커피 ② 인스턴트 커피 ③ 일회용 커피 ③ 냉커피 ④ 크림 · 설탕 ⑤ 술 ⑥ 빵 · 케익 · 비스켓 ⑦ 담배 ⑧ 양식 ⑨ 중식 ⑩ 강하게 ⑪ 연하게

제5장에서 우리는 고객욕구분석을 다루었고, 욕구를 교환단계(4단계), 욕구의 발생원천, 욕구의 형태 등의 기준을 통하여 구분하였다. 즉 구매 전, 구매, 사용, 처분 단계에 따라 고객이 느끼는 욕구가 다름을 바탕으로 하여 각 단계별로 고객욕구의 발생원천인 사용목적(why), 사용상황(when), 사용장소(where), 그리고 사용과정 및 보완재 사용여부(how)에 따라서 욕구를 분류하고 다시 고객이 느끼는 욕구가 혜택측면인지 비용측면인지에 따라 혜택욕구, 잠재적 혜택욕구, 문제욕구, 잠재적 문제욕구로 나누어 욕구를 세분화하였다. 이렇게 세 가지 차원으로 구분한 욕구와 시장과의 관계는 다음과 같이 생각할 수 있다. 네 가지의 교환단계 중 사용단계는 시장과 가장 밀접한 관계를 갖고 있다. 즉 제품의 사용과 연관된 욕구는 곧 교환에 직접적으로 연관되기 때문에 지금부터는 사용단계상의 고객의 욕구를 바탕으로 시장을 생각해 보기로 한다. 〈표 6-1〉은 커피시장의 예로서 욕구의 근원을 기준으로 한 욕구세분화가 시장을 파악하고 세분화하는 데 어떻게 도움을 줄 수 있을지를 보여 주는 좋은 사례이다(편리상 표 6-1에서는 혜택욕구, 잠재적혜택욕구, 문제욕구, 잠재적문제욕구 중 혜택욕구와 잠재적 혜택 욕구만을 다루었다).

제 5장에서 심층적으로 분석하였듯이 사용단계상의 고객의 욕구는 욕구의 발생원천 '왜', '언제', '어디서', 그리고 '어떻게'에 따라 생각할 수도 있으며, 이 원천의 기준을 다시 고객의 욕구형태, 즉 혜택과 비용, 각각에 따라 생각해 볼 수도 있다. 따라서 고객의 욕구에 의거한 시장개념은 혜택이나 비용에 연관된 고객의 욕구가 발생되는 원천을 기준으로 이해할 수 있다. 시장은 어떤 특정한 혜택이나 비용 때문에(왜), 그런 혜택을 받거나 비용을 지불하는 때(언제)와 사용하는 장소(어디서), 그리고 사용하는 상황이나 방법(어떻게) 때문에 생겼고 또한 앞으로도 생길 수 있을 것이다. 이렇게 접근하는 시장은 너무나 다양하게 나타날 수 있다. 〈표 6-1〉에서 보듯이 사용단계 상에서 커피에 대한 욕구는 여러 가지 형태로 나타나고 있고 따라서 그 시장도 '왜', '언제', '어디서' 그리고 '어떻게'의 기준의 다양한 혼합을 통하여 여러 가지 형태로 나타날 수 있는 것이다. 지금부터는 설명의 편의를 위해 '왜'와 관련된 혜택과 비용을 편익으로 표현하고 '언제', '어디서', 그리고 '어떻게'를 사용상황으로 표현하기로 하겠다.

이렇게 구체화된 시장개념에 접근하기 위해서는 우선 시장의 범위를 명확히 하여야 한다. 시장의 범위를 정하기 위해서는 시장의 분류가 필요하며, 다음 세 절의 시장의 분류 및 시장의 발전이 시장의 범위설정에 도움을 줄 것이다. 또한 보다 구체적으로 경쟁자 브랜드와의 관점에서 시장범위를 정하기 위해서는 '제18장 경쟁적 마케팅관리'를 참조하기 바란다.

(2) 시장의 분류 I: 제도적 차원

기업의 관점에서 시장이란 용어는 대상을 보다 구체적인 정도로 나타내는 데 사용될 수 있다. 제도적인 차원(institutional level)에서 보면 시장은 크게 여섯 가지로 분류 될 수 있다. 즉, 소비재 시장, 산업재 시장, 재판매업자 시장, 정부시장, 기관시장, 그리고 국제시장 등이 그것이다. 가장 좁게 정의된 수준에서 보면, 시장은 구체적인 제품의 시장(예: 포카리스웨트 시장)을 말하는 것으로 이해된다(상기의 핵심편익 + 사용상황 + 고객 특성을 나타내는 구체적 시장개념). 이보다 넓게는 제품형태 차원에서의 시장이 있으며(예: 스포츠음료 시장), 보다 광범위하게는 제품계열 차원에서의 시장(예: 청량음료 시장)으로 볼 수 있다. 제품계열의 차원에서 정의된 시장은 전략적 사업단위(SBU)수준에서 묘사될 수 있는 반면에, 보다 좁은 의미에서 정의된 시장(시장의 핵심편익 + 사용상황 + 고객특성을 나타내는 구체적 시장개념)은 제품수준에서 기술되어지며, 이는 시장세분화와 표적시장, 그리고 마케팅목표와 마케팅믹스전략의 기초가 된다. 비록 시장이 상이한 내용 속에서 묘사되고 다른 특정한 수준에서 정의되더라도, 그 관리(market management)는 시장지향적 관리를 견지하여야 한다.

1) 소비재 시장(Consumer Market)

소비재 시장의 가장 큰 특성은 고객들이 그들의 최종소비를 위해 제품이나 서비스를 구매한다는 것이다. 즉, 제품이나 서비스를 재판매하거나 그것을 이용하여 다른 제품이나 서비스를 만들어 팔지는 않는다. 이 시장은 구매동기에 있어서 다른 성향을 지닌 사람들로서 구성되어 있다. 그러므로 기업의 마케팅활동은 주로 유사한 동기나 선호경향을 지니고 있는 하위집단이나 고객세분집단(consumer segments)을 겨냥하여 이루어지게 된다.

2) 산업재 시장(Industrial Market)

산업재 시장은 고객들이 다른 제품이나 서비스를 생산할 목적으로 제품이나 서비스를 구매한다는 사실에 의해 구별되는 것이다. 원자재와 부품들이 구매될 때, 이는 OEM(original equipment manufacturer)시장이라 불린다. 예컨대, 자동차 제조업자는 생산을 촉진시키기 위해 연장, 기계, 설비 등과 같은 제품을 구매한다면, 이는 산업재 시장으로보다는 소비재 시장으로 분류하여야 할 것이다. 다시 말해 산업재 시장에서 만들어진 제품들은 다른 시장들의 고객들에게 공급되어지는 것이다.

3) 재판매업자 시장(Reseller Market)

재판매업자 시장은 도매상이나 소매상과 같이 완제품(또는 반제품)을 구매하여 다른 시장에 이를 다시 판매하는 유통업자들로 이루어져 있다. 이들은 보통 제품에 어떠한 물리적 또는 기능적 변화를 가하지 않기 때문에 제조업자들의 관점에서 보면, 재판매업자 시장은 저장, 배달, 촉진 등과 같은 유익한 기능을 수행하고 있는 것이다. 이러한 기능들은 최초공급자와 최종고객 사이의 갭을 메워주는 데 있어서 필수적인 것이라고 할 수 있다.

4) 정부시장(Government Market)

정부시장은 중앙정부의 지방자치단체들로 이루어져 있으며, 그들은 국민과 기업들에 봉사하기 위한 자체 내의 용도와 국방을 위해 제품과 서비스를 구매한다. 이들 정부기관들의 구매능력은 엄청나게 크며, 그 구매의사결정과정은 상당히 복잡하다. 또한 어느 한 기관에 의해 제공되는 서비스의 범위도 역시 방대하다. 예를 들면, 정부는 학교교육 등과 같이 오로지 최종소비자들을 위한 서비스, 그리고 우편서비스와 고속도로 건설과 같이 양자 모두를 위한 서비스를 제공한다.

5) 기관시장(Institutional Market)

기관시장은 기관들이 이익창출을 위해 제품을 구매하는 것이 아니라는 점에서 정부시장이나 소비재 시장과 유사하다고 할 수 있다. 이들은 이들 자신의 최종소비(사용)를 위해 제품을 구매하며, 이러한 기관시장에는 교회, 사립학교, 병원, 자선단체 등이 포함된다. 이들은 구매능력과 의사결정과정에 있어서 대체로 다른 시장의 고객들과는 차이를 나타내고 있다. 이러한 시장에 대해서는 보다 구체적으로 계획된 마케팅활동이 요구된다고 할 수 있다.

6) 국제시장(International Market)

국제시장은 다른 국가에 있는 고객들로 이루어져 있는데, 여기에는 앞서 기술한 5개의 시장 모두가 포함되는 것이다. 국제시장은 그 크기가 크기 때문에 잠재적으로 수익성이 높으며, 따라서 매력적이다. 그러나, 국제시장을 구별하는 데에는 많은 복잡한 문제들이 존재하고 있다. 여기에는 광범위한 사회적 · 경제적 문제들뿐만 아니라 정부규제(예컨대, 상대국의 통관법 등), 통화의 평가절하 등의 문제들이 포함되어 있다.

(3) 시장의 분류 II: 1차적 시장과 2차적 시장

새로운 사업기회와 새로운 시장은 환경의 변화를 통해서 창출되는 것이다. 시장도 역시 그 나름대로의 진화적 과정을 통해 발생한다. 따라서 이러한 진화과정은 시장에 대한 하나의 동태적인 접근방법이라고 할 수 있다.

넓은 시장은 보다 작은 시장으로 나누어질 수 있다. 예컨대, 자동차 시장은 연료절약형 소형차 시장, 중형차 시장 그리고 대형차 시장으로 나누어질 수 있다. 즉, 다양한 형태의 차량에 따라 수요와 공급이 있는 것이다. 이와 비슷하게 운동화 시장도 농구화, 테니스화, 런닝화, 골프화 시장 등으로 나누어질 수 있다. 좁게 정의된 것으로부터 넓게 정의되거나 혹은 그 반대의 시장이 존재한다는 것은 시장의 발달에 있어서 하나의 연속선(흐름)을 나타내고 있다고 할 수 있다. 예컨대, 소형차 시장이 발달하려면 먼저 일반적인 자동차 시장이 존재하고 있어야 하는 것이다. 이러한 발달의 연속선은 앞서의 6개로 분류되는 시장의 각각에 있어서 적용될 수 있는 것으로, 시장을 1차적 시장과 2차적 시장으로 나누는 것이 의미 있음을 나타낸다.

1) 시장의 형성

잠재적 수요와 현시적 수요의 문제는 시장의 형성을 이해하는 데 있어서 중요한 것이다. 고객의 수요는 본질적으로 잠재적일 수 있다. 즉 구체적인 제품이나 서비스와는 관계 없이 모호하거나 추상적일 수 있다. 다른 한편으로, 고객의 수요는 본질적으로 현시적일 수도 있다. 즉, 제품이나 서비스의 형태에 관하여 구체적일 수도 있다(기존 제품의 개량형과 같이).

1차적 시장(primary market)은 어떤 기업이 잠재적인 수요나 욕구에 대응하여 새로운 제품을 도입할 때 형성되는 것이다. 하나의 예로서, 미국의 제록스사는 복사기의 1차적 시장을 확립하였다. 그 이전에는 복사에 대한 고객의 욕구가 효율적이지 못한 다른 방법에 의해 충족되었다. 1차적 시장수준에서 고객들은 종종 그들의 욕구를 명확하게 표현하거나, 이를 어떤 특정한 제품형태로 바꾸어 말하지 못하는 경우도 있다. 잠재적 욕구를 어떤 특정한 제품형태로 전환시키는 것에 대한 책임은 기업에 있다고 할 수 있으며, 따라서 제품이란 광범위한 고객의 욕구를 기업이 조작화(operationalization)한 것이라고 할 수 있다.

2차적 시장(secondary market)은 고객의 욕구나 선호가 구체적으로 발달될 때 형성되는 것이라고 할 수 있다. 이러한 변화하는 욕구에 부응하기 위해 하나의 제품에 있어 그에 상이한 개량형이 만들어지는 것이다. 예컨대, 복사기 사용자들이 복사기에 친숙해지고, 그들의 편의적인 욕구가 더욱 커지고 나면, 특정한 상황에서 복사기가 보다 나은 기능을 발휘하려면 제품이 어떻게 변화되어야 하는지에 대해 보다 구체적으로 지적할 수 있는 것이다.

고객의 선호경향에 차이가 나타나고 제품사용상황이 달라지는 것은 원래의 제품을 사용해 온 시간과 제품사용으로 얻어진 경험으로부터 생겨나는 것으로서, 이는 2차적 시장의 발달을 자극한다. 어떤 하나의 제품에서 경험을 얻음으로써, 고객들은 보다 구체적인 제품형태에 의해 보다 잘 충족되어질 수 있는 구체적인 욕구를 발견하게 된다. 한 가지 예로서, 콘텍트렌즈는 그것이 추구하는 기본적인 욕구는 충족시켜 주지만, 사용자들이 그것을 상이한 상황에서 사용하여 경험을 얻게 되어 감에 따라, 보다 구체적인 특정한 욕구를 발달시키게 되었다. 이는 제조업자들로 하여금 보다 다양한 종류의 렌즈를 개발하게 하였으며, 이들이 2차적 시장을 이루게 되었다. 보다 착용감 있는 사람들을 위한 2중 초점렌즈, 고객의 욕구가 보다 구체화되어 가고, 이에 판매자들이 제품의 변화를 통해 대응함으로써 2차적 시장이 발달하는 것이다.

2) 1차적 · 2차적 수준에서의 고객욕구의 충족

1차적 시장수준에서 고객의 욕구를 충족시키는 것은 고객들이 잠재적이며, 일반적 욕구를 충족시키게 끔 도와 준다는 것을 의미한다. 그러나, 이러한 새로운 제품에 대한 아이디어는 일반적으로 고객들로부터 비롯되는 것이 아니라, 욕구가 어떻게 충족될 수 있을 지에 대한 제조업자(기업)의 인식에서 비롯되는 것이다. 제 5장에서 다룬 고객 욕구분석도 바로 제조업자의 이러한 인식을 도와주고 있다고 할 수 있다.

2차적 시장수준에서는 기업은 제품이나 서비스의 기획이나 설계에 있어서 고객 아이디어에 보다 의존하게 된다. 구체적인 제품사용상황에서의 고객의 경험과 그들 상황에서 생기는 문제점들에 대한 지식은 제품의 수정이나 변경에 대해 유익한 정보를 제공한다. 컴퓨터, 석유, 플라스틱, 반도체 등과 같은 산업에서는 마케팅관리자들이 혁신적인 사용자(innovative users)로 불리는 주요 기업들의 형태를 주의 깊게 관찰, 탐색하고 있다. 이들 기업들은 자신의 욕구(needs)를 해결하기 위해서 기존의 제품이나 기술을 가지고 다양한 실험을 꾀하고 있으며, 이렇게 자체 내에서 개발한 해결책들은 제품개선을 위한 아이디어의 귀중한 원천이 되는 것이다.

2차적 시장수준에서 고객들은 그들이 바라는 제품이나 서비스의 종류에 있어서 서로 차이를 나타내기 시작할 수도 있다. 따라서, 기업들도 그들이 만들어내는 제품이나 서비스를 변화시켜 서로 차이를 나타나게 할 수 있다. 더 나아가 한 기업은 상이한 고객욕구에 대응하여 하나 이상의 상품을 개발할 수도 있다. 다른 브랜드나 모델 등이 그 예이다. 이는 바로 시장세분화로 연결되는 것이다. 제 5장에서 다룬 고객욕구분석은 이러한 2차적 시장의 개발을 위해 반드시 필요한 것이다.

(4) 시장의 발전(진화)

기업이 마케팅믹스전략을 사용하여 시장에 새로운 브랜드(상표)를 선보일 때, 이 브랜드는 특정 고객집단과 특정한 편익 및 사용상황과 연관되어 고객의 마음 속에 자리잡게 된다. 예컨대, 현대 그랜저, 기아 K7, GM대우의 알페온 브랜드는 자동차 시장 내에서, 비록 크게 겹치는 시장부분이 있을지라도, 각각 그들 자신의 시장을 가질 것이다. 일단 브랜드가 자체 시장을 형성하였다고 하더라도, 그 시장은 정체되어 있지 않는다. 그 이유는 시장 내 고객들의 욕구는 계속 진화 · 발전되어 가고 있고, 이에 따라 브랜드도 진화 · 발전되며, 욕구변화에 발맞추기 위해 새로운 브랜드가 출시될 수도 있기 때문이다.

고객의 욕구발전은 다양한 원인으로부터 발생할 수 있다. 즉, (i) 제품 사용경험으로부터 새로운 편익에 대한 고객의 학습이나, 제품으로부터의 싫증이나 만족에 연유할 수 있으며(예컨대, 기존 식기세척기는 음식찌꺼기를 버린 후에 세척해야만 하기 때문에 주부들에게 일일이 손으로 음식찌꺼기를 닦지 않고 사용할 수 있는 새로운 식기세척기에 대한 욕구가 존재할 경우) 그리고, (ii) 문화 · 사회 · 기술 요소와 같은 환경상의 영향에 연유할 수 있다. 고객의 욕구를 발전시키는 또 다른 요인으로는 기업 고유의 노력 및 경쟁자의 노력을 들 수 있다. 즉 기업이 소개하는 신제품에 의해 고객들은 새로운 욕구를 갖게 된다. 예컨대, Sony와 Philips에 의해 소개된 콤팩트 디스크 플레이어의 등장은 고객들로 하여금 새로운 욕구를 갖게 하여 기존의 턴테이블을 낙후시켰다. 브랜드와 관련하여 시장은 사용단계에서 일어나는 욕구의 발생원천의 여러 가지 요소들 중에서 적어도 하나 또는 그 이상의 요소의 변화에 따라 발전할 수 있다.

〈그림 6-1〉에서 보듯이 브랜드가 제공하고 있는 기존의 편익(왜) 대신에 고객들이 새로운 혹은 수정된 편익을 원하기 시작할 때 나타나는 편익발전과정으로서의 시장의 발전을 생각해 보자. 예컨대, 나이키가 재빠르고 탄력이 좋은 농구선수들에게 적합한 보다 유연하고 가벼운 농구화 시장을 새로이 파악하였을 때, 기존의 농구화, 즉 Nike Air Jordan의 시장은 편익의 요소를 따라 발전한 것이며, 그 발전된 시장에 Nike Flight라는 새로운 브랜드가 도입된 것이다. 위와 같이 편익의 요소 중 혜택측면에서만이 아니라 비용측면에서도 시장발전을 위한 노력이 행해질 수 있다. 예를 들어 유지비용이 적게 드는 경차시장으로의 확대 진출이나, 이동통신 업계에서 10대를 겨냥한 새로운 낮은 요금체계를 새로 만들어 내는 것 등이 모두 비용(문제점) 절감을 통한 새로운 시장 확대로 볼 수 있다.

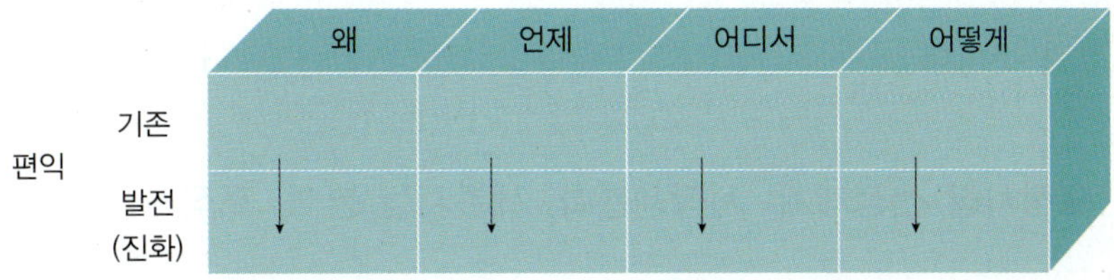

그림 6-1
시장의 발전

다음으로는 사용상황(언제, 어디서, 어떻게)의 발전과정, 즉 현재의 고객들이 현재의 편익들을 새로운 상황에서 추구하려고 하는 사용상황 차원에 의거한 시장의 발전을 생각해 볼 수 있다. 예컨대, 초점을 기존의 '언제'에 맞추면서 L.A. Gear와 Reebok의 경우들을 생각해 보자. 그들은 스포츠화가 단순히 '운동을 할 때'에서 '패션을 생각할 때'로도 사용될 수 있다는 점을 파악하게 되어 곧 패션 웨어용 시장을 형성시켰다.

브랜드가 현재시장에서 자연적으로 발전하는 것은 기업에게 기회뿐만 아니라 위협적인 요소를 가져다 줄 수 있다. 브랜드의 발전은 현재 시장과 브랜드 사이의 불일치를 만들어 냄으로써 기업의 현재 사업을 위협할 수도 있고, 이는 고객들로 하여금 편익이나 사용상황에 대한 만족을 추구하기 위한 다른 대안적인 방법을 찾게 만들 수도 있다. 예컨대, 미국의 고객들이 건강에 대한 관심이 높아지게 되었을 때, 씨리얼(아침식사 대용품으로 우유에 타서 먹음) 시장의 일부분은 건강 씨리얼에 대한 시장으로 발전하였다. 만약에 Kellog가 이러한 변화를 감지하지 못하고 건강 씨리얼에 대한 새로운 브랜드들을 도입하지 않았다면, 고객들을 다른 브랜드나 제품에게 빼앗겼을 것이다. 이런 점에서 기업은 시장의 발전을 Kellog가 했던 것처럼 사업기회로 연결시켜야 한다. 앞에서 언급한 시장의 발전이 욕구원천의 하나 혹은 그 이상의 요소를 따라 항상 더 정교화되고 분리되어야 한다는 것을 의미하는 것은 아니다. 이미 두 개 혹은 그 이상의 세분시장으로 형성된 제품시장에서 그 세분된 시장을 통합시킨 새로운 시장도 시장 발전의 한 형태가 될 수 있다. 예컨대, P&G의 '한 세트로 된'(all-in-one) 상표인 head & shoulders는 탈취효과가 있고, 비듬과 두피 케어, 아름다운 머릿결을 유지할 수 있도록 하는 샴푸로서 포지셔닝되어 있다. 이 속성들은 지금까지 편익에 의거해 분리되어 발전해 온 샴푸시장의 세분시장들을 통합시킨 것이다. LG

생활건강, 아모레퍼시픽과 같은 다른 경쟁자들은 이 편익들 각각에 대해 개별 상표들로 포지셔닝을 한 반면, head & shoulders는 이 편익들을 한 시장으로 결합시켰던 것이다.

1.2. 표적시장 선정체계: 시장세분화, 세분시장 분석, 표적시장의 선정

기업의 제품시장은 많은 소비자들로 구성되어 있다. 만약 소비자들의 욕구가 매우 유사하다면 기업은 그들의 공통적인 욕구를 파악하여 이를 충족시키는 제품을 개발해야 한다. 대부분의 제품시장이 형성되는 초기에는 소비자들의 욕구는 비교적 단순할 것이다. 그러나 초기에 개발된 제품에 만족하던 고객들도 소득이 증대됨에 따라 또는 타인이 동일한 제품을 소유함에 따라, 보다 다른 특징을 갖는 제품을 원하게 된다. 다시 말해서 제품시장이 점차 성숙됨에 따라 소비자들의 욕구는 보다 다양화되며 여러 경쟁자들이 진입하게 된다. 이 경우 기업이 전체 시장을 대상으로 세분화시키지 않으면서 마케팅 활동을 하는 것보다는 전체시장을 세분화시켜서 세분시장들 중 특정시장(들)을 표적으로 삼아 표적시장의 욕구에 대응하는 시장전략을 수립하여야 한다.

표적시장의 선정체계는 시장세분화(고객욕구 세분화), 세분시장 분석, 표적시장의 선정, 마케팅목표의 정립, 그리고 포지셔닝전략의 단계로 구성된다(그림 6-2 참조). 시장세분화(고객욕구 세분화)는 시장을 고객욕구의 근원에 의하여 여러 개의 세분시장으로 세분화하는 과정이며, 세분시장분석은 이들 세분시장(표적시장 후보들)을 수요, 경쟁력, 기업의 자원, 기존 제품 및 사업과의 시너지 등을 고려하여 분석하는 것이다. 표적시장의 선정은 이들 세분시장들 중 기업이 가장 유리하다고 판단되는 세분시장을 표적시장으로 결정하는 과정이다.

제 2 절 시장세분화

2.1. 시장세분화의 개념

시장세분화는 기업이 하나의 시장을 서로 다른 틀 또는 그 이상의 하위집단으로 분할시키는 것을 말한다. 이러한 분할은 고객들과의 거래의 효율성을 향상시키기 위해 이루어지는 것이다. 개인마다 서로 다른 욕구를 충족시켜 주기 위한 마케팅개념을 실천하기 위해서는 고객의 욕구를 개별적으로 파악하여 이를 충족시켜야 한다. 이러한 전략은 맞춤양복, 주문주택 같은 경우에는 어느 정도 가능하겠으나 불특정다수의 잠재고객을 대상으로 하는 경우는 불가능하다. 따라서 불특정다수의 잠재고객을 대상으로 하는 시장세분화는 시장 내의 이질성을 분석하여 비교적 동질적인 하부시장(sub-markets)을 파악하고, 이러한 하부시장들 가운데서 표적시장을 도출하게 된다.

따라서 본 장에서의 시장세분화 접근도 고객욕구의 이질성 분석을 바탕으로 하고 있다. 그런 의미에서 시장세분화는 고객욕구세분화라고 할 수 있으며, 그 본질은 구체적인 시장개념을 바탕으로 사용단계에서 유사한 욕구를 지닌 고객집단을 구분하는 작업이라고 할 수 있다

2.2. 시장세분화(고객욕구세분화)의 진행절차

표적시장을 선택하기에 앞서 시장을 이루는 다양한 세분시장을 파악하지 않으면 안 된다. 고객들은 생물학적 차이로부터 지리적 차이 그리고 사고의 차이에 이르기까지 다양한 차이를 나타내고 있다. 고객들 간의 차이는 경쟁자 또는 규제기관 등과 같은 기업의 이해관계자들에 의해서도 생겨날 수 있다. 예컨대, 경쟁자의 광고는 어떤 고객들로 하여금 그들을 다른 고객들과 구분시키는 특별한 태도를 형성하게 한다. 사회적 · 경제적 변화 역시 시장에서의 다양성을 만들어 낸다. 사회적 관습의 변화는 어떤 고객들의 기호와 욕구에 변화를 일으킬 수도 있는 반면에 다른 고객들에게는 상대적으로 영향을 주지 않을 수도 있다.

고객들 사이의 다양한 욕구의 차이를 고려할 때, 의미 있는 표적시장을 파

그림 6-2
시장지향적 사고에 입각한 고객의 유형

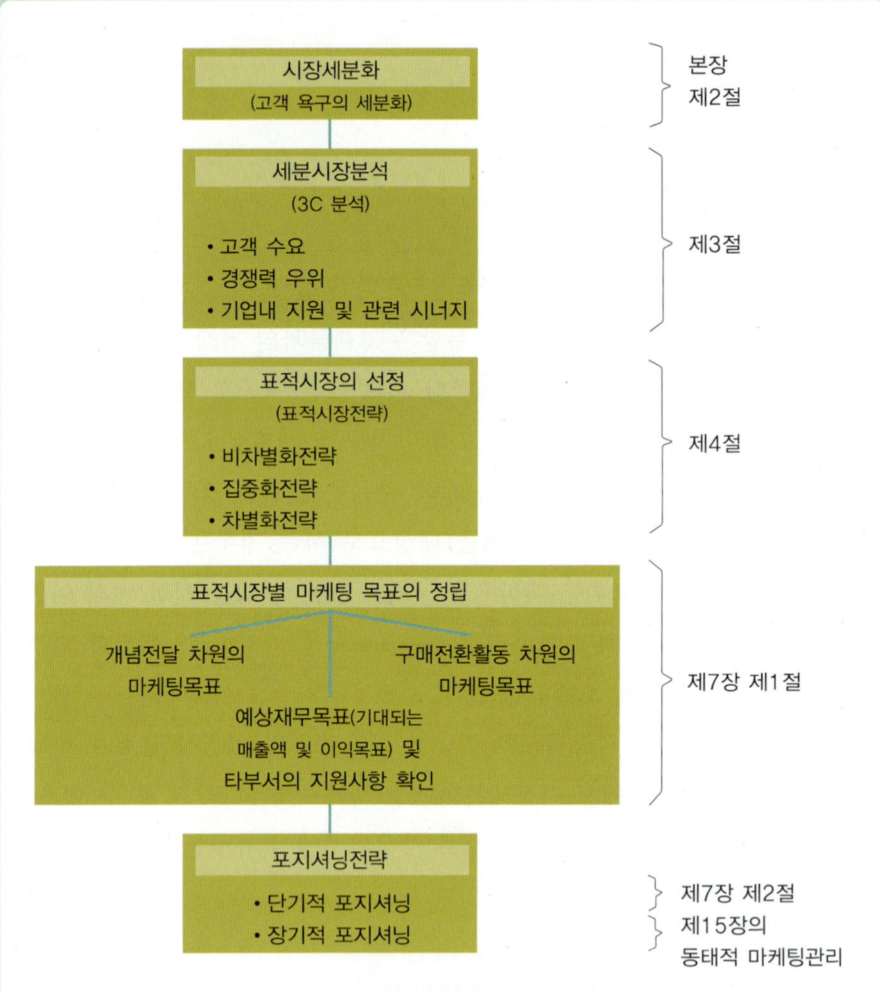

악해 내는 일은 쉬운 일이 아니다. 그러므로, 시장세분화를 위하여 체계적인 접근을 시도하지 않으면 표적고객의 모습을 정확히 알지 못하게 되며, 나아가 마케팅전략수립의 방향도 잃게 된다.

실제로 국내의 많은 기업들이 자사제품의 고객을 단지 피상적으로 묘사함으로써(예컨대, 지역적 및 인구통계적 변수로서)표적고객의 진정한 모습을 그리지 못하는 경우가 허다하다. 본 절에서는 올바른 시장세분화절차를 제시하기 위하여 먼저 시장세분화를 위한 구체적 시장개념을 도입하고, 다음으로 시장세분화의 기본적 접근방법과 가능한 표적세분시장의 도출절차를 설명할 것이며, 마지막으로 세분시장도출을 위한 구체적인 실행방법을 제시할 것이다.

(1) 구체적 시장개념의 도입

시장을 세분화하기 위해서는 시장의 개념을 보다 구체적으로 정립할 필요가 있으며, 더 나아가 시장의 진화과정을 이해할 필요가 있다. 앞에서도 정의한 바와 같이 시장이란 보다 구체적으로 제품과 연관된 욕구원천의 기준에서 유사한 특징을 가지고 이러한 욕구의 충족을 위해 기꺼이 관여하거나 그럴 용의가 있는 고객의 집단으로 생각할 수 있다. 시장의 개념을 욕구의 원천에 의해 구체화시키는 것이 시장을 세분화하는데 더 많은 도움을 줄 수 있으며, 특히 그들 각각의 변화나 발전과정을 추적해 봄으로써 시장의 진화과정과 그를 바탕으로 한 새로운 시장기회를 보다 용이하게 포착할 수 있을 것이다. 보다 자세한 내용은 본 장 제 1 절 (1)시장의 개념과 (4)시장의 발전을 참조하기 바란다.

(2) 시장세분화와 기본적 접근방법

욕구분석에 의거한 시장세분화를 이해하기 위해서는 욕구분석 자체에 대한 이해가 반드시 필요하다. 그러나 이 과제는 제 5 장에서 심층적으로 설명되었기에 본 장에서는 욕구분석을 바탕으로 시장세분화를 어떻게 진행시켜야 되는지에 초점을 맞추어 요약된 형태로 정리하기로 한다.

우선 시장세분화를 위한 고객의 욕구분석은 4가지의 교환단계 중(구매 전, 구매, 사용 그리고 처분단계) 사용단계를 중심으로 욕구의 형태(혜택, 잠재적 혜택, 문제, 잠재적 문제)와 욕구의 발생원천('왜', '언제', '어디서', '어떻게')을 기준으로 하여 진행된다. 제 5 장에서 언급되었듯이 '왜', '언제', '어디서', '어떻게' 제품을 사용하거나(인지된 혜택) 사용할 수 있을 것인지(잠재적 혜택)와 '왜', '언제', '어디서', '어떻게' 제품을 사용하면서 불만점을 느끼고 있거나(문제욕구) 또는 불만을 느끼게 될 것인지(잠재적 문제욕구)를 인터뷰형식을 통하여 확인할 수 있다. 또한 어떤 특정사용상황에서 고객의 행동을 관찰하여 시간이나 노력, 금전적 비용을 줄이거나 심미적 혜택을 증진시킬 수 있는 방향에 대한 아이디어를 얻어내는 관찰기법을 활용하여 고객욕구분석을 할 수도 있다.

기업은 다음과정으로 이렇게 확인된 욕구들을 충족시킬 수 있는 아이디어들 중에서 1차 2차의 선별과정을 통해 최소 · 최적의 대안을 선별하게 된다. 1차로 세부 아이디어들을 통합, 선별, 범주화하여 기업이 행할 수 있는 것들만을 남기고 2차 선별과정에서 고객 입장에서의 욕구충족도와 기업입장에서의 이익기여도를 기준으로 최적 대안을 선별, 우선순위를 결정하게 된다.

표 6-2

다양한 세분시장의 형성: 욕구원천의 기준활용

구분	사용목적 (왜)	사용시기 (언제)	사용장소 (어디서)	사용과정 보완제품 (어떻게)	사용자(누가) • 지리적특징 • 인구통계학적특징 • 사회심리학적특징	세분시장군
혜택	왜 사용하는가?	언제 사용하는가?	어디서 사용하는가?	어떻게 사용하는가?	누가 사용하는가?	왜, 언제, 어디서, 어떻게, 누가의 다양한 결합에 의하여 세분시장 1, 2, …가 형성됨
비용	어떤 문제점 또는 불만점이 있는가?	언제 문제점 또는 불만점이 있는가?	어디서 문제점 또는 불만점이 있는가?	사용과정 중 문제점 또는 불만점이 있는가?	누가 이러한 문제점 또는 불만점을 갖고 있는가?	

마지막으로 이렇게 선정된 아이디어들은 좀더 체계적인 시장조사와 분석과정을 거쳐 제품 아이디어의 시장성을 확인한 후에 시장진입을 하게 된다. 이러한 시장세분화에 의하여 진입하게 될 시장을 선정하게 되면 그것이 바로 표적시장이 되는 것이다. 표적시장은 1개 이상이 될 수 있으며, 만약 2개 이상일 경우는 그 이후의 마케팅목표 및 마케팅믹스의 전개과정이 표적시장 안에 있는 고객들의 욕구에 맞게 전개되므로 서로 달라지게 된다.

위에서 설명한 과정대로 신제품 개발, 표적시장의 확인, 신제품 출시 마케팅전략의 수립 등 일련의 행동을 수행할 때 가장 핵심이 되는 과제는 다음 두 가지로 볼 수 있다.

첫째, 시장가능성이 있는 여러 개의 제품아이디어들을 어떻게 비교 평가하여 표적시장을 선정하는가이며 둘째, 일단 선정된 표적시장에 존재하는 표적고객들이 누구인가를 어떻게 확인하고 묘사할 것인가이다.

표적시장을 규명하고 선정하는 것은 위에서 설명한 바와 같이 고객의 욕구원천을 기준으로 활용하여 이루어진다. 제 5 장에서 설명한대로 〈표 6-2〉와 같이 고객욕구원천의 4가지 형태('왜', '언제', '어디서', '어떻게')를 바탕으로 혜택과 비용의 측면에서 세분시장을 정의한 후 그 시장에 해당하는 고객이 누구인가를 고객특성에 따라 묘사하게 된다.

〈표 6-2〉에서 '사용자'(누가)는 특정편익(사용목적)과 특정사용상황(사용시기, 장소, 과정)의 욕구를 지닌 고객들이 구체적으로 어떠한 지리적 특징, 경제적 특징, 인구통계적 특징(성, 연령, 소득, 직업 등), 그리고 사회 심리적 특징(라이프 스

표 6-3 고객특성차원에서의 세분화 기준

지리적 기준	인구통계적 기준	경제적 기준	사회심리적 기준
인구분포 (국가, 지역,도시, 소도시, 지방) 기후 토양 지형	성별 나이 인종 민족 신앙 교육수준 결혼여부 건강 신체특성	개인소득 가계소득 직업 수입원 저축 자산 가격	사회계급 영향집단 라이프 스타일 가족수명주기 단계 개성

표 6-4 시장지향적 사고에 입각한 고객의 유형

왜	언제	어디서	어떻게	누가	세분시장군
정확성 내구성 편리성 범용성 중후함 ○ 스포티함 △ 가벼움 △ 멋있음 기업가적 ○ 패션추구 관료적 보수적 ○ 진보적	파티 출퇴근 사업 ○ 주말여행 운동 △	회사 ○ 야외 파티장소	정장 ○ 캐주얼 첫번째 두 번째 △ 왼손잡이	<u>지리적</u> 대도시 ○ 중소도시 <u>인구통계적</u> 남성 ○ 여성 젊은이 △ <u>경제적</u> 고소득층 ○ 중산층 △	<u>시장 1(○표의 결합)</u> 기업가임을 상징하는 보수적이며 중후한 모양의 시계로서, 회사에서 사업상 정장과 함께 사용되며, 주요 고객층이 대도시의 고소득 남성인 시장 <u>시장 2(△표의 결합)</u> 스포티하고 가벼우며 운동용으로 두 번째로 사용되는 시계로서 젊은 중산층이 주요 고객인 시장

타일, 개성 등)을 지니고 있는지를 나타내는 것이다(표 6-3 고객특성차원에서의 세분화기준 참조). 상기의 왜, 언제, 어디서, 어떻게, 누가의 다양한 결합에 의하여 세분시장 1, 2,…가 형성되어진다.

〈표 6-4〉는 시계의 예를 들어 〈표 6-2〉의 욕구원천을 기준으로 시장세분화를 응용해 본 것이다.

예컨대, 세분시장 1은 기업가임을 상징하는 보수적이며 중후한 모양의 시계로서(중점을 두는 핵심편익), 회사에서 사업상 정장과 함께 사용되며(중점을 두는

사용상황), 주요고객층이 대도시의 고소득 남성인(고객의 주요특성) 시장이다. 이와 같은 세분시장에 대한 아이디어가 도출되었고 어떻게 몇 개의 시장이 선정되었는가는 이미 제5장에서 세부적으로 설명하였기 때문에 여기서는 반복적인 설명을 피하기로 하겠다.

2.3. 세분시장 도출을 위한 구체적 실행방법

제5장에서 제시된 욕구분석 절차(본 장에서 요약함)를 통해서 세분시장을 규명할 때 이 과정에서 특히 중요한 것은 다음에서 설명하게 될 고객들의 여러 가지 욕구에 대한 정보를 바탕으로 한 구체적인 세분시장 도출과정 및 고객특성 프로필 개발 방법이다.

(1) 구체적인 세분시장의 확인방법

마케팅 관리자는 세분시장에서의 고객들이 하나의 제품을 수용하는 이유를 명확히 확인하여야 한다. 제품들은 다양한 디자인, 색깔, 브랜드, 그리고 가격 등의 여러 가지 속성을 지니고 있다. 고객의 편익을 확인하기 위해서는 우선 어떠한 속성차원에서 고객이 만족하거나 불만족한 점이 있는지, 그 속성의 상대적 중요성은 어느 정도 인지를 정확히 분석해 내야 하는데 여기에 쓰이는 방법이 주로 제5장에서 설명한 인터뷰기법 및 관찰기법이다.

위에서와 같이 소비자들이 고려하는 속성들이 확인되고 나면 이를 토대로 그들을 추구 편익별 세분시장으로 분류하는 작업을 수행하게 된다. 이때 사용되는 방법은 일반적으로 편익세분화라고 부른다. 즉, 주어진 제품범주(product category)로부터 소비자들이 추구하는 구체적인 편익들에 따라 그들을 몇 개의 유형집단, 즉 세분시장으로 분류하는 것이다. 예컨대, 과거분석에 따르면 치약시장은 네 개의 세분시장으로 나누어진다: (i) 향기와 제품외양을 중요시하는 감각적 세분시장(sensory segment), (ii) 깨끗한 치아와 입냄새 제거를 가장 중요하게 생각하는 사교적 세분시장(sociable segment), (iii) 치석방지 및 치아 건강에 주된 관심을 두고 있는 걱정이 많은 사람들의 세분시장(worried segment), (iv) 주된 관심이 가격에 있는 독립적 세분시장(independent segment).

편익세분화의 대표적인 방법으로는 군집분석(cluster analysis)을 들 수 있다. 우선 응답자들에게 특정제품(예컨대, 개인용 컴퓨터)으로부터 얻을 수 있는 편익들에 대해 그들이 부여하는 상대적 가치를 표기하도록 요구한다. 이러한 자료를 토대로 추구편익이 유사한 응답자들은 하나의 집단(cluster)으로 묶고 추구편익이 상이한 응답자들은 분리시키는 과정을 거쳐 세분시장을 규명한다. 이 때 두 가지 점을 고려하게 된다. 첫째는, 응답자간의 유사성, 즉 한 응답자가 다른 응답자와 얼마나 비슷하거나 다른지를 측정하는 척도를 선정하여야 한다. 그 척도로서 가장 보편적으로 활용되는 것은 유클리디언 거리(euclidian distance)이다. 예를 들어 다음과 같은 자료를 수집했다고 가정하자.

구 분	응답자 A	응답자 B
편익 1의 가치	5	4
편익 2의 가치	2	3

이 경우 응답자 A와 B간의 유클리디언거리(d_{AB})는 $d_{AB}=\sqrt{(5-4)^2+(2-3)^2}$으로 계산된다.

두 번째로는, 어떠한 기준과 어떠한 방법으로 응답자들을 유사하다고 판단하여 군집화할 것인가를 고려해야 한다. 군집화방법에는 계층적 군집화, 비계층적 군집화, 요인분석을 이용한 방법 등이 있으나 계층적 군집화가 가장 널리 쓰이고 있다. 계층적 군집화방법은 모든 응답자가 각각 하나의 독립된 군집을 이루고 있는 상태에서 출발하여 순차적으로 가장 유사한 응답자들끼리 군집화해 나가는 방법이다.

군집분석이 끝나고 나면 적절한 수의 군집(세분시장)을 선정하여 각 군집의 특징을 파악하게 된다. 이는 군집별로 그 안에 묶인 응답자들이 표현해 준 각 편익에 대한 가치를 기준으로 판단한다.

(2) 세분집단의 고객특성프로파일 개발방법

주어진 하나의 시장에서 고객의 편익과 사용상황에 근거하여 두 개 이상의 세분시장이 확인되는 경우, 기업은 둘 중 하나를 선택하거나(집중화전략), 각 세분시장을 별개로 기업의 표적시장으로 겨냥해야 한다(차별화전략). 어떤 방법이든지 간에 시장관리자는 인구통계적 변수 혹은 심리분석적 변수, 혹은 이들의 조합에 근거하여 그 표적시장에 대한 적절한 서술변수(descriptor)를 할당할 수 있어야 한다. 표적시장에 대한 서술은, 비록 그 목적이 단순히 확인을 위한 것이지만, 시장의 위치를 정하고 접근하는 데 있어서 필수적인 매우 중요한 것이다.

그림 6-3

시장세분화의 두 가지 접근방법

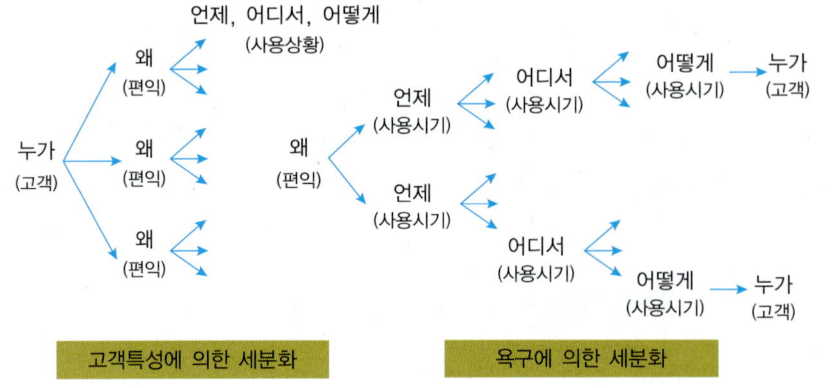

〈그림 6-3〉에서 보듯이 시장세분화는 고객의 특성을 기초로 할 수도 있고 고객의 핵심욕구를 기초로 세분화할 수도 있다. 그러나 인구통계학적 변수를 이용하여 '누구'(who)를 먼저 정의하는 방법은 오류를 범할 가능성이 많다. 고객의 욕구는 상황에 따라 다르기 때문에 한 개인이 하나의 세분시장에만 속해 있지 않을 수도 있다. 즉 어느 한 신문사에서 신문시장을 세분화할 때 20대 남성이 주 고객이라고 판단하여 그들이 왜, 언제, 어디서, 어떻게 신문을 보게 되는지를 분석하기보다는 전체 고객 중에서 같은 욕구(need)를 가진 사람들이 어떠한 사람인지를 파악하는 것이 더 바람직하다고 하겠다. 왜냐하면 20대 남성이라고 하여 항상 같은 편익과 같은 사용상황에서 신문을 구매하는 것이 아닐 것이기 때문이다. 또한 어느 한 고객집단의 특성에 맞추어 세분화를 할 경우 전체 시장에서 차지하는 비중이 매우 낮아 기업이 목표로 하기에 경제성을 갖고 있는 즉, 기업이 이윤을 얻을 수 있는 최소의 시장규모를 만족시키지 못하는 시장만을 정의하게 될 가능성도 있다. 마지막으로 인구통계학적인 변수를 기준으로 세분화할 경우 고객의 욕구가 정확히 분리되지 않아 실제 다른 세분시장과 겹칠 수도 있으며, 고객의 마음 속에 잠재되어 있는 새로운 욕구를 발견하기보다는 기존고객들이 요구하는 사항에 초점을 맞추게 되어 새로운 시장기회를 찾는 것 또한 어렵게 된다.

즉 '누구'(who)에 관련된 변수들은 고객의 욕구(why, when, where, how)가 정의된 후에 그러한 욕구를 가진 사람들이 누구인지를 확인하는 하나의 서술변수

(descriptor)이지 이것에 의해서 시장을 세분화하는 것은 지양해야 한다.

또한 마케팅관리자는 고객특성프로파일을 도출해 내는 과정에서 판별분석 기법을 활용할 수 있다. 구체적으로, 판별분석의 목적은 여러 개의 독립변수(즉 서술변수)를 토대로 각 고객을 둘 또는 그 이상의 고객집단 중 어떤 집단에 속하는지를 분류하는 것이며 이를 수행함으로써 집단간의 차이를 가장 잘 나타내 주는 독립변수가 무엇인지를 판단할 수 있다.

판별함수는 다음과 같이 설정될 수 있다.

$$Z = \alpha_0 + \alpha_1 X_1 + \alpha_2 X_2 + \alpha_3 X_3 + \cdots + \alpha_i X_i$$

여기서 Z는 판별점수, α_0는 상수, α_i는 판별계수, X_i는 예측변수 혹은 독립변수를 말한다. 모형의 기본형태는 회귀분석에서와 유사하며 단지 계수를 추정하는 방법이 약간 다르다. 여기서 종속변수는 고객이 구매를 했는지의 여부, 혹은 연체를 했는지의 여부와 같이 이산형(명목형) 변수로 설정하게 되며 독립변수는 고객의 특성을 나타내는 변수(예를 들어 소득, 구매량 등)를 포함하게 된다.

판별분석을 실시하여 판별함수의 계수(α_i)를 추정하고 나면 이 값들을 이용하여 고객별 판별점수를 산출하고 이를 기준치와 비교하여 고객을 분류하게 된다. 예를 들어 특정고객의 판별점수가 기준치보다 작으면 집단 1로, 기준치보다 크면 집단 2로 분류하는 것이다. 예를 들어 은행이나 백화점에서는 이 함수식을 이용하여 모든 고객을 우수고객과 불량고객으로 구분할 뿐만 아니라 각 고객집단을 가장 잘 구분해 주는 독립변수가 무엇인지를 확인하고 이를 토대로 그들의 프로필을 도출하게 된다.

제 3 절 세분시장의 분석

3.1. 시장세분화, 세분시장 분석, 그리고 표적시장 선정에 있어서 핵심고려 사항: 3C

시장세분화는 비슷한 소비자들의 집단을 구별해 주는 것 이상의 의미를 내포하고 있다. 고객의 욕구와 선호경향에 부응하고 공급업자, 유통업자, 경쟁기업 등의 환경요소를 다루는 기업의 능력도 역시 포함되어 있는 것이다. 그러므로, 시장세분화 및 표적시장의 중요한 초점은, 기업과 고객 그리고 경쟁환경요소들 간의 상호작용을 관리함으로써 그 기업이 거래를 가장 잘 소구할 수 있는 시장을 명확히 확인하여 선택하는 것이다.

시장세분화 및 표적시장의 문제를 고려할 때 특히 명심해야 할 3C는 기업(company)의 자원, 고객(customer)의 욕구, 그리고 경쟁(competition)의 영향이라 할 수 있다(그림 6-4). 기업의 자원이라는 것은 한정되어 있으며, 기업은 이 한정된 자원을 이용하여 수익을 극대화시키려고 노력한다. 이러한 기업의 자원에는 공장과 설비, 기존에 개발해 놓은 유통경로, 공급업자들과의 우호적인 관계, 그리고 자사에 호감을 가지고 있는 고객들 등이 포함된다. 기존자원을 잘 활용하여 매출을 증대시키는 것은 시장거래의 효율성을 제고시키는 것이다. 그러나 기업이 제공하는 제품이나 서비스에 대한 반응에 있어서 고객들간에 중요한 차이점들이 존재할 수 있다. 그러므로, 다양한 고객들을 하나의 집단으로 취급하는 것보다는 여러 개의 하위집단(subgroup)으로 세분시키는 것이 보다 효과적일 수도 있는 것이며, 각각의 세분시장에 대한 마케팅믹스를 달리함으로써 보다 많은 거래를 발생시킬 수 있고, 이런 세분시장들이 조화를 이루게 되면 모든 세분시장의 전체적인 효과성도 증대될 수 있는 것이다.

각 세분시장에 대해 그 시장 각각에 적합한 마케팅접근을 개발하는 데 있어서 동일한 자원이 세분시장마다 보다 많이 사용될 수 있으면 있을수록, 그리고

그림 6-4
3Cs

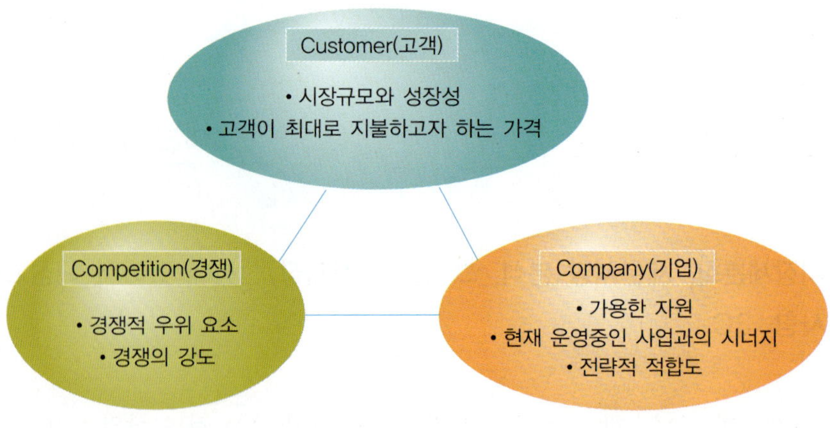

표적시장집단에서의 매출이 크면 클수록 거래의 효율성은 더 커진다. 그러나, 이 모든 고려사항 가운데에서도 시장의 경쟁적 본질은 반드시 고려되어야만 한다. 경쟁은 한 기업에 대한 특정시장의 크기를 현저하게 줄일 수도 있으며, 그에 따라 자원에 대한 수익도 낮아지게 할 수 있다.

따라서 마케팅관리자는 표적시장의 선정을 위하여 각 세분시장의 규모와 성장성, 상대적 경쟁력, 기업(혹은 사업단위)의 목표와 자원 등을 분석하여야 한다. 3C에 기초한 세분시장에 대한 분석은 〈표 6-5〉와 같은 형식에 의거 각 세분시장을 비교 · 평가함으로써 이루어진다. 이 때 마케팅관리자가 기업, 시장, 고객에 대한 정보를 취합하여 각 항목별로 가중치(1.0 기준) 및 점수(7점 척도)를 부여함으로써 각 세분시장에 대한 평가를 하게 된다. 가중치는 고객, 시장상황, 기업의 세 가지 요소 중 어느것에 더 비중을 둘 것인가와 함께 각 요소들 내에서도 그 요소를 측정하기 위한 변수(세부항목)들 간의 가중치도 부여하여 분석하게 된다. 또한 각 세분시장별로 동일한 가중치를 부여할 것인지 아니면 세분시장의 특성을 고려하여 다른 가중치를 부여할 것인지도 신중히 결정하여야 한다.

예를 들어 〈표 6-5〉에서 세분시장 A의 경우 고객측면의 가중치가 0.7이고 세부항목별로는 시장잠재력이 0.2, 고객이 최고로 지불할 용이가 있는 가격(maximum price willing to pay)에 대한 가중치가 0.8이다 이 때 고객측면에서 세분시

표 6-5 세분시장 분석 (3C 기준)

구 분		Customer(고객)		Competition(경쟁)		Company(기업)			총계
기준별 가중치		0.7		0.2		0.1			
세부 항목		시장 잠재력	최고 가격	경쟁우위 요소	경쟁 강도	자원	시너지	전략적 적합도	
세분 시장 A	가중치	0.2	0.8	0.7	0.3	0.6	0.2	0.2	
	점수	3	7	6	4	5	2	3	
소계		0.42	3.92	0.84	0.24	0.3	0.04	0.06	5.82
기준별 가중치		0.1		0.3		0.6			
세분 시장 B	가중치	0.6	0.4	0.6	0.4	0.6	0.3	0.1	
	점수	7	5	4	6	2	4	4	
소계		0.42	0.2	0.72	0.72	0.72	0.72	0.24	3.74

장 A가 평가된 점수는 7점 만점 중 시장잠재력부분은 3점, 최고가격부분은 7점으로 가중치를 고려한 점수(소계)는 각각 0.43과 3.92가 된다. 이와 같은 방식으로 고객측면, 경쟁측면, 기업측면의 가중치와 세부항목의 가중치를 고려하여 모든 점수를 합계한 것이 '총계' 란에 나타나 있으며 이것이 최종판단지표로 사용된다.

여기에서 주의할 점은 기준별 가중치 및 세부항목의 가중치를 전체시장에 동일하게 적용하여 분석을 할 수도 있고, 〈표 6-5〉와 같이 세부항목별, 세분시장별로 각기 다른 가중치를 부여하여 분석할 수도 있으나 무엇보다 중요한 것은 시장의 특성에 가장 잘 부합하도록 신중히 가중치를 부여하여 효율적인 세분시장 분석이 되도록 하는 것이다.

3.2. 고객(Customer)관련 평가기준

세분시장의 평가에 있어 기업이 우선해야 할 것은 해당 세분시장이 적절한 시장 규모와 성장성(고객의 잠재적 수요량)을 지니고 있느냐 하는 것이다. 이 기준에 있어서 세분시장의 성장가능성은 미래의 판매와 이익에 직결되기 때문에 평가기준으로서 중요하다. 그러나 급속한 성장성은 경쟁자들의 진입을 가속화시킬 수 있으며 판매와 이익을 분산시킬 수 있다.

또 하나의 세부항목으로써 그 세분시장의 제품에 대하여 고객이 최고로 지불할 용의가 있는 가격(maximum price willing to pay)에 대한 분석이다. 다른 세분시장의 제품과 비교하여 고객이 지불하고자 하는 가격이 높은 경우 그 시장은 그만큼의 혜택을 고객에게 전달할 수 있음을 의미하는 동시에 기업에 어느 정도의 이익을 가져올 수 있는지의 기준으로도 사용할 수 있다.

3.3. 경쟁(Competition)관련 평가기준

세분시장이 바람직한 규모이며 성장성이 높다 하더라도 그 시장에서의 장기적 경쟁력을 확보할 수 없다면 그 시장은 매력적일 수 없다. 시장에서의 장기적 경쟁력의 유무를 판단하는 두 가지 세부기준으로 기업이 지속적으로 확보가능한 경쟁적 우위요소와 시장 내 경쟁의 강도를 들 수 있다. 경쟁적 우위요소는 기업이 세분시장 내의 다른 경쟁자들에 비하여 지속적으로 우위를 점할 수 있는

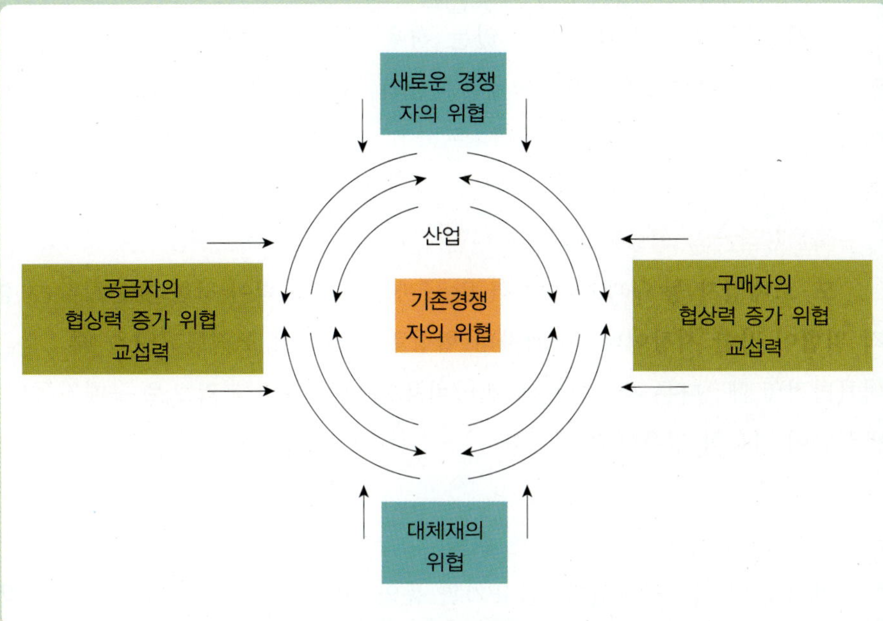

그림 6-5
시장 내 경쟁 위협 요소(M. Porter의 5 Factors)

자료원: Porter, Michael E.(1979), "How Competitive Forces Shape Strategy." *Harvard Business Review*, 57(March-April), p. 141.

요소들의 수와 중요성을 판단하여 상대적 점수를 부여하며, 경쟁의 강도는 각 세분시장 별 경쟁자 수나 경쟁의 집중도(intensity) 등을 종합적으로 고려하여 판단하게 된다. 이러한 세분시장에서의 경쟁강도는 〈그림 6-5〉에서 보듯이 다섯 가지 형태의 경쟁자들의 위협 정도에 달려 있다.

(1) 기존경쟁자의 위협

세분시장 내에 대수의 강력하고도 공격적인 경쟁자들이 있는 경우, 그리고 퇴출 장벽이 높거나 경쟁자의 시장사수 의지가 강할 때는 가격전쟁, 광고전쟁, 신제품개발 전쟁 등의 결과를 초래하게 될 것이다.

(2) 새로운 경쟁자의 위협

새로운 능력과 자원, 그리고 이익보다는 시장점유율 증대를 목표로 진입하는 경쟁자가 있을 경우 시장은 경쟁이 심화되며, 특히 진입장벽이 낮고, 대응능력이 없을 경우 신규 경쟁자의 시장진입 가능성이 커지게 된다.

(3) 대체재의 위협

현재 혹은 잠재적 대체재가 있는 경우, 특히 대체재 산업의 기술 발전과 경쟁능력이 증대되고 있다면 그 세분시장의 수요와 이익은 증대되기 어려울 것이다.

(4) 구매자의 협상능력 증가 위협

도·소매업자 등 구매자의 가격 및 구매조건 협상력이 강한 세분시장은 경쟁적 위협이 강한 시장이다. 구매자의 협상력은 그들이 조직화되었을 때, 제품이 비차별적일 때, 다른 제품으로의 전환비용이 낮을 때 마지막으로 구매자들의 후방통합이 가능할 경우에 강해진다.

(5) 공급자의 협상능력 증가 위협

원재료 및 설비공급업자, 금융기관 등의 가격 및 공급조건의 협상력이 강한 세분시장 역시 경쟁적 위협이 강하다고 할 수 있다. 공급자의 협상력은 그들이 조직화될 때, 자사가 선택할 수 있는 대체재가 거의 없을 때, 타 업체로의 전환비용이 높을 때, 그리고 공급자들의 전방통합이 가능할 경우에 강해진다.

3.4. 기업(Company)관련 평가기준

세분시장이 바람직한 규모와 성장성을 지니고 있으며, 장기적 경쟁력에 있어 매력적이라 하더라도, 자사의 사명이나 사업부의 목표와 배치된다면 표적시장으로 삼을 수 없다(기업 전략과의 적합도). 또한 이상의 요건들이 충족된다고 하더라도 세분시장의 욕구를 충족시킬 수 있는 인적 · 물적 · 기술적 자원(활용 가능한 자원)을 갖추고 있는지 분석하여야 한다. 마지막으로 기존 세분시장의 브랜드 개념이나 마케팅, 생산, 관리능력 등을 새로운 세분시장에 연계시킴으로써 단위당 비용을 줄이거나 동반적인 매출액의 증대를 가져올 수 있는지(시너지 효과)도 신중히 검토하여야 한다. 이는 앞서의 장기적 경쟁력과도 결부되는 것이다.

표적시장의 선정 제 4 절

가능한 세분시장을 분석한 후에 기업은 (i) 얼마나 많은 세분시장을 관리하고, (ii) 어떤 좋은 세분시장에 보다 초점을 맞출 것인가를 결정하여야 한다. 이러한 일련의 과정을 표적시장의 선정이라고 한다.

4.1. 표적시장의 개념

표적시장이란 가능한 세분시장들 중에서 기업이 표적으로 하여 마케팅활동을 수행함으로써 고객은 물론 기업에게 가장 유리한 성과를 제공해 주는 매력적인 시장을 말한다.

기업의 관심이 되는 각각의 세분시장은 세밀하게 그 내용이 파악되어야 한다. 예컨대, 가격 의식적 고객 대 품질의식적 고객 등으로 고려하는 것만으로는 충분하지 않다. 우리는 세분시장의 구체적인 내용, 즉 핵심편익상의 특징(왜), 사용 · 구매 상황의 특징(언제, 어디서, 어떻게), 그리고 소득, 라이프 스타일 등 고객의 특성에(누가) 대해 더 세밀한 것을 알아야 한다. 한 기업이 자사의 표적시장을 명확히 정의하고 알고 있다면 그것은 그 기업이 자사의 관심과 자원을 어디에 초점을 맞추어 운영할 것인가를 정확히 알고 있다는 것을 의미한다.

4.2. 표적시장결정의 전략적 대안

한 기업의 관점에서 볼 때, 기업의 마케팅활동에 대해 고객욕구상의 차이로 인해 고객의 반응에 차이가 있으면, 세분시장은 존재하고 있다고 할 수 있다. 표적세분시장은 기업이 마케팅활동을 집중시킬 수 있는 고객들로 구성된다. 이러한 표적시장의 선정은 다음과 같은 전략으로써 접근할 수 있다.

(1) 비차별화전략

수요의 강도, 구매, 제품사용패턴에 있어서 전체시장이 동질적인 경우에는 비차별적 시장전략이 적절하다. 이 때 기업의 마케팅활동은 어떤 특정한 집단의 고객들을 겨냥하는 것이 아니라 전체적인 시장을 겨누어 수행된다. 설탕이나 야채와 같은 생활필수품이나 원재료 생산자들은 전형적으로 이 전략을 따르고 있다. 시장에 대한 비차별적 접근이 고객들이 다양한 상표들을 유사하다고 인식하고 있다는 것을 뜻하는 것은 아니다. 비차별화전략에서도 기업이 고객을 차별화시키지는 않더라도 그 기업의 제품을 경쟁자의 제품들과는 차별화시켜야 한다. 상표특이성(brand distinctiveness)을 고객에게 인지시키기 위해서, 즉 제품차별화를 위해서는 기업의 입장에서 대단한 노력을 해야 한다. 기업은 (제품의)신뢰성, 가격 또는 기타 이점 등을 강조함으로써 그 제품이나 서비스의 판매를 촉진시킨다. 이러한 메시지는 모든 고객들에게 동일한 방식으로 전달된다.

이 전략은 동질성이 존재하는 시장에서는 합리적이지만, 이러한 상황은 상대적으로 그리 흔한 것은 아니다. 거의 모든 제품계열에 있어서 고객기호의 차이는 존재하고 있다. 그 차이가 처음에는 존재하지 않다가 나중에 생겨날 수도 있는데, 이는 환경이 지속적으로 관찰되어야 함을 의미하는 것이다. 미국 Ford사의 T형 자동차는 고객의 기호에 차이가 생겨나고 있음에도 불구하고 오랫동안 큰 변화를 주지 않았기 때문에 결국 차별화를 꾀한 GM사에 뒤쳐지게 된 것이다.

(2) 집중화전략

하나의 세분시장이 다른 세분시장들보다도 월등하게 우수한 경우 또는 기업이 하나 이상의 시장을 운영관리할 자원이 부족할 때 그 기업은 집중적 시장

그림 6-6
시장지향적 사고에 입각한 고객의 유형

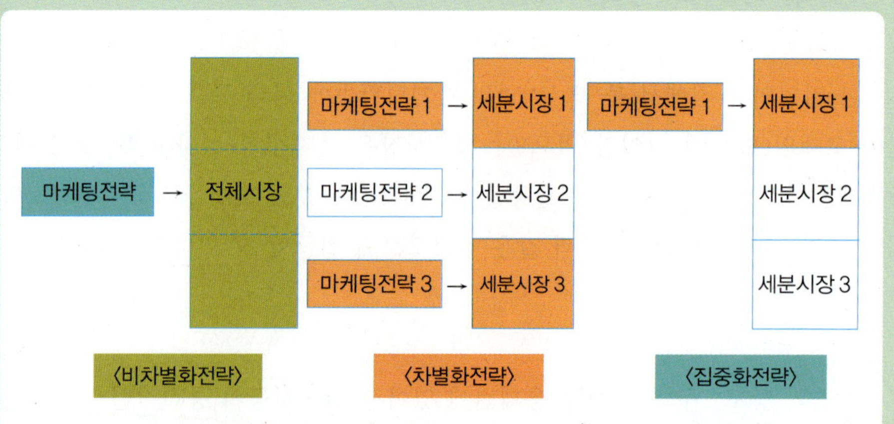

세분화전략을 채택할 수 있다. 이때 기업의 마케팅활동은 매력적인 하나 또는 매우 적은 수의 세분시장에 집중된다. 집중화전략은 두 가지 조건하에서 그 가치가 정당화된다.

첫째, 기업의 현재의 세분시장과 고려되고 있는 새로운 세분시장 사이에 시너지 효과가 없는 경우, 집중화전략이 필요하다. 세분시장 사이의 긍정적인 시너지 효과는 비용절감을 촉진시키며, 따라서 이익을 증가시키게 된다. 역으로 긍정적인 시너지 효과가 없으면 이익에 불리한 영향을 미치게 된다. 이는 또한 기업을 현재 또는 미래의 상대적 경쟁력을 보다 취약하게 만든다. 왜냐하면, 기업은 각각의 다른 세분시장에서 보다 높은 효율성을 지닌 경쟁자들과 맞부딪치게 되기 때문이다.

둘째, 기업의 잠재적 시장규모가 큰 경우, 하나의 세분시장만으로도 기업의 이익 목표를 충족시킬 수도 있다. 고객집단이 크면 클수록 그것이 제공하는 기회도 더욱 좋은 것이다. 그러나, 이런 상황에서 시장 전체의 잠재적 매출은 한 기업의 잠재적 매출액과는 명확히 구분되어야 한다. 잠재적 전체시장매출은 모든 기업에 의한 전산업적 범위의 마케팅활동에 대한 반응으로서 제품이나 서비스의 전산업적 범위의 구매로부터 생겨나는 매출단위 또는 액수를 말하는 것이다. 이에 대하여 잠재적 기업매출은 해당기업의 마케팅활동에 대한 반응으로 당사의 제품이나 서비스의 구매로부터 나타나는 매출단위 또는 액수를 말한다. 격심한 경쟁은 시장세분화에 있어서 중요한 문제이다. 왜냐하면 비록 잠재적 시장매출이 매우 양호할지라도 잠재적 기업매출 및 이익에 나쁜 영향을 줄 수 있기 때문이다. 이는 다수의 오류(majority fallacy)라고 불리는 문제를 제기하고 있다. 예를 들어 산업의 시장성장과 기업의 성장을 같게 보고 따라서 전체산업의 잠재적 매출과 기업의 잠재적 매출을 동일선상에서 파악함으로써 발생되는 오류를 의미한다. 비록 산업의 잠재적 매출이 크다고 해도 기업의 잠재적 매출은 상대적으로 작을 수도 있는 것이다. 경쟁업체의 수, 고객 기호의 동질성, 기업의 경쟁적 우위 등을 입력자료로 사용하여 기업의 잠재적 매출을 추정하는 데 있어서 많은 예측기법들이 사용되고 있다. 국내 미스터피자는 집중화전략의 대표적인 성공사례라고 할 수 있다. 미스터피자는 피자시장에서의 컨셉을 '기름기 없이 담백한 맛' 으로 잡고 여성이라는 특정 고객세분시장에 일관성 있게 집중해왔다.

키 크고 날씬한 사람들을 위해 디자인 된 Calvin Klein의 옷을 모든 사람들이 입을 수는 없으며, 또한 모든 사람이 Calvin Klein의 제품을 살 수도 없다. 다른 하이패션의 고품질 상표와 경쟁적이기는 하지만 가격은 비싼 편이다.

(3) 차별화전략

수요의 관점에서는 비슷하게 좋은 평가를 받지만 다른 중요한 측면에 있어서는 차이를 나타내는 각각의 세분시장 가운데서 시너지 효과의 잠재성을 지닌 몇 개의 표적시장을 찾아낸 경우 차별적인 시장세분화전략이 가장 좋은 전략이 될 수 있다. 차별화전략은 기업이 각각의 집단에 대해 상이한 전략을 개발해야 하기 때문에 집중화전략보다 더 복잡한 것이라고 할 수 있다. 그러나 다음과 같은 상황(조건)이 존재하는 경우, 차별화전략이 가장 적절한 대안이 될 수 있다.

① 각 집단(세분시장)의 구분이 명확하고 수요의 교차탄력성이 거의 없는 경우
② 생산, 마케팅, 관리기술, 전달해야 할 개념의 관점에서 집단들 사이에 긍정적인 시너지 효과가 존재하는 경우
③ 기업에 대한 각 집단의 잠재적 크기가 만족스러운 수익을 제공할 정도로 충분히 큰 경우

등이다. 2개 또는 그 이상의 세분시장이 이들 조건에 부합되는 경우, 기업은 각각의 세분시장에 진출함으로써 전체 매출과 이익을 증대시킬 수 있다. 이 경우 복수의 세분시장 사이에서 긍정적 시너지 효과를 달성하는 것은 특히 중요한 것이라고 할 수 있다. 왜냐하면, 여러 개의 세분시장을 추구하는 데에는 흔히 여러 종류의 비용의 증가가 따르기 때문이다.

① **제품수정비용**: 상이한 고객 세분시장의 욕구에 부합하기 위해 제품을 수정해야 한다는 것은 추가적인 연구개발과 엔지니어링 또는 특수장비비용을 내포하고 있다.
② **생산비용**: 일반적으로 4개의 차별화된 제품을 10,000개씩 생산하는 것은 하나의 제품을 40,000개 생산하는 것보다 생산 준비시간과 비용이 더 들게 된다.
③ **관리비용**: 차별화 전략하에서 기업은 분리된 세분시장을 위해 개별적인 마케팅계획을 개발해야 한다. 이는 별도의 마케팅조사, 수요예측, 매출분석, 촉진, 유통관리 등의 노력을 요구하는 것이다.
④ **재고비용**: 차별화된 제품의 재고관리는 단일제품의 재고관리보다 일반적으로 비용이 더 든다고 할 수 있다. 추가적인 재고장부기록과 감사에 의해 별도의 추가적 비용이 발생하는 것이다. 더욱이 각 제품은 기본수용에 있어서의 예기

치 못한 변동에 대응하기 위한 안전재고의 수준을 유지하여야 한다. 여러 제품의 안전재고의 합계는 단일제품에 요구되는 안전재고를 초과하게 된다.

⑤ 촉진비용: 차별화된 전략은 각 세분시장별로 가장 적절한 광고매체를 통하여 해당고객들에게 의사를 전달하여야 한다. 개별매체의 사용률이 낮아지면, 할인혜택을 받지 못하는 수도 있다. 더욱이 각 세분시장이 별도의 마케팅계획을 필요로 하기 때문에 촉진비용은 증가되는 것이다.

위와 같은 차별화전략을 수행하는 데에는 크게 다음과 같은 두 가지 접근방법이 있다.

1) 동일제품—상이한 세분시장

차별화전략의 한 접근방법에는 상이한 세분시장에 동일한 제품을 사용하되 마케팅믹스의 다른 구성요소들을(예: 촉진) 변화시키면서 사용상황이나 용도에 의한 여러 개의 세분시장을 창출하는 것이다. 예컨대, 미국 Arms & Hammer사의 baking soda는 처음에는 물론 빵 굽는 데에만 사용되었지만 지금은 방향제(deodorizer), 체취 제거제(deodorant), 치약, 자동차 배터리 침식 방지제 등으로도 판매되고 있으며 최근에는 피부를 부드럽게 하기 위한 목욕물 첨가제(bath water additive)로도 사용되고 있다.

2) 상이한 제품—상이한 시장

차별화 전략의 두 번째 접근방법은 마케팅믹스의 모든 측면을 변화시키는 것을 수반한다. 예컨대, 미국의 Debeers사는 상이한 고객세분시장을 위해 성공적으로 차별화된 제품들을 가지고 있다. 첫번째 표적시장은 다이아몬드 기념반지 시장으로 젊은 남녀가 주요 고객들이다. 두 번째 표적시장은 보다 큰 보석을 구매하는 기혼 여성들의 시장이며, 세 번째는 비교적 새로운 시장으로 남성용 보석 시장이다.

미국의 제너럴 푸드 사의 커피사장에 대한 고객세분화의 사용은 이에 대한 또 다른 예라고 할 수 있다. 레귤러 맥스웰 하우스는 서민적 가격에다가 품질 좋은 제품에 관심 있는 전통적인 커피 애호가들에게 소구하기 위해 고안된 것이다. 맥심은 레귤러 커피와 같은 맛을 내지만, 인스턴트 커피라는 편리성을 지닌 우수한 품질의 제품을 원하는 고객들에게 소구하기 위한 것이었다. 제너럴 푸드사는 또한 “NEW” 맥스웰 하우스를 시장에 내놓았는데 이는 경제적 이유 또는 습관 때문에, 냉동건조커피로 바꾸기를 꺼려하는 50대 이상의 특정고객집단을 위한 것이었다. 상카(Sanka)는 카페인이 없는 커피를 찾는 사람들을 위한 것이며, 유반(Yuban)은 특제 커피(premium coffee)로 개발되어 출시되었는데, 이는 보다 세련된 커피를 선호하며, 높은 가격을 기꺼이 지불하고자 하는 고객들을 겨냥한 것이다. 이와는 달리, 마스터 브랜드(Master Blend)는 다른 상표에 대한 절약형 대체품으로 출시되었는데, 이는 가격에 가장 민감한 고객세분집단을 겨냥한 것이다.

한국 커피 산업의 새로운 동향

한국 커피시장은 커피믹스 1조 1,000억원, 커피전문점 6,000억원 그리고 그 외 원두커피완제품(2,000억원)과 기계 및 원부자재시장으로 전체 2조원 이상의 규모를 자랑한다. 이렇게 커피문화가 널리 퍼지고 성숙해 있는 국내 시장은 앞으로 더 다양화 · 고급화 될 전망이다.

최근 추세에 맞춰 커피전문점 수준의 품질과 커피믹스와 같은 간편함을 동시에 갖춘 캡슐커피 시장이 특히 주목을 받고 있다. 국내 시장에서 연간 30% 이상의 성장세를 보이고 있는 커피 브랜드 네스프레소가 이를 증명하고 있다.

네스프레소는 최상급 원두, 커피머신 그리고 전문적인 서비스를 3대 차별화 경쟁력으로 내걸고 있다. 이는 네슬레의 커피 로스팅 및 그라인딩 전문성을 바탕으로 한 오랜 연구 끝에 갓 분쇄한 1회분 원두가 들어있는 '네스프레소 캡슐'과 가정에서도 추출 할 수 있는 '네스프레소 머신'으로 구성된 '캡슐 커피 시스템'을 통해 구현된다. 즉, 네스프레소는 최고 품질의 그랑 크뤼 커피, 세련되고 스타일리시한 커피 머신, 그리고 최고의 고객 맞춤형 서비스 등을 통해 고객들에게 '비교할 수 없는 최고의 커피 체험(The Ultimate Coffee Experience)'을 제공하고자 한다.

〈자료원: 아시아경제, 2011. 2. 10; 시티신문, 2011. 2. 14; 헤럴드경제, 2011. 4. 11〉

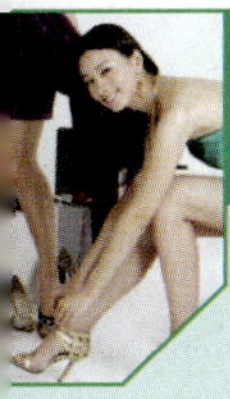

Summary & Review

_ 요약 및 복습

시장이라는 용어는 상황과 구체성에 따라 다양하게 정의될 수 있다. 어떤 경우에 있어서도 거기에는 고객들과 판매자들 사이의 거래가 개입되어 있다. 그러나 본 장에서는 철저하게 고객욕구와 마케팅활동을 연결시킨다는 차원에서 시장의 개념을 보다 구체적으로 정립하고 있다. 즉 시장이란 일정 제품과 관련된 고객의 욕구 즉 '편익'과 '사용상황'에 있어 유사한 특징을 지니고 있으며, 그 욕구를 충족시키기 위해 기꺼이 교환에 관여하려 하는 '고객집단'이라고 정의할 수 있다. 이렇게 시장을 정의하면 시장 고객의 모습을 보다 뚜렷이 알 수 있을 뿐만 아니라 그들의 욕구발전추이를 이해하는 데도 큰 도움이 될 것이다.

표적시장을 선택하기 앞서 시장을 이루는 다양한 세분시장을 파악하지 않으면 안 된다. 고객들의 욕구는 그들이 접하는 다양한 환경의 변화에 따라 변하게 되며, 그러한 욕구의 변화가 시장세분화의 근거가 된다. 이러한 욕구의 변화에 따라 시장도 진화되며 이 진화는 고객이 추구하는 편익을 기준으로 네 가지 차원에서 전개된다(왜, 언제, 어디서, 어떻게).

일단 가능한 세분시장이 도출되면 이들에 대한 시장분석을 해야 하며, 이를 위해서는 3C(customer, competition, company)분석을 철저히 해야 하며, 특히 세분시장의 크기와 성장성, 세분시장의 상대적 경쟁력, 기업의 사명과 사업목표, 가용자원 및 시너지 효과 등을 고려하여야 한다.

세분시장의 분석이 끝나면 표적시장을 선정해야 하는데 이때 표적시장을 몇 개 선정하고 어느 정도 자원을 할당할 것이냐 하는 전략적인 문제가 나타난다. 이에 대한 전략대안으로서 비차별화 · 차별화 · 집중화 전략이 있다.

Issues raised & Question

_ 문제제기 및 질문

1 제도적 차원에서 시장을 분류하고 각 시장을 예를 들어 논하시오.

2 시장세분화, 세분시장분석, 표적시장 선정에 있어서 핵심 고려사항인 3C에 대하여 논하시오.

3 커피의 예를 들어 사용욕구차원에서의 새로운 세분시장을 도출하시오.

4 위에서 고려한 커피세분시장에 대하여 고객관련 평가기준 및 경쟁관련 평가기준에 의해 평가하시오.

5 시장세분화전략 중 차별화전략은 어떠한 조건에서 바람직한지를 설명하시오.

참고문헌 _ REFERENCES

A. C. Pigou(1920), *The Economics of Welfare* (London: Macmillan).

Eric von Hippel(1983), "Novel Product Concepts from Lead Users: Segmenting Users by Experience," Working Paper, *Massachusetts Institute of Technology*.

Geraldine Fennel42(April 1978), "Consumers' Perceptions of the Product-Use-Situation," *Journal of Marketing*, pp. 38-47; Peter Dickson 46(Fall 1982), "Person-Situation: Segmentation's Missing Link," *Journal of Marketing*, pp. 56-64.

Henry J. Claycamp and William F. Massy, (Nov.), "A Theory of Marketing Segmentation," *Journal of Marketing Research* 5, pp. 388-394.

Paul E. Green and Abba M. Krieger, "Segmenting Markets with Conjoint Analysis," *Journal of Marketing* 55, pp. 20-31.

Philip Kotler(1994), *Marketing Management*, 8th ed. (Englewood Cliffs, N.J.: Prentice-Hall), p. 270.

Porter, Michael E.(1979), "How Competitive Forces Shape Strategy." *Harvard Business Review* 57(March-April), p. 141.

Robert J. Dolan, "Quality Discounts: Managerial Issues and Research Opportunities," *Marketing Science* 7, 1, pp. 21-40.

William L. Wilkie and Joel B. Cohen(1977), "A Behavioral Science Look at Market Segmentation Research," in the *Proceeding of the American Marketing Association Conference*(Chicago: American Marketing Association), pp. 29-38.

CHAPTER 7

마케팅목표의 정립과 포지셔닝전략

MARKETING MANAGEMENT

제품(브랜드)개념의 정립은 표적시장으로 선정된 세분시장에 공급할 자사제품(브랜드)이 고객의 욕구를 어떻게 충족시켜 줄 수 있다는 개념을 명확히 정립하는 것이며, 마케팅목표는 이 제품(브랜드)개념을 신속하고 정확하게 전달하기 위한 개념전달목표와 이를 바탕으로 실제 거래를 하려고 할 때 나타날 수 있는 거래장애를 제거하기 위한 구매장애제거목표, 그리고 이들 활동의 결과로서 기대되는 매출액이나 이익 등의 예상재무목표로 이루어진다.

포지셔닝은 상기의 개념전달 및 구매장애제거목표를 바탕으로 보다 구체적인 경쟁적 위상(포지션)을 고객들의 머릿속에 인식시키고자 하는 것이다. 이의 구체적인 실행은 마케팅믹스전략(제품기획, 촉진, 유통, 가격)을 통해서 이루어지며, 그것은 최종 고객에 대한 가치창출로 연결되어진다. 여기서 보다 바람직한 것은 하나의 제품(브랜드)에 대한 마케팅관리가 고객들의 동태적인 욕구변화와 경쟁상황 및 기업능력여건에 따라 보다 장기적으로 관리되어질 필요가 있다는 것이다. 제 15장 동태적 마케팅관리가 이에 대한 해답을 제공해 줄 것이다.

본 장에서는 이러한 표적시장별 제품(브랜드)에 대한 마케팅목표의 정립 및 그에 적합한 포지셔닝전략 수립과정에 대해 자세히 살펴보기로 한다.

표적시장별 마케팅목표의 정립 제 1 절

표적시장이 선정되면 표적시장별로 마케팅활동의 목표가 명확히 정립되어야 한다. 마케팅목표는 크게 세 가지로 구분된다. 첫째는 기업의 제품이 어떤 고객들을 위해서 만들어졌고 어떻게 그들의 욕구를 충족시켜 주는가에 대한 이해를 높이며 포지션(위상) 정립을 수행하는 제품개념 전달활동목표이며, 두 번째는 여섯 가지 거래장애 요인의 제거를 통한 구매전환활동 목표이고, 세 번째는 앞의 두 목표를 달성하면 기대되어지는 매출액 및 이익의 형태로 표시되는 예상재무목표이다. 세 번째 목표설정을 위해서는 타부서의 지원사항도 필요하게 된다.

1.1. 제품개념(브랜드개념)

(1) 제품개념과 포지션(위상)

지금까지 우리는 제품개념이라는 용어를 소비자의 욕구에 대한 제품의 적합성을 표현하는 의미로 사용하여 왔다. 보다 축약하면, 제품개념이란 제품이 어떻게 고객의 욕구를 충족시킬 수 있는가를 보다 더 구체적으로 소비자들에게 의미 있는 언어로 표현한 것이다. 그러므로 제품이 제공해 주는 편익, 제품의 용도, 제품이 겨냥하는 표적고객특성에 따라 서로 다른 제품개념들을 만들 수 있다. 제품개념에 대한 상기의 정의는 앞으로 계속해서 사용될 것이다. 어떤 저자들은 제품개념 대신에 브랜드 개념을 사용하는데 이는 개별적 제품이나 서비스가 특정 이름으로 제공되는 데 따른 것이다. 우리는 이 두 용어를 동일하게 사용하기로 한다.

일반적으로 제품포지션(제품위상)은 경쟁제품간의 상대적 차이점의 관점에서 이해되어지는 보다 세부적이고 구체적인 제품의 의미이다. 이는 경쟁사로부터 자사 제품을 차별화시킨다. 이러한 차별화는 경쟁선상에서 자사 제품의 위치를 정립하기 위하여 통상적으로 기존의 경쟁자들을 비교대상(referent point)으로 간주한다. 즉, 제품포지션은 제품개념의 보다 세부적이고, 구체적인 형태로서 경쟁상황을 고려한 제품개념의 구체화된 의미이다. 따라서 제품포지션은 제품개념하에서 더 구체적으로 표현된 제품의 경쟁적 차별화의 의미를 갖고 있다.

개념전달차원의 마케팅목표를 정립할 때 우선 고려해야 할 것이 제품의 개념과 포지션의 설정이다. 제품의 개념은 보다 장기적으로 관리되고, 포지션은 경쟁상황에 따라 변화될 수 있으나, 단기적으로는 제품개념과 포지션은 구분없이 사용될 수도 있을 것이다. 이 책에서 개념전달활동을 설명할 때의 개념에는 제품(브랜드)개념뿐만 아니라 포지션도 포함되어 있음을 명심해야 한다.

(2) 제품개념의 종류

제품개념은 제품의 포지션과 포지셔닝전략을 결정한다. 다음의 세 가지 제품개념은 소비자욕구의 세 가지 형태와 대응한다. 첫째, 기능적인 제품개념은 고객들에게 내·외적으로 야기되는 기능적 문제들을 해결하기 위한 것이다. 둘째, 상징적인 제품개념을 지닌 제품은 고객들을 그들이 원하는 집단이나 역할 혹은 자아상(현실적 혹은 이상적)과 연결시켜 주는 것이다. 셋째, 감각적인 제품개념은 감각적인 자극을 통하여 내적으로부터 창출되는 고객들의 욕구를 충족시키는 데 그 목적을 지닌다.

제품개념의 선택은 그에 따른 마케팅관리의 의사결정을 주도하는 바탕이 되기 때문에 하나의 제품개념을 선택하는 것이 적절하다(다른 개념들은 하위의 개념으로서 보완되도록 함). 기능적·감각적·상징적 욕구들이 혼합된 형태의 제품개념을 선택하게 되면, 제품관리를 위한 마케팅전략은 비효과적이고 어렵게 된다. 그 이유는 첫째, 복수개념의 제품은 일관성 있는 지침들을 창출해 내지 못한다. 즉, 이것도 저것도 아닌 전략들이 생기게 되는 것이다. 둘째, 복수개념의 제품은 많은 제품의 경쟁대상이 되므로 실패하기 쉽다. 셋째, 복수개념의 제품은 소비자가 제품의 개념을 잘못 해석하는 경향을 일으키기 쉬우며, 이는 시장에서 제품관리와 관련된 비용을 증가시키게 된다.

1.2. 개념전달차원의 마케팅목표 설정

개념전달활동은 제품이나 서비스가 고객의 욕구와 선호에 일치한다는 것을 나타내는데 관련된 활동들이다. 즉, 표적고객의 욕구와 선호를 충족시킬 수 있다는 제품개념-포지션(위상)의 전달활동이다. 그러므로 개념전달차원에서의 마케팅목표는 "2001년 특정 표적시장에서 A 제품개념의 인지도를 기존의 30%에서 40%로 증가시킨다"와 같이 될 것이다. 보다 구체적인 예로서는 〈표 7-1〉 풀무원 생칼국수(생면)의 마케팅목표 중 개념전달목표가 참고가 될 것이다.

1.3. 구매전환활동차원의 마케팅목표 설정

개념전달활동을 통해서 수립된 고객의 인지를 실제의 거래로 전환시키기 위해서는 거래상에서 나타나는 여섯 가지 장애요인들을 제거시키는 구매전환활동이 필요하다. 잠재고객이 그 기업 제품의 개념에 대해 이해를 하더라도 적시에 적소에서 구입할 수 없거나 구매능력을 벗어날 정도로 높은 가격이라면 거래는 발생하지 않는다. 그러므로 구매전환활동차원의 마케팅목표는 "2001년 특정 표적시장에서 A제품의 실제 거래와 관련된 시간, 장소, 소유 등의 특정 장애요인들을 기존보다 각각 10%씩 감소시킨다"와 같이 될 것이다. 구매전환활동차원의 마케팅목표의 보다 구체적인 예는 〈표 7-1〉에 언급되어 있으니 참조하기 바란다.

1.4. 예상재무목표 및 타부서 지원사항의 확인

마케팅관리자는 상기의 개념전달활동과 구매전환활동의 결과로서 나타날 예상매출액이나 이익목표를 가지고 있어야 한다. 이를 정확히 예측하기가 쉽지 않을지라도 과거의 자료와 향후 마케팅활동의 기대분석을 통하여 이를 예측하도록 노력하여야 한다. 또한 마케팅관리자는 목표매출액과 시장점유율을 달성하기 위하여 타 부서들로부터 어떠한 지원이 필요한지에 대해서도 명확히 이해하고 있어야 한다. 이러한 이해는 마케팅관리의 조정과 통제에 필수 불가결한 것이다. 〈표 7-1〉은 하나의 예시가 될 것이다.

표 7-1
풀무원 생라면 '자연은 맛있다'의 마케팅 목표

1. 개념전달목표

(1) 제품(브랜드)개념 및 포지션의 정립

• **제품개념**

풀무원의 '자연은 맛있다'는 "라면은 맛있지만 건강에는 좋지 않다"는 소비자 인식을 바꿔줄 제품으로 기름에 튀기지 않고 합성착향료 등 7가지 화학첨가물을 뺀 '건강한' 라면이다.

이 제품개념은 기본적으로 '맛'이라는 감각적인 제품개념도 포함하고 있지만 이 개념은 하위개념이고 고객의 욕구상 가장 중요한 제품개념으로는 '건강'을 표방하는 기능적 제품개념이다.

• **포지션(위상)**

'자연은 맛있다'는 현재 라면시장을 구성하고 있는 기름에 튀긴 면(유탕면) 상품보다는 칼로리가 낮고 기존 풀무원의 냉장보관용 생라면의 수제 분위기는 유지하면서도 보관기간 및 방법이 더 편리한 건면으로 만든 상품이다.

(2) 상기 제품개념-포지션(위상)의 전달활동 목표

2011년 1-12월까지 풀무원 생라면 '자연은 맛있다'의 제품개념-위상을 우선 서울과 지방 대도시의 표적고객들에게 신속히 알려 그 인지도를 60%까지 끌어올린다.

2. 구매전환활동목표

가장 중요하게 고려되어져야 할 목표사항을 중심으로 정리해 보면 다음과 같다:

첫째, 바람에 건조하는 방식으로 생산하는 건면에 대한 개념-위상 인지가 부족하므로 소비자들이 한번 들으면 금방 제품이 무엇이라는 것을 알 수 있도록 제품믹스(포장과 로고)와 촉진활동을 적극적으로 수행한다: 지각장애의 제거

둘째, 초기에는('11 1/4분기) 서울지역의 대형점을 중심으로 출시하고 점차 소형점으로 확대하며('11 2/4분기), 다음에 지방대도시로 단계적으로 확대한다('11 3/4~4/4분기): 시간과 장소장애의 제거

셋째, 유통기한은 5-6개월이라는 점을 명확히 밝히고 유통기한이 지난 제품은 즉시 수거하며, 유통기한 내에라도 만약 고객이 신선도가 떨어졌다고 항의하면 즉각 반품해준다: 소유(이용가능성)장애의 제거

넷째, 산뜻한 포장과 디자인의 개발로 제품의 건강하고 신선한 감각을 전달한다: 감각적 장애의 제거

다섯째, 손으로 만든 쫄깃한 맛을 최대로 재현하고 기름에 튀기지 않고 첨가물을 뺀 제품의 건강지향적 속성을 살린다: 기능장애의 제거

3. 예상재무활동목표

상기의 마케팅 활동과 사내 다른 부서의 지원이 순조롭다면 다음과 같은 매출액과 이익이 예상된다.

2011년 매출액: 1,000억원

2011년 이 익: 200억원

• **R&D부서와 생산부서의 주요 지원사항:**

① 상기 브랜드 개념에 부합되는 제품의 개발을 정해진 시간 내에 해 주어야 한다.

② 마케팅 부서의 판매예측에 부합되는 생산 및 출고를 해 주어야 한다.

• **인사부서의 지원사항:**

① 본 제품의 마케팅을 위한 3명의 인력충원이 필요하다.

② 10명의 A/S요원의 보충이 필요하다.

• **재무부서의 주요 지원사항:**

① 초기 광고 및 판촉 예산이 많이 소요되므로 이에 대한 적절한 자금조달이 요망된다.

〈자료원: 풀무원 홈페이지, 매일경제, 2011. 2. 16〉

포지셔닝(위상정립)전략 제 2 절

2.1. 단기적 포지셔닝과 장기적 포지셔닝

포지셔닝(위상정립)이란 제품(브랜드)개념을 신속하고 정확하게 전달하기 위한 개념전달목표와, 이를 바탕으로 실제 거래를 하려고 할 때 나타날 수 있는 거래장애를 제거하기 위한 구매장애제거목표 달성 및 경쟁제품과 가장 효과적으로 차별화시킬 수 있는 위치를 고객의 마음 속에 자리매김하려는 모든 노력을 의미한다. 이러한 포지셔닝은 제품, 가격, 촉진, 유통 등의 상호 보완적인 마케팅믹스활동을 통해서 이루어진다. 예컨대, 우리는 대체로 LG의 '한스푼'이나 제일제당의 '비트'는 세척력이 강하여 적게 사용하더라도 세탁이 잘 되는 세제, '프라이드'는 실용적인 자동차, Merecedes Bentz나 Cadillac은 고급승용차로서 생각한다. 이는 이 제품들이 우리의 마음 속에 그렇게 자리잡고 있기 때문이다. 따라서 제품포지셔닝은 어떤 제품을 경쟁제품에 비하여 차별적 특징을 갖도록 제품개념을 정하고, 그에 따라 개발 · 생산된 제품을 소비자가 구매하는 데 어려움을 느끼지 않도록(장애요인 제거) 소비자의 지각 속에 적절히 위치화시키는 노력으로서, 이를 달성하기 위한 효율적인 마케팅믹스활동이 뒷받침되어야 한다.

시장세분화는 제품차별화, 즉 포지셔닝과는 다른 것이다. 포지셔닝은 어떤 경쟁적 우위를 얻기 위해 제품을 경쟁업자의 것과 구별시키는 것을 말한다. 포지셔닝은 하나의 특정한 세분시장은 물론이고, 세분화시키지 않은 전체시장을 중심으로도 수행될 수 있는 것이다. 시장세분화의 초점은 기업과 고객들과의 거래가 가장 효율적으로 수행될 수 있는 시장을 확인 · 파악해 나가는 것이다.

포지셔닝전략은 단기적인 포지셔닝전략과 장기적인 포지셔닝전략으로 구분되어질 수 있다. 이는 제품개념과 포지션의 관계와 연계되는 것이다. 단기적으로는 주어진 경쟁상황 속에서 제품개념과 포지션을 묶어서 고객에게 전달하여 위치화시키면 되지만, 장기적으로는 경쟁상황이 바뀜에 따라 포지션이 바뀔 수 있으며 그에 따라 정해진 제품개념의 우산 속에서 포지션의 변화를 전략적으로 관리할 필요가 증대된다. 이 장에서는 주로 일반적인 마케팅전략수립에 관련되는 단기적 포지셔닝전략에 대해 설명하고, 장기적인 것은 제15장 동태적 마케팅관리 중 장기제품유지전략에서 보다 자세히 설명할 것이다.

2.2. 포지셔닝의 유형

기업이 자사제품을 세 가지 제품개념 중 어느 하나의 개념에서 경쟁제품과 차별화를 시도하는 포지셔닝은 여러 가지 형태로 나타낼 수 있다.

(1) 기능적 편익 혹은 속성에 의한 포지셔닝

이는 제품의 기능적 편익이나 속성을 차별적으로 고객에게 소구하는 데 초점을 맞춘 포지셔닝이다. 예컨대, 미국 승용차시장에서 현대 '엑셀'은 저가격을 강조하는 데 비해 Volvo는 충돌실험 장면을 연출함으로써 안전성을 강조하였으며, BMW는 'the ultimate driving machine'으로서 우수한 성능으로 포지셔닝하였다. '브랜닥스' 치약은 충치예방능력을 강조하고, '페리오닥터'는 치석제거를 강조하였으며, '크로즈업' 치약은 입냄새 제거 치약으로 포지셔닝하였다. 우리나라의 중저가 브랜드 '로렐'은 광고모델이 로렐을 신고 럭비를 하거나 대형피아노 건반 위에서 춤추는 장면을 연출하면서, '랜드로바가 만든 편안한 정장구두'라는 메시지로 신기에 편한 정장구두로 포지셔닝하였다. 'OB라거'는 기존의 기술력을 바탕으로 '숙성이 잘 된 진짜 맥주의 맛'으로, '하이트'는 '100% 천연암반수'로 각각 포지셔닝을 하였다. '엘란트라'는 고성능으로 포지셔닝하기 위해 국제자동차 경주대회 우승을 광고하였으며, '무쏘'도 같은 광고전략을 사용하며 자사 제품의 기능적 우위성을 강조하였다.

'무쏘'도 같은 광고 전략을 사용하며 자사 제품의 기능적 우위성을 강조하였다. 최근에는 웰빙열풍 속에서 '마시는 비타민 C'로 기존에 과립이나 알약형태 대신 편리하게 비타민을 섭취할 수 있는 음료인 '비타 500'이 기능적 편익을 강조하는 제품으로 큰 성공을 거두었다.

(2) 상징적 편익 혹은 속성에 의한 포지셔닝

상징적 포지셔닝은 제품의 상징적인 편익을 차별적으로 소구하는 것이다. 소비자들의 제품구매를 통해 사회적으로 인정 받고 싶어 하는 욕구를 충족시켜 주는 것이 상징적 편익이다. Godiva Chocolates은 'Make a wish'의 메시지를 사용하여 고급브랜드로 포지셔닝하였으며, Lenox China는 '예술품은 결코 낭비가 아니다' 라는 문구로써 그 제품으로 소비자가 평소에 꿈꾸던 것(fantasies)을 실현할 수 있는 것으로 포지셔닝하였다. 동서식품은 '가슴이 따듯한 사람과 만나고 싶다,' '커피의 명작, 맥심' 과 같은 광고문구로써 '맥심' 을 정서적 · 사색적이면서, 고급이미지로 포지셔닝하였다. 이러한 포지셔닝은 대개 보석, 고급패션 의류나 구두, 고급화장품 등 고급제품을 포지셔닝하는 경우에 많이 이용되는데, 고급제품이 주는 이미지에 의하여 자아 이미지를 향상시키고자 하는 소비자 심리에 소구하는 것이다. 캐주얼 구두 시장에 뒤늦게 진출했던 '영에이지' 가 시

삼성전자 '하우젠 스마트에어컨'
냉방 · 청정 · 가습 되는 사계절 쓰는 가전

냉장고는 여름 가전이라는 고정관념을 아주 시원하게 깨버린 제품이 바로 삼성 하우젠 에어컨이다. 한여름철뿐 아니라 '사계절 사용할 수 있는' 냉방, 청정, 가습 등의 기능이 본격적으로 구현되는 한편 휴대폰으로 에어컨 전원을 켜고 끌 수 있고, 슬림한 디자인으로 에어컨에 대한 가장 앞서가는 기술력이 집약된 첨단적이고 혁신적인 전자제품의 이미지로 완전히 탈바꿈한 것이다. 사계절 가전에서 더 나아가 디지털 가전의 화두이자 기존 에어컨과는 선을 긋는 새로운 개념인 '스마트(smart)' 로 하우젠은 진화했다. 휴대폰으로도 작동하며 사계절 사용할 수 있는 새로운 기능을 알린 론칭 광고는 모델 김연아의 손끝으로 스마트한 생활을 만드는 세련된 광고 형식으로 호평을 받았다. 특히 김연아의 노래와 사계절 스마트 생활을 담은 'Don't Worry, Be Smart' 뮤직비디오는 온라인에서의 꾸준한 바이럴을 통해 소비자의 폭발적인 반응을 일으켰고, 전 국민이 한번쯤은 흥얼거렸을 '스마트송' 으로 2011년 가장 인구에 회자되는 캠페인의 면모를 확실히 다지게 됐다. 2011년 '삼성 하우젠 스마트에어컨' 은 새롭고 똑똑한 가전으로서의 앞서가는 기술력을 상징하는 한편, 편리하고 더 나은 라이프스타일을 제공하는 에어컨만의 '스마트 가전' 시대를 여는 혁신적인 신호였다는 평가를 받고 있다. 특히 연말연시에는 김연아의 'Happy Smart Year' 라는 새로운 스마트 시대를 상징하는 새해 인사 및 인터랙티브한 형식의 연하장을 만들어 김연아와 이승훈 등 새해 인사를 주고받는 사진을 화제에 올리기도 했다. 한편 삼성전자는 스마트사이트(www.smart-aircon.com)에서 소셜네트워크서비스(SNS) 채널을 연계하는 한편 별도 트위터(@smartaircon) 활동을 통해 소비자와의 소통에 주력하고 있다.

〈자료원: 아시아경제, 2011. 5. 27〉

장조사를 통하여 '랜드로바'의 이미지가 너무 강하여 캐주얼 구두는 20대 초반까지의 청소년들의 구두로 인식되고 있음을 발견하고 20대 후반, 혹은 그 이상이 신을 수 있는 캐주얼화로 새로이 포지셔닝하기 위해 그에 맞는 연령층의 모델을 기용한 사례도 상징적 포지셔닝의 유형으로 볼 수 있다.

혹은 그 이상이 신을 수 있는 캐주얼화로 새로이 포지셔닝하기 위해 그에 맞는 연령층의 모델을 기용한 사례도 상징적 포지셔닝의 유형으로 볼 수 있다. 또한 최근 삼성카드 광고의 경우, 다양한 할인혜택과 마일리지 서비스로 치열하게 경쟁하고 있는 카드시장에서 성공한 멋진 남편이 쓰는 카드로 삼성카드를 포지셔닝 하여 성공을 거두었다.

(3) 감각적(경험적) 편익 혹은 속성에 의한 포지셔닝

감각적(경험적) 포지셔닝은 제품의 감각적인 만족이나 자극에서의 차별성을 강조하는 것이다. 즉 제품을 사용하는 과정에서 소비자들이 느낄 수 있는 긍정적인 감정과 감각적인 즐거움 등의 감각적(경험적) 편익을 강조함으로써 제품을 포지셔닝하는 것이다. 예컨대, 동서식품의 '맥심 모카골드'는 개성이 강한 연극인 윤석화를 내세워 '저도 알고 보면 부드러운 여자에요'라는 광고문구로써 부드러운 맛의 커피로 포지셔닝하는 데 성공한 바 있다. 또한 '땀냄새를 제거시켜 주는 향비누,' 'The United Color of Benetton,' 'Tropic Orange, Nude Orange의 립스틱' 등은 감각적 포지셔닝의 좋은 예들이다.

Absolut Vodka의 상징적 포지셔닝

1979년 스웨덴의 Absolut Vodka가 미국시장에 진입한 이후 현재까지 전체시장의 65% 이상을 점유하고 있을 수 있는 이유는 매우 세련되고, 상류지향적이며, 풍요로운 애주가가 마시는 제품으로 포지셔닝되어 왔기 때문이다. 제품을 담고 있는 용기도 스웨덴의 엄격함을 나타내고 있으며, 모든 광고에서도 그 용기를 중심으로 상류사회의 풍요로움을 지향하는 메시지와 이미지가 나타나고 있어 Vodka 시장에서 Absolut라는 제품은 상류층이라는 이미지로 지각되고 있다. 즉 이와 같은 상징적 포지셔닝에 의해 소비자들은 그 제품이 가지는 상류지향적이라는 상징적인 이미지에 이끌려 지속적으로 구매하게 되는 결과를 낳고 있다.

〈자료원: Datamonitor, "Absolut Case Study: Retaining Growth in the Competitive U.S. Vodka Market, 2008〉

또한 미국 AT&T의 'reach out and touch someone' 캠페인은 멀리 떨어져 있는 가족 혹은 친지들과 대화의 수단으로 장거리 전화를 포지셔닝하였으며, 이와 비슷하게 한국통신은 '기다리는 가족에게 귀가시간을 알려 줍시다' 라는 캠페인으로 사용을 증대하는 방향으로 가족과의 대화의 매체로 전화서비스를 포지셔닝하였다.

이와 비슷하게 한국통신은 '기다리는 가족에게 귀가시간을 알려줍시다' 라는 캠페인으로 사용을 증대하는 방향으로 가족과의 대화의 매체로 전화서비스를 포지셔닝하였다. 최근에는 애플사가 iPad 2의 'if you asked' 광고편을 통해 다양한 고객에게 iPad 2에 대해 묻는 과정을 통해 iPad 2가 삶을 변화시키고 꿈을 이룰 수 있게 해주는 도구임을 강조하고 있다.

말하지 않아도 아는 초코파이

30년에 이르는 장수 브랜드 오리온 '초코파이 情'은 오리온 최고의 브랜드로 이제는 러시아, 중국, 베트남, 인도, 미얀마 등에서도 활약하고 있는 자랑스러운 한국과자이다. 하지만 제품출시 시점부터 줄곧 고성장을 기록해 온 오리온의 초코파이도 경쟁사들의 모방제품, 장수제품이 갖는 소비자가 느끼는 식상함 등의 위기가 있었다. 그리고 이런 위기에 대한 대응책으로 탄생한 것이 '정'(情)시리즈이다.

지난 2010년까지 장장 22편으로 이어져 온 '초코파이 情' 시리즈의 광고 캠페인은 한국인의 구수한 정을 일상생활 속에서 흔히 경험하거나 경험해봄 직한 에피소드들을 통해 다루고 있다. '말하지 않아도 알~아요' 로 시작되는 잔잔한 배경음악과 함께 이사가는 날 옆집 사람들과의 가슴 찡한 정, 생일을 맞은 선생님, 군대 간 삼촌을 바라보는 어린 조카 등을 그렸다. 이렇게 어느 유명인의 연기로 가공된 이야기가 아닌 평범한 사람들 누구나 겪을 수 있는 잔잔한 생활 이야기로 초코파이는 한국과 한국인의 정서를 주제로 휴머니즘을 강조하며 독특한 이미지를 구축하였다.

제품이 주는 포만감과 가장 한국적인 정의 따뜻함을 절묘하게 일치시키고 이를 일관된 컨셉으로 유지한 것이 초코파이의 성공요인으로 정 시리즈가 나오기 직전인 1989년 240억원의 매출에서 2010년 기준 국내 매출은 6,775억원으로 급진적인 성장을 하였다. 즉, 소비자 감정에 호소하는 포지셔닝 전략을 통해 아이들만이 구매하던 한정적 시장의 포화상태에서 벗어나 모두가 느낄 수 있는 향수를 불러일으키면서 구매층을 확대시켜 시장성장을 이루어 낸 것이다.

〈자료원: 초코파이 홈페이지〉

2.3. 포지셔닝의 접근방법

현대의 소비자들은 수많은 상품에 대한 너무나 많은 정보에 노출되어 있다. 그래서 그들은 물건을 살 때마다 많은 정보를 바탕으로 물건을 평가할 수는 없다. 그래서 구매의사결정을 단순화하기 위해 그들은 상품, 상표, 회사 등을 일정한 틀에 끼워 넣는다. 예를 들어, 'A' 상표는 비싸고 고급품인 것으로, 'B' 상표는 싸고 서민층이 애용하는 것으로 인식하는 경우이다. 마케팅관리자는 이렇게 소비자의 마음 속에서 형성되는 자사제품의 위치가 자사에게 유리하게 정립되도록 적극적인 노력을 기울여야 한다. 이러한 노력의 과정이 포지셔닝이다.

제품의 포지션을 정립하기 위하여 마케팅관리자는 기존제품에 대한 소비자의 선호도를 분석하여야 한다. 이러한 분석을 위하여 다양한 질적 또는 양적 방법이 있다.

(1) 제품포지션의 정립을 위한 질적 방법

관찰방법과 초점집단면접은 특정제품의 포지션을 결정하는 데 도움을 준다. 예를 들어 관리자들은 때때로 소집단으로 모여진 소비자들이 경쟁제품의 포지션에 대해 어떻게 느끼는가에 대해 관찰함으로써 제품포지션을 정립하는 데 중요한 통찰력을 얻을 수 있다. 서비스를 신시장으로 확장하기를 원하는 기업은 그들의 서비스와 신시장에서 경쟁자가 제공하는 서비스에 대한 주요 고객의 반응을 경청하여 중요한 정보를 획득할 수 있다. 이러한 과정을 통하여 기업은 시장에서 제품에 독자적인 경쟁적 우위를 창출 할 수 있다.

그러나 질적 방법은 제품포지션을 정립하는 데 있어 많은 제약을 갖는다. 이러한 접근방법은 소비자 반응에 대한 조사자의 해석에 지나치게 의존하고 있으며, 소비자 집단으로부터의 유용한 반응의 여부는 그 집단에 대한 조사자의 역할에 의존한다. 그러므로 특정제품의 포지션을 결정하는 데 질적 방법에만 의존하는 것은 바람직하지 못하다. 오히려 이러한 방법은 포지션의 대체안들을 파악해서 끄집어 내는 첫번째 단계로 이용하는 것이 좋다.

(2) 제품포지션 정립을 위한 양적 방법

제품개념 및 포지션의 정립을 위한 양적 방법으로는 (i) 소비자의 태도와 의도에 관한 설문조사, (ii) 다차원 척도법, (iii) 컨조인트 분석이 있다. 이러한 세 가지 방법은 상호보완적이며, 가능하다면 함께 사용하는 것이 좋다. 한 가지 방법을 사용하는 것보다는 복수의 방법을 사용함으로써 최종의사결정에 확신을 높여 줄 수 있기 때문이다.

1) 소비자태도와 의도에 관한 설문조사

전형적인 설문조사에는 대표적인 고객들에게 물리적 속성, 성능상 특성, 가격의 범위 등에 관한 정보를 포함한 다양한 제품포지션들을 제시한다. 그리고 소비자들에게 그들 제품의 전반적인 선호도와 구매의도를 고려하여 각 제품포지션을 평가하게 한다. 이 설문조사방법의 두 가지 한계점은 (i) 마케팅관리자가 이미 이상적인 제품의 포지션을 정립했다고 가정한다는 점과 (ii) 상세하고도 기본적인 원인의 규명이 없이 단지 선호도나 구매의도의 정도만을 밝히고 있다는 점이다.

2) 다차원 척도법(Multi-Dimensional Scaling : MDS)

다차원 척도법은 (i) 제품의 포지션을 결정지워 줄 수 있는 핵심적 차원 및 속성들과 (ii) 이들 차원들에 대한 소비자들의 인지도(perceptual map)를 작성하는 기법이다. 다차원 척도법은 다차원의 공간에서 소비자의 특정욕구를 만족시킬 수 있는 제품들에 대한 소비자의 인지사항을 지도화하여 핵심속성들의 차원을 규명하기 위한 것이다.

이러한 지도화는 고려대상이 되는 다양한 제품들에 대한 소비자의 유사성 판단으로부터 도래된다. 이들로부터 마케팅관리자는 어떤 제품이 소비자에게 동질적으로 혹은 이질적으로 인지되는지를 규명할 수 있으며, 직접적인 또는 간접적인 경쟁의 원천에 대해 이해하게 된다.

소비자들이 이상적이라고 생각하는 차원의 조합은 응답자들이 평가한 그 제품에 대한 선호도에 대한 자료의 수집으로부터 나온다. 선호도는 비율척도나 그 제품에 대한 평가순위로 표시된다. 이러한 자료는 위에서 언급한 유사성 자료에 의해 규명된 인지차원으로 척도화된다.

인지도가 그려지고 나면 이를 활용하여 제품개념 정립에 필요한 두 가지 중요한 정보를 얻을 수 있다. 첫째, 신제품 기회를 확인할 수 있다. 즉, 시장에 대한 소비자의 인지도를 검토함으로써 기존제품들이 충족시키지 못하고 있는 "지각상의 공백"을 규명해낼 수 있으며 이러한 공백의 발견을 통해 신제품의 개념을 적절히 선정할 수 있는 것이다. 예를 들어 진통제시장에 대한 인지도를 나타

그림 7-1
진통제에 대한 인지도

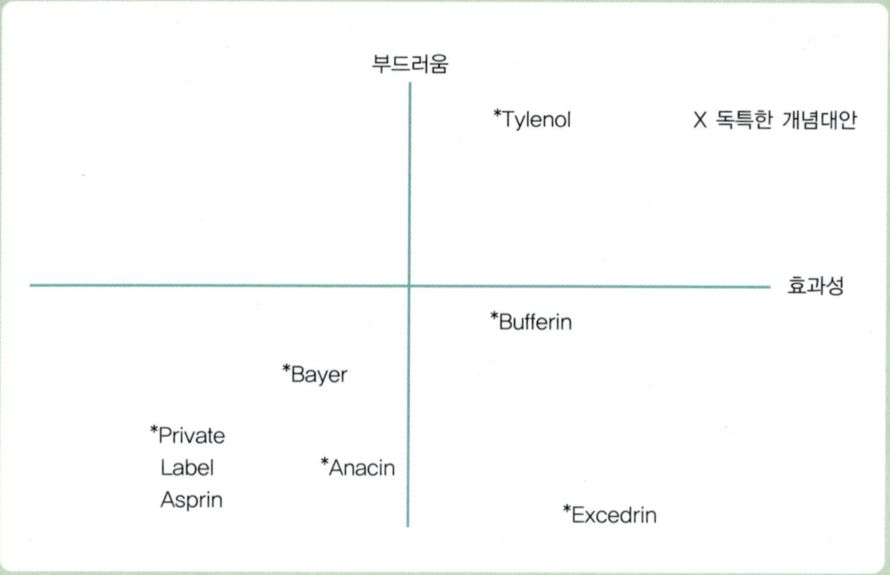

자료원: Glen L. Urban and John R. Hauser, *Design and Marketing of New Products*(Englewood Cliffs, N.J.: Prentics-Hall, Inc.), p.187.

내는 〈그림 7-1〉에 의하면 이 시장의 제품들은 효과성의 차원과 부드러움(위장에 부담을 주지 않는)의 차원으로 구분되고 있다. 다른 상표에 비하여 Excedrin이 가장 높은 효과성을 지니고 있는 반면 Tylenol이 가장 부드러운 것으로 인지되고 있다. 반면 현재의 제품들 중에는 높은 효과성과 높은 부드러움을 동시에 만족시켜 줄 수 있는 대안이 없다는 것이 확인된다(그림에서 'X'로 표시). 만약 이러한 지점에 이상점이 위치한 고객들이 많아서 수요가 충분하다면 이 지점에 놓일 수 있는 제품개념을 정립하고 이를 토대로 신제품을 개발하고 포지셔닝할 수 있는 기회가 발견된 것이다.

둘째, 인지도는 어떤 특정 신제품의 개념이 기존제품과 비교하여 소비자에게 어떻게 인지되는지를 알려 준다. 예를 들어 〈그림 7-2〉에서의 'X' 점은 제품개념에 대한 사전조사에서 도출된 신제품에 대한 소비자의 인지 위치를 나타내는 반면 'O' 점은 신제품을 실제로 사용한 후 소비자들이 인지한 위치를 나타내주고 있다. 이렇듯 신제품에 대한 소비자들의 인식이 관리자의 의도와는 다르게 나타나고 있음이 확인되면 앞으로 그 제품의 개념을 재정립하거나 아니면 제품의 포지셔닝에 대한 상세하고 적극적인 마케팅 커뮤니케이션 전략이 필요하다는 판단을 내릴 수 있을 것이다. 여기서, 제품에 대한 인식이 비단 제품의 속성

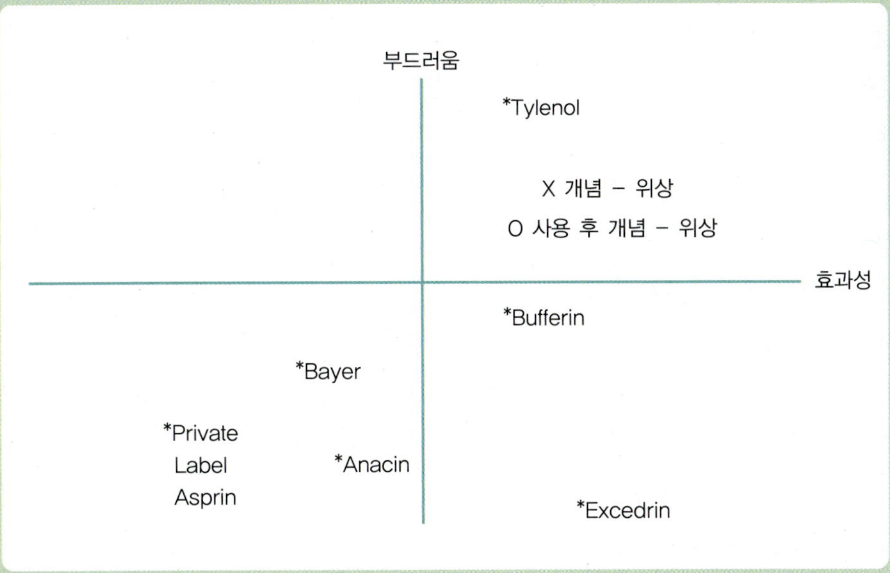

그림 7-2 사용 후의 새로운 진통제에 대한 인지도

자료원: Glen L. Urban and John R. Hauser, *Design and Marketing of New Products* (Englewood Cliffs, N.J.: Prentics-Hall, Inc.), p. 187.

으로만 결정되는 것이 아니라는 점을 염두에 둘 필요가 있다. 예를 들어, 제품의 포지셔닝 위치는 브랜드명에 의해서도 많은 영향을 받을 수 있다는 것이 실증적으로 많이 확인된 바 있다. 구체적으로, 코카콜라사에서는 기존제품(Classic Coke)과 신제품(New Coke)의 맛을 비교하기 위하여 수천번의 "눈감고 맛보기"(blind taste test)를 실시하였다. 상표를 모르는 상태에서 비교를 한 이 실험에서는 신제품의 맛이 더 많이 선호되는 것으로 나타났지만 브랜드명을 볼 수 있는 실제 구매상황에서는 소비자들이 기존 코카콜라를 훨씬 더 선호했다.

다차원척도법을 이용해서 제품개념을 결정할 때에는 다음과 같은 사항을 고려하여야 한다. 첫째, 인지도를 도출해 내는 과정에서 신뢰성 있는 두 개의 차원을 추출하기 위해서는 일반적으로 적어도 8개의 제품이 필요하다. 그러므로, 기존제품에 대한 인지도를 작성하고자 할 때 소비자들이 인지하고 있는 제품의 수가 너무 적다면 이 기법의 사용이 어려워진다. 그러나 기존제품과 대비하여 신제품의 개념을 정립하려는 목적으로 하는 경우 조사자가 추가적인 신제품의 개념을 제공할 수 있기 때문에 필요한 최소 제품 수는 문제가 되지 않는다.

둘째는, 두 차원의 의미를 해석하여 명칭을 부여하는 과정이 상당히 주관적이라는 점이다. 즉, 다차원척도 프로그램에서는 단순히 제품의 상대적 유사성에 대한 소비자들의 인지를 토대로 제품의 위치가 산출되며 결과에서 나타난 제품간의 상대적 위치를 보고 각 축의 의미를 판단하는 것이다. 〈그림 7-1〉에서 관찰되어진 제품집단을 "부드러움"과 "효과성"으로 구분한 것도 조사자의 해석에 따른 것이다. 비록 차원을 해석하는 데 도움을 주는 방법들이 존재하기는 하지만 이 과정은 근본적으로 주관적이라는 점을 염두에 두어야 하며 인지도의 활용에 기본이 되는 차원의 명칭결정에 신중을 기해야 한다.

마지막으로, 관찰된 유사성(즉, 유사성에 대한 소비자의 평가)과 인지도상의 제품위치를 일치시키기 위해 필요한 차원의 수를 결정하는 것은 매우 복잡하다. 〈그림 7-2〉에서 보듯이, 인지도는 보편적으로 두 개의 차원으로 표현된다. 그러나 실제로 소비자가 제품간의 유사성을 평가할 때에는 그보다 많은 차원(예를 들어 가격, 포장, 복용용이성, 브랜드 이미지 등)을 활용하게 되며 이렇듯 다차원적으로 비교된 자료를 두 개의 차원으로 표현하는 과정에서 오차가 발생하게 된다. 따라서 소비자의 유사성 평가를 보다 정확하게 이해하기 위해서 때로는 두 개 이상의 차원이 사용되기도 한다. 일반적으로 차원의 수가 많을수록 관찰된 유사성과 인지도상의 제품위치가 더욱 일치하게 되는 반면 차원이 많을수록 인지도가 복잡해지며 해석하기가 어려워져 그 유용성이 오히려 떨어지게 된다. 그러므로 조사자는 결과의 신뢰도를 높이기 위해 차원의 수를 늘려야 하는 것과 결과의 관리적 유용성을 높이기 위해 차원의 수를 줄여야 하는 것간의 상쇄관계를 고려해야 하는 것이다.

3) 컨조인트분석

컨조인트분석은 다양한 제품속성(예: 색상)과 각 속성의 수준(예: 청색, 흑색, 백색 등)의 상대적 매력도를 평가하여 최적의 속성 조합(즉, 제품설계)을 도출해내기 위한 방법이다. 이 방법은 다차원척도법과 마찬가지로 제품에 대한 선호가 그 제품의 속성에 의해 묘사될 수 있다는 가정을 하고 있다. 그러나 다차원척도법에서는 소비자로 하여금 제품을 총체적으로 비교하게 하는 반면 이 방법에서는 관리자가 직접 관리할 수 있는 구제적인 속성을 비교하게 한다.

구체적으로 이 기법에서는 우선 여러 속성과 각 속성별 여러 수준을 선정하여 조합을 만들고 응답자로 하여금 여러 조합의 선호순위를 나타내 주도록 한다. 예를 들어 다음과 같은 속성과 속성 수준을 선정하였다고 하자:

속 성	속성수준
가 격	100 200
성 능	10 15

이에 따라 다음과 같은 조합이 도출된다:

속 성	가 격	성 능
1	100	10
2	100	15
3	200	10
4	200	15

위의 네 조합을 소비자에게 제시하고 각 조합의 선호순위를 표시하도록 한다. 이러한 자료를 토대로 가격과 성능이라는 두 속성이 소비자의 마음 속에서 어떠한 대체관계에 있는지가 파악되며 결과적으로 각 속성의 각 수준별 효용(part-worth), 즉, 가치를 산출할 수 있게 된다.

이러한 분석을 토대로 관리자는 최적의 제품속성의 조합을 규명하게 되며 나아가 이를 제품설계에 활용하게 되는 것이다. 이러한 점에서 볼 때, 다차원척도법은 제품개념의 규명을 도와 주고, 컨조인트분석은 제품의 개념을 더욱 정교화하여 구체적인 제품 속성에 반영하게 해 준다는 의미에서 이 두 기법은 상호보완적이라고 할 수 있다(그림 7-3 참조).

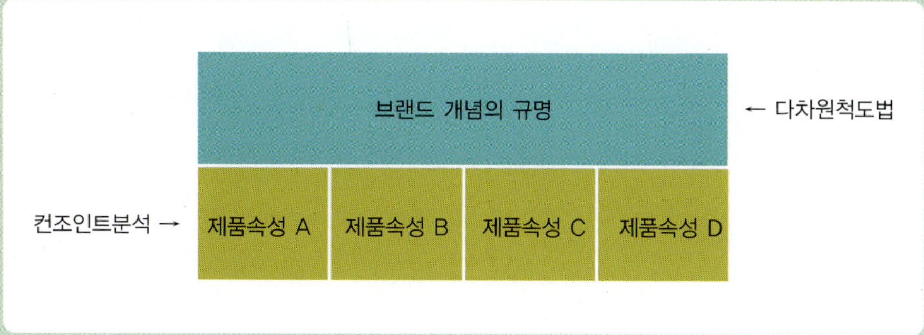

그림 7-3
다차원척도법과 컨조인트 분석기법의 상호보완적 효과

2.4. 재포지셔닝(Repositioning)

소비자가 기호의 변화, 강력한 경쟁제품의 진입 등으로 기존의 포지셔닝이 경쟁우위를 잃거나 혹은 그밖의 이유로 기존의 포지셔닝이 기업의 원하는 식으로 되어 있지 않으면 재포지셔닝을 하여야 한다. 재포지셔닝에 의하여 크게 성공한 예로서 Miller사의 High Life(브랜드 명)가 있다. High Life는 상류층이나 여자들의 맥주로 포지셔닝되어 있었으나 이를 대량음주자들인 노동자 계층에 적절한 맥주로 재포지셔닝하여 크게 성공한 바 있다. 또한 Johnson & Johnson의 유아용 샴푸는 순한 샴푸를 필요로 하는 어른들도 사용할 수 있는 것으로 새롭게 포지셔닝하여 점유율이 3%에서 14%로 신장하였다. 국내의 경우에는 동아제약 박카스가 중년층 이상의 고객을 위한 의약품에서 젊은 세대도 마실 수 있는 피로회복제로 재포지셔닝하여 큰 성공을 거둔 사례가 있다. 그러나 어떤 기존제품에 대한 소비자의 신념과 인상은 쉽게 변화되지 않기 때문에 재포지셔닝전략은 신제품포지셔닝에 비해 실패하기가 쉽다. Miller의 High Life 경우도 소비자들의 인상을 바꾸는 데 수년이 걸렸다. 재포지셔닝에 실패한 예로서는 항공회사 People's Express를 들수 있다. 전통적으로 비교적 저가시장에 포지셔닝한 People's Express는 1980년대 중반 계속적인 손실을 만회하기 위해 고급화 포지셔닝을 시도하였으나 탑승객들의 인식을 바꿀 수가 없어 결국 실패하고 말았다. 다음의 사례는 포지셔닝과 재포지셔닝의 예를 제시하고 있다.

과즙음료 시장의 포지셔닝 및 재포지셔닝

본 사례는 '내츄럴후르츠'라는 과즙음료의 재포지셔닝을 위한 조사 및 분석 내용을 간략히 간추린 것이다.

1. 재포지셔닝 시점의 상황

기존 시장에서 '내츄럴후르츠'는 설탕과 방부제를 일절 사용하지 않은 천연과즙음료에 맛의 종류가 14종류로 다양하지만 고가상품으로 인식되고 있었다. 그리고 주요 경쟁 브랜드인 '데일리후르츠'는 천연과즙이 아니고 방부제도 사용하고 있으나 가격은 저렴하다고 인식되는 상태였다. 이 2개 브랜드가 시장을 양분하고 있던 중 '후르츠믹스'라는 브랜드가 시장에 새롭게 진출하여 건강보다는 즐거움을 강조하면서 다양한 맛과 젊은 이미지의 브랜드로 포지셔닝 하고 가격 또한 저가정책을 취함으로써 위협적인 경쟁자로 등장하였다.

2. 재포지셔닝 전 1차 시장조사

후르츠믹스가 도입되고 2~3개월 후에 주요 3개 브랜드의 시장 내 포지션을 알아보기 위하여 평소에 과즙음료를 섭취하던 가정주부들을 대상으로 인터뷰를 실시하였다. 여러 질문에 대한 응답을 종합하여 브랜드와 속성과의 상관관계를 분석하여 인지도를 그린 것이 그림으로 제시되어 있다(본 사례에서는 이해를 보다 쉽게 하기 위하여 속성을 2가지 축으로 단순화 하여 제시하였고, 상관관계표는 생략함).

이 시점에서는 3개 브랜드가 각각 독자적인 포지션을 갖고 있는 것으로 나타났다.

3. 1차 조사 결과 나타난 '내츄럴후르츠'의 문제점 및 대안

1차 시장조사 결과 '내츄럴후르츠'는 천연과즙을 100% 사용하여 건강을 강조하고 있으나 소비자들

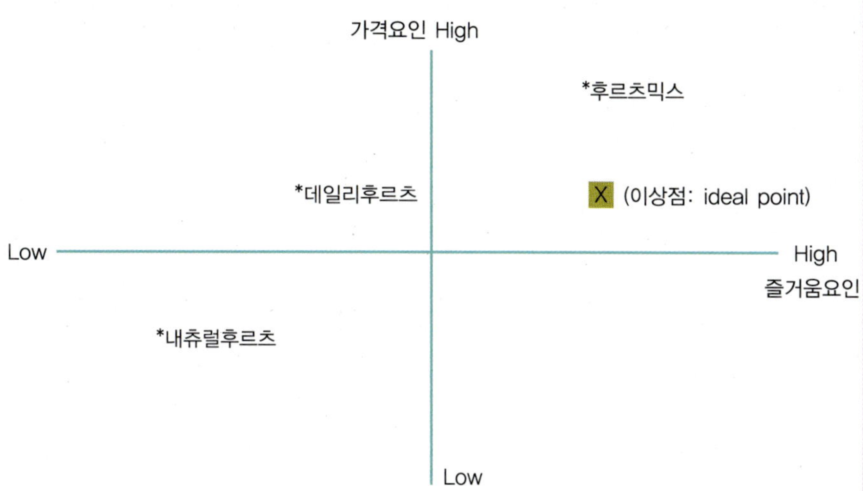

1축: 즐거움요인 — 다양한 맛과 향, 즐거움을 주는 음료임을 강조
2축: 가격요인 — 제품이 주는 혜택에 대하여 가격이 적절하다고 느끼는 정도

그림 7-4
1차 시장조사 결과 과즙음료시장

그림 7-6

2차 시장조사 결과
과즙음료시장

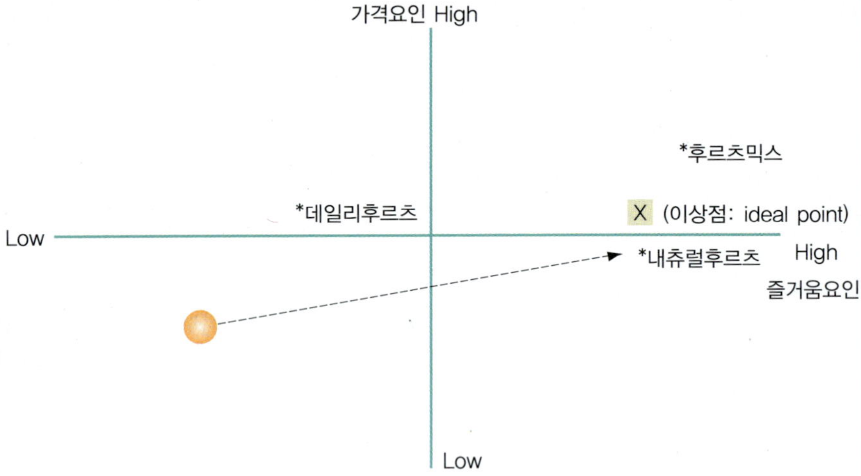

1축: 즐거움요인 — 다양한 맛과 향, 즐거움을 주는 음료임을 강조
2축: 가격요인 — 제품이 주는 혜택에 대하여 가격이 적절하다고 느끼는 정도

은 천연과즙 사용이 주는 혜택에 비하여 가격이 너무 비싸다고 생각하고 있었다. 즉 건강에 도움이 되는 고급주스라는 이미지 보다는 비싼 주스로만 인식되고 있었다. 이에 반해 새롭게 진입한 '후르츠믹스'는 소비자들이 추구하는 이상점(즐거움 추구, 높은 가격만족도)에 근접한 포지션을 갖고 있다고 인지되고 있음을 알 수 있었다.

따라서 '내츄럴후르츠'는 '후르츠믹스' 보다 더 이상점에 포지션을 근접시키겠다는 목표 아래 제품의 향을 더 풍부하게 하여 음용 시의 즐거움을 향상시켰고, 광고에서도 '즐거운 음료'라는 점을 강조하는 메시지를 채택하였다.

4. 재포지셔닝 후 2차 시장조사

1차 시장조사 결과와 비교하여 이상점의 가격만족도가 약간 낮아졌으나 '내츄럴후르츠'는 고객의 이상점에 근접한 '즐거운 음료'로 재포지셔닝하여 고객들로부터 보다 긍정적인 평가를 받게 되었다. 이에 반해 '후르츠믹스'는 가격만족도를 낮추기는 하였으나 다양한 맛을 너무 강조하여 이상점과는 오히려 거리가 멀어지게 되었다.

이 사례에서 볼 수 있는 것처럼 시장 내 포지셔닝 분석을 통한 마케팅 믹스 전개 및 수행결과에 대한 추적(tracking)을 지속적으로 할 때만이 고객의 욕구를 한발 앞서서 만족시킬 수 있는 기업이 될 수 있을 것이다.

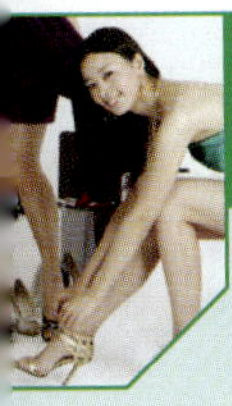

Summary & Review _ 요약 및 복습

표적시장이 선정되면 각 표적시장마다 마케팅목표가 정립되어야 하며, 이에는 제품개념전달목표(제품개념, 포지션(위상)의 정립과 전달활동목표), 구매장애제거목표(실제 거래상의 장애제거목표), 그리고 예상재무목표(기대되는 매출액 및 이익목표) 및 타부서 지원사항으로 구성된다.

마케팅목표에서 제품개념-위상이 정립되면 이를 고객의 마음 속에 위치화시키는 것을 포지셔닝이라 하며, 이는 결국 마케팅 4P활동을 통해 이루어진다. 포지셔닝은 장단기차원에서 연계되어져야 하며, 경쟁력 상실, 표적고객의 욕구변화 등의 상황에 따라 재포지셔닝을 할 수도 있다.

Issues raised & Question _ 문제제기 및 질문

1 풀무원 생칼국수의 마케팅목표 정립 사례를 참조하여, 풀무원 생칼국수의 장단기 포지셔닝전략을 어떻게 수립하는 것이 바람직한지를 논하시오(제15장의 장기제품유지모델도 함께 참조할 것).

2 기능적 · 감각적 · 상징적 포지셔닝에 대해서 각 유형별로 예를 들어 설명하시오.

3 기능적 포지셔닝은 제품유형과 소비자 문제해결과정 측면에서 볼 때 어떠한 상황에서 가장 적합할 것인지 생각해 보시오.

4 기재포지셔닝을 해야 할 시점과 이 때 구체적으로 고려할 사항들에 대해 논하시오.

참고문헌 _ R/E/F/E/R/E/N/C/E/S

제일기획 www.cheil.co.kr

"초코파이 작은 사랑담아 장수상품 성장," 서울경제 뉴스, 1999. 10. 05.

Glen L. Urban and John R. Hauser, *Design and Marketing of New Products*(Englewood Cliffs, N.J. : Prentics-Hall, Inc.), p.187.

James B. Amdoder(1998), "Absolut Ads Sans Bottle Offer a Short-Story Series," *Advertising Age*, January 12, p. 8.

about
PART 4

제Ⅳ부에서는 마케팅믹스의 운용에 대해서 설명한다. 마케팅목표를 달성하기 위해서는 마케팅믹스의 네 가지 요소(제품, 유통, 촉진, 그리고 가격)가 일관성과 상호보완성의 원칙하에 통합적으로 관리되어야 한다. 그리고 마케팅믹스의 통합적 관리는 믹스요소에 대한 의사결정을 수행함에 있어서 긍정적인 시너지를 창출하는 것으로부터 시작된다. 제 8 장부터 제14장까지에서는 이러한 원칙을 근본으로 한 각 마케팅믹스의 관리과정을 다룬다. 구체적으로, 제 8 장에서는 제품관리, 제 9 장에서는 유통관리, 제10장부터 제12장에서는 촉진관리에 대한 개념을 다룬다. 그리고 제13장에서는 가격의사결정에 관한 개념, 방법, 그리고 문제들이 다루어진다. 마지막으로, 제14장에서는 모든 마케팅믹스의 통합적인 관리에 대한 전략적 접근을 다룸으로써 제 8 장에서부터 제13장까지에서 논의한 각 믹스요소에 대한 이슈를 재조명한다.

마케팅믹스의 관리

PART 04

MARKETING MANAGEMENT

CHAPTER **8**

제품(Product) 관리

MARKETING MANAGEMENT

소니(SONY)의 워크맨

소니는 워크맨의 제품관리면에서 긍정적인 시너지를 얻었다. 제품의 디자인은 '걷고 있는 사람들에게 질 높은 소리를' 이라는 제품개념과 일관성을 유지하였다. 스테레오 카세트는 주머니 크기이고, 가벼운 헤드폰이 있으며, 전체(204개의 부품)의 무게는 단지 280그램밖에 되지 않는다. Walkman이라는 이름은 분명히 'walk'와 'man'이라는 단어의 조합이고 그것은 브랜드 이미지와 일관성을 갖는다.

처음에 소니는 Sound-About이나 Stowaway와 같은 이름들을 고려하였으나, Walkman이 브랜드의 의미를 더 분명하게 전달하는 것처럼 보였다. 로고의 모양은 Walkman을 착용한 젊은 롤러 스케이터의 그림이다. 각 믹스 구성요소는 전체적인 브랜드 개념과 분명히 일관되어 있고, 각각은 소비자들이 개념을 분명하게 이해할 수 있게 하는 독특한 정보들을 제공한다. 게다가 각 구성요소는 인지 · 소유 · 거래장애를 없애는 데 있어서 상호보완적인 역할을 한다.

고디바 초콜릿(GODIVA CHOCOLATIER)

고디바 초콜릿의 개념은 품질, 독특성, 그리고 엘리트 의식이다. 이 개념은 제품 자체에 의해서 잘 전달되고 있다. 고디바 초콜릿의 포장은 확실히 엘리트처럼 보인다. 황금색은 귀중한 금속의 상징이고 따라서 돈과 부를 나타낸다. 로고는 상자의 제일 위에 있는 황금색 박판에 우아하게 새겨져 있다. 좋은 상점에서 선물을 포장한 것과 같은 방식으로 박판은 위와 밑 부분 둘레에 정성스럽게 싸여 있다. 각 상자가 선물인 것 같은 환상을 주는, 벨기에에서 수입한 금색 리본이 매어져 있다. 제품포장은 소비자들이 정말 좋은 제품이라고 느끼게 하도록 기능적으로 알맞고 상징적이다.

등록상표는 독특한 양식의 잎사귀의 원형으로 둘러싸여 있는 잘 장식된 말 위에 긴 머리를 휘날리고 있는 고디바 여인이다. 이것은 브랜드 개념에 적절한 것이었다. 제품 자체는 일정한 높은 품질을 확실히 하기 위해 풍부한 맛을 내는 남아프리카에서 수입된 코코아 열매로 만들어진다. 거의 모든 고디바 초콜릿은 조개모양을 하고 있는데, 아래 반쪽을 만든 후 위의 반쪽을 만드는, 비용이 많이 드는 과정을 통해 만들어진다. 이 과정은 초콜릿이 특별하고 섬세한 모양을 가지게 한다.

〈자료원: Shu Ueyama(1982), "The Selling of the 'Walkman' (or It Almost Got Called 'Sound-About')," Advertising Age, 22 March, M2-3 and M-37〉

하이트 맥주의 "흑맥주 스타우트" 마케팅믹스전략

하이트맥주(대표 이장규)가 프리미엄 흑맥주 '스타우트(Stout)'의 제품 리뉴얼(사진)을 단행했다. 이번에 새롭게 선보이는 스타우트 제품은 정통 독일산 고급 흑맥아인 '바이에르만 몰트'의 성분 배합을 조절, 흑맥주 자체가 갖고 있는 깊은 풍미를 배가시키면서 기존 제품보다 진한 색감과 풍부한 거품 지속력을 갖고 있는 게 특징이다. 여기에 한국인들이 선호하는 라거 타입의 맥주 특유의 신선함과 깔끔함이 더해져 흑맥주 자체에 대한 거부감을 없애고 미각 만족을 극대화시켰다. 또한 블랙컬러 바탕의 라벨 개선을 통해 세련미를 극대화시켜 디자인적 완성도까지 높여 프리미엄 이미지를 더욱 확고히 할 방침이다. 스타우트는 묵직하고 쓴맛이 강하게 느껴져 자칫 텁텁하고 부담스럽게 느껴질 수 있는 에일(Ale)타입의 흑맥주와는 달리 저온 발효과정을 거쳐 생산되는 라거공법을 사용, 흑맥주 특유의 풍부한 맛과 향은 물론, 산뜻하고 깔끔한 청량감을 제공해 국내 소비자들의 많은 사랑을 받고 있다. 하이트맥주 마케팅 팀은 한국을 대표하는 흑맥주로서 다양한 창의적인 마케팅 활동을 통해 산뜻하고 깔끔한 흑맥주 스타우트만의 매력적인 경험을 선사하겠다고 밝혔다.

〈자료원: 이영규, 하이트맥주 '스타우트' 리뉴얼 단행, 아시아경제, 2011년 4월 4일자〉

고객욕구에 대한 분석을 토대로 시장세분화와 타겟팅전략을 수립하고 그에 적합한 개념전달활동과 구매전환활동 목표가 설정되고 나면 그에 따른 마케팅 믹스전략이 구성되어야 한다. 이때, 마케팅믹스의 출발점이자 전체믹스전략의 근간이 되는 것은 바로 제품 혹은 서비스이다. 제품이 제공하는 가치가 고객의 욕구에 적합하지 않고 경쟁력이 없다면 광고나 판매촉진, 그리고 유통 등의 노력은 그 효과를 발휘하지 못할 것이기 때문이다.

본 장에서는 마케팅믹스요소의 가장 기본이 되는 제품에 대해서 알아보기로 한다. 우선 제품의 정의와 기본개념을 설명하고 제품의 구성요소, 신제품의 개발전략, 그리고 서비스제품의 관리에 대해 서술한다.

제1절 제품의 기본개념

1.1. 제품의 정의

제품이란 고객의 욕구를 충족시켜 주기 위해서 제공되는 물리적 제품, 서비스, 이벤트, 사람, 장소, 조직, 아이디어 또는 이것들의 조합을 의미한다. 이러

그림 8-1
제품의 세 가지 수준

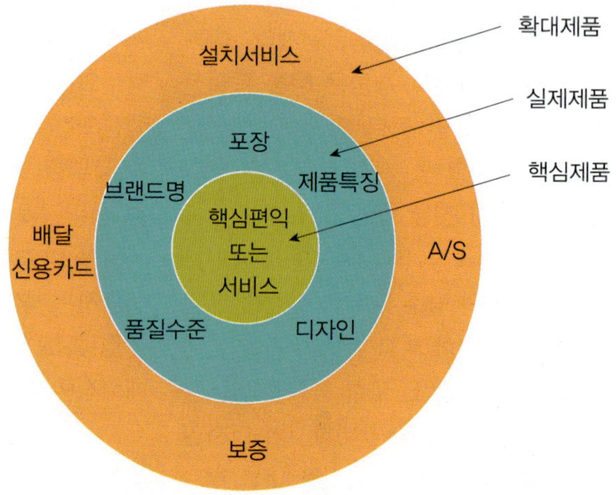

한 제품은 다음 〈그림 8-1〉과 같이 크게 핵심제품, 실제제품, 확대제품의 세 가지 수준으로 나누어 볼 수 있다.

먼저 〈그림 8-1〉의 가장 중앙에 있는 핵심제품은 제품의 가장 기본적인 수준으로서 구매자가 제품을 통해 얻고자 하는 편익(혜택) 또는 서비스를 의미한다. 예를 들어, 립스틱을 구매하는 여성은 외적으로는 화장품을 구매하는 것처럼 보이지만 실제로는 화장을 통해 아름다워지고자 하는 희망을 구매하는 것이다.

제품의 두 번째 수준인 실제제품은 핵심제품을 제품화한 것으로 브랜드명, 품질, 디자인, 제품특징, 포장 등 실제로 구매되는 물리적인 제품을 의미한다. 예를 들어, 현대 소나타 자동차는 실제제품이다. 현대 소나타라는 브랜드 명과, 품질, 고유의 디자인, 각종 제품특징들이 잘 조합되어 실제로 구매되는 제품을 이루고 있다.

마지막으로 제품의 세 번째 수준인 확대제품은 실제제품에 추가적으로 제공되는 부가편익이나 서비스를 의미한다. 여기에는 설치, 배달, 신용, 보증서비스 등이 포함되며, 제품이 손상되었을 때의 A/S도 포함된다. 자동차의 경우를 예로 들면, 자동차 구입시 무이자 할부 등의 금융서비스를 받을 수 있으며, 각종 차량정보를 제공받을 수 있고, 자동차 등록 및 보험가입 업무도 대행해 준다. 뿐만 아니라 품질보증기간 이내에 발생한 고장에 대해서는 무상 수리서비스를 받을 수 있다. 이 모든 것이 실제 제품은 아니지만, 소비자들은 마음 속에 실제 제품과 깊은 관련성을 가지고 있다. 그렇다면 이러한 제품에는 어떠한 종류가 있는 것인가?

1.2. 제품의 분류

제품과 서비스는 제품의 사용 주체에 따라 소비재와 산업재로 나눌 수 있다. 소비재는 개인적인 소비를 위해 최종소비자가 구매하는 제품을 의미하고, 산업재는 최종 완제품을 만들기 위한 중간제품이거나 사업을 수행하기 위해 사용될 목적으로 개인이나 조직에 의해 구매되는 제품을 의미한다.

소비재의 경우 소비자가 어떻게 그 제품을 구매하는가에 따라 편의품(convenience good), 선매품(shopping good), 전문품(specialty good)으로 분류될 수 있다. 예를 들어, 껌, 사탕, 비누 등은 편의품으로 분류될 수 있는데, 이는 소비자들이 이 제품들을 구입할 때 시간이나 노력을 많이 들이지 않기 때문이다. 소비자들은 쉽고 편리하게 구입하기를 원하는 것이다. 예를 들어 예상치 않게 비가 오기 시작한다면 당장 비를 피하기 위해 가장 저렴한 가격으로 가장 손쉽게 우산을 구입하려고 할 것이다. 이 때의 우산은 편의품으로 간주할 수 있다. 이러한 제품은 낮은 가격으로 광범위한 유통을 통해 최대한의 노출을 가능하게 하는 것이 바람직하다. 한편, 의류, 가전제품 등을 구입할 때에는 많은 정보를 수집하고 여러 브랜드들을 비교하게 된다. 고객이 만약 오랫동안 사용할 수 있는 고급우산을 구입하려 한다면 구입과정에서의 편리성과 시간단축보다는 좋은 제품을 고르는 것을 더 중요하게 생각할 것이다. 이런 유형의 제품을 선매품이라 하며, 기업은 고객들이 제품을 비교하는 과정에서 자사의 제품이 높게 평가되도록 도움을 주고 지원을 해 주는 노력을 하게 된다. 마지막으로, 전문품은 제품마다 독특한 특성을 지님으로써 소비자들이 구매할 때 특별한 노력을 기울이는 제품으로서, 디자이너 패션제품, 특수한 기능이나 성능을 가진 전자제품 등이 여기에 속한다. 예를 들어 과시나 자기만족을 위해 아르마니(Armani)와 같은 디자이너 우산을 구입하기 원한다면 이 때의 우산은 전문품으로 분류될 수 있을 것이다. 소비자들이 대체품을 고려하지 않는다는 점에서 전문품은 선매품과 구별된다. 즉, 구매노력은 브랜드들 간의 비교보다는 특정 브랜드에 의해서 자극되고, 소비자들은 이런 유형의 제품을 찾는 데 많은 노력을 기울인다.

1.3. 제품조합(Product Assortment; Product Mix)과 제품라인(Product Line)

특수한 경우를 제외하고는 한 가지 제품만을 판매하고 있는 기업은 거의 없다. 대부분의 기업은 두 가지 이상의 제품들을 조합하여 판매하고 있다. 이는 고객의 욕구가 그만큼 다양하다는 것을 의미하기도 한다. 일반적으로 기업이 판매하는 모든 상품들의 집합을 제품조합 혹은 제품믹스라고 한다. 예를 들어, 종합생활용품 제조업체인 LG생활건강의 제품조합은 샴푸 · 린스, 치약 · 치솔, 비누 · 바디클린져, 기저귀 · 티슈, 세탁세제, 주방세제, 위생환경제 등으로 구성되어 있다. 이와 같이 다양한 제품종류를 제공함으로써 LG는 생활건강시장에서의 다양한 고객욕구를 충족하게 되는 것이다.

이 때, 제품조합을 구성하고 있는 각각의 제품집합을 제품라인이라고 하는데 LG생활건강의 경우 샴푸, 치약, 주방세제 등이 각각 하나의 제품라인을 형성하고 있는 것이다. 제품조합을 구성하는 제품라인의 총 개수를 제품집합의 폭

(product mix width)이라고 한다. 제품라인 내의 각 브랜드가 얼마나 많은 품목을 갖추고 있는가는 제품라인 깊이(Product line depth)를 의미한다. 예를 들어, 피죤 상표는 세탁용품, 주거용품, 주방용품, 바디케어, 핸드케어, 살충제 등으로 구성되어 있다.

제품라인에 속해 있는 제품(브랜드)의 개수를 제품라인 길이(product line length)라고 한다. 예를 들어 LG생활건강의 샴푸 · 린스 제품라인에는 엘라스틴, 더블리치, 랑데뷰, 드봉, 노비드, 챠밍 등의 브랜드가 포함되어 있다. 반면, 제품라인 내의 각 브랜드가 얼마나 많은 품목을 갖추고 있는가는 제품라인 깊이(product line depth)를 의미한다. 예를 들어 더블리치 상표는 일반샴푸, 일반린스, 린스겸용샴푸, 염색한 모발을 위한 칼라업 샴푸와 린스, 헤어트리트먼트 등으로 구성되어 있다.

사진 8-1
피죤 '무균무때'의 제품라인

고객욕구와 시장여건의 변화에 따라 기업은 제품조합과 제품라인을 수정해 나가야 한다. 때에 따라서, 특정 제품라인의 수익성이 저조하거나 기업의 경쟁력이 약화되었다면 그 라인을 제거할 수 있다. 이 경우 제품조합의 폭을 줄이게 되는 것이다. 반대로 새로운 제품라인을 추가하여 제품집합의 폭을 넓힐 수도 있을 것이다. 예를 들어 프린터 제조회사로 알려진 엡손(Epson)사는 경쟁상황의 변화로 인해 데스크탑 컴퓨터라인을 제거하였고 반면 디지털 이미징 시장의 부각과 프린터와의 상호보완성을 감안하여 디지털카메라라인을 신설하였다.

제품라인의 수정 또한 제품라인 길이의 연장 혹은 단축, 그리고 제품라인 깊이의 연장 혹은 단축으로 이루어질 수 있다. 그러나 기업들은 흔히 제품라인 길이의 연장을 통해 고객욕구를 포괄적으로 충족함으로써 사업을 확장하게 된다. 제품라인을 연장하는데는 크게 상향연장(upward stretching)과 하향연장(downward stretching)의 두 가지 방법이 있다. 상향연장은 기업이 현재 생산하고 있는 제품보다 가격대와 품질이 더 높은 제품을 라인에 추가하는 것이다. 기업은 흔히 고가시장의 성장성 혹은 수익성이 높아질 것을 예상하거나 기업의 위상을 향상시키고자 할 때 상향연장을 추구하게 된다. 예를 들어 현대자동차는 에쿠스를 출시함으로써 그들의 승용차 제품라인을 상향연장하였다. 이 때, 기업은 신제품에 현재의 브랜드명을 사용할지 아니면 새로운 브랜드를 적용할지를 신중히 검토하여야 한다. 기존 브랜드명을 사용한다면 기존제품이 고품질제품으로부터의 후광효과를 얻어 그 위상이 함께 향상될 수 있다는 잇점이 있지만 반대로 기존제품에 대한 낮은 인식으로 인해 신제품의 위상이 충분히 높게 설정되지 못할 위험이 있다. 현대자동차는 고가 승용차를 출시하면서 후자의 경우를 우려하여 현대라는 이름을 사용하기보다는 별도의 브랜드를 적용한 것이다.

반면, 제품라인의 하향연장은 기업이 현재 생산하고 있는 제품보다 가격과 품질이 낮은 제품을 라인에 추가하는 것을 말한다. 하향연장을 하게 되는 이유는 다양하다. 예를 들어 고가시장의 성장이 둔화되거나 저가시장이 높은 성장을 보일 때, 고가시장에 대한 경쟁자의 공격에 대한 반응으로, 고가시장에서 구축한 명성을 토대로 보다 광범위한 시장을 확보하고자 할 때 등에서 적용될 수 있다. 그러나 하향연장 또한 위험이 따를 수 있는데, 저가제품을 출시함으로 인해 기존의 고가제품에 대한 이미지가 손상되는 것이 그 대표적인 예이다. 미국의 고급승용차 브랜드인 캐딜락(Cadillac)은 80년대에 저가 소형승용차시장의 급성장을 보고 저가모델을 출시하였다. 그러나 이러한 하향연장전략은 실패로 돌아갔다. 신제품이 신규시장에서 실패를 거두었을 뿐만 아니라 기존제품의 이미지도 손상을 입게 되었던 것이다.

어떠한 방향으로 제품조합이나 제품라인을 수정하더라도 기업은 그들의 제품전략의 일관성을 잃지 말아야 한다. 즉, 제품라인의 수정으로 인해 시장에 전달하고자 하는 개념이 흔들려서는 안 되는 것이다. 또한, 기업이 보유하고 있는 한정된 자원으로 충분히 지원하고 관리할 수 있는 범위를 유지하는 동시에 시장의 욕구를 충분히 충족할 수 있는 균형을 찾아야 하는 것이다.

제품의 구성요소 제 2 절

일반적으로 제품을 기능으로만 이해하는 경우가 많다. 그러나 고객의 입장에서 보면 제품은 기능적인 측면뿐만 아니라 여러 가지 요소들이 제품의 일부로 생각된다. 예를 들어, '물먹는 하마' 라는 제품을 생각할 때, 고객들은 습기를 없애는 기능만을 생각하는 것이 아니다. 포장에 인쇄된 하마의 그림도 생각할 것이고, 제품의 모양도 생각할 것이고, 또한 제품의 색깔도 생각할 수 있다. 한편 휴대폰 단말기에 사용되는 화면 액정 같은 산업재 제품은 제품의 기능이 다른 요소들보다 중요하고, 은행이나 호텔 등 서비스 제품들에 있어서는 제품 자체가 분명하게 나타나지 않는다. 하지만 서비스의 경우도 제품의 구성요소를 적용할 수 있다. 예를 들어, 우편배달서비스업체인 Fedex (Federal Express)에서는 우편물의 색깔, 배달원의 제복, 그리고 수송차량의 색깔 등이 모두 일관성 있게 디자인되어 회사를 상징하고 있다. 이는 마치 물리적인 제품이 디자인과 색깔, 포장 등을 통해 제품을 상징하고 있는 것과 마찬가지라 할 수 있다.

따라서 성공적인 마케팅을 위해서는 성공적인 제품을 지니고 있어야 하며, 그러기 위해서는 제품을 구성하고 있는 다양한 요소들에 대하여 알고 있어야 한다. 제품의 구성요소들은 개념전달목표와 구매전환활동목표를 달성하기 위해 모두 일관성을 가지고, 서로 최대한 보완성을 지닐 수 있도록 하여야 한다. 즉, 제품개념과 일관성을 가진 제품로고, 디자인, 포장 등은 인지적 장애요소를 제거하는 데 도움을 줄 수 있으며, 편리성을 고려한 제품포장과 디자인은 소유의 장애요소를 제거하기도 한다. 또한, 경쟁제품에 비하여 기능이 우수하다면 기능적인 장애요소를 극복할 수 있을 것이다.

구체적으로, 제품의 구성요소에는 제품디자인, 제품기능, 브랜드명(상표명),

사진 8-2

물먹는 하마: 하마 캐릭터, 색깔, 모양들이 연상된다

그림 8-2

제품의 구성요소

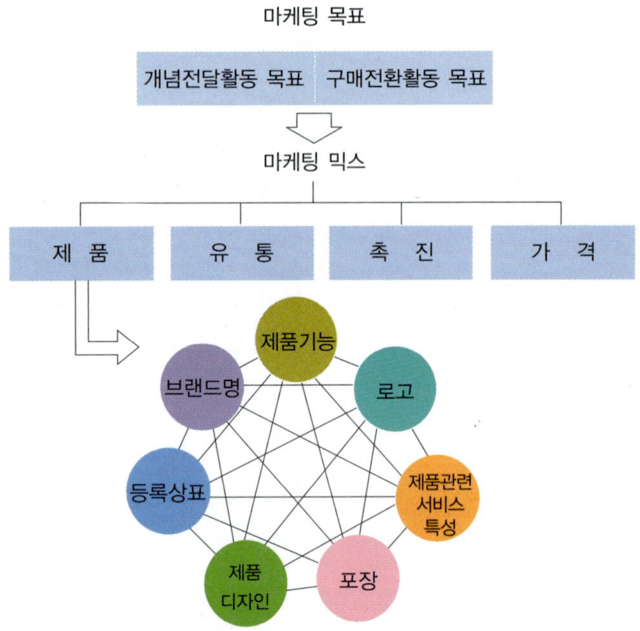

로고, 포장 그리고 제품관련 서비스 특성(포괄제품 특성)이 있다(그림 8-2).

이들 구성요소들 하나하나는 제품개념과 일관성을 가지고 있어서 각각의 요소가 제품의 개념을 고객들에게 전달하는 데 도움을 주게 된다. 또한 각각의 요소는 제품개념을 전달하는 데 장애가 되는 요인들을 제거할 수 있도록 다른 요소들과의 일관성도 가져야 한다.

뿐만 아니라 이들 구성요소들은 서로 보완성을 가지고 있어야 한다. 비록 일관성이 어느 정도의 보완성을 의미한다고 볼 수 있지만, 일관성과 보완성이 항상 동시에 발생한다고는 볼 수 없다. 따라서 마케팅관리자는 가능한 한 많은 요소들이 서로 보완을 할 수 있도록 노력해야 한다. 일관성만 갖고 있고, 보완성이 없는 것이 문제가 되는 것은 아니지만, 구성요소간의 보완성이 높을수록 그들의 통합된 효과는 더욱 커지기 마련이다. 다만 구성요소들이 보완성을 가지고 있지 못하거나, 비보완성를 보인다면, 그것은 문제이다. 예컨대 '갈증해소'라는 제품개념을 전달하기 위해서 결정된 '오아시스'라는 브랜드명이나 폭포를 묘사하는 로고, 사막 그림이 있는 포장은 각각 제품개념과 일관성을 가진다. 그러나 위의 세 가지 구성요소들은 상호보완적이라고 말할 수 없다. 운동 후 느끼는 갈증을 사막의 환경에 비유한 것은 좋으나 오아시스라는 이름이나 폭포와는 서로가 어울리지 않는다.

이와는 대조적으로 미국의 전국지인 USA Today의 제품개념은 일관적이며 보완적인 여러 가지 제품특성에 의하여 효과적으로 전달된다. 이 신문은 기사제목들을 하얀 신문지면 윗부분에 푸른색 배경과 붉은색 글씨로 인쇄를 한다. 푸른색과 붉은색은 미국국기의 색깔로서 애국심을 전달하고 있다. 또한 신문의 내용은 '미국 전역으로부터의' 소식을 담고 있으며, 'USA Today' 라는 상표명은 전국지라는 개념과 일치하고 그 이미지를 명확히 강조해 준다. 이 신문의 상표명, 로고, 표제, 색의 사용, 그리고 다루는 소재의 지리적 범위와 같은 모든 구성요소들은 전체적인 제품개념과 일치하고 있다. 또한 이러한 제품 구성요소들은 고객으로 하여금 그 신문의 성격을 쉽게 이해하게 하며 신문의 이름과 신문이 제공하는 오락서비스를 쉽게 기억하게 함으로써 거래장애를 감소시킨다.

아래에서는 제품의 구성요소들에 대해서 보다 상세히 알아보기로 한다.

2.1. 제품디자인

제품디자인은 제품의 외관을 구성하고 있는 색, 크기, 형태, 재료 등의 조합을 의미한다. 서비스의 경우에도 디자인이 있는데 판매자의 예절, 서비스 제공분위기, 그리고 교육이나 훈련증명서와 같이 전문성을 나타내는 다양한 단서들이 서비스 디자인이 될 수 있다. 이러한 디자인의 구성요소들은 결합되는 방식에 따라서 기능적 혹은 심리적으로 매우 상이한 의미를 전달할 수 있다. 이러한 차원들의 결합이 제품디자인을 구성한다.

사진 8-3
색상이 강조되는 제품들

사진 8-4

한국 대표팀의 붉은 유니폼

(1) 색(color)

색은 제품개념의 개발과 전달에 있어서 심리적이며 상징적인 영향을 미친다. 때때로 고객들은 제품과 색의 결합에 대한 선입관을 지니고 있다. 예를 들면, 커피는 갈색이고 딸기는 붉은색일 것이라고 생각한다. 만약 특정제품과 색에 대한 고객의 기존 관념에서 벗어난 신제품이 개발된다면, 그 제품은 상당히 오랜 시간이 지나야 고객이 사용하게 될 것이다. 색은 또한 상징적인 의미를 지닌다. 밝은색의 신발과 외투가 대담함과 활기참을 상징하는 반면에, 검정색이나 갈색의 신발과 감색이나 회색의 외투는 보수적인 특성을 나타낸다. 또한 제품의 색은 제품을 확인하는 효과적인 수단이 될 수 있으며 따라서 구매전환활동에 있어서 인지적인 장애요인을 제거하는 데 중요한 역할을 한다. 이러한 점은 스포츠에서도 쉽게 볼 수 있다. 스포츠팀들은 독특한 색을 지니고 있으며 이러한 색은 페넌트(응원기), 티셔츠, 그리고 팀과 연관되는 기타 제품들에까지 이어진다. 예컨대, 한국 월드컵 대표팀의 붉은 유니폼은 우리에게 축구를 상징하는 색으로 느껴질 수 있다. 이는 지각상의 장애요인을 제거해 주는 역할을 한다.

(2) 크 기

제품의 크기 또한 개념전달활동과 구매전환활동에 있어서 중요한 의미를 지닌다. 크기와 가격 · 가치의 결합을 통해서 제품개념을 전달할 수 있다. 많은 고객들은 제품의 함량이 많거나 크기가 큰 것을 가격상의 이점 및 경제성과 연관시킨다. 반면 어떤 경우에는, 경제성보다는 가치가 주된 관심사가 된다. 예를 들어 경제적인 고객들은 500mg의 샴푸보다는 700mg의 샴푸가 더 경제적일 것이라고 생각한다. 하지만 동일한 고객이 다이아몬드를 구입할 때에는 가치를 더 중요시하여 작지만 질이 더 좋은 상품을 선호하게 된다. 구매전환활동 차원에서 보면, 적절한 크기의 제품이 취급하는 데 용이하고, 파손을 막을 만큼 견고하며, 짜임새 있게 공간을 이용할 수 있는 제품이 되는 것이다. 이러한 노력들은 소유상의 구매장애요소를 제거하는 데 도움을 준다.

(3) 형　　태

제품형태는 제품개념을 전달하는 데 중요한 역할을 할 수 있다(그림 8-3 참조). 완만하며 둥근 형태가 각지고 곧은 형태와는 다른 제품개념을 전달한다. 예컨대, 폭스바겐의 형태는 다른 경쟁 자동차들의 형태와는 다른 이미지를 제공한다. 폭스바겐의 형태는 실용적인 느낌을 준다. 한편 포도주잔은 잔이 낮고 견고하느냐 아니면 높고 좁으냐에 따라 상이한 이미지를 제공한다. 따라서 다양한 종류의 포도주 맛을 증진시키기 위해 각기 다른 모양의 포도주잔이 사용되기도 한다.

세모나고 각진 형태의 제품부류는 보다 현대적인 이미지를 준다. 가구가 그런 제품부류의 예가 될 수 있다. 더욱이 제품형태에 따라서는 제품의 사용과 보관을 용이하게 할 수 있으며, 그럼으로써 지각상의 장애와 소유장애를 줄일 수 있게 된다.

제네시스 쿠페 — 날렵한 유선형 — 날쎄고 현대적인 이미지

볼보(Volvo) — 딱딱한 사각형 — 단단하고 안전한 이미지

사진 8-5
자동차의 형태가 지니는 의미

(4) 재　　료

냄새와 맛은 제품개념의 전달에 매우 중요하다. 냄새와 맛은 소유장애를 줄임으로써 제품의 매력도를 증대시키고, 또한 그것은 지각적 장애를 줄임으로써 브랜드명을 기억하거나 제품을 쉽게 찾게 해 준다.

한 자동차 판매원은 고객에게 새 차의 독특한 냄새를 맡게 하는 것이 새 차를 사고 싶게 만드는 데 매우 효과적이었다는 것을 주장한다. 센스타임, 가그린 등의 구강 청결제들이 가지는 불소성분의 향은 깨끗한 이미지와 더불어 치과에서 느낄 수 있는 위생적 느낌을 가지도록 도와 주며 이것은 감각

사진 8-6
국내산 검은콩을 사용한 음료

적 장애를 제거시켜 준다. 뿐만 아니라 좋은 재료는 좋은 성능을 가능하게 해주기 때문에 기능적 장애도 제거시켜 준다. 예를 들어, 블랙빈 테라티는 100% 국내산 검은콩을 우려냄으로써, 검은콩 자체의 영양분을 그대로 살려냈다. 또한, 칼로리가 없으며 다이어트는 물론 피부 미용과 몸매 관리에 관심이 많은 여성에게 효과적인 음료이다.

(5) 무 게

제품의 무게는 제품구매를 촉진시킬 수 있다. 고객은 지나치게 무겁거나 가벼운 제품은 불편하거나 안전하지 못하다고 여겨서 구매를 꺼릴 수 있다. 그러나, 무게의 구매전환활동적 측면은 제품의 상징적 의사소통측면과 조화를 이루어야 한다. 예를 들면 많은 과자류 제품들은 가볍고 부서지기 쉽다는 점을 통하여 매우 고급스럽고 질이 높은 제품으로 간주될 수 있다. 소니 워크맨의 가벼운 무게는 제품의 휴대를 용이하게 하여 소유상의 장애요인을 제거할 뿐만 아니라 제품개념도 강화시킨다. 반면에, 어떤 제품들은 좀더 무거워야 좋은 것으로 보이기도 한다. 제품의 견고성과 내구성이 중요한 경우에, 무거운 제품이 좀더 좋은 제품으로 인지된다. 가구와 서류함 등이 그러한 예이다.

동일한 오디오라 할지라도, 젊은층이 즐겨 사용하고, 첨단이미지를 지니는 제품은 가볍고 이동에 편리하도록 무게를 가볍게 하지만, 오디오 전문가들이 선호하는 고가의 첨단제품은 비싸고 전문적인 이미지를 나타내기 위하여 보다 무겁게 만드는 것을 보면, 소리를 전달하는 오디오라도 고객에 따라 무게를 다르게 생각한다는 것을 알 수 있다. 이러한 여러 측면에서 무게는 소유상의 구매장애요인을 제거하는 데 도움을 주게 된다.

사진 8-7
아이리버 MP3

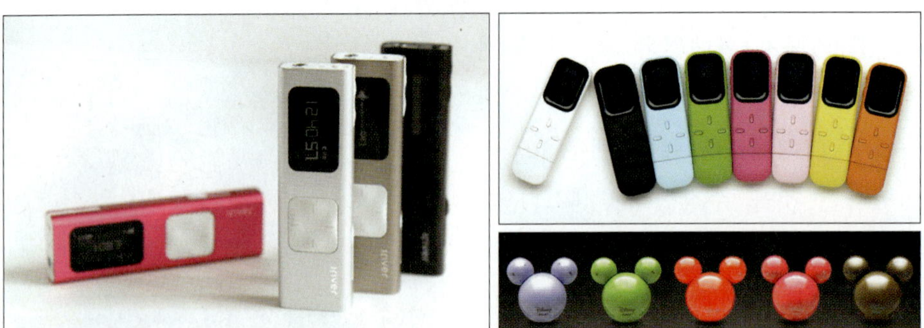

핵심적 제품기능	부수적 제품기능
빠른 처리능력 대용량의 하드디스크 안전한 시스템	우수한 스피커 시스템 모양이 좋은 케이스 전자파 차단기능

표 8-1
컴퓨터의 제품기능과 부수적 기능

2.2. 제품기능

마케팅관리자는 고객의 관점에서 중요한 제품기능상의 필요요소가 무엇인지를 이해하여야 한다. 사실 이 점은 마케팅부서뿐만 아니라 생산부서나 연구개발부서와 같은 타 부서들에도 동일하게 적용된다. 왜냐하면 이들 부서들도 제품을 고객의 욕구에 부합하며 특별한 용도에 적합하도록 만드는 데 커다란 영향력을 가지고 있기 때문이다.

제품개념을 고객의 욕구와 선호에 맞추기 위하여 여러 종류의 부가기능이 추가된다할지라도, 제품은 그 원래의 제품기능을 잘 수행할 수 있어야 한다. 예컨대, 개인용 컴퓨터에 부수적인 특성들이 부가될지라도 개념전달활동과 구매전환활동에 중심적인 역할을 하는 것은, 부수적인 특성이라기보다는 제품의 핵심성능과 품질이라고 볼 수 있다. 물론, 새로 추가된 부수적 특성은 그것의 기능적인 편익 때문에 고객의 기능상 장애요인을 제거해 줄 뿐만 아니라 고품질이라는 제품개념을 전달하는 데 하나의 상징적인 수단이 될 수도 있다.

2.3. 브랜드명(Brand Name)

브랜드명은 (i) 제품개념을 전달하며, (ii) 제조업자, 소매업자, 고객, 그리고 기타 대중에 의한 제품확인의 수단으로 사용되고, (iii) 제품의 법적인 보호를 위해서도 중요한 의미를 갖는다. 많은 성공적인 브랜드명들은 제품개념을 명확히 전달하며 고객이 제품을 쉽게 기억하고, 기술할 수 있도록 도움을 줌으로써 지각적 장애요인을 제거한다. 예를 들어, 비즈니스 관련 소식 및 기사를 주간 단위로 제공하는 잡지인 'Business Week'는 브랜드명 하나만으로도 그 잡지가 어떠한 잡지인지를 명확히 전달하고 있다. 뿐만 아니라 브랜드명을 기억하기도 매우 쉬워서, 소비자의 지각상 장애요인을 제거해 주고 있다.

오늘날 소비자들은 제품을 사는 것이 아니라 브랜드를 산다고 말할 만큼 브랜드는 제품의 중요한 부분을 차지한다. 디자이너 패션제품, 전자제품, 그리고 자동자와 같이 브랜드의 역할이 전통적으로 중요했던 제품들은 물론이고 심지어 곡물(메뚜기 쌀), 과일(Dole 파인애플), 육류(하림치킨), 달걀(목우촌) 등과 같은 제품들도 브랜드화되고 있는 것을 볼 수 있다. 그리고 기업들은 자사의 브랜드를 육성하기 위해 많은 투자와 노력을 투입하여 브랜드가 시장에서 누리는 힘(즉, 브랜드력)과 가치(브랜드 자산)를 제고 시키려 하고 있다.

그 이유는 명백하다. 강력한 브랜드는 우선 상당한 자산가치를 갖는다. 세계적인 브랜드 컨설팅 업체인 '인터브랜드(Interbrand)'와 미국의 경제주간지 '비즈니스위크(Business Week)'가 공동으로 실시한 '2005년 세계 100대 브랜드' 조사에서 코카콜라의 브랜드 가치가 675억 달러로 전 세계 1위에 올랐으며, 마이크로소프트는 599억달러로 2위, IBM이 534억달러로 3위에 올랐다. 그리고 이러한 브랜드의 가치는 기업매각 시 기업가치에 포함된다. 그러나 무엇보다도 높은 브랜드력은 고객의 인지도와 애호도를 향상시켜 준다는 측면에서 기업에게 중요한 경쟁우위요소로 작용한다.

소비자들은 알려진 브랜드를 선호한다는 사실이 물론 가장 중요한 경쟁우위요소가 될 것이다. 하지만 그뿐만 아니라 강력한 브랜드는 제품조합이나 제품라인의 확장 시 신제품의 성공가능성을 크게 향상시켜 줄 수도 있다. 예를 들어 유니레버(Unilever)사의 도브(Dove)삼푸가 출시된 후 성공을 거둔 데에는 비누시장에서 구축한 '도브'라는 브랜드의 힘이 큰 역할을 했을 것이다. 또한, 강한 브랜드력으로 인해 제품자체에 대한 고객들의 평가가 높아질 수도 있다. 이러한 현상

사진 8-8

브랜드의 확장

을 후광효과(halo effect)라고 부르는데, 예를 들어 브랜드 이름을 가린 채 두 TV의 화질을 평가받았을 때는 동일하게 나오다가도 브랜드가 공개된 상태에서 평가를 받으면 브랜드력이 높은 제품에 대한 평가가 더 높게 나오는 것이다. 이는 많은 제품군에서 발견되는 현상이기도 하다. 마지막으로, 한번 구축된 브랜드력은 오랜 기간 동안 지속된다는 점도 기업에게는 큰 경쟁우위가 된다.

이와 같은 점들을 고려할 때 브랜드는 기업이 장기적으로 관리해야 할 중요한 자산이다. 브랜드에 대한 전략은 브랜드확장전략, 직접적 하위브랜드전략, 간접적 하위브랜드전략 및 개별브랜드전략의 네 가지 전략이 존재한다. 위의 네 전략 중 상황에 따라 적합한 전략을 사용하여야 한다. 어떤 전략을 사용할지를 평가하는 데는 신제품과 기존제품간의 제품개념들이 어느 정도의 시너지 효과를 갖고 있는지가 주로 고려되어야 한다. 브랜드 전략에 관한 내용은 그 중요성을 감안하여 이 책의 제16장에서 별도로 다룬다. 보다 자세한 사항은 그 곳을 참조하기 바란다.

2.4. 로 고

사진 8-9

Intel 로고

브랜드명과 마찬가지로 로고도 제품개념을 전달한다. 잘 알려진 제품에 사용된 심볼은 그것이 제품과 연관된 심리적 암시작용을 불러일으킨다는 점에서 유용하다. 또한 로고는 제품에 쓰여진 글을 보지 않더라도 그 제품에 대한 특성을 알 수 있도록 해 준다. 간단한 예로, 'intel inside'라는 로고가 붙어 있는 컴퓨터에는 인텔에서 만든 칩이 들어있다는 것을 쉽게 알 수 있다. 때때로 로고 혹은 상표마크는 고객이 제품을 확인하는 것을 돕고, 그렇게 함으로써 지각적 장애를 제거하는 데 도움을 준다.

2.5. 등록상표

등록상표는 다른 제품과 자신을 구별시키는 기능 이외에도 제품의 개념을 전달하는 효과적인 수단이며, 그렇게 함으로써 지각상의 장애를 제거하는 법적인 방어책이 된다. 브랜드명과 같이, 등록상표는 제품개념의 전달에 유용할 뿐만 아니라 시각적인 구분을 가능하게 해 준다. 심볼(로고)은 브랜드명과 따로 혹은 병행하여 등록상표로 사용될 수 있다.

상징적 의사소통과 제품확인에 있어서 등록상표의 중요성은 로고와 등록상표를 회사의 소리 없는 판매원으로 만든다. 소비자들은 등록상표를 통해 제품이 특정 회사의 제품임을 쉽게 알게 되고, 지각상 장애요인도 제거된다.

2.6. 포　　장

포장은 종종 판매증진뿐만 아니라 다른 중요한 영업활동의 수행을 용이하게 한다. 예를 들어, 소비자들은 비록 그 제품자체는 좋다 하더라도 분사가 안 되는 스프레이나, 부서진 과자를 포장한 상자, 더럽혀진 육류포장지, 그리고 깔끔하게 잘리지 않는 랩 등을 다시 구매하려 하지는 않을 것이다. 포장은 또한 시장에서의 전반적인 소매환경에 적합하여야 한다. 포장은 선적과 보관, 전시할 때의 용이성, 그리고 다른 환경적인 요구사항들을 충족시킴으로써 소유상의 장애요인을 제거하는 데 도움을 줄 수 있다. 또한, 포장은 제품의 확인을 돕고, 그렇게 함으로써 지각상의 장애도 제거하게 된다. 특히, 패션, 화장품, 보석 등과 같이 감각적인 욕구가 중요한 제품의 경우는 포장을 고급스럽고, 세련되게 함으로써, 고객의 감각적 장애요인도 제거할 수 있다.

사진 8-10
고객들의 구매장애 요인을 제거하기 위한 포장

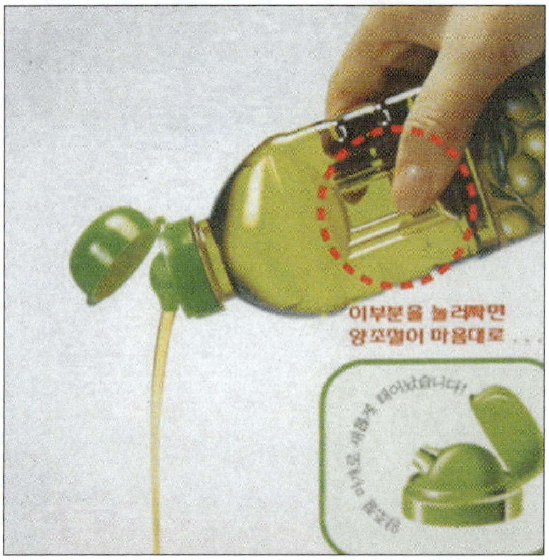

포장은 구매전환활동 뿐만아니라 개념전달활동에서도 중요하다. 예컨대, 포장은 상징적인 제품개념을 전달하기 위해서 상징적인 면을 강조하기도 한다. 또한, 최근에 이르러 포장은 매우 중요한 관리대상이 되었는데 그 이유는 다음과 같다.

- 포장은 고객의 관심을 끌고 제품의 편익과 사용을 증대시킬 수 있다.
- 포장은 고객이 원하는 지위 혹은 신분 등을 상징적으로 표현할 수 있다.
- 동종의 회사에서 나오는 제품의 일관된 포장은 긍정적 시너지를 제공할 수 있다.

포장은 크기, 형태, 재료, 색 그리고 도안이라는 요소로써 구성된다. 일관성과 보완성의 원칙하에서 이들을 결합함으로써 긍정적인 시너지를 창조할 수 있다. 반면 포장의 구성요소들을 결합하는 데 있어서 관리자들은 재료의 부족, 정부의 규제, 그리고 라이프 스타일의 변화 등과 같은 다양한 제약요인들을 고려하여야 한다.

우선, 포장의 크기는 고객의 관심을 끌고, 상표의 구별을 용이하게 하며, 제품개념을 전달하는 요소들 중의 하나이다. 종종 부피가 큰 포장이 경제성이나 가치를 암시하기도 한다. 반면에 부피가 작은 포장은 완벽감과 휴대의 편리성, 혹은 제품의 귀중함 등을 나타내기도 한다.

포장의 형태와 재료는 제품의 개념과 일치하고 고객의 사용상황에 적합하도록 설계되어야 하며 동시에 취급상의 편리성과 생산의 경제성, 전시상의 적합성을 지녀야 한다. 예를 들어 제일제당의 백설식용유는 탄력성이 높은 플라스틱을 이용하여 주유구가 작은 용기를 개발하였다. 이로서 주부들이 어려움을 느끼던 양조절의 문제를 해결하였다. 또한, 기름이 밑으로 흐르는 것을 방지하도록 용기입구를 설계였으며 병을 사각형태로 함으로써 수납을 편리하도록 하였다. 이들은 고객욕구에 부합하는 포장의 형태와 재료를 제공함으로서 고객들이 느끼는 소유상의 장애와 기능상의 장애를 동시에 제거해 줄 수 있었다. 뿐만 아니라 이 모든 것이 '깔끔하고 산뜻' 하다는 제품개념을 효과적으로 전달하고 있는 것이다.

고객들은 또한 내용물을 볼 수 있는 포장을 선호한다. 다양한 플라스틱들이 이러한 목적에 사용되어 왔으며, 많은 음식과 옷, 가전제품들이 내용물을 들여다볼 수 있게 포장되어 있다. 최근에는 환경을 고려하는 포장재료를 선호하고 있다. 목용용품 전문 업체인 Body Shop의 제품들은 주로 재활용 재료를 이용하여 포장하고 있으며 고객들로부터 좋은 반응을 얻고 있다.

제품디자인요소에서처럼 포장에서의 색은 제품의 확인에 중요한 역할을 한다. 포장에 사용되는 색은 색 자체가 심리적인 메시지를 제공한다는 점에서 제품개념의 전달에 심오한 영향을 미친다. 예컨대, 붉은색은 강렬함과 생생함을 나타내는 경향이 있다. 엷은 빨강은 흥분을, 짙은 빨강은 우울함을, 녹색은 맛있는 푸른색 야채의 이미지를 전달한다. 또한, 맥주의 경우 짙은 갈색의 병을 사용함으로써 햇볕으로 인한 제품변질을 방지한다. 이처럼, 포장의 색은 제품보호의 기능도 수행할 수 있는 것이다.

포장의 도안은 제품의 확인과 제품개념의 전달에 결정적인 역할을 수행한다. 포장을 설계할 때는 제품만이 가지는 독특한 특성을 파악하여 이를 전달하여야 한다. 제품의 메시지를 전달하여야 하며, 제품의 내용을 제시하고, 사용법을 설명하여야 한다. 예를 들면, 제품의 현대적인 성격을 강조하기 위해서, 도안은 간결하며 직선을 사용하여야 한다. 또한 평범한 포장은 제품의 경제성을 효과적으로 전달할 수 있다.

성공적인 포장도안의 기준은 "적을수록 좋다"이다. 즉 시각적인 표현이 간결할수록 관심을 유도하기가 용이하기 때문에, 주된 아이디어가 뚜렷하게 제시되어야 한다는 것이다. 그렇다고 해서 포장이 비시각적인 내용을 적게 담아야 한다는 것을 의미하지는 않는다. 단지 제품정보전달의 효과적인 수단으로서 포장을 잘 이용할 수도 있어야 하는 것을 의미한다.

기업은 이렇듯 제품포장의 여러 요소들을 적절히 조합함으로써 제품개념전달 및 구매장애요인제거에 대한 목표와 조화를 이루는 포장을 설계해야 한다. 즉, 포장에 대한 결정을 하기 위해서는 그것이 개념전달과 장애요인제거과정에서 어떠한 역할을 하게 할 것인지를 면밀하게 계획해야 하는 것이다.

2.7. 제품관련 서비스특성(포괄제품특성)

제품과 그것이 가지는 핵심적인 기능, 그리고 포장(브랜드 명과 로고를 포함)은 제품 전체를 구성하는 구성요소들이다. 포괄제품은 이러한 제품구성요소들을 넘어서는 것이다. 포괄제품이란 반품, 보증, 배달서비스와 제품구매상의 스케줄, 신용조건, 그리고 사후서비스 등이 포함된 개념이다. 이러한 요소들은 모두 소유적인 장애요인을 제거함으로써 고객이 제품을 보다 쉽게 구매할 수 있도록 하며, 제품을 안심하고 구매할 수 있도록 도와 준다.

또한 포괄제품특성은 제품개념을 전달하기도 한다. 장기제품보증은 우월한 제품기능과 품질을 전달하는 효과적인 수단의 하나이다. 예컨대, 국내 자동차가 현재 광고하고 있는 '몇 년 이내에 엔진 및 주요 부분의 고장이 3회 이상 있으면, 새차로 교환해 준다'는 내용 역시 자동차의 우수함을 나타낸다고 볼 수 있다.

여성화장품을 예로 들면 반품, 보증, 환불 등의 제품관련 서비스뿐만 아니라 피부진단 및 미용상담 서비스, 피부마사지 서비스 등 고객의 아름다움과 관련된 서비스도 제공받게 된다. 더욱이 우수고객에게는 각종 여행, 스포츠, 레저 등 문화생활을 즐길 수 있게 해 주며, 성인 여성에게는 유방암 무료진단 서비스도 제공하는 업체도 있다.

2.8. 제품구성요소들의 일관성과 보완성 제고

제품의 여러 요소들을 통합하여 개념전달활동과 구매전환활동 각각에서 긍정적인 시너지를 창출한다는 것은 매우 어렵다. 마케팅관리자에게 유용한 것으로 증명된 의사결정도구 중의 하나는 각 제품구성요소들에 대한 다양한 대안들의 시너지 정도를 평가하고 그 평가치를 〈표 8-2〉와 같은 양식으로 기록하는 것

표 8-2 긍정적인 시너지를 지닌 제품의 선택

구 분		제품의 구성요소						
		제품 디자인	포장	제품 기능	상표명	로고	등록상표	포괄제품 특성
제품개념과의 일관성		예/아니오	예/아니오	예/아니오	예/아니오	예/아니오	예/아니오	예/아니오
구성요소 간의 보완성	포장	예/아니오						
	제품기능	예/아니오	예/아니오					
	브랜드명	예/아니오	예/아니오	예/아니오				
	로고	예/아니오	예/아니오	예/아니오	예/아니오			
	등록상표	예/아니오	예/아니오	예/아니오	예/아니오	예/아니오		
	포괄제품특성	예/아니오	예/아니오	예/아니오	예/아니오	예/아니오	예/아니오	

이다. 어떤 관리자는 각 항목마다 단순히 '예' 혹은 '아니오'로 기록을 하고 다른 관리자들은 '1'부터 '10'과 같은 평가점수를 이용하여 기록하기도 한다.

관리자는 먼저 각 제품 구성요소들의 대안들을 세분화하여야 한다. 그리고 나서 각 대안들이 어떠한 구매장애요인을 제거할 수 있는가와 제품개념과 얼마나 일치하는가라는 관점에서 평가되어야 한다.

제 3 절 신제품 개발

기업은 개념전달과 구매전환활동을 수행해 나가는 데 있어서 소비자의 기호, 제품기술, 그리고 경쟁 등과 같은 환경요소들의 끊임없는 변화에 당면하게 된다. 그리고 이에 따라 새로운 제품과 서비스의 개발을 위해 지속적인 노력을 하여야 한다. 기업이 신제품을 확보하는 데는 크게 두 가지 방법이 동원될 수 있다. 그 첫번째는 매입을 통한 방법이다. 이는 회사나 제품라인 자체를 인수하거나, 특허 또는 제품을 생산할 수 있는 라이센스를 취득하는 것을 의미한다. 두 번째 방법은 기업이 연구개발(R&D) 부서를 통해 신제품을 직접 개발하는 것이다. 이때 신제품은 이전에 없던 제품을 개발하는 것뿐 아니라, 제품성능의 향상, 제품의 수정, 신규브랜드 등을 모두 포함한다. 본 절에서는 두 번째 방법에 해당되는 신제품 개발에 관해서 다룬다.

신제품을 개발하고 출시하는 것은 매우 위험하고 어려운 일이다. 매년 많은 기업들이 끊임 없이 신제품을 개발하고 시장에 출시하고 있지만, 그 중 극히 일부의 제품만이 시장에서 살아 남는다. 그 원인으로는 여러 가지가 있다. 기술개발의 문제, 제품생산과정의 문제, 물류 또는 상품운영의 문제, 마케팅 및 영업의 문제 등이 종합적으로 작용하여 신제품 실패를 초래한다. 하지만 가장 중요하면서 근원적인 문제는 신제품이 소비자의 욕구를 충분히 반영하지 못한다는 데 있다.

그 이유는 신제품 개발 기간이 대체적으로 매우 길고 복잡하며 이 과정이 체계적으로 관리되지 못하기 때문이다. 기존제품을 약간 변형하는 경우라면 6개월 정도면 개발이 가능하겠지만, 전혀 새로운 제품이라면 2년 이상 소요되는 것이 보통이다. 그리고 제품의 중요성이 클수록 제품개발단계가 많고, 절차가 복잡하다. 때문에 신제품 개발의 각 단계에서 소비자의 욕구가 충분히 반영되고 이것이 다음단계로 잘 이어지게 하는 것이 중요하다. 예를 들어, 신제품 아이디어의 개발, 컨셉개발 및 컨셉테스트, 제품크기, 재료, 색상, 형태, 포장디자인 등에 대한 결정, 수요예측, 마케팅전략수립 등의 각 단계에서 표적고객의 욕구가 철저히 반영되어야 하는 것이다. 만약 그렇지 못하다면, 개발된 신제품은 결국 소비자에게 외면 당할 수밖에 없을 것이다.

그렇다면 신제품 개발과정은 어떻게 이루어져 있고, 그 과정에서 어떻게 소비자의 욕구를 반영할 것인가? 다음에서는 신제품 개발을 체계적으로 수행하기 위한 신제품개발과정에 대해 알아보기로 한다.

3.1. 신제품 개발과정

〈그림 8-3〉는 일반적인 신제품 개발과정을 도식화한 것이다. 물론 실제기업의 신제품 개발과정은 더 복잡할 수도 있고, 극히 단순할 수도 있다. 그림을 보면 신제품 개발은 기회발견, 신제품 개발, 신제품 테스트, 신제품 런칭, 이익관리 등의 단계를 걸쳐 이루어진다. 각 단계는 순차적으로 이루어지며, 특정단계

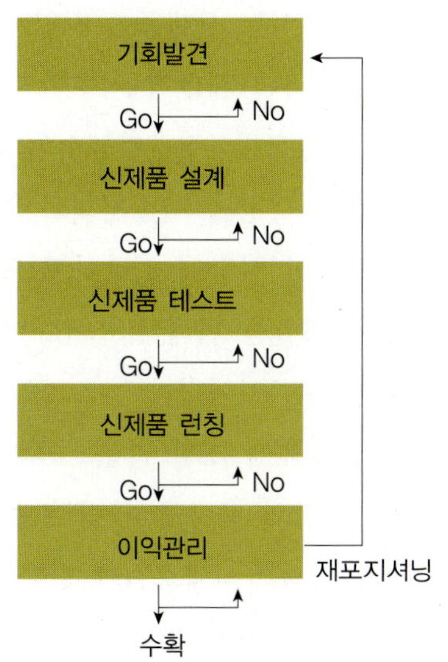

그림 8-3
신제품 개발단계

자료원: Urban, G. L. and Hauser, J. R.(1980), *Design and Marketing of New Products*, Prentice Hall, p. 33.

사진 8-11

냉장기술을 새로운 제품개념에 적용시킨 반찬냉장고

가 반복될 수도 있고, 각 단계간 상호작용도 일어난다. 이때, 각 단계가 제대로 수행되었는지는 소비자조사, 개발담당자회의, 기업내부의 의사결정기준 등에 의해 판단되며, 단계별 신제품 개발 결과가 사전에 정해진 기준에 부합하면 다음단계로 이동하고, 그렇지 않으면, 이전 단계를 반복하게 된다.

(1) 기회발견

신제품 개발에 대한 기회는 크게 두 가지가 방법으로 발견될 수 있다. 먼저 R&D 부서에서 신기술을 개발하여 신제품 개발로 이어지는 경우가 있고, 마케팅 부서에서 시장의 새로운 욕구를 발견하여 신제품 개발에 반영하는 경우가 있다. 이 두 가지 기회를 잘 활용하여 신제품 기회를 발견하는 것이 바람직하나, 본 장에서는 후자를 중심으로 설명하고자 한다.

신제품 기회의 발견단계에서는 신제품이 진입하게 될 최적시장의 정의와 진입하기 위한 기초적인 아이디어의 개발이 이루어지게 된다. 이 때, 최적시장이란 성장하고 있고, 수익성이 있으며, 접근가능성이 높은 시장을 의미한다. 이 단계에서 기업은 자신의 강점과 역량을 시장기회와 연결시킬 수 있어야 한다. 다시 말해, 발견된 기회가 기업이 시장에 전달하고 있는 핵심개념과 시너지 효과를 발휘하는지의 여부, 제품개발을 위해 필요한 기술의 우월성, 개발 후의 생산능력 등을 면밀히 검토해야 하는 것이다.

이 단계의 산출물은 신제품에 대한 많은 수의 새로운 아이디어들이다. 이 단계에서의 아이디어들은 시장의 욕구를 완벽하게 반영하지는 않아도 되지만, 반드시 기존제품과는 달라야 하며, 새로워야 한다. 만약 만족스러운 시장기회가 발견되면, 신제품 설계단계로 진행한다.

(2) 신제품 설계

신제품 설계단계는 최적의 아이디어를 적용하여 제품을 개발하고, 적합한 마케팅전략을 수립하는 단계이다. 먼저, 새로운 아이디어들은 평가되고, 세련되게 수정된다. 그리고 성공가능성이 높은 기능적 · 심리적 특징을 지닌 제품으로 구체화된다. 연구개발과 시제품 생산도 이 단계에서 이루어진다.

신제품 설계는 상품이 지니고 있는 속성들의 선정으로부터 시작된다. 속성을 선정하는 방법에는 여러 가지가 있으나, 주로 소비자들에게 해당상품에 대하여 중요하게 생각되는 속성들이 무엇인가를 직접 물어보는 방법이 널리 이용되고 있으며, 전문가들의 조언이나 유통업자의견 등을 통해서도 속성을 선정할 수 있다. 이밖에 구매시점에서 소비자를 관찰하거나, 포커스 그룹 인터뷰(focus group interview; FGI)를 이용하는 방법도 있다. 결국 다양한 방법들을 동원하여 고객의 가치가 어디에 있는지를 파악하는 것이며 이러한 고객욕구 분석은 제5장에서 자세하게 다루고 있다.

신상품의 속성들이 설정되면, 각 속성의 수준을 결정하게 되는데, 이 때에는 R&D 부서의 제품설계 담당자도 의사결정에 참여하게 된다. 실제 물리적인 제품의 속성수준결정은 제품기술에 따라 달라지기 때문이다. 이렇게 해서 얻어진 속성과 수준의 조합을 통해 여러 가지 컨셉의 신제품이 설계가 된다. 컨조인트 분석 등을 사용하면 이 컨셉들 중 최적컨셉을 도출할 수 있고, 각 속성에 대한 소비자의 효용을 구할 수 있다.

이상의 과정에서 얻어진 제품컨셉은 소비자조사를 통한 평가와 수정을 반복하면서 변화되고, 발전된다. 최종적으로 하나 또는 소수의 신제품컨셉이 얻어지는데, 이 컨셉에 따라 시제품을 개발하고, 마케팅전략을 수립하게 된다.

사진 8-12 여러 기능을 통합시킴으로써 기능적 장애요인을 제거하는 신제품

(3) 신제품 테스트

잘 설계된 신제품이라도 시장에서 반드시 성공한다고 볼 수는 없다. 따라서 신제품의 시장테스트가 필요하게 된다. 테스트

사진 8-13
새로운 개념의 디자인을 적용하여 감각적 장애요인을 제거한 에어컨

마케팅(test marketing)이란 신제품을 시장에 본격적으로 출시하기 전에 일부 한정된 시장에 먼저 출시하여 여러 마케팅전략 대안들을 점검하고 시장의 반응을 상세히 검토하는 작업을 말한다. 신제품 테스트는 단순히 신제품이 시장에서 성공할지 아니면 실패할지를 검증하는 절차만은 아니다. 물론 Go-No Go(신제품을 정식으로 출시할지 안할지) 의사결정이 신제품 테스트의 가장 핵심적인 사항이긴 하지만, 마케팅관리자는 소비자의 반응뿐만 아니라 기업의 생산시설 가동과 유통시스템도 세심히 관찰하여야 한다. 이를 통해 신제품에 대한 구체적인 마케팅전략을 수립할 수 있게 되는 것이다. 즉, 마케팅관리자는 테스트마케팅을 통해 나타난 고객들의 행동반응을 관찰하여 광고와 촉진, 가격과 유통전략을 보다 효과적으로 개선할 수 있게 된다.

이와 같이 테스트마케팅은 신제품을 출시하기 전에 매우 중요한 역할을 하지만, 비용이 많이 소요되고, 신제품의 전국적인 출시시점이 늦어지며, 테스트 기간 동안에 경쟁자에게 아이디어를 제공해 줄 수 있다는 단점도 있다. 이 때문에 많은 기업들이 사전테스트마케팅(Pre-Test Marketing)을 사용하고 있다. 사전테스트마케팅은 단순히 테스트마케팅의 규모를 줄인 것이 아니고, 시장이 아닌 실험환경하에서 정교한 측정을 통해 소비자의 반응을 추정하는 것이다. 이때, 소비자의 반응이 개별기업 또는 산업이 가지고 있는 의사결정기준에 부합하면 신제품을 출시하게 되고, 그렇지 않으면 이전 과정을 다시 반복하게 된다.

(4) 신제품 출시

신제품이 성공적으로 테스트되면, 이제 전국적으로 출시하게 된다. 만약 경쟁자의 재빠른 진입이 예상되면, 시장출시를 빠르게 확산시키고, 시장에서 기업의 포지셔닝을 조속히 구축해야 한다. 하지만 경쟁자가 모방하기 어려운 진입장벽이 있거나, 경쟁자의 자금력이 부족하거나, 소비자반응에 있어서 위험이 크다고 느껴진다면, 시장단위별로 서서히 출시할 수 있다.

신제품 출시를 빠르게 하든, 서서히 하든 관계없이 마케팅관리자는 초기 마케팅전략의 수행을 면밀히 통제하고, 관리해야 한다. 아무리 잘 개발된 신제품일지라도 전국적으로 출시할 때에는 심각한 문제에 당면하게 될 수 있기 때문이다. 예를 들어, 소비자기호의 변화, 예측하지 못한 경쟁자의 반응, 유통업자와의 갈등, 법 또는 규제의 변화 등이 발생하면, 마케팅관리자는 신속한 대응을 통해 신제품 출시가 계획대로 이루어 질 수 있도록 노력해야 한다.

제일제당 햇국수 신제품 개발과정

1. 제품개발과정

햇국수 제품의 개발과정을 요약하면 다음과 같다. 즉, 표적집단면접을 통해 고객의 욕구를 파악한 후, 그것을 제품개발에 반영하고 개발된 제품을 주부들에게 직접 사용해 보고 평가하도록 하는 과정을 거쳐 시장에 런칭하였다.

(1) 표적집단면접(FGI)결과

주부를 대상으로 한 FGI를 통해 '맛있는 국수를 간편하게 먹고 싶다' 라는 소비자 욕구를 찾아내게 되었다. 더구나 가정 내에서 '국수가 먹고 싶다' 라는 생각을 가지고 국수를 먹고자 할 때 장국을 준비하거나 소스를 만드는 과정으로 30분에서 2시간까지의 시간이 소요되며 장국 · 소스 맛에 있어서도 젊은 주부들의 경우 맛을 내기가 어려운 것으로 나타났다. 그러므로 기존제품과 같이 국수만을 제공하는 것이 아니라 '장국 · 소스를 포함한 제품' 으로 제품방향을 설정하여 국수 자체의 차별성뿐만 아니라 맛있는 장국을 만드는 데 초점을 맞추어 개발에 들어 갔다.

(2) 제품의 개발

먼저, 배합비율 기술과 생산공정을 통해 소비자의 욕구를 충족시켜 주는 쫄깃하고 매끄러운 면을 찾아내었다. 또한 장국을 개발하기 위해서 다양한 맛의 스크리닝 작업을 거쳤으며, 최종적으로 소면에 가장 어울리는 시원한 '멸치맛' 장국과 담백한 '닭육수맛' 그리고 칼국수면에 어울리는 깔끔한 '바지락맛' 장국을 최종 완제품으로 개발하게 되었다.

전 제품의 내용물은 완성이 되었지만 포장에 있어

서 어떠한 방법으로 소비자에게 제공하는 것이 좋을까를 고민하게 되었다. 몇 가지 조사를 거치는 과정에서 기존 국수의 포장이 세대수가 3~4명인 우리 사회에서 다소 부적합하다는 결론에 이르게 되었다. 따라서, 국수이용경험이 없는 소비자도 쉽게 1인 소비량을 알아서 국수를 삶은 후 남거나 모자라는 것 없이 이용할 수 있으며, 혼자서도 국수요리를 부담 없이 즐길 수 있고, 남은 제품의 보관이 위생적으로 이루어질 수 있는 것에 초점을 맞추어 소재를 찾기로 하였고 결국 지함 케이스에 개별포장으로 된 제품을 최종포장으로 결정하게 되었다.

(3) 가정유치조사

이렇게 개발된 내용물과 포장, 제품 컨셉으로 소비자 조사를 가정유치조사 방식으로 진행한 결과 컨셉과 맛에서 다음과 같은 평가를 받았다. 따라서 세가지 제품의 출시를 동시에 추진하게 되었다.

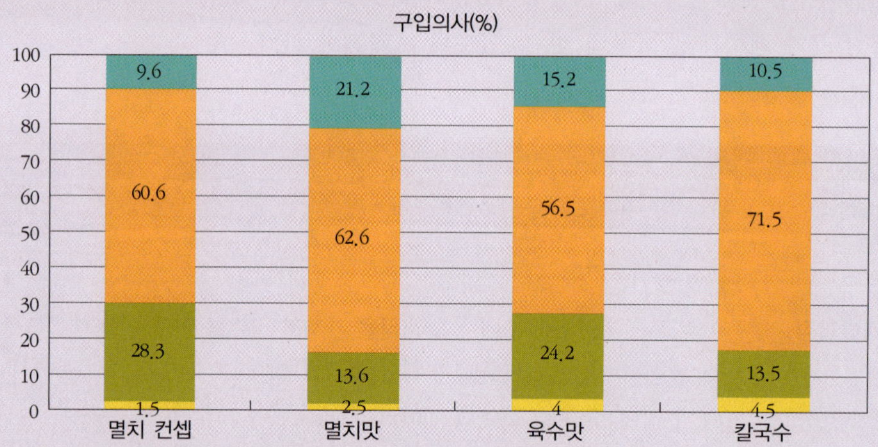

〈 소비자 조사 결과(컨셉 · 제품력 평가) 〉

마지막으로, 소비자에게 전달할 제품의 슬로건과 표현컨셉은 그림과 같다. 먼저, '햇'이라는 브랜드 로고에 차별적인 면맛을 강조하기 위해 '통밀의 속살로 빚어 만든'이라는 브랜드 슬로건을 개발하였고, 제품 슬로건은 제품의 편리한 혜택을 강조하여 '장국을 준비하는 시간까지 담았습니다'라고 정하였다.

〈브랜드 및 브랜드슬로건〉

〈최종 제품〉

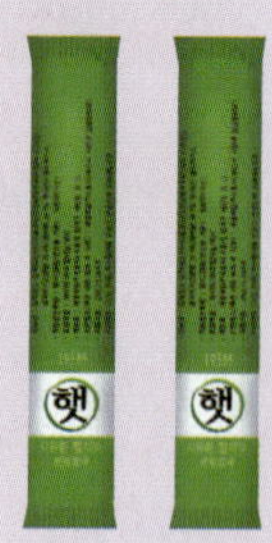

〈장국 포장〉

2. 제품 출시 후 소비자 반응

출시 전 소비자조사 결과와 제품출시 후 시행한 시식프로모션행사에서 우수한 제품력을 인정받은 것으로 나타났다. 따라서 제품의 샘플을 나누어 주는 것이 좋은 홍보효과가 있으리라고 판단하고 1인분 샘플을 50만개 이상 배포하였으며, 일부 매장에서는 반복구매가 지속적으로 이루어지고 있는 것으로 나타났다. 그러나 전국적으로 볼 때 아직 인지도가 미흡한 상태이고, 더 나아가 소비자의 시험구매를 유도하는 것이 가장 중요한 문제로 남아 있다.

3. 향후 방향

본 제품은 소비자에게 '맛'과 '간편성'을 제공하는 데 초점을 맞추었다. 여기서의 간편성은 상대적인 것으로서 기존에 면만을 판매하던 국수에 비하면 장국이 있어서 간편한 것은 사실이다. 그러나 비교의 대상이 인스턴트 라면류라고 본다면, 아직까지 불편한 것이 사실이며, 소비자의 비교대상은 단순히 국수만이 아니라 더 넓은 제품군에 걸쳐 생각해 볼 수 있으므로, 좀더 간편하게 즐길 수 있는 제품으로의 지속적인 연구개발이 필요하다고 판단된다.

(5) 이익관리

많은 시간과 비용을 투자해서 신제품을 출시하고 나면, 이제 그 제품으로 인해 발생되는 이익을 관리해야 한다. 이익을 극대화하기 위해서는 효과적인 의사결정 지원시스템이 필요하다. 통계적인 분석과 실험 등을 통해 시장의 반응을 정확히 측정해야 하고, 과학적인 계량모델을 통해 이익을 극대화할 수 있는 수준으로 마케팅 및 생산 관련 변수들을 조정해 나가야 하기 때문이다. 이러한 의사결정지원시스템은, 신제품이 출시 된 이후 그 수명주기를 다 할 때까지 가격, 광고, 판매촉진 전략 등을 지속적으로 수정하면서 신제품의 이익을 극대화할 수 있도록 도와 준다.

성숙기가 지난 시점에 있는 제품은 지속적인 제품혁신을 통해 재포지셔닝 되거나 쇠퇴기로 접어들어야 한다. 만약 재포지셔닝이 필요하다면, 신제품 개발과정을 처음부터 다시 반복하게 되는 것이다.

3.2. 신제품 실패요인

이상에서 살펴본 바와 같이 신제품 개발은 기회발견단계에서부터, 이익관리단계에 이르기까지 반복적인 테스트와 제품개선을 진행된다. 하지만 실제시장에서 성공하는 신제품은 극히 소수에 지나지 않는다. 그렇다면 그 이유는 무엇인가?

첫째, 부실한 신제품 기획을 들 수 있다. 신제품이 기업이 가지고 있는 역량이나 전문성에 맞지 않는 경우, 또는 신제품이 진입한 시장의 규모가 매우 작거나, 매력이 없는 경우 신제품은 성공하기 어렵다.

둘째, 관리지원의 부족이 신제품 실패의 원인이 되기도 한다. 자금지원이 부족한 상황에서 신제품 개발이 이루어질 경우, 출시과정에서 신제품의 전략을 통제하고 관리하기 위한 정보시스템이 빈약할 경우, 예측하지 못한 경쟁자의 움직임에 효과적으로 대처하지 못할 경우 신제품은 실패할 가능성이 높다.

셋째, 부적절한 신제품 컨셉을 들 수 있다. 신제품을 물리적으로 잘 만들었다고 하더라도, 그 제품이 고객에게 독특한 편익을 제공하지 못할 경우, 독특함을 가지고 있어도 고객의 욕구를 충족시켜 주지 못할 경우, 가격에 비해 가치가 적을 경우 신제품은 성공하기 어렵다. 결국 고객이 추구하는 가치에 대해 충분히 이해하지 못하거나 그에 적합한 포지셔닝을 확립하지 못하면 신제품은 성공하기 어려울 것이다.

그밖에도, 소비자조사 부족, 기술력 부족, 부적절한 타이밍도 신제품 실패의 주요 원인이다. 이와 같이 신제품이 시장에서 성공하는 것은 매우 어려운 일이다. 그러나 신제품이 시장에 성공적으로 진입하고 나면 기업은 시장의 장기적인 변화에 맞추어 제품을 동태적으로 관리해 나가는 것이 필요하다. 제품을 장기적으로 관리해 나가는 전략에 대해서는 제15장 '동태적 마케팅관리' 에서 자세하게 다룬다.

제 4 절 서비스업에서의 제품관리

나라의 경제가 발전함에 따라 전체산업에서 서비스가 차지하는 비중은 급격하게 증가하게 된다. 이에 따라 서비스 제품에 대한 마케팅전략 또한 그 중요성이 부각되고있다. 사실 본 장의 앞부분에서 소개된 여러 가지 예에서도 볼 수 있듯이 서비스도 제품의 한 종류이기 때문에 그 구성요소와 분류, 그리고 그에 대한 마케팅전략의 수립과 수행은 일반제품과 크게 다르지 않다. 따라서 마케팅전략에서의 개념전달과 구매전환활동을 효과적으로 수행하기 위해 서비스 제품의 제반 구성요소들이 모두 일관성 있게, 그리고 서로 최대한의 보완성을 지닐 수 있도록 구성되어야 한다. 즉, 제품개념과 일관성을 가진 로고, 디자인(서비스의 내용 및 서비스 제공방법), 포장(서비스장소의 구조, 직원의 외모, 차림새, 태도) 등이 적절히 구성되어 고객들에게 정확한 개념을 전달해 주고 장소적 · 시간적 · 지각적 · 기능적 · 감각적 장애요소들을 효과적으로 제거해 주어야 하는 것이다. 또한, 일반제품에서와 마찬가지로 마케팅믹스활동을 토대로 뚜렷한 포지셔닝을 시장에서 구축해야 하는 것이다.

물론, 일반제품과 비교하여 서비스 제품이 갖는 독특한 특성이 존재하며 따라서 각 특성에 맞는 대응 마케팅전략을 수립하는 것도 필요하다. 구체적으로 서비스의 네 가지 특성과 각각에 대한 대응전략은 다음과 같이 요약될 수 있다.

첫째, 서비스는 보거나 만질 수 없는 무형이라는 점이다(서비스의 무형성). 서비스를 소비하는 경험이 비록 상당히 시각적(예: 극장)이고 촉감적(예: 물리치료)일 수 있다 하더라도 이는 쉽게 볼 수도, 맛볼 수도, 혹은 만질 수도 없는 것이다. 또한 물리적 의미에서의 특정한 디자인, 포장, 그리고 기능적 수행들도 명백하지가 않다. 이러한 서비스의 무형성으로 인해 고객들은 그 서비스가 어떤 것인가를 판단하기가 어렵게 된다. 따라서 무형성으로 인한 이와 같은 문제점을 해결하기 위해서는 실체적(유형적)인 단서를 적극적으로 활용해야 한다. 예를 들어 호텔에서는 내부시설, 직원들의 복장과 태도 등을 통해 서비스의 수준을 가시화하며, 개인병원에서는 원장의 실력과 명성을 나타내 주는 각종 증서들을 벽에 걸어 놓기도 한다. 이러한 유형적인 단서들을 이용하여 강력한 이미지를 구축하고 고객들의 지각적 장애요인을 제거해 주게 되는 것이다. 나아가, 구매 후의 고객관리활동을 통해 이러한 지각을 지속적으로 강화시키고 이들에 의한 구전을 적극적으로 활용하여 신규고객의 지각을 형성시키는 데 도움을 받아야 한다.

사진 8-14
여성들에게 포지셔닝된 서비스

둘째, 서비스는 생산과 소비가 동시에 일어난다는 특성이 있다(서비스의 비분리성). 즉 서비스는 제공자에 의해 제공되는 것과 동시에 고객에 의해 소비되는 성격을 지닌다. 따라서 고객들은 서비스의 생산과정에 많이 참여하게 된다. 예를 들어, 물리치료 서비스를 받는 고객은 서비스의 생산과정에 참여하여야 하지만, 단순히 근육이완 제품을 섭취하려 한다면, 제품생산과정에서의 참여는 존재하지 않을 것이다. 서비스의 이러한 비분리성 때문에 서비스의 생산과정에 고객이 참여하게 되고, 고객들이 형성하는 분위기가 하나의 서비스 내용이 될 수도 있다. 예를 들어 어떤 나이트클럽은 특정 연령 혹은 유형의 고객만 입장시킴으로써 참여하고 있는 고객들 스스로가 서비스(분위기)를 창출하도록 한다.

서비스의 제공에 있어서 고객의 상당한 참여를 필요로 하는 것으로는 패스트푸드 레스토랑에서의 식사, 호텔에서의 간식과 음료서비스, 그리고 공항에서의 소화물서비스 등이 있다. 서비스를 설계하는 데 있어서, 각 고객들이 서비스 제공과정에 참여하는 데 대하여 어떠한 선호를 보이며, 특정한 변수들이 어떠한 상황하에서 중요한가(예를 들면, 웨이터와의 대인접촉, 공항에서의 소화물 대기시간)와 같은 요소들이 주의 깊게 고려되어야 한다.

이러한 서비스의 비분리성으로 인한 문제점을 해결하기 위해서는 고객과 접촉하는 서비스 요원을 신중히 선발하고 철저히 교육시켜야 한다. 또한 고객관리의 중요성을 잊지 말아야 하고 고객이 원활히 서비스를 받을 수 있도록 서비스시설을 편리한 장소에 설치하여야 한다. 제품은 특정한 제품 디자인과 포장을 지닌 물리적인 형태로 제시되어지지만 서비스는 추상적이므로 구체적인 실체들, 즉 유형의 단서가 서비스와 결합되어져야 소비자에게 효과적으로 전달될 수 있다. 예를 들어 Federal Express와 같은 우편물 배달업체는 배달원의 복장과 태도를 통해 신뢰감을 줌으로써 고객들의 기능적 장애요소(즉, 우편물이 제시간에 정확하게 배달 될 것인가에 대한 불안감)를 제거해 준다.

셋째, 서비스는 품질이 고르지 않다(서비스의 이질성). 서비스는 생산 및 인도 과정에서 고객마다 품질이 달라질 가능성이 많다. 같은 서비스업체 내에서도 종업원에 따라 품질이 다르고, 같은 종업원이라도 상황에 따라 품질이 다르다. 예를 들어, 미용실에서 미용사가 많은 사람의 머리를 잘라 주지만, 고객마다 똑같은 머리 형태로 자르지는 못하는 것이다.

서비스의 이질성은 고객의 이질성으로 인해 발생하는 경우도 많다. 예를 들어, 대학생들이 같은 교수에게 강의를 듣는다고 해도, 학생의 지적능력과, 노력정도에 따라 매우 다양한 성과를 보인다. 인터넷 뱅킹 서비스의 경우도 인터넷에 능숙한 사람이 그렇지 않은 사람에 비해, 더 빠르고 정확한 서비스를 받을

사진 8-15
규격화를 통해 서비스의 이질성으로 인한 구매장애요인을 제거한다

수 있다.

이러한 서비스의 이질성은 문제와 기회를 동시에 제공한다. 한편으로는 서비스품질의 표준화가 어렵기 때문에 일정수준 이상으로 품질을 유지하기가 어렵다. 하지만 이러한 서비스의 이질성으로 인해 고객마다 차별화된 서비스를 제공할 수 있는 기회가 발생한다. 따라서 서비스 제공 업체는 우선 서비스의 표준화를 위해 노력하여야 한다. 이러한 노력의 일환으로 많은 서비스업에서는 상세한 서비스 매뉴얼을 개발하여 여러 가지 상황하에서 모든 직원이 일관된 서비스를 전달할 수 있도록 하고 있다. 기업은 또한 서비스의 생산과정에서는 고객맞춤(customization)이 가능하다는 점을 적극 이용하여 개인화된 서비스를 제공할 수 있는 체제를 정립해야 한다. 이때, 이 책의 제17장에서 자세하게 다루고 있는 고객데이터베이스와 CRM(Customer Relationship Management)의 개념을 적극 활용할 수 있을 것이다. 예를 들어 홈쇼핑업체에서는 고객이 한번 주문을 하고 나면 그 고객의 주소와 기타 필요정보를 기록해 놓고 다음 주문 때부터는 그 고객이 필요한 정보를 일일이 말하지 않아도 되게 해 줄 수 있는 것이다.

서비스의 네 번째 특성은 제품이 판매되지 않으면 사라진다는 것이다(서비스의 소멸성). 일반제품의 경우 판매되지 않아도 재고로 보관한 뒤, 나중에 다시 판매할 수 있다. 하지만 서비스는 재고로 보관할 수가 없다. 비행기는 좌석에 손님이 가득 차지 않아도 운행하며, 각종 공연은 객석에 관객이 없어도 실시된다. 이 때, 비행기의 빈 좌석과, 극장의 빈 객석은 재고로 보관할 수 없다. 뿐만 아니라 서비스는 구매가 되더라도 1회로서 소멸되며, 그와 동시에 서비스의 편익도 사라진다.

이러한 서비스의 소멸성은 과잉생산으로 인한 손실과 과소생산으로 인한 기회상실의 문제를 야기한다. 서비스 제공업체는 이 문제를 해결하기 위해 정확한 수요예측을 하여야 하며, 생산계획 및 인력배치계획에 유연성을 확보하여야 한다. 또한, 하나의 시설을 다용도로 사용할 수 있게 하기 위한 방법을 연구하고, 종업원 한 사람이 여러 직무를 수행할 수 있도록 교육하여야 한다. 한편, 서비스 수요를 재고로 보관하려는 노력도 병행하여야 한다. 예를 들어, 은행의 번호표나 치과의 시간약속 등은 수요를 재고로 보관하려는 노력이라고 할 수 있다.

이상에서 살펴보았듯이 서비스의 마케팅전략에서는 서비스를 제공(생산)하는 데 참여하는 직원들의 역할이 매우 중요하다. 따라서 서비스를 관리하는 데 있어서는 고객을 상대로 하는 외부마케팅(external marketing)과 더불어 제1장에서 강조되었던 가치생산고객(기업의 직원)에 대한 효과적인 내부마케팅(internal marketing) 또한 필수적이다. 즉, 고객접점의 직원들에게 충분한 동기를 부여하는 동시에 철저한 교육을 통해 고객지향적 사고를 함양하고 서비스의 품질, 일관성, 그리고 생산성을 제고시켜 나가야 하는 것이다.

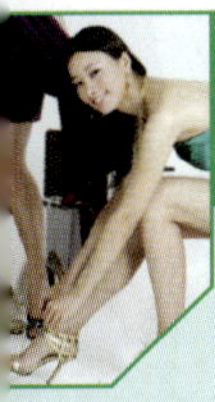

Summary & Review

요약 및 복습

제품은 마케팅믹스의 가장 기본적인 요소이다. 제품이란 고객의 욕구를 충족시켜 주기 위해서 제공되는 물리적 제품, 서비스, 이벤트, 사람, 장소, 조직, 아이디어 또는 이것들의 조합을 의미한다. 제품은 크게 핵심제품, 실제제품, 확대제품의 세 가지 수준으로 구분될 수 있다. 제품의 유형에는 우선 소비재와 산업재가 있는데 소비재는 개인적인 소비를 위해 최종소비자가 구매하는 제품을 의미하고, 산업재는 최종완제품을 만들기 위한 중간제품이거나 사업을 수행하기 위해 사용될 목적으로 개인이나 조직에 의해 구매되는 제품을 의미한다. 소비재는 다시 소비자가 어떻게 그 제품을 구매하는가에 따라 편의품(convenience good), 선매품(shopping good), 전문품(specialty good)으로 분류될 수 있다.

대부분의 기업들은 하나 이상의 제품을 생산하고 있다. 기업이 판매하는 모든 상품들의 집합을 제품조합 혹은 제품믹스라고 한다. 그리고 제품조합을 구성하고 있는 각각의 제품집합을 제품라인이라고 하는데 제품라인에 속해 있는 제품 혹은 브랜드의 개수를 제품라인 길이(product line length)라고 하며 제품라인에 속해 있는 각 브랜드가 얼마나 많은 품목을 갖추고 있는가는 제품라인 깊이(product line depth)라고 한다. 고객욕구와 시장여건의 변화에 따라 기업은 제품조합과 제품라인을 수정해 나가야 한다. 제품라인을 연장하는 데는 크게 상향연장(upward stretching)과 하향연장(downward stretching)의 두 가지 방법이 있다. 어떠한 방향으로 제품조합이나 제품라인을 수정하더라도 기업은 그들의 제품전략의 일관성을 잃지 말아야 한다. 즉, 제품라인의 수정으로 인해 시장에 전달하고자 하는 개념이 흔들려서는 안 되는 것이다.

제품의 구성요소는 제품디자인, 제품기능, 상표명, 로고, 등록상표, 포장 그리고 포괄제품특성을 의미한다. 디자인과 포장은 제품디자인믹스와 포장믹스로 확대되며, 이는 각각 5개의 구성요소로 나누어진다. 마케팅목표인 개념전달활동과 구매전환활동을 효율적으로 달성하기 위해 마케팅관리자는 제품의 각 구성요소들을 일관성과 보완성의 원리에 근거하여 구성함으로써 다른 마케팅믹스요소와의 긍정적인 시너지를 창출하게 된다.

기업은 개념전달과 구매전환활동을 수행해 나가는데 있어서 소비자의 기호, 제품기술, 그리고 경쟁 등과 같은 환경요소들의 끊임없는 변화에 당면하게 되며 따라서 새로운 제품과 서비스의 개발을 위해 지속적인 노력을 하여야 한다. 신제품의 개발은 기회발견, 신제품 개발, 신제품 테스트, 신제품 런칭, 이익관리 등의 단계를 걸쳐 이루어진다.

서비스 제품은 일반제품에 비해 무형성, 비분리성, 이질성, 소멸성이라는 중요한 특징을 가지고 있으며 이에 따라 관리되어야 한다.

문제제기 및 질문 _ Issues raised & Question

1 소비재의 유형에는 무엇이 있는지를 설명하고 각각에 대한 예들을 제시해 보시오.

2 품이 마케팅에서 가지는 의미에 대하여 생각해 보자

3 우리나라 자동차회사 중 하나를 선정하여 그 회사의 제품라인이 어떻게 구성되어 있으며 어떻게 확장될 수 있는지를 제시해 보시오.

4 20세에서 35세 사이의 젊고, 운동을 좋아하며, 건강에 관심을 가진 여성들을 대상으로 제품개념을 설정하였다고 하자. 제품개념은 긴장을 풀어 주며 즐거움을 주는 저알코올 와인이다. 일관성과 보완성의 원리에 근거하여 제품을 어떻게 구성할 것인지를 서술해 보자.

5 신제품 개발과정에 근거하여 새로운 세탁기를 개발한다고 가정하고 그 과정을 각 단계별로 설명하시오.

6 소니 워크맨의 제품전략과 하얏트 호텔의 서비스전략을 비교하시오. 서비스와 일반제품이 가지고 있는 차이점이 무엇인지를 토대로 설명해 보시오.

참고문헌 _ R/E/F/E/R/E/N/C/E/S

김우식, 'Re-launching IMC 마케팅전략과 실전 사례—하이트맥주의 '흑맥주 스타우트', 마케팅 2001년 8월, pp. 38-44.

박찬수(2002), 「마케팅원리」, 제 2 판, 법문사, pp. 223-224.

이유재(1999), 「서비스마케팅」, 제 2 판, 학현사, pp. 23-27.

Gruenwald, George(1992), *New Product Development*, Lincolnwood, IL: NTC Business Books, 2nd edition, p. 454.

Kotler, Philip, Gary Armstrong(2001), *Principles of Marketing*, 9th, Prentice Hall, pp. 288-367.

Langeard, Eric, John E. G. Baateson, Christopher H. Lovelock and Pierre Eiglier(1981), *Services Marketing: New Insights from Consumers and Managers*(Cambridge, Mass: Marketing Science Institute).

Lansdale, David B.(1978), *The Vital Signs of Effective Packaging Management*(New York : American Management).

Morris, Cathleen(1999), "The Name's the Thing," *Business Week*, November 15, pp. 36-39.

Sacharow, Stanley(1982), *The Package as a Marketing Tool*, Radnor, Pa.: Chilton.

Shostack, G. Lynn(1977), "Breaking Free from Product Marketing," *Journal of Marketing*, 41(April), p. 73.

Shu Ueyama(1982), "The Selling of the 'Walkman' (or It Almost Got Called 'Sound-About')," *Advertising Age*, March 22, M2-3 and M-37.

Urban Glen L., John R. Hauser(1980), *Design and Marketing of New Products*, Prentice Hall, pp. 31-60.

Zeithmal, Valerie A., A. Parasuraman, and Leonard L. Berry(1985), "Problems and Strategies in Services Marketing," *Journal of Marketing*, 49(Spring), pp. 33-46.

CHAPTER 9

유통(Place) 관리

MARKETING MANAGEMENT

미국 Johnson & Johnson의 유아용 장난감 시장 진출 성공

J&J(이하 Johnson & Johnson Products Inc.의 약칭)는 조기교육의 중요성과 유아발육에 대한 관심증대를 겨냥하여 유아용 장난감 사업에 진출하였다. 장난감계열에 대한 J&J사의 일반적인 제품개념은 '유아가 새로운 재능을 익히는 데 도움을 주는 장난감'이었다. 장난감의 표적시장은 세 살까지의 어린이를 양육하고 있는 부모들이었다.

물론 J&J사의 회사명은 파우더, 샴푸, 기저귀 등을 포함한 다양한 유아용품을 통해 표적시장에 이미 잘 알려져 있었다. J&J사는 소비자들이 기존의 자사 제품들을 양질의 제품으로 인식하고 있는 것과 마찬가지로 장난감도 양질의 제품으로 인식해 주기를 원하였다. 이에 따라 양질의 제품개념을 강화시키기 위해 장난감의 가격도 다른 회사 제품들과 차별적으로 비교적 높게 책정하였다.

J&J사는 효과적으로 제품개념을 전달하고, 시간 및 장소 그리고 여타 장애요인들을 제거하기 위한 유통구조를 설계할 때, 가장 먼저 자사의 개념전달 및 구매전환활동과 일치하는 경로구성원의 유형과 수를 파악하였다. 먼저 경영층은 자사의 장난감을 장난감 할인점포, 백화점, 그리고 카탈로그 전시판매점(catalog showrooms)과 같은 전통적인 경로를 통해 유통시킬 것을 고려하였다. 이는 J&J사가 자사 소유의 기존 유통시스템을 구축하고 있지 않았으므로 독립 경로구성원들을 활용해야만 했기 때문이다.

그런데 이와 같은 전통적인 유통시스템은 효과적으로 구매전환활동을 수행할 수는 있으나 장난감을 최종소비자뿐만 아니라 소매상에게도 판매촉진하기 위해서는 엄청난 비용이 필요하다는 단점을 갖고 있었다. 나아가 그들 독립 경로구성원들과 J&J사 간에는 장난감이라는 개념에 대한 차이가 존재하고 있었다. 그 결과 유아성장의 개념과 일치하고 소비자들이 용이하게 자사의 장난감에 접근할 수 있도록 새로운 유통방식인 '직접마케팅'(direct marketing approach)을 고안하였다. 이 방식은 아기가 태어나자마자 부모들이 가입할 수 있는 "toy of the month" 클럽이었다.

J&J사는 병원이나 의사들과 같은 주요 관계자들의 협조하에 부모들에게 클럽을 홍보할 수 있었다. 어린이가 태어난 뒤에 프로그램에 의하여 거의 6주마다 아이 부모에게 장난감 한 세트씩이 배달되었고, 그 장난감들은 유아의 나이 및 발육단계에 맞추어져 있었으며, 각 장난감에는 사용설명서와 함께 장난감과 유아성장과의 관계를 기술하고 있는 소책자도 동봉되었다.

직접우편에 의한 직접마케팅방식은 '어린이의 정신개발'이라는 제품의 개념을 구축하는 데 효과적이었으며 소비자들은 이런 일련의 프로그램을 호의적으로 여기게 되었다. 또한 소비자들은 전문가들이 유아의 성장에 필요한 장난감을 선택해 주는 것에 대해 매우 높이 평가하였다. 직접우편방식은 목표 소비자들에게 가장 효과적으로 접근할 수 있는 방법이었다.

한편 J&J사는 이와 같은 직접우편방식뿐만 아니라 장난감전문점(독립소매상)도 역시 자사의 개념전달활동과 구매전환활동목표에 부합하는 것으로 판단하였다. 장난감을 취급하는 다양한 독립소매상 중에서 전문점이 J&J사의 제품개념을 전달하고 개별소매상의 통제하에 구매장애요소를 제거하는 데 가장 효과적이었다.

전문점은 '유아가 새로운 솜씨를 익히는 데 도움을 주는 장난감들'을 준비하고 있는 장소이며, 나아가 점포 내에서 고객들에게 양질의 서비스를 제공하는 업무뿐만 아니라 친구들에게 줄 선물로서 장난감을 구입하고자 하는 고객들이 이용할 수 있도록 하는 업무도 수행한다.

〈그림 9-1〉과 같이 직접우편과 전문점은 개념전달활동(직접우편과 전문점 중 하나는 다른 하나를 강화시킨다)과 구매전환활동(month club의 회원이 전문점에서 그들 친구들에게 줄 선물로서 J&J사의 장난감을 추가적으로 구입할 수도 있다)측면에서 상호보완적이다. 두 가지 유통방식은 제품개념을 전달하는 데 효과적이며 각 방식은 다른 방식의 효과를 높여 준

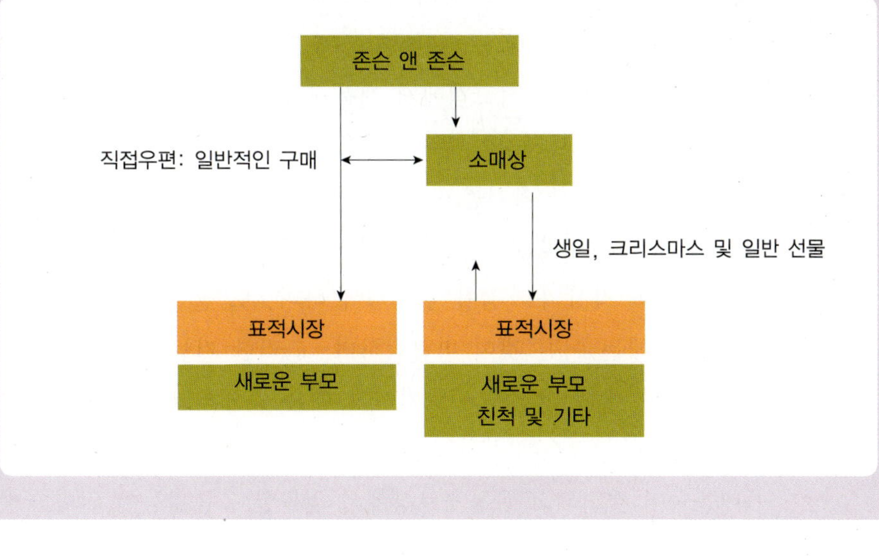

그림 9-1
존슨 앤 존슨의 장난감 유통경로

다. 이 효과로 인해 소비자는 보다 짧은 시간 내에 제품개념에 대해 정확히 이해할 수 있게 되었다. 또한 직접우편과 전문점 방식은 저렴한 비용(효율성)으로 소비자들의 제품에 대한 접근성을 높임으로써 소유에 대한 장애요인을 제거하는 데 매우 효과적이었다.

한편 J&J사는 직접우편방식에 중점을 둠에 따라 생산비용과 재고비용의 감소에 따른 추가적인 혜택을 누렸다. 기업이 자체적으로(유통업체에 의해서보다는) 소개할 장난감들을 선택함으로써 J&J사는 효과적으로 생산량 및 재고수준을 유지하는 프로그램 체계 속에서 새로운 장난감들을 판매할 수 있었다.

또한 J&J사의 입장에서 볼 때 선택적 유통방식이 개방적 또는 전속적 유통방식에 비해 기업의 개념전달과 구매전환활동에 있어 보다 일관성과 보완성을 나타내었다. 이는 표적시장인 신생아를 양육하고 그들의 정신적 성장에 관심을 갖고 있는 부모들의 특성 때문이었다.

J&J사의 경로영향력 요소는 계약형시스템이 아닌 수직적 경로시스템과 결합되었고 양자는 상호보완성을 갖고 있었다. 수직적 경로시스템을 사용한 이유는 첫째, 계약형시스템하에서의 소매상의 경우 직접우편유통 방식과 경쟁관계에 있게 되어 J&J사가 준거적 파워(referent power)를 발휘할 수 없었을 것이고 둘째, J&J사는 프랜차이즈 운영을 할 수 있을 정도의 다양한 제품을 구비하지 못하였기 때문에 보상적 파워(reward power)를 발휘하기 어려웠을 것이기 때문이다.

즉 J&J사의 경로구성원 요소로서 수직적 경로시스템과, 경로운영요소로서의 경로영향력은 상호간에 매우 보완적인 성격을 갖고 있어 전반적인 유통구조 내에서의 시너지 효과를 창출할 수 있었다. J&J사의 유통구조는 장난감 사업 성공에 크게 기여하였다. 직접우편판매를 실시한 지 5년만에 J&J사는 세 살 이하 유아용 장난감 시장에서 2위의 시장점유율을 가진 회사로 부상하였다.

기업이 아무리 적정한 가격의 좋은 제품을 만들고 촉진활동을 한다고 해도 실제로 고객들이 구매하고자 할 때 적절한 장소에서 적절한 시기에 원하는 서비스를 받지 못한다면 기업과 소비자 사이의 교환활동은 원활하게 일어나지 못할 것이다. 따라서 개념전달목표 및 구매전환활동에 일관성과 보완성을 가진 적절한 유통전략의 수행을 통해 표적고객에게 제품개념에 부합하는 이미지를 효과적으로 전달하고, 소유 및 시간적인 장애요인을 제거할 수 있도록 하여야 한다.

이렇듯 기업이 고객에게 가치를 전달하기까지 유통의 역할은 매우 중요하다. 제품개념에 부합하는 유통을 설계하기 위해 고려해야 할 사항들, 즉 얼마나 많은 형태의 소매상이 자사의 제품을 취급해야 하며, 또 일련의 유통경로에 참여하는 구성원의 형태는 어떤 것이 바람직하며, 그러한 기능을 누가 수행하는 것이 가장 좋을 지에 대한 결정에 이르기까지 매우 중요하고도 복잡한 결정이 필요하다.

상기의 내용들이 결정되고 유통경로상에서 원활한 유통활동이 일어나게 하기 위해 각 구성원들은 상호작용을 하게 된다. 이러한 과정중에 갈등도 발생하게 되고, 또 발생한 갈등을 제거하기 위한 노력도 행해지게 된다. 따라서 본 장에서는 유통경로의 구조를 설계하고, 유통경로상의 과정을 조정해나가는 내용을 점검하도록 한다.

제1절 유통의 역할

유통이란 (i) 생산자나 서비스 제공자들로부터 최종소비자에까지 이르는 다양한 조직들 사이의 관계들을 연결시켜 주며, (ii) 주문, 거래협상, 지불, 금융 및 수송, 보관과 같은 마케팅 기능의 흐름을 촉진시켜 주는 활동을 의미한다. 이와 같은 역할을 수행하는 일련의 연결시스템을 유통경로라 한다.

1.1. 유통구성요소

유통구조는 크게 경로구성원과 경로운영으로 구성된다. 경로구성원은 보통 구성원이라고도 불리는데, 그 형태와 수가 매우 다양하다. 또한 경로구성원들

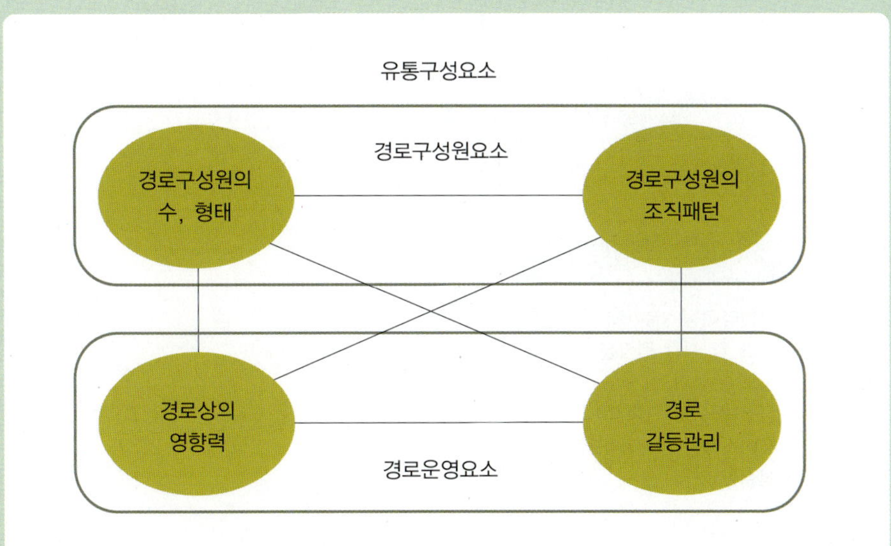

그림 9-2 유통구성요소

그림 9-3

마케팅믹스 내에서의 유통관리: 일관성과 보완성의 원칙 적용

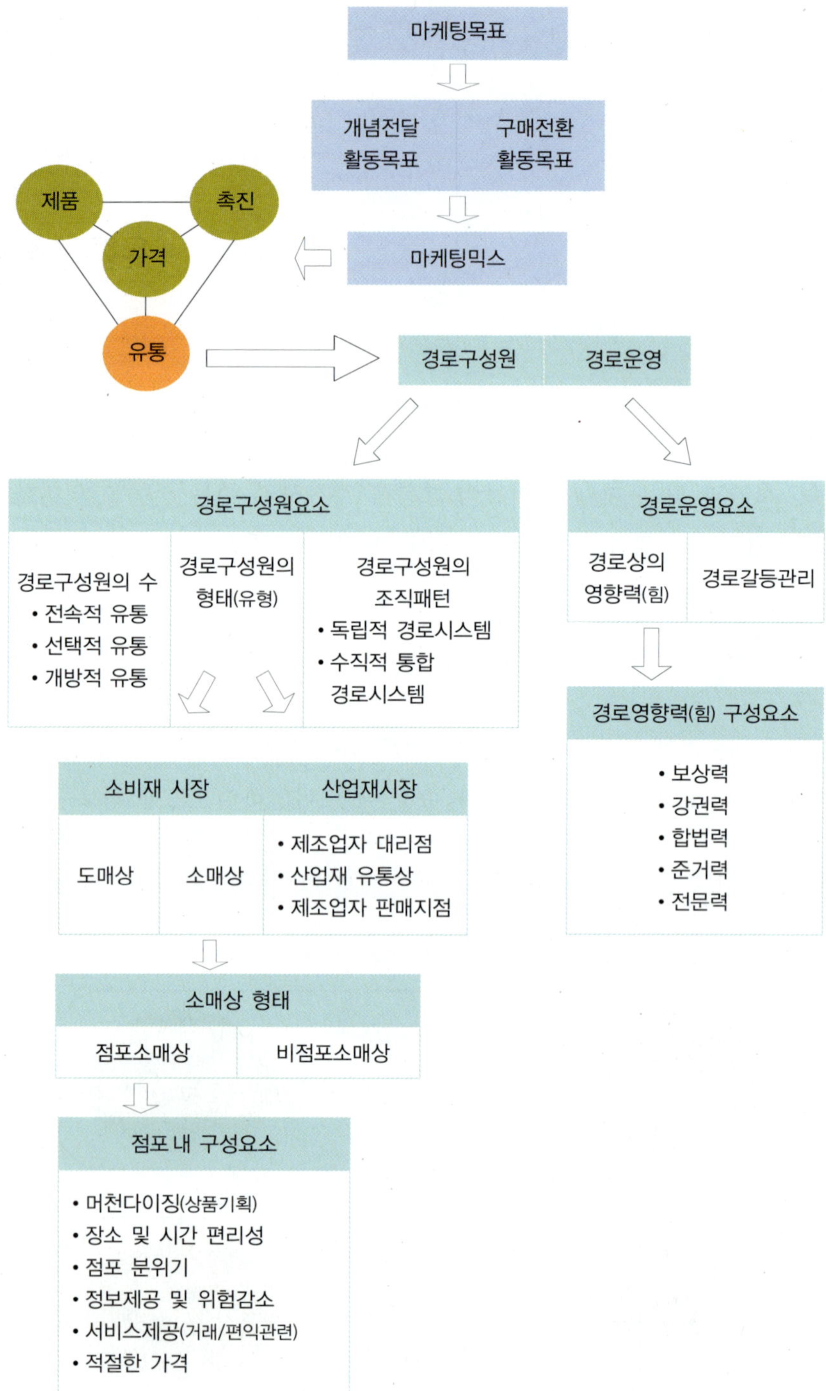

마다 기업과의 관계가 다른데, 일부는 기업에 속하기도 하며, 때로는 기업과 독립적이기도 하다. 또한 경로구성원들이 자신의 목표달성을 위해 상대방에게 영향력을 행사하는 과정에서 나타나는 갈등관리에 대한 문제는 경로관리에서 매우 중요한 고려사항이 된다. 따라서 적절한 경로구성원들의 형태와 수가 결정되어야 하고, 경로구성원들에 대한 통제와 갈등을 조절할 수 있는 방법이 강구되어져야 한다(그림 9-2 참조).

유통전략은 기업이 자체의 유통시스템을 소유하고 있는지 여부에 따라 다르다. 만약 경로구성원이 기업의 소유 하에 있는 유통시스템의 한 부분이라면 경로구성원들이 독립적인 경우보다 경로구성원들과의 협력을 유지하고 그들을 통제하는 것이 보다 용이할 것이다. 즉 이 경우 경로구성원들은 조직 내에서 다른 종업원들과 마찬가지의 통제를 받게 된다.

〈그림 9-3〉은 〈그림 9-2〉의 유통구성요소를 보다 세부적으로 나타낸 것이다.

1.2. 유통기능

경로시스템을 구성하는 각 경로구성원들은 상호의존성을 갖고 있으며, 그 의존도는 각 경로구성원이 수행하는 기능의 범위와 정도에 따라 달라진다. 경로구성원들의 기능은 〈그림 9-4〉에서 보는 바와 같이 그들이 작용하는 방향에 따라 세 가지로 분류해 볼 수 있다. 물적흐름(선적, 수송, 보관), 소유권, 그리고 촉진과 같은 기능들은 생산자로부터 최종이용자의 방향으로 흐르며(전방기능흐름), 주문과 대금 결제는 최종이용자로부터 소매상, 도매상, 그리고 생산자의 방향으로 흐른다(후방기능흐름). 그리고 거래협상, 금융, 위험부담 등의 기능은 양방향으로 흐른다(양방기능흐름).

유통전략의 수립과 조정을 위해서는 무엇보다도 상기의 여덟 가지 유통기능 각각에 대한 분석과 진단, 그리고 전략적 우선순위의 결정과 그 종합적인 관리에 주의를 기울여야 한다. 이러한 기능별 분석은 도·소매업의 형태결정에 기초가 되는데, 형태별로 기능수행의 범위와 정도가 달라지기 때문이다. 장기적인 유통경로의 성공은 제품이 생산자로부터 최종이용자로 계속 흐르는 데 달려 있으며 이와 같은 원활한 흐름은 효과적인 유통기능의 수행을 통해서 달성될 수 있다. 유통기능은 유통시스템의 전반적인 목표달성을 전제로 개별경로구성원의 일관되고 보완적인 노력이 없이는 수행되기 어렵다. 또한 유통기능은 모두가 없

그림 9-4

유통경로의 기능과 흐름

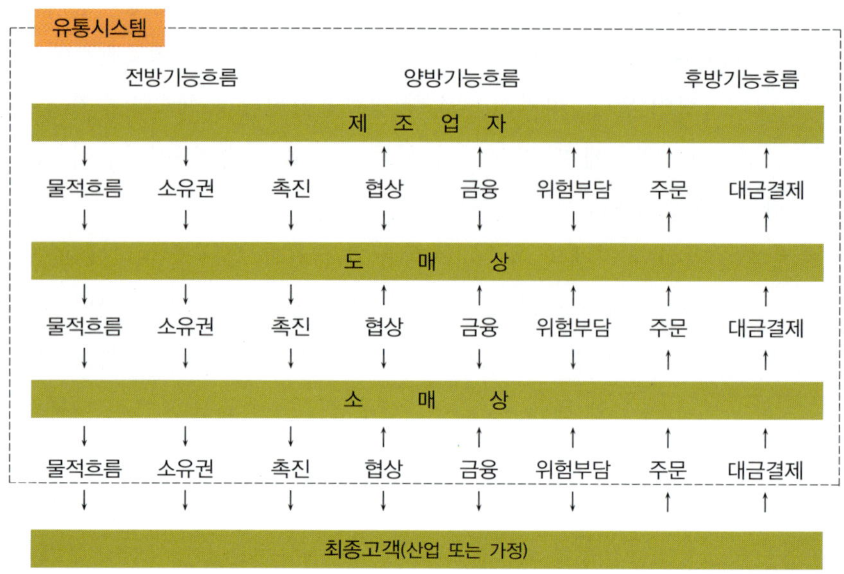

어서는 안 되는 활동들이며, 비록 각 기능이 경로구성원 사이에 이전(移轉)은 될 수 있을지라도 그 기능들이 본질적으로 제거될 수는 없다.

기능의 이전은 경로구성원들이 하나 혹은 그 이상의 특정기능을 전문화함으로써 나타나는 현상이라고 할 수 있으며, 이러한 전문기능의 이전과 조정이 원활하고 협력적으로 이루어질 때 전반적인 유통경로의 효율성이 증진될 것이다.

제 2 절 경로구성원

기본적으로 경로구성원에 대한 결정은 제품개념 및 그 위상을 효과적으로 최종고객에게 전달해 줄 경로구성원의 유형과 수 그리고 조직패턴을 선택하는 것이다. 이들 의사결정은 또한 목표고객의 시간제약 요인(시간장애)과 기업제품 및 서비스에 편리하게 접근할 수 있게 하는 능력과 연관된 구매장애요소(장소장애 등)를 제거하는 데 도움을 주어야 한다.

2.1. 소비재 시장의 경로구성원 형태

소비재 시장에서의 경로구성원들은 크게 소매상과 도매상으로 분류된다. 물론, 광의의 경로구성원에는 생산자와 소비자는 물론이고, 창고업자나 수송업자와 같은 물류기관, 광고회사, 금융기관 등 모든 마케팅 조직들이 포함되나, 여기서는 소매상, 도매상, 그리고 물류기관에 대해서만 주로 언급하기로 한다. 〈그림 9-5〉는 소비재 시장에서의 가능한 유통경로 유형을 나타내고 있다.

(1) 소 매 상

소매상은 최종소비자에게 제품 또는 서비스를 판매하는 것과 관련된 모든 활동을 수행한다. 소매상은 소비자와 직접 접촉하므로 소비자욕구에 반응하는데 신속하며, 따라서 운영형태를 소비자욕구에 맞게 계속 변화시킨다. 소매상들은 제품깊이(한 제품 부류에서 다양한 브랜드의 제공)와 폭(다양한 제품부류의 취급), 제공하는 서비스(장소나 시간의 편의성, 점포 분위기, 정보의 제공, 보증, 반품 등), 가격, 제조업자와의 관계, 그리고 최종소비자와의 접촉형태의 측면에서 매우 다양해지고 있다. 이처럼 다양화되고 있는 소매형태의 기본방향을 이해하기 위해서는 최근 대두되고 있는 소매형태의 양극화현상에 대해 파악하고 있어야 하며, 이를 바탕으로 다양한 소매형태를 분류 및 확인하는 것이 필요하다(그림 9-6 참조).

1) 소매형태의 양극화현상

소매형태의 양극화현상이란 최근 소매업계를 주도하고 있는 소매형태들이 두 가지의 뚜렷한 방향을 갖고 있음을 의미하는 것이다. 양극화 방향 중 한 극

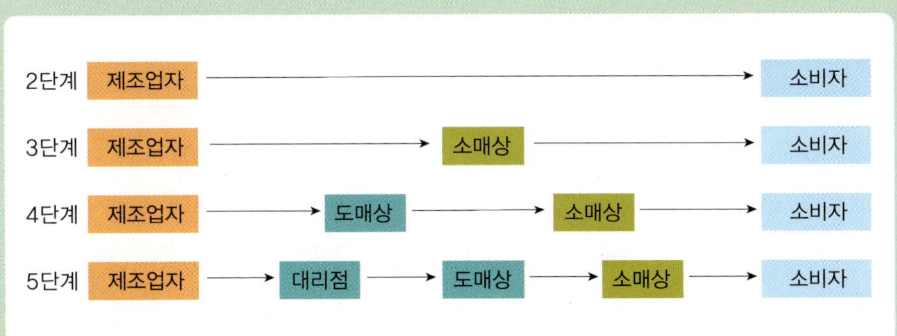

그림 9-5 소비재 시장에서 가능한 유통경로 유형

그림 9-6

소매상의 형태

- 소매상 형태
  - 점포소매상
    - 백화점(department store)
    - 슈퍼마켓(super market)
    - 편의점(convenience store)
    - 종합할인점(discount store)
    - 슈퍼센터(super center)
    - 카테고리킬러(category killer)와 파워센터(power center)
    - 하이퍼마켓(hyper market)
    - 회원제 도매클럽(membership warehousing house)
    - 아웃렛 스토아와 몰(outlet store & mall)
    - 전문 소매상(specialty store)
  - 무점포소매상
    - 전자상거래(EC)
    - 방문판매
    - 전화판매방식
    - 통신판매
    - 홈쇼핑
    - 자동판매기

그림 9-7

소매형태의 양극화 과정

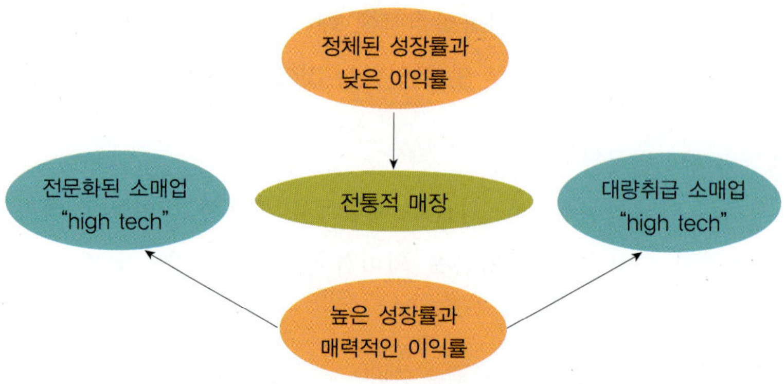

단은 제한된 제품계열, 철저한 관리, 고도로 집중화되고 전문화된 소매형태이며, 다른 하나는 대형점포, 보관기술 및 셀프 서비스 노하우를 바탕으로 한 형태이다. 후자를 high tech 소매업태라고 하며, 전자를 high touch 소매업태라고 부르고 있다. high tech라 하면 고 회전율, 저마진율을 실현하기 위해 첨단기술을 이용한다는 의미를 가지고 있으며, 대표적인 형태로는 할인업태가 있다. high touch라 함은 다양한 소비자들의 욕구에 맞는 다양한 서비스가 필요하다는 것을 의미하며, 대표적인 형태로는 백화점을 들 수 있다(그림 9-7 참조).

2) 소매형태의 이해

소매형태는 매우 다양하다. 이러한 다양한 소매형태를 알아보기 위해 우선 소매상과 무점포 소매상으로 나누어 자세히 살펴보기로 한다.

① 점포 소매상

점포 소매상은 백화점, 할인점, 슈퍼마켓, 회원제 창고점, 카테고리 킬러, 팩토리 아웃렛, 전문점 등으로 구분된다.

- 백화점: 백화점은 '한 지붕 아래서의 쇼핑'이라는 개념을 가지고 있다. 백화점은 대부분의 소매점보다 훨씬 크며, 제품의 깊이와 폭 면에서 방대함을 그 특징으로 하고 있다.
- 슈퍼마켓: 슈퍼마켓은 낮은 가격을 위주로 하며 특히 생활잡화와 식품에 이르기까지 다양한 품목을 취급하고 있다. 아직까지 장소상의 편의 면에서 고객과 가까이 있다는 경쟁적 우위를 중심으로 지역 밀착형 서비스를 제공하고 있다.
- 편의점: 인구밀집지역에 위치해 대체로 24시간 영업을 하며 재고회전이 빠른 식료품과 편의품 등의 한정된 제품계열을 취급한다. 편의점의 가장 큰 특징은 연중무휴 24시간 영업이라는 시간상의 편의성을 들 수 있다.
- 종합할인점: 종합할인점은 전국적으로 유통되는 제품들을 철저한 셀프서비스 하에서 저가격으로 대량판매하며, 일괄구매가 가능하도록 하여 편리함을 추구하는 동시에 효율성을 강조하여 저가격을 실현하는 업태이다. 대표적인 국내외 업체로는 Wal-Mart, 까루프 등이 있다.
- 수퍼센터: 소비자들의 신선식품에 대한 관심의 증대와 단순 저가격을 원하는 소비계층의 기호변화에 부응하기 위해 종합할인점에 식품부분을 강화하여 발생한 업태를 슈퍼센터라고 한다. 대표적인 국내외 업체로는 Wal-Mart Super Center, E마트, 롯데마트, 홈플러스 등이 있다.
- 카테고리킬러(전문할인점)와 파워센터: 특정상품 카테고리를 깊게 취급하고 그 상품들에 대해 할인점보다 더 낮은 가격으로 판매하는 업태를 카테고리킬러라고 한다. 그리고 Power Center는 카테고리킬러들을 한 군데 모아 놓은 개념이다. 대표적인 국내외 업체로는 Home Depot, Circuit City,

Best Buy, Silo, Office Depot, Stples, 하이마트, 하나로클럽, 링코 등을 들 수 있다.

- 하이퍼마켓: 슈퍼마켓 개념의 확장과 이에 할인점 개념을 접목시켜 저가로 판매하는 유럽을 중심으로 태동된 업태를 하이퍼마켓이라고 한다. 대표적인 국내외 업체로는 까르푸, 프로모데스, 오샹, 생즈베리, 홈플러스 등을 들 수 있다.
- 회원제 도매클럽: 회원들에게 거대한 창고형식의 점포에서 30~50% 할인된 가격으로 정상적인 제품들을 할인점보다 훨씬 더 저렴한 가격으로 판매하는 업태를 의미한다. 대표적인 국내외 업체로는 Sam's Club, Price Club, Costco, B.J.'s, Pace 등이 있다.
- 아웃렛 스토아와 몰: 공장에 위치하거나 공장과의 직거래로 운영되는 점포를 통해 초염가로 자사제품 또는 재고품을 판매하는 업태를 아웃렛 스토어라고 하며, 아웃렛 몰은 아웃렛 스토어가 대규모로 밀집되어 있는 것을 의미한다. 대표적인 국내외 업체로는 Franklin Mills, Tanger Outlet Malls, VF Factory Outlet Malls, 여주 프리미엄 아웃렛 등이 있다.
- 전문소매상: 제한된 수의 제품계열을 깊이 있게 취급한다. 예컨대, 주방용품과 같은 단일제품라인도 스타일, 크기, 상표 등의 제품깊이에 의해서 차별적으로 특징지을 수 있다.

② 무점포 소매상

무점포 소매상은 점포를 두고 활동하는 점포 소매업태와는 달리 고객과 직접 거래하는 방식을 의미한다. 고객과의 직접적인 거래를 하는 무점포 소매형태의 종류에는 전자상거래, 방문판매, 전화판매방식, 통신판매, 자동판매기 등을 들 수 있다.

- 전자상거래: 소매의 한 형태로서 전자상거래를 정의한다면 인터넷을 통해 소비자와 기업이 상품과 서비스를 거래하는 것을 말하며, 인터넷 쇼핑과도 동일한 의미를 갖는다.
- 방문판매: 방문판매는 소비자들과 개인적인 접촉을 하게 되는 특징이 있으며, 호별방문을 통하여 판매가 이루어진다. 방문판매를 통해 판매되는 대표적인 제품으로는 화장품이나 학습지 등을 들 수 있다.
- 오픈마켓: 개인 판매자들이 인터넷에 직접 상품을 올려 매매하는 형태

여섯가지 형태의 구매장애

미국의 한 유통업체는 1990년대 중반부터 혁신 활동에 많은 힘을 기울였다. 점포마다 판매시점관리(POS) 단말기를 설치해 재고량을 신속하게 파악했고, 판매상품의 75%를 대량구매해 비용을 절감했다. 크리스마스나 할로윈 시즌 판매량을 60% 늘렸다. 컴퓨터 네트워크 시스템으로 상품 관리를 개선하고 2억4000만달러를 절약했다. 이 회사는 이를 통해 유통업체 효율성을 나타내는 주요 척도인 재고회전율을 1994년 3.45에서 2002년 4.56으로 8년간 32% 개선했다. 이 회사의 이름은 K마트다. 역설적이지만 K마트는 재고회전율이 최고 수준으로 높아진 2002년 파산 신청을 했다. 왜 열심히 혁신한 기업이 파산하는 것일까?

연구원은 "일반적으로 기업이 위기에 빠졌을 때 많은 사람들은 해당 기업이 혁신을 게을리했거나, 고객의 수요를 파악하지 못했거나, 탁월한 전략이 없었다고 생각하는 경향이 있다"며 "이는 잘못된 생각"이라고 지적했다. K마트가 파산한 것은 혁신을 하지 않아서가 아니다. 경쟁사인 월마트가 더 빠른 속도로 혁신했기 때문이다. 월마트는 같은 기간 재고회전율을 5.14에서 8.08로 63% 향상시켰다.

'핵심역량을 확보하는 것이 기업이 성공하는 지름길이다.' 월마트가 효율적인 물류시스템 구축이라는 자신의 핵심역량 강화에 지속적인 노력을 기울이고 있을 때, K마트는 과거의 성공에 도취해 고품질의 브랜드 상품공급이라는 기존의 핵심역량을 유지하는 데도 실패했다.

연구원은 성공한 월마트와 실패한 K마트의 사례를 분석한 'K마트의 몰락과 월마트의 성공'이라는 보고서를 통해 "한때 미국 유통업계 1, 2위를 다투며 경쟁하던 월마트와 K마트의 명암을 가른 주원인은 기업의 핵심역량 확보 여부"라고 밝혔다. 연구원은 K마트의 실패사례는 흔히 성공을 거둔 기업이 간과하기 쉬운 오류를 잘 보여 주고 있다는 점에서 기업에 시사하는 바가 크다며, K마트와 월마트의 대결은 결국 핵심역량에서 판가름났다고 강조했다.

실제로 K마트는 고품질의 브랜드 상품공급을 통해 고객의 신뢰를 확보했고 월마트는 상시 저가판매를 통해 고객만족을 확보했지만, 월마트가 효율적인 물류시스템을 자신의 핵심역량으로 강화한 반면 K마트는 새로운 경쟁우위를 창출하는데 실패했다.

연구원은 또 과거 한두 차례 성공을 거둔 기업이라도 핵심역량이 전제되지 않은 성장전략은 실패를 재촉한다고 지적했다. 이는 K마트의 무분별한 점포 증설이나 비관련 사업다각화가 대표적인 예라고 들었다. 월마트는 회원제 창고형 할인유통업과 같은 기존의 핵심역량을 기반으로 한 관련 사업다각화를 추진함으로써 성장과 수익성 확보라는 두 마리 도끼를 다 잡을 수 있었다.

이와 함께 연구원은 확실한 기업목표 설정과 일관성 있는 실천만이 지속적인 성장을 가능하게 한다고 강조했다. 월마트가 모든 전략을 저비용 구조 강화라는 목표에 맞춰 일관되고 지속적으로 추진해 나갈 때 K마트는 눈앞의 문제에 급급해 일관성 없는 전략을 수립, 추진함으로써 문제해결은 고사하고 더욱더 경쟁력을 상실하는 결과를 초래했다는 분석이다.

〈자료원: 한국경제, 2010. 4. 6〉

로써, 기존의 온라인 쇼핑몰과 구별된다. 즉, 온라인 쇼핑몰에서의 중간

유통 이윤을 생략하고 판매자와 구매자를 직접 연결시켜 줌으로써 기존보다 저렴한 가격으로 판매가 가능하다는 이점이 있으며, 국내외의 대표적인 오픈마켓으로는 옥션, 이베이, 지마켓, 11번가 등을 들 수 있다.

- 전화판매방식: 무점포 소매방법 가운데 하나로, 최근 우리 나라의 경우도 다양한 산업에서 텔레마케팅(tele-marketing)기법의 사용이 활발하게 전개되고 있다.
- 통신판매: 광고나 다이렉트 메일(direct mail)을 통해 제품에 대한 정보를 얻은 고객이 우편으로 주문해서 상품을 구매하는 방법을 말한다.
- 홈쇼핑: 1995년에 cable TV의 보급과 함께 빠른 속도로 성장하고 있는 홈 쇼핑분야는 TV를 통해 제품에 대한 정보를 자세하게 전달하여 고객으로 하여금 구매에 따른 위험을 줄이면서 동시에 장소적·시간적 제약을 받지 않고 쇼핑할 수 있도록 한다는 장점을 갖고 있다.
- 자동판매기: 가장 전통적인 무점포 판매방식으로서 인적요소가 배제된다는 점에서 다른 무점포 방식과 크게 구별된다. 동전 혹은 소액지폐로 작동되는 셀프서비스 기계를 이용하는데, 과거와는 달리 담배, 양말, 골프공, 음료수, 신문, 사탕, 껌, 우표, 복권 등과 같은 다양한 제품을 취급할 수 있게 발달하고 있는 추세이다.

(2) 도 매 상

도매상은 생산자(공급자)와 소비자(소매상) 모두에게 마케팅기능을 수행한다. 어떤 경우에는 판매와 직접적으로 관련된 서비스만을 제공하며, 또 다른 경우에는 다음의 서비스 중 전부 또는 일부를 제공한다.

- 공급자로부터의 제품구매
- 소매상에 대한 제품판매
- 제품촉진의 지원
- 대량품목을 소비자욕구에 맞도록 소량으로 분할
- 소매상에로의 제품수송
- 소비자(소매상)를 위해서 공급자의 제품을 보관
- 소비자에게 신용을 부여하거나, 주문 및 즉각적인 지불을 통하여 공급자에게 금융지원을 제공하는 재무기능
- 공급자에게 소비자욕구에 관한 정보를 제공하고 소비자에게 신제품 개발 또는 공급자의 특별판매와 같은 시장추이에 관한 정보를 제공하는 기능

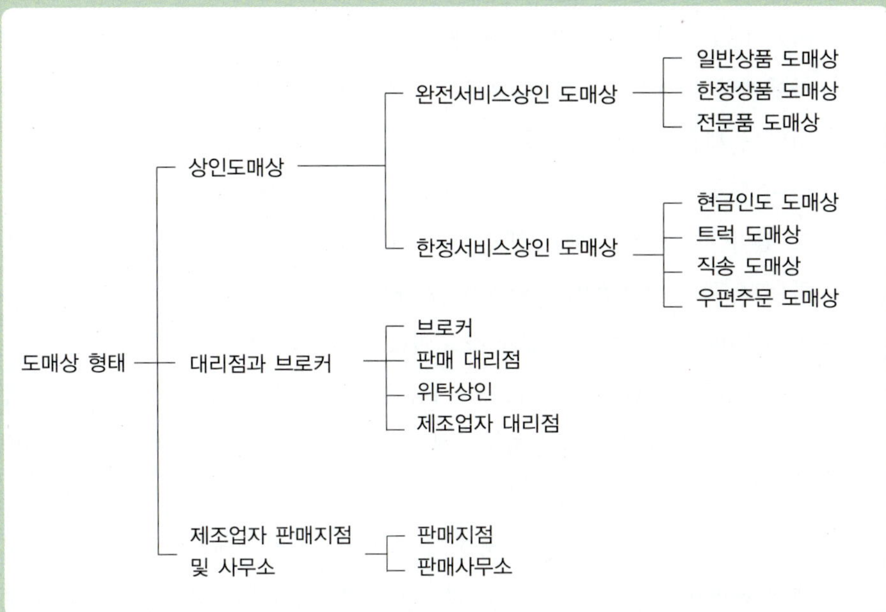

그림 9-8
소비재 시장에서의 도매상 형태

소비재 시장에서 활동하는 도매상은 크게 (i) 상인도매상, (ii) 대리점과 브로커, 그리고 (iii) 제조업자 판매지점 및 사무소 등 세 가지로 분류된다(그림 9-8 참조). 이러한 분류는 그들이 제품에 대한 소유권을 가지는지의 여부와 시장에서 그들이 수행하는 기능들이 어떤 것인가에 따른 것이다.

1) 상인도매상(merchant wholesaler)

상인도매상은 제품에 대한 소유권을 가지고 소매상과 거래한다. 이는 완전서비스 상인도매상과 한정서비스 상인도매상으로 구분된다.

① 완전서비스(full service)상인 도매상

〈그림 9-8〉에서 제시한 여덟 가지 서비스 기능을 모두 제공하며, 자체상표의 사용, 포장, 그리고 소비자들을 위한 일반적인 마케팅전략의 조정과 같은 추가적인 기능들을 수행하기도 한다. 완전서비스상인 도매상의 세 가지 형태로는 일반상품 도매상, 한정상품 도매상, 전문품 도매상이 있다.

② 한정서비스(limited service)상인 도매상

단지 몇 가지 기능에만 전문화 되어 있는 도매상이며, 그 주요 형태로는 현금인도 도매상(cash-and-carry), 트럭 도매상(truck wholesaler), 직송 도매상(drop shippers), 그리고 우편주문 도매상(mail-order house) 등이 있다.

- 현금인도 도매상: 현금으로 거래하며 제품수송을 구매자 스스로가 담당하게 하고, 만약 제품을 수송해야 할 경우 그 수송비용을 지불하는 구매자에게만 판매한다. 이들은 보통 잡화, 사무용품, 또는 전기용품과 같은 제한된 제품계열을 취급한다.
- 트럭 도매상: 소매상에게 직접제품을 수송하며, 규칙적인 경로를 가지고 있다. 이들은 대체로 과일이나 야채와 같이 상하기 쉬운 제품을 취급하는 소규모 식품점에 공급하는 소규모 운영의 도매상들이다.
- 직송 도매상: 제품에 대한 소유권을 가지기는 하지만, 물리적으로는 제품을 취급하지 않는다. 이들의 기능은 제품을 구매하고 싶어 하는 소매상과 접촉하여 계약을 체결하고, 제품은 공급자 또는 생산자가 직접 소매상에게 선적하게 하는 것이다.
- 우편주문 도매상: 우편을 통해서 소매상, 산업구매자, 그리고 기관고객에게 판매하는 데 지리적으로 멀리 떨어진 고객에게 유용하다. 최근 우편서비스의 발달로 점차 취급품목을 확대하고 있는 실정이다.

2) 대리점과 브로커

대리점과 브로커는 제품에 대한 소유권을 갖지 않고 다만 수수료를 받고서 제한된 마케팅기능만을 수행한다는 점에서 서로 공통점을 가지며, 대리점은 지정된 기간 동안 구매자 또는 판매자를 대표하는 반면, 브로커는 구매자와 판매자를 연결시켜 교환을 협상하는 데 도움을 준다는 점에서 차이가 있다.

위탁상인은 제품에 대한 물리적 통제를 한다는 점과 가격과 판매조건을 통제할 수 있다는 것이 특징이다. 위탁상인은 배달일정을 조정하고 가격을 협상하며, 수송편의를 제공한다. 예컨대, 위탁상인이 제품을 소유하고 있으면서 그것을 중앙시장에까지 수송하도록 위탁을 받았을 경우, 판매가 이루어진 이후에는 전체 판매금액에서 수수료와 판매에 든 비용을 제외한 나머지 금액을 생산자에게 보내게 된다.

제조업자 대리점은 생산자나 공급자를 위해서 특정지역에서만 판매기능을 수행한다. 제조업자 대리점은 판매대리점보다도 더욱 많은 계약조건하에서 운영된다. 생산자와 대리점은 판매지역뿐만 아니라 제품판매가격, 주문처리방법, 배달서비스(제품반환정책 포함), 보증조건에 대해서도 협의를 거치게 된다. 이들 대리점은 비경쟁적인 제품을 취급하는 몇몇 생산자나 공급자를 대표하여 정해진 지역 내에서 제한된 몇 개의 보완적인 제품을 취급함으로써 판매기능을 보다 효과적 · 경제적으로 수행할 수도 있다.

3) 제조업자 판매지점 및 사무소

판매지점은 그들의 공장과는 별도로 제조업자에 의해 유지되며, 주로 도매상 차원에서 제조업자의 제품을 마케팅하기 위해 운영된다. 몇몇 판매지점은 창고시설을 갖추고 있기도 하지만, 어떤 지점들은 단지 판매사무소만을 갖고 있다. 대부분의 판매지점은 다른 제조업자들로부터 구매된 비슷하고 보완적인 제품계열을 취급하는 도매상으로도 활동한다.

(3) 물류기관

물적 유통(또는 물류, physical distribution, logistics)은 제조업자에서부터 최종 소비자에 이르기까지 제품(혹은 서비스)의 흐름을 관리하는 것을 의미한다. 기업은 제품에 대한 물적 유통의 체계를 조직해야 함과 동시에 이와 관련된 정보의 흐름 역시 관리하여야 한다.

1) 물적 유통의 중요성

기업에 있어 물류비용이 차지하는 비중은 매우 클 뿐만 아니라 점점 증가하고 있어 관리상의 중요성이 높아지고 있다. 이러한 이유를 구체적으로 살펴보면 첫째, 물류관리가 물류만의 문제만이 아니라 기업의 마케팅 및 유통경로활동 전체의 맥락에서 고려되어야 하기 때문이며, 둘째, 수송과 보관의 기본적인 문제가 아니라 물류관리를 통해 경쟁적 우위를 확보함으로써 전략적 도구로서의 차별적인 마케팅활동을 수행할 수 있기 때문이다. 셋째, 정보처리의 전산화 등 관련 기술의 발전은 개별기업의 물류활동을 보다 원활하게 수행할 수 있도록 하였으며 넷째, 물류는 더 이상 비용효율화의 문제가 아니라 신속한 배송, 안전한 배달 등 고객의 욕구를 만족시켜 주는 마케팅 및 유통경로의 수요관리 변수로서 의미를 갖기 때문이다.

2) 물류관리

물류는 고객에게 제공해야 할 정해진 서비스 수준을 전제로 어떻게 하면 비용을 절감할 수 있을까 하는 효율성의 차원에서 관리되어 왔다. 그러므로 물류관리는 서비스 수준과 비용의 결정과정으로 볼 수 있다. 이를 위해 다음의 사항들을 구체적으로 고려하여야만 한다.

① 총비용 관점

핵심적인 것은 비용을 파악할 때 가시적인 비용과 숨겨진 비용을 동시에 고려해야 한다는 것이다. 물류와 관련된 기업의 모든 활동들은 상호작용하고 있기 때문에 물류에서의 변화는 유기적으로 각 활동에 영향을 미치게 된다. 그러므로 개별요소의 비용을 감소시키기보다는 전체적인 비용 감소의 방향으로 관리가 이루어져야 한다.

② 비용상쇄의 이해

비록 한 요소에서 비용이 증가하더라도 다른 부분에서 목적한 바를 이루어 바라는 결과를 유도할 수 있다면 전체적인 물류비용은 감소하게 될 것이다. 반대로 한 부분에서 비용을 감소시키더라도 그로 인해 다른 부분에서 비용이 증가하게 된다면 전체적인 물류비용은 증가하게 될 것이다. 예를 들어 계절변화에 따른 재고수준의 규모를 감소시키는 것은 재고비용을 감소시킬 수도 있으나 갑작스런 수요변화에 따른 추가 생산비용과 상쇄관계에 놓여진다.

③ 부분최적화의 제거

특정부분의 최적화에 의한 결과가 다른 부분에서의 성과에 손상을 줄 수 있다. 이것은 한 부분에서의 성과가 다른 부분의 성과에 영향을 미쳐 결국 전체성과에 영향을 미침을 의미한다. 예를 들어 낮은 수송비용을 지향하는 경우 고객서비스 수준의 감소를 초래한다. 따라서 시스템이 통합적으로 조직되고 관

그림 9-9
총체적 시스템으로서의 물류관리

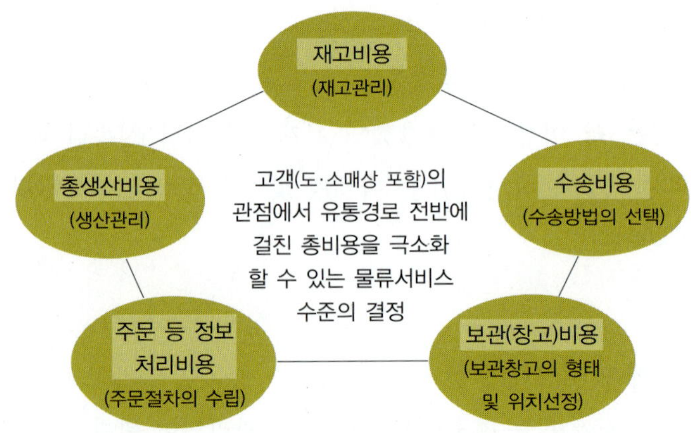

리가 협조적으로 수행될 때 부분최적화를 최소화하거나 완전히 제거할 수 있을 것이다.

④ 총체적 시스템 관점

이는 물류의 개념을 유통경로상의 여러 기능을 수행하는 데 따른 비용을 전반적으로 관리하는 데까지 확장하는 관점이다. 총체적 시스템의 구성요소를 조화시키는 물류시스템을 디자인하고 운영하기 위한 계획과 관리가 이루어져야 하며 이를 통해서 주어진 고객서비스 차원에서 총비용을 극소화시킬 수 있다(그림 9-9 참조).

2.2. 산업재 시장의 경로구성원 형태

산업재 시장에서의 유통경로과정은 일반적으로 소비재 시장에서보다는 덜 복잡하다. 왜냐하면 소매상과 도매상 사이의 차이가 산업재 시장에서는 존재하지 않기 때문이다. 산업재 시장에서의 세 가지 주요한 경로구성원 가운데 하나인 산업재 유통상(industrial distributor)은 소매상과 도매상의 기능을 복합적으로 수행한다. 두 번째 주요 경로구성원인 제조업자 대리점(manufacturers representative)은 소비재 시장에서의 제조업자 대리점과 유사한데, 양자는 최종소비자와 직접적으로 접촉하여 판매기능을 수행할 수 있다는 데 공통점을 갖는다. 마지막으로 제조업자 판매지점은 산업재 시장에서도 소비자 시장에서와 같은 기능을 담당하고 있다. 산업재시장의 여러 가지 유통시스템은 〈그림 9-10〉에 나타나 있다.

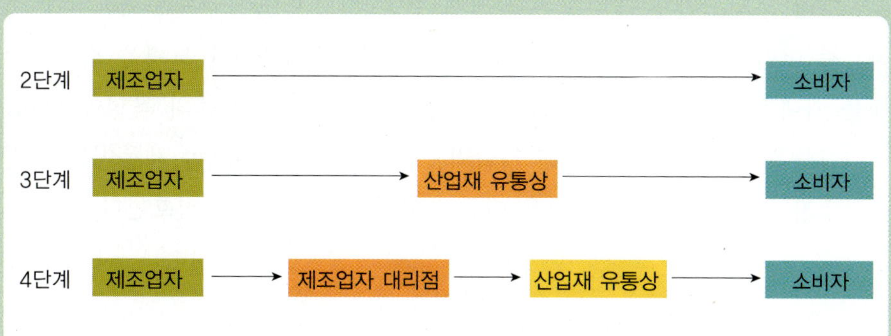

그림 9-10 산업재 시장에서의 유통경로 유형

(1) 산업재 유통상(Industrial Distributors)

산업재 유통상들은 소비재 시장에서의 상인도매상(merchant wholesaler)과 비슷한 기능을 수행한다. 이들 유통상들은 주로 자신의 제품계열을 보완하기 위해 관련제품(부속품 및 다른 제품)을 구매하는 제조업자들에게 완벽한 서비스를 제공한다. 산업재 유통상들은 지역시장을 담당하며 지역시장에 대한 정보 및 보관기능(제조업자로부터 제품 대량구매)을 수행한다. 그리고 무엇보다 이들이 중간상 역할을 수행함으로써 유통비용을 낮출 수 있게 된다.

독립적 중간상인 산업재 유통상을 통제하기란 쉬운 일이 아니다. 그들은 종종 여러 가지 제품들을 취급함으로써 제조업자들을 경쟁시키기도 한다. 산업재 유통상은 광범위한 제품과 제품계열들을 취급하기 때문에 세련된 제품이나 회전율이 낮은 제품, 보관하는 데 많은 공간을 필요로 하는 제품들을 다룰 수 있는 전문기술과 서비스 능력이 부족하다. 그래서 어떤 고객들은 산업재 유통상과 거래하는 것보다는 직접 제조업자와 거래하기를 선호하기도 한다.

최근에는 몇몇 산업재 유통상들이 자신들의 규모와 능력을 증가시켜서 고객들을 상대하고 있다. 이들을 가리켜 통합유통상(integrated distributor)이라고 하는데, 이들은 규모의 경제를 이용하여 구매, 재고관리, 수송, 보관, 주문에 드는 단위비용을 감소시키고 있다.

(2) 제조업자 대리점(Manufacturers Representative)

제한된 지역에서만 활동하는 제조업자 대리점은 현지시장에 대해 잘 알고 있으며, 그 지역에서는 제조업자 판매원보다 훨씬 효율적이다. 뿐만 아니라 그들은 몇몇 비경쟁적이고 보완적인 제품과 제품계열을 대리판매하기도 한다. 따라서 한 제품의 판매를 통해서 다른 제품의 판매를 유발할 수도 있다.

그러나 제조업자 대리점은 산업재 유통상과 마찬가지로 통제하기가 어렵다. 즉 어떤 제조업자도 대리점이 오직 자기회사 제품에만 노력을 집중하리란 것을 기대할 수 없다. 또한 제조업자 대리점의 가치는 제품의 특성에 달려 있다. 그들은 특별한 주의, 높은 기술력, 현지서비스가 필요한 제품에는 적절한 유통업자가 아니다. 또한 이들은 대규모 고객과 대량주문을 선호한다.

2.3. 경로구성원의 수

기업이 이용하는 경로구성원의 수는 표적시장의 범위에 영향을 준다. 시장 포괄범위의 정도(유통의 개방 정도)는 개념전달활동과 구매전환활동에 실제적인 영향을 미친다. 즉 유통의 개방 정도는 고객들이 어떻게 제품을 인지하는지(예를 들면, 전속적이라는 이미지는 제품이 단지 제한된 지역에서만 이용가능할 때 발생한다)에 영향을 미치며, 제품판매, 유통비용, 기업이 유통업자를 통제하는 정도, 그리고 얼마나 잘 유통업자들을 지원할 수 있는가에도 영향을 준다. 일반적으로 유통의 개방 정도(시장의 포괄범위)에 따라 개방적 유통, 선택적 유통, 전속적 유통으로 분류된다.

(1) 개방적 유통

개방적 유통은 시장을 더 넓게 개척하기 위해서 많은 경로구성원들을 이용함으로써 시장의 노출을 극대화하는 것이다. 수퍼마켓에서 팔리는 대부분의 소비제품이 이런 기준에서 유통되고 있다. 이 방법은 제품을 보석상, 전문점, 백화점, 가구점, 그리고 약국을 포함한 여러 다양한 형태의 소매상들에게 판매하는 것이다. 개방적 유통은 경로구성원의 수보다는 기업의 시장집중과 노출로써 측정된다.

(2) 선택적 유통

선택적 유통의 목적은 시장범위를 제한하는 것이다. 이 방법을 통해서 기업은 선적비용과 같은 유통비용을 낮출 수 있고, 동시에 경로구성원의 수가 많을 때보다 구성원들과의 관계를 더 잘 유지하게 된다. 특히 제품개념에 독특함, 희소성, 선택성 같은 이미지를 부여하고자 할 때 적절한 방법이라고 할 수 있다. 소비자들은 자신들이 원하는 제품이 제한된 점포에서만 팔릴 때 그 제품이 더욱 배타적이고 세련되었다고 생각하게 된다.

또한 선택적 유통은 경로구성원에게 고객들에 대한 서비스를 할 수 있도록 하는 교육이 필요한 제품의 경우에 많이 활용된다. 끝으로, 수요가 지리적으로 집중되어 있을 때에도 선택적 유통을 하는 것이 바람직하다. 국내에서 선택적 유통방법을 사용하는 예로써 부광약품의 '파라돈탁스'를 들 수 있다. '파라돈탁스'는 일반 치약들이 일반 소매점에서 경쟁적으로 판매되고 있는 것과는 달리 약국에서만 판매됨으로써 치료약이라는 제품개념과 고가임을 고객에게 소구하여 신뢰를 얻고 있다.

(3) 전속적 유통

전속적 유통은 정해진 지역에서 특정 경로구성원만이 활동하는 유통방식이다. 전속권은 기업이 바람직한 경로구성원을 끌어들이기 위해서 사용하는 강력한 유인책이기도 하다. 이 전략은 선택적 유통에 비해 여러 가지 이점을 지니고 있다. 즉, 제품과 연관된 배타성과 유일하다는 이미지를 더욱 효과적으로 소비자들에게 전달할 수 있으며, 경로구성원과의 긴밀한 관계를 더욱 강화하여 판매를 보다 원활하게 할 수 있다.

그러나 전속적 유통에도 약점이 있다. 시장노출이 제한되어 있기 때문에 제품을 접촉할 수 있는 고객도 그만큼 제한되어 있는 것이다. 이것은 전반적인 수요를 감소시킬 수도 있다. 또 전속성은 제품을 촉진시키고자 하는 경로구성원들의 동기를 감소시키는데, 왜냐하면 같은 지역에서 같은 상품을 놓고 또 다른 경로구성원들과 경쟁을 벌이지 않아도 되기 때문이다.

2.4. 경로구성원의 조직패턴

기업의 유통경로 관리자는 유통경로시스템을 설계할 때 각 경로구성원들에 대한 협력과 통제의 정도를 결정해야 한다. 경로구성원의 조직패턴은 크게 유통기능을 제조업자, 도매상, 소매상으로 나누어 수행하는 독립적 경로시스템과 기능상의 일부 또는 전부를 통합하여 수행하는 수직적 통합경로시스템으로 구분된다. 수직적 통합경로시스템은 그 내용상 다양하게 나타날 수 있으며, 적절한 시스템을 선택함으로써 기업의 유통경로전략 효과는 향상될 수 있다.

(1) 상호작용의 성격

독립적 경로시스템은 독립적으로 소유되며 관리되고 있는 기관들의 연합이다. 이러한 독립적 유통시스템에서는 각 경로구성원들이 각자의 성과에만 관심을 가지게 된다. 공식적인 상호간의 노력분담도 없으며, 경로활동에 대한 참여도 단지 자신의 조직에 국한하여 이루어진다. 또한 현실적으로 구성원간에 시스템 전반에 걸친 목표나 비전 그리고 공통분모가 없는 경우가 많다.

경로구성원간의 협조는 주로 협상과 타협을 통해서 달성되기 때문에 보다 향상된 시스템적인 활동을 하기에는 한계점을 지니게 된다. 이러한 경우에 독립적 경로시스템은 양질의 유통서비스 창출을 저해하고, 거래비용을 증가시켜 경쟁력을 잃는 결과를 초래할 수도 있다.

(2) 수직적 통합경로시스템

기업이 경로시스템 내의 독립된 경로구성원들과 협력을 잘 이루어내지 못할 경우 갈등이 발생하기 쉽고 경로상에서 기업이 리더십을 발휘하기도 어렵게 된다. 이러한 한계점을 극복하기 위해서 구성원의 자율적인 활동보다는 일정한 연계를 통하여 통제활동을 강조하는 방식을 수직적 통합경로시스템이라고 한다. 이는 다시 기업이 유통경로 상에 존재하는 하나 이상의 조직을 소유하고 경영하는 기업형 수직적 시스템, 경로구성원간의 공식적인 계약관계를 통한 상호의존적인 계약형 수직적 시스템, 그리고 시스템적인 활동을 하지만 구성원들은 각자 자율성을 갖고 활동하는 관리형 수직적 시스템으로 구분된다.

제 3 절 경로운영요소

경로구성원들은 업무상 상호의존되어 있으므로 자신의 목표달성을 위해 상대방의 협력을 구하거나 상대방을 효과적으로 통제할 필요가 있다. 이 때 상대방에게 영향력을 행사하고자 하는데 각각의 경로구성원들은 서로 다른 수준의 힘을 보유하고 있으므로 오히려 상호간의 비협조적인 분위기나 갈등을 야기하게 된다.

경로구성원과 기업간의 이해 및 목적의 차이로 인하여 〈표 9-1〉에서 제시된 바와 같은 여러 가지 형태의 갈등이 나타날 수 있다. 기업이 갈등을 피하고 경로구성원에 대한 통제를 유지할 수 있는 가장 효과적인 방법은 지도력(리더십)을 확보하여 고객과의 거래를 촉진하는 것이다. 또한 경로구성원들간의 상호의존관계 속에서 나타날 수 있는 갈등을 해소하기 위해 어떤 사안에 대해 갈등이 발생하고, 그 원인은 무엇이며, 이에 적합한 갈등관리방식은 무엇인지를 고려해야 한다.

표 9-1

경로구성원의 여러 기대 사항들—경로 갈등의 잠재적 원천

구 분	기업의 도매상에 대한 기대	기업의 소매상에 대한 기대
제 품	기업의 제품을 알 것 경쟁적인 상품은 보유하지 말 것 고객의 아이디어, 불만사항을 전달해 줄 것 보완적인 제품계열을 보유할 것	기업의 제품을 알 것 신용을 지킬 것 적절한 선반공간을 제공할 것 유통업자 상표를 개발하지 말 것 아이디어, 불만사항을 전달해 줄 것 서비스(배달, 설치 등)를 제공할 것
촉 진	기업제품을 적극적으로 판매할 것 소매상에게 신용을 공여할 것 기업의 상표이미지를 보호할 것	기업제품을 광고할 것 품질이미지를 유지할 것 통찰력 있는 판매원을 채용할 것
유 통	많은 소매상과 거래할 것 출하계획(shipping schedules)을 이행할 것 적정재고를 보유할 것	많은 고객과 거래할 것 적정재고를 보유할 것 편리한 시간대를 유지할 것 지점을 개점하여 가정에 배달을 해 줄 것
가 격	저이윤으로 판매할 것 할인하여 팔 것 신속히 지불할 것	제안가격을 준수할 것 할인하여 팔 것
구 분	**도매상의 기업에 대한 기대**	**도매상의 소매상에 대한 기대**
제 품	고품질제품을 공급할 것 견고한 포장을 제공할 것 폭넓은 제품라인과 라인별 깊은 구색을 제공할 것 소매상에게 팔지 말 것 신제품 연구 및 개발을 할 것	도매상의 구색을 수용할 것 적절한 선반공간을 제공할 것
촉 진	자유로운 신용조건을 부여할 것 포괄적인 소비자광고를 실시할 것	도매상의 제품라인을 판촉할 것
유 통	자유로운 이윤추구정책을 취하게 해줄 것 독점적 유통권을 줄 것	안정적 주문패턴을 가질 것 대량으로 주문할 것
가 격	적정이윤을 제공할 것 가격결정을 양보할 것	저가를 유지할 것 할인판매할 것 신속히 지불할 것

자료원: Ben Enis, *Marketing Principles*, 3rd ed., pp. 484–485.

3.1. 경로영향력 행사

경로영향력(power) 요소는 경로지도력을 의사소통시키기 위하여 그리고 경

로구성원의 협력 및 통제를 확보하기 위하여 이용될 수 있는 힘의 원천으로 구성된다. 경로영향력 요소의 다섯 가지 구성요소는 보상력, 강권력, 합법력, 준거력, 전문력이다(표 9-2 참조).

위의 다섯 가지 구성요소는 비록 주안점이 상황에 따라 달라질지 모르지만, 항상 믹스의 개념 속에서 이해되어져야 한다. 각각 이용되는 방법 및 그것에 주어지는 강조의 정도는 특정 지도력의 개념, 기업이 추구하는 협조 방향 및 통제 유형과 일치해야 한다. 또한 각 구성요소들은 다른 요소들의 효과를 지원하는 방식으로 사용되어야 한다. 이것은 경로지도력에 대한 의사소통을 원활하게 하고, 기업이 경로구성원으로부터 협조를 얻거나 이들을 통제할 수 있는 능력을 증가시켜 줄 것이다.

표 9-2 영향력의 원천 및 유통경로상의 사례

구 분	개 념	사 례
보상력 (reward power)	물질적, 심리적, 보호적 보상을 제공할 수 있는 능력	판매지원, 영업활동지원, 관리기법, 시장정보, 금융지원, 신용조건, 마진폭의 증대, 특별할인, 리베이트, 광고지원, 판촉물 제공, 신속한 배달, 빈번한 배달, 감사패 제공, 지역 독점권 제공
강권력 (coercive power)	영향력 행사에 따르지 않을 때 처벌이나 제재를 가할 수 있는 능력	상품공급의 지연, 대리점 보증금의 인상, 마진폭의 인하, 대금결기일의 단축, 전속적 지역권의 철회, 인접 지역에 새로운 점포의 개설, 끼워 팔기, 밀어내기, 기타 보상적 파워의 철회
합법력 (legitimate power)	오랜 관습이나 공식적 제약에 근거해 규정된 행동을 준수하도록 정당하게 주장할 수 있는 능력	오랜 관습이나 상식에 따라 당연하게 인정되는 권리, 계약, 상표등록, 특허권, 프랜차이즈 협약, 기타 법률적권리
준거력 (referent power)	매력이나 일체감 및 안전욕구에 의해 거래관계를 계속 유지하고 싶어 하게 할 수 있는 능력	유명상표를 취급한다는 긍지와 보람, 유명업체 또는 관련 산업의 선도자와 거래한다는 긍지, 상호간 목표의 공유, 상대방과의 관계 지속 욕구, 상대방의 신뢰 및 결속
전문력 (expert power)	상대방이 중요하게 인식하는 우수한 지식이나 경험 혹은 정보능력	경영관리에 관한 상담과 조언, 영업사원의 전문지식, 종업원의 교육과 훈련, 상품의 진열 및 전시 조언, 경영정보, 시장정보, 우수한 제품, 다양한 제품, 신제품 개발 능력

제조업체와 유통업체간의 힘(Power)의 경쟁

'유통 vs 제조.' 코스트코와 코카콜라 간 힘겨루기가 세계적 관심사로 떠올랐다. 특히 이번 대결은 지구촌을 대표하는 세계적인 유통업체와 다국적 제조업체 간 마지막 힘겨루기라는 점에서 그 결과가 주목된다. 최근 미국 회원제 할인매장인 코스트코와 글로벌 음료업체 코카콜라는 납품가격 문제를 놓고 한바탕 싸움이 붙었다. 납품가격을 내려 달라는 코스트코의 노골적인 요구에 코카콜라는 '가격은 시장이 결정한다'는 논리로 버티는 모양새다. 국내에서도 납품가 등을 둘러싼 제조-유통 간 알력은 여전하기 때문에 이번 코스트코와 코카콜라 간 힘겨루기의 향방에 관심이 쏠리고 있는 것.

코스트코는 최근 웹사이트를 통해 코카콜라의 가격 정책에 대한 직접적인 불만을 드러냈다. "고객들에게 최적의 가격에 최고 제품을 공급하고 있으나 코카콜라는 경쟁력 있는 가격으로 제품을 공급하지 않고 있다"고 코스트코는 지적했다. 이 회사는 한 발 나아가 코카콜라가 제품가격을 내리지 않을 경우 매장에서 퇴출하겠다며 코카콜라를 강하게 압박하고 있다.

코카콜라는 이와 관련해 성명서를 통해 "코스트코는 매우 중요한 고객이며, '공정성'의 상거래 정신에 따라 협상을 진행 중"이라고 밝혔다. 코스트코는 경기 침체와 소비시장의 위축을 반영해 가격 인하의 필요성을 주장했으나 코카콜라는 수익성과 적절한 가격 등을 이유로 버티는 바람에 협상 타결이 미지수인 상태다.

대형 유통업체와 제조업체 간 판매가격을 둘러싼 샅바싸움은 국내에서도 비일비재했고, 이미 유통업계의 승리로 일단락됐다. 실제 풀무원은 지난 2003년 말 프랑스계 할인점 까르푸(현재 홈플러스에 인수)에 생식류 납품가 인상을 요청했다가 매장에서 퇴출당했다. 결국 판로가 막힌 풀무원은 까르푸에 힘겨루기한 지 반년도 지나지 않아 납품품목을 54개에서 35개로 줄인 채 재입점했다.

같은 해 삼성전자와 이마트 홈플러스 롯데마트 등 대형 마트 3사 간 분쟁도 결국 유통업체의 승리로 돌아갔다. CJ제일제당 진로 등 다른 제조업체도 비슷한 상황을 연출했다. 요즘엔 납품가를 둘러싼 제조-유통업체 간 갈등이 표면화하지는 않고 있지만 보이지 않는 알력은 상존한다.

이 때문에 글로벌 간판 기업인 코스트코와 코카콜라, 두 업체의 대결 양상에 국내 유통업체들이 주목하고 있다. 한 식품업체 관계자는 "유통업체가 판로를 장악하고 있어 제조사들은 유통업체의 눈치를 보고 있으며, 심지어 자체 브랜드 상품 요구에도 울며 겨자 먹기 식으로 따를 수밖에 없다"면서 "코스트코와 코카콜라 같은 유통과 제조 대기업 간 분쟁이 어떻게 마무리될지 흥미롭다"고 말했다.

〈자료원: 헤럴드경제, 2010. 3. 29〉

3.2. 경로갈등관리

거의 모든 유통경로상에서 상대방에 대한 불만이나 긴장상태가 존재하게 되는데, 이와 같은 긴장상태를 갈등이라고 할 수 있다. 갈등은 경로구성원들간

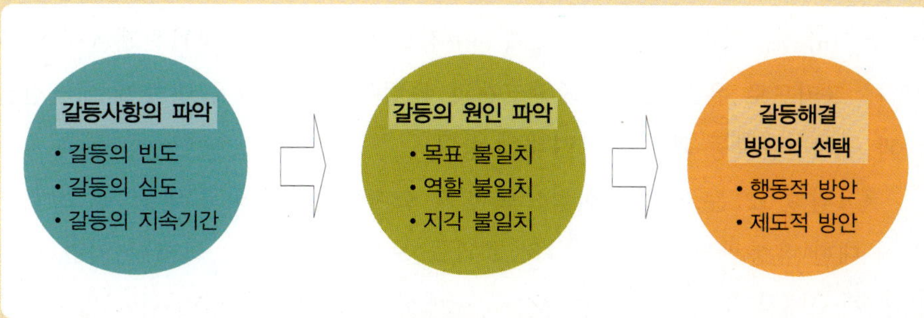

그림 9-11
갈등관리 접근체계

의 목표, 역할, 지각상의 불일치로 인해 발생하며, 이러한 갈등의 정도는 불일치의 심각성과 빈도 및 지속기간으로써 설명될 수 있다.

갈등관리의 목표는 갈등이 심각한 수준에 도달하기 전에 이를 효과적으로 통제하고 조정하여 협력적 관계를 유지시키는 것이다. 이와 같은 갈등관리의 방식은 크게 행동적 방식과 제도적 방식으로 나누어 진다. 행동적 갈등관리 방식에는 문제해결, 설득, 협상 및 정치적 해결이 있고, 제도적 갈등관리방식에는 섭외, 공동회원제, 인적교류 및 상호선출 등이 있다.

효과적인 갈등관리를 위해서 먼저 갈등이 발생하는 사항과 그 원인이 무엇인지를 명확히 할 필요가 있다(그림 9-11 참조). 예컨대 대리점이 본사에 비협조적인 이유가 인근 백화점에서도 동일상품을 취급하고 있기 때문인지 아니면 영업사원의 자질부족에서 기인한 것인지를 명확히 해야 할 것이다.

제 4 절 유통관리에서의 시너지 효과 창출

기업이 유통시스템을 직접 소유하게 되면 유통관리에 있어서도 커다란 차이가 생긴다. 기업이 유통시스템을 소유할 때(기업형 수직적 경로시스템), 유통구성요소는 주로 경로구성원의 형태와 수로 구성된다. 유통관리는 제품개념을 기업의 최종 목표고객에게 전달하고 그들 고객을 위해 시간과 장소적 장애를 제거하도록 설계된다.

기업이 독립경로구성원에 의존할 때는(관리형 또는 계약형 시스템), 특히 경로운영 요소가 중요하게 고려되어져야 한다. 따라서 기업은 (i) 경로구성원의 형태와 수, (ii) 경로영향력요소, 그리고 (iii) 경로갈등관리간의 상관관계를 고려해야 한다. 그러므로 유통관리는 최종고객과 독립유통상 양자에 대하여 개념전달활동과 구매전환활동 과업을 고려해야 한다.

〈그림 9-12〉는 기업이 전적으로 점포 소매상에 의존하고 있을 때 소비재 상품에 대한 유통관리에서의 시너지 효과를 보여 주고 있다. 그러나 어떤 기업은 비점포 소매상 또는 점포 및 비점포 소매상 모두에게 의존할 수도 있다. 물론 비점포 소매상도 역시 기업의 개념전달활동 및 구매전환활동의 목표와 일관성을 이루어야 한다.

한편 기업이 도매상과 같은 다른 경로구성원을 활용할 경우, 도매상은 소매상과 보완적인 차원에서 고려되어야 한다. 이렇게 되면, 고객들은 경쟁제품과 비교하여 그 제품의 개념과 위상을 보다 잘 이해하게 될 것이고, 또한 구매에 있어서 장애가 되는 시간, 장소적 제약 및 기타 소유에 있어서의 장애요인이 제거됨으로써 거래상의 어려움을 보다 적게 겪게 될 것이다.

경로운영측면에서도 마찬가지로 영향력행사 과정에서 발생할 수 있는 갈등은 무엇이며 어떻게 관리하는 것이 바람직한가에 대해 파악하여, 경로지도력과

그림 9-12

소매상에서 판매되는 소비재 상품에 대한 유통관리에서의 시너지 효과 달성

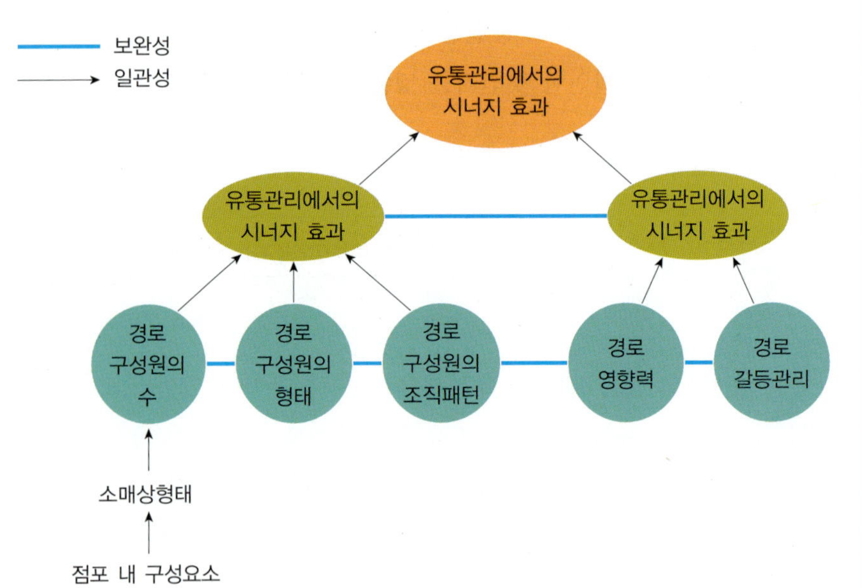

통제를 가장 효율적으로 실시할 수 있는 일련의 영향력의 원천들과 갈등해결방식을 일관성과 보완성의 원칙을 적용하여 선택하여야 한다.

따라서 유통관리에 있어서 전체적으로 경로구성원요소와 경로운영요소가 일관성을 갖고 되도록이면 더욱 많은 부분에서 보안적인 성격을 나타내도록 설계하여 마케팅 목표로 설정된 개념전달활동목표와 구매전환활동목표 달성에 기여하도록 하는 것이 중요하다.

다(多)제품에 연결된 유통관리에 있어서 시너지 효과의 창출 제 5 절

동일한 경로를 통해서 다양한 제품계열(different product lines)들을 유통시킴으로써 제품별 또는 제품계열에 걸쳐서 긍정적인 시너지 효과가 창출될 수 있다. 고객과 마찬가지로 경로구성원들도 특정 제조업자가 생산한 제품의 종류에 대해 특별한 인식을 가질 수 있다.

이러한 인식은 경로구성원이 새로운 제품계열을 공급하게 될 때 거기에 쏟는 관심 및 지원의 정도에 영향을 미치게 된다. 그러므로 두 개의 제품계열을 공급하게 될 때 경로구성원의 지원을 확보하는 데 있어 제품계열 간에 서로 도움을 줄 수 있어야 한다.

예를 들면 미국의 Black & Decker사가 Dustbuster라는 소형 진공청소기로 전자제품시장에 참여했었는데 백화점을 통해 대규모로 급속히 유통시킬 수 있었던 것은 이미 팔고 있던 Black & Decker 동력공구(power tools)의 명성 때문이었다. 소매상의 지원을 받을 수 있었던 것은 이미 팔고 있던 Black & Decker 동력 공구들이 매우 호평을 받고 있었다는 사실과 자사제품들에 대해 강력한 마케팅지원을 제공한다는 평판을 얻고 있었기 때문이었다. 즉 Black & Decker는 상대적으로 매우 높은 준거적 파워, 전문적 파워 등을 소유하고 있었던 것이다. 국내에서도 이러한 경우가 늘고 있다. 의류업을 중심으로 성장한 이랜드는 2006년 이후, 비아니, OST, 비올, 로이드, 클루 등과 같은 악세서리 전문 브랜드를 출시하여 토탈패션을 추구하는 패션전문브랜드로 입지를 다지고 있다.

한편 제품들이 다양한 경로를 통해 유통되더라도 제품계열 상호간에 시너지 효과가 창출될 수도 있다. 〈그림 9-13〉에 나타나 있듯이 제품계열들 상호간의

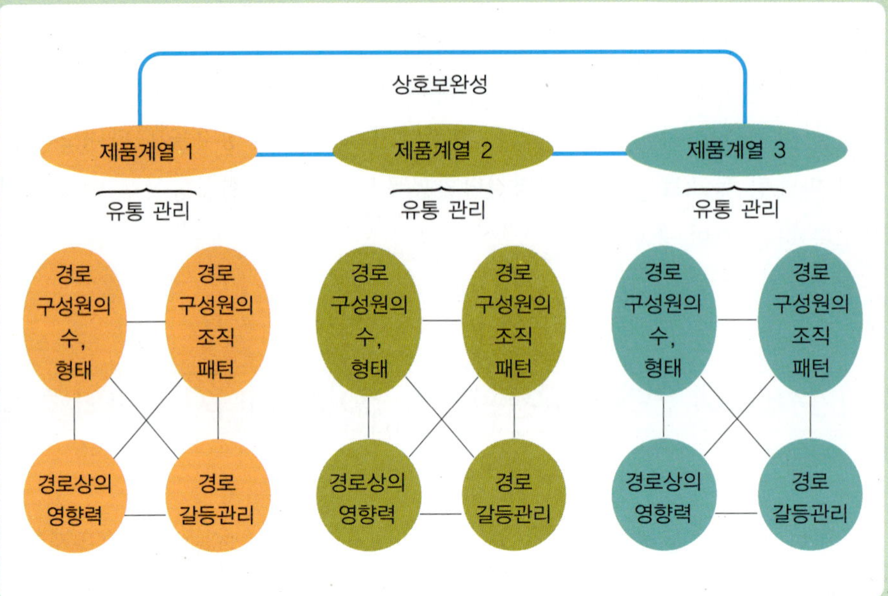

그림 9-13 다양한 경로를 통한 유통에 있어서 여러 제품계열에 걸친 시너지효과의 창출

보완성이 여러 경로에 걸쳐서 시너지 효과를 창출할 수 있도록 확장될 수 있다.

예를 들면 미국 Ralph Lauren사는 몇 가지 계열의 의복과 향수를 제조하고 있다. 이러한 제품들은 상대적으로 매우 높은 품질과 품위를 지니는 것으로 위상이 정립되어 있다. 의복은 회사의 개념전달목표와 일치하는 품질 이미지와 품위를 갖춘 소매상을 통해 유통되었고, 향수도 할인점이나 약국이 아닌 전문점을 위주로 유통되어 개념전달목표상에서의 일관성을 지켰고, 인지상의 장애요인을 제거하는 효과를 얻을 수 있었다. 즉 같은 유통경로는 아니지만 제품계열간의 보완성이 유통경로 선택에 있어서도 잘 반영되어 시너지를 창출한 예라고 할 수 있다. 마찬가지로 Honda는 동력모터에 있어서 높은 품질로 명성을 쌓아 왔고, 이러한 이미지를 강화하기 위하여 선택적 유통정책을 채택해 왔다. Honda가 잔디 및 정원 미화용 동력공구 시장에 참여했을 때 전문적인 잔디 미화공구 센터로만 유통경로를 제한하였다. 이것은 다른 제품계열에서 채택하는 선택적 유통정책과 매우 흡사한 것이었다.

국내의 예로는 SK 텔레콤을 들 수 있는데, 통신산품의 판매 노하우와 이미지를 중심으로 하나SK 카드라는 신용카드도 개발 판매한 것으로 시너지 효과를 창출할 수 있었다.

위의 예에서 볼 수 있듯이 시너지 효과는 유통관리에서 여러 제품계열에 공통적이며 보완성을 갖는 관계를 추구함으로써 얻을 수 있다.

여러 제품들에 걸친 유통관리에서 시너지 효과를 생성시키는 것은 엄격히 말하면, 유통관리 단독의 문제만은 아니며, 제품 자체와도 관련되어 있다. 다양한 제품계열에 따른 유통관리에서 시너지 효과의 창출은 제품들, 경로구성원들, 그리고 소비자들간의 상호적합성 또는 상호작용의 정도에 달려 있다고 할 수 있다.

요약 및 복습 _ Summary & Review

유통은 마케팅의 개념전달활동과 구매전환활동에 있어서 중요한 역할을 한다. 그것은 여러 기관들과 그 기관들 사이의 관계(relationship)를 통해 공급자로부터 최종소비자에 이르는 제품, 사용권, 지불, 정보, 그리고 촉진을 연결시키는 모든 활동을 포함한다. 기업이 유통을 원활하게 하기 위하여 사용하는 전략적 수단들은 경로구성원요소와 경로운영요소로 구분된다. 경로구성원요소와 경로운영요소는 각각 여러 가지 하위요소들을 포함하고 있다. 경로구성원요소는 경로구성원의 형태와 수 그리고 조직패턴 등으로 구성된다. 만일 소매상을 활용할 경우 그 형태는 소매상 형태와 점포 내 여러 구성요소를 포함하여 더 세분화될 수 있다. 마찬가지로 경로운영요소는 경로영향력과 경로갈등관리의 두 요소로 이루어져 있다. 그리고 경로 영향력은 다섯 가지의 영향력 원천들로 구성된다.

이러한 유통구성요소는 기업의 최종고객과 경로구성원에 대해 개념전달활동과 구매전환활동을 일관성과 보완성의 원칙에 따라서 수행한다. 즉 경로구성원과 경로운영 각각에 있어서 또한 상호간에 있어서 시너지가 형성될 때 빠른 제품개념 확산뿐 아니라 저렴한 비용으로 구매장애요인들을 제거하여 더 많은 매출을 실현시킬 수 있게 됨으로써 마케팅목표 달성에 기여하게 된다.

문제제기 및 질문 _ Issues raised & Question

1 유통의 역할과 중요성이 무엇인지에 대하여 생각해 보자.

2 다음의 내용을 보고 틀린 부분을 지적하고 바로잡아 보시오.

유통경로를 설계하기 위해 마케팅관리자는 경로구성원의 수를 결정하여야 한다. 경로구성원의 수는 제품을 취급하는 소매점포의 수가 많고 적음을 결정하는 것으로 예를 들어, 전국의 소매상과 거래를 할 것인지 수도권 지역의 소매상과 거래를 할 것인지를 결정하는 것이다.

3 유통경로의 목표를 원활하게 수행하기 위해 사용할 수 있는 영향력 원천 다섯 가지를 설명해 보시오.

4 경로구성원요소에는 어떤 것이 있으며 이를 잘 관리하기 위한 방법은 무엇인지 생각해 보자.

5 경로운영요소에는 어떤 것이 있으며 이를 잘 관리하기 위한 방법은 무엇인지 생각해 보자.

6 시너지를 달성하기 위해서는 어떻게 유통경로를 관리해야 하는지 설명해 보시오.

R/E/F/E/R/E/N/C/E/S _ 참고문헌

Beckman, Theodore N., William R. Davidson, and W. Wayne Talazyk(1973), *Marketing*, 9th ed.(New York: Ronald).

Beier, Fredrick J. and Louise W. Stern(1969), "Power in the Channel of Distribution," in *Distribution Channel: Behavioral Dimensions*, ed. Louis W. Stern(Boston: Houghton Mifflin).

Davidson, William R.(1961), "Channels of Distribution : One Aspect of Marketing Strategy," *Business Horizons,* (February), pp. 84-90.

Hunt, Shelby D. and John R. Nevin(1974), "Power in a Channel of Distribution : Sources and Consequences," *Journal of Marketing Research*, 11(May), pp. 186-193.

Lindquist, Jay D.(1974), "Meanings of Image," *Journal of Retailing*, 50(Winter), pp. 29-38.

Lusch, Robert F.(1977), "Franchise Satisfaction: Causes and Consequences," *International Journal of Physical Distribution*, 7, pp. 128-140.

Michamn, Ronald D.(1980), "Trends Affecting Industrial Distributors," *Industrial Marketing Management*, 9(July), pp. 213-216.

Pride, William M. and O.C. Ferrell(1985), *Marketing: Basic Concepts and Decisions*, 4th ed.(Boston: Houghton Mifflin).

Sims, J. Taylor, J. Robert Foster, and Arch Woodside(1977), *Marketing Channels: Systems and Strategies*(New York: Harper and Row).

Stern, Louis and Adel El-Ansary(1982), Marketing Channels, 2nd ed.(Englwood Cliffs, N.J.: Prentice-Hall).

" Up-Front, No-Frills Management," *Industrial Distribution*(March 1981).

CHAPTER 10

촉진(Promotion) 관리 Ⅰ : 광고

MARKETING MANAGEMENT

삼성 래미안(來美安)의 차별화된 메시지 전략

'메이커'에서 '브랜드'로-아파트 시장의 새 바람!

현대의 생활을 가장 잘 표현한 주거형태는 바로 아파트라 할 수 있다. 그 동안 아파트에 대한 인식은 눈에 보이는 물리적 특성과 투자가치라는 측면에서 평가 받아 왔다. 소위 '분양광고'라는 기존의 아파트 광고물들을 살펴보면 천편일률적인 표현들로 일관하였으나 현대건설, 삼성물산 등의 소위 '메이커' 위주의 시장에서 각 사들이 여러 브랜드를 내놓음으로써 아파트에도 브랜드 바람이 불기 시작했다.

이미 선점된 시장구도 하에서 1,2위 업체를 제외한 다른 경쟁업체들은 소비자의 선택기준을 메이커가 아닌 브랜드로 전환시키는 것이 가장 효과적인 전략이라는 것을 간파했던 것이다. 따라서 인터넷 아파트, 고품격 자연위주의 아파트 등 차별화된 이미지의 브랜드 전략을 통해 기존의 메이커들을 위협하게 되었다.

경쟁사 대비 뚜렷한 브랜드 컨셉의 부재

메이커로서 확고한 위치를 가지고 있던 삼성물산의 경우 래미안과 쉐르빌이라는 브랜드를 갖고 있으나 다른 경쟁 브랜드에 비하여 강력한 소구력을 갖지 못하고 있어 차별적 경쟁우위를 확보하기 위한 새로운 전략이 요구되고 있었다. 즉, 래미안의 브랜드 인지도는 목표수준에 도달하였으나 백화점식 상품차별화로 주요 컨셉만 5가지(사이버, 패션,

표 10-1
아파트 브랜드 별 속성평가

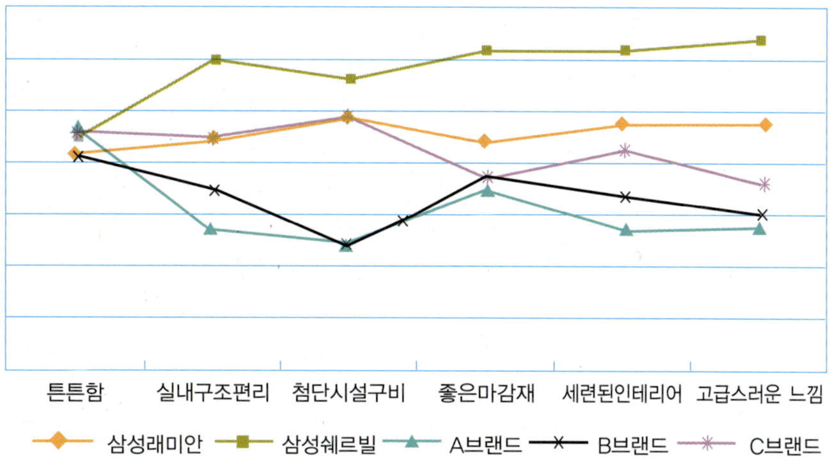

자료원: 제일기획.

안전, 수납만족, 에너지 절감 등)에 이르러 커뮤니케이션 메시지가 복잡하여 강력한 소구력을 갖지 못하고 있는 실정이었다. 또한 세련되고 고급스러우며 첨단아파트라는 이미지는 경쟁 브랜드와 중첩되는 면이 많아 차별화되지 못하고 있었다.

고객분석을 통한 새로운 제품 및 브랜드 컨셉의 도출

아파트 시장의 고객은 분양(buyer)과 실입주자(user) 양측면에서 분석될 수 있으나 브랜드 가치의 제고를 위해서는 실입주자(user=consumer)를 대상으로 커뮤니케이션 하는 것이 더 효과적이라고 판단하여 목표고객인 주택청약 관련 예금가입 1순위자와 30~40대 중반의 직장인 및 자영업자와 배우자를 대상으로 다각적인 소비자 조사를 실시하였다.

조사결과, 래미안의 현위치는 '불안한 TOP'으로서, '약간 세련되고 고급스러운 첨단 분위기의 아파트' 정도로 인식되고 있었다. 또한 브랜드별 속성 평가에서도 경쟁사들에 비해 전반적인 우위를 점하고 있었으나, '튼튼함'에 대한 속성은 각 사가 유사한 평가를 받고 있어 '튼튼함'이라는 키워드와 관련된 유사한 컨셉을 통해서 확실한 차별성을 강조한다면 두각을 나타낼 가능성이 있음을 알아내었다.

구체적으로, 아파트 수요자의 불만요소 중 방음이 1위로 지적되고 있다는 것과 소음의 문제가 완전히 해결된 아파트에는 보다 높은 가격을 지불할 용의가 있다는 것에 착안하여 튼튼함과 소음문제를 결합, 차별적인 브랜드 컨셉을 커뮤니케이션 하기로 결정하였다. 이러한 차별적인 브랜드 컨셉은 동사의 쉐르빌을 프리미엄브랜드로 포지셔닝하고 래미안을 전원형 및 실속형 범용브랜드로 하여 자체 브랜드간의 상호침해를 최소화하는 데에도 도움이 될 수 있을 것으로 판단되었다.

따라서 신상품의 컨셉은 싱글컨셉으로 "소음 없는 아파트"를 내세우고 이를 "소리가 집의 가치를 바꿉니다"라는 메시지를 통해 고객에게 집중적으로 전달하기로 하였다.

새로운 브랜드 컨셉을 바탕으로 한 광고 집행

상품의 차별성을 부각시키는 데 중점을 두어 목표고객인 30~40대 가정에서 흔히 일어날 수 있는 상황(아이들이 거실에서 뛰어 노는 상황)을 묘사하고,

소음이 없다는 점을 강조하기 위해 TV광고에서 실험적인 성격을 가미, 배경소리를 완전 배제한 형태로 광고를 제작하였다. 또한 기존의 세련되고 고급스러운 이미지를 유지하기 위해 전체적인 tone&manner의 경우 흰색을 바탕으로 세련된 이미지를 나타내도록 유의하였다.

또한, 매체전략에 있어서도 목표고객에게 가장 집중적으로 전달될 수 있는 매체에 중점적으로 광고를 집행하였다.

표로 정리한 주요 경쟁사의 광고지출을 보면 분양광고보다는 TV매체를 활용한 브랜드 광고에 집중하여 성공을 거두었다고 평가되었다. 따라서 래미안도 새로운 브랜드 컨셉을 바탕으로 분양광고보다는 순수 브랜드 광고비율을 늘리고 매체별 광고비 배정도 신문:TV:기타의 비율을 3:6:1로 재조정하여 목표고객의 시청률이 높은 시간대에 집중적인 광고를 실행하였다.

시장이 메이커에서 브랜드 중심으로 변화하면서 초기에 겪은 문제점들을 극복하기 위해 새로운 브랜드 컨셉의 개발 및 적절한 커뮤니케이션 활동을 한 결과 래미안은 차별화된 브랜드 이미지를 갖출 수 있게 되었으며 "소음 없는 아파트" 라는 소구점을 통해 고객의 가격 수용도까지 향상시키는 성과를 거둘 수 있게 되었다.

1990년대 이후부터 통합적 마케팅 커뮤니케이션(integrated marketing communication: IMC)에 대한 관심이 확산되고 있다. IMC란 개별적인 마케팅활동으로 수행되어 오던 여러 가지 커뮤니케이션 수단들(광고, 판매촉진, PR, 판매원관리, 구전, 등)을 통합적으로 관리하여 상호간의 일관성과 보완성을 증대시키는 것을 말한다. 이는 지금까지 제1부에서부터 계속 논의되어 오던 마케팅활동에서의 일관성과 보완성의 원칙을 마케팅믹스요소 중에서도 커뮤니케이션 수단들에 적용하는 것이라 할 수 있다.

일반적으로, 마케팅의 목표가 제품(브랜드)개념을 신속하고 정확하게 전달하기 위한 개념전달목표와 이를 바탕으로 실제거래를 하려고 할 때 나타날 수 있는 거래장애를 제거하기 위한 구매장애요인 제거로 이루어진다면, IMC 목표는 이러한 두 가지 마케팅 목표를 효과적으로 달성하기 위한 세부적인 커뮤니케이션 활동목표의 결합체로 볼 수 있다. 예를 들어 매출액의 증가와 같은 마케팅 목표를 달성하기 위해서 2차적인 세부목표로서 표적고객에게 자사 브랜드의 강점을 부각시킬 수 있는 적절한 메시지를 어떠한 방식으로 전달할 것인가를 결정하는 것이 IMC 목표에 해당된다.

IMC 목표의 설정은 기업의 마케팅목표에 부합하면서 여러 가지 촉진수단(광고, 판매촉진, 인적 판매, 홍보 등) 및 브랜드에 관련된 모든 마케팅믹스요소들(제품 포장, 가격, 유통경로 등)이 효율적으로 표적고객에게 전달되도록 이들을 통합적으로 관리하는데 도움을 준다. 예를 들어 시장 내 2위 기업이 10%의 시장점유

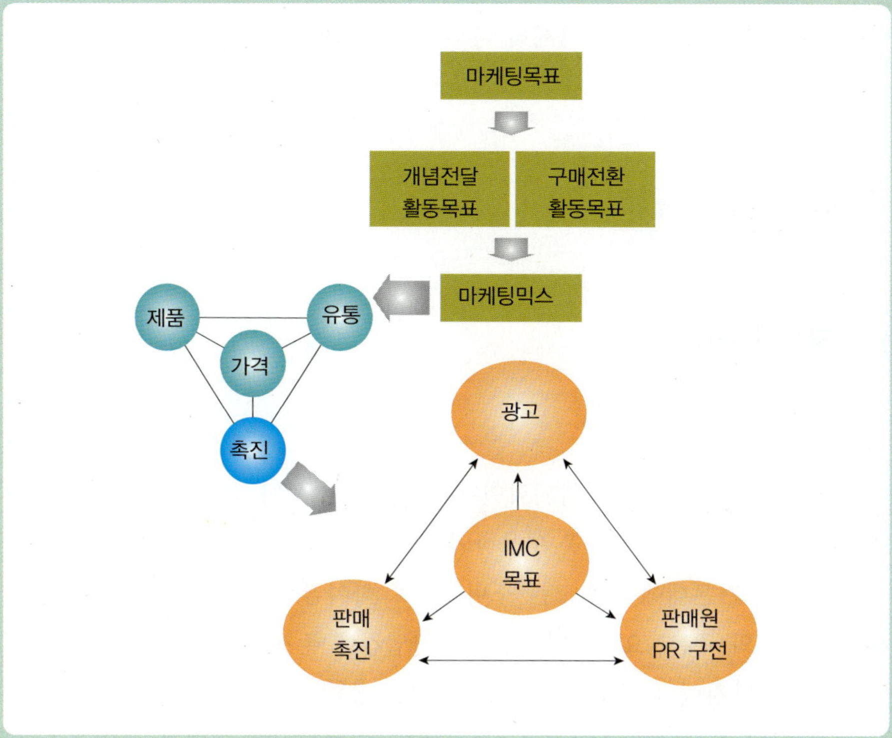

그림 10-1 시장지향적 사고에 입각한 고객의 유형

율 증가를 목표로 하고 있다고 하자. 시장조사 결과 자사 브랜드의 현재 인지도가 경쟁 브랜드보다 낮은 것으로 나타났다. 마케팅담당자는 마케팅목표를 달성하기 위한 IMC 목표로 자사 브랜드에 대한 인지도 향상을 설정하게 된다. 이러한 IMC 목표는 광고제작이나 판매촉진 활동 등 촉진활동의 범위와 시행계획의 수립에 기초가 된다. 즉, 광고를 통하여 브랜드가 지니고 있는 개념을 표적고객에게 보다 정확히 전달하도록 하며, 지각적 장애요인을 제거하고, 판매촉진을 통하여 구매단계의 장애요인을 제거하고, 효과적인 판매원관리를 통하여 시간 및 장소적인 장애요인을 제거함으로써 각 활동이 IMC 목표하에서 일관성 및 보완성을 갖도록 관리되어야 하는 것이다.

본 장에서부터 제 12장까지는 마케팅믹스요소들 중에서 촉진활동(promotion)에 해당되는 커뮤니케이션 수단들을 다루고자 한다. 촉진활동이란 앞서 언급하였듯이 제품의 개념전달활동을 효과적으로 도울 뿐만 아니라, 교환 시 발생하는 거래장애요소들을 효과적으로 제거하기 위한 커뮤니케이션 수단들의 총합을 의미한다. 따라서 촉진활동에 포함되는 커뮤니케이션 수단들로서는 광고(10

장), 판매촉진(11장), 판매원관리, 홍보, 및 구전(12장) 등이 있으며, 이하에서는 이러한 촉진활동에 관하여 자세히 다루도록 한다.

제1절 광고의 개발과 관리

1.1. 광고의 개념과 목적

(1) 광고의 개념

광고는 특정 광고주가 아이디어나 제품, 또는 서비스에 대한 정보를 표적고객에게 비인적(非人的) 매체를 이용하여 전달하는 것을 의미한다. 모든 마케팅믹스의 요소들 가운데에서 광고는 소비자들로 하여금 제품개념을 가장 손쉽게 이해하도록 도와 주는 요소이며, 고객과 기업간에 존재할 수 있는 지각적 차원에서의 의사소통장애를 감소시켜 준다. 광고를 통해서 고객들은 새로운 상품의 존재를 알게 되며, 구입장소나 구입가능 가격, 구매시기에 관련된 정보 등을 얻을 수 있다. 한편, 광고의 또 다른 중요한 기능은 고객의 지각적 장애를 감소시켜 준다는 것이다. 예를 들어 광고주는 광고를 통해 제품의 가치를 보여 주고 특정 가격이 설정된 이유를 알려 주는데, 이러한 내용의 광고는 고객의 지각적 장애를 감소시키는 데 도움이 되며, 이에 따라 구입에 따른 인지된 위험(perceived risk)이 낮아지게 된다.

(2) 광고목표

광고주는 광고를 하기 전에는 반드시 그 목적을 뚜렷하게 설정해야만 한다. 앞에서도 언급했듯이 마케팅목표 중의 하나인 개념전달목표와 커뮤니케이션 수단들 간에는 일관성이 있어야 하며 무엇 때문에 여러 가지 커뮤니케이션 수단 중에서 '광고'라는 커뮤니케이션 수단을 사용하는지에 대한 개념이 뚜렷하게 정립되어 있어야만 효율적인 광고를 개발하고 관리할 수 있다.

예를 들어, 국내 껌시장에서 시장점유율 1위를 지키고 있는 롯데는 '자일리톨' 성분이 함유된 껌을 시장에 처음으로 출시하였다. 그 때 이들은 자일리톨 껌 시장 자체의 형성을 촉진하기 위하여 먼저, 소비자들에게 왜 '자일리톨' 껌을 씹

사진 10-1

소비자들의 근원적 수요를 불러일으키기 위한 롯데 '자일리톨'껌의 초기 광고

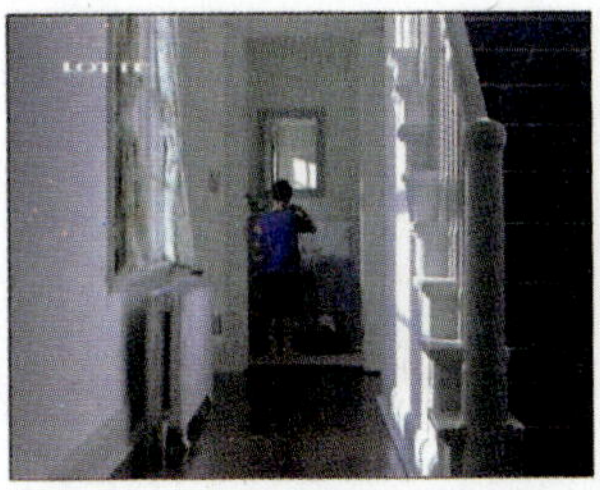

BGM

양치질하고 자일리톨껌 씹는 것 잊지마.

MENT) 핀란드에서는 이를 닦은 후에

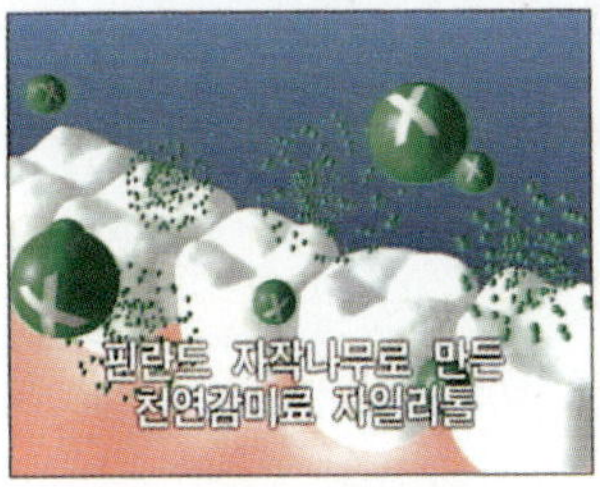

자일리톨껌을 씹습니다.

롯데 자일리톨껌

이젠 한국에도 자일리톨껌.

어야 하는지에 대한 근원적인 욕구를 불러일으킬 필요가 있었다. 따라서 롯데는 1차 광고목표를 건강한 치아관리에 대한 욕구를 자극하여 '자일리톨' 이 함유된 껌의 신규수요를 창출하는데 두고 '핀란드에서는 자기 전에 자일리톨을 씹는다' 라는 광고캠페인을 실시하였다. 광고에 노출된 소비자들은 자일리톨 껌의 필요성에 대하여 충분히 학습하게 된 것이다. 그러나 1차 광고캠페인이 실시되는 동안 '자일리톨' 껌 시장에는 이미 오리온, 해태 등의 경쟁자가 신규로 진입하였기 때문에, 롯데는 2차 광고목표를 '브랜드의 차별성' 을 알리는 것으로 새롭게 정하고 '자일리톨은 롯데 껌!' 이라는 광고를 집행하기에 이르렀다.

광고의 목표를 선정할 때 명심할 것은, 광고는 개념전달활동을 원활하게 하기 위한 커뮤니케이션 수단이라는 점이다. 따라서 광고의 목표는 광고주와 소비자간의 커뮤니케이션을 도와 제품의 개념전달을 원활히 돕기 위한 내용으로 정해져야 한다. 즉, 소비자가 제품에 대하여 인지하는 '인지' 단계에서부터 제품에 대한 구체적인 지식을 필요로 하는 '지식' 단계, 그리고 특정제품을 선택하려고 하는 '선호' 단계, 그리고 구매 후 느낄 수 있는 '인지부조화의 극복' 에 광고가 지대한 영향을 미치게 되는 것이다. 광고 가 '구매' 나 '구매확신' 단계에 영향을 줄 수도 있지만 이 두 단계는 촉진 중에서도 거래장애요소 제거의 역할이 더 큰 '판매촉진' 으로부터 받는 영향이 더 크다. 따라서 광고목표로 사용될 수 있는 것에는 다음과 같은 것들이 있다.

사진 10-2
구매 후 느끼는 자부심을 보여 주는 LG 김치냉장고 '1124'의 TV광고

- 인지도 제고
- 제품정보의 제공
- 브랜드에 대한 호의적 태도 형성
- 브랜드 선호도 제고
- 만족도 향상 · 구매후 부조화 감소

광고의 목표는 제품수명주기에 따라서도 달라질 수 있다(표 10-2 참조). PDA와 같은 첨단기술의 신제품을 시장에 런칭하려는 경우, '정보제공형 광고'를 통해 소비자에게 제품의 성능과 이점에 대하여 알려야 할 뿐 아니라, 자사 브랜드를 시장에 우선적으로 알릴 필요가 있다. 따라서 도입기에는 '인지도 형성'이 광고의 주요목표가 된다.

초기 진입단계를 지나 경쟁이 심화되고 있는 성장기의 제품이라면, 기업은 자사의 상표에 대한 선택적인 수요를 증가시키기 위한 '설득형 광고'를 집중적으로 시행하여야 한다. 즉 경쟁업체와의 비교광고 등을 통해 왜 여러 제품 · 브랜드 중에서 자사의 브랜드를 선택해야 하는지에 대한 이유를 제공해야 하는 것이다. 따라서 성장기의 광고목표는 '제품 · 브랜드의 선호도 제고' 또는 '구매확신'으로 정하는 것이 적당하다.

시장이 성숙되어 경쟁자 제품들이 대거 출현하게 되면 자사만의 독특한 이미지를 구축함으로써 브랜드를 차별화하고 소비자의 상표애호도 제고를 통해 고객의 이탈을 방지해야 한다. 따라서 '이미지 형성' 또는 '감성 전이형 광고'를 통해 자사의 브랜드와 특정모델, 혹은 특정 색이나 사물들과의 독특한 연상(association)을 만들어냄으로써 브랜드 특유의 연상을 강화시키기도 하며, 이것을 발전시켜 제품이나 특정상표에 대한 '상기광고'를 시행하기도 한다. 또한 자동

표 10-2
시장상황에 따른 광고목표 및 광고 유형

시장상황	광고목표	광고유형
도입기	- 제품 성능 및 이점에 대한 인지도 제고 - 1차 수요 생성	정보제공적 광고
성장기	- 제품 선호도 증가	설득광고(비교광고)
성숙기	- 브랜드 이미지형성 - 상표애호도 제고 - 구매 후 인지부조화 가능성 제거 - 제품 상기율 제고	감성전이형광고 강화광고 상기광고
쇠퇴기	- 제품의 상기 · 회상	상기광고

차와 같은 고가의 내구재의 경우 강화광고를 통해 소비자가 올바른 선택을 하였다는 것을 보여 줌으로써 인지부조화를 줄이고 상표 애호도를 높이는 광고를 하기도 한다. 예를 들어, 베르나는 '나의 첫차' 라는 광고를 통해 가족의 단란한 모습을 보여 주어 구매에 대한 만족감을 주고 있으며, 김치냉장고 '딤채' 와 '1124' 의 경우, 광고를 통해 구매 후 느끼는 자부심을 보여 줌으로써 제품구매에 대한 위험을 줄여 줄 뿐아니라, 비구매자에게는 구매에 대한 확신을 주고, 이미 구매한 소비자들에게는 인지부조화를 줄여 주는 역할을 하고 있다.

마지막으로, 제품이 쇠퇴기에 이르면, 마케팅지출을 최소화하고 최대한의 이익을 수확하는 전략목표를 세우게 된다. 따라서 광고는 상기광고 혹은 회상광고 수준에서 수행되는 것이 적당하다. 즉, 소비자의 머릿속에 남아 있다가 제품을 보면 회상이 되어 구매할 수 있도록 적은 예산으로 간간히 광고를 집행함으로써 브랜드나 제품을 상기시켜 주는 것이다.

이상에서와 같이 시장에 상황에 따라 뚜렷한 목표를 설정한 후에는 이를 실현하는데 필요한 광고 단서와 광고 매체를 적절히 구성하게 된다.

1.2. 광고의 구성요소

광고는 광고컨셉과 크리에이티브로 구성되는데 이 둘은 광고의 목표 아래 시너지를 얻기 위하여 서로 일관성과 보완성을 유지하면서 실행되어져야 한다. 먼저, 광고주는 광고에서 무엇을 말할 것인지를 찾아야 하는데("What to say") 이

사진 10-3
오리온 초코파이 '정'과 다시다의 '그래, 이 맛이야' 광고 캠페인

것이 '광고컨셉'이며, 이러한 주제를 어떻게 구현할 것인가("How to say")의 문제가 '크리에이티브'이다. 아래에서는 이 두 가지 구성요소들에 관하여 자세히 살펴보도록 한다.

(1) 광고컨셉

광고컨셉이란 광고를 통해 표적소비자에게 전달하고자 하는 핵심개념을 의미한다. 즉 광고주가 광고를 통해 제품의 어떤 개념을 알리고 싶은지를 의미한

표 10-3
광고 컨셉의 표현 사례

광고주	광고컨셉의 표현
Ivory 비누	"99.44%의 순수성"
Virginia Slim 담배	"당신은 오랫동안 매력적인 여자로 남는다"
미국 해병대	"소수의, 자신감 넘치는, 그리고 선택된 사람들"
United Airlines 사	"United라는 친절한 하늘로 오십시오"
Rolls-Royce사	"시속 60마일로 달리는 신형 롤스로이스 안에서 들리는 가장 큰 소리는 바로 전자시계 소리입니다"
농심의 '새우깡'	"언제 언디서나 새우깡"
오리온 '쵸코파이'	"우리가 하나되는 시간 정타임"
CJ제일제당 '다시다'	"그래, 이 맛이야! 다시다"
동아제약 '박카스'	"당신의 진정한 피로회복제"
동서식품 '맥심'	"커피, 그 잊을 수 없는 향기"
에이스 침대	"침대는 가구가 아닙니다. 과학입니다"
대상 '청청원'	"건강한 프러포즈"
삼성전자	"또 하나의 가족"
현대증권	"You First"
LG생활건강 '라끄베르'	"라끄베르와 상담하세요-피부컨설턴트 라끄베르"
라네즈	"Every-day new face"

다. 여기서 전달하고자 하는 제품의 핵심개념이란 제품이 갖고 있는 기능적 · 경험적 · 상징적인 편익을 모두 포함하는 것이다. 예를 들어, '갈증해소'-게토레이, 'choice of new generation'-펩시, '때와 장소를 가리지 않습니다-011' 등을 생각할 수 있다. 다시 말해, 광고컨셉이란 광고를 통해 이야기하고자 하는 제품의 개념(기능, 경험, 상징)을 하나의 단어나 어구로 표현한 것을 의미한다.

광고컨셉이 중요한 이유는 그것이 표적소비자에게 개념을 전달하기 위한 가장 중요한 소구점이 된다는 것이며, 장기적으로 일관성을 유지할 경우에 브랜드 자산의 구축에도 중요한 역할을 하기 때문이다.

또한 광고컨셉을 선정하는 것은 제품의 개념전달활동의 핵심이 되는 일로서 주의해야 할 몇 가지 사항들이 있다. 먼저, 광고는 가능하면 한 가지(single concept)주제만을 이야기 하는 것이 좋으며, 광고라는 제한된 공간과 시간 안에 주제를 전달해야 하므로 명료하고 이해가 용이하도록 만들어져야 한다. 〈표 10-3〉은 광고컨셉의 다양한 사례들을 모아 놓은 것이다.

KT의 홈 기반 통합서비스 QOOK의 브랜드 알리기 전략

IT 통합 시대

2009년은 통신시장의 통합(Convergence)이 가속화된 한 해였다. KT의 경쟁사인 LG 파워콤과 데이콤의 합병으로 인터넷전화, 초고속인터넷 및 IPTV 간 서비스 통합이 이루어졌다. 또한, SK 텔레콤 역시 하나로 통신과 합병함으로써 서비스간 시너지를 기대하는 시장상황이 도래하였다. 기술적인 측면에서는 IT기술의 발달이 유무선의 경계를 허무는 추세를 이끌고 있었다. 이러한 상황에서 개별브랜드를 선택하기보다는 통합브랜드를 선택함으로써 요금절감 등의 효과를 누리려는 소비자들의 욕구가 점차 대두되었다. 누가 어떤 통합브랜드를 소비자들에게 어떻게 알리는가가 중요해진 것이다.

QOOK 브랜드의 탄생

점차 통합화되어가는 시장상황 속에서 KT는 이동통신사인 KTF와 합병하여 '통합 KT'로 새롭게 출

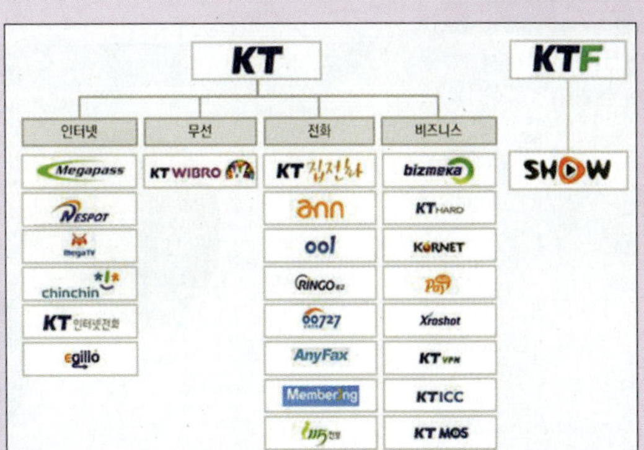

통합 전 KT의 브랜드 체계

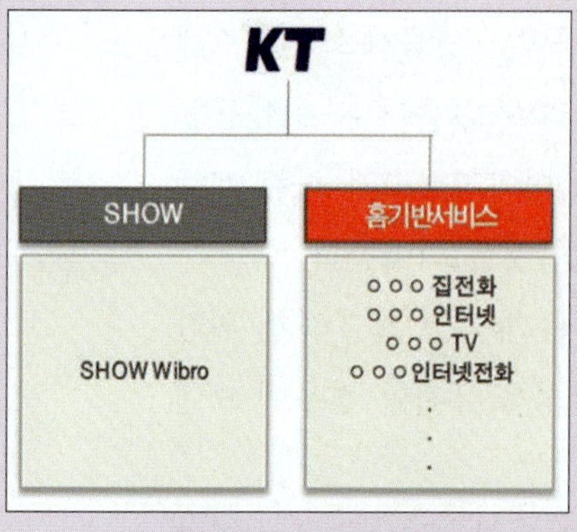

통합 후 KT의 브랜드 체계

발하였다. 이동전화 분야에서는 KTF가 기존에 가지고 있던 SHOW 브랜드를 활용하여 시장상황에 대응할 수 있었으나 인터넷 서비스, 무선 인터넷 서비스, 전화서비스 등 20여 개 브랜드로 세분화되어 있던 KT의 사업영역은 시장상황에 발맞춘 통합화가 절실했다. 따라서 KT는 기존에 자사가 보유한 다양한 브랜드들을 통합적으로 제시할 필요가 있었는데, 이러한 필요에 따라 탄생한 브랜드가 바로 QOOK 이다.

QOOK은 홈(Home) 기반 서비스들을 하나로 통합한 브랜드로서, 즐겁고 풍부한 양질의 컨텐츠(Quality & Quantity)를 요리(Qook)하듯 쉽게 즐기는 가정 내 통합 IT Solution이라는 의미를 가지고 있다. 결국 통합화 되어가는 IT 환경에 대응하기 위한 통합 브랜드인 것이다.

소비자의 인식전환을 위한 QOOK의 티저 캠페인

통합서비스인 QOOK은 기존의 사업단위 브랜드가 아닌 가정에서 누릴 수 있는 다양한 IT 솔루션을 통칭하는 브랜드이므로 그에 대한 개념을 전달하고 소비자들이 느끼는 생소함을 극복할 필요가 있었다. 이에 KT는 '집엔 QOOK'이라는 인식을 확산시키는 것을 커뮤니케이션 활동목표로 정하였다. 이를테면 QOOK이 있는 집과 없는 집의 차이를 부각하고 집이라는 공간에서 즐기는 IT 솔루션이라는 개념을 명확히 하자는 것이다.

이를 목표로 KT가 가장 먼저 전개한 활동은 입소문을 극대화하기 위한 티저(Teaser)를 활용하는 방안이었다. 새로운 개념의 서비스인 QOOK에 대한 인식을 확산시키기 위해서는 먼저 QOOK 자체에 관한 소비자들의 관심을 유도하는 활동이 필요했기 때문이다.

소비자의 관심을 유도하기 위한 KT의 커뮤니케이션 활동들은 성공적이었다. 드라마 주인공을 활용한 TV 광고를 비롯하여 뉴미디어인 포털사이트의 스카이뷰 서비스 등을 활용한 브랜드 노출, UCC 이벤트와 임직원을 활용한 프로모션 등 온·오프라인에 걸친 다양한 활동들을 통하여 QOOK에 대한 관심을 고조시킬 수 있었다. '도대체 QOOK이

표 10-4

통합브랜드 경쟁시대의 도래

구 분	기존 통신시장	새로운 통신시장
	개별브랜드 중심	통합브랜드 중심
경쟁구도	IPTV 분야: 메가 TV, 브로드 앤 TV, MyLG TV 인터넷 전화 분야: KT 인터넷전화, MyLG 070, 삼성 WYZ 초고속 인터넷 분야: 메가패스, SK 브로드밴드, XPEED	KT SKT 그룹 LGT 그룹

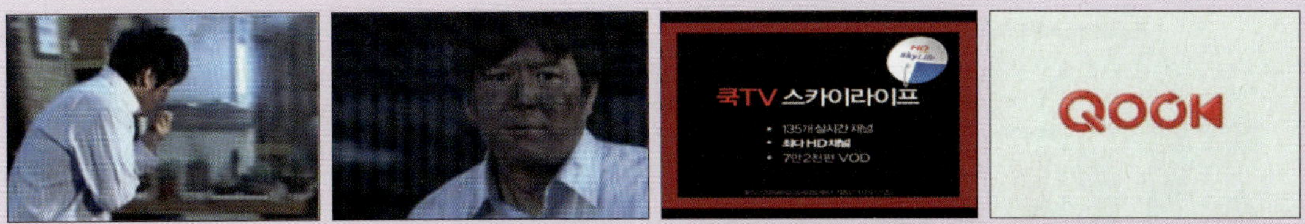

인기드라마의 캐릭터를 활용한 티저 목적의 TV광고

QOOK의 결합상품에 대한 정보를 전달하는 TV광고

QOOK의 방송상품에 대한 정보를 전달하는 TV광고

무엇인가?' 라는 의문과 더불어 언론의 집중적인 관심을 받으며 성공적으로 브랜드 노출에 성공한 것이다.

QOOK의 실체를 전달하기 위한 광고활동

티저를 통한 브랜드노출이 성공적으로 진행된 후, KT는 QOOK의 실체인 '홈 기반의 통합 IT 솔루션' 이라는 개념을 전달하기 위한 활동에 집중하였다. 개별상품부터 결합상품, 프로모션에 이르기까지 QOOK이라는 통합브랜드를 구성하는 다양한 요소를 알기 쉽게 전달했다.

QOOK 캠페인의 성과평가

QOOK 브랜드를 알리기 위한 티저 캠페인과

포털사이트의 항공사진 서비스를 활용한 노출

온라인 UCC 이벤트를 통한 입소문 증대

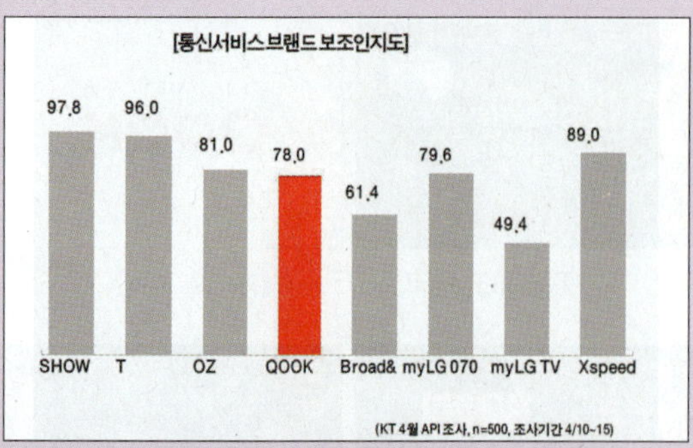

런칭 직후의 통신서비스 브랜드 인지도

QOOK의 티저광고 패러디

QOOK의 실체를 전달하기 위한 광고들은 그 자체로도 수많은 이슈를 만들었을 뿐만 아니라 브랜드 자체의 인지도를 높이는 데 기여하였다. 초기 티저 캠페인은 브랜드 인지도를 단시간 안에 높이는 효과를 보였으며 지속적인 캠페인으로 QOOK의 브랜드 가치는 2009년 9월 현재 국내 2위를 달성하기도 하였다. 뿐만 아니라 소비자들이 참여할 수 있는 여지를 확대하여 다양한 패러디와 UCC를 양산하였으며 각종 미디어에서 QOOK의 슬로건을 활용할 정도로 사회적 파급효과 역시 높일 수 있었다.

〈자료원: 제일기획〉

광고컨셉을 찾는 방법은 다양하다. 먼저, 시장의 주요 환경 및 경쟁자들의 동향을 파악한 후에 경쟁사가 제공하지 못하고 있는 자사만의 고유한 판매제안(Unique Selling Point; USP)을 통해 제품개념을 전달할 수 있다. 예를 들어, 하이트는 '지하 150m 천연암반수'라는 컨셉으로 깨끗한 맛을 강조하며, 웅진 코웨이 정수기는 '코디는요, 코웨이에만 있어요'라는 말로 웅진 정수기만이 코디제도를 통해 정수관리를 까다롭게 하고 있다는 '깐깐한 서비스'의 고유한 제품개념을 전달하고 있다. 또한 질레트는 '질레트 마하3를 소개합니다.'라는 판매제안으로 유명하다.

사진 10-4
고유한 판매제안의 웅진 코웨이 광고

이외에도 브랜드 이미지(brand image)를 이용하여 광고컨셉을 도출할 수 있다. 예를 들어, 말보로 담배는 남성적인 이미지를 이용하고 있으며,

Ivory 비누는 순순하다는 브랜드 이미지를 이용하여 광고컨셉으로 사용하고 있다. 이외에도 Volvo는 제품속성과 관련된 브랜드 이미지를 이용하여 '안정성'을, 하나로 통신은 '속도감'을 광고컨셉으로 내세우고 있다. 또한 컨디션은 제품용도와 관련된 브랜드 연상을 이용하여 '음주전 드링크제'로서, 그리고 경동보일러는 사용자와 관련된 연상을 이용하여 '시골부모님-효'를 광고컨셉으로 정하고 있다.

사진 10-5

고유한 판매제안의 마하3 광고

질레트 마하3를 소개합니다.
최초로 3개의 면도날을 부착한 질레트 마하3
피부 자극은 더욱 줄이면서 단 한 번에 완벽한 면도를 할 수 있습니다.

마지막으로 광고컨셉은 '경험적 요소'로부터 발견될 수도 있다. 즉, 제품 자체보다는 제품이 제공하는 편익이나 제품이 주는 즐거움 또는 제품을 사용하는 사람에게 초점을 맞추어 컨셉의 새로움을 발견하는 방법이다. 푸르덴셜생명, 카스 광고와 같이 브랜드의 경험을 통해 유쾌하고 인간적이고, 온화하고, 정서적으로 느끼는 상황을 찾아내는 것이다.

광고컨셉은 전달하고자 하는 제품개념과 소구하고자 하는 특정경험에 따라서도 분류가 가능하다(표 10-5 참고). 먼저, 광고주가 광고를 통해 전달하고자 하

표 10-5

광고컨셉의 분류와 예

제품개념 경험의 유형	기능적 제품개념	감각적 제품개념	상징적 제품개념
제품사용의 결과	치아를 깨끗하게 만드는 치약	상쾌한 입냄새를 유지시켜 주는 구강세척제	20대의 머리결로 돌아가자! -염색약 '비겐크림톤'
사용중의 경험	세게 문지르지 않아도 깨끗하게 되는 세제	내 마음대로 조절하자 -맥심인스턴트 커피	사회적으로 특정 집단의 구성원임을 나타내주는 자동차 -대한민국 1% Rexton
사용에 따른 부수적인 경험	따르기 편리하고 기름이 흐리지 않는 마개제품 -백설식용유	손에서는 녹지 않는 초콜렛	넓고 아늑한 공간의 -9인승 카렌스
부정적인 문제점의 회피	소음이 없는 자동차 -대우레간자	땀냄새를 제거시켜 주는 -니베아 데오도란토	흰머리를 없애 주는 모발 크림

사진 10-6

제품이 주는 즐거움을 강조한 롯데리아 김치버거 광고

사진 10-7

브랜드 이미지를 강조한 말보로 담배 광고

는 제품개념은 크게 3가지로 요약될 수 있다: 합리적인 욕구를 강조하는 기능적 제품개념과, 감각적이고 감정적인 기쁨을 강조하는 감각적 제품개념 그리고 타인과의 관계나 자아이미지를 강조하는 상징적 제품개념.

또한 광고에서 소구하고자 하는 제품의 특정경험에 의한 분류에는 4가지가 있다: 제품사용의 결과로서 나타나는 경험이나 제품사용중에 나타나는 긍정적인 경험, 부수적인 만족을 가져다 주는 경험, 또는 제품사용으로 인해서 회피할 수 있는 부정적인 경험.

이와 같은 3가지의 제품개념과 4가지의 제품사용의 경험유형을 결합시키면 〈표 10-5〉와 같은 12가지의 광고컨셉이 도출될 수 있다.

사진 10-8

상징적 제품개념을 강조한 쌍용자동차 Rexton 광고-'대한민국1%'

(2) 광고 크리에이티브전략

광고에서 무엇을 말할 것인지를 결정하였다면, 결정된 광고컨셉을 어떻게 구체적으로 표현할 것인가를 결정해야 한다. 바로 이러한 과정을 통틀어 크리에이티브전략이라고 할 수 있다. 크리에이티브전략은 원래 더 협소한 의미로 쓰이기도 하나, 여기서는 광고컨셉을 제외한 나머지 모든 부분(광고 소구점과 실행스타일의 결정, 모델선정, 카피 등의 아이디어 구체화 과정)을 크리에이티브과정으로 규정하여 살펴보기로 한다.

1) 광고 소구점(Appeal)의 결정

제품의 핵심컨셉을 표적소비자에게 전달하는 방식에는 크게 두 가지가 있다. 첫번째는, 이성적 소구(rational appeal)이다. 이성적 소구란 자사의 브랜드가 선택될 수밖에 없는 합리적인 이유를 설명하거나 객관적인 근거를 제시함으로써 표적소비자에게 제품에 대한 지식과 정보를 제공하는 광고전략이다. 이러한 광고를 정보제공형광고(informational ad)라고도 하며, 구매시 큰 위험을 느끼는 내구재나 신제품 등에 많이 이용된다. 가격소구형 광고에도 효과적으로 사용될 수 있는 표현전략이다. 예를 들어, 폭스바겐의 Lupo캠페인은 연비효율성에 초점을 맞춘 광고이다. 자세히 보면 유화용 붓을 담가 놓은 기름쪽에 23km라고 적혀진

사진 10-9

이성적 소구 광고의 예
폭스바겐의 Lupo 캠페인

것을 볼 수 있다. 즉, 유화용 붓을 담가 놓을 정도의 기름만 있으면, 23km나 달릴 수 있을 만큼 연비가 좋다는 것을 비주얼로 보여주는 이성적 소구광고이다. 이성적 소구는 광고의 목표가 '제품의 지식제공' 이거나 '인지도의 향상' 인 경우에 적합한 광고전략이며, 비교광고, 증언형 광고 등이 여기에 해당된다.

두 번째는, 감성적 소구(emotional appeal)이다. 감성적 소구란 소비자로 하여금 이성적인 판단이나 정보제공을 통한 설득보다는 브랜드에 대한 긍정적인 느낌이나 호의적인 태도 · 이미지의 향상을 목적으로 하는 표현전략이다. 특히 이성적인(기술, 제품의 물리적 속성 등) 근거를 통해 제품을 차별화하기 어려운 경우에 소비자의 감성에 호소하는 감성적 광고가 더욱 효과적이다. 감성적 소구는 주로 소비자의 사회적 · 심리적 욕구를 충족시키는 데 초점을 두고 있으며, 소비자가 제품을 사용하면서 느낄 수 있는 즐거움, 놀라움, 온화함 등의 제품의 감성적 편익들을 광고를 통해 전달하고자 한다. 이러한 광고를 감성전이형 광고(transformational ad)라고도 하며, '에버랜드' 나 '롯데월드' 와 같은 놀이공원, 그리고 '베니건스', '라네즈', '에비앙' 과 같은 경험재에 자주 사용된다. 현대해상 광고 '동화편', '눈싸움편' 과 같은 서비스재에서도 널리 이용되고 있으며, 삼성전자의 '또 하나의 가족' 과 같은 기업PR에도 적극 활용되고 있다. 감성적 소구는 광고의 목표가 '호의적인 태도 형성' 이나 '브랜드 선호도 증가' 인 경우에 적합한 광고전략이며, 유머광고, 공포소구형광고, 성적광고, 유명인광고, 향수광고, 엽기광고, 키치광고, 티저광고 등이 일반적으로 여기에 해당된다.

사진 10-10

감성적 소구 광고의 예
에비앙광고

2) 실행스타일의 결정

광고의 소구유형에는 이성적 소구와 감성적 소구 등

광고의 표현전략 외에도 광고의 어떠한 내용에 중점을 두어 실행하느냐에 따라 유머소구, 성적소구, 공포소구, 향수소구, 애국심소구 등이 있다. 이하에서는 이러한 각각의 소구유형에 따른 실행스타일에 대하여 살펴보고자 한다.

① 유머소구

최근 광고에서 많이 사용되고 있는 유머소구(humor appeal)는 재미로 관심을 끌기 때문에 주목률을 높일 수 있으며, 표적소비자의 반박주장(countargu-ments)의 가능성을 현저히 낮출 수 있다. 또한 광고에서 나타난 좋은 기분이나 기쁜 감정이 제품이나 브랜드로 전이되어 제품이나 브랜드에 대한 호의적인 평가로 이어질 가능성이 높아진다. 따라서 유머의 내용이 제품의 핵심편익과 관련되어 있다면, 광고내용의 이해와 브랜드 회상률에 긍정적인 영향을 미칠 수 있다. 예를 들어, 맥도널드의 아가 편 광고는 아가가 방안에서 그네를 타고 있는데 아가는 얼굴을 찡그렸다 웃었다 하는 것이 보여진다. 그 이유는 그네가 올라가 창밖의 맥도널드의 황금색 아치가 보이면 웃었다가 그네가 내려 와서 맥도널드의 황금색 아치가 보이지 않으면 얼굴을 찡그린다는 내용이다.

또한, 이제까지는 공포소구의 소재로 다루어져 오던 제약광고와 금연캠페인에서도 유머러스한 표현들이 나타나고 있다. 파도타기를 하는 관중석에서 냄새 때문에 혼자 남겨진다는 우스꽝스러운 내용을 표현한 데오도란트 냄새제거제 광고와 키스하는 동안 코가 막혀 숨도 못 쉬고 결국 죽어 버리는 남자를 보

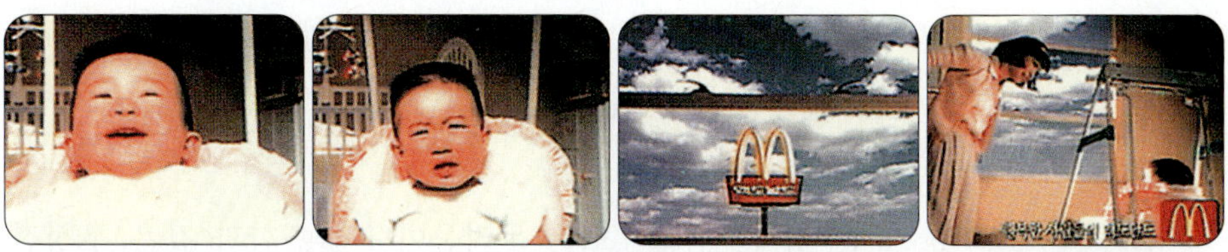

사진 10-11

맥도날드의 유머소구

사진 10-12

금연캠페인의 유머소구

사진 10-13 비염치료제 Vick의 유머소구

사진 10-14 Delta Lloyd 보험사의 유머소구

여 주는 '코가막히세요? 코가 막힐 때는 Vick비염치료제' 광고, 그리고 '죽이고 싶을 정도로 미운 사람에게는 담배를 권하라' 는 금연캠페인 광고시리즈가 그것이다. 이외에도 Delta Lloyd 보험회사 광고는 공산국가의 한 사내가 대규모 피켓 퍼레이드 연습을 하다가 감독관에게 혼이나고 그 다음날, 행사에 늦잠을 자 못 나가게 되어 결국 최고권력자의 이빨이 빠져 있는데 그 사내는 침실에서 여유롭게 잠만 자고 있다는 내용이다. 이때 흐르는 자막은 '델타로이드 보험에 가입했음이 틀림없다' 이다.

유머광고를 사용할 때에는 몇 가지 주의할 점이 있다. 첫째, 유머광고의 내용이 표적소비자에게 유머러스한 것으로 받아들여질 것인가 고려해야 하며 두 번째, 제품에 대한 이해도를 높이기 위하여 유머와 제품의 핵심편익과 관련이 있어야 한다. 마지막으로, 유머광고는 반복될수록 지침효과(wearout effect)가 있으므로 그 소재를 자주 교체할 필요가 있다.

② 공포소구

공포소구(fear appeal)는 경악, 혐오, 또는 두려움이나 불편함과 같은 부정적인 정서 반응을 일으킴으로써 소비자가 광고에서 제안하는 내용을 따르지 않았을 경우에 겪을 수 있는 부정적 결과들에 대한 공포심을 조성하는 광고이다. 공포소구는 주로 음주운전캠페인이나 안전벨트착용, 금연과 같은 공익광고와 제약광고 등에 자주 등장한다. 〈사진 10-15〉의 금연광고 캠페인은 금연을 하지 않았을 때 겪게 될 상황을 공포스럽게 표현한 것이다.

공포소구는 광고에 순응하지 않았을 때 나쁜 결과가 소비자 자신에게도 닥칠 수 있다는 인지반응을 유발해야 그 효과를 기대할 수 있다. 이때 공포의 수준이 지나치게 높으면 소비자로부터 거부반응을 유발할 수 있으며, 공포의 수준

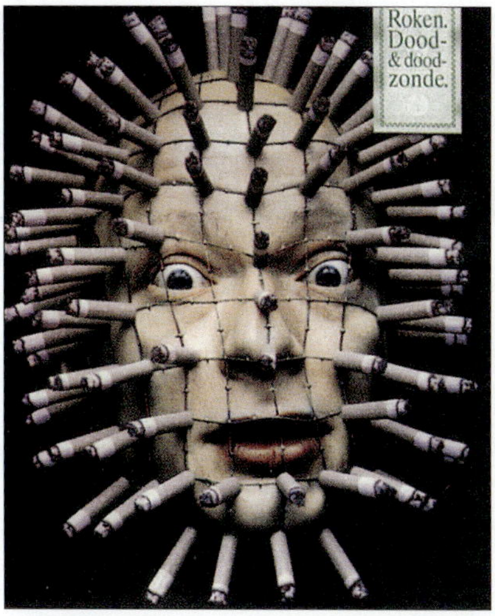

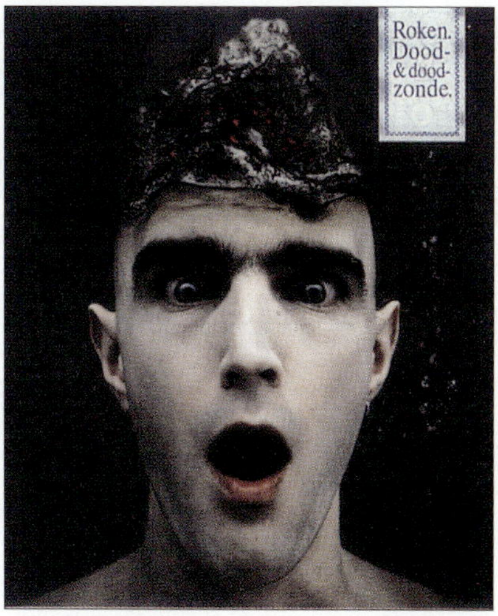

사진 10-15
금연캠페인의 공포소구

이 너무 낮으면 소비자의 관심을 유발하지 못하게 된다. 따라서 공포의 정도가 적절한 수준에서 관리되어야만 공포소구의 효과를 얻을 수 있다.

③ 성적소구

성적소구(sex appeal)는 인간의 근본적인 욕구인 성에 대한 관심을 상품에 연결시키는 광고전략이다. 성적소구는 소비자의 강한 주의를 유발하는 데에는 효과적이지만 소비자들이 광고내용이나 브랜드에 대하여 기억하는 데에는 부정적인 영향을 미치기도 한다.

성적소구는 기네스광고와 칼스버그와 같은 주류제품의 광고에는 물론이고 하겐다즈와 같은 아이스크림과 '빠른 것이 우리의 철학입니다' 라고 하는 오토바이 광고, 그 밖에도 의류광고나 향수광고 등에 자주 등장한다. 하인즈 수프광고는 부부생활을 막 끝낸 듯한 침실에서 아쉬운 듯 일어나는 여자가 막 조리가 끝난 수프를 꺼내 맛을 보는데 이때 '전자레인지에 데워 먹을 수 있는 하인즈 수프, 2분이면 다 됩니다' 라는 주제가 보인다. 이처럼 성적소구광고는 이제 수

사진 10-16
칼스버그의 성적소구

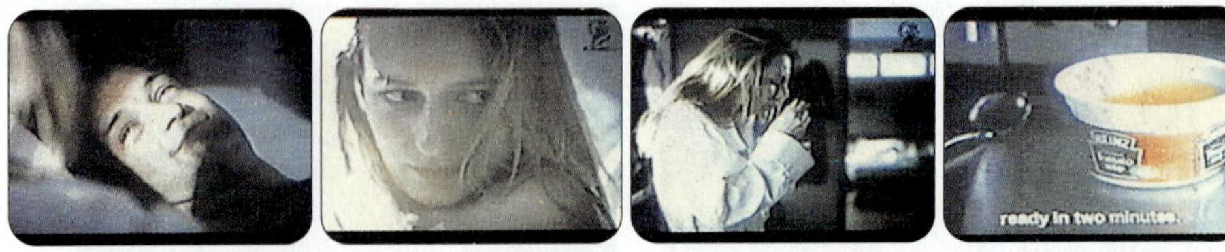

사진 10-17
하인스 수프의 성적소구

프광고에까지 활용되고 있다.

성적소구광고에서는 모델의 적합성에 특히 유의해야 하며, 성적표현이 제품개념과 어떻게 연결되는지에 주의하여야 구매욕구의 증가라는 목표를 효과적으로 달성할 수 있다.

④ 온정소구

온정소구(warmth appeal)는 소비자가 광고를 통해 사랑, 가족애, 우정, 따뜻함 등을 경험하게 함으로써 긍정적이고 온화한 감정을 불러일으키게 하는 실행전략이다. 기업PR에 자주 활용되며, SK텔레콤의 스님과 수녀가 등장하는 광고에서는 자전거를 타고 가던 수녀가 걸어 가고 있는 스님을 태워 주는 상황을 통해 SK에 대한 온화한 감정을 느끼도록 유도하였다. 또한, 아시아나는 기존의 대한항공의 보수적인 광고에 대응하여 '아름다운 사람들'이라는 캠페인을 통해 기업 이미지를 온화하게 바꾸는 데 성공하였다.

사진 10-18
삼성전자의 온정소구–'군입대 편'

현대증권의 'You First' 캠페인, 그리고 삼성전자의 '또 하나의 가족 – 군입대 편, 입시 편'도 온정소구의 예이다.

⑤ 향수소구

향수소구(nostalgia appeal)는 과거에 대한 그림움을 표현하여 인간의 숨겨진 감성을 자극하는 광고이다. 예를 들어 '고향의 맛' 다시다의 연변편, 황해도편 등이 모두 고향을 생생하게 표현하여 소비자들에게 고향에 대한 그리움을 느끼도록 하는 데 성공하였다.

⑥ 비교광고

비교광고(comparative advertising)는 동일한 제품군 내 다른 경쟁제품과의 직접 혹은 간접 비교를 통해 제품의 이점에 대해 합리적이고 객관적으로 설득하려는 실행전략이다. 비교광고는 특정제품이 가진 경쟁우위를 직접적으로 보여 주는 데 가장 효과적인 방법으로서 특히, 시장점유율이 낮은 후발 브랜드가 시장지위가 확고한 선도브랜드를 대상으로 공격적 마케팅을 전개할 때 유용한 방법이다. 선도 브랜드를 추격하는 후발 브랜드는 선도 브랜드와의 비교를 통해 시장지위가 올라가는 이득을 얻을 수 있기 때문이다. 따라서 가급적이면 후발 브랜드의 비교광고에 대해 선도 브랜드는 아무런 반응도 보이지 않음으로써 이에 대한 논쟁이 확대되는 것을 막고자 한다.

비교광고의 예로는 '니들 정말 이렇게 밖에 못 찾을래?' 라는 카피와 함께 MSN검색엔진은 엠파스의 토끼와 라이코스의 개를 비교하여 보여 주는 전략을 실행하였다. 또한 칠성사이다는 콜라에 대응하여 '무색소, 무카페인, 무로얄티' 를 핵심컨셉으로 하는 비교광고를 적극적으로 펼치기도 하였다.

사진 10-19
MSN 검색엔진의 비교광고

⑦ 증 언

증언형 광고(testimonial advertising)는 유명인 또는 표적고객과 유사한 일반인이 등장하여 제품의 사용결과를 이야기 함으로써 설득력을 높이는 광고전략이다. 예를 들어, 여성용품, 세제, 전문품 등에 자주 활용된다. SM5의 광고에서는 교통사고경험이 있는 소비자가 직접 등장하여 자신의 교통상황을 증언형식으로 보여 주었으며, 도브샴푸 광고는 여학생이 도브샴푸 사용 후 머릿결이 좋아져 머리를 기르고 싶다는 증언을 보여 주었다.

사진 10-20
도브샴푸의 증언형 광고

⑧ 과 장

과장형 광고는 제품의 핵심개념을 극적으로 표현하기 위하여 실행되는 전략이며, 저관여 제품의 경우 정보추구형 광고와 감성추구

사진 10-21
매콤한 맛을 강조하는 타바스코 소스의 과장광고

사진 10-22
맛있음을 강조하는 하인즈 케첩의 과장광고

형 광고 모두에서 적극 활용되고 있다. 예를 들어, 타바스코 광고는 담뱃불을 입에 대는 것과 같다는 과장된 익살을 보여주고 있으며, 1회용 면도기 광고는 면도로 말끔해진 선인장을 보여 주기도 한다. 또한 버거킹은 매콤한 맛의 후렌치 후라이를 성냥모양을 통해 보여 주며, 하인즈케첩은 얼마나 맛있길래 감자튀김과 케첩의 위치가 바뀌었나라는 상상을 하게끔 한다. '원초적 본능'의 샤론스톤이 할머니가 되어 있는 CANAL+의 광고는 TV에서 영화를 보기까지 더 이상 몇 년씩이나 기다릴 필요가 없다는 Pay TV채널의 장점을 알리는 광고이다. 마지막으로, 미국 플레이랜드의 잡지광고는 놀이동산의 재미를 과장된 상상으로 보여주고 있다. 놀이동산의 광고임에도 어디에도 놀이기구는 보여지지 않고 롤러코스터, 워터슬라이드, 고공낙하물에서 분실한 듯한 인조눈알, 틀니뭉치, 가발 등이 비닐봉투안에 들어가 있고 물건을 주운 장소이름이 레이블에 붙어 있을 뿐이다.

사진 10-23
놀이동산의 재미를 과장된 상상으로 보여 주는 플레이랜드의 과장광고

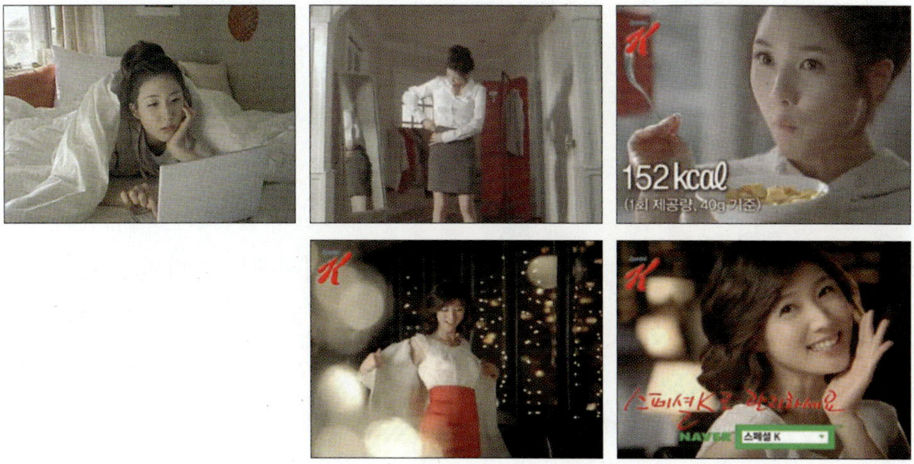

사진 10-24
생활의 단편에 소구하는 켈로그 '스페셜K' 광고–'방심하기 쉬운 겨울편'

이와 같은 저관여제품의 광고에서는 제품편익과 관련된 주장을 가능하면 과장되게 표현하는 것이 효과적이다. 저관여 제품들은 브랜드 선택에 있어서의 위험이 크지 않으므로 강한 주장을 하여도 소비자들에 의한 반박 가능성이 적기 때문이다.

⑨ 생활의 단편

생활의 단편(slice of life) 표현전략은 소비자들이 일상생활에서 경험할 수 있는 문제점을 제시한 다음, 광고를 통해 해결방안을 제시하거나 그 상황을 광고 속에서 그대로 재현하기도 한다. 예를 들어 켈로그 '스페셜K' 씨리얼 광고 중 '방심하기 쉬운 겨울편'은 겨울이라 춥다고 방심한 사이 살이 붙은 자신을 발견한 여자주인공이 씨리얼을 먹고 체중조절에 성공해 당당하게 연말연시 모임에 나간다는 내용이다.

⑩ 상징적 표현

상징적 표현의 광고전략은 가장 오래된 표현방식으로서 상징적인 그림이나 기호를 이용하여 제품의 개념을 표현한 시각적 커뮤니케이션 방법이다. 앱솔루트 보드카 광고가 대표적이며, 주인과 닮은 강아지를 보여 주는 Cesar의 애견식품 광고, 그리고 뉴비틀과 Kraft의 치즈스틱광고가 여기에 해당된다. 이외에도 Toyota의

사진 10-25
앱솔루트보드카광고의 상징적 표현

스파시오(Spacio)자동차 광고는 자동차의 안락함이라는 제품컨셉을 쇼파를 통해 시각적으로 보여 주고 있으며, 제스프리(Zespri)뉴질랜드산 키위광고에서는 키위에는 비타민과 섬유질이 많아 피부미용과 다이어트에 효과적임을 한눈에 보여 주고 있다. 또한 스텔라 맥주광고는 얼마나 맛있으면 병따개가 없는 상황에서 고급테이블과 의자, 전기기타 등의 모서리가 저렇게 되었을까라는 제품개념을 상징적으로 표현하였다. 마지막으로 탈시드 위장약광고는 위에 붕대를 칭칭감아 탈난 위장에 효과적임을 상징적으로 보여 주고 있다.

사진 10-26

Cesar의 애견식품 광고의 상징적 표현

사진 10-27

Kraft 치즈스틱광고의 상징적 표현

사진 10-28

Toyota의 Spacio광고의 상징적 표현

사진 10-29

뉴비틀광고의 상징적 표현

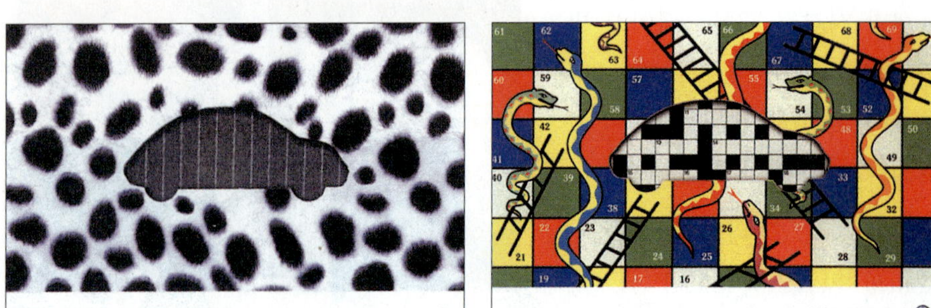

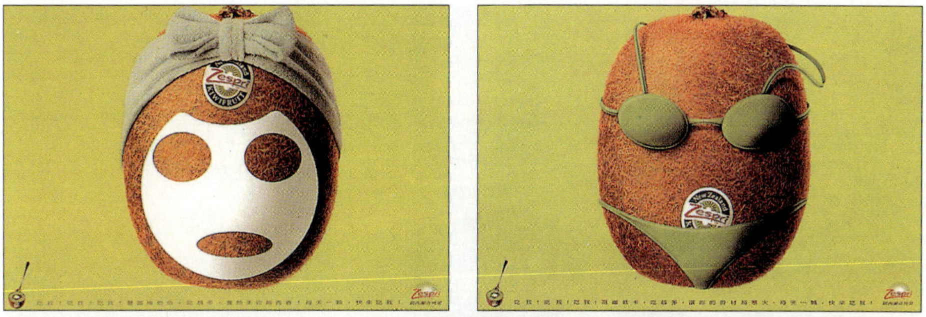

사진 10-30
Zespri뉴질랜드산 키위 광고의 상징적 표현

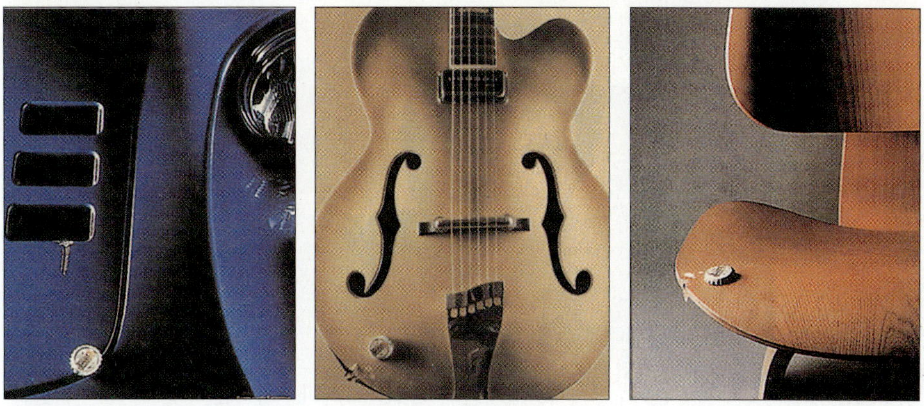

사진 10-31
스텔라 맥주의 상징적 표현

⑪ 기타: 패러디, 엽기, 키치

이외에도 광고의 실행스타일에는 패러디, 엽기, 키치적 표현의 광고와 비일상적 표현의 광고들이 있다. 먼저, 패러디 광고는 유명한 문화적 이슈나 사건, 문학작품 등의 내용을 광고의 핵심개념과 연결시켜 보여 주는 전략이다. 패러디 광고로는 르윈스키 문제로 머리가 아픈 클린턴을 풍자한 타이레놀 광고와 영화 '죽은시인의 사회'를 패러디한 펩시광고가 있으며, 우리나라에는 영화 '공동경비구역'을 패러디한 다음(Daum)커뮤니케이션의 PR광고가 있다. 또한 엽기광고에는 KT의 새로운 통합 브랜드 Olleh의 '이노베이션-물위 달리기 편, 인간로켓 발사하기 편' 광고와 미국 자본주의 문화를 풍자하는 카멜(Camel)의 담배광고가 있다. 제품의 핵심 컨셉을 다소 불손하게 보여주는 키치 광고에는 머

사진 10-32
클린턴과 르윈스키 사건을 패러디한 타이레놀 광고

사진 10-33

미국 자본주의 문화를 풍자한 카멜담배의 엽기 광고

리를 팔에 들고 있거나 발목이 꺾여 있는 '리바이스' 광고와 kookai 여성의류 브랜드, 검은 에너지를 표현한 니거맥주 광고가 있다.

드라마 보다 무심코 車산다?

자동차 메이커들이 올 상반기 드라마 및 영화 PPL(제품을 협찬하면서 홍보하는 간접 광고)로 재미를 톡톡히 봤다. 드라마 PPL은 비용 대비 효과가 뛰어나 최근 들어 자동차 메이커들이 신차 첫선 무대로 활용할 만큼 인기를 끌고 있다. 올해의 경우 하반기에는 자동차 출연 기회가 없는 사극이 많아 자동차 메이커들은 상반기에 예년보다 더 치열한 PPL 전략을 펼쳤다. PPL이 각광받은 이유는 자동차 메이커와 드라마제작사의 이해관계가 맞아 떨어지기 때문이다. 자동차 메이커들은 케이블 TV 광고나 대규모 이벤트보다 상대적으로 비용이 적게 들어가는 PPL을 통해 인지도를 쌓기 원한다. 드라마 제작사 측도 수입차 브랜드의 제작비 지원이나 차량 제공 등으로 비용을 아낄 수 있어 PPL에 관심을 가지고 있다. 수입차 메이커가 지원하는 제작비는 1억원 안팎으로 알려져 있다. 일본계 자동차 메이커의 마케팅 담당자는 "주인공 성향에 맞춰 제공한 차가 드라마에 나간 뒤 매장을 방문하거나 전화로 문의하는 소비자들이 늘고 있을 정도로 PPL은 인지도 상승과 매출에 긍정적 역할을 한다"며 "따라서 인지도가 낮고 홍보 및 마케팅 예산도 부족한 수입차 브랜드들은 PPL을 비용 대비 효과가 높은 마케팅 수단으로 적극 활용하고 있다"고 말했다.

현대자동차 SBS 드라마 '시티헌터'

현대자동차는 신개념 PUV(Premium Unique Vehicle)인 벨로스터를 SBS 드라마 '시티헌터'에 출연시켰다. 이 드라마는 일본의 동명 만화를 원작으로 한 트렌디 첩보 액션물로 탤런트 이민호, 박민영, 구하라 등 청춘 스타들이 대거 등장해 인기를 모으고 있다.

현대는 젊은 세대를 겨냥한 벨로스터만의 독특한 외관 디자인을 널리 알리기 위해 세련되고 도회적 이미지의 주인공인 이민호의 차로 협찬했다. 결

과는 성공적이다. 드라마 인기와 더불어 계약 문의가 급증했기 때문이다.
지난 5월 25일 드라마 첫 방영 후 벨로스터 일 평균 계약대수가 140여 대에 이르며 드라마 방영 전 대비 계약대수가 50% 이상 증가했다고 현대자동차는 설명했다. 여기에 지난 6월 1일 방송분에서 주인공 이민호의 자동차 액션신 장면에 벨로스터가 등장한 직후 벨로스터가 주요 포털사이트 검색어 순위 상위에 오르고 벨로스터 마이크로 사이트(veloster.hyundai.com) 일 방문자 수가 10만명 수준으로 6배 이상 급증했다.
현대자동차는 이와 함께 KBS 일일드라마 '웃어라 동해야'에 그랜저, 쏘나타, 투싼ix 등을 투입하고 KBS2 주말 버라이어티 '해피선데이-1박2일'에도 다양한 차종을 등장시키는 등 드라마 및 예능 프로그램을 통한 PPL에도 활발히 나서고 있다.

〈자료원: 매일경제, 2011. 8. 9 기사 발췌〉

3) 광고모델의 선정

광고의 소구점과 구체적인 실행스타일을 결정하였다면, 광고의 메시지를 전달할 모델을 결정하여야 한다. 광고모델은 광고의 핵심메시지를 전달하는 정보원천(source)으로서 표적소비자들의 메시지 수용에 지대한 영향을 미칠 수 있다. 다시다는 김혜자, 청정원은 고두심을 그리고 삼성증권은 선동렬과 금난새를 정보원천으로 활용하여 성공하였다.

광고모델(정보원천)이 표적소비자의 메시지 수용도에 미치는 영향을 살펴보면, 정보원천이 신뢰성이 있고 매력적이며, 권위적일수록 소비자들의 메시지 수용도가 높아져 개념전달활동을 원활히 돕는 것으로 나타났다. 즉, 고관여 제품의 경우에는 신뢰성이 높은 전문가나 모델을 기용함으로써 내면화(internalization)과정을 통해 설득력을 높일 수 있다. 내면화란 신뢰성이 높은 전문가의 의견을 소비자들이 자신의 의견으로 받아들이는 과정을 의미한다. 또한, 저관여 제품의 경우에는 매력도가 높은 유명인을 활용하여 일체화(identification)현상을 유도할 수 있다. 일체화현상이란 매력도가 높거나 자신과 유사한 정보원천과의 관계형성을 통해 소비자들이 정보원천의 의견과 비슷한 견해를 취하거나 똑같다고 착각하는 것을 의미한다.

광고모델로는 유명인(celebrity)과 전문가, 그리고 일반소비자, 최고경영자 등이 사용될 수 있다. 먼저, 유명인 모델은 대중에게 좋은 이미지를 가진 연예인이나 가수, 스포츠 스타 등이 정보원천이 되므로 매력도에 의한 일체화과정이 가능해지고 표적소비자의 관심을 유도하기 좋으며, 좋은 이미지가 제품으로 연결된다는 장점이 있다. 그러나 이 때, 모델과 제품이미지 간의 적합성(fit)을 고려해야 하며, OB아이스맥주의 강수연과 같이 유명인에 의해 오히려 제품의 장점이 가려지는 음영효과(overshadowing effect)도 주의해야 한다. 그리고 유명연예인의 중복출연으로 인해 제품의 인지도에 혼선을 빚어서도 안 될 것이다.

전문가모델은 신뢰성이 높으므로 제품의 핵심개념을 더욱 효과적으로 전달할 수 있다. 간혹, 덴티큐 껌 광고나 치약광고 등에 치과의사가 출연하는 것을 볼 수 있는데 이것은 바로 치과의사의 권유메시지를 소비자가 자신의 의견으로 수용하도록 만들기 위한 전략인 것이다. 또한, 나이키 광고에는 유명한 농구선수나 프로골퍼가 출연하는이유도 마찬가지이다.

일반인 소비자모델은 샴푸나 세제 등의 증언형 광고에서 정보원천으로 자주 등장한다. 일반인 소비자모델이 등장하는 광고는 정보원천이 자신과 유사한 일반소비자이므로 소비자들은 정보원천의 의견과 쉽게 공감대를 형성하고 일체화되는 과정을 겪는다. 따라서 습관적 구매를 유도하는 저관여 광고의 경우에 자주 이용하면 효과적이다.

마지막으로, 최고경영자를 정보원천으로 이용하는 광고는 소비자들에게 권위에 순응하도록 유도하는 효과가 있다. 즉, 최고경영자는 제품의 전문가로 인식될 수도 있으므로 광고메시지의 신뢰성을 높일 수도 있고 사장이라는 권위는 소비자들을 압도하여 메시지의 수용도를 높일 수 있다.

4) 광고 아이디어의 구체화 과정

① 언어적 단서: 광고문안(Advertising Copy)의 작성

광고문안은 광고 중에서 말이나 글의 형태로 제시되는 정보를 말한다. 앞에서 언급한 제품개념과 광고주제는 광고문안의 성격을 규정짓게 되므로, 광고문안은 제품개념 및 광고주제와 상호일관성 있게 연계되어야 한다. 효과적인 광고문안이 되기 위해서는 몇 가지 사항이 고려되어야 하는데, 첫째로, 광고문안은 읽기에 쉬워야 한다는 것이다. 이를 위해서는 주의를 끌만한 낱말이나 문구를 사용해야 할 것이다. 두 번째로, 간단하고 구체적인 낱말이나 문장이 일반적이고 추상적인 어구보다 제품이미지를 훨씬 더 효율적으로 전달할 수 있다는 것이다. 미국의 타이어 회사인 Goodyear사의 다음과 같은 광고문안은 좋은 예가 될 수 있다. "Goodyear가 만든 진흙용 · 눈길용 타이어는 캐나다의 허드슨만 지역에서 시험주행을 끝마친 것입니다. 그리고 고속도로에서도 품질이 입증되었습니다. 깊은 눈 속이나 진흙 속에서도 Goodyear가 만든 Suburbanites는 여러분들에게 힘찬 운행을 약속드립니다. 260개의 넓은 접지면 위의 3,728개의 접지면 조각이 당신에게 확실한 제동력을 가져다 드립니다." 세 번째로, 광고문안은 신뢰할 수 있는 것이어야 하는데, 이를 위해서는 광고문안을 경험적으로 증명해 보이거나, 광고문안을 사실적으로 지지해 주는 사항들을 제시하여야 한다. "아이들에게 충치에 대항하는 힘을 제공한다"라는 Crest치약은 "미국치과협회로부터 공인된 것입니다"라는 문구로 소비자들에게 신뢰성을 부여해 주었다. 오랄-비 인디케이터 칫솔의 경우도 "이분은 방금 치과에 다녀오신 분입니다. 오랄-비 인디케이터 칫솔은… 칫솔의 교환시기를 알려 줍니다"라고 말함으로써 간접적으로 치과의사가 권유하는 전문성 있는 칫솔이라는 이미지를 심어 줌과 동시에 신뢰성을 나타내 주었다.

② 시각적 단서

시각적 단서는 여러 가지 면에서 광고의 효과를 높이는 데 기여하는데, 첫째로 고객의 주의를 끌고, 둘째로 광고 메시지를 효과적이고 신속하게 전달하는 데 도움을 주며, 셋째로 때때로 광고문안보다 더 쉽게 기억이 되고, 마지막으로 광고주제나 광고문안에 대한 소비자의 관심을 유발시키는 데 도움이 된다. 이러한 시각적 단서의 영향은 상당히 크게 나타날 수도 있는데, 한 연구에 따르면 TV의 시각적 측면은 특정제품에 대한 시청자의 태도에 영향을 미치는 중요한 역할을 한다고 한다. 이와 같이, 시각적 단서는 제품에 대한 상당한 양의 정보를 전달하기 때문에, 고객이 제품에 대해서 갖게 되는 믿음에 영향을 미칠 수 있다. 이와 같이 주의를 끌기 위해서는 시각적 단서와 그 외의 다른 단서들이 첫째, 경쟁사에 비해 상대적으로 현저한 정보를 제공하고, 둘째, 본질적으로 생생한 정보를 제공하며, 셋째, 상황에 적절한 정보를 제공해야 한다. 그러나 광고주제와는 상관 없이 주의를 끄는 데에만 급급한 시각적 단서는 광고자체의 인기는 얻을지는 모르지만, 주요 주제나 광고에 대한 고객의 주의를 산만하게 만들 수도 있다. 예를 들어, 한 미모의 여성을 전문서적의 광고모델로 채택했다면, 그 모델로 인해 광고에 대한 주의를 끌 수 있을지는 몰라도, 전문성을 부각시켜야 하는 광고주제로부터는 고객의 주의를 분산시켜 버릴 것이다. 그러므로 제품개념과 시각적 단서간의 관련성이나 일관성은, 소비자의 주의를 끌 수 있는 힘이나 주의를 유지시켜 나가는 힘만큼 중요한 요소가 되는 것이다. 광고에 대한 많은 연구에 따르면, 시각적 단서나 다른 단서들은 제품개념과 상호일관성이 있는 경우에 가장 효과적으로 상품명에 대한 고객태도를 증대시키거나, 기억회상도를 높이게 된다고 한다.

③ 청각적 단서

시각적 단서와 마찬가지로 청각적 단서도 고객의 주의를 끌고, 메시지를 전달하는 데 도움을 주며, 주제와 광고문안에 대한 관심을 유발시킬 수 있다. 청각적 단서는 음악과 구두로 전달되는 메시지를 포함한다. 제품개념과 일관성 있게 구두로 전달되는 메시지는 다른 내용으로 전달되는 정보를 강화시키는 데 도움을 줄 수 있다. 예컨대, 어떤 제품이 특정편익을 가지고 있다는 사실을 구두로 표현한 것은 시각적 단서가 실제로 그러한 편익을 구체적으로 보여 줄 때에 그 가치가 증대될 수 있다. 제품개념과 구두적 단서와의 일관성 이외에도 많은 요소들이 구두적 단서의 효과성에 영향을 미칠 수 있다. 광고 메시지가 너무 빠르게 제시된다면 고객이 이해하기 힘들지만, 마찬가지로 너무 느리게 제시되는 메시지도 소비자들로 하여금 지겨움과 싫증을 느끼게 만든다. 적절한 양의 구두적 표현은 소비자에 대한 정보의 설득가능성을 증대시키지만, 그 양이 너무 많아지면 정보의 과중을 초래하기 때문에, 소비자가 시청거부를 하거나 정보를 오해할 가능성을 증가시킨다. 또한, 너무 적은 양의 구두적 단서도 메시지의 설득가능성을 감소시키게 될 것이다.

한편, 소비자들의 기억력을 증대시키기 위하여 청각적 단서를 적극 활용할 수도 있다. 먼저, 기억증대기법은 제품명과 비슷한 소리를 이용하여 인지도와 회상률을 증대시키는 방법이다. 예를 들어, 팍!팍! 케내십시오—케토톱, 감기 확—화콜, 바로밑에 —바로코민 등이 해당된다. 또한 인지도 제고를 위해 징글을 사용하기도 하는데, 징글이란 광고에서 고유한 음이나 박자를 통해 브랜드를 상기시키는 기법이다. 징글을 사용하는 예로는 라네즈의 'everyday new face', 태평양의 '태.평.양', 엘라스틴의 '엘-라스틴'이 있다.

사진 10-34

징글을 효과적으로 사용한 엘라스틴 광고

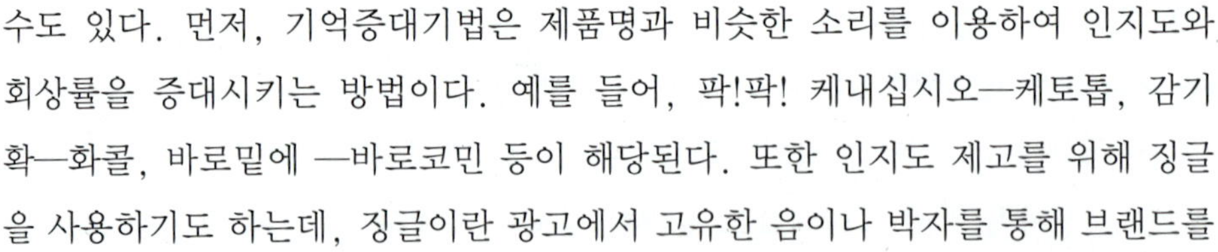

P&G '페브리즈'…
섬유탈취제시장 90% 이상 점유

옷이 연출하는 외양뿐 아니라 옷에서 나는 냄새까지 관리하려는 사람들 사이에서 '페브리즈'가 인기몰이를 지속하고 있다. 이들에게는 섬유탈취제라는 일반명사보다 '페브리즈'가 훨씬 익숙하고 자연스럽다. 한 기업의 특정 제품 이름이 섬유탈취제의 대명사가 된 것. 2006년 상반기 국내 섬유탈취제 시장은 349억원 규모. 이 중 페브리즈는 시장 점유율 90.4%(AC닐슨 조사)를 차지하고 있다.

그러나 1999년 P&G가 처음 한국 시장에 페브리즈를 내놓았을 때만 해도 국내에 '섬유탈취제'라는 개념조차 없었다. 강한 향으로 기분 나쁜 냄새를 덮는 방식의 방향제는 있었지만 악취의 원인을 근본적으로 제거하는 탈취제는 전무했다.

따라서 P&G의 초기 마케팅은 섬유탈취제의 개념과 용도가 무엇인지를 알리는 '소비자 교육'에 가까웠다. 광고에 평범한 가족을 등장시켜 사용 상황을 시범적으로 보여줬던 것. 얼굴이 잘 알려지지 않은 일반인 모델이 연출하는 에피소드를 가까운 이웃의 이야기로 느끼도록 해 공감을 이끌었다. '페브리즈'라는 단어에 음과 리듬을 붙여 영어로 만들어진 브랜드명에 친근감을 느끼도록 한 것도 중요한 광고전략 중 하나였다.

페브리즈가 출시 이후 매년 꾸준히 두 자릿수 퍼센트의 높은 매출 신장률을 기록하고 있는 것은 '가구당 사용량'을 늘리는 전략이 주효한 덕분이다. P&G특유의 '상황 설정'식 광고에는 원래 가정 주부만 나왔지만 점차 아빠, 아들, 딸 등 온 가족으로 등장인물이 확대됐다. 주로 옷에 밴 땀 냄새를 제거하는 상황을 보여주던 것을 음식 냄새, 담배 냄새, 애완견 대·소변 냄새, 좁은 자취방의 퀴퀴한 냄새 등으로 범위를 넓혀갔다.

페브리즈는 이 같은 광고마케팅뿐 아니라 매장 진열에 있어서도 혁신을 시도했다. 지금은 보편화된 대형 마트(할인점)의 '걸이식 진열'을 처음 시도한 것이 페브리즈였다. 기존의 선반 위에 쌓는 것보다 공간을 작게 차지해 대형 마트측에서도 좋아했고 다른 제품에 비해 고객의 눈에도 잘 띄는 진열방식이다. 페브리즈의 브랜드 매니저를 맡고 있는 이지영 P&G 부장은 "제품의 다양한 용도도 알리고 다른 제품을 사면서 자연스럽게 추가로 구입하도록 하기 위해 생활용품 코너 외에도 자동차용품, 이불, 애완동물용품 매대 옆에까지 제품을 비치하는 전략을 쓰고 있다"고 말했다.

〈자료원: 매일경제, 2006. 8. 26〉

1.3. 광고매체 선정

광고매체는 제품의 개념과 위상을 전달하기 위하여 사용되는 모든 형태의 매체를 포함한다. 어느 특정 매체는 다른 매체보다 제품개념을 보다 효율적으로 전달할 수 있다는 측면에서 중요한 역할을 수행하며, 또한 어떤 매체는 다른 매체보다 표적고객에게 더욱 손쉽게·경제적으로 접근할 수 있게 해 준다는 점에서 이점을 가지기도 한다.

(1) 광고매체 선정

여러 가지 광고매체들을 분류해 보면, TV, 잡지, 라디오, 신문, 옥외광고, 직접 우편, 유통기관을 이용한 광고, 그리고 소매점의 구매시점 광고 등으로 구분되는데 각각의 매체는 광고목표 수행에 있어서 독특한 특성을 갖고 있다. 따라서 광고목표를 달성하기 위하여 여러 매체를 혼합해서 이용하기도 하는데 이를 매체믹스라고 표현하기도 한다. 각 광고매체의 여러 가지 장 · 단점을 토대로 매체를 선정함에 있어서 고려해야 할 사항으로는 표적고객의 매체선호도(습관), 제품특성, 전달하고자 하는 메시지, 광고예산 등이 있다. 이러한 측면에서 살펴본 각 매체의 특징은 〈표 10-6〉에서 보는 바와 같다.

TV는 시각매체로서 여러 가지 제품 특성을 실연시킬 수 있는 가장 강력한 수단이다. 잡지는 제품개념을 자세하게 설명하는 데 효과적인 수단이며 미적 소구가 사용될 때 더욱 유용한 도구가 된다. 라디오는 청취자의 상상력을 자극하여 제품개념을 전달하게 되고, 가장 경제적인 매체 가운데 하나인 신문은 제품의 성능과 편익을 자세히 설명하는 데 적합하다. 유통기관을 이용한 광고는 잠재적으로 강력한 광고매체로서의 성격을 지니고 있지만, 넓은 도달범위를 갖고 제품개념을 전달하는 매체로서는 미흡하다. 옥외광고는 시각적 소구를 갖고 제

표 10-6 주요 매체유형의 특성

매 체	이 점	한 계
신문	신축성; 적시성; 범위 한정 용이; 광범위한 수용성; 높은 신뢰성	짧은 수명; 재현도 낮음; 독자 수가 적음
TV	역동성; 감각적 소구; 주의도 높음; 노출 · 도달 범위 넓음	고비용; 과다 광고로 인한 광고 혼잡; 단기적 노출; 청중의 무작위성
라디오	대량이용; 지리적 · 인구통계적 선별성; 저비용	청각에만 의존 주의력 낮음; 순간적 노출
잡지	지리적, 인구 통계적 선별성; 신뢰성 확보 가능; 장기적 광고 수명	광고게재에 소요되는 시간 김; 일부 부수의 효과 상실
옥외광고	신축성; 반복 노출도 높음; 저비용; 저경쟁	청중 선별 못함
인터넷	높은 선별성; 상호작용성; 상대적 저비용	신 매체로서 절대적 이용자 수 적음-노출 제한

자료원: Kotler, Philip(2009), *Marketing Management*, 13th ed., Pearson Prentice Hall.

품개념을 전달하는 데 탁월한 장점을 갖고 있으며, 직접우편은 제품의 편익을 자세히 설명할 수 있는 동시에 개개인에게 개별적인 조건을 제시하는 데도 활용되어 개인화된 제품개념의 전달을 가능하게 해 주는 매체이다. 인터넷광고는 고객에게 선별적으로 전달할 수 있다는 장점과 상호작용이 가능하다는 점이 부각되어 성장추세에 있으나 아직은 도달범위가 낮다는 것이 문제점으로 나타나고 있다.

〈표 10-7〉을 살펴보면, 2010년 우리나라 총광고비는 8조 4,501억원 수준으로 매체별로는 TV광고가 1조 9,307억원으로 22.8%, 라디오 광고가 2,565억원으로 3%, 신문광고가 1조 6,438억원으로 19.5% 그리고 잡지광고가 4,889억원으로 5.8%를 차지하고 있다.

표 10-7
부문별 총광고비

구분	매체	광고비	성장률(%)		구성비(%)	
		2010년	2010년	2009년	2010년	2009년
4대매체	TV	19,307	15.5	-12	22.8	23
	라디오	2,565	15	-19.5	3	3.1
	신문	16,438	9.5	-9.5	19.5	20.7
	잡지	4,889	11.4	-8.7	5.8	6
	4대매체 계	43,199	12.7	-11.2	51.1	52.8
인터넷	검색	10,440	26.5	10	12.4	11.4
	노출형	5,030	20.3	-5	6	5.8
	인터넷 계	15,470	24.5	4.5	18.3	17.1
케이블 TV		9,649	23.8	-9.4	11.4	10.7
뉴미디어	IPTV	205	79.8	115.1	0.2	0.2
	스카이라이프	153	61.1	0	0.2	0.1
	DMB	271	53.4	54.4	0.3	0.2
	뉴미디어 계	629	63.1	47	0.7	0.5
옥외		7,494	19.9	-2.3	8.9	8.6
4매체 광고제작 및 기타		8,061	9.4	-3.8	9.5	10.2
총 계		84,501	16.5	-6.9	100	100

자료원: 제일기획 2000년 총광고비 분석.

4대매체의 광고비를 기준으로 '금융, 보험 및 증권', '컴퓨터 및 정보통신', '식품', '서비스', '화장품 및 보건용품', '패션' 업종이 광고비 상위 6개 업종을 형성했으며 이 업종들은 전체 광고비의 53.9%를 차지했다.

(2) 광고의 도달범위, 빈도 및 영향력

매체에 있어서 광고의 도달범위(reach), 빈도(frequency) 및 영향력(impact)은 중요한 의미를 갖는다. 광고가 충분한 빈도와 영향력을 갖고 고객에게 도달되지 못하는 경우에는 지각적인 장애가 일어나기도 한다. 여기에서' 도달' 은 특정기간 동안에 궁극적으로 광고에 노출되는 사람들의 숫자를 말하며, '빈도' 는 특정기간 동안에 개인(또는 가계)이 광고에 노출된 횟수를 나타내고, '영향력' 은 특정매체를 통해 특정광고에 노출된 질적가치를 나타내는 개념이다.

광고노출의 빈도를 관리하는 것은 매우 중요한 동시에 어려운 문제이기도 하다. 우선 광고의 빈도를 늘이게 되면, 특정고객이 광고에 한 번 이상 노출될 가능성은 커진다. 어떤 연구에 따르면 광고에 여러 번 노출된 고객은 광고로부터 더 많은 정보를 얻을 수 있다고 한다. 또한 소비자들은 자신들이 친숙한 것을 좋아하는 경향이 있기 때문에 광고에 친숙해지면 광고나 제품에 대한 선호도가 증가하게 된다. 그러나 소비자가 이러한 긍정적인 반응을 보이는 데에는 한계가 있다. 노출의 수가 3~5회 이상이 되면 오히려 광고에 싫증을 느끼게 되고 부정적인 반응을 야기할 수도 있게 된다는 연구 결과가 있다. 그러므로 광고의 주된 내용은 변화시키지 않은 상태에서 여러 가지 다양한 광고형태를 제시하여야만 광고빈도의 증가에 따른 긍정적인 효과를 극대화 시킬 수 있다.

매체믹스 선정에 있어서 발생하는 주요한 상쇄효과(trade-off)는 도달범위(coverage), 빈도(frequency), 예산 사이에서 일어난다. 도달범위는 도달률(reach)이라고도 하며, 광고가 표적고객의 몇 %에게 도달되었는가를 나타내는 '넓이' 의 개념이다. 이에 반해 빈도는 한 고객에게 얼마나 자주 노출되었는가를 나타내는 '깊이' 의 개념이다. 즉, 정해진 예산범위 안에서 광고의 도달범위와 빈도는 둘 중 어느 하나를 강조하게 되면 다른 하나는 어쩔 수 없이 줄어들게 되는 상쇄관계에 있는 것이다. 일정예산 하에서 광고의 도달범위를 넓히고자 한다면 자연히 노출횟수는 줄어들 수밖에 없고 반대로 광고의 노출횟수를 늘리려 하면 광고 도달범위를 줄여야 하기 때문이다. 따라서 누구에게 무엇을 알릴 것인가? 즉, 표적청중이 누구이며 광고목표가 무엇이냐에 따라 도달범위와 빈도에 대한 적절

표 10-8 20대 브랜드별 광고비(4대 매체 기준)

(단위: 백만원)

순위	2010년		2009년	
	브랜드	광고비	브랜드	광고비
1	SK텔레콤 T	66,708	SK텔레콤 T	51,502
2	삼성 디지털익사이팅 애니콜	40,171	삼성 디지털익사이팅 애니콜	48,690
3	하이마트	35,535	하이마트	36,931
4	삼성공동 PR	31,858	LG PR	22,617
5	이마트 기획전	29,475	명인 이가탄	21,530
6	삼성파브TV	28,467	LG전자 싸이언	21,009
7	KT올레	27,324	삼성파브TV	20,782
8	현대자동차 PR	26,760	서울우유	19,874
9	KT PR	24,329	스카이	19,481
10	명인 이가탄	24,202	SK㈜ PR	18,661
11	LG PR	22,615	KTF SHOW	18,659
12	SK㈜ PR	20,674	롯데쇼핑 기획전	18,392
13	현대카드	20,241	KT QOOK	17,480
14	SK텔레콤 PR	19,898	삼성공동 PR	16,698
15	LG전자 싸이언	19,286	KT PR	16,566
16	롯데쇼핑 기획전	18,142	원샷보카영단어깜빡이	16,178
17	포스코 PR	17,069	포스코 PR	16,068
18	두산 PR	16,826	SK텔레콤 PR	15,655
19	현대캐피탈	16,688	현대카드	15,617
20	SK에너지 PR	16,524	LG텔레콤 OZ	15,557

자료원: 제일기획 '2010년 총 광고비 및 2011년 전망'

한 조합이 필요하며 이에 대한 효율적인 의사결정이 이루어져야 한다. 광고효과를 측정하는 다른 개념으로 도달범위와 빈도를 통합한 'GRP'(Gross Rating Points) 지표가 있다. GRP 역시 예산과 상쇄효과가 존재하는데, GRP가 높아지면 광고의 영향력은 높아지나 많은 예산이 필요하고, 반대로 예산을 줄이게 되면 목표로 한 GRP를 달성하지 못하게 되기 때문이다.

$$\underset{(\text{총도달률})}{\text{GRP}} = \underset{(\text{도달범위})}{\text{Reach}} \times \underset{(\text{빈도})}{\text{Frequency}}$$

물론 도달범위와 빈도는 각 매체에 따라 다르다. GRP는 매체 계획상의 각 매체별 도달범위와 빈도의 곱을 합한 총도달률의 개념이므로 매체 계획자는 정해진 예산범위 내에서 가장 효율성이 높은 GRP 조합을 파악해야 하며, 같은 GRP 수준이라도 매체조합에 따라 그 효과가 달라질 수 있다는 것을 고려하여 가장 적절한 매체믹스를 선정하여야 한다.

광고집행 시기의 결정

기업은 광고를 집행함에 있어서 그 시기를 신중히 결정하여야 한다. 제품은 일정한 주기를 가지고 판매가 되며, 이는 계절적인 문제나 표적고객층의 라이프스타일에 따라 달라질 수 있기 때문에 이에 적합한 광고 스케줄을 계획하여야 한다.

예를 들어 신제품 출시 시에 연속형 광고, 집중형 광고, 1회성 광고 및 단속형 광고 중에서 선택을 하게 된다면 광고주는 다음과 같은 기준에 따라 적절한 방법을 선정하여 집행하게 될 것이다. 시장이 확장중에 있거나 구매빈도가 높은 경우, 또는 표적고객에 대한 정의가 분명하게 수립된 경우에 연속형 광고를 실시하고, 계절적인 주기를 갖고 있는 제품일 경우 집중형 광고를 주로 하게 되며, 계절적 제품이면서 구매주기가 적고, 광고예산이 극히 제한적일 경우 1회성 광고를 하게 된다. 단속형 광고는 연속형과 1회성 광고의 장점을 결합한 형태로서 지속적인 효과를 필요로 하나 비용이 문제시 될 때 이러한 광고를 실시하게 된다.

그림 10-2

광고시기 패턴의 종류

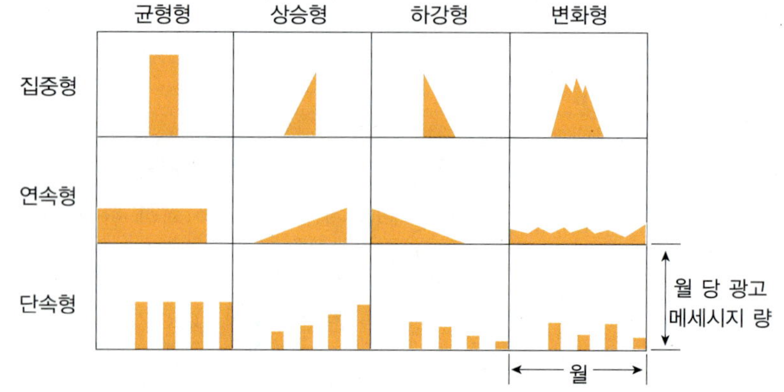

자료원: Philip Kotler, *Marketing Management,* The Millennium Edition, ch. 19.

1.4. 광고예산 편성 및 효과측정

광고목표를 효율적으로 달성하기 위해서는 최소의 비용으로 도달범위 및 빈도, 영향력을 극대화할 수 있도록 하여야 한다. 이를 위해 최적의 계획 아래 예산이 편성되어야 하고 비용의 투입으로 얻어질 효과에 대해서 사전적으로 예측하고, 사후평가를 할 수 있도록 적절한 효과측정방법을 사용하여야만 한다.

(1) 광고예산의 편성

광고의 효과는 예산규모가 어떻게 결정되느냐에 의해 좌우되는데 광고예산의 결정에는 다음과 같은 방법들이 사용된다.

가장 기본적인 방법인 가용예산방법(affordable method budget)은 기업이 사용할 수 있다고 생각하는 액수에 기반을 두고 있다. 그러나 이 방법은 단기적인 성격이 내재되어 있기 때문에 장기계획에 필요한 예산설정에는 비효과적이다.

판매비율 방법(percentage-of-sales method)에서는 예산을 전기의 매출에 대한 특정비율로 책정하게 된다. 그러나 이 방법 또한 문제점을 갖고 있는데, 광고가 판매를 이끈다는 것보다 판매에 의해 광고를 결정하는 오류를 범하고 있기 때문이다.

경쟁균형방법(competitive parity method)은 경쟁자들의 예산에 근거를 두고 자사의 광고예산을 책정하는 것이다. 그러나 이것은 수동적인 방법으로써, 경쟁사의 예산책정이 합리적으로 도출되었다는 보장을 할 수 없고 경쟁사의 마케팅 목표와 자사의 마케팅목표가 같지 않을 수 있다는 점에서 문제점을 갖고 있다.

광고의 판매 반응

광고를 집행했을 때 얼마만큼의 판매효과가 있었는가를 분석하기 위해 광고량의 증가에 따른 판매량의 증가효과를 분석하게 되는데 다음과 같은 여러 가지 형태의 판매반응 함수가 도출될 수 있다. 이로부터의 결과를 기준으로 광고효과를 미리 예측하기도 하며 예산책정시 판단 도구로도 사용하게 된다.

위에서와 같은 여러 가지 형태의 모형 중에서 선형증가 함수는 사용하기에는 편리하다는 장점 때문에 많이 사용되고 있다. 그러나 이 모형은 광고량을 늘리면 판매가 끝없이 상승한다는 전제를 가지고 있다는 점에서 현실적인 한계점을 가지고 있는 모형이다. 반면 오목증가나 S 증가 모형에서는 광고량이 일정 수준을 넘으면 더 이상 판매증가효과가 나타나지 않는 포화수준이 있음을 보여 주고 있으며, 가장 현실적인 모형이라고 할 수 있다. 또한, 증가–감소 모형은 광고량이 지속적으로 증가할 경우 오히려 제품 이미지에 부정적인 영향을 미칠 수도 있음을 보여 주고 있다.

따라서 광고효과를 사전에 예측하거나 예산책정에 반영하기 위하여 판매반응 분석을 할 때에는 여러 가지 시장상황 및 다른 마케팅변수에 의한 효과 등을 고려하여 적절한 모형을 선택해야 한다.

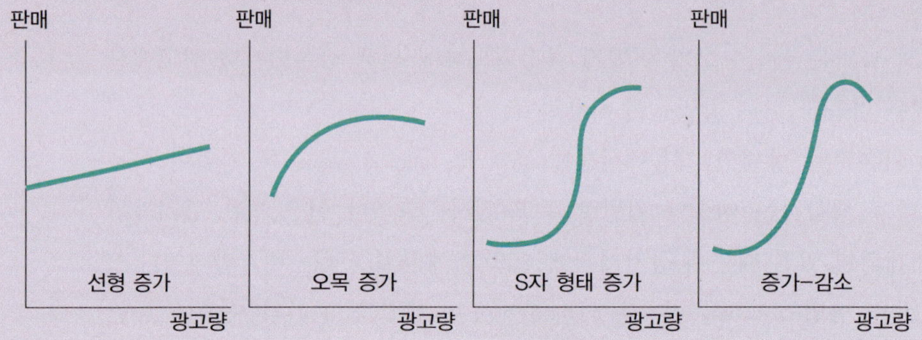

끝으로, 목표–과업 방법(objective and task method)의 경우에는 관리자가 광고를 통해서 수행하려고 하는 과업을 토대로 예산이 결정된다. 예를 들어 신제품을 출시함에 있어서 기업은 초기 시장점유율목표를 설정할 것이다. 이에 따라 표적집단을 선정하고 이들을 대상으로 한 목표노출빈도를 설정하게 된다. 이러한 근거에 의하여 최종적으로 필요한 예산이 책정된다. 이 방법은 예산책정 과정에 있어서의 가장 논리성이 뛰어나다고 할 수 있으나 현실적으로 비용추정에 상당한 어려움이 있다는 것이 단점으로 지적된다.

(2) 광고효과 측정

광고의 효과는 해당 광고가 (i) 제품판매를 어느 정도 증진시켰는가, (ii) 커뮤니케이션 목표를 어느 정도 달성하였는가를 알아 봄으로써 측정할 수 있다. 전자는 광고의 궁극적인 목표가 매출의 증대나 시장점유율의 확대라는 것을 전제로 하여 광고를 수행하고 난 후 브랜드의 인지도나 선호도의 증감과는 무관하게 판매효과만을 측정하는 것이다. 그러나 제품판매는 제품자체, 가격, 유통, 생산, 경쟁제품, 계절, 경기변동 등의 광고 이외의 요인들에 의해서도 영향을 받으므로 이러한 요인들의 영향을 모두 무시하고 광고만의 효과를 측정하기란 어렵다.

이에 대한 대안으로서 커뮤니케이션 목표달성의 정도를 기준으로 하여 광고효과를 측정하게 된다. 이것은 광고가 제품의 존재를 알리거나, 가격 또는 구매장소를 알려 주는 정보전달에 기여한 정도, 상표애호나 전환을 유도하는 설득의 정도, 상표의 필요성이나 선호도를 강화시키는 데 기여한 정도 등을 측정하는 것이다. 이러한 측정을 위하여 인지 시험(recognition test), 회상도 시험(recall test), 상품에 대한 태도 측정(brand attitude measure) 등이 사용되어 왔다.

이러한 광고효과 측정을 위하여 기업은 설문을 이용하거나 실험실 시험을 하기도 하며 전문조사기관이 보유한 TV 시청자료(TV 계측기 이용)를 구매하여 활용하거나 기업이 보유한 고객패널 자료를 이용하기도 한다.

인터넷 광고의 효과측정과 광고가격 결정

새롭게 부각되고 있는 인터넷 광고의 효과에 대한 논란은 아직 계속되고 있다. 투입비용에 비해 표적고객에게 적시에 정보를 전달하는 데 효율적이라는 장점이 부각되기도 하지만 집행된 광고에 대한 효과측정이 어렵고 그 기준이 각 기업 및 광고 대행사마다 상이하여 절대적인 광고가격 선정이 어려운 상황이다. 〈표 10-9〉에서 보는 인터넷 광고의 비용효율성은 광고 대행사가 제시하는 기준의 한 예이다.

인터넷 광고의 효과측정문제는 광고주와 매체사간의 광고가격 결정문제로 직결된다고 할 수 있다. 인터넷 광고의 가격책정은 현재 통일된 가격표준이 없기 때문에 일반적으로 그 사이트의 트래픽을 고려해 이에 준하는 가격이 결정된다. 따라서 사이트 소유자가 제시하는 가격모델의 근거인 Hit나 Impression(또는 Page View)과 광고주의 요구사항인 고객과의 관계형성, 측정가능성, 속도에 대한 많은 논란이 거듭되고 있다. 따라서 방문자와의 상호작용에 초점을 맞춘 새로운 모델이 개발되고 있으며, 신빙성 있는 트래픽 통계자료를 위해 중립적 입장에서 트래픽을 측정해 주고 분석, 감사해 주는 대행업체도 많이 설립되고 있다.

여러 가지 측정 및 가격결정 기준

(1) 히트 수(Raw Hit Count)

서버로부터 보내지는 파일 수를 측정하는 방법이다. 현재 대부분의 광고를 받는 회사들이 히트 수를 근거로 요금을 측정하고 있다. 그러나 어떤 하나의 홈페이지에 있는 모든 이미지나 소리, 문자, CGI프로그램을 각각 하나의 히트로 계산하기 때문에 어느 한 사람이 어느 기업의 홈페이지를 한번 방문하여도 여러 번의 히트 수가 기록될 수 있다. 또한 이 경우 광고주의 입장에서는 자신의 광고가 위치한 하나의 페이지에 얼마나 많은 파일이 있나를 고려해야 한다.

표 10-9
4대 매체 대비 인터넷 광고의 비용 효율성

매 체	단가/회(천 원)	도달인구(천 명)	CPM(원)
TV	7,458	2549.7	2,925
라디오	363	120.7	3,007
신문	61,050	1525.3	40,025
잡지	12,000	419.8	28,585
인터넷	15,000(/월)	7,000(노출/월)	2,142

* CPM 산출 근거: 제일기획 ACR 조사 및 광고량 데이타.

(2) 클릭 수(Click Count)

웹 방문자가 클릭한 수를 측정하는 방법이다. 하나의 홈페이지 안에 포함된 여러 개의 이미지나 파일 중에서 특별히 방문자가 클릭한 파일만 계산하기 때문에 어느 사이트에서 어느 파일이 인기 있는가를 알 수 있어 광고주에게 다소 유용하게 이용될 수 있다.

(3) 브라우저 수(Browser Count)

웹사이트에 접속한 컴퓨터의 수를 측정한다. 측정이 용이하나 컴퓨터의 수가 곧 방문자의 수가 될수는 없다. 왜냐하면 한 대의 컴퓨터로 여러 명이 사용하거나 한 사람이 여러 대의 컴퓨터를 사용하는 경우가 많기 때문이다 특히 일반 가정에서 모뎀으로 인터넷에 접속하는 경우 접속할 때마다 주소가 변경되기 때문에 한 사람이 여러 대의 컴퓨터를 사용하는 것과 같은 오류를 발생하게 된다. 따라서 고정고객의 접속률이 많을 경우 중복되지 않는 전체 접속 수를 계산할 때 많이 사용된다.

(4) 표출 수(Impression Count)

웹 방문자가 회사의 로고나 광고 등을 본 수를 측정하는 방법이다. 인포시크(Infoseek) 같은 탐색엔진에서 광고비 산정에 주로 사용하는 방법이며 측정이 용이하여 널리 이용되고 있다.

(5) 거래 수(Transaction Count)

인터넷을 통하여 발생한 실제거래의 수를 측정하는 방법이다. 이 방법은 일반거래에서와 마찬가지로, 인터넷 상거래 회사에서 정기적으로(매달, 분기별, 혹은 연도별) 거래내역을 관리하기 위해 사용하는 방법이다. 거래가 발생한 숫자뿐만 아니라 이로 인해 발생한 총영업거래매출 등 다양한 영업내역을 측정하여 관리할 수 있다.

Hit의 한계

인터넷 광고를 유치하고자 하는 웹 사이트들은 월 몇 백만 건의 Hit를 강조하거나 월 몇 백만 건의 Impression을 보장하며 클라이언트에게 접근하고 있다. 실제로 이런 사이트에 광고를 집행하면 유저의 접속수가 많아진다. 더 나아가 배너광고에 프로모션을 고지하거나 애니메이션 효과를 주는 등 다양한 유인도구를 활용한다면 이 숫자는 더욱 많아질 것이다. 그러나 단순히 Hit나 Impression수치에 의해 효과적인 광고집행이 이뤄졌다고 확신할 수 있을까? 타 매체와의 광고비용 비교가 가능한 합리적인 기준으로 삼을 수 있을까?

Hit의 개념은 광고가 효과를 발생시키기에 필요한 최소한의 노출 정도가 무엇인지를 전혀 고려하지 않고 있다는 점이 지적되고 있다. 따라서, 어떤 웹사이트가 1백만 Hit를 기록했다는 보고는 수치의 의미를 제외하고는 마케팅담당자에게 유용성이 적을 수 있다. 또한, Hit의 수는 사용자의 수와 일치하지 않는다는 것도 문제가 된다. 한 사람이 특정 웹사이트에 반복적으로 접속하면 Hit의 수는 당연히 증가하게 된다. 이러한 문제점들 때문에 최근의 인터넷 노출효과는 최소한 'Visit'(특정 웹사이트를 최소한 일정시간 이상 사용 한 경우의 수)의 개념을 사용하고 있으며, 인터넷 사용자들의 웹 활동을 과학적으로 추적하는 소프트웨어 기술의 비약적인 발전으로 인하여 특정 사이트의 인터넷 사용자들의 인구통계학적 데이터 분석도 가능하게 되었다. 그러므로 인터넷 고유의 효과를 측정하기 위해서 고객과의 상호작용에 근거한 새로운 효과측정 방법의 개발이 요구되고 있다.

요약 및 복습 _ Summary & Review

촉진(promotions)의 네 가지 구성요소(광고, 홍보, 인적판매, 그리고 판매촉진)는 개념전달 활동과 구매장애요인 제거활동의 성공적인 달성에 기여한다. 각각의 구성요소는 목표달성과 관련된 하나의 수단으로서 소비자에게 제품개념을 전달할 뿐만 아니라 다양한 구매장애요인을 제거하기도 한다. 촉진을 통하여 이 두 가지 활동을 달성하려면, 먼저 목표와 일관성 있는 적절한 촉진요소를 구성하여야 한다. 따라서 마케팅담당자는 각 촉진 구성요소의 장·단점은 물론이며 활용할 수 있는 여러 가지 전략들과 구체적인 실행 방법들에 관하여 숙지하고 있어야만 한다. 특히, IMC의 개념하에서 각 요소들은 통합적으로 운영되어야 한다.

광고는 특정 광고주가 아이디어나 제품, 또는 서비스에 대한 정보를 표적고객에게 비인적(非人的) 매체를 이용하여 전달하는 것을 의미한다. 모든 마케팅믹스의 요소들 가운데에서 광고는 소비자들로 하여금 제품개념을 가장 손쉽게 이해하도록 도와 주는 요소이며, 고객과 기업간에 존재할 수 있는 지각적 차원에서의 의사소통장애를 감소시켜 준다.

광고는 광고단서의 구성요소(주제, 카피, 시각적 단서, 청각적 단서)와 적절한 매체가 결합되었을 때 이러한 임무를 효과적으로 수행하게 된다. 그러나 광고의 효과는 비교적 장기적으로 발생되기 때문에 장기적인 관점에서의 예산편성, 광고효과의 지속적인 분석, 그리고 꾸준한 투자와 관심이 요구된다.

문제제기 및 질문 _ Issues raised & Question

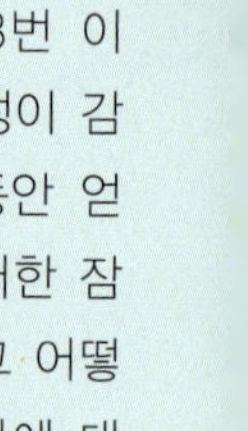

1 광고의 구성요소간에 긍정적인 시너지를 발휘하고 있는 광고캠페인을 한 가지 들어 기술하고 왜 그것이 효과적인 캠페인이라고 생각하는지 설명하시오.

2 매체믹스를 이루는 구성요소는 어떠한 것들이 있으며 각각의 매체는 어떠한 독특한 성질을 지니고 있는지 설명하시오.

3 마케팅관리자는 최대의 광고효과를 얻기 위해 주요 고객이 광고에 한 번 이상 노출될 수 있도록 해야 한다. 그러나 같은 광고에 3번 이상 노출되면 오히려 지루함을 유발하여 효과성이 감소하게 된다. 반면 광고를 바꾸는 것은 그 동안 얻어진 친밀감의 이점을 감소시킬 수 있다. 이러한 잠재적 딜레마의 상황에서 당신의 견해를 밝히고 어떻게 하면 이러한 문제를 해결할 수 있을 것인가에 대해 논하시오.

4 GRP란 무엇인가? 시장에는 2,500,000명의 고객이 있다고 가정하자. 여기에서 1,000,000명이 광고에 최소한 1번 이상은 노출

되었다고 한다. 이중에서 400,000명이 2번 정도 광고를 보았고, 200,000명이 3번 보았다. 평균 빈도는 얼마인가? 이것은 우리에게 매체계획의 효과성에 대해서 무엇을 말해 줄 수 있는가? 매체계획의 효과성과 관련해서 중요한 요소들은 무엇인가?

R/E/F/E/R/E/N/C/E/S _ 참고문헌

김동훈, 안광호, 유창조,「마케팅커뮤니케이션 관리－전략적 촉진관리」, 학현사, 2001.

제일기획, 2000년 총광고비 분석.

Anderson, Ralph and Martin A. Jolson(1980), "Technical Wording in Advertising: Implications for Market Segmentation," *Journal of Marketing*, 44(Winter), pp. 57-66.

Assael, Henry(1987), *Consumer Behavior and Marketing Action*, 3rd ed, Boston: Kent Publishing.

Beattie, Ann(1982), " Product Expertise and Advertising Persuasiveness," in Richard E. Bagozzi and Alice Tybout, eds., *Advances in Consumer Research*(Chicago: Association for Consumer Research, pp. 581-584.

Baker, Michael and Gilbert A. Churchill Jr.(1977), "The Impact of Physically Attractive Models on Advertising Evaluations," *Journal of Marketing Research*, 14(November), pp.538-555.

Belch, George E.(1982), "The Effects of Television Commercial Repetition on Cognitive Response and Message Acceptance," *Journal of Consumer Research*, 9(June), pp. 56-65.

Calder, Bobby J., C. A. Insko and B. Yandell, "The Relation of Cognitive and Memorial Processes to Persuasion in a Simulated Jury Trial," *Journal of Applied Social Psychology*, 4(January-March), pp. 62-93.

Chaiken, Shelley and Alice Eagly(1976), "Communication Modality as a Determinant of Persuasion: The Role of Communicator Salience," *Journal of Personality and Social Psychology*, 34(April), pp. 605-614.

Dunn, S. Watson and Arnold M. Barban(1982), *Advertising: Its Role in Modern Marketing*, 5th ed(Hinsdale,Ill.: Dryden), p. 305.

Friedman, Hershey H. and Linda Friedman(1979), "Endorser Effectiveness by Product Type," *Journal of Advertising Research*, 19(October), pp. 63-71.

Kahle, Lynn R. and Pamela M. Homer(1985), "Physical Attractiveness of the Celebrity Endorser: A Social Adaptation Perspective," *Journal of Consumer Research*, 11(March), pp. 854-961.

Kotler, Philip and Gary Armstrong(1993), *Marketing: An Instruction*, Prentice-Hall.

Kotler, Philip(2000), *Marketing Management*-The Millennium Edition.

LGadZine, 11-12월, *Special Edition* -2000 크리에이티브 파워(www.lgad.co.kr).

Lutz, Richard J., Scoot B. MacKenzie and George E. Belch(1981), "Attitude Toward the Ad as a Mediator of Advertising Effectiveness: Determinants and Consequences," *in Advances in Consumer Research*, eds. R.P. Bagozzi and A. M. Tybout Chicago: Association for Consumer Research, pp. 532-539.

Mitchell, Andrew A. and Jerry C. Olson(1981), " Are Product Attribute Beliefs the Only Mediators of Advertising on Brand Attitudes?" *Journal of Marketing Research*, 18(August), pp. 318-332.

Obermiller, Carl(1985), "Varieties of Mere Exposure: The Effects of Processing Style and Repetition on Affective Response," *Journal of Consumer Research*, 12(June), pp. 17-30.

Park, C. Whan and S. Mark Young(1986), "Consumer Response to Television Commercials: The Impact of Involvement and Background Music on Brand Attitude Formation," *Journal of Marketing Research*, 23(February), pp. 11-24.

Sacharow, Stanley(1981), *The Product as a Marketing Tool*(Randor, Pa.:Chilton), pp. 124-125.

Sternthal, Brian and C. Samuel Craig(1973), "Humor in Advertising," *Journal of Marketing*, (October), pp. 12-18.

Zajonc, R.B., Hazel Markus and William R. Wilson (1974), "Exposure Effects and Associative Learning," *Journal of Experimental Social Psychology*, 10(March), pp. 248-263.

CHAPTER 11

촉진(Promotion) 관리 Ⅱ : 판매촉진

MARKETING MANAGEMENT

시슬리 코리아의 샘플링 전략

뷰티시장에서 최고 가격대를 형성하고 있는 시슬리는 1976년 설립되어 3대째 이어지고 있는 가족기업으로 전세계 80개 국가에서 활약하고 있다. 시슬리는 고농도 천연식물 화장품이라는 컨셉으로 기초제품 분야에서 강점을 보이고 있는데 이러한 시슬리의 명성이 우리나라에도 있게 하는 데에는 시슬리코리아의 홍 사장 역할이 컸다.

홍 사장은 무역관련 에이전시에서 일하다가 1997년 시슬리코리아의 사장으로 취임하였다. 당시는 화장품시장의 개방으로 국내 화장품업계는 초비상 상태였고 IMF로 수입브랜드가 특히 많은 타격을 입는 등의 어려운 시기였다. 그래서 홍 사장은 남다른 마케팅전략을 세우게 되었다. 그것은 광고에 힘을 쏟는 대신 샘플로 고객을 공략하는 전략이었다.

시슬리코리아는 판촉비용의 70%를 샘플제작에 사용하고 있는데 홍 사장은 이에 대해 다음과 같이 말하고 있다. "매달 주요 고객들께 샘플을 보내드립니다. 신제품뿐만 아니라 시슬리에서 생산하는 모든 제품을 한번씩 다 써보시게 하는 전략입니다. 제품을 사용해보면 반드시 매장을 찾을 것이라는 자신감이 이 같은 샘플방법을 채택하게 한 주요 이유입니다."

이러한 마케팅 전략에서 특히 주목해야 할 점은 시슬리의 샘플 지급법이다. 타 브랜드에서는 일반적으로 상품을 구입하거나 매장을 방문하면 1~2개의 샘플을 지급하는데 시슬리는 각종 다양한 기능의 화장품을 예쁜 선물상자에 담아 주요 고객에게

사진 11-1
시슬리 제품

제공한다. 이렇게 패키지로 만들어진 샘플을 지급함으로써 시슬리는 더 다양한 종류의 화장품을 팔 수 있게 되었다. 예를 들면, 어떤 소비자는 원래 시슬리의 스킨과 로션만 사용하는데 샘플을 써보고 클렌징 로션과 나이트 크림까지 사용하게 되는 것이다.

〈자료원: 시슬리코리아 홈페이지; 중앙일보, 2010. 11. 13〉

기업간의 경쟁이 날로 치열해짐에 따라 고객을 확보하고 매출목표를 달성하기 위해 많은 기업들이 여러 종류의 판매촉진수단을 활발하게 동원하고 있다. 그리고 이로 인해 소비자들의 구매환경에서는 각종 판매촉진이 중요한 부분을 차지하게 되었다. 예를 들어 피자를 주문하고 나면 다음 구매에 사용할 수 있는 할인쿠폰이 따라온다. 새로 개점한 백화점으로부터 선물을 받으러 오라는 초대장을 받기도 하고 동네 슈퍼에서는 특별매대에 진열된 과자가 고객의 눈길을 끌기도 한다. 뿐만 아니라, 특정 기간 동안에 치약을 구입하면 칫솔을 덤으로 주거나 자동차를 구입한 고객에게 제주도 여행에 당첨될 수 있는 행사의 응모권을 주는 경우도 있다. 이렇듯 우리가 일반적으로 접하게 되는 판매촉진은 소비자 판매촉진(consumer sales promotion)이라고 하는데 이것은 풀(pull) 전략의 일부로서 고객의 즉각적인 구매행동을 유도하기 위한 목적으로 자주 활용된다. 그러나 〈그림 11-1〉에서 보듯이 소비자를 대상으로 행해지는 소비자 판매촉진 이외에도 그 대상과 주체에 따라서 유통업체를 대상으로 하는 판매촉진과 소매기관에 의해 제공되는 판매촉진이 있다. 유통업체 판매촉진(trade sales promotion)은 푸쉬(push) 전략의 일부로서 제조업체가 유통업체로 하여금 소비자에게 적극적인 판매활동을 하도록 자극하고 취급률을 높이기 위하여 유통업체를 대상으로 행해

그림 11-1

판매촉진의 유형

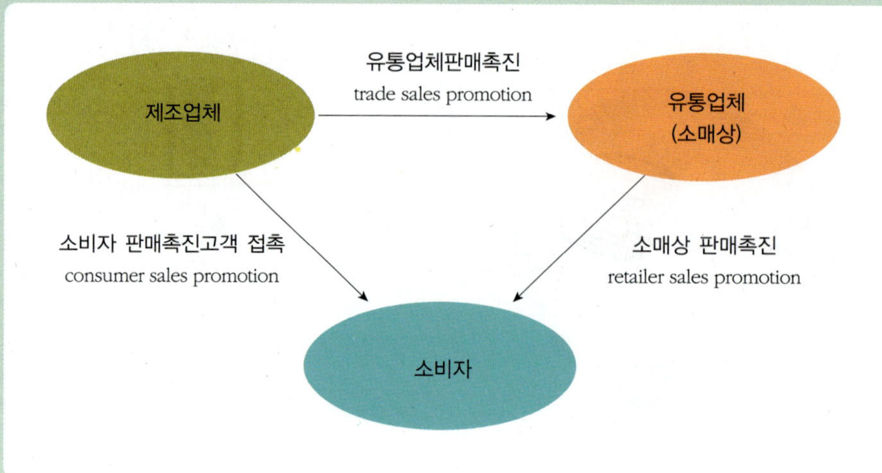

지는 판매촉진이다.

이러한 판매촉진 역시 개념전달활동 및 구매장애제거 활동에 기여하기 위해 마케팅 목표 및 IMC 목표하에서 일관성을 갖고, 다른 커뮤니케이션 수단들과 보완적인 것들로 구성되어져야 한다. 즉 가격인하와 같은 판촉전략은 최종 소비자들에게 소유상의 장애요인을 제거해 주는 역할을 수행하며, 유통판촉의 입장에서 판매원 도우미를 파견함으로써 판매상의 장애요인을 제거하는 노력이 일관성 및 보완성을 갖고 수행되어야 한다.

제 1 절 소비자 판매촉진

1.1. 소비자 판매촉진의 개념적 이해

(1) 소비자 판매촉진의 정의

미국 마케팅학회(American Marketing Association: AMA)에서는 판매촉진을 '고객의 구매를 자극하고 유통의 효율성을 향상시키기 위한 제반 마케팅활동'이라고 정의하면서 구체적으로는 '고객의 시용(trial)과 수요를 촉진시키고 유통에서의 제품 취급률을 향상시키기 위하여 한정된 기간 동안 소비자와 유통에게 가해지는 마케팅 압력'이라고 설명하고 있다. 판매촉진이 일시적이며 즉각적인 행동을 유발시키는 특징을 가지고 있지만 동시에 제품이나 기업에 대한 장기적 인식에 강한 영향을 미칠 수 있다는 점 또한 매우 중요하다. 예를 들어 촉진을 이용하여 제품을 구입하게 되면 그 소비자는 제품의 품질이나 내재적 가치로부터 매력을 느껴서 구입했다고 생각하기보다는 가격이나 행사에 끌려 구입했다는 생각을 하게 되고 결과적으로 제품에 대한 태도가 약화된다. 또한 빈번한 판매촉진은 고객들로 하여금 미래의 판촉을 기대하도록 학습시키는 결과를 낳을 수 있다. 그렇다고 해서 판매촉진의 장기적 효과가 항상 부정적인 것만은 아니다. 어떤 과자의 판매를 촉진시키기 위해서 특별매대에 전시하였다고 가정하자. 이는 고객들에게 그 과자가 얼마나 맛있는가를 생각나게 하며 고객들이 그 과자를 산지 오래 지났다는 것을 생각나게 한다. 소비자들은 그 과자가 필요하다고 결론짓고 구매한다. 구매 후 그 맛에 친숙하게 되면 장기간 동안 재구매를 하는 충성스러운 고객이 되는 것이다. 이러한 예는 판촉에 대한 반응이 단순히 제품의 구매로 끝나는 것이 아니라 제품에 대한 인식 및 태도형성에도 영향을 준다는 것을 보여 준다.

(2) 소비자 판매촉진의 특징 및 효과

마케팅목표 중 개념전달목표를 효과적으로 달성하기 위해서 마케팅담당자들은 전체 커뮤니케이션전략과 판매촉진전략을 적절히 보완하여 사용하고자 한다. 이때 마케팅담당자가 마케팅믹스의 한 구성요소로서 판매촉진의 차별적인 특징을 이해하는 것은 매우 유용할 뿐만 아니라 효과적인 판매촉진 전략수립에도 도움이 된다.

표 11-1 판매촉진과 다른 촉진 도구와의 비교

	판매촉진	광　고	홍　보	인적판매
기본목적	매출증대	이미지 · 선호도 · 태도개선 · 포지셔닝	신뢰형성	판매 및 관계형성
소구방법	이성적	감성적	감정적	이성적
기　간	단 기	장 기	장 기	단 · 장기
이익 기여도	높 음	보 통	낮 음	높 음

〈표 11-1〉은 이러한 판매촉진의 특성을 간략하게 다른 촉진 도구와 비교해 놓은 것이다.

〈표 11-1〉에서 보듯 각각의 촉진요소는 다양한 역할을 가지는데 먼저, 광고는 브랜드 인지도를 향상시키기도 하고 브랜드 선호도를 개선하거나 나아가 태도를 긍정적으로 변화시키는 등 브랜드에 대한 전반적인 포지셔닝을 구축하는 역할을 담당한다. 즉 광고는 소비자가 구매하기 이전의 모든 인지적 단계에 영향을 미친다. 즉 신제품을 인지하게 하고 필요한 제품지식을 광고를 통해 알려 주기도 하며 특정 브랜드를 선호하게 하고 그 브랜드에 대한 확신을 갖도록 해 주는 것이다. 뿐만 아니라. 구매 이후에 갖게 되는 인지부조화를 감소시켜 주는 역할도 담당한다. 이에 반해 판매촉진은 광고나 홍보 등으로 선호된 감정을 실질적인 구매로 연결시키는데 직접적인 기여를 한다. 즉 미사용자에게는 시용을 유도하기도 하고 이미 구매한 사람에게는 재구매를 하도록 인센티브를 주기도 하고 구매자가 좀 더 자주 그리고 좀 더 많이 구매할 수 있는 환경을 만들어 준다. 이와는 달리 대중적인 매체를 통한 홍보는 표적고객에게 좀더 신뢰성을 부가하여 수용자가 거부감 없이 제품정보를 받아들이도록 하는 것이 목표이

Clarins의 무료 샘플쿠폰

사진 11-2
Clarins의 '24시간 논스톱 더블 화이트닝' 제품

2011년 3월, Clarins는 1달 전 새로 출시한 '24시간 논스톱 더블 화이트닝' 제품의 TV CF 방영을 기념하여 선착순 5,000명에게 무료 샘플쿠폰을 증정하는 이벤트를 진행하였다.

샘플을 받기 위해서 고객들은 Clarins의 인터넷 홈페이지에 들어가 '하루 두 번 맑고 투명한 피부로 돌아가는 나만의 화이트닝 타임'을 체크한 후 모바일 쿠폰을 받아 매장을 방문하면 됐다. 매장을 찾은 고객들은 무료로 '24시간 논스톱 더블 화이트닝' 샘플 2종을 받고 전문 상담도 받을 수 있다. 이처럼 매장을 찾은 고객은 매장에서 다양한 상품을 보고 또 전문 카운셀러와 자신의 피부에 대해 이야기 할 기회를 갖게 됨으로써 이러한 이벤트는 매우 효과적인 판매촉진이 될 수 있다.

〈자료원: Clarins Korea 홈페이지; 파이낸셜뉴스, 2011. 3. 22〉

다. 마지막으로 촉진요소 중의 하나인 인적판매는 판매촉진의 역할을 담당하면서 판매량의 증대에 직접적인 기여를 하지만 동시에 개개인의 소비자와 특별한 관계를 형성하고 유지, 발전시키는 것이 중요한 목표가 된다. 따라서 표적소비자에게 촉진하는 소구방법도 촉진요소에 따라 달라지는데, 광고는 1차적인 목표가 광고 자체에 대한 태도를 호의적으로 개선하여 그것이 제품이나 브랜드 태도에까지 이어지도록 설득하는 것이므로 기본적으로 감성에 소구한다. 그러나 판매촉진은 다양한 판촉행사와 수단을 전개함으로써 즐거운 분위기를 조성하고 호의적인 태도와 관심을 유도할 뿐만 아니라, 나아가 표적고객에게 부가적인 가치를 제공함으로써 판매량 증대를 꾀하게 된다. 따라서 판매촉진의 경우 감성적 소구는 물론이며, 합리적이고 이성적인 소구를 활용하여 표적고객의 구매동기를 자극하게 되는 것이다.

각각의 촉진수단들이 기업의 수익성에 기여하는 바 또한 다르다. 판매촉진과 인적 판매는 매출액에 직접적인 영향을 미치기 때문에 기업에게 높은 수익성을 보장할 수 있다. 반면, 광고는 이월효과 때문에 수익성면에서 판매촉진보다 낮은 효과를 가지지만 커뮤니케이션 효과에 있어서는 결정적인 역할을 한다. PR(공중관계: public relation)의 경우 브랜드나 제품에 대한 신뢰를 형성하는 데에는 효과적이지만 기업의 수익성 향상에는 직접적으로 기여하는 바가 없다고 할 수 있다.

그렇다면, 판매촉진의 장점과 단점은 무엇인가? 〈표 11-2〉를 통해 알 수 있듯이 판매촉진의 가장 큰 장점은 단기적으로 판매량에 직접적인 영향을 줄 수

표 11-2 판매촉진의 장 · 단점

장 점	단 점
- 행동하도록 별도의 유인책을 제공한다. - 가격 · 가치 관계를 변화시킨다. - 제공하는 제품의 유형적 가치를 증가시킨다 - 즉시적인 구매를 촉진한다. - 흥미와 구경거리를 제공한다. - 시용을 유도한다. - 반복구매를 자극한다. - 구매빈도를 증가시킨다. - 데이터베이스를 구축할 수 있다.	- 산만성이 증가된다 - 준거가격이 변화될 수 있다. - 판매촉진이 있을 때까지 구매를 연기하는 소비자가 생길 수 있다. - 거래상의 협력을 확보하기 어렵다. - 상표이미지를 손상시킬 수 있다.

있다는 점이다. 판매촉진은 동일한 가격의 제품에 대하여 부가적인 가치를 제공하거나 동질의 제품에 대하여 가격을 할인하거나 쿠폰을 제공함으로써 소비자가 기존에 가지고 있던 가격과 가치간의 관계를 변화시키고 궁극적으로 판매량을 증가시킬 수가 있는 것이다. 뿐만 아니라 대부분의 판매촉진은 유효기간이 정해진 일시적인 행사이기 때문에 부가적인 가치를 얻고자 하는 고객은 일정기간 안으로 구매를 앞당기게 된다. 뿐만 아니라 아직 구매하지 않은 고객에게는 샘플을 제공함으로써 시용을 유도할 수도 있으며 결과적으로 프리미엄 등을 이용하여 반복구매를 이끌어내기도 한다. 이외에도 판촉행사는 다양한 흥미와 재미적 요소 때문에 일단 소비자의 관심을 끌기 쉽다는 장점이 있으며 판촉행사를 통해 표적고객들의 데이터베이스를 구축할 수 있다는 중요한 이점을 가지고 있다. 또한 비용면에서도 광고에 비해 판촉의 비용이 더 저렴하며, 그 결과를 더 쉽게 확인할 수 있다는 장점을 가지고 있다.

이에 반해 판매촉진의 단점으로 지적할 수 있는 점은 첫째, 무모한 판매촉진 경쟁을 불러들일 수 있다는 점이다. 만약 특정 산업에서 한 기업이 판매촉진을 지나치게 사용하면 다른 경쟁자들도 경쟁수단으로서 판매촉진을 이용할 가능성이 높아진다. 그렇게 된다면, 기업들은 서로 경쟁에서 뒤쳐지지 않기 위해서 더 많은 쿠폰을 발행해야 하며 더 큰 리베이트를 주어야 하고 더 비싼 경품을 준비함으로써 경쟁 경쟁기업으로부터 자신의 고객을 지키려고 할 것이다. 이러한 효과를 스노우볼 효과(snowball effect)라고 한다. 또 다른 단점은 판촉이 브랜드 이미지에 부정적인 영향을 미침으로써 판촉이 철회되었을 때 그 상표에 대한 재구매 확률을 현저히 감소시킨다는 점이다. 소비자는 비록 판매촉진을 이용하여 구매하였다고 하더라도 판매촉진으로 인하여 그 상표에 대한 인식이나 태도가 비우호적으로 변하였을 가능성이 크다. 뿐만 아니라 매번 판매촉진을 이용하여 구매를 하던 고객은 판매촉진이 철회되더라도 그 이전구매에 이용한 판매촉진을 기억해 내고 판매촉진이 행해질 때 그 상표를 구매해야 한다고 생각하기 때문에 구매를 연기하거나 재구매할 확률을 저하시키게 된다. 이러한 효과를 촉진사용효과(promotion usage effect)라고 한다. 이러한 단점들을 막기 위해 기업은 판매촉진 방법들을 통제해야 한다. 판매촉진은 마케팅목표를 달성하기 위한 마케팅믹스의 일부이며, 따라서 제품 이미지와 광고를 지원하거나 강화하도록 조심스럽게 활용되어야 할 것이다.

1.2. 소비자 판매촉진의 종류

일반적으로 판매촉진의 수단은 매우 다양하고 범위 또한 광범위하기 때문에 분류 기준이 정형화되어 있지는 않다. 이하에서는 판매촉진이 제공하는 혜택이 가격적인 혜택인가 혹은 비가격적인 혜택인가로 나누어 설명하고자 한다.

(1) 비가격 판매촉진

1) 프리미엄(Premiums)

각종 신용카드 회사들은 신규 고객을 유치하기 위하여 다양한 선물을 준비해 놓고 고객들에게 문서에 사인하도록 권유하곤 한다. 아마도 여러분들은 이러한 신규 가입의 대가로 탁상용 시계라든지 컵, 혹은 크리넥스나 세제 등의 기념품을 받았던 것을 기억할 것이다. 이러한 탁상용 시계 혹은 기념품을 프리미엄이라고 한다. 프리미엄은 광고의 특별한 형태로서 무료선물이나 해당 제품을 구매할 수 있는 할인쿠폰과 병행하여 활용되며, 자사의 로고(logo)가 새겨진 컵, 펜, 마우스 패드, 가방과 같은 상품의 형태로도 제공된다. 또한 통닭집에서 주

사진 11-3 화장품 회사들의 프리미엄

는 병아리 모양의 병따개, 초이스 커피와 함께 제공되는 머그컵 그리고 영화포스터가 프린트 된 T-셔츠 등도 잘 계획된 프리미엄의 예이다. 또한 프리미엄을 자주 접할 수 있는 곳 중의 하나가 바로 백화점의 화장품 매장이다. 화장품을 일정금액 이상 사면 토트백이나 화장품 가방 또는 여행가방이나 머플러, 장갑, 러그 등을 함께 지급한다고 진열되어 있는 것을 볼 수 있는데 바로 이것이 프리미엄의 예이다.

2) 견본품(Product Sampling)

간혹 대학가의 건널목에서는 등교하는 학생들에게 무엇인가를 나누어 주는 모습을 자주 보게 된다. 예를 들어 빙그레 뉴면은 출시 초기에 대학가 앞에서 라면을 무료로 나누어줌으로써 표적 고객층이 무료로 받은 라면을 끓여 먹고 신제품의 브랜드를 인지하도록 촉진하였다. 엑스필 역시 출시 초기에 제품을 무료로 제공하는 촉진방법을 선택하였는데 이것은 전적으로 '트위스터 따개'라는 신제품의 장점을 알리기 위한 방법이다. 엑스필의 도우미들은 주요 대학가의 축제기간에 대학가 앞을 지나가는 학생들을 대상으로 엑스필 맥주를 무료로 나누어 주었다. 엑스필은 병뚜껑이 트위스터의 형식이었으므로 병따개가 특별히 필요 없는 제품이었기 때문이다. 제일제당은 '햇국수'의 출시를 알리기 위해 백화점에 다녀가는 주부들을 대상으로 햇국수 증정용을 제작하여 나누어 주기도 하였다.

사진 11-4
햇국수의 증정용 샘플

견본품은 기본적으로 무료이다. 그러나 아무런 노력없이도 얻을 수 있는 견본품이 있는가 하면, 때로는 고객이 샘플을 얻기 위해 쿠폰을 오리고 자신의 정보를 적거나 직접매장으로 가서 쿠폰을 제시해야만 견본품을 얻을 수 있는 경우도 있다. 랄프로렌의 새로운 여성향수인 글래머러스는 매장에서 얻거나 집으로 우송된 엽서의 일부분에 있는 쿠폰을 잘라내어 자신의 이름과 연락처를 적고 매장으로 가서 제시하면 0.8ml의 샘플을 받을 수 있도록 하였다.

3) 콘테스트(Contest)와 추첨(Sweepstakes)

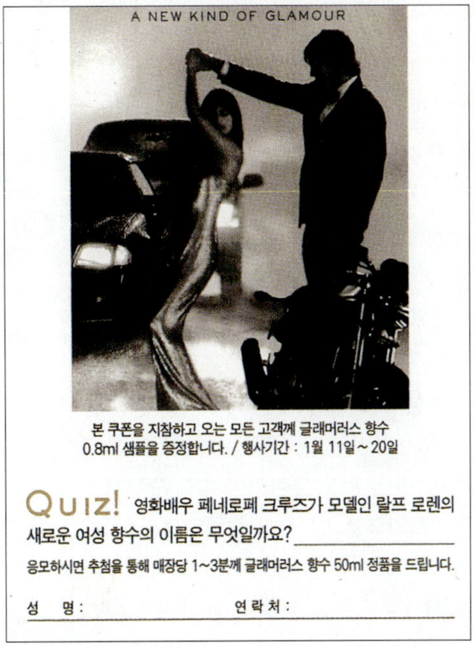

사진 11-5 랄프로렌의 글래머러스 향수 샘플쿠폰

콘테스트는 소비자가 상품을 타기 위해 자신의 능력을 활용하여 경쟁하도록 하는 판매촉진 방법이다. 콘테스트는 해당 제품을 구매했다는 증거 혹은 사업자가 요구하는 참여형식의 설문지나 고객카드를 작성해야 한다. 이에 반해 추첨식 복권은 단지 우연에 의해 추첨자가 결정되며 참여조건으로 구매를 증명할 필요는 없다. 구매증명이 필요 없기 때문에 더 많은 소비자가 참여할 수 있다는 장점이 있다. 콘테스트나 추첨은 특정한 브랜드에 대한 소비자를 확보할 목적으로 활용될 수 있다는 데 가장 큰 장점이 있다. 소비자의 측면에서는 경품을 탈 수 있다는 점이 매력이 되며 사업자들은 브랜드 인지도를 증가시키며 소비자와의 관계개선이 이루어질 수 있다는 장점이 있기 때문에 널리 활용되어지고 있다. 더 중요한 장점은 사업자들이 가맹카드를 통해 소비자에 대한 데이터를 수집할 기회를 갖는다는 점이다. 추첨은 요즘 인터넷에서 많이 활용되고 있는데 전략적으로 무료 해외여행, 노트북, 거대한 상금을 걸고 소비자들이 회원으로 가입하게 하여 그들의 정보를 획득하고 있다. 이런 것이 가능한 이유는 소비자들이 자신의 시간을 투자함으로써 호의적 관계를 구축할 수 있을 뿐만 아니라 소비자들로 하여금 상품을 타기 위해 요구한 정보를 기재하도록 하여 온라인에서 정확한 데이터베이스를 구축할 수 있다는 점 때문이다. 콘테스트와 추첨은 소비자와의 호의적 거래관계를 형성하는 첫걸음이다.

그러나 주의해야 할 점은 소비자들은 대개 제품보다는 사은품 혹은 경품에 더 많은 관심을 가질 수 있으므로 단순한 고객행사로 끝나지 않도록 철저한 계획 아래 수행되어야 한다는 것이다.

르노삼성자동차 순정용품 쇼핑몰 제품구매 인증샷 콘테스트

르노삼성자동차는 2011년 8월 1달간 르노삼성자동차 순정용품몰을 이용하는 고객을 대상으로 콘테스트를 진행하고 있다.

콘테스트 참여 방법은 쇼핑몰에서 제품을 구입한 후 제품 구매를 증명하는 사진을 르노삼성자동차 공식 페이스북이나 트위터에 올리면 된다. 이 때 르노삼성자동차 페이스북 또는 트위터와 친구를 맺으면 콘테스트에서 수상할 가능성이 2배 높아진다.

이 콘테스트가 의미 있는 이유는 적어도 이 콘테스트에 관심을 가진 사람이라면 르노삼성자동차의 순정용품몰, 페이스북이나 트위터를 방문하게 된다는 것이다. 또한 직접 콘테스트에 참여한 적극적인 고객들의 개인정보와 이들과 지속적으로 소통할 기회가 확보되었다는 측면에서도 의미가 있다.

〈자료원: 르노삼성자동차 홈페이지〉

4) 시연회(Demonstration)

고객의 눈앞에서 실제로 상품을 보여 주면서, 실연을 통해서 상품의 사용법과 차별화된 우위성을 납득시키는 방법이다. 특히 전문품, 대중에게 직접 시험구매시키기기에는 무리가 있는 제품, 또는 샘플로 제작하기에 어려움이 있는 제품의 경우에 사용한다.

시연회는 보통 점 두 또는 점 내에서 전개되는데 이것은 매장에서의 전개를 통하여 구입과 직접연결을 시키기 위한 전략이다. 보통 시연회는 이벤트 형식으로 치뤄지기도 하며, 또 한편으로는 제품발표회나 전시회 등의 형식을 갖기도 한다. 예를 들어, 영국의 자존심 재규어 코리아(현 인도 타타모터스)는 신형 스포츠 세단을 선보이기 위해 리츠칼튼 호텔에서 'X-TYPE 2.5L' 신차발표회를 갖고 국내시판에 들어갔으며, 수입 화장품 회사인 에스티로더는 시즌마다 아이새도우나 립스틱이 신규로 출시되면 백화점에서 시연회행사를 갖는다. 시연회는 시연장소에서 직접적인 판매성과를 노리기도 하지만 그보다 더 많은 타겟층이 브랜드의 행사에 참여하고 접촉할 수 있도록 하나의 특이한 행사를 전개하는 데 있다. 즉, 에스티로더의 아티스트는 모델에게 메이크업을 해 주면서 사람들에게 사용법을 설명하기도 한다. 또한 고객이 원한다면 무료로 메이크업을 해 주기도 한다. 이러한 행사를 통해 더 많은 고객과 접촉하고 고객에게 관련 제품 등을 교차 판매촉진하기도 한다. 또 다른 시연회의 예는 이마트 등의 매장 내에서 볼 수 있다. 즉, '팡팡', '쥬쥬' 등 중소기업의 쥬서기나 믹서기를 시연하면서 특정제품을 판매하는 경우가 여기에 해당한다.

사진 11-6
재규어 스포스 세단 신차 발표회

Ralph Lauren의 탄생10주년과 영국 사이트 론칭 기념 4D라이트쇼

2010년 11월 10일 Ralph Lauren은 탄생10주년과 영국 사이트 론칭을 기념하는 행사를 진행했다. 뉴욕과 런던에 모인 수천 명의 인파와 함께 4D 라이트 쇼로 진행된 이번 행사는 패션과 아트, 테크놀로지의 실험적인 결합이었다. 15개의 매혹적인 장면들을 하나의 스토리로 결합해 Ralph Lauren의 다양한 제품과 몽타주를 장대한 스케일로 선보였다. 특히 영사된 이미지들과 함께 Ralph Lauren의 최신 향수인 Big Pony Collection을 밤공기 사이로 분사해 후각적인 효과까지 가미했다.

이 행사를 통해 고객들은 Ralph Lauren이 추구하는 기업이미지에 대한 이해가 깊어지고 디지털 공간을 개척하려는 의지를 엿볼 수 있었다.

〈자료원: bnt뉴스 2010.11.22, ELLE 홈페이지〉

5) 애호도 제고 프로그램

애호도 제고 프로그램은 자주 구매하는 소비자들에게 가격을 할인해 주거나, 선물, 혹은 특별 이벤트에 초대장을 보내 주거나, 구매 정도에 따라 차별화된 혜택을 부여하는 형태로 이루어지는 판매촉진방법이다. 애호도 제고 프로그램은 항공산업에서 그 유래를 찾아 볼 수 있는데, 해당 항공사를 자주 이용하는

사진 11-7
로레아뜨 VIP 프로그램

고객에게 마일리지를 적립하여 주고 일정 마일리지 이상이 되면 무료 항공권을 선물하거나 등급을 올려 2등석에서 1등석으로 조정하여 차별적인 대우를 해 주는 것이다. 애호도 제고 프로그램의 목적은 고객의 애호도를 높임으로써 경쟁상품 혹은 경쟁자의 서비스로의 전환을 막고자 하는 것이다. 소매업자에게 있어서 애호도 제고 프로그램은 자신의 점포(store)를 지속적으로 방문하도록 유도하는 것이며 자신의 상점을 들러 구매했을 경우 자신이 발행한 쿠폰에 도장을 찍어 주거나 구매고객에게 카드를 발행하여 소비자 자신이 직접 포인트나 구매횟수를 확인하고 이에 따른 혜택을 직접 볼 수 있도록 해 주는 형태로 이루어진다. 로즈버드, 디드릭 같은 테이크아웃 커피전문점은 10번 구매시 한번 무료로 마실 수 있도록 관리하고 있으며, 대학가 주변의 미용실들은 계속 이용할 때마다 할인비율이 높아지는 애호도 프로그램을 이용하여 실효를 거두고 있다.

애호도 제고 프로그램이 효과를 거두기 위해서는 고객들이 자신이 구매하는 제품에 대해 어떤 관계를 형성하고 있으며 애호도가 높은 고객과 애호도가 낮은 고객으로 분류하여 시장을 세분화할 수 있으며 고객 한 사람 한 사람에 대한 정확한 데이터베이스를 바탕으로 차별화된 고객서비스가 가능해야 한다. 예를 들어, 랑콤은 고객들의 애호도 제고를 위하여 '로레아뜨(laureates) VIP' 프로그램을 운영하고 있는데, 이들에게 구매금액의 10%를 적립시켜 주는 보너스 카드를 발급하였다. 그러나 같은 로레아뜨 회원 중에서도 차등을 두어 Silver회원과 Gold회원으로 나누어 차별화된 고객서비스를 실행하고 있다. 특히, Gold 회원에게는 레스토랑, 패션, 홈, 리빙서비스, 그리고 여행, 생활, 건강 및 피부 미용서비스, 문화 스페셜 서비스 등 예약부터 할인까지 다양하고 질 높은 혜택을 주고 있다. 뿐만 아니라 Gold회원을 위한 특별 포인트 선물을 마련하거나 메이크업이나 런칭행사에 초대하는 등 지속적인 DM발송을 통해 체계적이고 차별적인 애호도 관리를 하고 있다.

애호도 제고 프로그램의 장점은 고객들의 애호도를 향상시킬 수 있으며 경쟁사의 제품 혹은 경쟁점포를 이용할 기회를 줄일 수 있다는 것이다. 제품들이 점차 그 차별성이 없어지는 경우 기업은 애호도 제고 프로그램을 통해 차별화된 서비스를 제공함으로써 소비자를 지속적으로 관리하고 반복구매하도록 할 수 있다. 단점은 애호도 제고 프로그램이 소비자의 해당제품에 대한 소비량을 늘리지 않는다면 매우 값비싼 판매촉진 방법이 될 수 있다는 것이다.

(2) 가격 판매촉진

1) 가격할인

가격할인은 해당 제품에 대해 경제적인 측면에서 가격을 할인해줌으로써 소비자들에게 직접적인 구매동기를 부여할 뿐만 아니라 즉각적인 상품구매를 유도한다. 다른 판매촉진 방법과는 달리 제품을 구매했다는 증거를 제시하거나 메일을 보내는 번거로움을 행하지 않아도 된다. 가격할인은 소매업자의 이윤이 줄어들지 않는 수준에서 이루어져야 하며, 제조업자와의 협조에 의해 이루어지며 현재와 미래의 판매촉진에 대한 고려를 해야 한다.

가격할인을 통한 판매촉진의 가장 큰 장점은 즉각적인 구매를 유도할 수 있다는 것이다. 경쟁자의 제품에 비해 가격할인이 이루어지고 있는 제품을 소비자들이 직접 확인함으로써 구매동기를 부여해 준다. 따라서 평소구매에 비해 더 많은 제품을 구매할 수 있는 예산의 여유를 가져다 주며 경쟁자의 판매량을 감소시킬 수 있다.

하지만 이러한 가격할인이 장기적으로 반복될 경우 또는 동종 사업 내 기업들과 경쟁적 가격경쟁이 일어날 경우 제조업자나 소매업자의 이윤이 감소하며 브랜드 이미지를 훼손시킬 수 있다는 단점을 지니고 있다.

2) 쿠폰(Coupon)

쿠폰은 그것을 소지한 사람에게 어떤 이익이나 현금적립 혹은 선물을 주기 위해 인쇄 매체의 형태를 띠고 유통되는 것을 말한다. 쿠폰의 가장 큰 이점은 가격할인을 받고자 하는 소비자들을 대상으로 가격할인의 기회를 제공함으로써 해당 제품의 구매를 유도한다는 것이다. 또한 쿠폰을 사용하거나 찾게 함으로써 소비자들은 그들의 구매행동을 정당화할 수 있는 동기를 갖게 된다. 이에 반해 단점은 쿠폰의 추적이 불가능하다는 것이다. 어떤 소비자가 해당 쿠폰을 사용하였으며 쿠폰을 언제 활용할지를 정확히 예측한다는 것이 쉽지 않다. 쿠폰의 사용기간을 명시함으로써 쿠폰의 사용시기를 어느 정도 예측할 수 있지만 소비자들의 반응은 즉각적으로 일어나지 않는다.

소매업자의 쿠폰은 대개 자신의 점포를 방문하도록 유도하기 위한 방법으로 활용되고 있다. 따라서 유통량이 많고 상품이 많이 팔리는 기간인 추석, 설날, 크리스마스 등 특별한 날을 겨냥하여 일정기간을 두고 행해지는 경우가 많

사진 11-8
삼성카드사의 무료 쿠폰

다. 광고와 함께 쿠폰배포가 이루어질 경우 더욱 효과적이며 일정기간을 명시함으로써 소비자들의 구매욕구를 실질적인 구매로 전환할 수 있다.

쿠폰은 신문, 잡지, 직접우편, 혹은 제품 패키지를 통해서 배포된다. 가장 일반적인 경우는 신문에 끼워서 들어오는 광고지를 통해서 얻을 수 있으며 최근에는 인터넷에서 자신이 사용하고 싶은 쿠폰을 쉽게 프린트하여 사용할 수도 있다. 요즘 카드사들은 자사 카드와 함께 구매하면 할인을 받을 수 있는 각종 음식, 여행, 문화 서비스 쿠폰을 청구서와 함께 발송하여 카드사용을 장려하기도 하고, 패밀리 레스토랑들은 인터넷 회원들에게 이메일로 쿠폰을 발송하고 무료 시음권이나 일부할인권을 오려오도록 하여 판매신장을 꾀하기도 한다.

보너스 팩 쿠폰은 동일한 제품을 반복구매하는 소비자들의 애호도를 제고시키기 위한 방법으로 활용된다. 즉석쿠폰의 경우는 즉각적인 소비를 유발할 목적으로 발행되는 것으로 할인혜택이나 선물을 받기 위해 장기간 쿠폰을 모아야 하는 번거로움이 없기 때문에 소비자들이 쉽게 사용할 수 있다는 장점이 있다.

쿠폰 발행의 주체는 제조업체 또는 유통업체가 될 수 있으며 주체에 따라서 취하는 전략과 방법이 약간 다르다. 제조업체 쿠폰은 제조업체가 직접 발행하며 쿠폰을 소지한 소비자는 그 제조업체의 제품을 취급하는 거의 모든 소매업체에서 쿠폰을 사용할 수 있다. 소매업체는 제조업체 쿠폰을 회수하고 가격할인 등 쿠폰에 적힌 효용을 소비자들에게 제공하는 역할을 한다. 제조업체를 위해 쿠폰 회수 역할을 대신함으로써 유통업체는 제조업체로부터 여러 가지 인센티브와 소비자에게 제공한 효용에 대한 보상을 제공받으며, 또한 소비자들의 쿠폰을 사용한 제품구매로 인한 소매업체 자체의 판매량증가라는 이득을 얻을 수 있다.

쿠폰을 사용할 경우 제조업체가 얻을 수 있는 가장 큰 촉진효과는 쿠폰 사용자의 2/3 정도가 제품을 처음 사용해 보는 소비자로 추산될 정도로 제품의 시험구매를 촉진할 수 있다는 점이다. 제조업체가 쿠폰을 발행하여 얻고자 하는 궁극적인 목표는 제품의 연속 반복구매로 인한 이윤창출이므로 최초구매 이후에는 쿠폰 사용 없이도 구매를 유도할 수 있는 제품 고유의 효용이 존재해야만 한다. 새로운 제품 이외에 새로운 크기의 포장으로 나온 제품을 사용하도록 유도할 때도 자주 사용된다.

3) 리펀드와 리베이트(Refund & Rebate)

리펀드와 리베이트는 제조업자에 의해 행해지는 제품구매가격의 일부분을 소비자에게 돌려주는 형태의 판매촉진이다. 리펀드는 소비자가 구매하는 시점에서 소비자에게 현금으로 바로 돌려주는 형태를 취한다. 따라서 신제품을 구매하도록 유도하거나 브랜드전환을 유도할 목적으로 활용되는 경우가 흔하다. 리베이트는 구매에 따른 가격할인의 형태로 이루어진다. 따라서 해당 제품을 구매했다는 증거를 제시하기 위해 우편을 보내거나 쿠폰을 소지하여야 한다. 소비자들은 제품을 구매했을 경우 즉각적으로 가격할인이 이루어진다고 믿는 사람들이 많지만 제품을 구매했다는 증거를 제시할 수 있어야 한다.

1.3. 판매촉진의 의사결정

(1) 판매촉진계획 수립시 사전 고려사항

보다 효율적인 판매촉진을 기획하기 위하여 실무자들은 다음과 같은 세 가지 사항들을 고려해야 한다. 첫째, 도달하려는 표적고객이 누구인지 사전에 규정하여야 한다. 모든 고객을 동일하게 취급해서는 안 된다는 것이 마케팅의 불문율이듯이 고객이 처한 상황, 고객의 구매단계, 고객 구매행위에 따라서 고객은 다양한 유형으로 구분되기 때문에 고객유형에 따라 접근하는 방법도 달라진다. 또한 판매촉진은 상표태도보다는 행동에 더 큰 영향을 미치기 때문에 판매촉진의 대상은 대중적인 소비자를 표적청중으로 하기 보다는 세분화된 특정고객을 타겟으로 해야 한다. 둘째, 고객들이 왜 그렇게 행동하는가를 파악해야 한다. 고객의 행동이 같다고 해서 반드시 그 이유가 같다고는 볼 수 없다. 예를 들어 어떤 소비자가 지속적으로 구매해오던 제품을 두고 다른 제품을 구매하는 경우에 이러한 상표전환이 단순히 다양성 추구성향 때문일 수도 있고, 다른 경쟁 제품의 가격할인 때문일 수도 있으며, 또는 구매해오던 제품의 품질저하 때문일 수도 있다. 그러므로 떠나가는 고객을 설득하여 유지하기 위해서는 고객이 왜 상표를 전환하려고 하는지를 알 필요가 있다. 즉, 원인을 정확히 알아야 적절한 대응방안을 취할 수 있는 것이다. 셋째, 판매촉진을 통해 달성하고자 하는 목표가 무엇인가를 명확히 하여야 한다. 판매촉진을 통해 달성할 수 있는 목표는 다양할 수 있다. 즉, 어떤 판매촉진 프로그램들은 잠재고객을 미래의 구매자로 전환하기 위한 최초의 접촉수단으로 사용하기도 하며, 또 다른 판매촉진 프로그램들은 단기적으로 판매를 증대할 목적으로 사용되어지기도 한다. 판촉관리자는 판매촉진의 목표를 사전에 좀더 명확히 함으로써 그 목표를 효과적으로 달성하여 줄 표적고객을 선정하고 그에 적절한 판촉수단(tool)을 선택할 수 있다.

(2) 판매촉진의 계획과정

판매촉진의 계획은 먼저 판매촉진의 큰 흐름을 설정하고 구체적인 판매촉진 목표를 달성하기 위한 개별적인 판촉수단을 개발한 다음 이러한 판매촉진의

단계	내용	세부사항
1단계	시장환경분석	- 시장의 〈문제점〉과 〈기회〉를 열거 - 제품수요동향, 제품경쟁동향, 소비자 동향 - 브랜드분석, 유통분석, 광고판촉분석
2단계	전략적 목표 설정	- 판매촉진을 전개하고자 하는 주요 목표를 설정 - 시도(trial) - 강화(loyalty) - 판매지원활동 - 광고활동의 보강
3단계	타겟 설정	- 구매행동에 동기를 부여할 수 있는 대상층 설정 - 실질적인 구매고객 - 구매의향이 높은 고객 - 판매지원활동 - 광고활동의 보강
4단계	주요 전략 설정	- 판매촉진 전개시 기본방향 설정 - 판매촉진 전개 시기, 빈도 - 대상지역 및 매체
5단계	구체적인 전술계획	- 구체적인 판촉수단의 결정 - 판매촉진 포인트 및 매력적인 테마의 개발 - 판매촉진 매체 및 도구 개발 및 예산
6단계	효과측정 및 평가	- 판매촉진의 사전 테스팅(행동·커뮤니케이션 목표) - 판매촉진의 동시 테스팅 - 판매촉진의 사후 테스팅(행동·커뮤니케이션 목표)

그림 11-2
판매촉진의 계획 과정

효과를 측정하는 단계로 진행된다. 즉, 〈그림 11-2〉와 같은 6단계의 계획과정을 거치게 된다. 먼저 1단계의 시장환경분석부터 4단계에 이르는 과정은 마케팅목표에 부합되도록 판매촉진의 전체적인 방향성을 설정하는 단계로서 이때 판매촉진의 전반적 목표가 설정된다. 즉 판매촉진이 시용구매(trial)를 유도하기 위한 것인지, 고객애호도의 강화(loyalty)를 추구하는 것인지, 판매지원을 담당하는지 또는 광고활동을 보강하는 것인지가 설정되는 것이다. 5단계에서는 판매촉진의 구체적인 전술을 계획하는 단계이다. 즉 구체적인 판촉수단을 결정하고 판매촉진 전개 포인트가 되는 테마(theme)를 결정하여 그에 적당한 매체 및 도구를 개발하는 것이다. 마지막으로 6단계에서는 효과측정 및 평가가 이루어지게 되는데 판매촉진의 목표가 판매 지향적일 경우가 커뮤니케이션 지향적인 경우보다 더 효과를 측정하기 수월하다.

1) 1단계: 시장환경분석

시장환경분석이란 그 브랜드와 해당 브랜드를 둘러싼 시장상황 및 경쟁상황은 물론 전반적인 마케팅 상황에 관한 정보를 수집, 검토하여 판매촉진의사결정에 필요한 자료를 얻기 위한 작업이다. 시장환경분석단계는 가장 효과적인 판매촉진전략을 계획하기 위하여 자사 상표와 경쟁사 상표간의 경쟁상황과 소비자의 제품수요의 변동 및 제반 시장상황을 마케팅의 관점에서 분석하는 것이다. 시장환경의 자료를 수집하여 분석을 하게 되면 현재 시장이 가지고 있는 문제점을 발견할 수 있으며, 발견된 문제점에 대한 해결방안의 강구는 시장에서 새로운 마케팅 기회를 창출하는 계기가 된다.

시장환경분석은 크게 소비자 분석, 시장 분석, 브랜드 분석으로 나누어진다. 첫째, 소비자 분석은 우선 자사 브랜드의 제품을 구매할 것이라고 예상되거나 구매잠재력이 있는 소비자 집단을 구별해 내어 이 고객집단이 가지고 있는 특성과 구매동기를 파악해야 한다. 또한 판매촉진에 관한 소비자 분석이므로 고객집단이 판매촉진에 어느정도 민감한가에 대한 분석은 여부는 필수적이다. 이를 위해 이들의 구매주기와 일회 구매량 및 연간 구매횟수 등을 조사하게 된다. 소비자들이 판촉으로 인하여 시험구매를 하거나 상표전환을 하는가의 여부를 조사하고 판매촉진 이후에 반복구매로 이어질 것인가를 면밀히 분석한다. 둘째, 시장분석은 경쟁 브랜드의 현황을 파악하고 제품에 대한 수요의 크기를 예측하고 시장의 규모를 파악한다. 브랜드의 제품수명주기는 판매촉진의 종류와 실시여부를 결정하는 중요한 요소이므로 제품수명주기 중 어떤 단계에 있는가의 파악이 매우 중요하다. 셋째, 브랜드 분석은 자사의 브랜드가 가지고 있는 특성(강·약점)과 시장에서의 브랜드 인지도를 조사하고 현재의 자사 브랜드 가격정책, 광고정책, 판매촉진정책과 경쟁 브랜드의 가격정책, 광고정책, 판매촉진정책을 비교 분석한다.

2) 2단계: 주요 전략적 목표 설정

시장조사를 한 이후에는 시장상황에 맞는 판매촉진전략의 큰 틀을 정한다. 판매 촉진의 틀을 정한다는 것은 판촉의 목적으로 시험구매를 유도하기 위한 구매동기를 유발하거나 연속적인 반복구매를 유발시킬 것인가, 아니면 브랜드 인지도를 높이기 위하여 광고와 함께 판매촉진행사를 기획할 것인가를 정하는 것이다. 판매촉진이 앞에서 서술한 두 목적을 모두 달성하는 것을 목표로 할 수도 있지만 큰 틀의 결정은 두 목적의 중요도에 따라 세부적인 판매촉진전략을 계획하는 데 큰 도움이 된다.

시험구매를 유도하기 위한 구매동기 유발전략은 제품구매에 따른 위험요소를 없애줄 수 있는 판매촉진전략을 쓰는 것이다. 소비자들에게 생소한 혁신제품을 시장에 진출시킬 때에 혁신자만이 소비를 할 가능성이 크다. 또한 성장기 시장에 신제품이 출시된 경우에도 타성에 젖은 소비자들은 이전에 계속 구매를 해왔던 제품을 구매할 확률이 크다. 그 이유는 제품의 소비경험이 별로 축적되지 않아 그 제품에 대한 필요성을 인식하지 못하거나 제품의 품질을 확신할 수 없기 때문에 소비자들이 제품구매에 따른 위험을 인지하기 때문이다. 이러한 위험요소를 없애 준다면 소비자들은 제품을 구매하는 것에 대한 정신적 · 경제적 부담이 줄어들게 되어 판매를 촉진시킬 수 있다. 연속적인 반복구매를 유도하는 것은 기간을 정해 놓고 그 기간 동안 명시된 횟수 이상 구매를 했을 경우에 판매촉진의 혜택이 돌아가도록 하여 소비자들이 그 혜택을 얻기 위하여 필요 이상의 구매를 유도하는 것이다. 기간을 정해 놓기 때문에 소비자들은 한정된 기간이 다가옴에 따라서 구매를 가속화시킬 것이다. 광고와 함께 진행되는 브랜드 인지도를 높이기 위한 판매촉진활동은 시장점유율이 낮은 제품이거나 시장에 늦게 진입한 추종제품인 경우에 상표인지도를 높이기 위하여 판매촉진을 할 수 있다. 이렇듯 판매촉진전략의 큰 틀에 따라 판매촉진의 실행방법이 달라질 수 있으므로 큰 틀을 우선 정해야만 한다.

3) 3단계: 타겟 설정

판매촉진을 실시하려면 판매촉진을 실시할 대상을 정의해야 한다. 표적시장을 구성하고 있는 소비자들을 대상으로 실시되는 판매촉진이 그 효과가 가장 클 것이다. 판매촉진은 많은 비용이 들게 되므로 가장 적은 비용으로 큰 효과를 얻는 것이 중요하며, 판매촉진의 대상이 되는 소비자들의 제품구매로 인하여 기업의 매출과 이윤이 증가할 수 있어야만 한다. 만약 목표시장의 소비자들이 대부분 판매촉진에 민감하지 않은 소비자들이라면 굳이 판매촉진을 하지 않아도 되며, 오히려 판매촉진으로 인해 기업의 이윤이 감소하고 제품의 이미지가 손상될 수도 있다. 예를 들어, 고가 의류나 액세서리 같은 경우에는 판매촉진을 실시함으로써 새로운 고객집단을 확보할 수도 있지만 기존의 이익에 기여했던 충성도 높은 고객을 잃어버리고 제품의 고급이미지만 손상시킬 수 있다.

판매촉진을 실시할 대상집단을 선정할 때에는 실제로 제품을 구매할 가능성이 있는 소비자집단을 선택해야 하며 평소에 구매의도는 있었으나 구매를 연기시켜 왔던 소비자들에게 판매촉진을 통하여 구매욕구를 자극함으로써 구매를 유도할 수 있는가를 고려해야 한다. 그러나 현재에는 제품을 구매할 의도가 없거나 경제적 능력이 없는 잠재적 소비자들을 대상으로 판매촉진을 할 수도 있다. 소비자집단을 나누는 기준에는 인구 통계학적 기준이나 판매촉진의 민감도에 따른 구분 등이 있다. 인구 통계학적 기준이란 개인의 학력, 소득, 성별, 주거지역, 연령 등에 따라 소비자들을 나누는 것이다. 이 기준은 적용하기에 매우 간단하고 객관적인 장점이 있기는 하지만, 소비자의 구매행동에서의 차이가 인구 통계학적인 기준에 의해 설명되지 않는 경우가 많다는 단점이 있다. 판촉의 민감도 기준이란 판촉에 대한 민감성 정도에 따라 소비자를 분류하여 판촉에 민감한 소비자집단을 찾아낸 다음 그 집단을 대상으로 판매촉진을 실시하는 것이다. 대체로 소득이 높은 소비자집단은 판촉의 민감도가 적을 것이며 소득이 낮은 소비자집단은 판촉의 민감도가 높을 것이다. 판매촉진을 실시하지 않아도 제품을 구매할 소비자집단에게 판촉을 실시하면 수익이 줄어들 수 있으므로 대상고객집단의 선정에 신중해야 한다.

4) 4단계: 주요 전략 설정

판매촉진의 표적 소비자집단을 정한 이후에는 판매촉진전략의 세부적 실행계획을 수립해야 한다. 이 단계에서 가장 중요한 것은 판매촉진행사의 시기와 기간, 빈도를 정하고 판촉을 실시할 지역을 정하며 여러 가지 판매촉진방법 중 가장 적합하고 효과적인 방법을 선정하는 것이다.

판매촉진은 정기적인 연간 판촉계획의 일환으로 실시될 수도 있지만 경쟁사의 판촉전략에 대응한 미정기적 판촉도 실시되는 경우가 많다. 판촉관리자는 정기적인 판촉행사 이외에도 경쟁사의 판촉행사에 대응한 판촉이나 사회에 특별히 이슈가 되는 사건에 맞춘 판촉 등 비정기적 판촉도 고려해야 한다. 사회에 이슈가 되는 사건에 맞춘 판촉이란 노벨평화상을 수상한 김대중 대통령, 미국의 메이저리그 투수 박찬호나 미국의 LPGA에서 우수한 성적을 거둔 박세리 등과 같이 특정 이벤트가 발생된 시기에 맞추어 판촉이 이루어지는 경우를 말한다. 판촉이 정기적으로 이루어지는 경우에는 소비자들이 판촉의 시기를 예상하여 판촉 기간 동안 필요 이상으로 구매하여 장기간 보관하면서 다음 판촉이 실시될 때까지 소비하고 다시 판촉기간이 돌아오면 구매하는 경우가 많다 그러므로 정기적인 판촉에 비해 비정기적 판촉은 판촉의 시기를 예측하기 힘들지만 판촉효과가 더 클 수 있다. 계절상품인 경우에는 비수기에 판촉을 하여 재고비용을 감소시킬 수도 있고 성수기에 판촉을 하여 판매량을 급증시킬 수 있다. 그러나 성수기에는 판매촉진행사 없이도 매출이 매우 증가할 가능성이 높으므로 판촉실시 여부에 따른 이윤의 증가여부를 면밀히 분석하여 판촉시기를 결정해야 한다.

판촉지역을 선정할 때에는 전체적인 시장에 대하여 판촉을 실시할 것인가

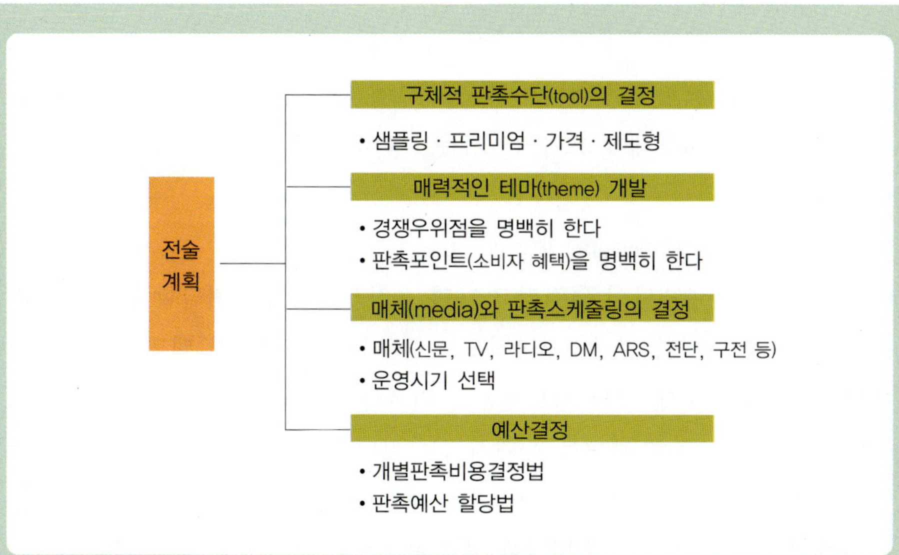

그림 11-3 판촉전술계획의 수립과정

아니면 점유율이 낮은 시장이나 새로 진입한 시장에서 실시할 것인가를 정한다. 시장점유율이 낮은 지역에서 상표의 인지도를 높이기 원한다면 한정된 지역에서 판촉을 집중적으로 실시하는 것이, 그리고 매출량을 증대시키기를 원한다면 전체시장을 대상으로 판촉을 실시하는 것이 바람직하다.

판촉의 시기와 장소를 정한 이후에는 시장상황에 적합하고 전략의 큰 틀에 맞추어 표적고객에게 가장 효과적인 판매촉진 전략을 선정한다. 판매촉진방법은 매우 다양하며 여러 가지 변형이 가능하고 한 가지 판촉방법뿐만 아니라 다양한 판촉방법을 혼합하여 쓸 수 있다. 판촉방법의 결정은 다양한 판촉방법에 대한 철저한 이해가 뒷받침되어야 효과적으로 이루어질 수 있다. 여러 가지 판촉방법에 대한 설명은 다음에서 설명하기로 한다.

5) 5단계: 구체적인 전술계획

1단계부터 4단계까지는 전체적인 판매촉진의 방향을 설정하는 단계이다. 이렇게 판매촉진의 전체적인 방향이 설정되고 나면 구체적인 실행전략을 계획하여야 한다. 따라서 이 단계에서는 구체적인 판매촉진수단과 판촉의 포인트를 결정하고 표적고객을 유인할 수 있는 매력적인 행사테마를 개발하여야 한다. 그 다음은 판촉을 전개할 매체와 판촉 스케줄링을 개발하여야 하며 마지막으로 판매촉진에 필요한 예산을 설정하여야 한다. 5단계에서 구체적인 전술을 계획하는 과정은 〈그림 11-3〉에 나와 있다.

① 구체적인 판촉수단(Sales Promotion Tool)의 결정

판촉수단은 앞에서 살펴보았듯이 매우 다양하며 나름대로의 장단점을 가지고 있으며, 효과역시 다양하다. 〈표 11-3〉에 나타난 바와 같이 판촉목표에 따라 어떤 수단을 사용해야 효과적인지를 고려하여 적절한 판촉수단을 선택해야 한다.

② 매력적인 테마(Theme)의 개발

구체적인 판촉수단이 결정되고 나면 표적고객층에게 전달할 판매촉진의 핵심테마를 개발하여야 한다. 일반적으로 광고는 표적고객의 태도를 호의적으로 변화시키거나 제품에 대한 정보제공을 기본목표로 하는 반면 판매촉진은 실제 구매로의 연결을 통해 판매를 증대시키는 것이 주요목표이다. 따라서 판매촉진의 목표를 달성하기 위해서는 소비자의 직접적인 반응을 유발하는 매력적인 판매촉진 테마의 개발과 함께 명확한 판촉 포인트를 찾아내는 것이 중요하다.

판매촉진의 테마를 개발하고 전개하기 위해서는 다음의 두 가지 단계를 거쳐야 한다. 첫째, 경쟁우위점을 찾아서 제시해야 한다. 물론 판매촉진 대상이 되는 제품이나 서비스의 절대적 경쟁우위를 가려내는 일은 쉽지 않지만 적어도 경쟁제품들과 비교되는 해당제품의 차별점은 한 가지 이상 존재할 것이다. 따라서 이러한 차이점을 표적고객에게 집중 부각되도록 한다. 둘째, 명확한 판촉 포인트를 개발한다. 판매촉진을 통해 강조하고자 하는 소비자의 혜택(benefit)이 바로 판촉 포인트가 된다. 그러나 판촉을 통해 보여 주고자 하는 혜택이 그 브랜드의 특성과 어떻게 연결되는지, 또한 이러한 판촉 포인트가 표적고객층의 생활 속에서 욕구와 어떻게 연결되는지를 찾는 일은 쉽지 않을 것이다. 따라서 이 단

표 11-3 판촉목표와 판촉수단 간의 관계

	시험구매 촉진	재구매 촉진	속구입 촉진
Product sampling	●		
Monitoring	●		
Demonstration	●		
On/in-pack premium	●	●	
Re-usable package			
Free mail-in premium	◇	◇	◇
Self liquidators premium		◇	◇
Mail-in lottery premium		◇	◇
Instant winner			
Open premium/contest	*		
Couponing	●	●	●
Refund	●	●	
Off label	●	●	
Trial pack	●		
Bonus pack	◇	●	
Trading stamp			●
Customers club			
Service plans			●

계에서는 판매촉진을 통해 소비자들이 얻게 될 차별적인 혜택 및 이를 표적고객의 특성과 연결시키는 방법을 신중하게 찾아보아야 한다. 즉 표적고객이 어떠한 라이프스타일을 갖는지, 또는 어떤 시기에, 어디서, 어떤 방법으로 구입하는지 등의 정보를 바탕으로 표적고객에게 적절한 판촉테마(판촉 포인트)를 개발하여야 한다.

③ 매체(Media)의 선정과 판촉 스케줄링의 결정

이 단계에서는 판촉목표를 달성하는 데 있어 비용대비 가장 효율적인 판매매체 및 판촉 스케줄링을 결정한다. 판매촉진에 이용될 매체들은 각각 장단점을 가지고 있다. 예를 들어 TV, 신문, 라디오와 같은 대중매체는 광범위한 소비자인지도를 높이는 데 효과적일 수 있으며, DM이나 전화 등의 매체는 상세한 정보를 제시하여 소비자를 설득하는 데 효과적일 수 있다. 그 외에도 구매시점 디스플레이는 상표의 결정을 촉진하는 기능을 수행한다. 이렇게 독특한 기능을 수행하는 각각의 판촉매체를 판매촉진수단의 특성과 적절히 조화시키는 것이 성공 포인트이다. 주요 판촉매체들의 장단점을 살펴보면 다음과 같다.

첫째, 전단광고는 광고효과가 신속하다는 장점이 있으며 제작 및 배포 비용이 저렴하기 때문에 손쉽게 이용할 수 있으며 형태나 크기를 자유롭게 선택할 수 있고 배포방법도 접어넣기, 호별배포, 가두배포 등 다양하다는 장점이 있다. 그러나 특정지역에만 한정하여 소구해야 한다는 단점도 있다. 둘째, DM은 기업이 가진 고객데이터를 이용하여 표적고객을 선별할 수 있다는 장점이 있다. DM은 표적고객에 대하여 직접적으로 소구하고 이들의 욕구와 부합되는 많은 정보를 제공할 수 있다는 장점도 있으며 개별적인 마케팅활동이 가능하다. 그러나 판촉을 위한 1인당 광고비용이 높은 편이므로 기업이 잘 구축된 데이터베이스를 토대로 표적고객을 선별하는 일이 중요해진다. 셋째, 교통광고와 옥외광고는 통행객이나 승객에 대해 반복소구가 가능하며 특정지역에 밀착하여 소구하는 것이 가능하다. 또한 옥외광고의 경우 창의적인 표현이나 조형력을 개발할 수 있다는 장점이 있다. 반면에 이 두 가지 판촉매체는 모두 고객이 보지 않을 가능성이 높다는 단점이 있다. 넷째, 퍼블리시티는 매체에 의해 무료로 제공되는 정보이므로 신뢰성이 높고 고객들이 수용하는 데 저항감이 없다는 장점이 있다. 다섯째, 구전은 정보의 전달자가 제삼자이기 때문에 수신자는 구전된 정보를 더 신뢰하게 되며, 의견선도자로서 무료의 세일즈맨 역할을 하기 때문에 판촉효과가 매우 높을 수 있다. 여섯째, 인터넷은 개별적인 소구가 가능하며, 특히 쌍방향 커뮤니케이션이 가능하다는 장점이 있다. 또한 자세한 판촉정보를 제공할 수 있으며 1인당 도달비용도 저렴한 편이다. 그러나 인터넷을 사용하는 특정소비자계층에 한정된다는 단점도 있다. 이외에도 판매촉진을 위한 광고매체로서 TV, 신문, 라디오, 잡지 등 대중매체가 있지만 이에 대한 설명은 생략하기로 한다.

판매촉진을 위한 광고매체를 선정할 때에 마케팅관리자는 매체의 특성을 고려하는 것 이외에도 표적고객층이 언제, 어디서, 어떻게 매체와 접촉하게 되는지 또는 전달하고자 하는 주요 메시지 등도 고려해야 한다. 마지막으로 판촉매체의 선택에 있어서 중요한 점은 하나의 매체만을 사용하는 것보다는 여러 매체를 병행하여 사용하는 것이 소비자 반응의 유발에 보다 효과적일 것이다. 예를 들어 화장품 회사는 고정 고객에게 판촉행사에 대한 DM을 발송한 후에 DM이 도착할 즈음 다시 전화로 확인해 보는 매체믹스를 구성할 수 있다.

판촉매체가 선택되면 이에 대한 운영시기를 결정하여야 한다. 만약 매체집행에 대한 소비자의 인지효과가 3일 후에 나타난다고 가정하면 적어도 판촉행사의 3-4일 전부터 매체를 통해 집중적으로 판촉광고를 실시해야 한다.

④ 예산결정

판매촉진예산은 마케팅믹스전략 중에서 프로모션(촉진)전략을 수행하는 데 필요한 촉진예산의 범위 내에서 결정되어야 한다. 판매촉진예산을 결정하는 방법에는 두 가지가 있다. 첫째, 개별 판촉비용을 합산하는 방법이 있는데, 이것은 판매촉진수단들을 결정한 후 각 판촉수단의 실행에 따른 제반 소요비용을 합산하여 판매촉진예산으로 산정하는 방법이다. 이 방법에서는 각종 경품비, 소액 할인비, 프리미엄, 리베이트 비용 등 각 판매촉진활동을 전개하는 데 소요되는 행사비용은 물론 판촉행사에 부가되는 인쇄비, 우편비 등 관리비를 모두 합산하여 총 판촉예산이 산정된다. 둘째, 판촉예산 할당법이 있는데, 이 방법은 총촉진예산 중에서 관행적으로 할당해 온 일정비율만큼을 판매촉진예산으로 할당하는 것이다. 예를 들어 신제품이나 주력상품에 대해서는 총 촉진예산의 50%를 판매촉진예산으로 할당하고 기타제품은 15% 정도를 차별적으로 할당하는 방법이 이에 해당된다. 전체 촉진예산 중에서 판매촉진으로 할당될 비율은 시장상황과 경쟁의 정도, 그리고 브랜드의 중요도에 따라 영향을 받는다.

6) 6단계: 효과측정 및 평가

판매촉진의 효과를 측정하는 것은 광고의 효과를 측정하는 것만큼이나 복잡한데, 이는 판매촉진목표가 다양하기 때문이다. 판매촉진은 즉각적인 구매행동을 자극하는 것으로부터 경쟁사의 적극적인 마케팅활동에 대응하는 수단이 되기도 하며 제품의 가치와 상표자산을 향상시키는 등의 다양한 목표를 가질 수 있는데, 설정된 판촉목표에 따라 기대되는 판촉효과도 달라질 수 있는 것이다. 판매촉진이 실행되면, 판촉관리자는 광고의 커뮤니케이션 효과측정에서와 마찬가지로 테스트 시기와 측정방법을 결정해야 한다. 테스트 시기는 사전테스팅(pretesting)과 동시테스팅(concurrent testing), 그리고 사후테스팅(posttesting)이 있으며, 보다 정확한 효과 측정을 위해서는 세 가지 테스트 시점 모두를 실시하는 것이 바람직하다. 판매촉진효과를 측정하기 위한 방법에는 실험방법, 설문조사법, 그리고 관찰법 등이 있다.

먼저, 테스트 시기에 대해 살펴보면 사전테스팅이란 표적고객들이 기업의 판매촉진활동에 노출되기 전에 판촉효과에 대해 조사하는 것이다. 사전테스트는 판촉담당자가 판매촉진을 계획하여 필요한 판촉자원을 행사에 실제로 투입하기 전에 발생 가능한 문제점들을 파악하는 데 유용하다. 또한 사전테스트와 사후테스트를 함께 실시하여 판매촉진 전후의 판매변화량을 측정하고자 할 때에도 필수적이다. 사전테스트는 커뮤니케이션 사전테스팅, 행동에 대한 사전테스팅, 그리고 유통업자를 대상으로 하는 사전테스팅으로 다시 나누어진다. 커뮤니케이션 사전테스팅은 다양한 판매촉진수단 중 소비자의 지각된 가치(perceived value)가 가장 큰 판매촉진수단이 무엇인지를 조사하는 것이다. 여기서 지각된 가치란 소비자들이 판촉행사에서 제시되는 제공물이나 각종 가격할인, 프리미엄 등의 판매촉진수단들을 수용하는 것과 이에 따른 위험비용을 비교하여 각각의 판촉수단에 대해 갖게 되는 가치를 말한다.

커뮤니케이션 사전테스팅 방법을 위해서는 투표방법(ballot method), 심사방법(jury method), 그리고 상점가 차단법(mall intercept) 등이 활용된다. 투표방법은 명부에 있는 고객에게 인쇄된 투표용지를 우편으로 발송하여 함께 제시된 판매촉진수단들과 추가적인 정보를 제시한 다음 이에 대해 평가하도록 요청하는 것이다. 심사방법은 판매촉진에 관해 경험과 지식이 풍부한 심사위원을 정하여 가장 가치가 큰 판촉수단을 선택하도록 하는 것이다. 상점가 차단법은 상점가에서 무작위로 쇼핑객을 선정하여 그들에게 다양한 판매촉진수단들을 인쇄매체나 TV

등을 통해 보여 주고 가장 가치가 큰 것으로 지각되는 판매촉진수단을 고르도록 하는 것으로서, 가장 비용이 많이 드는 방법이다.

사전테스팅의 두 번째 유형인 행동에 대한 사전테스팅은 판매촉진 전에 고객의 행동반응을 관찰하거나 조사하는 것이다. 즉, 고객의 일상적인 상표선택, 점포방문, 구매량, 또는 반복구매, 추가 구매 등의 다양한 구매행동을 판촉행사 실시 전에 측정하는 것이다. 유통업자에 대한 사전테스팅은 기업의 판촉활동에 대한 유통업체의 반응을 판촉행사실시 전에 조사하는 것으로, 제조업자의 판매촉진방법에 불만을 느끼는 유통업자는 제조업자의 판매촉진을 외면하거나 단지 이득이 주어지는 경우에 한해서만 부분적으로 지원할 것이기 때문에 유통업자에 대한 사전테스팅도 중요하다. 따라서 제조업자는 판매촉진을 실시하기 전에 유통업자의 평가를 확보하거나 판매촉진에 관해 함께 토론해야 한다.

판매촉진의 동시테스팅은 판매촉진활동이 시장에서 운영되는 동안에 그 수용력을 평가하는 것이다. 제조업자는 동시테스팅을 통해 표적고객이 판매촉진의 가치를 제대로 지각하고 있는지, 기대한 판촉효과가 나타나는지 등을 측정할 수 있다. 마지막으로 사후테스팅은 판촉행사를 실시한 다음 표적고객의 반응을 조사하는 것으로, 판촉목표가 어느 정도 달성되었으며 판촉행사에 대한 사전테스트 결과와 어느 정도 차이가 있는지를 측정하기 위해 행해진다.

판매촉진효과의 테스트방법 중에서 실험법은 가장 정교함이 요하는 방법이다. 즉 소비자들을 몇 개의 집단으로 나누고 각 집단에게 서로 다른 판매촉진을 노출시킨 다음 그들의 의견과 행동에서의 변화를 조사하는 방법이다. 예를 들어, 실험의 목표가 세 가지 유형의 판매촉진수단들이 구매행동에 어떠한 변화를 가져오는지를 예측하는 것에 있다면, 먼저 명부에서 무작위로 선정된 사람들에게 각각 샘플링, 프리미엄, 그리고 리베이트 중 하나의 판매촉진만을 노출시키고 그에 따른 행동변화를 측정하는 방법이 이에 해당된다. 판매촉진의 효과를 측정하는 또 다른 방법으로 설문조사가 있다. 설문조사는 설문지를 통해 일상적인 고객의 행동반응을 조사할 수도 있으며, 유통업자를 대상으로 판촉행사기간 동안의 해당제품의 판매동향 등을 측정할 수도 있다. 마지막으로 관찰법이 있다. 관찰법은 장치를 이용하여 판촉관련 정보를 수집하는 방법과 직접 조사원이 점포에 나가 고객의 행동을 관찰하는 방법이 있다.

1.4. 판매촉진의 전략적 활용: 고객의 구매행위에 따른 판매촉진전략

고객들은 다양한 이유를 가지고 각기 다른 방식으로 행동한다. 따라서 기업은 관찰되는 고객의 행위를 바탕으로 고객을 분류하고 각 고객집단별로 설정된 판촉목표를 달성하는 데 효과적인 판매촉진 프로그램을 개발하는 것이 판매촉진전략의 핵심요소가 된다. 이하에서는 맥엘리스터(McAlister)가 제안한 구매행위에 따른 5가지 유형의 고객분류와 그에 적절한 판매촉진 대응전략을 살펴보도록 한다.

(1) 자사 브랜드에 애호도를 가진 소비자(Current Loyal Users)에 대한 판매촉진전략

자사 제품에 애호도가 높은 소비자들은 지속적으로 해당 브랜드를 구입하는 특징을 보인다. 따라서 기본적으로 현재의 촉진정책에 대한 변화보다는 기존의 고객애호도를 더 강화시키는 촉진 프로그램을 통해 기존제품의 사용을 증가시키거나 다른 제품의 사용으로 확장시키는 목적으로 판매촉진을 설계하여야 한다.

브랜드 애호집단에 속한 사람들도 다시 세 가지 유형의 그룹으로 나누어진다. 첫번째가 타성 구매자이다. 타성 구매자는 해당제품의 특정속성(가격, 품질) 때문에 지속적으로 구입하거나 단순히 구입의 용이성 등으로 인해 습관이나 타성에 젖어 계속 구입하기도 한다. 예를 들어 스타벅스의 카페모카를 지속적으로 사먹는 사람은 '특이한 맛' 때문일 수 있고 어떤 사람은 스타벅스의 하우스 브랜딩 원두의 '가격'이 싸기 때문에 지속적으로 구매하기도 한다. 따라서 이렇게 한 브랜드에 대하여 강화된 구매행동을 보이는 소비자에 대해서는 현재의 구매행동을 강화시키고 경쟁사로의 이탈을 방지하기 위해 지속적인 촉진 프로그램(보너스 팩, 경품권, 특별 패키지, 프리미엄)을 통해 계속적인 구입을 유도하여야 한다. 둘째는 사용량이 증가되고 있는 구매자이다. 이러한 소비자에게는 구매시기를 변화시켜 주거나 보너스 팩, 특별 패키징, POP 등 추가적인 촉진 프로그램을 통해 추가사용을 지속적으로 권장하여야 한다. 세 번째가 교차구매 집단이다. 이들에게는 관련된 상품의 연계판매(cross-selling)가 가능하므로 리베이트나 프리미엄 등의 연계판매 프로그램이 필요하다.

(2) 경쟁 브랜드에 애호도를 가진 소비자(Competitive Loyals)에 대한 판매촉진전략

경쟁 브랜드에 대해 높은 애호도를 가진 소비자집단은 특정상품 카테고리에서 경쟁사의 상품을 지속적으로 구입하는 소비자들이다. 이들에게 자사제품을 구입하도록 유도하기 위해서는 확실히 설득될 만한 제품품질이 동반되어야만 한다. 즉, 단기적으로 판매촉진을 통해 자사의 제품을 구매하도록 상표전환을 유도할 수는 있겠지만, 품질이 우수하지 않으면 단발적인 성과에 그치고 말 것이며, 소비자들은 다시 경쟁사의 제품을 재구매하게 될 것이다.

경쟁사 브랜드에 강한 애호도를 가진 소비자집단은 크게 세 가지로 나누어진다. 첫째, 강한 애호도의 소비자집단이다. 이들은 경쟁사의 제품이 다른 브랜드보다 비싸더라도 시장에서 최고의 제품이라 믿고 계속적으로 구입하는 소비자들이다. 따라서 이들은 경쟁사의 판매촉진에 대한 저항력이 강한 집단이므로 샘플링 등의 강화 프로그램을 통해 자사 제품에 대한 접촉도를 증대시킴으로써 시용구매를 유도해야 한다. 둘째, 가치 구매자들이다. 이들은 시장에서 최고의 제품은 아니더라도 비용에 비해 가장 유용성이 뛰어나다고 생각되어 경쟁사의 제품에 충실한 집단이다. 따라서 이들은 강한 애호도의 소비자집단만큼 판매촉진에 대해 저항적이지는 않기 때문에 새로운 자사브랜드에 대해 관심을 끌고 인지도를 높일 수 있는 촉진 프로그램이 필요하다. 즉 샘플링을 이용하여 제품에 대한 접촉도를 높이고 그 후에는 가치가 높은 쿠폰이나 매력적인 경품, 특별 패키지 등으로 비용대비 가치를 높여 주는 것이 필요하다. 셋째, 습관성 구매자이다. 이들은 타성에 의해 지속적으로 한 가지 제품을 구입하는 사람들인데 거의가 시간적 압박 때문에 습관적 구매경향을 보인다. 따라서 고객의 흥미를 유발하는 촉진 프로그램을 전개하여야 하며, 가치가 높은 쿠폰이나 프리미엄 때로는 가격 프로그램 등으로 고객의 관심을 지속적으로 끄는 것이 필요하다.

(3) 상표 전환자(Switchers)에 대한 판매촉진전략

상표 전환자들은 다양한 이유 때문에 특정 상품 카테고리 내에서 여러 상표들을 번갈아가며 구매하는 사람들이다. 이들의 상표전환행동에는 복합적인 이유가 내재하고 있으며 판매촉진의 효과가 가장 크게 나타나는 집단이다.

이들이 상표를 전환하는 이유는 크게 네 가지로 나누어진다. 첫째, 구입가능성(availability)을 중요하게 생각하는 집단이다. 즉, 상품을 구매하는 방식에서 크게 벗어나지 않기 위하여 상표를 전환하곤 한다. 예를 들어 평소 구매하는 점포에 사용하던 브랜드가 없을 경우에 다른 점포에 가지 않고 그냥 그 점포에 있는 다른 브랜드를 구입하는 사람들이 이에 해당된다. 따라서 이들을 자사고객으로 유지하기 위해서는 유통업체를 대상으로 촉진함으로써 유통업체가 적극적으로 자사의 제품을 취급하고 판매하도록 동기를 제공해 주어야 한다. 또한 점포 내 촉진 프로그램이 중요한 역할을 하므로 할인이나 보너스 팩 등의 활용을 통해 지속적인 점포 내 촉진관리가 요구된다. 둘째, 가치추구 집단이다. 이들은 쇼핑단계에서 가격과 제품가치간의 상대적 크기를 비교하여 가장 가치가 큰 제품을 구입 하는 사람들이다. 따라서 이들에게는 쿠폰이나 리베이트, 할인, 보너스 팩 등의 제공을 통해 가격 대비 가치가 우수한 것으로 지각되는 촉진 프로그램을 실시해야 하며, 연속 모으기나 특별 패키지 등의 지속적인 프로그램관리가 필요하다. 셋째, 특별행사 선호자들이다. 이들은 가끔 다른 구매욕구를 채우거나 특별행사를 이용하기 위하여 카테고리 내에서 다른 제품을 구입하곤 한다. 따라서 개별적 욕구를 충족시켜 주기 위한 특별한 이벤트나 촉진 프로그램을 전개하여야 한다. 넷째, 다양성 추구자이다. 이들은 다양한 제품 카테고리를 선호할 뿐 아니라 동일한 카테고리 내에서도 다양한 브랜드를 선호하는 집단이다. 따라서 누구보다도 경쟁사의 판매촉진에 쉽게 영향을 받는 집단이므로 특정 시점에서 자사 브랜드를 구매할 만한 동기를 부여해 주는 것이 중요하며 가격촉진이나 흥미를 유발할 수 있는 판촉 프로그램을 제공해 주어야 한다. 즉 쿠폰이나 할인, 콘테스트, 프리미엄 등이 효과적이다. 이러한 유형의 집단에게는 연속 모으기 등의 지속적인 프로그램이나 샘플링 등은 비효율적일 수 있는데, 왜냐하면 이들은 특별 촉진이 끝나고 나면 더 이상 그 제품을 구매하지 않기 때문이다.

(4) 가격에 민감한 소비자(Price Buyers)에 대한 판매촉진전략

가격에 민감한 소비자들은 제품을 구입하는 기준이 가격이기 때문에 가격이 저렴하면 지속적으로 구입하는 경향을 보이며, 이들의 대부분이 다량소비자층에 해당된다. 따라서 이들에게는 다른 무엇보다도 가격촉진 프로그램이 적당하다. 즉, 할인, 반환, 쿠폰 등을 지속적으로 활용하는 것이 중요하며, 보너스 팩이나 특별패키지 등의 부수적인 제품(extra production)의 제공도 효과적이다.

(5) 비사용자(Non-Users)에 대한 판매촉진전략

제품카테고리 내의 어떤 상표도 사용하지 않으며, 이들은 기본적으로 판매촉진에 대해 저항감을 가지고 있다. 따라서 비사용자들이 카테고리 내의 제품을 사용할 수 있도록 촉진하기 위해서는 기존에 가지고 있는 부정적 태도를 바꾸어야 한다. 판매촉진보다는 광고, PR 또는 publicity 프로그램이 부정적 태도를 바꾸는 데 보다 효과적이다.

비사용자가 되는 이유는 제품가치의 부족과 욕구의 부족 때문이다. 가치의 부족이란 가격에 비해 가치가 높은 것으로 지각하지 않기 때문에 제품을 구매하지 않는 경우이거나 과거에 카테고리 내의 특정제품을 구매하였다가 크게 실망한 경우이다. 따라서 이들에게는 접촉기회를 부여하기 위하여 샘플링을 제공한다거나 경품, 특별패키지, 프리미엄 등의 매력적인 판매촉진을 통해 제품가치를 부가하는 것이 중요하다. 욕구의 부족으로 비사용자가 되는 경우는 해당제품 카테고리에 대해서 특별한 필요성을 느끼지 못하거나 어떤 종류의 판매촉진에도 영향을 받지 않는 고객들이다. 따라서 이들에게는 샘플링을 통해 해당제품을 사용해 볼 기회를 제공해 주거나 선물용으로 판매촉진함으로써 수요를 창출할 수 있다.

제 2 절 유통판매촉진

2.1. 유통판매촉진의 개념

유통판매촉진은 제조업체가 유통업체를 대상으로 하는 판매촉진활동을 의미한다. 일반적으로 제조업체들은 그 회사 제품의 매출을 증대시키고 제품상표의 인지도를 높이는 일환으로 소비자판촉(consumer promotions)을 실시하는데, 소비자판촉을 하기 위해서는 유통판매촉진까지 병행하여야 더욱 효율적인 판매촉진결과를 얻을 수 있다. 특히 유통업체가 대형화되어 가는 추세에서는 유통업체의 협력을 얻어내는 것이 필수적이며 이러한 유통판매촉진의 성공여부에 따라 그 기업의 제품의 성공여부를 판가름 지을 수도 있다. 즉 판매촉진은 고객의 즉각적인 구매행동을 유도하기 위한 풀(pull) 전략과 제조업체가 유통업체로 하여금 소비자에게 적극적인 판매활동을 하도록 자극하고 취급률을 높이기 위한 푸쉬(push)전략이 적절히 조화를 이루도록 하는 것이 바람직하다.

도매업체들은 영업사원 개인의 영업능력에 크게 의존하는 판매촉진정책을 주로 활용한다. 이러한 영업사원의 능력은 소매업체가 원하는 제품을 원하는 시간에 원하는 수량으로 공급할 수 있는가에 의해 평가된다. 소매업체에게 제공할 수 있는 충분한 재고를 확보하고 미래에 예상되는 수요를 잘 파악하여 필요한 제품의 재고를 미리 확보해야 한다. 유통업체와 유통업체의 영업사원 입장에서도 제조업체와의 관계가 이러한 면에서 중요하다.

도매업체에게는 대량공급계약을 위한 판매촉진활동이 많으며 카탈로그를 이용한 판매활동이 많다. 도매업체는 제조업체로부터 제품을 납품받아서 소매업체에 넘기는 일을 주로 하기 때문에 최종소비자들을 대상으로 하는 판촉활동보다는 도매업체의 주요 고객인 소매업체들만을 대상으로 영업활동을 하게 된다. 그렇기 때문에 도매업체들이 광고를 하는 경우는 극히 드물며 광고를 하는 경우라고 하더라도 매우 간단한 광고형태를 띠게 된다. 반면 소매업체들은 대상이 최종소비자이기 때문에 도매업체들과는 다른 판매촉진수단을 사용하게 된다. 소매점포의 경우 소매점의 종류와 소매점이 취급하는 제품의 종류, 소매점이 표적으로 하고 있는 목표시장에 따라 다른 전략들을 사용하게 되므로 도매업자들의 전략들보다 다양한 수단을 활용하게 된다. 소매업체들은 제조업체를 대신해서 소비자를 대상으로 하는 인적판매, 광고, 그리고 판매촉진활동 등의 다양한 촉진활동을 수행하는 역할을 맡는 것이다.

2.2. 유통판매촉진의 목적

기업이 단기적인 마케팅 목표를 달성하기 위하여 소비자판매촉진을 활용하듯이 제조업자는 유통판매촉진을 계획함으로써 그러한 마케팅 목표를 보완하려고 한다. 제조업자가 유통업자를 대상으로 하는 판매촉진은 그 유형만큼이나 목적도 다양하지만 그 근본원인에 근거하여 크게 세 가지로 나누어 생각할 수 있다. 첫째, 제조업체는 자사 제품에 대한 매입의욕을 고취시키기 위하여 유통업체를 대상으로 촉진활동을 계획한다. 제조업체는 유통업체가 더 많은 물량을 매입하고 취급하는 것이 유통업자의 이윤향상에 도움이 된다는 것을 설득시키고 권유하기 위하여 가격할인이나 물량할인 등의 유통판촉수단을 이용한다. 둘째,

제조업체는 자사의 제품을 우선 판매할 목적으로 영업사원에게 인센티브를 주어 동기를 부여하거나 유통업체를 대상으로 각종 공제혜택을 지원해 주기도 한다. 이러한 직접적인 유통판촉수단 이외에도 셋째, 제조업체와 유통업체가 공생하는 관계임을 상기시킬 목적으로 유통판촉을 활용하기도 한다. 즉 제조업체는 유통업체를 대상으로 각종 초대회를 계획하거나 매장관리를 지원해 줌으로써 제조업자와 유통업체 간의 유대를 강화하고 신뢰를 구축한다.

2.3. 유통판매촉진의 유형

통합적 마케팅 커뮤니케이션의 일환으로 이루어지는 판매촉진관리의 가장 어려운 단계는 이용할 판매촉진도구의 유형이나 도구간의 결합방법 그리고 다양한 표적청중에게 전달하는 방법을 결정하는 것이다. 각 판촉도구들은 다른 마케팅 커뮤니케이션 도구와 결합해서 사용될 때 각각의 장단점을 가지고 있다. 크게 나누어 유통판매촉진은 제공되는 혜택이 금전적인가의 여부에 따라 가격할인판촉과 비가격 할인판촉으로 나눌 수 있다(그림 11-4).

그림 11-4 유통판매촉진의 유형

• 가격 판촉

1. 진열수당(Display Allowance)
2. 시판대 및 특판대 수당
3. 구매량에 따른 할인
4. 가격의 할인
5. 재고금융지원
6. 협동광고(Cooperative Advertising)
7. 유통업체 쿠폰
8. 촉진지원금(Push Money)
9. 리베이트(Rebate)

• 비가격 판촉

1. 영업사원 인센티브 제도
2. 영업사원 · 판매원 교육
3. 컨테스트
4. 초대회
5. 사은품
6. 지정판매량에 대한 인센티브
7. 고객접점광고물
8. 팩세트
9. 응모권 내장
10. 박람회
11. 판매상 지원(Dealer Loader)
12. 매장관리 프로그램 관리지원
13. 판매도우미(Sales Helper) 파견

태평양의 마몽드 「바이탈 E」제품의 촉진지원금(push money)사례

아모레의 강력한 경쟁자로 로레알이 주목받던 시기가 있었다. 이때 로레알은 「플레니튜드」란 신제품 런칭을 준비하고 있었는데, 이 제품의 컨셉은 비타민이 함유된 노화방지 제품이었다. 로레알의 「플레니튜드」 제품은 외국에서는 이미 출시되어 많은 사랑을 받아오던 제품이었으나 국내에는 처음 소개되는 제품이었다. 국내 화장품업계의 선두자리를 지키던 태평양의 마케팅팀 이 부장은 이 제품이 시장에서 인기를 얻는 것을 저지하기 위한 전략이 무엇이 있을까 하고 고심하게 되었다. 이 부장은 비타민이 함유되어 있으며, 경쟁사의 제품과 동일한 컨셉을 가진 제품을 먼저 출시하기로 결정하였다. 이 부장의 고민은 여기서 끝나지 않았다. 과연 어떤 제품계열을 선택하고 상표명은 무엇으로 해야 하는지가 남아 있었다. 이 부장은 처음 출시되는 제품이 로레알과 경쟁이 될 만한 제품이어야 하고 가격은 중저가이면서, 어느 정도 인지도가 있어야 시장을 선점할 수 있다고 판단하였다. 따라서 적절한 제품계열로는 중저가이면서 이미 높은 인지율을 얻고 있는 마몽드 제품을 선택하였고, 브랜드명은 IMC개념을 잘 반영하여 제품속성과 일관성을 보이도록 브랜드에 비타민 성분을 표시하기 위해서 「E」를 포함시켰다. 또한 비타민제의 노화방지기능을 잘 반영하기 위해 생생한 느낌의 「바이탈」을 합해 「바이탈 E」라고 정하였다. 이 부장은 시장선점을 위해 마몽드의 「바이탈 E」를 회사의 역매(力賣)상품으로 규정짓고, 이 제품의 촉진을 위해 전사적인 마케팅노력을 기울이기로 하였다. 그러나 우리나라의 화장품산업의 특성상 유통접점에서의 권유가 매출에 큰 영향을 미치고 있었으며, 성공적인 마케팅을 위해 그들을 십분 활용하는 일이 필수적이었다. 따라서 이 부장은 유통업체의 점주들을 대상으로 마몽드 「바이탈 E」 제품의 취급률을 높이고 좀더 적극적인 판매동기를 자극하기 위하여 제품 한 개당 얻을 수 있는 이익금외에 500원씩을 추가지급하기로 하였다. 뿐만 아니라 「바이탈 E」 제품박스에 해외여행 응모권을 내장하여 점주들의 재고율을 높이고 그 결과로 판매를 촉진하도록 하였다. 따라서 점주들은 「바이탈 E」 제품을 보다 많이 취급하게 되었고 자신의 점포를 찾아오는 손님을 대상으로 마몽드 「바이탈 E」제품을 적극 추천하게 되었다. 이러한 적극적인 유통판매촉진을 계획하고 실행한 결과 이 부장은 로레알의 「플레니튜드」가 시장에 소개되기 전에 어느 정도의 시장점유율을 확고히 함으로써 비타민 컨셉의 노화방지시장에서 선두를 유지할 수가 있었다.

2.4. 유통판매촉진의 활용

유통판매촉진전략은 그 종류가 다양하지만 모두가 상당한 비용을 요구한다. 따라서 유통판매촉진이 어떠한 상황하에서 보다 효과적인가를 판단하는 것이 필요하다. 이러한 판단을 하는 데 있어서 2가지 측면을 고려할 수 있다. 하나는 판촉에 대한 고객반응의 탄력성이고 또 하나는 재고유지비이다. 각각의 측면을 높은 경우와 낮은 경우로 구분한다면 〈그림 11-5〉에서와 같은 표를 작성

그림 11-5

유통판매촉진의 활용

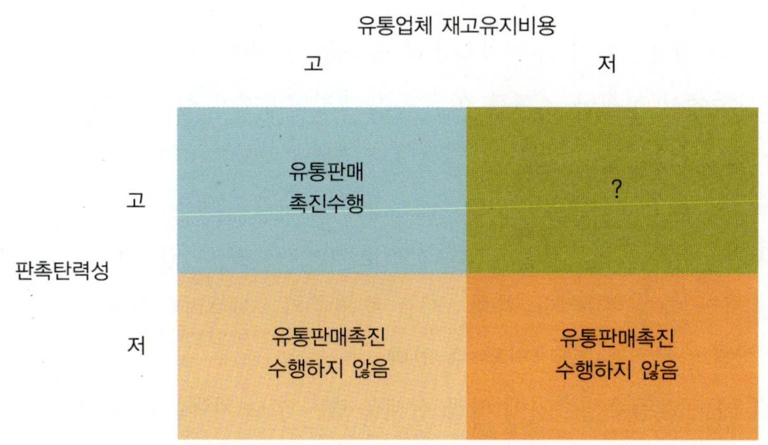

자료원: Blattberg & Neslin, 1990, p. 341.

해 볼 수 있다.

우선 판촉탄력성과 재고유지비 모두가 높은 경우에는 유통판매촉진을 수행하는 것이 바람직하다. 그 이유는 유통업체의 재고유지비가 높기 때문에 판촉기간 이후의 물량까지 앞당겨 구매할 가능성이 작은 반면 판촉탄력성이 높으므로 고객에게 이익을 이전할 동기를 가지고 있기 때문이다. 반면 탄력성과 재고유지비가 모두 작은 경우는 유통판매촉진이 적절하지 못한 경우이다. 그 이유는 유통업체의 재고유지비가 낮기 때문에 앞당겨 구매하게 되는 반면 탄력성이 낮으므로 고객에게 이익을 이전할 동기가 없기 때문이다. 따라서 이러한 경우는 판촉의 이익을 유통업체가 독점할 뿐 제조업자의 매출에는 도움이 되지 못하게 된다. 재고유지비는 높으면서 판촉탄력성이 낮은 경우에는 제조업체와 유통업체 모두가 판촉의 필요성을 느끼지 않게 될 것이다. 반면 재고유지비가 낮으면서 판촉탄력성이 높은 경우 유통업체에서는 판촉을 요구할 동기가 있는 반면 제조업체에서는 판촉으로부터의 이익을 기대하기가 어려운 상황으로 둘 간의 갈등이 발생할 가능성이 생겨나게 된다. 여기서 제품관리자는 본인의 제품이 어떠한 상황에 해당되는가를 판단하고 이에 따라 유통판매촉진이 전체 마케팅노력에서 얼마만한 비중을 차지하는 것이 바람직한지를 결정해야 할 것이다.

2.5. 소비자판촉과 유통판촉의 조화

풀(pull)전략으로서의 소비자판촉과 푸쉬(push)전략으로서의 유통판촉은 제한된 예산하에서 적절한 조화를 이루도록 계획되어져야 한다. 즉 두 가지 전략의 효율성을 극대화할 수 있도록 일관성과 보완성의 원칙하에 최적의 조합을 찾아내야 한다.

어떠한 조합이 가장 적절한가는 〈표 11-4〉에서 볼 수 있듯이 제품 특성, 경쟁상황, 시장 특성, 단위당 가치, 제품 수명주기, 제품라인의 다양성 등 여러 가지 요소에 따라 다르게 나타날 수 있다.

예를 들어 제품수명주기에 따라 신제품 출시후 초기에는 집중적으로 유통판촉을 실시하여 제품취급률을 높이고 이후 어느 정도 제품 인지도가 높아졌을 때 풀(pull) 전략 차원에서의 소비자판촉에 집중하는 방법이 있을 수 있다.

또한 제품의 특성이 소비자들에게 많이 알려져 있지 않은 신기술을 이용한 제품의 경우 인지도를 높이기 위해 풀전략 차원에서 소비자판촉을 보다 많이 시행하는 것이 더 효율적일 것이고, 반대로 제품의 특성이 비교적 알기 쉬운 제품의 경우 유통판촉 위주로 점포내 제품 취급률을 높이는 방법을 사용하는 것이 더 효과적일 것이다.

제품 복잡성 차원에서는 제품이 단순한 것일 경우(예를 들어 치약, 비누, 껌 등) 소비자판촉을 적극적으로 하여 최종소비자들에게 인지도를 높이는 것이 이

표 11-4
소비자판촉과 유통판촉의 조합

조 합	푸쉬(push)전략 (유통판촉)	풀(pull)전략 (소비자판촉)	푸쉬(push)전략 (유통판촉)	풀(pull)전략 (소비자판촉)
	Low »»»»» High		High ««««« Low	
단위가치	낮 음		높 음	
제품수명주기	성장 및 초기 성숙단계		진입초기	
제 품	감춰진 성능이 많을 경우		관찰가능한 특성이 많을 경우	
제품 복잡성	단 순		복 잡	
시 장	큰 세분시장		다양한 작은 세분시장	
제품라인	수평적 제품라인(수평적 다각화)		수직적 제품라인(수직적 다각화)	

로우나, 반대로 복잡한 제품인 경우에는(예를 들어 보일러, 건축자재, 카페트 등의 기타 전문품) 소비자들이 유업업체의 설명이나 권유에 의해 브랜드를 선택하는 경우가 많으므로 유통판촉을 중점적으로 시행하는 것이 효과적이다.

다양한 세분시장을 가지고 있는 화장품이나 의류, 음료, 샴푸, 세제 등의 제품은 보다 많은 유통업체에서 취급하도록 하는 것이 중요하므로 유통판촉에 집중하게 되고, 반대로 몇 개의 큰 세분시장으로 대표되는 냉장고, 세탁기, 에어컨, 김치냉장고 등의 경우는 소비자가 먼저 그 제품을 찾도록 하는 것이 중요하므로 소비자판촉도 무시할 수 없다.

마지막으로 제품라인 측면에서 백색가전업체와 같이 수평적인 제품라인을 가지고 있는 기업은 소비자판촉에 그리고 자동차 타이어나 가정용 공구 등 수직적인 제품라인을 가지고 있는 기업의 경우 유통판촉에 집중하는 것이 효과적일 것이다.

즉 한정된 예산하에서 여러 가지 커뮤니케이션 요소들과 조화를 이룰 수 있도록 시장, 제품, 소비자의 특성을 충분히 고려하여 소비자판촉 및 유통판촉의 범위를 결정하는 것이 중요하다.

요약 및 복습 _ Summary & Review

판매촉진은 고객의 구매동기를 직접 자극하고 접근이 용이하도록 유통의 효율성을 향상시키는 촉진수단으로서 단기적인 매출신장에 탁월한 효과가 있다. 마케팅 담당자는 거래장애를 제거하는 데 판매촉진 활동을 효과적으로 이용할 수 있다. 판매촉진은 크게 풀(pull)전략의 일부로서 소비자판매촉진과 푸쉬(push)전략에 속하는 유통판매촉진으로 나누어진다.

소비자판매촉진은 고객의 시용과 수요를 촉진시키고 유통에서의 제품 취급률을 향상시키기 위해 한정된 기간 동안 소비자와 유통채널에 가해지는 마케팅수단으로 비가격판매촉진에는 프리미엄, 견본품, 컨테스트와 추첨, 시연회, 애호도 제고 프로그램 등이 있으며, 가격판매촉진에는 가격할인, 쿠폰, 리펀드와 리베이트 등이 있다. 이에 반해 유통판매촉진은 제조업체가 유통업체를 대상으로 행하는 것으로 역시 비가격 판촉과 가격판촉으로 나뉘며 비가격판촉에는 영업사원 인센티브, 판매도우미 파견 등이 있고, 가격판촉에는 진열수당, 촉진지원금 등이 대표적이다.

기업은 판매촉진전략의 활용시 고객의 구매행위에 따라 다양한 전략대안 중 가장 적절한 것을 조합하여 수행하여야 한다. 즉 기업은 유통판매촉진과 소비자판매촉진을 적절히 활용하여 고객이 구매시 느낄 수 있는 소유, 시간, 장소 등의 여러 가지 장애요인을 제거해 줄 수 있는 최적의 조합을 선택하여 수행하여야 한다.

문제제기 및 질문 _ Issues raised & Question

1 판매촉진은 특정기간 동안 판매량을 증가시키기 위해 종종 사용된다. 그러므로, 이는 일정기간 동안의 효과성에 한정되어 있음을 의미한다. 이에 대하여 논해 보시오.

2 새로운 기능을 가진 세탁기를 개발하여 제품을 출시하고자 할 때 기업의 마케팅담당자로서 어떠한 소비자판촉 및 유통판촉전략을 사용할 것인지 본문에 제시되어 있는 판매촉진 의사결정과정 따라 논해 보시오.

3 자사 브랜드에 애호도를 가진 소비자에 적절한 판매촉진전략과 경쟁브랜드에 애호도를 가진 소비자, 상표 전환자에 적절한 판매촉진전략을 비교하여 설명하시오.

4 제품수명주기상에서 성장기에 위치한 제품이라면 소비자판매촉진과 유통판매촉진 중에서 어느 것에 더 중점을 두어야 하는지 설명하고, 사용가능한 판매촉진전략을 예를 들어 보시오.

R/E/F/E/R/E/N/C/E/S _ 참고문헌

심윤희(2000), "매일경제," 경제(화장품업계의 이 사람: 시슬리 코리아 홍병의 사장), 6. 28.

윤훈현, 고영직(1999), 「촉진전략론」, 석정.

이차옥, 이성근(2000), 「프로모션 에센스」, 무역경영사.

정재완(1995), 「팔리지 않는 시대에 파는 비결」, (주)한국다이렉트마케팅 · 한국SP연구소.

Henry Assael(1987), *Consumer Behavior and Marketing Action*, 3rd ed.(Boston: Kent Publishing).

James F. Engel, Martin R. Warshaw, Thomas C. Kinnear(1991), *Promotional Strategy*(Irwin).

John, J. Burnett(1993), *Promotion Management* (Houghton Mifflin Company).

Julian Cummins(1998), *Sales Promotion, Kogan Page*.

Kotler, Philip(2000), *Marketing Management*, The Millennium Edition.

McAlister, Leigh(1986), "The Impact of Promotion on a Brand' s Market Share, Sales Pattern, and Profitability," Report No.86-110(Cambridge, MA.: Marketing Science Institute).

Narasiman, Chakravarthi(1984), "A Price Discrimination Theory of Coupons," *Marketing Science*, Vol. 3, no. 2(Spring), pp. 128-146.

Philip Kotler and Gary Armstrong(1993), *Marketing: An Instruction*(Prentice-Hall).

Stanley Sacharow(1981), *The Product as a Marketing Tool*(Randor, Pa.: Chilton), pp. 124-125.

CHAPTER 12

촉진(Promotion) 관리 Ⅲ

홍보, 구전, 판매원 관리

도미노 피자의 위기와 그에 대응하기 위한 PR 캠페인

1981년 미국 디트로이트에서 Thomas Monaaghan에 의해 설립된 피자체인점인 도미노 피자는 자사 제품의 핵심개념을 '빠른 배달'로 설정하고 그것을 경쟁우위로 하여 지속적인 성장을 거듭해왔다. 주문 후 30분 안에 고객에게 배달되지 않으면 고객은 무료로 피자를 받게 될 것이라는 파격적인 제안을 통해 설립초기 300개에 불과했던 지점수는 1990년대 중반 5,000개를 넘어섰고, 매출액 20억 달러를 넘어서게 되었다.

그러나 이러한 경쟁우위가 1989년 인디애나주에서 17세의 도미노 배달원이 배달중 운전사고로 사망하는 사건이 일어나면서 위기를 맞게 되었다. 사망한 배달원의 어머니가 도미노의 배달정책을 지키려다 무리한 과속을 하여 자신의 아들이 사망하게 되었다고 주장한 것이다. 이를 도화선으로 전국에서 도미노의 초고속 배달방침에 대한 비난이 쏟아지기 시작하였으며 이것은 소송으로까지 이어졌다. 이는 한 사람의 사망에 대한 책임문제에서 도미노의 30분 배달방침에 대한 시민 또는 커뮤니티와의 갈등문제로 확대되었고 도미노는 설립 이래 최대의 위기를 맞이하게 된다.

도미노의 방어적이면서도 적극적인 PR 캠페인

도미노는 이러한 전국적인 압력에도 불구하고 핵심경쟁우위인 '30분 배달정책'을 포기하지 않고 오히려 도미노의 배달정책 안전성을 확보하기 위한 계기로 활용하였다. 즉 배달시간을 준수하면서도 배달의 안전성을 확보하기 위한 다각적인 방안을 강구하였고, 이를 홍보하는 PR캠페인을 적극적으로 전개하였다.

(1) 모든 도미노 배달상자에 메시지 부착

"30분 배달방침은 중요합니다. 그러나 안전한 배달은 더욱 중요합니다.도미노의 배달시스템은 배달원이 충분한 시간을 가지고 배달할 수 있도록 최선의 노력을 다하고 있습니다. 우리는 12분 안에 맛있는 피자를 만들어 냅니다. 그리고 도미노 지점에서 여러분 집까지의 거리는 평균 2마일 정도입니다. 남은 18분은 우리 배달원이 안전하게 여러분의 집까지 피자를 배달하는 데 충분한 시간입니다. 우리는 수백만 번의 배달경험을 통하여 30분이 충분한 배달시간임을 알고 있습니다."

(2) 도미노의 안전배달 방침을 강조하는 퍼블리시티를 언론매체에 게재

도미노의 모든 배달운전자들은 필수적으로 8시간 운전훈련 프로그램을 이수하도록 하였고, 교통이 혼잡한 일부 도시에서는 그들에게 좀더 강력한 운전훈련 프로그램을 제공하였다. 또한 도미노는 전국매장에서 일하던 18세 미만의 배달운전자들을 전원 교체하였다.

(3) 자사의 안전기록을 일반에게 공개

도미노는 연간 약 20여명들의 직원들이 배달사고로 사망했다고 솔직하게 밝혔고, 이는 약 1,150만개의 피자배달 당 1건의 사고 발생률로서 이들 사고가 모두 배달 도중 발생한 것은 아니라고 덧붙였다. 도미노는 배달운전자들이 30분을 지키지 못할 경우 그들에게 어떠한 불이익도 돌아가지 않으며, 고객에게 제공하는 배상도 배달원이 아닌 회사가 지급함을 강조했다. 추가적으로 도미노는 제일 늦게 배달하는 직원에게 주었던 '지각왕' 배지 수여식을 폐지하였고, 최고의 배달원에게 수여하던 상을 중단하는 대신 5,000시간의 안전운행 기록을 수립한 배달원을 선정하여 포상하는 계획을 발표하였다.

(4) 난폭운전 신고용 수신자 부담전화 개설

1-800-DOMINOS를 개설하여 도미노 피자사진과 함께 '멈춤' 표지 및 수신자부담 전화번호를 넣은 대형 포스터를 배포하여 일반인들이 도미노 배달원이 난폭하게 운전하는 것을 목격할 경우 신고하여 줄 것을 권유하였다.

이러한 노력의 결과로 도미노의 '30분 배달'의 안전성에 대한 논란은 잠잠해지기 시작하였고, 소송도 무효판결이 났다. 또한 도미노의 대변인은 이번 사건이 오히려 도미노의 안전운행에 대한 헌신적인 노력을 전국적으로 알리게 된 좋은 계기가 되었다고 말하였다.

〈자료원: 김동훈 · 안광호 · 유창조, 「마케팅커뮤니케이션관리」, 학현사, 2001. pp. 226~228〉

가장 대표적인 촉진수단을 꼽으라면 지금까지 제10장과 11장에서 다루어온 광고와 판매촉진을 말하는 사람이 많을 것이다. 그러나 매스미디어의 영향력이나 중요성이 점점 감소하고 시장이 더욱 세분화됨에 따라 기업들은 더 이상 불특정 다수를 대상으로 하는 커뮤니케이션 전략만으로는 개개인의 고객을 상대로 자사 제품이나 서비스를 알리고 구매하도록 할 수 없게 되었다. 또한 쌍방향 정보교환을 가능하게 한 인터넷 등의 발달로 소비자들도 더 이상 주어지는 정보

의 수요자만이 아니라 기업이 제시하는 정보에 대해 비판하고 새로운 정보를 제공할 수 있는 능동적인 정보 제시자가 되었다. 따라서 세분화된 개별 고객에게 최적의 정보를 줌으로써 고객과의 지속적인 관계를 맺어나가기 위해서는 맞춤정보(tailored information)를 제공할 수 있는 수단들이 필요하게 된 것이다.

본 장에서 다루는 홍보(PR)와 구전, 그리고 인적판매는 기존의 매스미디어를 활용한 광고나 판매촉진보다 세분화된 고객에게 정보를 적시에 전달할 수 있다는 공통적인 장점을 갖고 있다. PR이나 구전은 기업정보를 제공한다는 느낌보다는 고객들이 언론기관, 전문가집단 또는 준거집단 등을 통해서 접하게 되므로 더욱 신뢰하게 되며 설득 효과도 높다. 또한 인적판매는 고객을 직접 만나서 기업의 입장을 전달할 수 있다는 장점을 갖고 있다.

위에서 언급한 세 가지 촉진수단 역시 개념전달활동 및 구매장애제거 활동에 기여하기 위해 마케팅목표 및 IMC 목표하에서 일관성을 갖고, 다른 커뮤니케이션 수단들과 보완적인 것들로 구성되어져야 한다. 예를 들어 도미노 피자의 사례를 보면 '30분 배달' 이라는 제품의 핵심개념을 고객들에게 올바로 전달하기 위한 PR전략은 시간, 장소에 대한 장애요인을 제거해 줄 뿐만 아니라 서비스 자체에 대한 부정적인 인식을 없애 줌으로써 감정적 장애요인까지 제거해 주는 효과를 거두었음을 알 수 있다. 따라서 본 장에서는 마케팅믹스 중 촉진분야에서 그 중요성이 부각되고 있는 PR(public relations), 구전(word of mouth), 인적판매에 대해 자세히 알아보기로 한다.

제1절 PR(Public Relations) 관리

PR은 기업과 이해관계가 있는 여러 집단(고객, 공급업자, 판매상, 주주, 고용자, 관계기관)들의 욕구를 분석하고 그들과 우호적인 관계를 지속적으로 관리하기 위해서 행해지는 커뮤니케이션 활동이라고 할 수 있다.

물론 PR은 위의 정의에서와 같이 광의의 개념으로 사용되어 그 중요성이 날로 증대되고 있다. 즉, 기업내부구성원에 대한 PR로 종업원에게 회사의 비전, 정책을 제시하고, 공동의 관심사를 개발, 전달하는 것이나 투자자에게 행하는 IR(investor relations), 공급업자나 중간상을 대상으로 행해지는 홍보 등 고객과 직접적으로 관계가 없는 부분에서까지 기업의 입장을 알리고 긍정적인 이미지를 심어 주고자 다양한 노력이 행해지고 있다.

MPR(marketing public relation)이라는 용어에서도 알 수 있듯이 기존의 PR전문 담당부서에서 수행하는 종합적인 기업차원에서의 관리와는 달리 마케팅담당자는 기업이 생산하는 제품이나 서비스 차원에서 홍보(publicity)에서 진일보한 개념의 PR을 관리하게 된다. 물론 이러한 노력들이 광의의 PR이라는 개념에 모두 속하지만 본 절에서는 마케팅담당자의 입장에서 관리해야 할 PR에 초점을 맞추어 다루기로 한다.

1.1. 마케팅에 있어서 PR의 역할

마케팅에 있어서 PR의 역할은 기존의 홍보(publicity)가 담당하던 부분에서 좀더 다양한 기능을 수행하고 있다고 할 수 있다. 홍보란 상업적으로 매우 중요한 다중적 의사소통으로서, 광고와는 달리 비용은 기업이 아닌 대중매체 스스로가 부담하는 것을 말한다. 한 제품에 대한 홍보는 신문, 잡지 등과 같은 전통적인 매체나 영화와 같은 비전통적인 매체를 통해서 전달된다. 그러나 마케팅 PR은 단순한 홍보라기보다는 신제품 출시 시 관심유도나 성숙기의 제품을 재포지셔닝(repositioning)할 때, 특정 표적고객집단에게 영향을 주기 위한 목적이나 고객집단으로부터의 불만사항에 대한 기업의 입장 표명, 기업이나 브랜드 이미지 구축 등 다양한 목표를 갖고 수행되는 다양한 노력을 포괄한다. 즉 단순히 매체의 사설란에 기사를 내보내는 것만이 아니라 간행물 발간, 특별행사, 연설, 공공서비스활동 등이 모두 마케팅담당자가 고려해야 할 PR의 수단이 되고 있는 것이다(표 12-1 참조).

신제품 출시, 기존제품의 변경, 새로운 유통지역의 개발, 또는 특별한 판매제안 등에 대한 PR은 잠재적 소비자들에게 중요한 정보를 제공함으로써, 제품개념을 보다 잘 이해하고 특정회사와 거래관계를 맺는 것을 용이하게 해 준다.

이러한 PR은 소비자들로 하여금 제품개념과 위상(포지션)을 이해하도록 도와 주는 수단으로 사용될 수 있다. 예컨대, 보스톤의 초등학생들이 '배추머리 인형'을 가지고 즐거워하는 모습이 여러 가지 매체를 통해서 알려지게 되면, 사람들은 그 인형이 사랑과 정을 우러나게 하는 특별한 '아기'라는 호감을 갖게 된다. 또한 PR은 신제품이 시장에 출시된 사실을 소비자들에게 알려 줄 수도 있

표 12-1
마케팅 PR의 종류

종 류	내 용
간행물	특정 표적집단을 대상으로 기업이 배포하는 연간기업보고서, 브로셔, 논문집, 시청각자료, 기업의 사보, 잡지 등
특별행사	기자회견, 세미나, 견학, 전시회, 시연회, 기념회, 운동경기 등을 시행 또는 지원함으로써 표적고객에게 도달하고자 함
뉴스기사	다양한 형태의 기사나 시청각자료를 각 매체 특성에 맞도록 제공함으로써 뉴스화시킴
연설	최고경영자나 기업 내 전문가에 의한 제품 홍보 연설
공공서비스 활동	지역공동체의 관심사에 대한 지원 또는 기부를 통한 기업 및 제품 이미지를 향상시킴
기업주체성 매체	대중들이 즉각적으로 인식할 수 있는 시각적 매체(유니폼, 건물외벽, 기업의 보고서 양식, 브로셔 등) 확보

자료원: Philip Kotler, *Marketing Management*, The Millennium Edition.

는데, 이러한 PR은 제품수명주기상의 도입기에 매우 중요한 역할을 한다.

또한 기업은 PR을 통하여 제품의 가치를 소비자에게 알려 줌으로써 직·간접적으로 가치적 장애를 제거시킬 수 있다. 예컨대, 사람들이 '배추머리 인형'을 구입하기 위해서 아귀다툼을 벌이는 것을 보게 되면, 잠재 소비자들은 그 인형에 대해서 보다 높은 지각상의 가치를 인식하게 된다는 것이다. 왜냐하면, PR은 광고에 비해서 객관적인 입장에서 전달되기 때문에, 소비자의 지각적 장애나 가치적 장애를 제거해 줄 수 있는 영향력이 매우 크기 때문이다.

이와 같이 PR은 광고보다 더 값진 촉진수단이 될 수 있는데 그 구체적인 이유를 살펴보면 첫째, PR은 광고보다 더욱 믿을 수 있는 수단으로 인식되고 있다는 것이다. 왜냐하면, 앞에서 언급한 대로 PR에서의 정보는 광고와는 달리 매체 스스로가 통제하는 경우가 많기 때문에, 광고주에 의해서 통제가 가능한 광고에서의 정보보다도 신뢰성이 높기 때문이다. 예를 들어, 미국의 Consumer Reports라는 잡지에 실린 호의적인 기사가 똑같은 내용을 담고 있는 광고보다 훨씬 더 큰 영향력을 지니게 되는 것이다. 둘째, PR은 광고에 비해 훨씬 경제적인 매체인데, 심지어는 비용이 전혀 수반되지 않는 경우도 있다. 그렇지만, PR은 기업 입장에서 볼 때 광고만큼 쉽게 통제되지 않는다는 단점도 지니고 있다. 여기서 통제라는 개념은 조심스럽게 이해되어야 하는데, 매체에 대한 통제의 결핍은 소비자의 구매행위에 대한 통제의 결핍과 관련이 있기 때문에 마케팅관리자가 소비자에게 의사전달을 하고 그들을 설득시키려고 노력하는 것과 마찬가지로 매체에 대해서도 똑같은 노력을 기울여야만 한다. 이러한 문제 때문에 PR이 광고의 대체안이 될 수는 없지만, 보완적인 성격을 갖고 정보를 제공해 줌으로써 광고의 효과를 증대시키고, 촉진활동과의 시너지 효과를 만들어 내는 데에도 도움을 줄 수 있다.

1.2. PR의 구성요소

PR은 PR주제, PR문안, 청각적 단서, 시각적 단서와 같은 여러 가지 구성요소를 갖고 있다. 광고에서와 마찬가지로 마케팅관리자는 총체적인 제품개념과 일관성을 갖고 촉진활동 내의 다른 구성요소들과 상호보완성을 갖는 PR주제를 결정해야 한다. PR주제는 그것을 내보낼 매체측면에서 볼 때 정보적 가치를 인정받을 수 있도록 설득력 있게 나타내어야 하는 한편, 제품개념의 핵심을 포함하고 있어야 한다.

동시에 PR은 표적고객의 마음에 제품이나 서비스의 가치를 정립시켜 놓아야 한다. 이러한 인식을 얻어내기 위해서 마케팅관리자는 우선 특정매체가 PR에 사용될 메시지를 매체 이용자들에게 얼마나 설득력 있게 전달할 수 있는가를 검토해야 한다. 또한 마케팅관리자는 PR메시지가 마케팅목적과 일관된 방식으로 전달될 수 있도록 특정 매체의 노력에 모든 편의를 제공해야 한다.

PR메시지의 유용성은 '뉴스 가치성'에 있는데, 이것은 PR메시지가 대중들에게 얼마나 재미있고 유용한 것인가를 말하는 것이다. PR메시지를 정확하게 그리고 특정매체에 알맞은 방식으로 전달하는 데에 실패하게 되면, 대중매체는 그 메시지를 완강히 거부하게 된다. 예컨대, 미 Forbes의 편집자들은 다음과 같이 불평한다. "우리는 회사의 PR담당자들 때문에 시달리고 있다. 그들은 갑자기 사무실로 뛰어들어오거나 전화를 걸어서 좋은 기사거리가 있다고 떠들어댄다. 물론 그들이 보기에는 그럴지는 모르겠지만, 바쁜 생활에 시달리는 우리 독자들에게는 그렇지 않다." 비슷한 예로 미국 Domestic Engineering의 편집자에 따르면, 그는 한 달에 1,500여 건의 제보를 받는데, 부분적으로나마 기사에 이용되는 것은 단지 126건에 불과하다고 한다. 기각률이 무려 90%에 이르는 셈이다.

특정매체의 메시지 전달 가능성을 제고시키기 위해서 메시지는 각 매체의 독특한 특성들을 염두에 두고 설계되어야 한다. 예컨대, 라디오 방송국에서 제시되는 PR메시지는 인쇄매체에 제공되는 메시지와는 달라야 한다는 것이다. 라디오 뉴스 편집실은 라디오라는 매체를 고려하여 특별히 준비된 PR메시지를 원하게 마련이다. 반대로 신문은 표제만 보고도 독자가 흥미를 느낄 수 있는 정보들을 요구한다. 잡지는 비교적 긴 기획기간을 필요로 하고, 자유기고자를 포함한 다른 기고자와의 기사공간 확보경쟁이 치열하다. TV는 시각적으로 묘사 가능한 제품들을 요구하기 때문에 제품특성과 편익이 적절히 실연되어야만 한다.

매체관련 종사자들이 PR자료를 매체특성에 맞게 변형시키도록 요구하는 정도가 낮을수록, PR메시지 정보가 마케팅관리자의 기대와 일관된 방식으로 표적고객에게 전달될 가능성은 커지게 된다. 그러므로 기업은 매체에 대한 관심을 갖고, 매체가 원하고 있는 사진이나 이야기들을 적절한 시기에 손쉽게 사용할 수 있는 형태로 제공하는 일에 노력을 기울여야 한다. 잘 준비된 기자회견, 단독 인터뷰, 매체 내의 최신정보, 그리고 각 매체의 편집정책 등은 기업과 매체간의 상호관계에 영향을 미치는 중요한 요소들이 될 수 있다. 또한 조직 내에서 영향력 있는 사람들과의 관계를 형성하기 위해서 개별 매체조직의 구조도 신중하게 조사할 필요가 있다. 예컨대, 만약 PR프로그램이 투자자금을 갖고 있는 독자들을 대상으로 한다면, 기업은 특정매체조직 내에서 과연 누가 자금관련 프로그램의 편집 책임을 맡고 있는가를 알아야 하기 때문이다.

1.3. PR매체의 선정

기업의 PR을 위해서 채택된 매체는 표적시장의 구성원들에게도 관심 있는 매체이어야 한다. 왜냐하면 이러한 매체는 제품개념의 전달과 지각적 장애의 제거에 도움을 주기 때문이다. 예컨대, 새로운 화학복합물에 대한 뉴스는 일반적인 경제잡지보다는 그러한 복합물의 이용가능성이 높은 특정산업을 대상으로 하는 잡지에 실린다면 보다 큰 영향력을 가질 수 있다. 마찬가지로 사탕에 대한 촉진활동은 어린이들이 이용하는 매체를 통해서 효과를 극대화시킬 수 있는 것이다. 예컨대, 미국 Reese's사의 Pieces사탕은 ET라는 영화 속의 주인공인 Elliot이 ET와 친구가 되는 하나의 수단으로 사용되었다. 이 짧은 장면으로 인해서 Reese's사 사탕매출은 한달 동안 무려 70%나 증가할 수 있었다.

신문, 뉴스, 잡지, 라디오, TV 그리고 심지어는 영화까지 홍보매체의 수단이 될 수 있는데, 중요한 것은 PR목적을 위해서 다양한 매체를 상호조정하는 일이다. 실례로 라디오나 TV의 토크쇼는 특정제품이나 서비스, 아이디어를 PR의 형태로 촉진하기 위해서 특별히 제작될 수 있다. 예컨대, 미국의 한 바나나 재배업자는 바나나에 대한 촉진의 한 방편으로 Banana Bunch라는 조직을 만들었고, '뉴욕 PR대행사'를 활용하였다. 그 대행사는 영양학자를 고용한 이후에 바나나를 선전하기 위해서 토크쇼에 그 영양학자를 출연시켰던 것이다.

또한, 월트디즈니사의 PR프로그램은 PR매체의 조정이 시장에서의 제품성과에 어떠한 영향을 미치는 가를 보여 주고 있다. 디즈니는 영화를 촉진하기 위해서 TV 프로그램을 이용하였고, 책이나 기념품의 판매, 디즈니랜드, 디즈니월드나 다른 사업의 촉진을 위해서는 TV나 영화를 이용하였다. 디즈니조직은 또한 결합된 형태의 촉진활동을 만들어 내는 데 혁신적인 역량을 가지고 있기 때문에 많은 매체들이 PR활동들을 제공해 주고 있다. 일례로 디즈니가 개최하는 라디오 콘테스트에는 매년 100,000명 이상의 방문객을 추가로 끌어들이고 있는 것이다.

특정제품의 시장수요에 관한 PR의 영향은 다음 회사의 예에서도 잘 나타나고 있다. 예컨대, 어떤 회사의 경우 유지보수가 전혀 필요 없는 트럭용 배터리를 개발했으나, 그에 대한 마케팅에는 두 가지 문제가 나타났다. 첫번째 문제는 주요 경쟁사가 유사한 배터리를 1년 전에 시장에 선을 보였다는 사실이다. 그렇지만 그 경쟁사는 OEM판매에 노력을 집중하였기 때문에 규모가 더 큰 대체시장에서는 당회사가 침투할 여지가 많았다. 두 번째 문제는 트럭운전기사와 트럭운송업자들이 강력한 배터리의 존재사실을 쉽사리 믿으려고 하지 않았다는 것이다. 그들 생각에는 승용차에서 사용된 배터리가 상표만 바뀌어진 상태로 트럭배터리로 사용되고 있기 때문에 배터리에서 여러 가지 문제점이 발생한다고 인식하고 있었다. 따라서, 시장에서 신제품의 위상을 확고히 하기 위해서 이 회사는 전문가들로 하여금 주요 운송관계 출판업자를 방문하도록 하였다. 그들은 배터리에 물을 주기적으로 공급해 줄 필요가 없으며, 부식과 진동에 강한 특성이 있다는 등, 신제품의 장점들을 설명했다. 이 과정에서 편집자들은 신종 배터리에 대한 인쇄물들을 검토해 볼 뿐만 아니라 자신들이 궁금해 하는 사항에 대해서도 전문가들에게 질문을 던질 수 있었다. 3~9개월 동안 50여 개의 출판물이 신제품을 소개하는 특집기사를 다루었으며, 그 결과 회사는 광고를 내기도 전에 신제품에 대한 40,000여 건의 문의를 받게 되었다.

1.4. PR의 예산편성, 실행 및 평가

일반적으로 PR은 기업 외부의 주체에 의해서 수행되는 부분이 많지만, PR 역시 비용이 수반된다. 따라서, 예산상으로 어떤 매체가 강조되어야 하고, 그들에게 어떻게 접근해야 하는지에 대한 판단이 내포되어야만 한다. 또한 매체와의 좋은 유대관계를 개발 · 유지시키기 위한 제반비용도 고려되어야 한다.

PR의 효과를 평가하는 것은 광고효과를 평가하는 것과는 다소 다른 점이 있다. PR메시지는 매체가 전달해 준 PR에 대한 고객의 반응뿐만 아니라, 기업의 PR노력에 대한 매체의 반응에 기초를 두고 그 효과를 평가해야 한다. 이러한 이중평가는 PR구성요소와 PR매체를 설계할 때 고려되어야 한다. PR에 대한 효율성의 평가는 매체나 표적고객에 의한 반응의 강도와 관련된 비용의 측면에서 이루어져야 하는데, 여기서 비용은 광고에서처럼 매체사용시간이나 잡지이용에 따르는 비용만을 나타내는 것이 아니라, PR을 설계하려는 기업의 노력과 관련된 제반비용을 말한다.

제 2 절 구전(Word-Of-Mouth)관리

구전(口傳: word-of-mouth)은 적은 비용으로 소비자들로 하여금 구매의욕을 갖도록 하여 판매로 연결시켜 주고 그 확산력이 높기 때문에 그 중요성이 날로 높게 평가 되고 있는 커뮤니케이션 수단이다. 자동차회사들은 택시기사 관련조직을 운영하여 구전마케팅을 활용하고 있으며, 영화, 음반과 같은 문화상품이나 또래집단 및 준거집단에 의해 많은 영향을 받는 화장품, 컴퓨터, 휴대전화 등도 구매자의 20% 이상이 주위의 권유로 제품을 구매하고 있다. 따라서 기업의 입장에서 구전은 고객에게 제품의 개념을 전달하거나 거래장애요소를 제거함에 있어 중요한 촉진활동으로 관리해야 할 대상인 것이다.

2.1. 구전유발동기 및 결정요인

구전이란 소비자들 스스로가 제품이나 서비스에 관한 개인적인 직·간접 경험에 대해 긍정적 혹은 부정적인 정보를 비공식적으로 교환하는 자발적인 의사소통과정 또는 행위를 말한다. 구전은 〈그림 12-1〉에서 보듯이 개인, 제품, 상황의 세 가지 동기에 의해 발생하며 이는 사회적 관계, 커뮤니케이션의 특성에 의해서 그 효과의 정도가 결정된다.

먼저, 개인적인 동기에 의해서 유발되는 구전은 정보전달자로서 자사의 제품을 구매했거나 제품에 대한 정보를 가지고 있는 소비자가 그 제품에 대한 관여수준이 높거나 정보를 많이 가지고 있을 때 나타나게 된다. 정보전달자는 대체적으로 의견 선도성이 높은 사람(opinion leader)이며 구매 후 인지부조화를 막고자 하는 개인적인 욕구에 의해서도 구전이 행해지기도 한다.

구전은 또한, 제품특성에 따라 유발되는 정도가 다르게 나타난다. 즉, 제품 구매 시 소비자가 느끼게 되는 위험수준, 제품이 지니고 있는 혁신성, 제품이나 서비스의 품질을 평가할 수 있는 평가 용이성 등에 따라 소비자의 구전의존도가

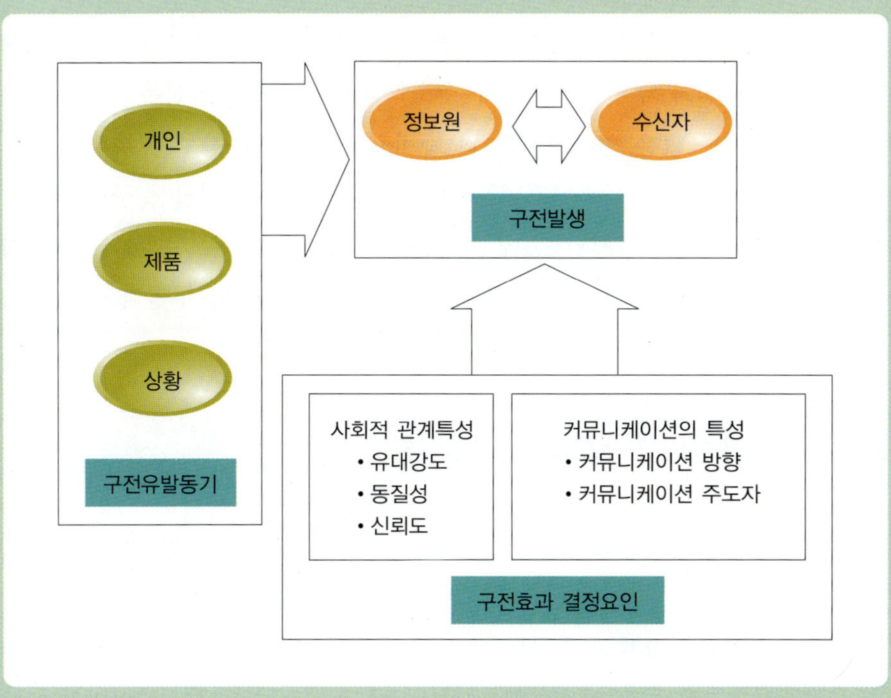

그림 12-1 구전의 유발동기와 구전효과의 결정요인

달라지는 것이다. 예를 들어 제품이 제대로 작동될 것인가 하는 기능적인 위험수준이나 제품사용 시 느끼게 되는 사회적인 위험(의복, 보석 등) 또는 심리적인 위험(미용서비스 등) 그리고 재정적인 위험까지 그 위험수준이 높을수록 소비자들은 지각되는 위험을 회피하고자 주위의 많은 정보를 얻기 위하여 구전에 관여하게 된다.

소비자들은 또한 신기술 등을 활용한 혁신제품이거나, 사용방법이 어려운 경우, 또는 의료, 법률 서비스나, 레스토랑과 같이 직접 경험을 해 보아도 전문지식의 부족이나 비교기준의 부족으로 인하여 품질을 평가하기 어려울 경우에도 제품선택에 있어 주위의 도움을 받으려 하게 되고 이 때 구전이 발생하게 된다.

마지막으로, 구전은 상황적 요인에 의해서도 발생하게 된다. 소비자들은 구입 전 의사결정시, 구입 후 인지부조화를 감소시킬 필요가 있을 때, 소비자가 얻고자 하는 정보획득이 어려울 경우, 쇼핑시간이 부족할 때 등 여러 가지 상황에서 구전에 참여한다.

이렇게 발생한 구전은 정보원과 수신자간에 사회적 관계와 커뮤니케이션 관계가 어떻게 형성되어 있는지에 따라 그 효과가 다르게 나타난다. 먼저 정보원과 수신자가 사회적으로 유대강도가 높거나 둘 사이의 동질성이 높을 때, 또는 서로에 대한 신뢰도가 높을 때 구전은 보다 효과적으로 이루어질 것이다.

커뮤니케이션 관계적 요소로는 긍정, 부정, 중립과 같은 커뮤니케이션의 방향성과 정보원과 수신자 중 누가 주도적으로 커뮤니케이션을 시작하였는가 하는 것이 있다. 많은 연구에 의하면 소비자들은 긍정구전보다 부정구전에 더 많은 영향을 받는다고 나타났으며, 정보원이 주도적으로 전달한 구전보다는 수신자가 주도한 구전이 구매행동에 보다 큰 영향을 주는 것으로 나타났다. 따라서 기업은 긍정적 구전의 발생을 유도하는 것도 중요하지만 부정적 구전이 발생했을 때 빠르게 대처하는 능력도 반드시 갖추어야 한다.

2.2. 구전마케팅의 기대효과 및 적용상황

구전을 관리함으로써 기업이 얻게 되는 기대효과는 다음과 같다(표 12-2 참조). 신제품의 경우 긍정적인 구전을 창출할 수만 있다면 소비자들로 하여금 구매욕구를 가지도록 유도할 수 있을 것이며, 기존제품의 경우에는 긍정구전의 창출이 고객감동으로 이어져 재구매율을 높이게 될 것이다. 이는 기업의 제품이나 서비스에 긍정적인 고객 수만큼 판매원의 수를 확보한 것과 다름이 없으며, 보다 좋은 브랜드 이미지를 확고히 하는 데 크게 도움이 될 것이다. 또한 기존제품에 있어서 소비자들로부터 나오는 부정적인 구전을 감소시키게 되면 이는 자사제품에 대한 이해도를 높이게 되어 불만고객이 호의적인 고객으로 바뀌는 계기를 마련할 수 있게 된다. 이보다 더 중요한 것은 부정적인 구전의 확산은 기존에 쌓아둔 호의적인 브랜드 이미지를 한 순간에 잃게 되는 결과를 초래할 수도 있다는 점에서 기업의 위기관리 차원에서도 매우 세심하게 고려하여야 할 사항인 것이다.

보다 구체적으로, 〈표 12-3〉에서는 어떠한 상황에서 구전마케팅을 통하여

표 12-2 구전마케팅 기대효과

<table>
<tr><td>신제품</td><td>긍정구전창출 → 구매의욕자극</td><td rowspan="2">⇨</td><td rowspan="2">- 단골고객화
- 고객의 판매원화
- 브랜드 이미지 관리
- 호의적 태도 형성</td><td rowspan="3">⇨</td><td>히트 상품</td></tr>
<tr><td rowspan="2">기존제품</td><td>긍정구전창출 → 고객감동</td><td rowspan="2">Loyalty 강화</td></tr>
<tr><td>부정구전감소 → 설득, 이해</td><td></td><td>- 위기관리
- 불만고객 충성도 제고</td></tr>
</table>

자료원: 제일기획 마케팅 연구.

표 12-3 구전마케팅이 필요한 구체적 상황

<table>
<tr><td rowspan="3">신제품</td><td>실제체험에 의한 구전이 필요한 경우</td><td>- 제품기능이 복잡하여 소비자에게 전달하기 어려울 때</td></tr>
<tr><td>소비자 정보수용이 필요한 경우</td><td>- 메시지 이해도가 낮을 때
- 제품정보의 평가가 어려울 때</td></tr>
<tr><td>매스마케팅이 어려운 경우</td><td>- 중소기업 등 유통규모가 작을 때</td></tr>
<tr><td rowspan="2">기존제품</td><td>호의적 감정 형성이 필요한 경우</td><td>- 경쟁상품이 많아지고 차별화 수준도 약할 때
- 브랜드 로열티가 약화되어 핵심고객 이탈이 우려될 때
- 기존 광고 · 판촉효과가 떨어질 때</td></tr>
<tr><td>부정구전의 감소가 필요한 경우</td><td>- 고객불만이 발생한 경우
- 제품에 사고 · 문제가 발생한 경우</td></tr>
</table>

위에서 언급한 효과들을 얻을 수 있을지를 나타내고 있다. 예를 들어 복잡한 제품기능을 가진 가전제품을 새롭게 출시하였을 때 여론 선도자들에게 직접 사용해 보도록 함으로써 긍정적인 구전을 창출할 수 있다면 보다 많은 소비자들이 구매의도를 보이게 될 것이다. 식품에 있어서 시식회, 인터넷 교육서비스에 있어서의 샘플강의 청취코너 등은 구매욕구를 자극하는 긍정적인 구전을 유발하는 수단으로 볼 수 있다.

기존제품의 경우에는 경쟁제품이 많아지고 브랜드 로열티도 약화되고 있다는 판단이 될 때 보다 호의적인 고객과의 관계형성을 위해서 긍정적인 구전을 유발시킬 필요가 있다. 또한 도미노 피자의 경우와 같이 제품에 대한 부정적인 평가가 나오기 시작하면 그것은 긍정적인 구전보다 빠르게 전파되므로 사건 발생시 기업은 즉시 적극적으로 대처해야 한다.

'입소문' 퍼져야 상품이 잘 팔린다

바야흐로 '입소문'이 시장에서 큰 힘을 발휘하는 시대다. 세계적인 흐름이기도 하지만 특히 인터넷이 발달한 한국 사회에서는 더 영향력이 크다는 보고서가 나왔다.

여론조사 전문기관인 AC닐슨 글로벌은 "한국 소비자들은 신문이나 TV, 라디오 같은 대중매체광고보다 '입소문'을 더 믿는 것으로 조사됐다"고 밝혔다.

특히 블로그를 비롯한 온라인의 소비자 의견 신뢰도는 세계 최고였다. AC닐슨이 세계 47개국 소비자를 대상으로 설문조사한 결과다.

AC닐슨 조사에 따르면 한국 소비자의 87%는 제품을 살 때 다른 소비자 추천(입소문)을 '전적으로' 또는 '어느 정도' 신뢰한다고 답했다. 인도와 같은 세계 4위권이다. 홍콩(93%) 대만(91%) 인도네시아(89%)처럼 아시아권이 입소문을 중시했다.

AC닐슨 코리아 대표이사는 "입소문이야말로 가장 강력한 판매도구"라고 풀이했다.

특히 한국 소비자 81%는 온라인에 올라온 '소비자 의견'을 통한 광고효과를 믿는다고 답해 이 부문에서 세계 최고였다. 북아메리카와 아시아에서 온라인에 올라온 소비자 의견에 대한 신뢰도는 각각 66%, 62%로 다른 지역에 비해 높았다.

매체별로 한국인들은 TV(71%), 신문(64%), 라디오(50%), 잡지(46%) 같은 전통매체 광고를 많이 믿었다. 온라인 배너 광고는 20%에 그쳤다. 전체 광고 신뢰도에서 필리핀과 브라질 소비자는 67%가 광고를 믿는다고 밝혀 신뢰도가 최고였다. 한국인은 49%로 절반을 넘지 않았다.

이번 조사뿐만 아니라 생활 곳곳에서 이른바 '입소문 마케팅(버즈 마케팅)'이 힘을 얻고 있다. 관객평이 크게 작용하는 영화가 대표적이다. 화장품, 비누, 정수기 등 생활가전도 입소문 · 온라인 평가에 울고 웃는 업종이다.

영화포털 맥스무비에서 최근 네티즌 6839명에게 물어본 결과 절반이 넘는 52.4%가 '관객의 평가가 영화 선택에 가장 큰 영향을 미친다'고 답했다.

표 12-4 한국인 분야별 광고 신뢰도 (단위: %)

유 형	세계	한국	유 형	세계	한국
소비자 추천	78	87	브랜드 스폰서십	49	42
신문	63	64	이메일 계정	49	42
온라인 소비자의견	61	81	영화 전 광고	38	32
브랜드 웹사이트	60	60	검색엔진	34	35
TV	58	71	온라인 배너	28	20
잡지	56	46	핸드폰 문자	18	12
라디오	54	50			

자료원: AC닐슨.

입소문의 하나인 네티즌 평가도 38.5%나 됐다. 영화평론가 평가(6.6%), 영화기자 평가(2.5%)는 적은 힘을 미쳤다. 지난 여름 '비비크림' 화장품으로 돌풍을 일으킨 한스킨은 입소문으로 재미를 본 대표적 사례다.

회사 관계자는 "온라인 상에 회원들의 사용 후기를 싣는 한편 잡지 판촉물을 활용한 경험담을 시장에 널리 알린 게 주효했다"고 밝혔다. 딤채도 주부들의 입소문에 덕에 낯설던 '김치 냉장고'를 필수 가전제품으로 굳혔다. 신세계유통산업연구소 관계자는 "우리나라 소비자는 사용자 평에 영향을 많이 받는다"며 "기업들이 주부나 동호회, 또래집단 등의 오피니언 리더 소비자를 활용해 적극 구전 마케팅에 나서는 이유"라고 말했다.

〈자료원: 경향신문, 2007. 10. 23〉

2.3. 기업의 구전관리

기업의 입장에서 구전은 반드시 관리해야 하는 커뮤니케이션 수단이 되었으나 이를 관리한다는 것은 매우 어려운 일이기도 하다. 즉 고객 사이에서 이루어지는 자발적인 커뮤니케이션 활동인 구전을 기업이 인지하기도 어렵지만 그것을 기업이 원하는 방향으로 이끌어 간다는 것은 쉽지 않은 일일 것이다.

기업의 입장에서는 구전을 인위적인 자극을 가해 단기적으로 창출할 수도 있으나, 보다 장기적으로 구전을 관리하기 위해서는 기존의 고객들과의 긍정적인 관계형성에 보다 심혈을 기울임으로써 자발적인 구전을 유발해 내는 방법을 사용하게 된다.

(1) 구전창출을 위한 인위적 자극

기업은 긍정적인 구전의 창출을 위해서 구전전파자를 활용하거나 여론선도자들을 활용할 수도 있고 구전을 자극하는 광고를 제작 · 집행하기도 한다. 미국에서는 주류 판매를 위해 멋있는 20대 구전전파자를 활용하여 술집에서 해당 주류를 마시도록 함으로써 판매증가효과를 거두는 사례도 있었으며, 일본에서도 유행을 이끌어가는 10대 여학생들을 대상으로 소비자조사 및 시음회 등을 주최함으로써 자연스럽게 구전을 유발하고 있다. 또한 업계 종사자, 관련분야 전문가 등 제품구매에 영향력이 높은 한정된 여론선도자계층에 경쟁사와의 비교정보를 제시함으로써 자사의 우월성을 전달하고 긍정적 구전을 해 준 데 대해 감사의 표시를 하는 등 지속적으로 관리하는 방법도 사용할 수 있다. 이 밖에 구전을 유발하는 광고에는 대화거리가 있거나 소비자들이 쉽게 반복할 수 있는 헤드라인 혹은 슬로건을 포함하는 것, 그리고 "친구에게 물어보세요"라는 정보탐색을 제안하는 식의 메시지를 담아 제작하는 것 등이 속한다.

그러나 이와 같이 인위적으로 관리되는 구전은 단기적으로 긍정적 구전을

픽사의 감동적인 결정

혈관암으로 얼마살지 못하는 10대 소녀 콜비(Colby). 이 어린 소녀는 디즈니-픽사(Disney-Pixar)의 신작 애니메이션인 UP(2009년 作)을 무척이나 보고싶어 했다. 가족들과 친구들이 콜비에게 마지막으로 이 영화를 보여 주기 위해 백방으로 수소문했지만, 정작 콜비는 더 이상 영화관에 갈 수 있는 상태가 아니었다.

콜비의 지인들은 포기하지 않고 제작사인 픽사 스튜디오에 연락했고, 픽사는 이 제안을 거절하지 않고 이제 막 개봉하여 상영중인 영화를 DVD로 만들어 콜비의 집으로 직접 보내 상영하도록 조치하였다. 콜비는 당시, 눈을 뜰 수 없을 만큼 아픈 상태였기 때문에 콜비의 어머니가 영화를 보며 상황을 설명해 주었고, 콜비는 간혹 고개를 끄덕였다고 한다. 콜비는 영화를 본 당일 늦은 밤 숨을 거두었고, 픽사는 콜비를 위한 개인적인 상영을 마친 후 유출을 방지하기 위해 DVD를 회수하였다.

픽사의 이 감동적인 결정은 AP뉴스를 타고 전세계로 송고되어 세계인의 심금을 울릴 수 있었다.

때로는 기업의 가치 있는 행동이 언론매체를 통해 보도되어 광고보다 더 큰 효과를 발휘하기도 한다. 사진은 사례의 주인공인 콜비.

유발하는 데에는 효과가 있으나 본질적으로 고객이 감동하여 자발적으로 나타나는 구전보다는 그 파생력이 낮다고 볼 수 있다.

(2) 고객감동을 통한 구전의 유발(고객관계관리)

기업에 있어서 고객과의 지속적인 우호관계형성은 반드시 필요하다. 이러한 관계에 바탕을 둔 구전이야말로 기업이 목표로 하는 개념전달활동이나 구매전환활동에 기여하는 바가 높을 것이다. 이와 같이 기업과 고객이 서로 우호적인 관계를 맺기 위해서는 많은 노력이 필요하다. 고객과의 장기적 관계관리, 즉 CRM(Customer Relationship Management)은 마케팅에 있어서 매우 중요한 주제로서 제17장에서 보다 자세하게 다루고 있다.

1) 고객감동 유발

어느 여행객이 호텔을 선택하는 상황을 생각해 보자. A라는 호텔은 몇 번 가봤는데 자신에 대해서 별로 관심도 없고 그저 마일리지 개념으로 앞으로 5번 더 가면 1회 50% 할인된 가격으로 이용할 수 있다고 한다. 이에 반해 B호텔은 2번 째 방문했을 때 식당 매니저가 자신을 알아보고 자신이 전에 주문했던 사항을 기억하여 요리를 준비해 주고 수건을 미리 더 준비해 주었다. 이러한 상황에서 여행객이 어느 서비스에 더 감동할 것인지는 분명하다. 단순한 유형적인 할인혜택보다는 보이지 않는 곳에서 배려가 느껴지는 맞춤서비스가 더욱 감동을 줄 것이다. 이와 같이 고객에게 최고의 가치와 감동을 줄 때 고객은 기업이 제공하는 제품이나 서비스에 보다 더 만족하게 되고 이는 자연스럽게 긍정적 구전으로 이어지게 된다.

고객감동 유발은 제품이나 서비스에 만족하는 고객들만을 대상으로 하는 것은 아니다. 불만을 표시하는 고객이 오히려 더 중요하다. 불만을 표시해 준데 대해 제품을 더 향상시킬 수 있는 기회를 주었다는 점에서 감사의 표시를 하고, 그 즉시 불만사항에 대한 적절한 후속조치를 취하며, 부가서비스를 제공하여 만족감을 이끌어낼 수 있다면 그 고객은 처음 서비스에 만족한 고객보다 더 충성도가 높은 고객이 될 수도 있다. 불만족 고객관리는 사후관리가 더욱 중요하다. 즉, 그 순간에 만족을 표시했다고 하더라도 똑같은 상황이 재발하지 않도록 조직원 전체에 알리고 지속적으로 관리해나가는 것이 필요하다.

또한 기업의 내부고객, 즉, 종업원들에게도 감동을 주어야 한다. 바로 자사의 구성원들이 가장 훌륭한 구전 유발자이기 때문이다. 교육과 자기개발 기회를 다양하게 제공하고, 보상을 적절히 함으로써 직무 만족도를 높이는 것이 필요하다. 이것이 바로 고객에게 더 나은 제품과 서비스를 제공하게끔 하는 원동력이 된다. 그러나 무엇보다도, 고객만족을 위한 이러한 노력은 어떤 한 직원의 능력에 의존하는 것이 아니라 제도화되어 있어야 한다. 제도를 통해 어떤 직원이 업무를 수행하더라도 동일한 수준의 만족이 제공될 수 있어야 하는 것이다.

2) 충성도가 높은 고객의 선별 및 그들과의 관계 형성

기업에 있어 현재 충성도가 높은 고객은 매우 중요하다. 이들을 잘 관리함으로써 새로운 잠재고객들을 확보할 수 있기 때문이다. 충성도 높은 고객을 확인하는 방법은 다양하다. 재구매율이나 사이트 재방문율 등도 충성도를 가늠할

현대차, 유명인 쏘나타 하이브리드 시승기 연재

현대자동차는 5주간 매주 금요일 현대차 블로그(http://blog.hyundai.com)에 각계 유명인사들의 쏘나타 하이브리드 시승기를 게재할 예정이며, 이를 트위터 등 소셜 미디어를 통해 전파한 고객에게 추첨을 통해 경품을 증정한다고 밝혔다.

이번 이벤트는 각 분야의 오피니언 리더들이 직접 체험한 쏘나타 하이브리드의 우수성을 트위터 · 페이스북 등 소셜 미디어를 통해 보다 많은 고객들에게 알리고자 마련됐다.

현대차는 '생태공원 자라섬 재즈 페스티벌'의 예술감독 인재진 씨를 시작으로 교육방송 EBS 스타강사 박광철 씨, 방송인 허수경 씨, 자동차 칼럼니스트 한장현 대덕대학교 교수 등 각계 유명인사 총 10명의 쏘나타 하이브리드 시승기를 매주 금요일 현대차 블로그에 릴레이로 게재할 예정이다.

5주간 진행되는 이번 이벤트는 현대차 블로그에 게재된 시승기를 트위터, 페이스북 등 소셜 미디어를 통해 퍼가고 댓글로 URL을 남기면 자동으로 응모되며, 현대차는 이벤트 응모자 중 추첨을 통해 커피전문점 기프티콘을 매주 100명, 5주간 총 500명에게 경품으로 증정할 계획이다.

현대차 관계자는 "쏘나타 하이브리드만의 우수한 연비, 친환경성 등이 구매자들의 입소문을 타고 환경 관련 유명인사들의 시승 문의도 증가하는 추세"라며, "이번 이벤트를 통해 다양한 분야에서 활동하고 있는 유명인들의 각양각색 시승기를 잠재고객들과 공유해 제품 우수성을 더욱 널리 알릴 계획"이라고 밝혔다.

한편, 현대차는 쏘나타 하이브리드 동호회원들과 서울, 광주, 부산 등 전국 주요지역을 순회 시승하는 '동호회원들과 함께하는 전국 릴레이 시승회'도 개최하고 상품설명회 및 질의응답 시간을 갖는 등 쏘나타 하이브리드의 우수성을 널리 알리기 위한 다양한 체험 이벤트를 시행하고 있다.

〈자료원: 매일경제, 2011. 6. 16 일부 발췌〉

수 있는 척도가 될 수 있으나, 이러한 척도로는 긍정적 구전을 창출할 만큼의 고객인지는 명확하게 판단하기 어렵다.

따라서 요즘 인터넷 기업에서는 사이트 회원가입이나 물품구매 시 누구로부터 추천을 받았는지, 본인이 얼마나 추천을 했는지, 또 추천할 의사가 어느 정도인지를 직접적으로 조사하여 이러한 정보를 활용, 그에 따른 적절한 보상(마일리지, 할인혜택)을 제공하는 방법들이 많이 사용되고 있다. 비단 인터넷 기업뿐만 아니라 여러 제조업체나 서비스업체에서도 이러한 노력은 보편적으로 시행되고 있다.

즉, 자사에 충성도가 높은 고객이 누구인지를 알아내어서 그들이 지속적으로 긍정적인 구전을 전달해 낼 동기를 부여함으로써 우호적인 고객을 보다 많이 확보한다는 것이다. 그러나 여기에서 주의할 점은 앞에서도 언급했듯이 단순한 마일리지 개념이 아닌 관심이 반드시 함께 전달되어야 한다는 것이다.

제 3 절 판매원 관리(인적판매)

인적판매는 판매원들을 이용하여 표적고객들에게 설득적인 메시지나 일련의 정보들을 직접전달하는 것을 의미한다. 다른 촉진의 요소들과는 달리 인적판매는 잠재고객과 판매원간의 쌍방적인 대인의사소통의 성격을 지니고 있다. 판매원은 회사, 소매상, 고객, 그리고 시장과 관련하여 중요한 접촉경계역할을 담당한다. 또한 판매원들은 시장상황과 긴밀한 관계를 갖고 있기 때문에 고객과 제품에 대한 중요한 정보를 회사에 제공한다.

〈표 12-5〉에 나타난 바와 같이 판매원은 제품이 소비자들의 욕구에 적합함을 알리면서, 동시에 잠재고객들로 하여금 제품의 이용가능성을 상기시켜 줌으로써 지각적 장애를 제거시킬 수 있다. 또한 판매원은 특정제품이 얼마나 가치가 있는가를 전달함으로써 가치적 장애를 제거시킬 수 있으며, 특정제품이 적절한 시기에 적절한 장소로 배달된다는 사실을 표적고객들에게 확신시킴으로써 시간적 · 장소적 · 소유적 장애를 제거시킬 수 있다.

개념전달활동과 구매전환활동이라는 목표를 달성하기 위한 책임소재는 판매원유형에 따라 달라진다. 기본적인 인적판매유형으로는 소매점 내에서 잠재

표 12-5 개념전달활동과 구매전환활동에 대한 인적판매 목표

	개념전달활동	구매전환활동
인적판매믹스	정확하고 신속하게 제품 개념을 이해하고 평가	인적판매 구성요소 내의 긍정적 시너지 효과를 통해 낮은 비용으로 시간적 · 장소적 · 지각적 · 감정적 · 소유적 장애를 제거(표적고객을 명확히 하고, 그들이 갖고 있는 문제들을 적절한 시기에, 적절한 장소에서, 핵심적인 메시지가 담긴 적절한 서비스로 해결)

고객과의 직접적인 상호작용을 들 수 있다. 가계자원은 거래를 위해서 개념전달활동과 구매전환활동을 수행하지만, 일반적으로 잠재고객과의 접촉을 최초로 일으키는 역할은 하지 않는다.

두 번째 유형에서는 판매원이 회사와 고객간의 거래에 있어서 지원역할은 수행하지만, 특정거래에 실제로 관여하지는 않는다. 소비자의 욕구가 적절히 충족되고 있음을 확신시키고 이러한 역할수행에 따르는 제반 문제들을 처리하기 위해서 고객들과 상호작용하는 사람들을 '고객관리자'(account representatives) 라고 부른다. 기술적인 정보를 제공하는 형태로 판매지원을 하거나, 고객들의 문제를 분석하고 해결책을 제시하는 사람들도 위와 같은 인적판매형태를 따르고 있는 것이다. 이러한 형태는 제약업이나 중공업 또는 고도의 기술을 요하는 분야에서 빈번히 쓰이고 있다. 인적판매의 세 번째 유형에서 판매원은 계약을 창출하고, 시장거래에 이르는 모든 필요한 기능들을 수행하는 것이다.

한 가지 사례를 들어 보자. 홍길동씨는 어느 알루미늄 제조회사에 근무하고 있다. 그가 일하는 부서는 전선회사의 생산부서에 대해서 마케팅활동을 벌이고 있으며 주요 제품은 도체이다. 그가 담당하고 있는 임무는 기존고객과 잠재고객들을 접대하는 것 뿐만 아니라, 자문역할도 수행하는 것이었다. 그는 고객들에게 제품특성이나 제품 관련 문제점들에 대한 자문을 해 주고, 고객들로부터 경쟁사의 제품이나 가격, 또는 기타 활동에 대한 정보를 얻는다. 따라서 그는 주문에 있어 상당한 영향력을 행사하고 있는 구매담당자나 엔지니어, 생산담당자, 재무담당자들과 관계를 맺고 있다. 또한 그는 공급계획의 원활한 수행을 위해서 자사의 생산공장과도 긴밀한 관계를 유지한다. 이러한 일은 고객들이 특정제품을 긴급하게 필요로 할 때 매우 중요한 역할을 한다.

홍씨는 최종소비자뿐만 아니라, 소비자 고객들과 거래를 하고 있는 유통업자들과도 관계를 맺고 있다. 그가 하는 일은 그들에게 제품정보를 제공하고, 그들로 하여금 더 많은 제품을 구입하도록 유도하는 것이다. 또한 유통업자는 경쟁사의 제반 활동에 대한 좋은 정보출처가 된다. 홍씨는 유통업자가 해결할 수 없는 문제가 생겼을 때 그들을 직접 방문하기도 한다. 그는 또한 엔지니어링 상담원들도 찾아가는데 이들은 회사가 어떤 제품을 구입해야 하며, 어떤 제품특성이 중요한가에 대한 조언을 한다. 고객, 유통업자, 공장 관계자와 접촉하는 것 이외에도 홍길동 씨는 고객으로부터의 피드백에 기초하여 연간 수요예측을 해야 하고, 상사에게 정기적인 활동 보고서를 제출해야 한다. 그리고 회사가 개발했거나 검토중인 신제품에 대한 고객의 반응도 평가해야 한다. 요약하면, 홍길동씨의 일은 단순한 판매의 범위를 훨씬 벗어나고 있는 것이다.

인적판매의 구성요소에는 판매원 정보, 판매원 활동, 판매원 조직이 있으며 이들 각각의 요소는 개별적으로 그리고 총체적으로 개념전달활동과 구매전

표 12-6 인적판매 구성요소

구 판매원이 보유한 정보	판매원이 취하는 행동	판매원의 조직
1. 기업에 대한 정보 - 사명, 전략사업단위의 목표 - 조직구조와 능력 - 공급자 2. 제품에 대한 정보 - 발전추세와 개선점 - 기능과 경쟁적 지위 - 특정욕구에의 적합성 - 제품군과의 관계 - 제품에 직접적으로 관련되지 않은 특징 3. 고객에 대한 정보 - 고객에 대한 지식 - 사용자에 따른 특이한 욕구 - 과거구매자와 사용용도 - 고객별 판매량과 재무 능력 - 고객의 유형 4. 시장과 판매기회에 대한 정보 - 제반방법(연쇄추적, 소개서, 인명록 등)	1. 구두적 의사소통 기술 - 정보제공 - 설득 - 성취 2. 비구두적 의사소통 기술 - 표시언어 - 행동언어 - 객체언어 3. 기법과 전략 - 저항을 극복하는 기법 - 제품가치를 실연하기 위한 기법 - 전환전략 - 종결전략 4. 접촉의 유형,빈도전략 - 접촉방법 - 순회전략 - 접촉의 각 단계별 전략	1. 지역에 기초한 구조 2. 제품에 기초한 구조 3. 고객에 기초한 구조

환활동의 수행에 공헌해야 하는 것이다(표 12-6 참조).

3.1. 판매원이 보유해야 할 정보

(1) 기 업

무엇보다도 필요한 정보는 기업에 관한 것인데, 이 가운데서도 특히 판매원들은 기업의 사명과 전략산업단위의 제반 목표, 그리고 제품에 대한 모든 목표상황들을 이해하도록 훈련받아야 한다. 제품목표라는 것은 상위조직인 전략사업단위의 목표 혹은 조직의 사명 등에서 파생되기 때문에, 특정제품이 조직체의 전략계획 속에서 어떻게 자리잡고 있는지를 알게 되면 판매원은 단일제품차원보다는 기업전체의 차원에서 보다 폭 넓은 사고를 하게 된다. 특히, 하나의 제품이 아니라 일련의 제품들이 총체적으로 어떻게 소비자들의 욕구를 충족시켜 주는가를 알게 되는데 이로 인해 기존제품의 개선가능성을 보다 폭 넓게 판단할 수 있게 되며, 주문을 받아낼 수 있는 능력, 반복 구매나 리스, 운송 계획 등에 대한 기업의 제반정책들에 대한 이해 등이 향상될 수 있다. 나아가 판매원은 제품생산에 필요한 원료나 원료 공급자들에 대한 지식도 갖추고 있어야 하며 이러한 지식은 제품의 가치를 전달하는 데 도움을 주게 된다.

(2) 제 품

제품에 대한 지식은 판매원이 보유해야 할 정보에서 두 번째로 중요한 요소가 된다. 첫째로, 판매원은 제품의 변화추세와 그 개선내용들을 이해하고 있어야 한다. 어떤 사람들은 구형모델을 쓰고 있어서 제품에 대해서 부정적인 이미지를 가지고 있을 지도 모르기 때문에, 판매원은 구형모델의 제반 한계점들을 이해하고 있어야 하고, 신형제품의 장점들을 숙지하고 있어야 하는 것이다. 두 번째로, 판매원은 제품의 특수한 기능과 경쟁제품과의 상이한 점을 정확하게 알고 있어야 하고, 그러한 지식들을 명확하게 소비자들에게 전달해 주어야 한다. 세 번째로, 판매원은 자사 제품이 특정고객의 문제에 얼마나 잘 적용될 수 있는지의 여부에 관해서도 알고 있어야 한다. 왜냐하면, 판매가치는 대체로 고객의 만족 정도와 재구매의 가능성으로 측정되기 때문에, 판매원은 고객들의 문제점을 어떻게 해결시켜 나가야 하는지에 대한 정확한 이해를 가지도록 노력해야 한다. 좋은 판매원이라면 제품이 어떠한 용도로 사용되고, 어떠한 내용의 수정이 추가되어야 하는지를 지적해냄으로써 다른 회사에 대한 자사의 상대적인 이점을 부각시킬 수 있어야 한다. 여기서 제품에 대한 수정이란, 제품디자인이나, 가격, 또는 운송에 있어서의 변화 등을 포괄하는 개념이 된다. 네 번째로 판매원은 판매대상제품이 자사의 제품시스템이나 경쟁사의 제품군과 어떠한 관련을 맺고 있는가를 정확히 알고 있어야 한다. 예컨대, 컴퓨터 소프트웨어 제조업자는 IBM과 호환성이 있다는 사실을 전달함으로써 경쟁적 우위를 얻을 수 있을 것이다. 끝으로, 판매원은 제품과 직접적인 관련성이 없는 특징들에 관해서도 알고 있어야 한다. 예컨대, 제품이 건강에 해를 끼치지는 않는지, 환경오염을 유발시키지 않는지 등에 대한 지식을 가져야 한다는 것이다.

(3) 고 객

판매원은 기업의 고객에 대한 지식을 필요로 한다. 첫째, 특정집단이 구매의사결정을 내리는 경우에 판매원은 누가 제품사용자이며, 누가 구매의사결정자이며, 집단 내의 어떤 사람이 현 상황에 가장 불만을 느끼고 있는지를 알고 있어야 한다. 이때, 불만을 느끼고 있는 사람은 경쟁사의 판매촉진활동에 대해서 가장 우호적인 반응을 보일 수 있는 대상이기 때문에 관심의 대상이 되어야 한다.

고객욕구에 대한 깊은 지식을 얻기 위해서 판매원은 단순한 판매자뿐만 아니라 고객의 의견을 들어 주는 역할도 해야 한다. 일반적으로 고객들은 자신들의 욕구가 무엇인지에 관하여 신중하게 생각하지 않거나, 그들의 욕구가 어떻게 변화될 것인지에 대한 충분한 이해가 없기 때문에 고객욕구에 대한 지식을 갖는다는 것은 많은 노력을 요한다. 이러한 상황에서 판매원은 여러 가지 제품의 차별적인 특성과 강·약점 등을 주의 깊게 설명해야만 한다. 이는 잠재고객으로 하여금 상이한 제품용도를 인식하게 함으로써 지각적 장애의 제거에 도움을 준다. 고객의 구두적 표현과 여러 가지 행동적 표현을 통해서 판매원은 그들이 가지고 있는 욕구를 더 잘 이해할 수 있다.

훌륭한 판매원이라면 서로 다른 입장에 놓인 고객들에게 적합한 정보의 유형과 정보의 양에 대해서도 알고 있어야 한다. 일반적인 잠재고객의 주위를 흐트려 버릴지도 모르는 전문 기술용어들도 전문적인 구매자들에게는 필수적인 요소가 될 수 있기 때문이다. 제품사용을 통하여 유용성을 발견했던 사람들의 예를 설명해 줌으로써 제품의 가치를 전달할 필요도 있다. 이것은 특히 상징적인 제품에 대한 제품개념을 전달하는 경우에 유용하다. 또한 고객들의 거래량을 알게 되면 고객들에 대한 우선순위를 보다 손쉽게 정할 수 있다. 그리고 고객의 재무상태를 아는 것도 중요한데, 이는 거래적 장애를 감소시키기 위해서 특별한 유인책이나 대금지불조건을 제시하려는 경우에 반드시 고려되어야 한다.

고객들을 다양한 측면에서 이해하고 이를 토대로 그들을 유형별로 구분하는 것은 결국 판매원의 전략에 있어서 기초가 된다. 예컨대, 한 연구에 따르면 자동차구매자는 전문지식이 없는 고객, 평범한 고객, 협상을 하려는 고객, 까다로운 고객, 가족고객 등으로 구별된다고 하는데, 이들은 자동차에 대해서 가지고 있는 지식, 정보탐색전략의 효율성, 소득, 교육수준 그리고 요구하는 제품특성 등에서 차이를 보인다. 따라서 고객의 유형을 알게 되면 어떠한 판매방법이 가장 적합한가를 손쉽게 결정할 수 있게 되는 것이다.

(4) 시장과 판매기회

기업이 환경을 검토하고, 새로운 마케팅기회를 찾아내어야 하듯이, 판매원은 시장을 조사하고 새로운 시장기회를 명확히 분석해서 뚜렷한 계획을 개발해야 한다. 시장과 판매기회를 알고 있는 판매원은 판매를 보다 효율적으로 수행할 수 있으며, 그러한 기회가 어디에 존재하고 있는가를 알게 되면 판매증대의 가능성은 높아지게 될 것이다.

판매원은 잠재고객이 어디에 위치하고 있는가에 대한 지식을 갖출 필요가 있기 때문에, 업무시간중의 상당부분을 신규고객을 찾는 조사(prospecting)로 보내게 된다. 이 때 주로 이용하는 방법은 고객들로부터 특정제품에 대해서 관심을 가지고 있는 서너 명의 사람들을 추천 받아서 계속적인 판매활동을 벌여 나가는 것이다.

반면, 전(全)고객탐색법(cold canvassing)을 사용할 경우 고객의 주소나 이름 정도만을 알고 특정제품에 관심이 있는지의 여부를 모르는 상태에서 아무에게나 접촉을 벌이기도 한다. 사실 이 방법은 투입되는 시간과 노력에 비해 생산성이 떨어진다. 특히, 많은 고객정보가 수집 가능한 요즈음, 선별과정을 거쳐 가능성이 높은 고객에게 시간과 노력을 집중하는 것이 더 바람직 할 것이다.

3.2. 판매원의 행동

판매원은 목표를 성공적으로 수행하기 위해서 여러 가지 전략이나 기술들을 적절하게 조화시켜야 한다.

(1) 구두적 의사소통기술

판매원이 구비해야 하는 여러 가지 자질 가운데 가장 중요한 것은 의사소통기술(communication skill)일 것이다. 훌륭한 의사소통기술을 갖게 되면, 고객들은 판매원들을 문제규명과 분석을 해 주는 사람으로 인식하게 된다. 의사소통(communication)이란 쌍방간의 상호적인 정보흐름을 의미하는데 이러한 상호정보교환은 계속적인 피드백을 할 수 있는 기회를 제공한다.

따라서, 청취기술이나 고객이 말한 내용을 신중하게 검토하는 일 등도 의사소통기술의 중요한 영역이 된다. 의사소통모델에 따르면 사람들은 일련의 단계를 거쳐서 구매행위를 한다고 하는데, 처음에는 단순히 제품의 존재를 인식하고, 제품에 대한 흥미를 갖게 되며. 그 이후에는 이 흥미가 욕구로 바뀌어서 특정제품의 구매행위에 이르게 된다는 것이다. 여기서 구매행위의 첫단계는 정보의 단순한 전달을 나타내고 있으며, 그 나머지 단계들은 여러 가지 정보들을 이해하도록 설득하는 것을 포함하고 있다. 의사소통기술은 고객들의 정보수용태도가 부정적인 상황에서 특히 중요시 되는데, 이러한 의사소통에 장애가 되는 것으로는 판매원을 꺼려하는 태도와 제품에 대한 지식의 부족 등이 있다.

(2) 비구두적 의사소통기술

비구두적 단서들도 제품판매에 중요한 역할을 한다. 능숙한 판매원은 이러한 단서들을 어떻게 사용하며, 타인의 비언어적 단서들을 어떻게 이해해야 하는지에 대해서 잘 알고 있다. 예컨대, 고개를 끄덕이거나 앞으로 기울이는 것과 같은 표시언어(sign language)들은 거래에 대한 고객의 관심과 수용자세를 나타낸다. 팔짱을 끼고 있는 자세는 판매원에 대한 저항감을 나타내며, 고객이 발을 책상 위에 올리고 있는 것과 같은 행동언어(action language)는 강한 거부감을 나타낸다. 고객과의 근접상태나 눈 마주침 등은 판매원에 대한 관심이나 저항 정도를 나타내는 행위들이다. 그리고 고급사무실과 같은 객체언어(object language)는 고객의 스타일이나 지위를 나타낸다.

(3) 기법과 전략

판매원은 제품개념을 효과적으로 전달하고 거래장애를 제거하기 위해서 여러 가지 기법과 전략을 적절하게 사용할 필요가 있다. 예컨대, 많은 의사소통전략들은 판매원의 판매제의에 대해서 고객이 가지고 있는 최초의 거부감을 해소시키기 위해서 사용된다. 고객이 자사제품과 경쟁제품간의 가격차이에 관심을 가지고 있는 경우, 만약 자사의 제품이 가격면에서 특별한 우위가 없다면 판매원은 가격과는 무관한 편익들을 부각시켜야 한다. 만일 고객이 완전한 거부의사를 표시하면, 판매원은 그 원인을 파악하기 위해서 질문을 던져야 한다. 이때 고객이 제품에 대해서 잘못된 정보를 말한다면, 판매원은 그것이 왜 잘못되었는지에 대한 설명을 해 주어야 한다. 그리고 고객이 특정한 기능면에서 제품의 단점을 지적할 경우에는, 판매원은 일단 그러한 사실에 동의를 한 다음, 다른 기능에서 우수한 성능을 가지고 있음을 주지시켜 나가야 한다.

실연전략(demonstration strategies)은 의사소통기술의 한 유형인데, 여기서 사용되는 사진, 다이어그램, 모형, 견본 등은 제품의 편익과 용도를 구체적으로 설명해 주는 기능을 담당한다. 전환전략(conversion strategies)은 비사용자를 사용자로 전환시키기 위한 의사소통전략인데, 이 중 특히 차별적인 경쟁우위전략(differential competitive advantage strategy)은 판매원이 경쟁사의 제품에 비해 성능이 가장 탁월하고 뛰어난 자사의 제품들을 팔려고 노력하는 것을 의미한다. 여기서 일단 잠재고객이 제품의 우수성을 알게 되면, 그들은 그 회사가 생산하는 다른 제품에 대해서도 상당한 호감을 갖게 된다. 시험주문전략(trial order strategy)은 고객이 제품의 성능을 알아보기 위해서 제한된 물량의 구입을 요청할 때 사용된다. 이 밖에 무료로 견본을 주는 것과 공장방문 등도 중요한 전환전략이 될 수 있는데, 공장방문을 하게 되면 고객들은 판매원의 주장들을 뒷받침해 주는 인적·물적 자원들을 직접 눈으로 확인할 수 있게 된다. 또한 공장방문은 구매자와 판매자 양자의 기술 전문가들로 하여금 특별주문의 체결을 가능하게 할 수도 있다. 그리고 제품구매에서 만족을 느꼈던 사용자들로부터 추천장을 받는 것도 또 다른 전환전략이 될 수 있다.

끝으로 의사소통전략에는 판매를 종결짓는 일이 필요하다. 종결방법에는 여러 가지가 있는데, 우선 직접적인 종결방법(direct method of closing)은 판매원이 잠재고객에게 주문을 기정 사실화해도 되는지의 여부를 묻는 것이다. 이 방법은 판매원이 제품의 장점을 나타내는 여러 가지 단서들을 논리적이고 객관적으로 제시하고 고객으로부터 거부감을 거의 받지 않은 경우에 효과적이다. 둘째로, 요약적 종결방법(summative method of closing)이란 판매원이 제품의 모든 장점들을 다시 한번 이야기해 주는 것이다. 제품의 장점들을 반복시켜 줌으로써 그러한 특징들을 부각시킬 수 있는 것이다. 일반적으로 긍정적인 정보는 먼저 제시되거나 중립적인 정보와 함께 제시되는데, 그 이유는 긍정적인 정보에 먼저 접하게 된 구매자는 나중에 언급된 내용들에 대해서도 부정적으로 생각하는 경향이 줄어들게 되기 때문이다. 이렇게 볼 때 처음에 긍정적인 정보를 제시하게 되면, 덜 긍정적인 정보에 대한 거부감을 축소시키는 후광효과(halo effect)를 창출시킬 가능성이 높아지는 것이다. 셋째로, 가정적인 종결방법(assumptive method of closing)에서는 판매원들이 잠재고객과의 합의가 도출되었음을 전제해 버린다. 예컨대, 판매원이 구매자가 실제로 구매의사를 나타내기 전에, "그럼 당신의 물건을 포장해드리겠습니다"라고 말하는 것이다. 넷째로, 적극적인 대안선택 강요적 종결방법(positive-choice method of closing)은 판매원이 두세 가지의 제품을 보여 준 후, "A와 B가운데 어느 것을 선택하시겠습니까?"라고 묻는 것이다. 이 때, 선택집합의 제품 수가 많으면 많을수록 의사결정이 더욱 힘들어지게 되고 구매가능성이 떨어지게 된다는 점을 감안하여 한정된 몇 가지 제품을 제시하는 것이 바람직하다. 끝으로, 불안야기(위협적) 종결방법(scare method)이란 판매원이 고객에게 제품을 지금 즉시 구입하지 않으면 여러 가지 면에서 부정적인 입장에 놓이게 됨을 알려 주는 것이다. 예컨대, 자동차판매원은 종종 자동차 가격이 상승하고 있고, 재고가 떨어지고 있음을 알려 주면서 지금 바로 구입하는 것이 유리함을 강조할 수 있는 것이다.

(4) 접촉의 유형, 빈도전략

판매원 행동의 마지막 내용은 소비자접촉의 유형과 빈도이다. 판매원은 고객과 접촉하는 몇 가지 방법을 구사하는데, 각각은 장·단점을 가지고 있다. 개별방문은 고객접촉의 매우 중요한 수단으로서, 판매원은 잠재고객의 여러 가지 특성들을 직접적으로 알 수 있게 되기도 한다. 또한, 개별방문은 판매원으로 하여금 공장에 있는 다른 사람들로부터 제품에 대한 정보를 얻을 수 있는 기회를 제공하며, 판매원이 유인책이나 여러 가지 비구두적 행동들을 사용함으로써 소비자의 의사결정에 직접적인 영향을 미칠 수 있다. 그리고 개별방문에서는 판매원과 고객간의 접촉이 대면적으로 이루어지기 때문에 고객들은 판매원의 제안을 쉽사리 거부하기가 어렵다는 것이다. 그러나, 개별방문은 비용이 많이 든다는 단점을 가지고 있다.

전화는 고객접촉에 있어서 시간을 절약할 수 있는 방법인데, 특히 판매자와 구매자간의 거리가 멀리 떨어져 있을 때 효과적인 수단이 된다. 또한 전화는 개별방문에 비해서 소비자에 대한 접근이 더욱 용이하다. 그렇지만 전화를 이용하게 되면 제품의 편익을 전달하고 그것을 실연시키는 데 한계가 있다. 우편은 고객접촉의 가장 값싼 수단이 된다. 게다가, 우편은 제품에 대한 사진이나 자세한 정보를 전달할 수 있는 장점도 가지고 있다. 그렇지만 우편은 개별접촉의 특성을 고려하지 않기 때문에 판매원의 설득력 있는 의사소통이 어렵다.

일반적으로, 고객을 방문하는 빈도는 고객의 업무규모와 거래량에 좌우된다. 대량 구매자는 기업에 더욱 중요하기 때문에 세심한 주의가 필요하다. 순회방문은 판매원이 정기적으로 고객을 방문하는 방법을 일컫는데, 원형순회방법(circular routing method)의 경우에는 판매원이 자신들의 고객분포를 동심원상에 나타낸 다음 가장 가까운 곳을 우선적으로 방문하게 된다. 이 방법은 고객이 동일하게 분포되어 있고 판매원이 모든 고객을 거의 비슷한 빈도로 방문하게 되는 경우에 사용된다. 편중접근방법(cloverleaf approach method)은 특정지역에 여러 집단의 고객들이 존재하고 있는 경우에 유용한 방법으로서, 판매원은 지역별로 고객에 접근하게 된다. 교대(우선순위)접근방법(skip-stop approach)에서 판매원은 모든 고객순회에서 가장 중요한 고객들을 우선적으로 방문하고, 그렇게 중요하지 않은 고객의 방문은 줄이는 것이다. 그렇지만, 방문에서 제외된 고객들은 다음의 순회에서는 방문대상이 될 수도 있다.

고객을 다루는 일반적인 접근방법에는 접촉의 3단계와 각 단계에서 수행되어야 하는 여러 가지 과업의 특성에 따른 순차적인 전략이 포함된다. '접촉이전단계'에서 판매원의 행동내용은, 잠재고객을 선별하고, 전시회나 다른 판매원의 소개서로부터 좋은 점들을 배워 나가고, 잠재고객과 그들의 제반 욕구에 대한 적절한 정보를 알아내는 것이다. 기존고객들에 대한 접촉 이전의 단계에서의 판매원의 업무는 과거의 접촉에서 얻어진 정보에 나타난 욕구와 선호도를 재평가하는 것이다.

'접촉단계'에서는 제품과 관련된 주제나 메시지가 전달되어야 한다. 고객욕구와 선호도에 대한 추가적인 정보수집은 고객들이 가지고 있는 잠재적인 감정적 장애나 지각적 장애 등을 감소시키는 데 도움이 되는 것이어야 한다. 그리고 이 단계에는 시간적, 장소적 또는 소유적 장애를 해소시키기 위해서 가격협상, 주문절차의 단순화, 운반이나 대금지급방법의 설정과 같은 구매전환활동들도 수행되어야 한다. '접촉단계'의 성과와는 무관하게 사람이나 전화, 또는 우편 등을 통해서 이루어지는 '접촉 이후 단계'는 고객과의 미래관계에 매우 중요한 역할을 담당한다. 첫째, 판매가 이루어진 이후의 관계는 고객의 제품에 대한 관심을 유지시키고 구매 이후의 평가를 보다 호의적으로 만들 수 있다. 고객들은 구매 이전뿐만 아니라 구매가 이루어진 이후에도 그 구매행위의 타당성 여부를 진단하기 위해서 정보를 필요로 한다. 둘째, 접촉 이후의 관계는 비록 구매가 발생되지는 않았다고 하더라도 고객의 관심을 유발시키거나 강화시키는 데 도움을 준다. 그러므로 접촉기간에 얻어진 고객욕구와 선호도에 대한 특정 정보들은 접촉 이후단계의 노력을 통해서 통합되어야만 한다. 끝으로 접촉 이후의 관계를 통해서 고객들은 제품의 이용 가능성을 알게 되고, 특정 욕구가 발생했을 경우에 그 욕구를 충족시켜 줄 수 있는 판매원이 있다는 사실을 인식하게 된다.

3.3. 판매원 조직

판매원들을 조직화하는 것은 판매원들을 다양한 고객이나 시장, 또는 제품

일본 혼다(Honda)사의 고객접촉전략

혼다 자동차에서는 고객들과의 관계를 유지하고 그들의 구매를 장기적으로 관리하기 위하여 NBAP(New Basic Action Program)라는 이름의 고객 접촉정책을 수립하였다. 이 정책에 따라 이들은 고객을 우선 4등급(V, I, P, X)으로 분류하고 각 고객과의 접촉빈도를 매뉴얼화하였다. 그리고 각 판매사원에게 기존고객 180명을 포함하여 320여 명의 관리대상 고객을 할당하였다. 구체적인 접촉 전략은 다음과 같다.

V 등급: 혼다차를 3대 이상 구매한 고객으로, 월 1회 영업사원이 직접방문.

I 등급: 같은 딜러계열에서 2대의 혼다차를 구매한 고객으로, 3개월에 한번 직접방문.

P 등급: 혼다차를 처음 구입한 고객으로, 방문은 하지 않고 전화 등으로 접촉유지.

X 등급: 과거에 혼다차를 구입한 적이 있으나 현재는 다른 메이커의 차를 이용하는 고객으로, 전화 접촉유지.

이와 같은 고객접촉방법을 토대로 혼다는 기존고객의 재고객화에 힘쓰고 있다.

에 알맞게 할당하는 것을 의미하는데, 이러한 할당은 고객과 판매원간의 성공적인 상호작용에 매우 중요한 의미를 갖는다. 그러므로 판매원의 할당은 제품개념의 전달이나 여러 가지 구매전환활동의 달성과 간접적으로 관련이 있는 것이다. 판매원을 표적고객에게 맞추어 할당하는 데에는 지역, 제품 또는 고객에 기초를 두는 방법이 있는데, 보통 한 가지 이상의 방법이 쓰이고 있으며 이러한 여러 가지 수단의 결합은 결국 판매원 조직으로 귀결된다.

(1) 지역에 기초한 할당

판매원의 할당이 지역에 기초하는 경우, 한 판매원은 특정지역 내에서 자사의 모든 제품판매를 책임지게 된다. 이 방법은 여러 명의 판매원이 동일지역판매를 담당함으로써 발생하는 비용이나, 아주 먼 거리를 이동하는 데서 발생하는 비용 등을 줄이기 위해서 쓰여진다. 특정지역에 대한 판매원의 명확한 책임한계로 인해 지역업무의 활성화에 대한 동기부여가 커지게 되고, 인적유대도 긴밀해진다. 그러나, 이 방식은 제품들이 고도의 기술복잡성을 가지고 있거나 계속적인 서비스를 필요로 하는 경우, 또는 고객들의 욕구가 제품구입이나 서비스 측면에서 상이한 경우에는 여러 가지 문제점들을 나타내기도 한다. 왜냐하면, 판매인 혼자서 여러 가지 고기술제품에 대한 지식을 갖추거나 여러 고객들의 다양한 욕구에 관해 깊게 아는 것이 어렵기 때문이다.

(2) 제품유형에 기초한 할당

한 기업이 여러 가지 제품을 생산할 때, 판매원은 제품군에 의해 나누어질 수 있는데, 여기서 각 판매인 집단은 전체지역을 담당하면서 별개의 사업을 맡는다. 그러므로 판매원은 특정제품군에 관해 전문적 지식을 갖추어서 고객에게 보다 나은 기술적 조언이나 서비스를 제공할 수 있다. 하지만, 동일회사의 복수 판매원이 서로 다른 제품의 판매를 위해 동일고객을 방문할 수도 있으며, 이러한 경우는 혼란과 비효율을 초래할 수도 있다.

(3) 고객특성에 기초한 할당

기업은 산업, 규모, 유통경로 혹은 개별회사와 같은 고객의 특성에 기초하여 판매 조직을 구성할 수 있다. 예컨대, 대규모 철제포장 제조회사는 철도산업과 건설산업 그리고 기타 여러 범주에 속하는 산업에의 판매를 담당하는 개별판매조직을 구성하고 있다. 알루미늄제품 생산업자는 소규모 체인이나 도매상 혹은 대규모의 독립소매업자들에 대한 개별판매조직을 이용한다.

고객특성에 기초한 판매조직의 가장 큰 장점은 각각의 판매원이 특정고객 욕구를 매우 잘 간파하고 있다는 것이다. 이것은 고객과의 장기적인 관계정립에 전제조건이 되기도 한다. 그렇지만 이 접근방식은 고객이 여러 지역에 흩어져 있을 때에는 효율성이 떨어진다. 거기다가 고객들의 욕구가 매우 다양한 경우에는 판매원의 역할이 매우 복잡하고 비효율적으로 된다.

(4) 여러 가지 할당방법의 결합

판매원 할당의 여러 방법들은 저마다의 강·약점을 가지고 있다. 따라서 하나의 방법에만 의존하게 되면 여러 가지 문제점이 발생하기도 한다. 이에 대한 하나의 효과적인 대안은 각 방법의 약점을 줄이고, 강점을 부각시키는 방식으로 세 가지 할당방법을 결합시키는 것이다. 한 예로서, Hewlett-Packard사가 의료기구부문, 계산기부문, 전자부품부문, 기타 신시장부문으로 다각화되자, 회사의 판매조직구조는 제품과 시장의 결합에 기초한 판매조직으로 바뀌게 되었다(그림 12-2 참조). 전자제품의 경우, 별개의 판매조직이 전자제조부문, 항공우주부문, 통신부문과 운송장비시장을 담당하고 있다. 그리고 각각의 판매집단 내

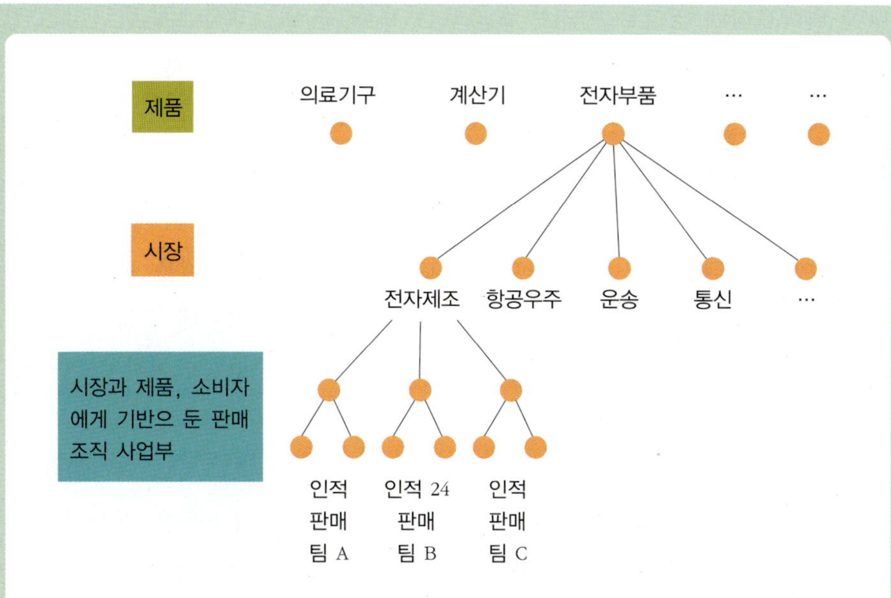

그림 12-2
휴렛패커드의 판매조직

에 간부진과 응용공학자, 그리고 소프트웨어 전문가를 구성해 놓고 있다. 이러한 팀 개념은 한 명의 판매원으로는 감당하기 어려운 판매대상제품이 있는 경우에 보다 나은 지원시스템을 제공해 주기 위해서 만들어진 것이다. 이러한 구조는 산업재 시장에서와 같이 제품이 매우 기술적이고 복합적인 경우에 유용하게 활용될 수 있다.

고객중심적인 판매조직은 여러 가지 다른 방법들과 효과적으로 결합될 수 있다. 대규모 고객들은 단 한번의 판매접촉을 통해서 자신들의 모든 욕구들을 나타낼 수 있기 때문에, 많은 회사들은 심지어 단일고객을 관리하는 고객전담경영자를 두고 있기도 하다. 예컨대, 미국의 다우 케미칼(Dow Chemical)사는 제품중심적인 판매원조직의 한 단계 위에서 1,270여 개에 달하는 회사의 전제품을 취급하며 특정고객을 전담하는 14명의 고객관리자를 두고 있다. 그들은 전반적인 고객운영의 최적화를 위해서 노력하는데, 판매원과 고객과의 관계구축에 초점을 맞추고 있다.

3.4. 인적판매의 예산편성, 실행 및 평가

광고의 경우와 마찬가지로 인적판매에 대한 예산할당의 가장 효과적인 방법은 인적판매의 개념전달활동과 구매전환활동에 근거를 두는 것이다. 예산에 대한 의사결정에 영향을 미치는 요소로는 제품, 지역, 고객에게 할당되는 판매원 수와 유형, 접촉의 빈도 등이 있다. 인적판매의 목표를 정하고, 그것을 바탕으로 예산을 결정하고, 목표에 적절한 조합을 고안해 내는 일은 인적판매계획의 중요한 부분이라고 할 수 있다.

판매원조직의 모든 구성요소들을 결정하기 위해서 많은 수학적 모델과 관리지침이 개발되었는데 그 가운데에서 CALLPLAN이라는 모델은 판매원이 잠재고객들에 대한 시간배분을 어떻게 해야 하는지를 결정하는 데 도움을 준다. 이외에도, 다른 모델들은 어떤 판매담당자가 어느 지역에 할당되어야 하는지를 검토해 준다.

판매원조직, 판매원정보, 그리고 판매원의 행동은 효과적인 인적판매를 수행하는 데 필요한 예산에 영향을 미치게 된다. 이러한 요소들을 경제적으로 수행하기 위해서는 적절한 판매원이 선발되어야 하고, 적절한 정보가 제공되어야 하며, 판매원들은 판매지역에 적합한 판매행위를 갖출 수 있도록 훈련받아야 하는 것이다. 또한 장기적인 판매노력의 효과성을 유지하기 위해서는 판매원들에 대한 적절한 보상이 지급되어야 하며, 업무에 대한 동기부여도 제시되어야 한다. 그러므로 선발, 훈련, 유지 등에 관한 제도적 장치는 하나의 통제 메커니즘으로 생각될 수 있으며 이들은 인적판매의 모든 하부구성요소들이 효율적·효과적으로 기능을 발휘할 수 있도록 해 준다.

(1) 판매원의 모집과 선발

판매원은 여러 경로를 통해서 선발될 수 있는데, 회사 내에 있는 사람들이나 회사 외부의 사람들이 주요원천이 된다. 인원선발에는 많은 테스트 기법들이 사용되는데, 인성검사를 통해서는 성공적인 업무수행에 필요한 자질이 있는지의 여부를 알 수 있고, 사회적 상호작용접근법은 개인적 특성이나 관심사에 있어서 표적고객과 어울릴 수 있는 판매원을 선발하는 데 도움이 된다. 실제로 많은 회사들은 먼저 자신들의 고객을 조사하고 나서, 그 고객층에 가장 잘 부합되는 판매원들을 선발한다.

선발과정에서는 일반적으로 개인면담을 활용하게 된다. 실제로 사용되고 있는 유형으로 정형화된 면담(patterned interview: 미리 준비된 질문들을 던짐), 자유면담(nondirective interview: 응시자들이 자신들의 경험에 관해 자유스럽게 이야기하도록 자극함), 그리고 상호작용면담(interaction interviews: 응시자들에게 실제판매상황을 제시하고 응대하도록 하는 방법) 등이 있다. 다양한 테스트와 면접방법은 서로 복합적으로 사용될 수 있다.

선발의 마지막 요소는 응시자의 개인적 경력이다. 과거의 활동, 업적 그리고 평상시의 행동 등은 중요한 보완적 정보를 제공한다. 이에 대한 정보를 얻기가 어려운 경우가 많지만, 판매원 훈련과 유지에 관련된 제반비용을 고려한다면 정보취득에 따르는 어려움은 그만한 가치를 가지고 있는 것이다.

(2) 판매원 훈련

일단 선발이 되면 판매원은 개념전달활동 및 구매전환활동을 효율적으로 수행하기 위해서 훈련받을 필요가 있다. 훈련기간은 판매에 따르는 노력과 성공여부를 결정짓는다는 점에서 중요하다. 일반적으로 훈련은 행동차원과 정보차원에서 이루어진다(그림 12-3). 이렇게 함으로써 고용된 사람들은 기업의 사명이나, 과거, 현재, 미래의 발전목표, 회사의 조직구조 등에 관한 적절한 정보를

그림 12-3
정보, 행동차원에서의 판매훈련

정보훈련
- 기업의 과거, 현재, 미래
- 기업의 사명, 조직구조
- 제품성능, 고객

행동훈련
- 접촉 이전단계, 접촉단계,
- 접촉 이후단계
- 고객을 대하는 태도

알 수 있도록 훈련받게 되는 것이다. 판매원들은 또한 접촉이전단계, 접촉단계, 접촉이후단계에서 수행되는 적절한 행위들에 대해서도 훈련을 받는다. 고객을 대하는 적절한 자세와 같은 행위들도 물론 훈련프로그램에 포함되어야 한다.

(3) 판매원의 유지(보상 및 동기부여)

잘 훈련된 판매원을 장기적으로 유지시키고, 이직률을 최소화시키는 일은 인적판매에 있어서 중요한 과제이다. 판매원을 관리하고 유지시키는 데에는 보상과 동기부여관리가 중요한 요소로 작용한다. 훈련과 마찬가지로 보상도 인적판매의 효율성에 영향을 미치고, 동시에 예산에도 영향을 미친다. 보상에는 크게 세 가지 종류가 있는데, 기본급(straight salary), 성과급(straight commission), 그리고 혼합보상제(combination plan) 등이 있다.

기본급하에서 판매원들은 주기적으로 고정된 액수(월급)를 지급 받는다. 또한 업무의 수행에서 발생하는 비용도 지급 받는다. 이 같은 보상체계는, 판매활동이 상당한 교육을 필요로 한다거나, 판매인이 직접적인 판매활동과 더불어 잠재고객 또는 사용자에게 제품정보를 제공하거나, 기술적인 조언을 많이 제공해야 하는 경우, 그리고 판매를 성사시키기 위해서 상당한 사전 판촉노력이 필요한 경우 등에서 선호된다. 이러한 상황은 보통 산업재 시장에서 나타난다. 기본급제도는 몇 가지 장점을 지니고 있는데, 우선 이 제도를 시행하게 되면 판매원들에 대한 강력한 통제가 가능하게 된다. 또한, 기업의 판매조직이 시장상황의 변화에 유연하게 적응할 수 있다. 판매원의 소득은 판매조직의 재편에 의해 영향을 받지 않기 때문에 판매원은 성과급제에서보다 회사의 마케팅전략에 더욱 협조하게 된다. 또한 기본급은 소득이 고정적임을 의미하기 때문에, 회사에 대한 충성도를 제고시키고 회사의 인적판매전략을 더욱 효과적으로 수행하도록 만들어 줄 수 있다.

기본급제도의 단점은 열심히 일하려는 데 대한 재무적인 동기부여가 불충분하다는 것이다. 즉, 보상이 실적과 무관하게 주어지기 때문에 일정수준 이상의 노력을 기울이고자 하는 동기를 부여하지 못하는 것이다. 또한, 기본급제도는 좋은 성과를 내는 판매원과 그렇지 못한 판매원을 차별화시키지 못하기 때문에, 모든 판매원들을 평준화시키는 결과를 초래할 수도 있다. 그러나 이 때, 낮은 동기유발의 원인이 보상체계인지 아니면 판매조직 자체인지를 면밀히 판단해야 한다. 때에 따라서 기본급제도의 정태적 성격은 관리상의 조정이나 감독 등을 통해 보완될 수 있기 때문에 몇몇 유인책을 효과적으로 부가시키게 된다면 그 장점이 더욱 부각될 수 있을 것이다.

성과급제는 기본적으로 판매원의 판매실적을 기초로 보상을 제공하는 것이다. 물론, 이 제도는 판매량이 판매원의 생산성에 대한 좋은 척도가 될 수 있을 때 사용하는 것이 바람직하다. 이 제도하에서는, 판매와 직접적인 관련이 없는 작업에 대한 부담이 비교적 적고, 인적판매가 주로 주문을 받아 오는 데 치중하고 있는 경우에 자주 쓰인다. 제약이나 철물도매뿐만 아니라 화장품, 섬유, 의복, 보험 그리고 투자회사와 같은 많은 소비재 회사나 서비스 회사에서는 성과급제가 보편화되어 있다. 성과급제의 장점은 열심히 일하기를 원하는 사람들에게 동기를 제공한다는 것이다. 판매량에 따라 소득이 달라지기 때문에 비용통제에도 도움을 주게 된다. 그러나, 성과급제는 기업의 목표나 장기계획과의 마찰을 가져올 소지를 안고 있다. 왜냐하면, 보상이 판매량에 근거를 두고 있기 때문에, 판매원들은 미래의 판매를 개발해야 하는 기업의 장기목표들을 희생시키면서까지 단기목표 달성에만 지나치게 얽매일 수 있기 때문이다.

판매원의 모집, 훈련, 그리고 보상체계는 판매원의 성과와 직무에 대한 만족 등에 영향을 미친다. 어떤 이유에서든지 동기유발의 정도가 낮다는 것은 개별 판매원의 성과나 판매원 조직의 효율성에 부정적인 영향을 미칠 수 있다. 그러므로 직무만족과 동기부여를 증대시키고, 직무만족과 동기부여가 부족함을 나타내는 현상들을 간파하는 일은 중요한 관리활동이 되는 것이다. 구체적으로, 긴장이나 성취감의 결여 등의 이유로 나타날 수 있는 네 가지 비정상적인 행위에는 공격(aggression), 퇴행(regression), 고착(fixation) 그리고 포기(resignation) 등이 있는데 이들이 갖는 일반적인 증세와 경영자들이 취할 수 있는 조치들은 〈표 12-7〉에 나타나 있다.

공격은 판매원이 공격적인 행동을 나타내는 것을 말하는데, 이는 신체적·

표 12-7

판매원들이 직면하게 되는 일반적인 좌절상황들

상 황	판매원의 행위	좌절의 원인	경영층의 조치
판매원이 중요한 판매에 실패함	공격, 퇴행, 고착	- 판매원의 관리자 - 판매원의 고객 - 환경(경쟁, 사업환경, 공급자 등 통제불가요소)	- 판매교육의 강화 - 주요협상 사항에 대한 재량권의 부여 - 팀판매접근법의 채택
판매할당량에 미달하는 판매원-할당량 이하의 성과	퇴행, 심리적인 포기	- 판매원의 관리자 - 판매원의 고객 - 환경	- 실현 가능한 할당량 부여 - 판매량 할당에 판매원의 의견 포함 - 판매교육의 재시행 - 판매방문에 관리자를 동반
고객확보에 실패한 판매원	공격, 심리적인 포기	- 판매원의 관리자 - 판매원의 고객	- 판매영역을 공정하게 분배 - 판매원에게 경영층의 신뢰를 보여 줌 - 문제해결에 도움을 줌 - "foot-in-the-door" 기법의 제공
잠재고객의 요구를 받아들이지 못한 판매원	퇴행, 공격	- 판매원의 관리자 - 판매원의 고객 - 조직의 능력 - 환경	- 규정된 범위 내에서 더 많은 재량권 부여 - 판매방문에 관리자를 동반 - 판매원이 문제를 해결하고, 고객들의 구매거부를 극복하기 위한 훈련
촉진활동을 성취하지 못한 판매원	공격, 고착, 심리적인 포기	- 판매원의 관리자	- 판매원들에게 촉진에 대한 지침을 명확히 인식시킴 - 주기적으로 판매원과 같이 성과를 검토 - 회사와 판매원의 조화를 이루기 위해서, 모집기간 동안 회사의 목표와 촉진방향을 교육시킴
소비자의 거부를 극복하는 데 실패한 판매원	퇴행, 공격	- 판매원의 관리자 - 판매원의 고객	- "getting-in-the-door" 기법의 제공 - 판매방문에 관리자를 동반

구두적 학대를 포함하며 특정인물이나 자신을 대상으로 표현될 수 있다. 퇴행은 욕구가 좌절된 사람들에 의해서 자행되는 유치한 행위들로 이루어진다. 조직체에서 나타나는 퇴행의 신호로는 감정통제의 부족, 소란, 근거 없는 두려움, 맹목적인 충성의 형성 등을 들 수 있다. 고착은 달성하기 어려운 수준의 성과에

비정상적으로 집착을 나타내는 것이다. 포기는 판매원이 목표달성을 단념하거나 그에 대해 수동적이 되는 것을 말한다.

인적판매의 효과를 측정하기 위해서 많은 방법들이 사용된다. 판매원에 의해서 달성되는 판매량은 인적판매의 효과성을 나타내 주는 것으로 이해될 수 있으며, 판매에 드는 제반비용은 판매의 효율성을 나타내는 척도로 사용될 수 있다(비용이 낮을수록 판매원의 업무수행은 효율적임을 나타낸다). 그러므로, '판매량-비용비용' 은 판매원의 효과, 효율지표를 나타내기 위해서 사용될 수 있다. 전체 판매원에 대한 이 비율의 총체적 측정치는 인적판매 내의 시너지 효과 정도를 나타낼 수 있을 것이다(이 비율이 높을수록 판매조직은 보다 효과적이고 효율적일 것이다).

그러나 이 비율만으로 판매원의 성과가 항상 측정될 수 있는 것은 아니다. 담당구역 혹은 담당고객을 적절하게 관리하고 장기적인 목표를 달성하는 데 있어서 기존고객이나 잠재고객과의 지속적인 접촉은 매우 중요한 성과지표가 될 수 있다. 또한, 시간활용 측정치를 이용하면 판매원이 얼마나 효율적으로 업무를 수행하는지를 평가할 수 있다. 예를 들어 고객과의 대면접촉을 최대화하고 이동시간을 최소화시키는 것은 매우 중요하다. 따라서 만약 판매원들이 많은 시간을 단지 '이동' 에 소모하고 있다면 판매조직을 재편하는 것이 더욱 효율적일 것이다.

판매원이 얼마나 적극적으로 업무를 수행하고 있는가는 판매원의 고객 포트폴리오에 포함된 고객의 수로 측정해 볼 수 있다. 또한, 고객에게 보낸 편지의 수, 고객과의 전화통화 수, 그리고 공식적인 제안의 수 등도 판매노력의 효과성을 측정할 수 있는 방법이 된다. 뿐만 아니라, 판매 이외의 활동에 대해서는 판매원의 '판매방문 보고서' 에 의해서 평가될 수 있으며 소비자의 불만사항 또한 개별판매원과 판매조직 전체에 대한 좋은 평가지표가 될 수 있다. 끝으로, 인사고과 보고서도 판매원의 전반적인 성과를 평가하기 위해서 사용될 수 있다. 인사고과(merit rating)는 판매원의 업무와 직 · 간접적으로 관련 있는 많은 요소들을 평가하는데, 여기에는 창의력, 외모, 고객과의 관계 등과 같은 개인적인 특성이나 직무지식이 포함된다.

요약 및 복습 Summary & Review

시장의 세분화, 쌍방향 정보교환을 가능하게 한 인터넷의 발달 등은 고객과의 커뮤니케이션 방법에 많은 변화를 일으키고 있다. 고객들은 주어지는 정보를 단순히 수용하는 입장에 머물지 않고 기업이 제시하는 정보에 대해 비판하고 새로운 정보를 제공할 수 있는 능동적인 정보제시자가 되었다. 따라서 세분화된 개별고객에게 최적의 정보를 적시에 제공해 줌으로써 고객과의 지속적인 관계를 맺어 나가기 위해서는 맞춤정보(tailored information)를 제공할 수 있는 수단들이 필요하게 된 것이다.

PR과 구전, 그리고 인적판매는 기존의 매스미디어를 활용한 광고나 판매촉진보다 세분화된 고객에게 정보를 적시에 전달할 수 있다는 공통적인 장점을 갖고 있다. PR이나 구전은 고객들이 언론기관, 전문가집단 또는 준거집단 등을 통해서 직접 접하게 되므로 광고에 비해 신뢰도와 설득효과가 높을 수 있다. PR은 간행물, 특별행사, 뉴스기사, 연설, 공공서비스 활동 등의 다양한 매체를 통해 이루어지며, 각 매체에 적합한 형태와 내용을 계획하여 가장 적절하게 전달하는 것이 중요하다.

구전이란 소비자들 스스로가 제품이나 서비스에 관한 개인적인 직·간접 경험에 대해 긍정적 혹은 부정적인 정보를 비공식적으로 교환하는 자발적인 의사소통 과정 또는 행위를 말한다. 구전은 전달자와 수신자 사이의 사회적 관계특성요소(유대강도, 동질성, 신뢰도)와 커뮤니케이션 관계특성요소(방향성, 주도자)에 따라 그 효과가 다르게 나타난다. 이러한 구전을 관리함에 있어서 기업은 인위적인 자극을 통해 기업이 원하는 방향으로 구전을 유도하기도 하나 이보다는 고객감동에 기반을 둔 지속적인 관계형성이 중요하다.

인적판매는 고객을 직접 만나서 기업의 입장을 전달할 수 있다는 장점을 갖고 있다. 인적판매에 있어서는 판매원이 보유해야 하는 정보(기업에 대한 정보, 고객에 대한 정보, 제품에 대한 정보, 시장에 대한 정보)와 고객과 접촉하는 동안에 판매원이 취할 제반 행동(의사소통기술, 양식, 빈도, 접촉전략) 그리고 판매원 조직구성(제품, 고객, 혹은 시장에 따른 할당)을 효율적으로 관리하는 것이 중요하다.

위에서 언급한 세 가지 촉진수단 역시 개념전달활동 및 구매장애제거 활동에 기여하기 위해 마케팅 목표 및 IMC 목표하에서 일관성을 갖고, 다른 커뮤니케이션 수단들과 보완적으로 구성되어야 한다.

문제제기 및 질문 Issues raised & Question

1 다양한 매체에서 효과적으로 사용된 PR의 예를 들어 보라. 그리고 왜 그것이 다양한 매체로부터 지지를 받을 수 있었는지 설명해 보라.

2 PR이 거래장애를 감소시키는 데 어떠한 도움을 줄 수 있을 것인가에 대하여 생각해 보시오.

3 구전을 유발하는 요인들에 대하여 논하고 유발된 구전의 효과를 결정짓는 요소들에 대해서 설명하시오.

4 신제품과 기존제품에서 어떻게 구전마케팅을 활용할 수 있을 것인가에 대하여 예를 들어 설명하시오.

5 판매원을 관리함에 있어서 어떠한 행동을 하도록 교육 · 훈련시켜야 하는지 논하시오.

6 "판매원은 문제파악뿐만 아니라 문제의 해결자이며 치료자이다"라는 말의 의미에 대해서 논하시오.

R/E/F/E/R/E/N/C/E/S _ 참고문헌

김동훈 · 안광호 · 유창조(2001), 「마케팅 커뮤니케이션 관리」, 학현사.

이종성, "구전효과의 중요성과 활용," 제일기획 마케팅 연구, 2001.

David H. Furse, Girish N. Punj, and David W. Stewawrt(1984), "A Typology of Individual Search Strategies Among Purchasers of New Automobiles," *Journal of Consumer Research*, 10(March), pp. 417-431.

Gilbert Churchill, Jr., Neil M. Ford, and Orville C. Walker(1981), *Sales Force Management* (Homewood, Ill.: Irwin).

John D. LaSage(1980), "Objectives-Oriented PR Programs Boost Sales in Industrial Markets," *Marketing News*(April 4), p. 19.

Kotler, *Philip(2000) Marketing Management*, The Millennium Edition.

Leonard Lodish(1980), "A User Oriented Approach Model for Sales Force Size, Product and Market Allocation Decisions," *Journal of Marketing*, 44(Summer), pp. 70-78.

Scott M. Cutlip and Allen H. Center(1982), *Effective Public Relations*, 5th ed.(Englewood Cliffs, N.J.: Prentice-Hall).

CHAPTER 13

가격(Pricing): 개념과 책정방법

MARKETING MANAGEMENT

롯데월드의 가격차별화전략

롯데월드는 적절한 가격구조를 통해 고객별 가격 차별화를 시도하고 있으며 이를 통하여 수익 극대화를 꾀하고 있다. 청룡열차가 달리는 놀이공원은 아이들에게는 단지 즐거움을 제공하는 공간일 뿐이지만 마케팅담당자에게는 가격구조에 대한 살아 있는 사례가 된다.

〈표 13-1〉은 롯데월드 가격표 중 일부이다. 〈표 13-1〉에서 보는 것처럼 롯데월드는 자유이용권이라는 이름의 묶음가격과 함께 개별시설에 대한 가격을 함께 갖고 있다.

〈표 13-1〉에 의하면 어른의 경우, 입장료 26,000원을 내고 들어가서 후렌치레볼루션과 같은 4,000원짜리 놀이시설을 두 번, 회전목마와 같은 놀이 시설을 한번만 이용하면 벌써 37,000원이 되어 자유이용권 38,000원에 근접하게 된다. 결국 놀이시설을 많이 이용할 사람들은 자유이용권을 사는 것이 결과적으로 더 싼 가격에 롯데월드를 즐기는 것이 된다.

표 13-1 롯데월드의 가격구조

항목	가격
입 장 료	26,000원
후렌치레볼루션	4,000원
바이킹	4,000원
후룸라이드	4,000원
회전목마	3,000원
매직붕붕카	1,000원
자유이용권	38,000원

반면, 놀이시설에는 큰 관심이 없는 경우에는 단일 가격으로는 가장 비싼 수준인 '입장료'를 내고 롯데월드를 관람할 수밖에 없다. 즉, 롯데월드는 높은 수준의 개별가격을 통하여 소비자잉여를 자신의 것으로 하고 상대적으로 저렴한 자유이용권을 통하여 수익기회를 극대화하고 있는 것이다. 묶음가격으로 제공되는 자유이용권은 또 다른 측면에서 소비자잉여를 기업의 것으로 바꾸어 주는 역할을 하고 있다. 그것은 다양한 놀이시설에 대한 고객의 수요차이를 자유이용권이 흡수하고 있다는 것이다. 즉, 후렌치레볼루션과 회전목마에 대한 가치수준이 다른 사람이라 해도 두 놀이시설을 함께 이용하는 것에 대해서는 가치수준이 비슷할 수 있기 때문이다.

본 장에서는 가격의 기본적인 개념과 가격을 결정하기 위한 전통적인 접근, 그리고 가격결정에 관한 일반적인 지식과 가격이 제품수요에 미치는 영향 및 여러 가지 가격조정전략 등에 관해 논의하고자 한다.

마케팅믹스 중 가격 요소도 다른 믹스요소들과 같은 방식으로 접근된다. 즉, 가격도 개념전달목표 및 구매전환목표와 일관성을 갖는 범위 안에서 다른 마케팅믹스요소들과 보완성을 갖도록 책정되어야 한다. 최고의 제품이라는 제품개념을 전달하기 위해서는 그것과 일관된 고가의 가격정책을 수립해야 할 것이며, 이는 결과적으로 소비자들이 다른 제품에 비하여 고품질로 인식하도록 하여 인지적인 장애를 극복하도록 도움을 줄 수 있다. 반대로 저렴하고 실용적인 제품개념을 전달하기 위해서는 저가정책을 사용하여야 하며 이는 소유에서의 장애요인을 제거해 주는 효과를 거둘 수 있도록 도와 준다.

그러나 가격은 개념전달목표 및 구매전환목표에 기여하는 방식에 있어서 다른 세 가지 마케팅믹스요소와는 차이가 있다. 즉, 제품, 유통, 촉진과는 달리 가격은 고객에게 의미 있는 하위요소(subcomponent)를 지니지 않는다. 또한 여타 세 가지 마케팅믹스요소에 관한 정보가 없으면 가격 하나만으로는 고객에게 명쾌한 의미를 제공해 주지 못한다. 왜냐하면 가격은 고객들이 제공받는다고 생각하는 편익에 비교되어 그 공정성과 합리성이 평가되는데 이러한 편익은 다른 세 가지 마케팅 믹스에 의해 결정되기 때문이다. 가격과 다른 마케팅믹스요소인 제품, 유통, 촉진과의 통합은 제14장 '마케팅믹스의 통합'에서 자세히 다루기로 한다.

제 1 절 가격결정에서의 고려요인

1.1. 가격의 개념: 경제학적 관점과 마케팅적 관점

가격에 대한 개념은 보통 경제학적 관점이나 마케팅적 관점에서 논의될 수 있다. 두 관점의 가장 중요한 차이는 전통적으로 경제학적 가격결정은 주로 경쟁자의 수에 의해 특징지어지는 시장구조(독점, 과점 혹은 완전경쟁)에 의해 결정된다는 입장이지만 마케팅적 관점에서는 경쟁자의 수가 하나의 고려요인에 불과하다는 점이다. 구체적으로, 마케팅적 관점에서는 시장구조 이외에도 시장의 세분화 정도, 제품개념과 포지션, 그리고 기업의 마케팅믹스전략 등도 가격결정에 중요한 요인이 되는 것이다.

둘째, 경제학적 관점에서는 가격이 객관적으로 제품이나 서비스의 실제가치를 반영한다고 가정하는(즉, 가격의 차이는 제품의 실질적인 품질의 차이와 같다고 가정하는)데 반해, 마케팅적 관점에서는 제품의 질이 소비자의 주관적 판단에 근거하는 것으로서 이해된다는 점이다. 마케팅관점에서 보면, 제품의 가치는 가격뿐만 아니라 다른 마케팅믹스요소에 의해서도 영향을 받게 된다. 그러므로 같은 가격의 두 제품이 반드시 고객에게 같은 가치를 제공하지는 않는다. 다시 말해서 두 제품의 가치는 가격 이외에도 다른 세 가지 마케팅믹스요소의 상대적인 성과에 달려 있는 것이다.

셋째, 경제학적 관점에서의 수요는 우하향으로 나타나는 수요곡선으로써 가격과의 관계를 설정하고 있다. 그러나 마케팅적 관점에서의 수요는 가격만이 아니라 모든 마케팅믹스요소들과 관련되어 분석된다. 즉, 마케팅적 관점에서는 수요함수에 가격뿐만 아니라 마케팅믹스요소 전체가 고려된다.

그러나 어떤 관점에서 접근하는가에 상관 없이 제품이나 서비스에 대한 가격을 책정하려면 두 가지의 중요한 관련개념인 비용과 수요의 분석이 필요하다. 기본적으로, 가격은 수요를 위축시키지 않으면서 동시에 이윤을 낼 수 있도록 비용을 충분히 상회하는 수준에서 책정되어야 한다. 그러나 비용과 수요의 개념은 복잡하며 그 가치를 측정하기가 용이하지 않다.

1.2. 비용의 개념과 비용추정

비용, 즉 제품의 원가는 기업이 제품의 가격을 설정하는 데 있어서 더 이상 낮출 수 없는 하한선으로 작용한다. 물론 재고처리나 기업정리 등의 특별한 상황에서는 가격을 원가보다 낮출 수도 있지만 그것은 예외적인 경우이고, 일반적으로 가격이 원가보다 낮을 수는 없다.

(1) 비용에 영향을 미치는 요인

1) 적정 생산수준

제품의 생산원가는 크게 변동비와 고정비 두 부분으로 구성된다. 변동비는 생산량에 따라 달라지는, 생산과 직접적으로 관련된 비용들을 말한다. 부품비, 판매수수료, 시간별 임금 등이 그 예다. 고정비는 생산량이나 매출과는 직접적인 관련이 없는 집세, 설비비, 임대료, 급여 등이 해당된다.

총비용은 주어진 생산 수준에서 고정비와 변동비의 합이며, 평균비용은 총비용을 생산량으로 나눈 값이다. 가격결정의 기본적인 전제는 총생산비용을 능가하는 수준의 매출을 달성할 수 있는 가격을 설정해야 한다는 것이다. 그러기 위해서는 물론 총비용을 최대한 낮추는 것이 중요하다. 그러나 생산원가는 생산량이 변함에 따라 계속 변하기 때문에 정태적인 것으로 보아서는 안 된다.

생산량과 원가 사이의 관계를 살펴보기 위하여 하나의 예를 들어보자. 현대자동차 소나타 조립라인에서는 1일 2,000대를 생산한다고 한다. 고정비는 생산량이 늘어남에 따라 분산되므로 생산 대수가 많으면 많을수록 평균비용은 줄어들 것처럼 보인다. 하지만 하루에 2,000대 이상을 생산할 경우에는 오히려 평균비용이 증가한다고 한다. 조립라인에 적체가 생기고, 작업자들의 노동 강도가 세져서 작업효율이 떨어지고, 설비의 고장이 잦아져 추가로 발생하는 비용이 더 많아지기 때문이다. 따라서 이 소나타 조립라인에서의 1일 적정 생산량은 2,000대로 결정된다.

만약 현대자동차가 더 많은 수의 소나타를 생산하기를 원한다면 조립라인의 전체적인 규모를 확대하거나, 아니면 새로운 공장을 건설해야 한다. 그리하여 1일 3,000대를 생산할 수 있게 된다면 평균 비용은 1일 2,000대를 생산할 때보다 더욱 줄어들 것이다. 하지만 생산규모가 지속적으로 증가되면, 어느 시점부터 관리기능 미비나 과도한 서류작업 등의 규모의 비경제성이 증대되어 평균비용이 높아지게 된다. 그러므로 기업은 기업 전체 차원에서 비용을 최소화할 수 있는 적정 생산규모를 결정하는 것이 중요하다.

2) 경험곡선효과

소나타는 왜 10년이 훨씬 넘도록 장기 베스트셀러 모델로 남아 있을까? 소나타가 1일 2,000대 규모의 조립라인을 가동하고 있다고 하자. 오랜 시간 동안 많은 양을 생산해감에 따라서 작업능률의 개선과, 독특한 생산노하우의 보유, 부품조달가격 인하 등을 통해 전체적으로 평균비용을 감소시킬 수 있게 된 것이다. 즉, 누적생산량이 증가하면서 한대당 생산비용이 점진적으로 낮아지게 된다. 만약 첫 100,000대를 생산할 때의 평균 한대당 비용이 5,000,000원이었다고 하면 200,000대째의 평균비용은 4,900,000원, 300,000대째의 평균비용은 4,800,000원으로 줄어들어 경쟁업체에 비해 유리한 비용조건을 갖추게 되는 것이다. 기업은 이렇게 줄어든 비용만큼 가격을 낮추거나, 아니면 품질향상에 더욱 투자할 수가 있게 되고, 따라서 시간이 지날수록 더욱 우수한 판매실적을 나타낼 수 있게 된다. 이처럼 누적생산량이 증가함에 따라, 즉, 생산경험이 축적됨에 따라 평균비용이 감소하는 현상을 경험곡선효과라고 한다.

경험곡선효과에 의한 가격결정을 할 때 주의할 점이 몇 가지 있다. 첫째, 경험곡선에 의한 가격인하는 소비자들에게 자칫 싸구려 이미지로 비추어질 수도 있다. 둘째, 경쟁사가 가격인하에 동참할 경우 가격전쟁으로 발전하여 산업 내 모든 기업들에게 악영향을 미칠 수도 있다. 그러므로 대응할 만한 경쟁자가 별로 없는 시장지배적 기업들이 경험곡선에 의한 가격인하를 시행할 때 성공할 확률이 높다. 셋째, 생산설비의 발전으로 인해 만약 기존의 기업보다 더 낮은 가격으로 시장에 진입하는 경쟁자가 생긴다면 경영에 막대한 손실을 초래할 수도 있다.

(2) 비용계산의 어려움

가격책정을 목적으로 비용을 계산하는 것은 분명 쉽지 않은 일이다. 비용계산의 어려움으로 크게 네 가지를 생각해 볼 수 있다. 첫째는 비용이 일정하지 않다는 점이다. 위에서 제시한 적정생산 수준과 경험곡선효과에 대한 설명에서도 나타나 있듯이 비용은 생산량에 따라 다르다. 고전경제학이론에 따르면, 총

그림 13-1
비용에 대한 대안적 견해

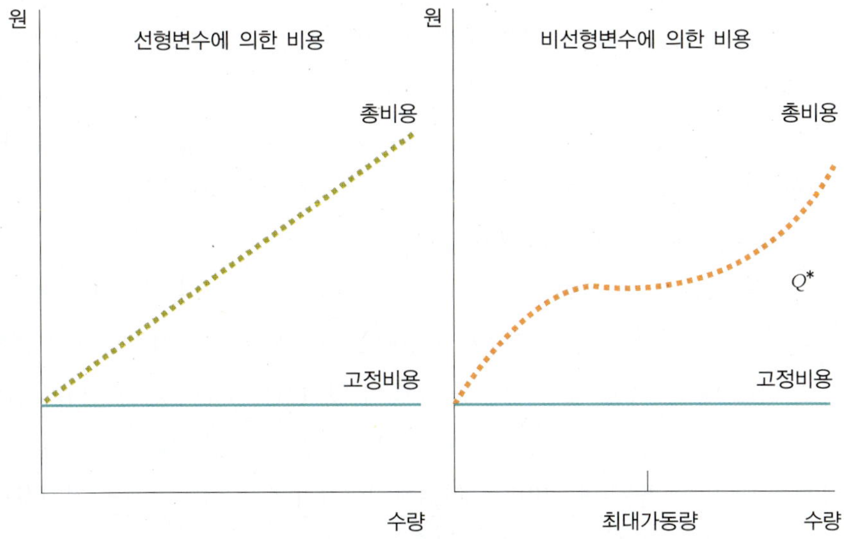

Q^*는 그 이하에서는 비용의 증가가 생산량의 증가보다 상대적으로 적고, 반면 그 이상에서는 비용의 증가가 생산량의 증가보다 더 크게 되는 생산량 규모이다.

비용은 생산수준의 함수이다. 이 이론의 두 가지 중심적인 내용은 첫째, 총비용은 산출량이 증가하면 증가한다는 것이다. 그리고 둘째, 결정할 수 있는 산출량(a determinable output)을 Q^* 라 할 때, 총비용은 산출량이 Q^* 보다 작을 때 산출량의 증가비율보다 낮은 비율로 증가하고, 산출량이 Q^* 보다 클 때 비용은 산출량의 증가비율보다 높게 증가한다는 것이다.

비용에 대한 두 가지 대안적 견해는 〈그림 13-1〉에 나타나 있다. 회계학에서의 손익분기분석에서처럼 총비용을 선형으로 볼 때, 총비용은 생산된 단위수에 직접적으로 비례하여 변한다. 그러나 비용이 산출량과 곡선관계에 있다고 보는 경우에는, 산출량이 최대생산능력에 접근하면 한계비용은 자원의 병목현상이나 기계의 여분소모 등의 이유로 상승하려는 압력이 생기는 동시에 경험곡선의 현상으로 하락하려는 압력도 발생하기 때문에 비용을 추정하기가 어려워지는 것이다.

가격책정을 목적으로 비용을 계산하는 데 있어서 두 번째 어려움은 관련비용을 규정하는 것, 즉 어떤 비용을 포함시키며 어떠한 비용을 제외시킬 것인가를 결정하는 데 있다. 회계관행에서는 설비나 기계류의 투자 같은 유형적 투자는 감가상각하지만 촉진비용, 공장종업원과 판매원에 대한 훈련비는 감가상각하지 않는다. 그러나 촉진노력을 통해 유통업자가 호의를 갖도록 만들거나 판매원이 특별한 서비스를 제공하는 것은 기계류만큼이나 미래수익에 공헌할 수 있으므로, 감가상각할 수 있는 경비로 간주해야 한다는 주장도 제기되고 있다. 이처럼 회계상의 관습에 맞추어 비용을 추정하는 것과 실제로 기업활동에 영향을 미치는 비용을 구별하는 것이 쉽지 않다.

비용을 어떻게 볼 것인가 하는 것은 무엇이 관련된 변동비인가를 결정하는 것에도 달려 있다. 어떤 제조업자가 고정비를 포함한 일정가격으로 일정량을 생산하고 있을 때, 추가로 들어 오는 주문량에 있어서는 더 이상 고정비가 반영되지 않는다. 고정비는 이미 다 반영되었으므로 추가 주문량에 있어서는 그것을 생산하는 데 들어 가는 변동비만을 고려하고, 거기에 맞추어 가격을 결정하면 된다. 이 때 고정비는 더 이상 관련된 비용이 아니다. 하지만 실제상황에서 이것을 명확히 구분하는 것은 쉽지 않은 일이다.

세 번째 어려움은 직접원가계산과 간접원가계산에 대한 논의와 관련되어 있다. 직접원가계산에서는 변동비가 수량에 의해 영향을 받고 고정비는 시간에 의해 영향을 받는다. 그리고 일정기간 내의 총 고정비는 그 기간의 판매수익으로 충당되어야만 한다. 생산량과 판매량의 차이는 재고에 반영되고 이것은 변동비로 간주된다. 반면, 간접원가계산에서는 고정비가 판매수량에 상관 없이 전체 생산물량에 걸쳐 배분된다. 따라서 단위당 공헌이익은 생산량이 증가함에 따라 증가한다. 만약 재고가 증가하면 간접원가계산에서는 고정제조비용의 일부가 재고로 전가되므로 직접원가계산보다 더 높은 순이익을 나타낸다. 간접원가계산의 지지자는 상품을 생산하는데 고정비와 변동비가 모두 발생하므로 재고에 고정비도 포함되어야 한다고 주장한다. 요컨대, 똑같이 타당성이 있는 두 가지의 비용접근 중 어느 방법을 이용하는가에 따라 비용의 평가는 달라질 수 있다는 것이다.

네 번째 어려움은 기업이 여러 개의 제품을 생산하여 유통하는 경우에 있어서 제품별 비용할당의 문제로부터 기인한다. 여러 개의 제품을 생산하는 기업은 전형적으로 여러 가지 제품계열을 생산하기 위해 공동의 공장, 설비, 연구개발 시설을 이용한다. 마찬가지로 같은 판매와 관리조직이 여러 종류의 제품에 이용된다. 이러한 경우에 각각의 제품에 대한 비용을 결정하는 것이 어려워진다. 더

구나, 비용은 수요의 함수이기 때문에 수요가 서로 연관되어 있을 때에 각 제품의 비용을 정확하게 평가하는 것이 특히 더 어렵게 된다.

1.3. 수요의 개념과 수요예측

수요는 시장의 소비자들이 주어진 가격수준에서 구매할 것이라고 예상되는 제품이나 서비스의 총량을 말한다. 소비자 차원에서의 수요가 기업차원에서는 수익이 된다. 평균수익, 한계수익, 그리고 탄력성개념 등이 가격결정에 관련되어 있다고 볼 수 있다. 여기서 평균수익은 총수익을 판매량으로 나눈 것이며, 한계수익(marginal revenue)은 추가적으로 한 단위를 판매했을 때 총수입의 변화량으로 설명되는 데 이것은 판매량에 대한 총수익의 일차 미분함수이다.

$$MR = \frac{d(PQ)}{dQ} = \frac{\text{총수익의 변화}}{\text{판매량의 변화}}$$

여기서, P는 가격, Q는 수량, PQ는 총수익

이와 같이, 수요는 기업이 결정한 가격에 따라 달라지므로 기업이 책정한 판매목표에 따라서 가격은 다르게 결정된다. 결국 가격의 변화에 따라 수요가 어떻게 변하는가를 나타내는 수요의 탄력성이 가격결정에 중요한 고려요인이 된다.

(1) 수요의 탄력성

수요의 탄력성은 가격, 소득, 또는 기업의 마케팅노력 등에 따라 나타나는 수요의 상대적 변화를 의미한다. 따라서 마케팅관리자들은 수요의 탄력성을 가격탄력성,소득탄력성, 마케팅탄력성 등으로 분석하게 된다. 예를 들어 가격에 대한 제품 i의 탄력성은

$$e_{ii} = \frac{dQ_i}{dP_i} \times \frac{P_i}{Q_i} = \frac{\frac{dQ_i}{Q_i}}{\frac{dP_i}{P_i}}$$

와 같이 표현된다. 이 식은 결국 가격이 1% 변했을 때 수요가 몇 % 변하는가를 나타내는 것이다. 일반적인 경우, 가격과 수요는 역의 관계를 가진다. 즉, e_{ii}는

음의 값을 갖는다. 물론 고급제품의 경우에는 가격이 오를수록 수요가 증가하는 예외가 있기도 하다.

그리고 다른 제품 k의 가격에 대한 제품 i의 교차탄력성은

$$e_{ik} = \frac{dQ_i}{dP_i} \times \frac{P_k}{Q_i}$$

로 표현된다.

수요곡선상의 어떤 주어진 점에서 가격의 변화보다 수요량의 변화가 크다면(작다면) 그 지점에서 수요는 가격에 대해 탄력적(비탄력적)이라고 말해진다. 즉, $|e_{ii}|$가 1보다 크면 탄력적이고 1보다 작으면 비탄력적이라고 말한다. 가격탄력성에 대한 지식을 가지고 있다면 주어진 가격하에서 가격을 변경시켰을 때 어떻게 총수익에 영향을 미칠지에 대한 통찰력을 가지게 된다. 〈그림 13-2〉에서 알 수 있듯이, 제품수요곡선상의 비탄력적인 부분에서 가격을 인상시키면 총수익은 늘어나고, 반면에 탄력적인 부분에서 가격을 인상시키면 총수익은 감소한다.

교차탄력도의 계수는, 제품 k의 가격인상이 제품 i의 수요를 증가시키는 대

그림 13-2
가격탄력성과 총수익간의 관계

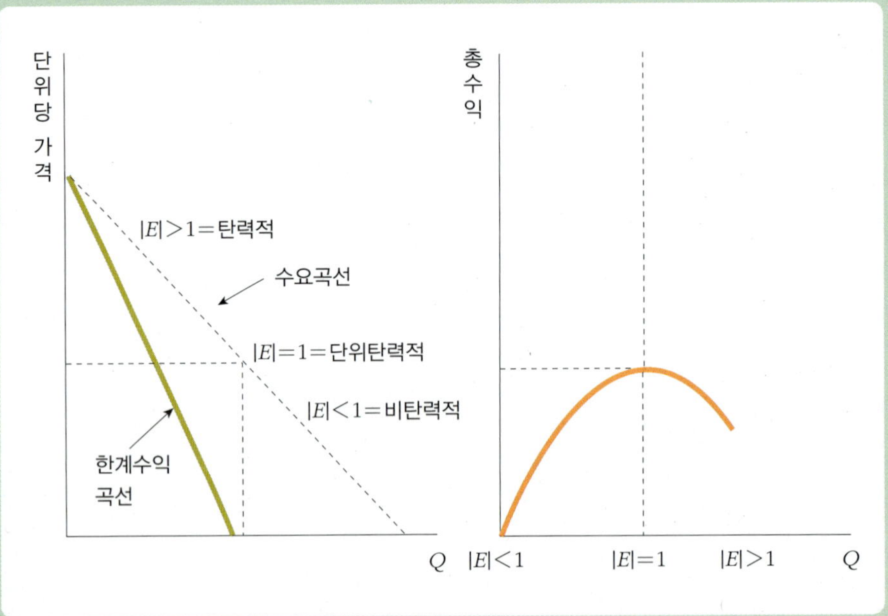

체상품간에는, 양의 값을 가진다. 또한 제품 k의 가격상승이 제품 i의 수요를 감소시키는 경우에는 교차탄력도의 계수가 음의 값을 가지는데, 이러한 경우를 흔히 보완재라고 한다. 예를 들어 카메라의 가격이 상승하여 수요가 감소하면 필름의 수요 또한 감소하게 되는 것이다.

가격-수요 곡선은 일반적으로 특정한 시점에서의 관계를 나타낸다. 그러나 수요곡선은 시간이 지남에 따라 변화한다. 시장은 보통가격의 변화에 대해서 즉각적으로 반응하지 않는다. 시장은 점진적으로 반응하며, 균형상태에 도달하는 데는 시간이 필요하다. 예를 들어, 〈그림 13-3〉에서 AR_1과 AR_2는 수요곡선을 나타낸다. 가격의 변화에 대한 시장의 초기 반응을 표시하는 단기수요곡선 AR_1에서 보면, 가격이 P_0에서 P_1으로 하락함에 따라 수요량은 q_0에서 q_1으로 증가한다. 가격의 변화에 대한 완전하고 최종적인 시장의 적응은 수요곡선 AR_2에 나타나는데, 이 곡선은 가격 P_1에서의 수요는 q_2임을 나타낸다. 간단히 말해서, 장기수요곡선은 단기수요곡선보다 더 탄력적이다. 따라서 가격변화가 수요에 영향을 미치는 과정에서 나타나는 반응의 지체는 수요곡선 예측에 반드시 고려되어야 한다.

시장에서 가격변동에 대한 반응이 지체되는 몇 가지 이유 중 첫번째가 심리적인 이유이다. 고객은 일상화된 구매습관을 가지게 되는 경향이 있다. 어떤 심

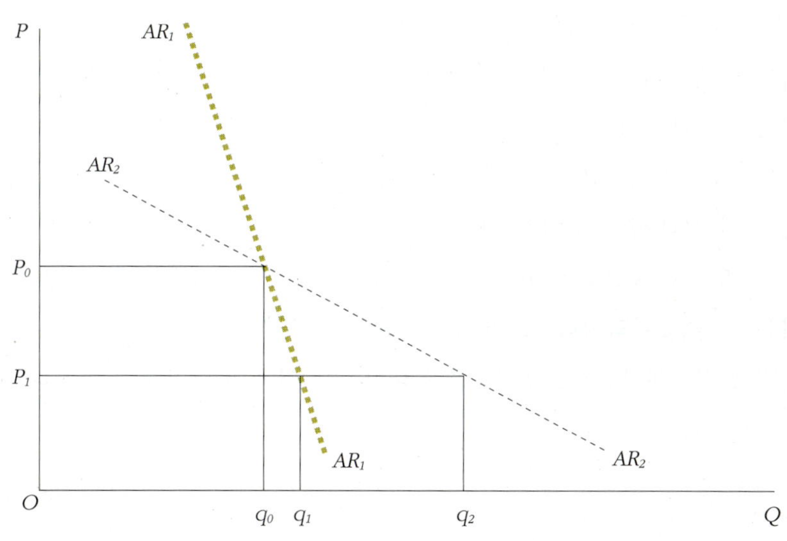

그림 13-3
수요곡선의 변화

리적 발단이 있은 연후에야 소비자들은 가격변화를 완전히 인지하게 되고, 그에 따라 제품을 바꾸거나 예산을 다시 할당하기 시작한다. 그런데 이러한 과정에는 시간이 걸리게 마련이다. 두 번째 이유는, 한 제품의 사용이 보완재의 이용을 필요로 하는 경우에, 가격인하는 보완재의 이용가능성이 늘어난 후에야 효과가 있다. 따라서, 가스용품의 가격인하는 천연가스의 유용성이 증가할 경우에 그 효과가 충분히 발휘되는 것이다. 마지막으로, 제도적 요인에 의해서도 시장반응이 지체될 수 있다. 예를 들어, 조달계약 등으로 인해 가격상승에도 불구하고 단기간 내에 공급자를 바꾸는 것이 어려울 수도 있다.

(2) 수요예측의 어려움

수요를 예측하는 데 있어서도 비용계산과 마찬가지로 여러 가지 어려움이 발생한다. 우선, 수많은 요인들이 수요에 영향을 미친다. 가격뿐 아니라 (i) 기업의 다른 마케팅의사결정, (ii) 선적 부서나 품질관리 부서 같은 기업의 다른 기능 단위의 활동, (iii) 경쟁자, 그리고 (iv) 다른 여러 가지의 영업환경조건과 거시환경조건 등이 수요에 영향을 미친다. 더욱이, 교차탄력도의 문제는 수요예측을 더욱 어렵게 한다. 예를 들어, 기업의 제품수요는 다른 조건이 동일하더라도 대체재의 가격이 상승(하락)하면 증가(감소)할 것이다. 수요예측을 어렵게 하는 또 다른 이유는 마케팅믹스전략에 대한 시장반응이 지체된다는 점이다. 가격의 변화는 흔히 상당 시간이 경과한 후에 그 효과가 나타난다.

가격결정을 하려면 비용과 수요를 정확하게 예측하여야 한다. 이 양자를 정확하게 파악하는 데 따르는 복잡성 때문에 마케팅관리자는 단순화된 가격결정방법을 사용한다. 앞으로 살펴볼 이러한 방법들에는 원가기초, 수요기초, 경쟁기초, 소비자기초의 가격결정방법 등이 있다. 이들 방법들은 가격설정의 기준에 대한 상대적 강조점에 따라 서로의 개념이 다르다. 비록 어떤 한 방법이 다른 방법보다 특정상황에서 더 잘 적용되더라도, 이러한 상황은 일반적이라기보다는 특별한 예외이다. 그러므로, 대부분의 경우, 모든 방법이 동시에 고려되어야만 한다. 배타적으로 한 방법만을 따르는 것은 바람직하지 못하다.

제 2 절 가격결정방법

자사 제품의 원가분석, 시장의 수요예측, 그리고 경쟁사분석을 모두 마쳤다면 실제로 가격을 결정하는 과정을 거쳐야 한다. 마케팅관리자들이 가격결정을 위하여 사용하는 방법들에는 크게 원가, 수요, 경쟁, 소비자에 기초한 가격책정이 있다.

2.1. 원가기초 가격책정방법

가격결정의 가장 단순한 방법 중의 하나가 원가에 기초한 방법이다. 원가에 기초한 가격결정은 단순히 원가를 상회하는 이익수준을 미리 설정하고 이를 달성하려는 것이다. 이 방법은 고객이나 경쟁자와 같은 시장상황을 고려하지 않기 때문에 활용하기가 상대적으로 용이하다. 왜냐하면, 원가는 수요나 경쟁자반응보다 훨씬 더 정확하게 예측할 수 있기 때문이다. 구체적인 방법들은 다음과 같다.

(1) 원가가산 가격책정(Cost-Plus Pricing)

원가에 기초한 가격결정방법 중 가장 단순한 형태가 원가-가산법이다. 여기서 가격은 예상된 총비용에 목표한 이익을 더한 것을 예상판매수량으로 나누어서 결정된다.

$$\text{가격} = \frac{\text{총고정비} + \text{총변동비} + \text{이익}}{\text{예상판매량}}$$

예를 들어 탁상용 전자시계를 생산하는 기업의 총고정비가 2,000만원, 단위당 변동비용이 20,000원인데 1,000개를 판매하여 1,000만원의 이익을 얻고자 한다면 가격은 다음과 같이 결정된다.

$$\text{가격} = \frac{20{,}000{,}000 + 20{,}000 \times 1{,}000 + 10{,}000{,}000}{1{,}000} = 50{,}000\text{원}$$

원가-가산법에서는 원가와 이익을 결정함과 아울러, 생산량도 예측되어야 하는데, 이것은 대체로 가격결정과정의 첫단계에서 예측된다. 이 방법의 장점은 계산이 쉽고, 원재료의 가격상승으로부터 판매자를 보호해 준다.

하지만 다른 원가기초 가격책정법과 마찬가지로, 원가-가산 가격책정법은 고객수요나 가격탄력성을 고려하지 않는다는 점에서 한계가 있다. 고려하지 않는 다른 요인으로는 초과생산능력, 그리고 시장점유율과 제품포지션을 포함하는 기업목표가 있다. 또한 효율화를 통한 비용절감에의 동기를 부여하지도 못한다.

원가-가산법은 건설공사나 중장비 산업, 조선업, 광업 등 가격변화가 판매량에 큰 영향을 미치지 않거나 기업이 가격을 효과적으로 통제할 수 있는 경우, 혹은 제조업자가 가격을 조정하지 못하는 경우일지라도 원가가 상대적으로 안정적일 때 많이 사용된다.

(2) 가산치 가격책정(Markup Pricing)

원가가산 방법과 매우 흡사한 방법인 가산치 가격책정에서는 목표이익을 총금액으로 설정하지 않고 비율로 설정한다. 이 방법은 흔히 도매상과 소매상에 사용된다. 먼저 제품 한 단위당 생산비용이나 구매비용을 계산하고, 그 후 기대하는 이익수준을 나타내는 가산치(markup)를 결정한다. 이 가격은 다음과 같이 계산된다.

$$\text{단위당 비용} = \frac{\text{총고정비}}{\text{예상판매량}} + \text{단위당 변동비용}$$

$$\text{가격} = \frac{\text{단위당 비용}}{(1-\text{가산치 비율})}$$

예를 들어, 만일 소매상이 부엌용 레인지를 30만원을 지불하고 구입하여 판매비용과 이익을 회수하기 위해 판매가격의 30%의 가산치를 요구할 때, 판매가격은 대략 428,600원{300,000/(1−0.3)=428,571}이 된다. 위의 식에서도 볼 수 있듯이 가산치는 판매가격의 비율로 표현된다. 즉, 428,571이라는 가격은 원가 300,000원에 판매가격의 30%(428,571 * 0.3=128,571)를 더한 것이다. 이 점으로 인해 두 가지 운영상의 이점이 생긴다. 첫째, 비용과 이익이 판매의 비율로 계산되는데, 이것은 이익계획 수립에 도움을 준다. 둘째, 경로구성원과 고객에 대한 할인이 판매가격의 비율로 구체화된다. 즉, 할인분을 가산치에서 차감함으로써 할인의 비율을 명확히 알 수 있다는 것이다.

가산치 가격책정의 단점은 원가-가산법과 마찬가지로 소비자의 수요, 경쟁, 지각된 상품가치 등을 고려하지 않는다는 것이다. 가산치 가격책정은 수요예측이 정확할 때만 성립된다. 또한 경쟁업체보다 지나치게 높은 가산치를 책정하게 되면 가격경쟁에서 이기기 어렵다.

(3) 목표수익률 가격책정(Target-Rate-Of-Return Pricing)

목표수익률 가격책정은 투자수익률(ROI)의 개념에 바탕을 두고 있다. 가격은 기업이 팔기를 기대하는 표준생산물의 양에 대한 기대투자수익률에 근거하여 결정된다. 이 가격책정은 초기 투자가 비용의 큰 부분이 되는 경우 자주 사용된다. 또한 공공시설에서도 자주 사용되는데, 이는 적정한 투자수익률로써 과도한 가격인상을 제한하기 위해서이다.

예를 들어 생각해보자. SWATCH사는 남성용 시계조립라인에 50만 달러를 투자하였고, 20%의 투자수익률을 얻을 수 있도록 가격을 책정하고자 한다. 이 투자수익률을 얻기 위한 가격을 산출하는 공식은 다음과 같다.

$$\text{가격} = \text{단위원가(단위당 평균 총비용)} + \frac{\text{기대투자수익률/투자액}}{\text{예상판매량}}$$

만약 단위 원가가 20달러이고, 이 제품의 예상 판매량이 20,000개라고 한다면 위의 공식을 적용하여 가격은 25달러로 계산된다. 원가와 예상판매량이 정확히 달성된다면 SWATCH사는 20%의 투자수익률을 얻을 수 있는 것이다.

목표수익률법의 단점은 자본투자 비중이 낮은 기업에서는 가격이 과소 책정되기 때문에 별로 유용하지 못하다는 것이다. 또한 예상판매량이 달성되지 않을 경우에는 가격을 인상해야만 하는 수도 있다.

(4) 손익분기점 분석(Break-Even Analysis)

위에서 알아본 목표수익률법에 따라 가격을 결정하고자 할 경우, 최소한 어느 정도를 팔아야 손실을 면할 수 있을 것인지를 우선 확인하는 것이 손익분기점 분석이다. 손익분기점 분석을 통하여 주어진 가격하에서 총수익이 총비용과 같아지는 매출수량(이것을 손익분기점이라 함)을 계산할 수 있는 것이다. 손익분기점을 계산하기 위해서는 고정비용, 단위당 변동비, 그리고 판매가격에 대한 정보가 필요하다. 판매량이 손익분기점보다 많다면 기업은 이익을 얻을 것이고,

손익분기점보다 적다면 손해를 볼 것이다.

손익분기점을 구하는 방법은 다음과 같다.

$$손익분기점(판매량) = \frac{총고정비용}{공헌이익}$$

공헌이익 = (가격 − 단위당 변동비용)

원가를 기초로 한 다른 방법과 마찬가지로 수요를 고려하지 않는다는 단점 이외에 손익분기점 분석의 가장 큰 문제점은 비용을 정의하는 것이 명확하지 않다는 것이다. 기업활동 중 발생하는 비용들 가운데는 고정비용이나 변동비용 어디에도 포함시키기 어려운 항목들이 있다. 또한 각종 할인이나 시간외 임금 등 시간이 지나면서 변동비를 변화시키는 요인도 많다. 고정비용 역시 변하는 경우도 많다. 이처럼 비용의 내용이 변함에 따라서 손익분기점은 심각하게 변동할 수 있다.

2.2. 수요기초 가격책정방법

수요기초 가격책정은 가격수준에 따라 다양하게 나타나는 수요의 탄력성을 토대로 가격을 결정하는 방법이다. 수요에 기초한 방법들은 가격변화에 대한 수요변화의 민감도와 세분시장에 관한 정보를 필요로 한다. 세분시장의 예로서 어떤 소비자는 가격에 극히 민감한 데 비해서, 어떤 소비자는 고품질제품을 요구하기 때문에 가격을 제품품질에 대한 하나의 신호로서 파악한다. 즉, 가격이 높을수록 제품의 품질이 좋을 것이라고 판단하는 것이다. 그러므로 시장과 소비자의 특성을 면밀히 분석한 후, 가격책정방법을 선택하는 것이 필요한 것이다.

여기서는 우선 신제품의 장기적 가격정책 두 가지(초기고가정책과 침투가격정책)를 다룬 후에 수요기초 가격책정의 다른 방법들을 소개한다.

(1) 초기고가정책(Skimming Pricing)

초기고가정책은 신제품을 출시할 때, 우선 그 제품에 대해 높은 가격을 지불할 용의가 있는 초기세분시장고객을 대상으로 높은 가격을 책정하는 것이다. 초기에 높은 가격을 수용하는 계층은 일반적으로 혁신자(innovator) 계층으로서 이들은 가격에 민감하지 않으며 다른 사람들보다 신제품을 먼저 사용하는 것에 대한 욕구가 있는 소비자들이다.

이 정책은 초기에 많은 이윤을 확보하기 위한 방법으로 이것이 가능하기 위해서는 몇 가지 전제조건이 요구된다. 기술수준이 아주 높아서 경쟁사들의 발 빠른 모방이 힘들거나, 시장 지배적인 위치에 있어서 경쟁사들의 영향력이 미비한 경우, 특허에 의해 보호되는 경우, 그리고 초기혁신자 고객의 규모가 충분히 클 경우 등이 그것이다.

초기고가정책을 이용하여 혁신자 세분시장에서 이익을 획득하고 나면, 보다 가격에 민감한 일반 세분시장의 수요를 자극하기 위하여 가격을 하락시키는 것이 일반적이다. 이동통신기기, 노트북컴퓨터, 고급 가전제품시장 등이 근래에 이 정책을 활발하게 사용하고 있다.

(2) 침투가격정책(Penetration Pricing)

침투가격정책은 신제품 출시 때, 짧은 기간에 큰 매출과 시장점유율을 확보하기 위해 상대적으로 낮은 가격을 책정하여 총시장수요를 자극하는 데 중점을 둔다. 이 방법은 시장에 규모의 경제나 경험곡선효과가 존재할 때 특히 유용하다. 즉, 초기저가정책을 토대로 판매규모를 최대화함으로써 장기적으로 원가를 하락시킬 수 있으며 이로 인해 장기적 이익을 극대화하고 후기시장에서의 원가경쟁력을 확보하는 것이다. 또한, 이 방법은 대량 판매를 통해 높은 이익을 얻을 수 있다고 판단될 때, 시장의 성장률이 높을 때, 또는 소비자가 가격에 민감할 때(즉, 가격탄력성이 높을 때) 사용 가능하다.

(3) 유인용 손실전략(Loss Leader)

이 방법은 일정상품의 가격을 매우 낮게(흔히 원가 이하로) 책정하여 소비자들의 관심을 자극하고 구매동기를 상승시킨 후, 이윤이 많은 다른 상품들의 구매도 함께 일어나는 것을 기대하는 전략이다. 예를 들어 대형 할인점이나 백화점에서는 특가상품들을 정하여 아주 낮은 가격을 책정하고 그것을 집중적으로 홍보한다. 그것을 보고 매장을 방문한 소비자들로 하여금 다른 상품들에 대한 구매도 유도할 수 있기를 바라는 것이다.

(4) 수요기초 심리적 가격책정

수요기초 심리적 가격결정기법으로는 홀짝수 가격책정(odd-even pricing)과

명성가격책정(prestige pricing)을 들 수 있다. 이 방법들은 가격 및 가격변화에 대한 소비자의 인지에 관한 가정에 근거를 두고 있다.

- **홀짝수 가격책정(Odd-Even Pricing)**: 홀짝수 가격책정은 소비자가 어떤 가격을 높은 가격 또는 낮은 가격으로 인지하느냐 하는 것에 기초를 둔 기법이다. 예를 들어, 소비자들은 1,000원이라는 가격보다 990원에 더 호의적으로 반응하는 경우가 많다. 또한 구매빈도가 높은 소매품들의 가격은 흔히 9,5,3 같은 홀수치로 끝난다. 이 가정은 가격이 홀수가격보다 낮추어져서 짝수가격(even price)이 되어도 수요는 많이 변하지 않는다는 것이다. 즉, 소비자들이 990원과 980원 사이에서 느끼는 차이는 1,000원과 990원 사이에서만큼 크지 않다. 실제 매출에 있어서도 990원과 980원 사이에는 별로 차이가 없다고 한다.
- **명성가격책정(Prestige Pricing)**: 전통적인 우하향 수요곡선은 소비자들의 수요가 가격이 상승(하락)하면 줄어든다(증가한다)는 가정에 기초하고 있다. 그렇지만, 소비자들은 디자이너 의류나 주류, 향수와 같은 제품에 대해서는 항상 이렇게 합리적 방식으로 가격에 반응하지는 않는다. 소비자들은 가격을 품질이나 지위의 상징으로 여긴다. 그러므로, 이러한 종류의 제품은 가격이 예상되는 범위 이하로 낮추어지면 오히려 수요가 감퇴될 수 있다.

2.3. 경쟁기초 가격책정방법

경쟁을 기초로 한 가격책정은 경쟁자의 가격에 초점을 맞춘다. 제품이 동질적인 시장에서는 상이한 제품들 간의 가격차이의 폭이 클 수가 없기 때문에 가격전략은 단순히 시장의 평균가격이 결정되었을 때, 그것에 맞추어 조정하면 된다. 하지만 제품이 분화되면 가격의 변화가 커지고, 따라서 경쟁자가 취하게 되는 가격결정이 기업의 가격결정에 중요하게 고려된다. 경쟁사의 가격을 기반으로 상황에 적합한 자사의 가격을 신속히 결정해야 하는 것이다. 그러나 입찰과 같은 경우에는 경쟁사의 가격을 알 수가 없기 때문에 문제는 더욱 복잡해진다.

- **경쟁입찰(Sealed-Bid Pricing)**

경쟁입찰이란 두 개 이상의 기업들이 특정제품이나 서비스, 프로젝트 등에

입찰가격(원)	이익(원)	예상계약취득확률	기대이익(원)
9,000,000	1,000,000	0.7	700,000
10,000,000	2,000,000	0.5	1,000,000
11,000,000	3,000,000	0.3	900,000
12,000,000	4,000,000	0.1	400,000

표 13-2
입찰에서 기대할 수 있는 기대이익

대하여 각각 가격을 제시하여 가장 낮은 가격을 제시한 기업에게 낙찰되는 것을 말한다. 주로 정부조직 구매품 등에 이 방법이 사용되는 경우가 많다. 이 방법을 사용하는 기업은 자사의 비용이나 시장의 수요보다는 경쟁사의 가격예측에 기초하여 가격을 결정한다.

경쟁입찰에 사용하는 가격은 주로 기대이익에 의해서 결정된다. 기대이익은 각 가격별 예상이익에 계약을 획득할 수 있는 예상확률을 곱해서 얻어진 값이다. 일반적으로 낙찰가가 커지면 이익도 커지지만 그만큼 경쟁이 심해지므로 낙찰될 수 있는 확률을 되도록 정확하게 추정하여 기대이익을 따져보는 것이 중요하다.

경쟁입찰에 의한 가격결정과정을 구체적으로 살펴보자. 〈표 13-2〉에서 보듯이 입찰 금액이 9,000,000원일 때 이익이 1,000,000원이고 예상계약취득확률이 70%이며 따라서 기대이익은 1,000,000 * 70%=700,000원이다. 같은 방식으로 10,000,000원, 11,000,000원, 12,000,000원일 때를 다 살펴보면 기대이익은 각각 1,000,000원, 900,000원, 400,000원으로 나타난다. 따라서 기대이익이 가장 큰 10,000,000원으로 입찰가격을 결정하는 것이 가장 합리적이다.

물론 계약취득확률을 추정하는 과정에서 경쟁자의 가격이 예상되어야 한다. 여기서 주의할 점은 위에서 살펴본 기대이익을 통한 판단이 언제나 정답은 아니라는 것이다. 예를 들어 유동성 부족으로 도산위기에 처한 회사가 있다고 하자. 이 기업은 기대이익에 맞춰서 계약을 성사할 확률이 적은 가격을 선택하기보다는 기대이익은 좀 적더라도 당장 계약을 성사시킬 수 있는 높은 확률의 가격을 선택하는 것이 보다 합리적일 것이다.

2.4. 소비자기초 가격책정방법: 지각된 가치(Perceived-Value Pricing)

이 가격정책을 사용하는 기업들이 가격을 결정하는 데 있어 중요하게 고려하는 것은 원가가 아니라 소비자가 그 제품에 대하여 지각하는 가치이다. 따라서 이 가격결정법에서는 소비자들이 자사의 제품에 대한 가치를 어떻게 지각하고 있는지를 알아내는 것이 중요하다. 이를 위해 사용할 수 있는 방법으로 다음과 같은 세 가지가 있다.

- 직접가격평가법(Direct Price-Rating Method): 소비자들에게 제품에 대해 지각하는 가치를 직접 물어 보는 방법으로 실제로 자주 활용되는 방법이다. 소비자들에게 상품을 보여 준 후, 얼마나 지불할 용의가 있는지를 물어 보는 것이 이에 해당된다.
- 직접지각가치평가법(Direct Perceived Value-Rating Method): 여러 개의 상품을 놓고 소비자의 상대적인 지각가치를 직접조사하는 방법이다. 예를 들어 TV 1, 2, 3을 놓고 전체 100점을 세 제품에 나누어 점수를 부과하게 하여 각각의 가치를 평가하는 방법이다.
- 진단적 방법(Diagnostic Method): 조사제품에 대하여 제품속성의 중요도와 속성별 신념을 평가하도록 하고 이를 토대로 지각된 가치를 추정하는 방법이다.

제품에 대한 소비자들의 지각된 가치를 측정하는 것은 상당히 어려운 일이다. 그러므로 조사비용도 많이 든다. 만약 소비자의 가치를 과대평가하였다면 가격은 높게 책정될 것이고, 과소평가하였다면 획득가능한 이익의 기회를 잃을 것이다. 따라서 소비자가 지각하는 가치에 대한 정확한 조사가 이 가격책정법의 성공을 결정하는 핵심요인이다.

2.5. 기타 가격결정방법

(1) 제품계열에 대한 가격책정(Product Line Pricing)

기업들은 흔히 한 제품에 대하여 품질이나 디자인을 조금씩 달리하는 제품계열(product line)을 만들고, 계열 내의 세부상품들에 대해서 각각의 가격을 책정하게 된다. 보통 남성 정장 매장에 가면 저가, 중가, 고가 코너가 따로 마련되어 있고, 저가상품의 경우는 5만원에서 20만원 사이, 중가상품은 20만원에서 40만원 사이, 고가상품은 40만원에서 70만원 사이에 가격이 책정된다. 매장에서 따로 품질차이를 명시하지 않더라도 소비자들은 가격을 보고 제품의 품질차이를 대충 인식할 수 있다. 중요한 것은 이러한 가격차이를 통하여 소비자가 품질차이를 지각할 수 있도록 각 가격간에 적절한 차이를 두어야 한다. 예를 들어 18만원인 정장과 21만원인 정장 사이의 품질 차이를 지각하는 것은 18만원과 27만원 사이의 비교보다 어려울 것이다. 가격이 올라갈수록 소비자들은 가격변화에 비탄력적인 경향을 보이므로 가격간격을 더 크게 하는 것이 좋은 경우가 많다.

기업은 가격계열화를 통하여 여러 세분시장의 고객을 확보할 수 있고, 소비자들에게 폭 넓은 선택의 기회를 제공하므로 기업의 전반적인 매출증대를 촉진할 수 있다.

가격계열화의 대표적인 사례를 알아보자. 르노-삼성자동차는 자사의 대표적인 모델인 SM5의 가격대를 PE의 21,300,000원부터 SE 2,240,000~2,440,000원, LE 2,550,000~2,590,000원, RE 2,710,000~3,010,000원까지 세분화함으로써 소득수준이 약간 떨어지지만 명품의 가치를 향유하고 싶어 하는 고객의 마음부터 최고수준의 품위와 가치를 지향하는 고객의 마음까지 모든 부분을 충족시키려고 노력한다. 또한 같은 SM5 SE 모델 내에서도 선택 사양을 패키지나 개별 옵션으로 만들어 고객이 원하는 대로 가격을 결정할 수 있도록 한다.

(2) 이분가격제

서비스 기업들은 서비스의 제공가격을 기본료와 추가적인 사용료로 구성된 2부제 가격을 시행하는 경우가 많다. 이동전화의 경우 월 일정액의 기본료를 내고 사용시간에 따라 초당 얼마의 가격으로 요금을 계산하여 부과한다. 기본료와 그에 따른 시간당 이용요금의 형태를 달리하여 고객들에게 보다 큰 가치를 제공하려고 한다. 또한 에버랜드와 같은 놀이공원도 기본입장료를 내고 들어 가서 놀이기구들을 이용하기 위해서는 추가적인 사용료를 내야 한다. 이러한 이분가격제를 시행하는 기업들은 소비자의 구매를 최대한 유도하기 위해 기본료는 충분히 낮추고, 사용료로 이익을 확보하게 된다.

(3) 묶음가격(Product Bundle Pricing)

묶음가격이란 자사가 제공하는 여러 개의 제품이나 서비스를 묶어서 하나의 가격으로 판매하는 것을 말한다. 묶음으로 구매하면 그 구성요소들을 개별적으로 구매하는 것보다 훨씬 저렴한 것이 일반적이다. 그러나 기업의 입장에서는 제품을 묶음으로서 보다 높은 매출을 달성하게 되는 것이다. 예를 들어 잡지나 신문을 정기구독하면 낱권을 사서 보는 것보다 훨씬 저렴하다. 또, 위에서 살펴본 SM5 SE의 선택 사양을 보면 개별 옵션 외에도 패키지라는 것이 있다. 이 패키지는 소비자들이 자주 선택하는 몇몇 옵션을 묶어서 개별로 구매한 것보다 훨

독일 Deutsche Bahn AG사의 **철도카드**

독일의 철도회사인 Deutsche Bahn AG사는 자사의 철도요금을 1등석과 2등석으로 나누어 요금을 부과한다. 1등석은 km당 DM 0.36이고, 2등석은 km당 DM 0.24이다. 그러나 이 요금체계는 소비자들로부터 많은 불만을 사고 있었다. 그 이유는 많은 소비자들이 철도가 제공하는 혜택은 무시한 채 오직 휘발유 가격을 기준으로 철도를 이용하는 것이 자신의 차를 이용하는 것보다 훨씬 비싸다고 인식하고 있었기 때문이다. 따라서 이 회사는 좌석등급에 의한 시장세분화 외에도 철도 이용량에 따른 시장세분화도 실시하였다.

그래서 시작한 정책이 BahnCard라고 하는 새로운 가격체계이다. 이것은 소비자들이 1년에 한 번 개인카드를 구입하면, 1년 동안 대폭 할인된 거리당 요금을 적용받을 수 있는 것이다. 카드의 가격은 1등석이 DM 440, 2등석은 DM 220이다. 카드를 제시하는 고객은 1등석은 km당 DM 0.24, 2등석은 DM 0.12을 적용받는다. 이것은 이분가격제의 또 다른 모형이기도 하다.

카드 사용 초기에는 km당 평균가격이 아주 높게 나타난다. 예를 들어 2등석으로 처음 100km를 이용했을 때의 km당 평균요금은 (DM 220+DM 12)/100=DM 2.32로서 카드를 사지 않았을 때의 DM 0.24에 비해서 월등히 비싸다. 카드를 사서 할인요금을 적용 받을 때와 일반요금을 적용받을 때의 거리당 평균요금이 같아지는 시점은 1,833Km이다. 그 이상의 거리를 이용할 때에만 카드로 인한 할인혜택을 받을 수 있는 것이다. 만약 어떤 고객이 2등석 카드를 구매하고 1년에 3,000km를 이용한다면 총비용은 DM 220+DM 0.12 * 3,000=DM 580이다. 이 고객이 카드를 구매하지 않았다고 한다면 총비용은 DM 0.24 * 3,000=DM 720이다. 그러므로 상당한 금액을 절약할 수 있다.

기업 입장에서는 BahnCard를 출시하면서 많은 효과를 거둘 수 있었다. 일단 고객들의 충성도가 높아졌으며 고객 입장에서는 초기의 카드구매대금 DM 220이 매몰 비용이므로 다른 대안을 선택할 이유가 없었고, 더 많이 이용하면 할수록 고객 입장에서는 이익이므로 추가적인 철도이용을 기대할 수 있다.

이러한 전략으로 Deutsche Bahn은 큰 성공을 거두었다. 1993년에 처음 출시된 이후, 성장을 거듭하여 현재는 1년에 3,100,000장의 카드를 판매하고, 연간 DM 2,000,000,000의 수익을 창출한다. BahnCard는 Deutsche Bahn의 가장 성공적인 상품으로 널리 인식되고 있다.

씬 싸게 제공한다.

묶음가격 정책에는 크게 두 가지가 고려될 수 있다. 첫째는 혼합선도형(mixed-leader)으로써, 하나의 제품을 정상가격으로 구입하면 다른 제품을 할일된 가격에 제공하는 것이다. 여기서, 할인된 가격에 제공되는 제품을 선도제품이라고 한다. 둘째는 혼합결합형(mixed-joint)형으로써 제품묶음 전체에 대해 하나의 가격을 책정하는 것이다.

A와 B 두 제품이 있을 때 다음의 조건들이 존재한다면 혼합선도형 묶음가격정책이 적합하다 :

- A의 개별판매량이 B의 개별판매량보다 많다
- A의 수익성이 B의 수익성보다 낮다
- A에 대한 지각된 가치가 높다
- B가 A의 가치를 향상시킨다.

이 경우 A가 선도제품이 된다.

반면, 다음의 조건이 존재한다면 혼합결합형 묶음가격정책이 적합하다:

- A의 개별판매량과 B의 개별판매량이 동일하다
- 두 제품의 수익성이 동일하다
- 두 제품 모두에 대한 지각된 가치가 높다
- 두 제품 모두 서로의 가치를 향상시킨다.

(4) 독립유통업자에 대한 가격결정

소비자들이 경쟁제품들 중에서 물건을 선택하듯이, 유통업자들도 여러 공급자들 중에서 알맞은 공급자를 선택할 수 있다. 따라서 기업은, 유통업자의 관점에서 자사제품과 경쟁제품간의 혜택의 차이가 자사와 경쟁회사 간의 가격차이보다 크게 하는 방법으로 가격을 결정해야 한다. 제품, 유통, 그리고 촉진에 대한 결정은 이러한 이점을 살리기 위해 보완적으로 이루어져야 한다. 왜냐하면 마케팅관리자는 두 가지 선택권만을 가지기 때문이다. 즉, 그 하나는 유통업자들에 대한 기업의 가격을 경쟁회사들의 가격과 비슷하게 하고 제품의 혜택을 높이는 것이며, 다른 하나는 제품가격을 혜택보다 낮추는 것이다. 유통업자가 제품에 대해 인식하는 가치는 제품에 대한 소비자의 평가를 유통업자가 어떻게 인식하는가에 의해 영향을 받는다. 그러므로 최종소비자가 제품에 대해 높은 평가를 내릴수록, 그 제품이 소비자들에게 가치가 있다고 유통업자에게 확신을 주게 된다. 따라서 최종소비자를 직접 상대로 한 마케팅믹스들의 결정은 유통업자들이 제품에 부여하는 가치에 간접적으로 영향을 미친다. 예컨대, 욕조설비물과 부속품을 만드는 제조업자가 특정 소비자집단이 선호하는 잡지의 광고비로 총촉진비용의 70%를 사용한다고 하자. 실제로 이 광고에서의 주요한 테마는 우수한 품질에 모아졌다. 현지의 무역박람회에서 몇몇 유통업자들이 이 광고가 아주 효과적이었다고 지적했다. 주택 소유자들도 값은 비싸더라도 재래식 주택을 변형시키는 데 이용할 수 있는 욕조를 만들어 달라고 주문하였다. 이 때 유통업자들은 마진이 경쟁제품보다 낮았는데도 불구하고 이 제품을 확보하려고 노력했다.

유통업자들이 인식하는 가치는 제품의 매출잠재력과 이익마진에 의해 상당한 영향을 받는다. 물론, 유통업자들로부터 긍정적인 가치판단을 얻어내기 위해서는 제품의 지각된 혜택이 유통업자들에게 제시되는 가격보다 커야 한다. 그러나 유통업자들에게 낮은 가격으로 제품을 제공함으로써 이익마진을 지나치게 강조하는 데는 위험이 따른다. 즉, 낮은 가격은 제품에 대한 가치를 높여줄지라도, 장기적으로는 기업의 마케팅활동에서의 긍정적인 시너지 효과를 저해시킨다. 예컨대, 욕실장비 제조업자의 경우 유통마진이 경쟁제품보다 다소 낮은 품목에 있어서는 그것을 유통업자들에게 낮은 가격으로 제공할 것을 고려하였다. 그러나 그렇게 되면 유통업자들이 고객에 대한 판매가격을 낮출 가능성이 높았으며 결국 전체 판매량은 뚜렷하게 증가하지 않거나 아니면 감소할지 모른다는 결론이 나왔다. 그 이유는 고품질을 원하는 소비자들에게는 저가격이 부정적인 인식을 주게 될 것이기 때문이었다.

제 3 절 가격의 변동과 조정

제품을 관리하는 과정에서 기업은 여러 가지 이유로 제품가격을 변동시킬 필요가 생긴다. 예컨대, 생산비가 하락하는 기업은 소비자가 원하는 적절한 가격범위 이내에서 가격을 인하시키고 싶어 할 것이다. 또는, 수요증가에 대한 반응으로, 혹은 비용증가를 충당하기 위하여 가격을 인상시킬 수도 있다. 이와 더불어 기업은 시장보호(market shielding)와 같은 장기적 제품전략의 일환으로서 가격을 변화시키려 할 수도 있다.

3.1. 가격변동을 위한 고려요인

가격을 변동하고자 하는 이유가 무엇이든, 가격변동이 소비자, 유통업자, 공급자, 정부 그리고 경쟁기업 등의 모든 관련된 집단들에 미치는 영향을 면밀하게 검토해야 한다.

(1) 최종소비자

가격변동은 소비자가 기대하는 적합한 가격범위 내에서 이루어져야 한다. 나아가, 이러한 범위 내에서의 변동도 다른 마케팅믹스요소들이 그것을 정당화시킬 수 있을 때만 타당성을 인정받는다. 가격변동은 주의 깊게 이루어져야 하며 수요가 가격에 얼마나 민감한지를 고려해야 한다. 비록 가격변동이 제품개념의 전달을 촉진시킬지라도, 그것이 장기적이든 혹은 단기적이든 실질적인 거래를 방해한다면, 그것은 정당화될 수 없다. 예컨대, 가격인상은 상품의 특이성을 전달하는 데 도움을 줄 수 있지만 표적집단이 구매하기에 너무 비싸게 될지도 모른다. 이것은 시장을 보호하는 것이 아니라 소멸시킨다.

비용증가에 기인하여 가격인상이 고려될 때도 수요에 미치는 영향이 진지하게 검토되어야 한다. 가격인상은 시장에서의 제품위상을 약화시키므로 수요의 감소, 매출과 이익의 감소를 초래할 수 있다. 이러한 경우 비용증가를 상쇄시키기 위해 가격을 인상시키기보다는 제품단위 원가를 줄이는 방법이 모색되어야 할 것이다. 이것은 패키지의 크기를 줄이고, 보다 싼 자원을 사용하고, 덜 중요한 서비스와 촉진비용을 극소화시키는 것을 말한다. 그러나 채택된 방법이 제품기능과 가치에 부정적으로 영향을 미쳐서는 안 된다는 점도 잊지 말아야 한다.

(2) 유통업자

가격변동을 시도할 때, 유통업자들에 대한 고려는 최종소비자에 대한 고려만큼 중요하다. 유통업자에 대한 가격인상은 그 기업제품의 가치에 불리하게 영향을 주지 않을 때만 효과적이다. 마찬가지로 가격인하는 제품의 가치를 고양시키고, 비용감소를 반영할 때만 효과적이다. 인지된 혜택과 인지된 가격간의 균형은 조심스럽게 유지되어야 한다.

(3) 공 급 자

만약, 제품의 원자재 공급자들이 제품의 가격인상을 과잉수요에 대한 반응으로 인식하거나, 제품의 가격인하를 비용감소의 결과로 인식한다면, 그들은 원자재의 가격을 인상시킬 것이다. 만약 이러한 상황이 일어난다면, 기업의 가격변동은 지속적인 효과를 갖지 못할 것이다. 사실상, 제품가격의 인하가 원자재 비용의 증가로 이어진다면 기업은 수입과 이익을 잃게 될 것이다. 따라서 관리자는 가격을 변동시키려 할 때 공급업자의 이해와 반응을 예측해야 한다.

(4) 정 부

가격을 변동시킬 때 정부규제 역시 고려되어야 한다. 만약 경쟁회사를 파산시키려는 의도에서 가격을 비용보다 낮게 인하시킨다면 공정거래법에 저촉될 것이다. 또한, 만약 가격변동이 경쟁회사와 공식적인 또는 비공식적인 동의하에서 이루어진 것이라면 이것도 법에 저촉될 수 있다.

(5) 경쟁사의 반응

경영자는 가격인상에 대한 계획을 세울 때 경쟁자의 반응을 예측해야 한다. 왜냐하면 가격인상에 대한 경쟁자의 반응은 소비자의 가치판단에 영향을 주기 때문이다. 예컨대, 만약 한 기업이 제품가격을 5% 인상시켰는데 경쟁기업이 자산의 제품가격을 5% 인하한다면, 자사제품의 기대가치는 긍정에서 부정으로 변화할 것이다. 가격인상을 고려할 때, 관리자는 경쟁회사의 가격인하 가능성을 면밀히 검토해야 한다. 만약 경쟁회사가 비용압력으로 고통을 겪고 있거나, 또는 가격인하가 제품이미지와 상충된다면 경쟁회사의 가격인하 가능성은 크지 않을 것이다.

가격을 인하시키는 계획을 세울 때도 경쟁자의 반응 역시 고려되어야 한다. 특히, 경쟁자가 가격인하에 대해서 얼마나 민감하게 반응할 것이며 결과적으로 가격경쟁을 유발시킬 수 있는 가능성이 얼마나 높은지를 신중히 검토해야 한다.

한편, 가격인하가 다른 잠재적 경쟁자의 시장진입을 방해할지라도, 그로 인한 수입과 이익의 증가는 기대만큼 나타나지 않을 수도 있다. 그러한 가격인하는 오히려 수입과 이익에 손실을 가져올 가능성이 높다. 가장 바람직한 가격인하는 가치를 높여 주는 동시에, 비용절감을 통하여 기업이익에 나쁜 영향을 미치지 않는 범위 내에서 이루어져야 한다.

3.2. 경쟁자 가격변동에 대한 반응

경쟁자의 가격변동으로 인한 영향은 인지된 가치공식을 사용하여 면밀하게 검토되어야 한다.

인지된 가치=인지된 혜택-인지된 가격

만약 가격이 애초에 동일하다면, 경쟁상품가격의 인상은 자사제품에 대한 가치를 높여 줄 것이다. 이런 경우, 기업은 제품의 혜택을 손상시키지 않고 제품가격을 인상시킬 수 있다. 따라서, 경쟁회사제품의 가격인상은 기업에게 제품가치를 높이기 위한 융통성과 기회를 제공해 준다. 그러나 경쟁회사가 가격을 인하할 경우 가격 이외의 마케팅믹스전략이 경쟁자와의 가격차이를 상쇄시키는

미국 항공사에서의 가격경쟁

항공산업에 대한 규제완화로 인해 미국 항공사들 간에는 치열한 가격경쟁이 시작되었다. 그 예로, 1985년 American Airlines가 발표했던 새로운 요금체계(Ultimate Super Saver)는 Delta, United Airlines, TWA와 같은 주요 항공사들의 요금체계의 수정을 야기시켰다. American Airlines의 가격은 기존가격의 70% 이하로 책정되었다. American Airlines는 이러한 가격인하에 따른 수입감소를 다른 방법으로 상쇄시켜야 했기 때문에 기존에 적용하던 174종의 할인요금제도를 폐지해야만 했다. 더 나아가 Ultimate Super Saver(최고의 가격인하 프로그램)에는 취소할 경우 25%의 수수료가 부과된다는 단서와 함께 30일 전에 왕복표를 구입해야만 하는 조건이 붙게 되었다. 이러한 조건들은 비행기를 자주 이용하는 비즈니스 여행자들이 새로운 요금체계를 효과적으로 이용하는 데 방해가 되었다. 동시에, 과거에 이용하던 할인정책들이 없어짐으로써 고객들의 선택의 폭을 좁히는 결과를 가져왔다. 그에 따라 비즈니스 소비자들은 자신에게 보다 알맞은 혜택을 주는 다른 항공사를 이용하게 되었다.

더 나아가, 일반요금과 할인요금간의 격차가 심해짐으로써 혜택의 차이와 가격의 차이간의 균형이 깨지게 되었고 결국 일반요금에 대한 소비자들의 구매의도가 급격히 저하되었다. 어떤 상황에서는 Ultimate Super Saver 요금을 제공하고 또 다른 상황에서는 비싼 요금을 물리는 것은 마케팅믹스에서 개념전달활동이나 구매전환활동에 긍정적 시너지 효과를 창출하지 못하게 하였다. 여러 가지 판매상황에 맞춰진 마케팅계획의 조정은 기업의 장기적인 경쟁력 향상에 필요한 두 가지 활동(개념전달활동과 구매전환활동)을 위해 필요한 것이다.

데 충분한 가치를 부여하는지를 표적고객의 관점에서 평가해야 한다. 만약, 답이 긍정적이면, 기업은 그에 상응하는 고가격을 유지할 수 있다. 경쟁회사의 가격인하는 제품의 혜택을 희생시키면서 제품수요를 증가시킬지도 모른다. 그러나 경쟁기업에 비해 자사제품의 혜택을 효과적으로 높일 수 있다면 경쟁제품의 수요증가는 단기간에 그칠 가능성이 높다. 특히, 기업이 경쟁회사에 비해 비용인하의 한계를 가져 가격을 인하하지 못할 때, 이러한 전략이 합리적인 대응책이 될 수 있을 것이다. 한편 만약 가격 이외의 다른 마케팅믹스요소들을 통해 차별화를 할 수 없다면, 기업은 경쟁기업의 저가격에 맞추어 가격을 조정하거나, 예상되는 수요감소를 감수해야 한다.

3.3. 촉진을 위한 일시적 가격조정

유통업자 또는 최종소비자에게 제공되는 가격할인은 제품에 대한 가치를 높이기 위해 주의 깊게 관리되어야 한다. 일시적 가격조정에 의한 판매촉진의 목적은 제품의 혜택을 변화시키지 않고 제품의 가치를 증가시키는 것이다. 이러한 일시적인 가격조정을 실시할 때에는 다른 마케팅믹스전략들과의 조정에 주의를 기울이는 것이 필수적이다. 일시적인 가격조정이 효과를 거두기 위해서는 소비자들이 우선 제품에 대한 혜택을 명확하게 이해하고 있어야 한다. 그렇지 않으면 가격조정은 소비자들에게 별 의미를 갖지 못한다. 또한 그러한 가격조정이 너무 자주 행해져서도 안 된다. 빈번한 가격조정은 유통업자들과 소비자들에게 바람직하지 못한 영향을 줄 수 있으며, 더 나아가 제품의 혜택에 대해 혼동을 일으킬 수도 있다.

3.4. 가격차별화

기업은 때로 판매상황과 고객유형에 따라 같은 제품에 대해서도 다른 가격을 책정한다. 제품도입시의 가격, 신속한 판매를 위한 할인가격이 그 예가 된다. 극장은 노인, 어린이, 성인, 관람시간별로 요금을 다르게 부과한다. 기업은 거래량을 기준으로 유통업자들에게 다른 가격을 책정한다. 즉, 구매량이 많은 유통업자에게 더 낮은 가격을 제시하기도 한다. 이처럼, 기업은 판매상황에 따른 가격차별화를 수행한다.

이러한 가격차별화는 두 가지 중요한 활동(개념전달활동과 구매전환활동)에 알맞게 이루어져야 한다. 각각의 판매상황에 따라 가격을 조정하는 것은 전체적인 제품개념과 일치하는 범위 내에서 이루어져야 하는 것이다. 또한 판매상황에 맞추어진 가격들은 서로 보완적이어야 한다. 여기서, 보완적이란 의미는 둘 또는 그 이상의 가격들이 서로의 판매에 영향을 주지 않는다는 것이다. 예컨대, 어떤 항공사가 친근하고 효율적인 서비스를 강조하는 제품개념을 소비자에게 전달하고자 하였다. 그래서 이 회사는 다음의 세 가지 층에 알맞은 해외노선을 개발하였다: 여행자집단, 비즈니스집단, 상류층집단. 만약 소비자들이 항공요금의 차이가 세 집단에 제공되는 서비스의 차이에 비례하지 않는다고 느끼면, 소비자들은 항공노선에 대한 전체적인 제품개념에 혼란을 느낄 것이며, 자기 잠식이라고까지 할 수 있는 부정적인 시너지 효과가 나타날 수 있다. 가격의 구색이 적당한 가격범위 내에 있고, 서로 다른 판매상황에서의 가격차이가 혜택의 차이를 정확히 반영할 때 소비자들은 한 판매상황에서 다른 판매상황으로 전환하려는 의도를 보이지 않을 것이다.

디지털 제품의 **가격차별화**

인터넷의 발달로 인하여 가격차별화는 더욱 확대되고 있으며 그 방식도 아주 다양해졌다. 기업은 소비자들에 대한 자료와 소비행태를 분석하여 고객화의 정도를 보다 높일 수 있게 되었다. 소비자들도 가격비교 인터넷 사이트나 공동구매 등을 통해 가격차별화를 더 잘 활용할 수 있게 되었다. 특히 이제는 사전에 정해진 가격이 아니라 개인별 협상에 의한 맞춤가격도 가능한 수준까지 이르렀다.

컴퓨터와 인터넷의 발달로 인하여 디지털 제품의 종류와 수가 급격히 증가하고 있다. 디지털 제품이란 software부터 뉴스, 영화 등의 internet contents에 이르기까지 디지털로 이루어진 제품을 총칭한다.

디지털 제품의 특징은 다음과 같이 크게 세 가지로 요약할 수 있다. 첫째, 초기 개발비용은 상당히 큰 반면, 한계재생산비용은 거의 0에 가깝다. 따라서 일단 제품을 개발하면 거의 무한대로 생산이 가능하다. 둘째, 디지털의 특성상 제품의 조작과 가공이 자유롭다. 예를 들어 실제 책은 쪼개서 팔 수가 없지만 e-book은 소비자가 원하는 부분만 골라서 살수가 있다. 셋째, 다른 상품에 비해 유통비용이 적게 든다. 특히 인터넷의 발달로 인하여 소비자는 자신의 컴퓨터에서 제품을 바로 download 받을 수 있기 때문에 중간유통망이나 물류비가 전혀 필요하지 않은 경우도 많다.

이러한 특징들로 인하여 디지털 제품은 일반 유형의 제품들에 비하여 보다 유연한 가격책정을 할 수 있다. 한 제품을 적절히 분할 · 재조합하는 과정을 통해 여러 가지 version을 만들 수 있고, 그에 따라 다양한 가격을 책정할 수 있다. 소비자는 한 제품을 놓고 자신이 지각하는 가치에 따른 대가를 지불함으로써 스스로 시장을 세분화하게 된다.

위와 같은 versioning의 방법으로 다음과 같은 10가지를 생각해 볼 수 있다.

• **편의(Convenience):** 제품의 사용시간이나 장소를 제한하는 방식으로 가격을 달리할 수 있다. 예를 들어 AOL은 무제한 접속을 허용하는 표준요금제의 경우 한 달에 21.95달러를 적용한다. 하지만 e-mail 확인 등 사용량이 많지 않은 사용자들을 위해서 한 달에 3시간만 사용 가능하고, 그 이후로 비싼 추가요금이 드는 4.95달러의 할인요금제도를 시행한다. 또한 TOEFL, TOEIC 등의 모의시험 서비스를 제공하는 CBT Korea의 경우 개인 사용자들에게는 무료로 서비스를 제공하지만 학교에서만 이용이 가능하다는 제한을 두었다.

• **포괄성(Comprehensiveness):** 많은 신문이나 잡지들이 포괄성을 가격차별화의 유용한 수단으로 이용한다. The New York Times나 Business Week 誌는 최근호의 내용을 web 이용자들에게 무료로 제공한다. 하지만 특정한 목적을 가지고 정보를 검색하는 이용자들을 겨냥해서 과거기사나 자료를 제공하는 데는 비용을 부과한다.

• **조작(Manipulation):** 자료를 저장, 복사, 인쇄하는 등의 제품조작가능 여부에 따라 가격을 차별화할 수 있다. Borland사의 software들은 복사가 불가능한 저가형 제품과, 복사가 가능한 고가형 제품이 다 출시된다. 또한 Lexis-Nexis사는 자신의 자료를 모니터로만 보지 않고 인쇄나 download를 원하는 소비자들에게는 추가요금을 부과한다.

• **커뮤니티(Community):** 온라인 커뮤니티에 대한 접근가능 정도를 다르게 함으로써 가격을 차별화할 수 있다. 투자자문회사인 Silicon Investor는 수백개의 투자대상기업들에 대한 각각의 분석, 토론 게시판을 제공한다. 이용자들이 그 게시판들을 읽는 것은 무료이다. 하지만 토론에 참여하거나 e-mail로 질문을 하기 위해서는 년 100달러의 사용료를 지불해야 한다.

• **성가심(Annoyance):** 위 사례의 Silicon Investor의 경우 유료이용자들에게는 광고창이 뜨지 않게 한다. 또한 많은 shareware 프로그램의 경우, 시작할 때나 작업을 수행할 때 등록여부를 묻는 창이 계속 뜬다. 이러한 성가심을 멈출 수 있기 위해서는 정품을 구매할 수밖에 없다.

• **속도(Speed):** 작업속도도 가격차별화의 유용한 수단이 될 수 있다. 수학연산 프로그램인 Mathematica는 컴퓨터의 프로세서를 이용해서 작업속도가 빠른 고가격의 professional version과 프로세서를 이용하지 못하게 해서 작업속도가 현저히 느린 저가격의 student version 두 모델을 출시중이다. 저가모델의 경우, 프로세서를 이용하지 못하도록 하기 위해 추가적인 비용이 들지만 사용자층을 넓힘으로써 network 효과를 기대할 수 있다.

• **데이터 처리(Data Processing):** 업무수행가능 정도가 가격차별화의 유용한 수단이 될 수 있다. H&R Block사의 TaxCut software의 standard version은 소비자의 세금계산을 자동으로 해 주는 기능만 한다. 하지만 더 비싼 TaxCut Deluxe는 소득감사나 주요 과세조항 검색 등 추가적인 기능을 제공한다.

• **사용자 인터페이스(User Interface):** 전문적인 사용자의 경우 보다 복잡한 기능을 요구한다. 600달러인 Adobe Photoshop의 경우 프로페셔널 디자이너를 위해 복잡하고 전문적인 인터페이스를 제공한다. 하지만 50달러인 PhotoDeluxe는 가정 사용자들을 위해서 간단한 메뉴만 제공한다.

• **이미지 해상도(Image Resolution):** 사진 작가들에게 웹상의 작품 저장공간을 제공하는 PhotoDisk의 경우 고화질을 필요로 하는 전문 사진작가들에게는 한 brochure당 49.95달러에 판매하고, 뉴스 등의 저화질 이미지도 상관없는 이용자들에게는 19.95달러의 낮은 가격으로 저장공간을 판매

한다.

• **지원**(Support): Netscape의 Web browser는 web 상에서 무료로 download 받을 수 있다. 하지만 40달러를 내고 등록을 할 경우에는 제품과 더불어 상세한 매뉴얼을 제공받으며 고객지원 기술자로부터 기술상담도 받을 수 있다.

이와 같이 다양한 기준에 의해 제공될 수 있는 디지털 제품의 서로 다른 version들은 과연 몇 개 정도가 적당할까? 제품의 성격이나 소비자가 지각하는 가치에 따라 다르긴 하지만 일반적으로 두 개의 version보다는 세 개나 네 개의 version이 더 효과적이라는 의견이 우세하다. 소비자들은 극단을 회피하려는 경향이 있기 때문에 중간가격에 보다 많은 호감을 갖는다. 하지만 가장 좋은 결정방식은 시행착오의 방식이다. 디지털 제품은 가격조정이 쉽기 때문에 시행착오에 유연하게 대응할 수 있다.

〈자료원 : Shapiro, Carl(1998), "Versioning : The Smart Way to Sell Information," *Harvard Business Review*, 76(6), pp.106-114.〉

요약 및 복습 _ Summary & Review

가격개념에 대한 접근은 경제학적 관점과 마케팅적 관점이 서로 다르다. 경제학자들이 가격결정의 중요한 결정인자로 경쟁자의 수를 강조하는 데 비해서, 마케팅관리자들은 경쟁자의 수를 가격에 영향을 미치는 여러 요소 중 하나로 간주한다. 더욱이 경제학자는 가격의 차이와 기능적 제품 품질을 동일하게 여기지만 마케팅관리자는 다른 여러 가지 요인이 제품의 품질에 영향을 미친다고 가정한다. 마지막으로, 경제학자에게는 가격과 수요가 직접적으로 연관되어 있지만, 마케팅관리자는 가격을 마케팅믹스 요소 중의 하나로 다룬다. 즉, 가격은 수요를 결정하기보다는 수요에 영향을 미치는 하나의 요소에 불과하다.

비용과 수요를 예측하는 것은 복잡한 문제이다. 비용예측은 (i) 비용이 일정치 않고, (ii) 어떤 비용을 포함시키며 제외시킬 것인가에 대한 기준이 명확하지 않으며, (iii) 직접비와 간접비의 문제가 해결되어야 하고, 또한 (iv) 기업이 비용과 수요가 서로 관련된 여러 가지 제품을 생산한다는 사실 때문에 매우 어려운 작업이다. 수요예측도 (i) 가격 이외의 여러 요소가 수요에 영향을 미치며, (ii) 여러 가지 이유로 가격과 마케팅믹스의 변화에 대한 시장반응의 지체가 일어난다는 사실 때문에 매우 어려운 일이 된다. 비용과 수요, 경쟁요소를 파악한 후에 가격을 책정함에 있어서 사용되는 방법은 크게 원가기초, 수요기초, 경쟁기초, 그리고 소비자 기초 책정방법이 있다. 각각의 방법은 각기 장·단점을 지니고 있으므로 어느 한 방법에 전적으로 의존하기보다는 여러 방법을 복합적으로 고려 하여야 한다.

이러한 가격책정 방법들을 사용하여 최종가격을 결정하였다고 하더라도 그것이 그 제품의 유일한 가격은 아니다. 시장상황에 따라 가격을 조정 및 변동하여야 할 경우도 많이 발생하고 있다. 따라서 마케팅관리자는 제품수요, 경쟁상황 등을 종합적으로 고려하여 다양한 가격변화 및 차별화전략 중 가장 적절한 전략을 채택, 개념전달활동목표 및 구매전환활동목표에 부합하는 범위 안에서 다른 마케팅믹스요소들과의 보완성이 유지되도록 실행하여야 한다.

문제제기 및 질문 _ Issues raised & Question

1 가격에 대한 마케팅적 접근과 경제적 접근의 여러 가지 차이점에 대해서 설명해 보시오.

2 어떠한 요인 때문에 가격변화에 대한 소비자 반응에 지체가 생기는가? 어떤 요인이 이러한 지체를 줄일 수 있는가?

3 가격차별화란 무엇이며 어떠한 때에 적합한 것인가?

4 가격을 경쟁적 무기로 사용하는 데 있어서 유리한 점과 불리한 점은 무엇인가?

5 어떤 조건하에서 가격변화가 바람직한가? 가격을 변화시킬 때 어떠한 요소들이 고려되어져야만 하는가? 경쟁사의 가격변화에 대한 대응방안은 무엇인가?

R/E/F/E/R/E/N/C/E/S _ 참고문헌

Guiltinan, Joseph P.(1987), "The Price Bundling of Services," *Journal of Marketing*, 51(April), pp. 74 - 85.

Kotler, Philip(2000), *Marketing Management*, The Millennium Edition.

Monroe, Kent B. and Andris A. Zoltners(1979), "Pricing the Product Line During Periods of Scarcity," *Journal of Marketing*, 43(Summer), pp. 49 - 59.

Palda, S. Kristian(1971), *Pricing Decisions and Marketing Policy*(Englewood Cliffs, N. J. : Prentice-Hall).

Shapiro, Carl(1998), "Versioning: The Smart Way to Sell Information", *Harvard Business Review*, 76(6), pp. 106 - 114.

Shapiro, Stanley J. and V. H. Kirpalani(1984), *Marketing Effectiveness, Insights from Accounting and Finance*(Newton, Mass.: Allyn & Bacon).

Solomons, David(1968), "Breakeven Analysis under Absorption Costing," *The Accounting Review*, July, pp. 447 - 452.

Tellis, See Gerald J.(1986), "Beyond the Many Faces of Price: An Integration of Pricing Strategies," *Journal of Marketing*, October, pp. 146 - 155.

Wyles, R. J. D.(1963), *Price, Cost and Output*(New York: Prague).

CHAPTER 14

마케팅믹스의 통합: 전략적 응용

MARKETING MANAGEMENT

D사 '윈저 프리미엄' 신제품 개발 및 마케팅전략

질문1. 국산 위스키 중 가장 먼저 17년산(슈퍼 프리미엄급) 제품을 선보인 위스키는?

질문2. 국내 프리미엄 위스키 중 전세계에서 가장 많이 팔리는 슈퍼 프리미엄 위스키는?

질문3. 1996년 출시 이후 15년째 베스트셀러로 기록된 위스키는?

정답은 모두 윈저다. 윈저의 인기 비결은 끊임없는 혁신과 가치의 보존으로 요약된다(이데일리 2011. 5.). 이러한 윈저 위스키의 개발과정에 대한 내용을 검토함으로써 마케팅 믹스통합의 중요성을 확인할 수 있다.

1. 환경변화의 파악

알코올음료에 대한 고객욕구가 고급화되고 위스키 시장의 규모가 확대됨에 따라 임패리얼 클래식, 퀸앤, 딤플 등 많은 신제품들이 출시되는 동시에, 기존의 외국 유명브랜드인 시바스리갈 및 조니워커 등의 판촉활동도 활발해지면서 전반적으로 위스키 가격이 인하되고 있었다. 그런데 1995년 전체 위스키시장의 66%를 점유하고 있으면서도 프리미엄(고급) 위스키시장에서는 20%의 점유율만을 기록하고 있는 D사로서는 시장선도자로서의 지위가 흔들리고 있었다. 이에 따라 위스키 대중화를 선도하고, 자사의 시장리더십을 유지하며, 특히 품질이 떨어지는 타사제품의 선점에 대한 프리미엄 시장의 보호를 위해 고급화된 고객욕구에 적합한 신제품 개발의 필요성이 제기되고 있었다.

2. 표적시장의 확인

(1) 시장세분화

위스키시장은 제품특성에 따라 패스포트 및 썸싱 스페셜 등의 스탠다드 위스키시장과, 시바스리갈, 퀸앤, 임페리얼클래식, 딤플 등의 프리미엄 위스키시장으로 구분할 수 있었으며, 또한 고객의 라이프스타일에 따라서도 시장구조를 구분할 수 있었다. 패스포트, 썸싱스페셜 및 임페리얼클래식을 선호하는 전통적이면서 보수적인 고객층과, 시바스리갈 및 조니워커를 선호하는 현대적이고 개방적이면서 국제적인 고객층으로 구분될 수 있었다. 한편, 딤플과 퀸앤은 전통적·보수적 고객층에 가깝다고 판단되었다.

구 분	전통적, 보수적 고객층	현대적, 개방적, 국제적 고객층
스탠다드 위스키	패스포트, 썸싱스페셜	
프리미엄 위스키	임페리얼클래식, 딤플, 퀸앤	시바스리갈, 조니워커

(2) 세분시장 분석

스탠다드 위스키시장에서는 D사의 제품이 강력한 시장지위를 확보하고 있었고, 현대적·개방적 고객층에 적합한 프리미엄 위스키시장은 규모는 작으나, 자사에서 판매하고 있는 시바스리갈이 경쟁우위를 가지고 있었다. 그러나 잠재시장 규모가 큰 전통적·보수적 고객층을 위한 프리미엄 위스키시장에서는 임페리얼클래식에게 시장주도권을 빼앗기고 있는 것으로 나타났다.

(3) 표적시장의 선정

D사는 스탠다드 위스키시장에서의 시장지위를 유지하는 한편, 전통적·보수적 고객층을 위한 프리미엄 위스키시장에서 확고한 시장리더십을 회복하고 잠재고객에게 프리미엄 위스키시장의 이미지를 제대로 인지시키기 위한 마케팅활동이 강화되어야 하는 필요성을 인식하였다. 이 표적시장의 특징은 35~44세의 남자로서 사업가나 간부급 이상으로 접대를 자주하는 고객들이었다. 이들은 조용하고 치밀한 성격의 소유자로, 자신의 일에 남다른 열정을 가지고, 자신에게는 엄격하나 타인에게는 관대한 편이며, 타인과 잘 어울리며 좌중을 리드하는 타입이었다. 즉 대인관계를 매우 중요시하며, 꾸준한 노력을 통해 높은 성취목표를 달성하고자 하였고, 위스키에 대한 취향을 살펴보면, Heavy Whisky Drinker로서 부드러운 위스키를 선호하며, 자신의 이미지를 위해 품위 있고 세련된 제품을 선택하는 것으로 나타났다.

3. 마케팅목표 설정: 제품개념 설정과 구매장애요인 규명

D사는 이 표적시장에서의 제품개념과 마케팅믹스 전략을 수립하기 위해 철저한 소비자조사를 실시하였다. 특히, 최적의 제품을 구성하기 위해 제품개념, 상표 명, 위스키원액 및 병 디자인에 대해 소비자의견을 분석하였다. 전문가그룹이 개발한 8개의 제품컨셉들 중에서 3단계의 소비자조사를 통해 '접대의 전통'(Tradition of Host)이라는 신제품의 제품개념을 개발하였다. 접대의 전통에는 다음과 같은 하위의 개념들이 포함되었다.

① 성공과 행운: 그날의 성취감을 음미하며 고객이나 동료들과 최상의 즐거움을 나눌 수 있는 위스키

② 귀족가문의 전통: 황금과 번영의 시대였던 빅토리아 여왕 때부터 현재에 이르기까지 영국을 통치하고 있는 윈저 왕가로부터 '로얄워런티'를 수여받았으며 윈저가에서 귀한 분을 위해 접대하는 위스키

③ 부드럽고 감미로운 맛: 스코틀랜드 하이랜드지방의 천혜의 자연환경이 빚어낸 원액으로 위스

키 고유의 향과 부드럽고 감미로운 맛을 내면서 한국의 Heavy Drinker를 위한 알코올 40도의 국내 최고급 위스키

위와 같은 제품개념을 효율적으로 전달하려는 개념전달목표 이외에 구매전환활동목표로서 크게 여섯 가지의 장애요인들을 제거하는 데 중점을 두었다. 예를 들어 신제품의 인지적 장애요인을 제거하기 위해 표적고객에게 효율적으로 접근할 수 있도록 하는 제품개발(디자인) 및 촉진을 수행하고, 한국인 취향에 맞는 향과 알코올 함도, 부드럽고 감미로운 맛의 개발로 기능적 장애요인을 제거하였으며 소유측면에서의 장애요인을 제거하기 위한 유통 및 가격전략을 수립하도록 하였다. 또한, 시간 및 장소관련 장애요인 제거를 위하여 자사제품 단독취급전문 대리점을 중심으로 유통판매촉진을 실시하였고, 감각적 장애요인을 제거하기 위한 제품의 포장 및 색, 맛과 향의 개발에 노력을 경주하기로 하였다.

4. 개념전달활동과 구매전환활동을 수행하기 위한 마케팅믹스의 설계

(1) 제 품

① 상표명: 1,000개에 달하는 발상안 중 위스키 이름으로 적절하다고 생각되는 약 400개의 후보 이름들에 대해 상표등록 여부를 검색한 후, 세 차례의 소비자조사를 통해 현 영국왕조인 윈저와 최상급 중의 최상급이라는 프리미어를 합성하여 '윈저프리미어'라는 상표명을 도출하였다. 한편 윈저에서는 윈(win)을 생각하게 하여, '윈(win)저'라고 불리워진다.

② 제품특성:

a) 원액: 제품의 성패는 전통적이고 보수적인 '한국인의 입맛'에 가장 잘 맞는 위스키 원액을 개발하는 데 있다고 보았다. 시바스&힐톱슨이 제시한 8가지 원액 중에 5가지 원액을 선택하여, 전문가그룹, 위스키 애호가그룹, 위스키 전문판매업소 종사자 등 위스키맛을 아는 모든 그룹에 철저한 사전 소비자테스트를 실시하여 개발하였다(12년생 Blended Scotch Whisky). 전문가그룹의 테스트는 인하우스 테스트였으나, 위스키 애호가 및 전문판매업소 종사자의 테스트는 강남의 최고급 룸싸롱에서 실시하였으며, 특히 위스키 전문판매업소 종사자의 테스트 시에는 일부 고객과 업소 종업원들에게 실제로 많은 양의 테스트 제품을 마시게 하여 그 다음날 숙취현상 및 뒤끝까지도 조사하였다. 이와 같은 세 차례의 테스트로 지적된 단점을 보완하고 장점을 최대한 반영하였다. 그리고 본격적인 제품생산 이후 강남의 50여 개 위스키 전문업소 종업원 1,200명에게 임페리얼클래식과 비교테스트를 실시하여, 65% 대 35%의 압도적 우세 판정을 받았다.

b) 용량: 1단계로 500ML와 350ML를 선보이고 향후 2L와 700ML를 출시할 계획을 세웠다.

③ 병디자인: 두산유리에 생산가능성을 타진하여 12가지 병디자인 중 5가지 기본디자인을 선정하였다. 이에 대해 네 차례의 소비자조사를 통해 왕의 망또에서 따온 '윈저실루엣타입'을 개발하게 되었다. 특히 임페리얼클래식보다 외형적으로 커보이도록 제작하였다. 2L대형 병은 진열효과를 극대화할 수 있도록 디자인하였다. 그리고 행운과 기적을 가져다 주는 전설의 동물인 유니콘과 왕을 상징하는 람판트를 문장으로 사용하였다. 또한 오랜 왕가의 전통이 배어 나오는 황금빛 마개(CAP)를 사용하였다.

④ 등록상표: 두 차례의 소비자조사를 통하여 세계를 재패한 영국왕가의 권위와 힘 그리고 오랜 역사를 상징하는 '로얄 다크 블루 칼라의 라벨'(label)을 개발하였다.

⑤ 포장: 등록상표와 함께 두 차례의 소비자조사를 통하여 훌륭한 예우와 품격을 나타내는 현재의

벨벳색 포장을 개발하였다. 최고의 품격으로 가장 소중한 손님에게 접대하는 위스키의 이미지를 위해 진품에만 수여되는 월리암 힐의 인장을 새겨 넣었다.

(2) 촉진계획

① 광고: 핵심 소비자 및 핵심지역에 노출을 극대화하기 위해 4대 일간지, 경제지 및 지방지 등의 신문과 타겟잡지를 선정하여 집중적으로 광고한다. 또한, 유흥업소 및 딜러와 관련되는 매체를 선정하고, 기존 브랜드에 대한 옥외광고를 대체하여 집중적으로 노출시킨다. 론칭(launching) 광고 테마는 국내에서 새로이 프리미엄 위스키의 왕에 등극한다는 의미에서 '대관식'으로 잡았다.

② 홍보: 론칭 파티 행사에 신문 · 잡지 기자를 초청한다. 또한 그룹사와 지점 건물에 현수막을 부착하도록 한다.

③ 판촉활동: 업소 밀집지역에서 월 100케이스 이상 판매하는 전국 611개 전문업소를 주공략 대상으로 하여 단기 운영자금뿐만 아니라 샘플링, 맛 테스트, 종업원교육, 재사용 가능한 벨벳 쌕 등을 지원한다.

④ 인적판매: 지점직원 및 중긴상들에게 영업사원 교육, 인센티브 제공, 간판 제공 및 핵심대리점 세미나 등을 실시한다.

(3) 유　　통

중간상을 전문대리점, 일반대리점 및 도매상으로 구분하여 관리한다. 제품출하, 결재조건, 및 차별적 지원을 통하여 가급적 자사제품을 단독취급하는 전문대리점으로 유도한다. 전문대리점에 대해서는 차량, 샘플링, 세일즈콘테스트 등을 차별적으로 지원한다.

(4) 가　　격

목표고객들에게 제품가격이 소유에 있어 장애요인으로 작용하지 않도록 하기 위하여 기존의 경쟁 프리미엄위스키와 동일한 가격으로 하되, 앞서의 제품, 촉진, 유통서비스의 강화로 뚜렷한 차별적 우위(혜택)를 확보하고 고객에게 가치 있는 위스키로 자리잡으려고 노력한다.

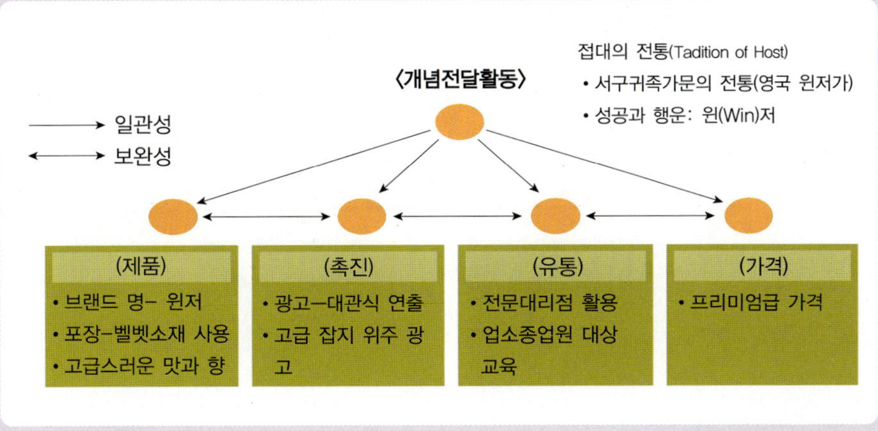

그림 14-1
D사의 윈저 프리미어의 개념전달활동과 구매전환활동을 위한 마케팅믹스

〈구매전환활동〉

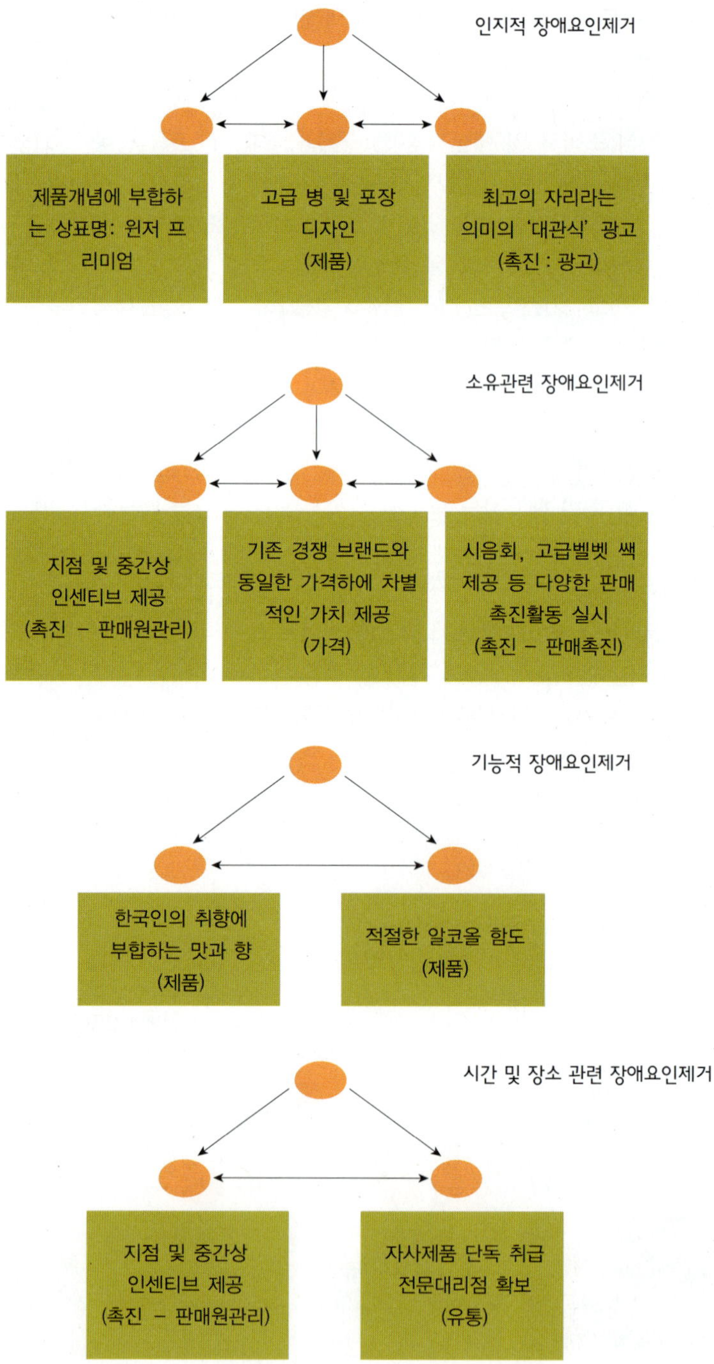
인지적 장애요인제거
제품개념에 부합하는 상표명: 윈저 프리미엄
고급 병 및 포장 디자인 (제품)
최고의 자리라는 의미의 '대관식' 광고 (촉진 : 광고)
소유관련 장애요인제거
지점 및 중간상 인센티브 제공 (촉진 – 판매원관리)
기존 경쟁 브랜드와 동일한 가격하에 차별적인 가치 제공 (가격)
시음회, 고급벨벳 색 제공 등 다양한 판매 촉진활동 실시 (촉진 – 판매촉진)
기능적 장애요인제거
한국인의 취향에 부합하는 맛과 향 (제품)
적절한 알코올 함도 (제품)
시간 및 장소 관련 장애요인제거
지점 및 중간상 인센티브 제공 (촉진 – 판매원관리)
자사제품 단독 취급 전문대리점 확보 (유통)

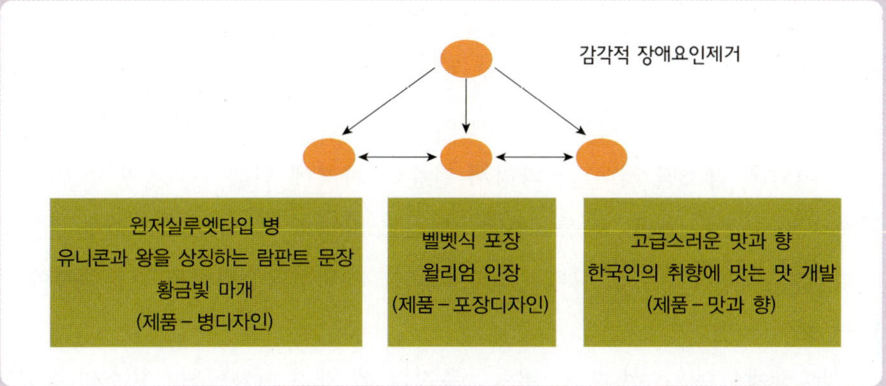

마케팅전략이란 마케팅믹스요들을 통합하여 운영하는 과정이라고 할 수 있다. 따라서 본 장에서는 앞 장들에서 검토되었던 마케팅믹스요소들을 어떻게 효과적으로 통합시킬 것인가를 다루게 된다. 이를 위해서는 마케팅믹스의 통합전략을 어떠한 절차와 방법으로 수립하는가에 대한 검토가 필요하다. 즉, 기업이 어떻게 마키팅믹스의 네 가지 요소인 제품, 유통, 촉진, 가격을 전략적으로 통합시켜서 되도록 적은 비용으로 마케팅목표를 달성할 수 있는가를 이해하여야 한다. 이러한 목적을 위해서 마케팅믹스요소 각각의 역할과 중요성을 이해할 필요가 있다.

실제로, 마케팅믹스통합의 핵심기준은 시너지 효과라고 할 수 있다. 그리고 시너지는 믹스요소들간의 일관성과 상호보완성을 극대화함으로써 창출된다. 마케팅믹스에서 시너지 효과가 중요하게 강조되는 이유 중의 하나는 시너지가 비용절감의 효율성을 제공할 수 있다는 데에 있다. 즉, 긍정적인 시너지 효과를 창출하여 적은 비용으로 제품개념전달과 구매장애요인제거를 효과적으로 수행할 때 그 기업은 높은 수요와 이익을 기대할 수 있게 되는 것이다.

우리는 흔히 마케팅믹스요소들 중에 가격에 대해 더 많은 중요성을 부여하는 경향이 있다. 가격은 마케팅믹스요소 중에서 가장 계량화하기 쉬운 요소이며, 그에 따라서 소비자들의 입장에서도 한 기업의 가격과 경쟁자들의 가격을 매우 쉽게 평가할 수 있다. 가격은 그 성격상 기업의 재무적인 요소와 밀접하게 관련되어 있다. 또한 가격은 소비자들에게 있어 매우 중요한 관심사항이기 때문에, 기업은 가격을 가장 손쉽고도 강력한 경쟁의 무기로 생각하기도 한다. 그러나 경쟁의 수단으로서 가격을 지나치게 이용하는 것은 바람직하지 못한 시장성과를 초래할 수 있다. 물론 가격인하는 단기간의 수요증가와 이익증가를 가져올 수 있다. 그러나 그것은 경쟁자들에 의해서 쉽게 모방될 수 있기 때문에 가격인하가 비용절감을 통해 이루어지는 것이 아니라면 기업의 경쟁적 이점은 곧 사라지고 이익은 감소될 것이다. 따라서 단순히 가격에 의해서만 경쟁적 우위를 추구하려는 시도는 제품, 유통, 촉진, 그리고 가격의 네 가지 요소들을 혼합하여 긍정적인 시너지 효과를 나타내도록 하려는 마케팅믹스전략의 근본취지에 어긋나는 것이라 할 수 있다.

본 장에서는, 우선 제품, 유통, 촉진의 세 가지 마케팅믹스요소의 통합과정을 설명한 다음 이를 전제로 한 가격의 통합에 대해 논의하기로 한다.

제1절 제품, 유통, 그리고 촉진의 통합

소비자들은 제품의 가치를 평가할 때 제품이 주는 편익(또는 혜택)과 그 편익을 받기 위해 지불해야 할 비용을 비교하게 된다. 제품에 대한 편익에 대한 인식은 제품, 유통, 그리고 촉진전략에 의해 큰 영향을 받는다. 그러므로, 마케팅믹스의 네 가지 요소의 통합은 두 단계의 절차를 거쳐 이루어진다. 1단계에서는 제품, 유통, 그리고 촉진간의 시너지 효과를 창출하여 상표가 주는 편익(혜택)을 높이고 다음단계에서는 이러한 편익에 걸맞는 가격을 산정함으로써 마케팅믹스의 네 가지 요소들을 모두 통합하는 것이다. 가격을 먼저 결정하고, 다른 믹스전략을 세우는 것보다는, 제품, 유통, 그리고 촉진 간의 시너지 효과를 유도하면서 그 효과에 따라 가격을 결정하는 것이 보다 논리적인 것이다.

이 세 가지 요소들간의 시너지 효과를 창출하는 과정은 〈그림 14-2〉와 〈그림 14-3〉에 나타나 있다. 〈그림 14-2〉에서 A라고 표시된 원은 개념전달활동을 효과적으로 수행할 수 있는 제품, 유통, 그리고 촉진과 관련된 여러 가지 대안들의 집합(set)을 나타내며, B라고 표시된 원은 구매장애요인들을 제거할 수 있는 제품, 유통, 그리고 촉진과 관련된 대안들의 집합이다. 여기서 집합이란 여러 가지 이용 가능한 대안들의 모음을 의미한다.

제품의 경우, 제품요소(포장, 제품디자인, 로고, 상표이름 등) 각각은 제품의 핵

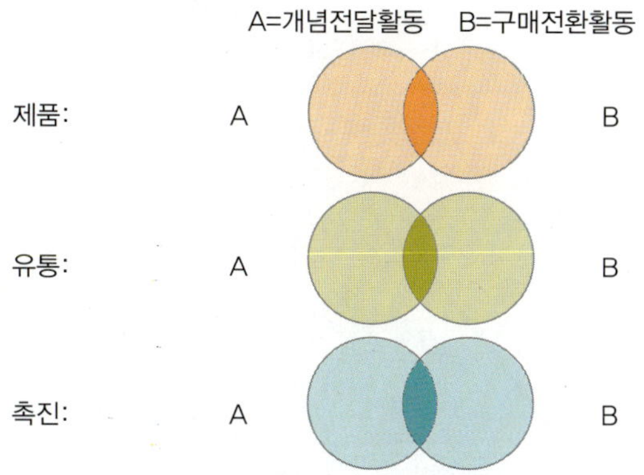

그림 14-2 각 요소에서 두 가지 활동을 가장 효과적으로 수행할 수 있는 대안들의 집합

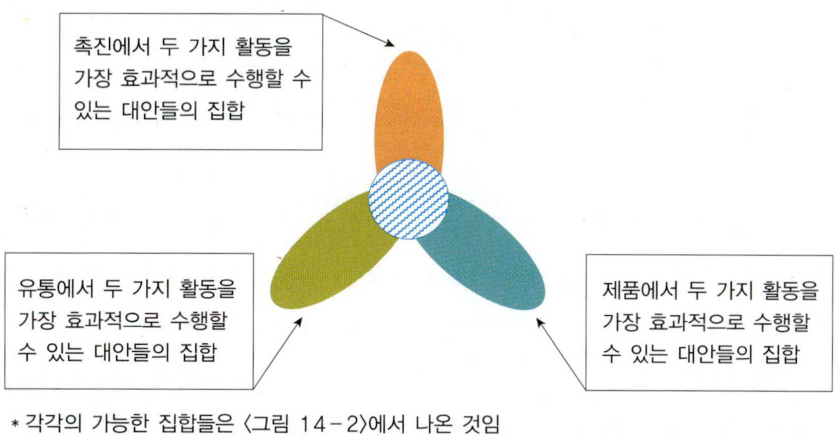

그림 14-3 세 가지 요소 사이에서 최고의 보완성을 나타내는 집합

심개념을 가장 정확하게 전달할 수 있도록 개발되어야 한다. 예를 들어 제품포장의 경우 제품의 핵심 개념을 정확히 전달할 수 있는 차별적인 포장방법이 개발되어야 한다. 로고나 제품디자인의 경우도 마찬가지이다. 또한 이렇게 제품개념을 전달할 수 있는 방안들이 동시에 지각적 장애요인, 소유에 관한 장애요인, 감각적 장애요인, 그리고 기능적 장애요인들을 제거할 수 있어야 한다.

즉, 여기서 중요한 것은 어떻게 제품과 관련된 여러 가지 요소들 각각에서 효과적인 제품개념전달과 동시에 제품과 연관된 네 가지 장애요인을 최대한 제거

그림 14-4
세 가지 요소 간에 시너지 효과가 있는 관계형성

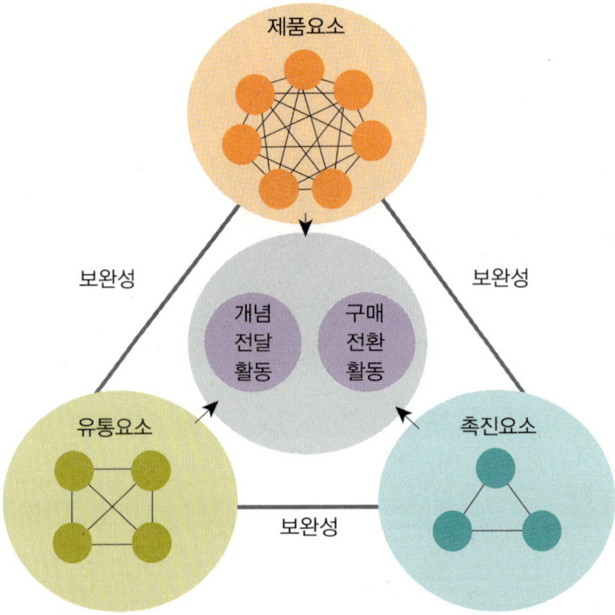

할 수 있는가에 대한 방안들을 찾아내는 것이다. 또한 유통과 촉진에서도 같은 방식으로 두 가지 활동을 효과적으로 수행할 수 있는 방안들을 확인해야 한다.

제품, 유통, 촉진 각각에서 확인된 이러한 방안들 중에서 세 가지 요소간에 서로 가장 보완성이 높은 방안 하나씩을 최종적으로 찾아내어 이들을 혼합시키는 것이 〈그림 14-3〉에서 나타난 청색 사선이 그려진 원이며, 이것을 좀 더 구체적으로 표현한 것이 〈그림 14-4〉이다.

제 2 절 가격에 대한 결정

신제품의 가격을 결정하기 전에 마케팅관리자는 먼저 고객의 입장에서 수용가능한 가격의 범위를 파악해야 한다. 고객이 수용할 수 있는 범위 내에서 제품가격을 정한다면, 개념전달활동과 구매전환활동을 더욱 성공적으로 수행할 수 있기 때문이다.

고객이 수용할 수 있는 가격범위를 확인하고 그 범위 내에서 가격을 정하기 위해서는 먼저, 소비자들이 제품이나 서비스의 가치를 어떻게 인식하고 판단하는지를 분석하고 이해할 필요가 있다. 소비자가 어떻게 가치를 인식하고 판단하는지를 이해하는 일이 중요한 이유는 가격 이외의 세 가지 마케팅믹스요소(제품, 유통, 촉진)들을 어떻게 결합시켜야 하는지에 대한 중요한 지침을 제공하기 때문이다.

고객이 상표에 대해 가치를 판단하는 일은 교환과 거래에서 가장 기본이 되는 요소이다. 따라서 마케팅관리자는 자사의 상표가 경쟁상표에 비하여 더 높은 가치로 평가 받을 수 있도록 해야 한다. 제4장에서 가치의 개념과 측정방법에 대해 논의 하였다. 본 장에서는 이러한 가치개념이 어떻게 가격결정에 영향을 주는지를 살펴보도록 한다.

고객은 상표가 주는 혜택을 지각한 후, 준거상표와의 비교를 통해서 상대적 혜택을 평가하게 된다. 상표혜택의 판단에 준거상표가 이용되는 이유는 절대적 판단보다는 상대적인 판단이 더 쉽기 때문이다. 예를 들어 생수 한 병이 고객 자신에게 어느 정도의 혜택을 주는지를 절대적인 수준에서 이해하는 것은 매우 어려우나, 콜라와 비교하면서 생수가 주는 혜택을 상대적으로 평가하는 것은 쉬운 일일 것이다. 준거상표(제품)는 구매를 고려하는 시점에서 고객이 가장 먼저 대안으로 생각하는 상표로써 비교의 준거 혹은 기준점이 된다. 즉, 고객이 알고 있는 대안들 중 구매가능성이 가장 높은 대안을 말한다. 직접비교할 만한 상표가 존재하지 않는 혁신제품인 경우, 고객은 본질적 속성이 유사한 대체제품과 비교할 것이다. 그런데 이러한 비교과정에서 제품의 마케팅믹스는 큰 영향을 미치게 된다. 즉, 한 제품의 마케팅믹스활동이 그 상표의 혜택을 인식시켜 주는 것과 마찬가지로, 준거상표의 마케팅믹스활동 역시 준거상표의 혜택에 대한 인식을 결정한다. 따라서 어떤 상표의 마케팅믹스가 준거상표의 마케팅믹스보다 효과적일수록 그 상표는 더 많은 혜택을 제공하는 것으로 인식될 것이다.

고객이 상표혜택을 지각하는 과정에서는 두 가지 전략(탐색적 전략, 분석적 전략)이 사용될 수 있다. 고려되는 상표와 준거상표를 비교하여 방향적 측면에서만 혜택을 평가할 때, 단순한 탐색적 전략을 사용한다. 다시 말해서, 상표가 준거상표에 비해 더 많은, 또는 동일한, 아니면 더 적은 혜택을 제공하는지만을 평가한다. 이러한 방향적 판단에는 혜택들간의 절대적 차이가 포함되지 않는다. 그러나 고객이 제품에 대해 많은 지식을 가지고 있거나, 제품선택과정에서 상당한 인지적 노력이 요구되는 상황에서는, 보다 분석적인 평가전략을 사용할 것이다. 구체적으로, 두 상표간의 혜택차이의 정도를 판단하고 그것을 바탕으로 각 혜택을 얻기 위해 기꺼이 지불할 수 있는 자원의 양을 고려할 것이다.

예를 들어, 360,000원 하는 준거상표에 비해 월등히 높은 혜택을 제공하는 상표가 있다면 더 비싼 가격을 지불하고서라도(예컨대 400,000원) 그 제품을 구입할 용의가 있을 것이다. 즉, 기업의 마케팅믹스가 상표지각에 긍정적인 영향을 주어 제품에 대한 소비자 인식이 좋아진다면, 준거상표보다 높은 가격을 지불할 의도가 생기게 되는 것이다. 소비자들은 분석적 평가를 통해 상표간 혜택의 차이를 화폐단위로 인식하게 되며, 이 때 측정기준으로 준거상표의 가격을 이용하게 된다.

분석적 평가절차를 통하여 고객이 지불할 용이가 있는 자원의 총량이 결정된다는 것은 고객이 수용가능한 가격이 본질적으로 동태적이며 기업의 마케팅믹스전략에 따라 달라질 수 있다는 사실을 시사하고 있다. 고려상표의 마케팅믹스전략이 준거상표의 믹스전략보다 효과적이었다면, 고객은 그 상표를 더 호의적으로 평가하게 되고 준거상표에 비해 높은 가격을 지불할 용의를 갖게 되는 것이다.

고려상표와 준거상표의 혜택을 비교함으로써 상대적 혜택이 판단되는 것과 같이, 상대적 비용도 각각의 상표들을 얻기 위해 지불해야 하는 자원의 차이로 나타낼 수 있다. 즉 탐색적 평가전략에 따르면, 고객은 단순히 고려상표와 준거상표의 실제가격을 비교하여, 고려상표의 가격이 준거상표의 가격에 비해 더 높은지, 같은지, 또는 더 낮은지만을 평가하지만, 분석적인 전략에 따르면, 고객은 두 가지 가격간의 차이의 크기에 관심을 갖게 될 것이다.

소비자는 상대적 혜택과 비용을 평가한 후 최종적으로 종합적인 가치판단을 하게 된다. 탐색적 전략을 사용할 경우, 단순히 준거상표에 비해 고려대상상표의 인지된 혜택이 높고, 인지된 비용이 낮다면, 고려대상상표는 매우 높은 가치를 제공하는 것으로 생각될 것이다. 반면, 분석적 전략을 사용할 경우, 상대적 혜택이 상대적 비용보다 클수록, 고객이 인식하는 가치는 더욱 높게 될 것이다. 〈그림 14-5〉는 이러한 평가전략들에 의한 가치판단의 다양한 예를 보여준다. 즉, 상대적 혜택이 상대적 비용보다 매우 높을 때 고객은 '최상의 구매'(super deal)인 것으로 판단할 것이고, 반대의 경우에서는 '바가지 구매'(rip-off)라

그림 14-5 인지된 가치를 평가

인지된 상대적 가격(비용) \ 인지된 상대적 혜택	고	중	저
고	0 공정함	− 너무비쌈	−− 바가지 씀
중	+ 돈에 비해 적절한 구매	0 공정함	− 돈에 비해 좋지 않은 구매
저	++ 최상의 구매임	+ 잘샀음	0 공정함

+ : 긍정적인 가치판단　　−: 부정적인 가치판단
0 : 중간적인 가치판단

고 판단할 것이다. 상대적 혜택과 상대적 비용이 동일하다고 인식하면 그것을 '공정한 거래'(square deal)라고 판단할 것이다. 따라서 기업이 경쟁상표보다 더 높은 가치를 제공해 주기 위해서는 다음과 같은 두 가지 단계를 통해 상표가격을 결정하여야 한다. 첫째는 표적고객이 수용할 수 있는 가격범위를 파악하는 것이며, 둘째는 정해진 가격범위 내에서 최종가격을 설정하는 것이다.

2.1. 수용가능한 가격범위의 확인

상표에 대한 고객의 수용가능한 가격범위를 측정하기 위해서 마케팅관리자는 두 가지 요소에 주목해야 한다. 첫째는 대안적 경쟁상표의 가격이며 또 하나는 가격 이외의 세 가지 마케팅믹스에 의해 형성되는 혜택의 정도이다.

(1) 대안적 경쟁제품(상표)의 선정

제품의 상대적 혜택을 판단할 때, 소비자들은 참고기준의 틀(frame of reference)을 제공해 주는 다른 여러 제품(상표)들을 고려한다. 이러한 대안적인 제품들의 가격은 소비자가 수용가능한 가격범위를 결정하는 데 영향을 준다. 대안적인 제품들의 선택은 특정한 고객의 욕구충족으로 의미하는 제품개념의 유사성에 입각해서 이루어진다. 예컨대, 만약 마케팅믹스를 통해 기업의 제품이 최고급품이라는 제품개념을 전달하고 있다면, 소비자는 최고급품에 속한다고 판단되는 여러 가지 경쟁제품들과 그 제품을 비교하게 될 것이다. 이때, 비교대상제품을 선정하는 근거는 제품의 욕구충족상의 유사성에 있다고 하겠다. 즉, 동일한 욕구(편익 · 사용상황)를 충족시켜 주고 있다고 인식되는 제품들을 준거기준으로 사용하게 되는 것이다.

(2) 제품의 가격범위와 세 가지 마케팅믹스요소들에 의해 제공되는 혜택

경쟁제품들이 확인되면 그 제품들의 가격에 의해 자사제품의 가격범위를 형성하게 된다. 그러나 기업의 제품가격범위를 판단할 때 가격 이외의 세 가지 마케팅믹스요소의 효과도 함께 고려되어야 한다.

위에서 설명하였듯이 기업의 제품, 유통, 촉진에 대한 의사결정이 다른 기업들에 비해 효과적이고 요소들 사이에 긍정적 시너지가 존재한다면 그 제품의 혜택은 높게 인식될 것이고 상대적으로 비효과적이라면 그 제품의 혜택은 낮게 인식될 것이다. 그리고 그러한 인식에 따라 적절하다고 판단되는 가격의 수준이 달라질 것이다. 그러므로 혜택이 크면 클수록, 가격결정을 할 수 있는 융통성의 폭도 커지게 되는 것이다.

2.2. 일정한 범위 내에서의 가격결정

적당한 가격범위 안에서 가격을 결정하는 방법에는 여러 가지가 있다. 일정한 가격상승률을 규정해 놓거나, 일정한 투자회수율(ROI) 목표를 가격결정의 지침으로 사용할 수도 있다. 가격범위 내에서의 가격결정은 그 가격범위 내에서 나타나는 수요에 대한 가격의 탄력성을 면밀하게 조사함으로써 이루어진다. 그리고 이를 토대로 회사에 적정한 이익을 보장하는 동시에 소비자로 하여금 가능한 한 최고의 가치인식을 가지게 하는 가격을 결정하게 된다.

일정한 가격범위 내에서 서로 다른 가격에 대해 추정되는 수요와 이익을 평가하는 데에는 몇 가지 기법이 이용될 수 있다.

(1) 경 험

수요곡선을 평가하기 위해서는 과거의 경험이나 해당산업의 관행을 활용할 수 있다. 예컨대, 타이어 판매업자의 소매이윤은 15%이고, 보석상점, 화물, 선물상품을 취급하는 상점의 소매이윤은 30% 이상이 될 수 있다. 이는 수요탄력성에 대한 경영자의 주관적인 평가에 의한 것이다. 따라서 이 방법의 신뢰성에는 다소 문제가 있다고 하겠다.

(2) 면접과 설문조사

마케팅관리자들은 면접이나 설문조사를 통하여 수요에 대한 가격의 탄력성을 평가할 수 있다. 조사대상자는 일반적으로 기업의 직원 또는 영업사원과 같이 전문지식을 지닌 사람들이거나 소비자들이 될 수 있다. 예를 들어 잠재적 또는 실질적 소비자들에게 가격의 변동에 따른 제품의 구매의사를 표시해 달라고 요청할 수 있다. 이것은 수요에 대한 가격탄력성을 평가하는 데 간접적인 정보를 제공한다. 이러한 방법이 갖는 문제점 중의 하나는 설문지에 답한 구매의사와 실제구매는 일치하지 않는다는 것이다. 그러나 이 방법은 특히 고가의 제품일 경우 수요에 대한 가격탄력성을 파악하는 데 매우 유익하다.

(3) 과거자료의 통계분석

기업의 과거판매자료를 토대로 수요곡선을 도출할 수도 있다. 회귀분석을 포함한 많은 통계방법들이 이러한 자료분석을 위해 사용된다. 과거자료로부터 수요곡선을 도출하기 위한 통계적 분석기법은 실제상황에서 얻어진 자료를 분석한다는 특징이 있다. 다시 말해서, 수요가 예전의 실제상황에서 얻어진 자료를 토대로 설명되어진다는 것이다. 따라서 설문지를 통해 가상적인 상황에 대한 고객의 반응을 조사하는 것에 비해 더 현실적인 수요곡선이 도출될 수 있다. 그러나 실제생활에서의 수요는 가격변화 이외에도 많은 요소들에 의해 영향을 받게 되기 때문에 이러한 요인들에 대한 통제가 매우 중요하며 이는 복잡한 통계분석을 요구하기도 한다.

(4) 실 험

조사나 과거자료의 분석을 토대로 수요의 가격탄력성을 평가하는 데 있어서의 한계점 가격 이외의 다른 요인들의 영향을 효과적으로 통제하기가 어렵다는 것이다. 따라서 가격결정을 위한 실험에서는 가격 이외의 모든 요인들을 동일하게 유지하면서(즉, 통제하면서) 서로 다른 가격수준에 대한 구매반응을 측정하고자 한다.

이와 같은 실험에는 크게 두 종류가 있다. 우선, 실험실에서의 모의실험은 실제 구매가 아닌 가상적 구매상황을 연출하여 고객의 반응을 측정하는 것이다. 반면, 현장실험에서는 실제 구매조건하에서의 소매점에서, 기업의 정상적인 마케팅활동 상황하에서, 그리고, 소비자가 제품을 위해 돈을 실제로 지불하는 상황 속에서 구매결정이 이루어지도록 하여 가격변동에 따른 수요의 변화를 측정한다.

현장실험이 갖는 한계점으로는 자료수집비용이 크다는 것과 다른 요인의 영향을 완전하게 통제하기가 어렵다는 것이다. 반면, 모의실험은 실험결과를 현실로 일반화 시키기 어려울 수도 있다는 문제점을 가지고 있다. 예컨대, 제품이 실제시장에서는 가격탄력성이 낮은 데에도 불구하고 실험실에서의 피험자들은 그들의 제품선호도에서 가격의 중요성을 과장하는 경향이 있다. 경쟁회사의 전략적 반응으로 인한 영향 또한 고려되지 못한다는 것도 모의실험의 단점이 된다.

제 3 절 다른 마케팅믹스요소들과 가격의 통합

3.1. 모든 믹스요소들의 통합

마케팅믹스요소 간에 긍정적인 시너지 효과를 유발시키기 위한 과정은 투입-산출의 단계적 형태를 띠고 있다. 〈그림 14-6〉은 마케팅믹스의 긍정적 시너지 효과 창출에 대한 체계적 접근을 설명하고 있다. 제 1 단계는 앞의 〈그림 14-2〉와 〈그림 14-3〉에서 제시된 제품, 유통 그리고 촉진의 결합에 대한 구체적인 설명이다. 제 2 단계는 일관성과 보완성의 원리에 따라 가격을 다른 세 가지 마케팅믹스요소에 통합시키는 과정을 제시하고 있다. 이러한 방법으로 설계된 마케팅믹스를 토대로 개념전달활동과 구매전환활동을 효율적으로 수행되게 되며 이것은 시장에서 성공적인 제품성과를 가져오게 함으로써 판매량의 증가와 이익을 가져온다.

여러 차례 강조되었듯이 개념전달활동과 구매전환활동을 수행하는 데 있어서 가격과 다른 세 가지 마케팅믹스요소 간의 관계는 일관성과 보완성의 원리를 따라야 한다. 즉, 일관성과 보완성을 갖는 가격이란 제품의 개념전달을 도와 주며 나아가 개념전달을 위한 나머지 3P의 노력의 효과를 강화시켜 주는 것을 말

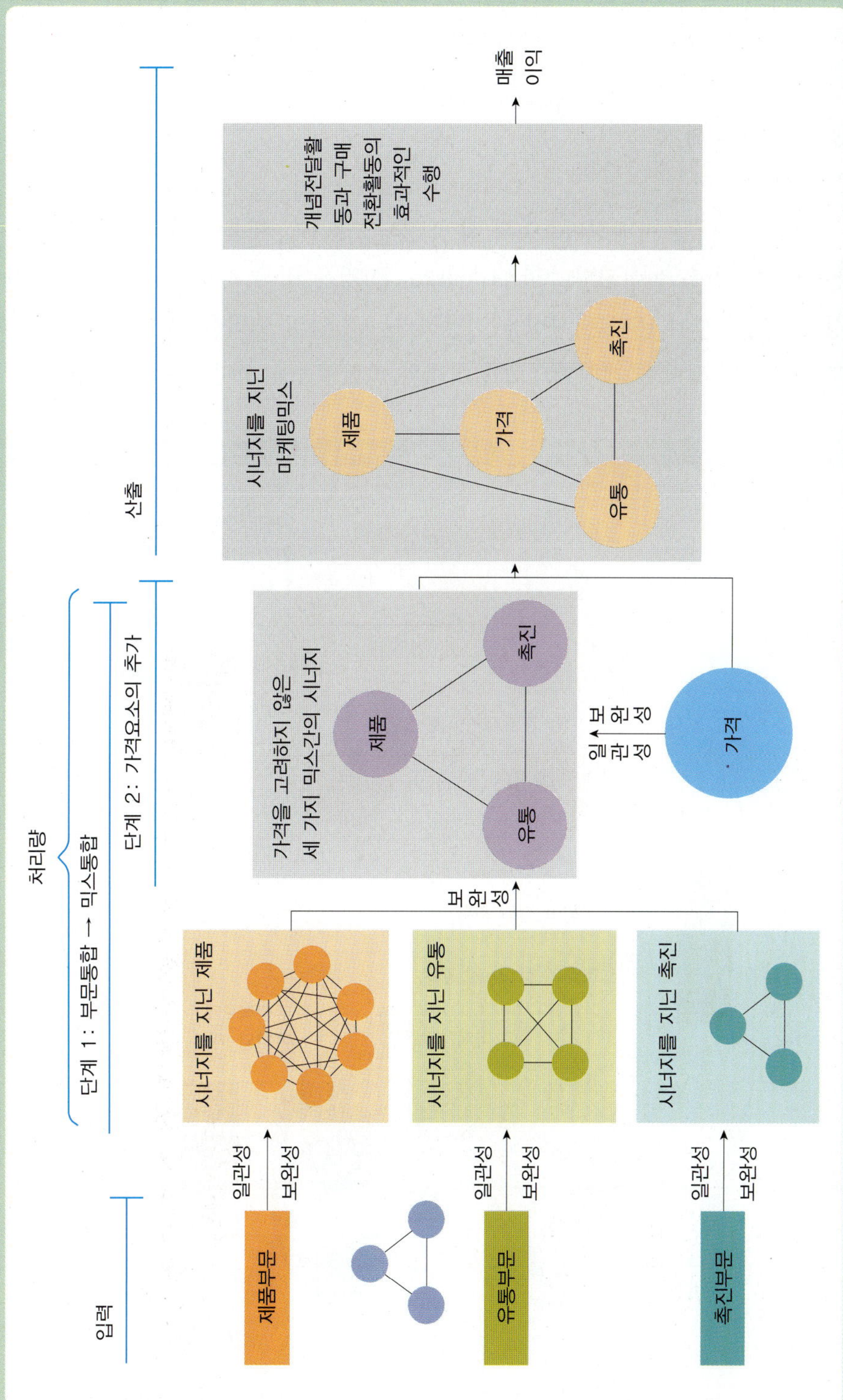

그림 14-6

마케팅믹스에 있어 긍정적 시너지를 위한 시스템적 접근

한다. 즉, 구매전환활동 차원에서 소유에 관한 장애요인을 직접적으로 제거하면서 나머지 3P에 의한 소유장애요인제거 노력을 도와 준다.

3.2. 적용사례

가격이 다른 마케팅믹스들과 잘 조정되었을 때, 제품에 대해 소비자가 느끼는 가치는 더욱 높아진다(그림 14-7 참조). 이것은 결국 소비자의 욕구를 자사의 상품이 충족시켜 준다는 사실을 전달하려는 기업의 노력을 보다 쉽게 해 준다. 또한 소유의 장애를 제거함으로써 거래의 촉진활동을 보다 용이하게 해 준다.

그림 14-7
다른 마케팅 믹스 구성요소와 가격의 조정에 의존한 높은 인지가치

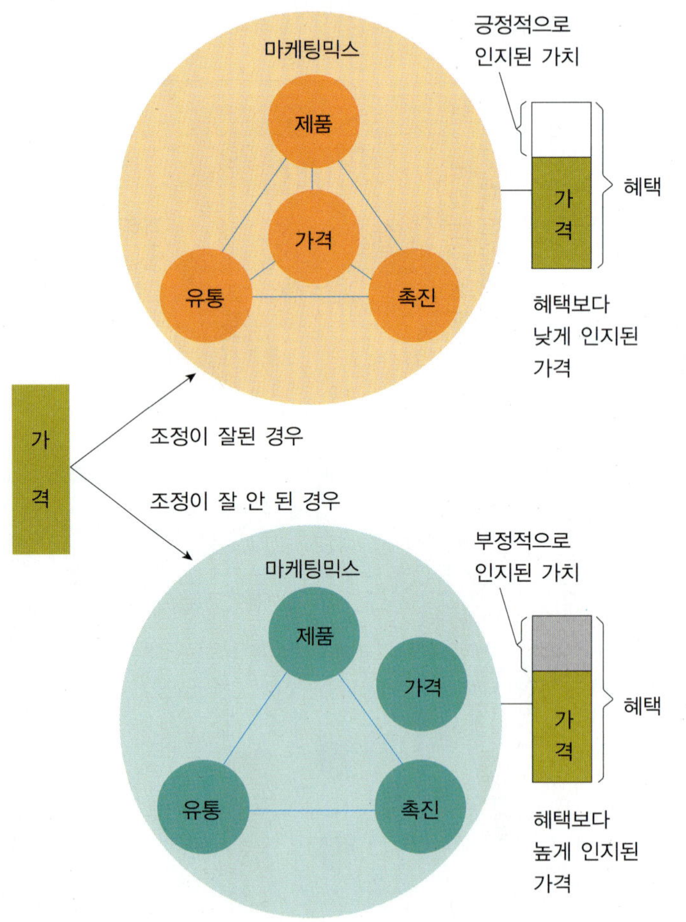

고가격과 고혜택의 결합이 이루어질 때 소비자들은 비싼 제품에 대해서도 적합하다라는 가치판단을 내리게 된다(그림 14-5 참조). 미국의 pen 시장에서의 Cross Pen의 고가격 - 고혜택 전략이 좋은 예가 될 것이다. Bic Pen은 Cross Pen 만큼의 필기기능을 가지고 있지만 어떤 소비자는 몇 센트(Cent)에 불과한 Bic Pen 보다는 거의 $100에 달하는 Cross Pen을 사려고 한다. 왜냐하면 Cross Pen은 전문가라는 인상과 다른 사람에게 호감을 주고 싶어 하는 저명한 인사들이 선호하는 고품질과 세련된 스타일의 필기도구로서 인지되었기 때문이다. Cross Pen은 크롬, 은, 금과 같은 비싼 재료로 만들어졌다. 또한 잠금통(turn barrel)은 우연히 뚜껑이 열려 옷에 잉크가 묻는 것을 방지하는 Cross Pen의 독특한 특징이다. 그 결과로 Cross Pen은 고가를 정당화시키는 높은 품질을 가진 맵시 있고, 세련된 펜이 된 것이다. 즉 마케팅믹스요소들이 잘 조정되었기 때문에 Cross Pen은 합당한 값이 책정된 우수한 제품으로 평가되는 것이다.

그밖에도 시장에는 소비자들로부터 가치 있는 제품이라는 평가를 받고 있는 다양한 브랜드가 존재한다. Heinz 케찹, Sears 공구, Tupperware 음식용기, McDonald 햄버거, IBM 컴퓨터 등이 이러한 예에 속한다.

Heinz 토마토케찹은 100년이 넘는 기간 동안 점진적인 성장을 누려 현재 5억 달러 이상인 미국 케찹시장에서 50% 이상의 점유율을 나타내고 있다. 제품, 유통, 그리고 촉진전략을 성공적으로 수행함으로써 Heinz는 항상 경쟁제품보다 비싼 가격을 유지하고 있다. 1온스당 1~2센트가 더 비싼데도 불구하고, Heinz 케찹은 비싼 것으로 인식되지 않고, 그만큼의 가치가 있는 것으로 받아들여지고 있는 것이다. 특히 이것은, 진하고 부드럽고, 그리고 균형 있는 맛이라는 차원에서 경쟁제품인 Ann Page(A&P) 또는 Econo Buy(Alpha Beta) 브랜드보다 우월할 것이 없다는 한 실험결과를 볼 때 매우 흥미로운 일이라 할 수 있다. 결국 Heinz는 제품, 촉진, 유통 등의 조화를 통해 긍정적인 제품가치를 창출해 내고 있는 것이다.

경쟁제품보다 15~30%까지 높은 가격을 가진 Sears 공구세트도 중류층의 소비자를 겨냥하여 내구성이 있는 우수한 질의 공구라는 개념을 전달했다. Sears는 결함 있는 제품의 즉시 교환을 통한 신뢰감 증진, 지명도, 독점적 유통망, 질 좋은 제품이라는 마케팅믹스를 이용하여, 경쟁제품보다 비싼 가격으로 표적시장에 제품개념을 효과적으로 전달했다.

한편 Izod-Lacoste 사의 셔츠는 위의 예와 흥미로운 대조를 이룬다. 옷의 바

깔쪽에 브랜드명, 또는 로고를 부착한 최초의 제품인 이 셔츠는 1920년대 프랑스의 테니스 스타인 Le Crocodile에 의해서 제작 · 소개되었다. 오랫동안 유럽에서만 시판되다가 1951년에 미국시장에 첫선을 보였다. 소비자들은 그 당시 이 셔츠가 이상하게 보이면서 값은 엄청나게 비싸다고 생각했다. 소비자의 반응이 신통치 않자 이 셔츠를 파는 뉴욕상인은 그것을 친구들에게 나누어 주었다. 그러나 곧 유명인사와 스포츠맨들이 이 셔츠를 입기 시작하였다. 이 제품은 아이젠하워 미국 대통령이 골프를 칠 때 입으면서 급성장하였다.

이 제품의 초기구매를 유발시킨 품질, 희소성, 그리고 패션의 이미지는 셔츠의 가격과 그것이 팔리는 유통경로와 일관성을 가졌다. 1970년대 중반까지 Izod-Lacoste 셔츠의 소매가격은 28달러이었다. 그러다가 수입물량과 시점점유율을 유지시키기 위하여 15달러에 파는 할인점 등으로 유통망을 확충시켰다. 이것은 이 제품이 갖는 품질과 이미지에 부정적인 영향을 미쳤다. 원하는 사람 모두에게 제품의 접근을 용이하게 한 유통망의 확장은 Lacoste가 가지고 있던 최초의 상징적 제품개념과 맞지 않았던 것이다. 촉진활동을 통해 제품이미지를 보호하지 못하였고, 동시에 매력적이고 상징적인 제품개념을 갖는 강력한 경쟁회사들의 마케팅전략으로 인해 Izod-Lacoste 셔츠의 가치는 점점 하락하였다.

미국 Giant Eagle 사의 **효과적인 마케팅믹스 통합전략**

식료품 구매자들은 다양한 형태의 할인판매보다는 일상적인 저가격을 선호할 것이라는 일종의 도박 같은 가정이 Giant Eagle에게 획기적인 전기를 마련해 주었다. 이 기업은, 절대적인 최저라고 자신할 수 있는 수준으로 가격을 낮추어 경쟁을 시작한 지 1년만에 지역의 선두 식품체인업체로 재등장하였다. 즉, Giant Eagle은 가치의 개념을 소비자들에게 효과적으로 전달해 줌으로써 이 지역에서 선두자리를 따낸 것이다.

Giant Eagle은 최저가격의 실시와 함께 모든 마케팅믹스요소들을 가치개념을 구현시키는 데 활용하였다. 가장 효과적으로 개념을 전달하기 위해서는 시너지 효과가 일어나야 한다는 것을 상기해 보자. 그리고 Giant Eagle의 노력을 면밀하게 주시해 보자. 먼저, Giant Eagle은 'One-stop shop'의 개념으로 나갔다. 이러한 유형의 상점에서 소비자들은 그들의 쇼핑욕구를 효율적으로 만족시킴으로써 시간과 노력, 돈을 절약할 수 있었다. 뿐만 아니라, 이 기업은 매장에 진열된 상품의 범위를 확장시켰다. 또한 무상표(generic brand), 전국상표(national brand), 그리고 유통업자상표(private brand)들도 다양하게 제공하였다. 이와 같은 제품구색전략(product assortment strategy)은 소비자들에게 가치개념을 전달하는 데 매우 효과적이었다.

Giant Eagle 상점의 위치선정 또한 가치개념을 강화하였다. Giant Eagle은 상점을 소비자들이 쉽게 찾아갈 수 있는 도시주위에 위치하도록 하였다. 즉, 이 회사는 가치가 가격 이상의 요인들에 의해 구축된다는 점을 이해하고 있었던 것이다. 이러한 가치개념은 Giant Eagle의 촉진활동에서도 발견된다. 먼저, Giant Eagle은 가격을 다른 경쟁 수퍼마켓과 비교하여 그것을 바탕으로 한 주일간의 가격을 설정하고 신문에 주간 가격목록을 게재했다. 그리고 상점내부, 선반, 상품 등에 부착하는 여러 가지 표시를 이용하여 소비자들에게 최저가격을 유지시키려는 그들의 노력을 인식시켜 주었다.

그러나 Giant Eagle은 소비자들이 실제로 구입하는 제품에 최저가격이 나타나지 않는 한, 그것은 중요하지 않다는 것을 깨달았다. 그래서 소비자들이 자주 사용하는 제품들의 가격을 최대한 인하시키기 위해서 진지한 노력을 기울였다. 예를 들어, 거의 팔리지 않는 이쑤시개보다는 생활필수품인 빵의 가격을 계속 인하시켜 나갔다. 따라서, 소비자들은 그들이 일상적으로 사는 품목에 대한 지출을 절약함으로써 진정한 가치를 얻을 수 있었다.

Giant Eagle은 또한 식료품의 신선도를 강조함으로써 가치를 전달했다. Giant Eagle 농장과 상점에서 제품이 빠르게 팔려 나가는 장면을 보여 주는 광고는 저가품의 가치를 보강해 주었다. 끝으로, Giant Eagle은 소비자들에게 선택의 자유를 제공해 준다는 점을 강조함으로써, 절대적인 최저가격(absolute minimum pricing)의 가치를 전달했다.

Giant Eagle은 소비자들에게 가치개념을 성공적으로 전달하였으며, 나아가 절대적인 최저가격의 전달을 다른 마케팅믹스와 효과적으로 통합시켜 그들이 전달하고자 하는 개념을 보강하였다. 시너지 효과의 원리를 활용함으로써 Giant Eagle은 Pittsburgh 지역에서 정상의 수퍼마켓 체인으로 부상할 수 있었다.

제 4 절 마케팅믹스의 이론적 통합

본 절에서는 마케팅믹스의 개념을 시장지향적 사고에 의해 재정립해 보고, 나아가 고객을 위한 가치창출의 수단으로서 마케팅믹스가 수행하는 역할에 대하여 이론적으로 설명하기로 한다.

4.1. 고객을 위한 가치창출과 마케팅믹스

전반적인 기업경영에 있어서 마케팅활동의 중요성에 대한 새로운 인식을 토대로 마케팅믹스의 개념을 명확히 정립할 필요성이 제기된다. 제 1 장에서 우리는 마케팅에 대한 하나의 새로운 시각으로서 시장지향적 관리사고를 제시하고, 마케팅에 대한 개념을 개별적인 제품과 서비스에 대한 수요창출 도구에서부터 조직경영철학으로 확장시켰다. 이러한 시장지향적 경영철학은 기업이 소비자들의 현재와 미래의 욕구를 파악하고, 그러한 욕구를 기업 전체에 전파시키며, 그러한 욕구를 가장 효율적인 방법으로 충족시킬 수 있도록 기업 내외의 자원을 결집시켜 보다 더 높은 가치를 고객에게 제공하도록 유도하자는 것이다.

여기에서는 제1장에서 제시된 이러한 개념을 마케팅믹스에 초점을 맞추어 보다 심층적으로 접근해 보기로 한다. 마케팅믹스요소들은 근본적으로 최종고객에게 제공되는 가치를 창출하고 향상시키는 데 기여할 수 있어야 하며, 그러한 가치의 창출은 최종소비자뿐만 아니라 기업 내외의 모든 고객들을 대상으로 일어나야 한다(제1장 참조). 고객을 위한 가치창출의 구체적인 수단들이 마케팅믹스요소들이며, 그러한 마케팅믹스요소들은 모든 형태의 고객들에게 적용되어질 수 있는 것이다.

시장지향적인 기업은 마케팅믹스활동을 고객가치창출을 위한 모든 과정에 적용시킨다. 그러므로, 마케팅믹스는 단순히 최종사용자와 제품간의 관계를 관리하는 기법이 아니라, 마케팅시스템 내에 있는 모든 고객들과 공급자간의 관계를 관리하는 기법이라고 할 수 있다. 마케팅믹스의 영역을 구체적으로 살펴보면, 우선 기업이 제공하는 제품가치의 의미를 최종사용자에게 전달하는 것을 상위마케팅믹스 혹은 최종고객을 위한 마케팅믹스라고 할 수 있다. 그리고 상위마케팅믹스의 효과를 극대화하기 위해서는 중간고객들과의 관계를 관리하기 위한 하위마케팅믹스들이 필요하게 된다. 다시 말해서 공급자와 고객간의 계속적인 교환과정 속에서 어떤 마케팅믹스는 후속적인 마케팅믹스를 선행하기도 하고, 그 반대일 수도 있다. 즉, 마케팅믹스개념은 모든 고객관계의 관리에 적용될 수 있고, 또한 적용되어져야 하는 것이다. 이는 마케팅믹스활동이 마케팅부서에서만 일어나는 것이 아니라 기업 내외의 모든 교환과정에서도 일어나야 하는 필수적인 가치창출 활동이어야 함을 의미하며, 궁극적으로는 그러한 다양한 마케팅믹스활동들의 효과가 최종고객들을 위한 가치창출로 모아져야 하는 것이다.

4.2. 새로운 마케팅믹스개념의 필요성

기존의 마케팅믹스개념에는 두 가지 중요한 문제점이 나타난다. 첫째, 마케팅믹스가 기업과 최종고객과의 관계만을 관리하는 활동이라는 사고가 내포되어 있다는 점이다. 그러나 마케팅관리에 대한 시스템적 관점을 받아들인다면 마케팅믹스는 최종사용자뿐만 아니라 다양한 형태의 고객들을 관리해야 한다는 사실을 알 수 있다. 이것은 가치사슬(value chain)의 관점에 의해 가장 잘 설명되어질 수 있다. 가치사슬은 최종사용자의 기대를 충족시켜 주는 제품을 제공하는 과정에 내재하는 고객-공급자 관계들의 사슬을 의미한다. 가치사슬 전반에 걸쳐 다양한 마케팅믹스가 존재한다는 사실은 가치사슬 끝에 있는 최종고객에 의해 인지된 가치가 모든 마케팅믹스들의 통합된 노력의 결과임을 시사해 준다.

마케팅부서가 최종적인 형태의 마케팅믹스에 대해 중요한 기능을 수행할지라도 독점적인 통제력을 지니는 것은 아니다. 마케팅부서는 성공적인 믹스에 악영향을 미칠 수 있는 구조적이거나 과정적인 장애요인들을 올바로 파악하고 있어야 한다. 성공적인 믹스는 최종사용자에 대한 상표차별화만으로 이루어지는 것이 아니다. 다양한 고객들을 다루면서 순차적인 관리와 연계를 통해 경쟁자와의 가치차별화를 달성할 수 있어야 한다. 마케팅부서가 이러한 과정을 선도하고 관리하기 위해서는 상위 마케팅믹스인 최종고객을 위한 마케팅믹스의 내용에 대하여 우선적인 고려가 필요하다. 그 다음으로 최대의 가치차별화를 달성하기 위해서는 기업 전체와 모든 관련되는 기업들의 노력이 필요하다. 그래야만 최종고객들에게 가능한 최대의 가치를 제공할 수 있는 것이다.

마케팅믹스의 발전과정에서 나타난 두 번째 문제점은 기존의 마케팅믹스개념이 기업의 성과, 특히 수요창출의 향상에만 주안점을 두어 왔으며 마케팅믹스와 기업이윤과의 관계는 명확하게 다루어지지 않았다는 것이다. 다시 말해서, 이윤창출을 위해 어떻게 마케팅믹스를 관리해야 하는지는 개념적으로나 관리적으로 명확하지 않다. 마케팅믹스를 기업의 이윤에 연결시키는 구조나 과정에 대한 연구는 그 동안 무시되어 왔던 것이다. 그에 따라 마케팅믹스개념을 이행하고자 할 때 어려움과 혼동이 야기되어 왔다.

시장지향적 경영이념을 바탕으로 하는 기업에 있어 다양한 고객들에 대해 가치를 극대화시킨다는 것은 각 고개들의 지각된 가치(perceived value)를 극대화시킨다는 것을 의미한다. 다양한 고객들이 존재한다는 사실을 토대로 가치사슬에 포함되는 모든 고객들에 대한 가치창출을 위해 다양한 마케팅믹스를 효율적으로 관리할 필요가 있다. 다시 말해서, 마케팅믹스는 다양한 고객들의 가치창출에 도움을 주는 것이며, 이러한 것들이 모여서 궁극적으로 최종고객에 대한 가치의 극대화를 꾀하는 것이고 이것은 결국 매출증대와 기업의 이윤극대화로 연결되는 것이다.

4.3. 최종고객을 위한 마케팅믹스(상위마케팅믹스)와 중간고객을 위한 마케팅믹스(하위마케팅믹스)

최종고객들, 즉 가치소비자들이 기업제품의 반복구매자가 될 수 있도록 충분한 가치를 창출하는 것이 기업의 궁극적인 목적이다. 그런데 기업과 마케팅부서는 최종 가치소비자들과 직접 상호작용하지 않는 것이 보통이다. 그보다는 오히려 가치사슬상에서 그 기업을 대표하는 다른 조직과의 마케팅활동관계에 의존한다. 이러한 이유 때문에 마케팅부서는 중간고객들(내부의 가치생산자들과 외부의 가치 촉진자들)에 대하여도 마케팅믹스활동을 관리해야 한다.

전통적인 네 가지 마케팅믹스요소들—제품, 유통, 촉진, 가격—은 하나의 혼합물로서 상위 마케팅믹스를 형성한다. 상위 마케팅믹스를 형성하기 위해서는 믹스들의 믹스(mix of mixes)를 관리할 필요가 있다. 예컨대, 제품이라는 상위의 마케팅믹스요소를 생각해 보자. 제품은 실제로 많은 하위 믹스요소들로 이루어져 있다. 하위 마케팅믹스요소들 중 몇 가지는 마케팅부서의 직접적인 통제하에 있지 않다(예컨대, 제품의 기능적 성능, 신뢰도, 특징적인 유용성, 혹은 품질보증과 애프터서비스와 같은 보조적 서비스). 따라서 최종가치소비자들의 욕구를 충족시키기 위해서는 기업의 다른 기능부서들(예컨대, 생산, 연구개발, 구매부서 등)로부터의 협력이 필요하다.

상위의 마케팅믹스의 또 다른 요인인 촉진도 많은 하위요소들을 지닌다. 제품과 마찬가지로, 촉진관련 요소들 중 몇 가지는 마케팅부서의 직접적인 통제하에 있지 않다(예컨대, 홍보매체, 유통점의 판매촉진, 대인판매원 등). 가격결정 또한 다른 기능부서들(재무와 회계부문)과의 조정을 필요로 한다. 마케팅부서는 가격경쟁구조에 관한 정보를 가지고 있다. 한편 생산부서는 생산원가에 관한 정보를 제공할 수 있으며, 구매부서는 원재료원가에 관한 자료를 제공할 수 있다. 최종적으로 가격결정에 관한 책임은 마케팅부서에 있지만 그것이 마케팅부서만의 일이 아니라는 것은 명백하다.

마지막으로, 유통도 두 가지의 하위시스템인 직접적 유통시스템과 간접적 유통시스템으로 구성되어 있다. 독립된 유통시스템을 관리하기 위해서는 최종가치소비자들을 상대로 할 때와 마찬가지로 그들을 위한 마케팅믹스를 창출할 필요가 있다. 기업이 마케팅믹스활동을 통하여 유통업자들에게 창출해 주는 가치의 정도에 따라, 유통업자들은 최종가치소비자들에 대한 하위 마케팅믹스를 잘 관리하거나 그렇게 하지 않을 수도 있다. 그러므로 유통전략의 효과는 유통업자들로부터의 협력에 달려 있다고 해도 과언이 아니다.

지금까지의 논의는 최종가치소비자들에 대한 상위의 마케팅믹스가 다양한 하위 마케팅믹스들의 통합이라는 것을 시사해 준다. 다양한 하위믹스요소들이 마케팅부서나 기업의 직접적인 통제하에 있지 않는 경우가 많다는 사실은 최종가치소비자들에 대한 상위의 마케팅믹스를 관리함에 있어 중요한 의미를 갖는다. 직접적인 통제가 불가능한 하위의 마케팅믹스가 직접적인 통제가 가능한 하위 마케팅믹스들과 통합되어야만 최종가치소비자들에 대한 상위 마케팅믹스가 강력하게 된다. 이러한 순차적이고 조화로운 관리를 통해 상위의 마케팅믹스는 기업의 약점을 보완하고 강점을 향상시킬 수 있는 것이 될 수 있다.

두 가지 유형의 하위믹스요소들(직접통제 가능한 것과 직접통제 불가능한 것)의 순차적이고 조화로운 관리를 위해서도 역시 가치사슬의 개념이 적용된다. 예컨대, 마케팅부서가 성공적인 상위 마케팅믹스를 설계하고자 할 때, 독립적인 유통경로들을 위한 하위 마케팅믹스를 포함시켜야 하고, 또한 경쟁자들에 비해 유리한 가치를 그들에게 제공해야 한다. 그렇게 함으로써, 유통경로들은 기업의 제품이나 서비스를 최종사용자들에게 촉진하기 위해, 그들 자신의 마케팅믹스 요소들(이 경우에 그들의 고객들에게 제품가치를 향상시키는 서비스제공이라는 측면에서의 촉진, 가격, 그리고 제품)을 사용할 것이다. 독립적인 유통시스템으로부터의 이러한 지원은 기업의 직접적인 유통활동의 효과를 향상시킬 것이고, 결국 총매출의 증가에 기여할 것이다.

마찬가지로, 마케팅부서가 언론매체에 대한 성공적인 마케팅믹스 프로그램을 설계한다면 직접통제가능한 촉진요소들(예컨대, 최종사용자에 대한 광고와 판매촉진)의 효과에 대해 승수효과(multiplier effect)로서 작용할 것이다. 또한 생산, 연구개발, 구매부서와 같은 조직 내 다른 기능부서들의 협력을 얻기 위한 성공적인 마케팅믹스 프로그램들은 통제 가능한 제품믹스들의 효과를 향상시킬 것이다.

요컨대, 전통적으로 마케팅믹스는 최종가치소비자들을 목표로 마케팅부서에 의해 직접통제되고 설계되는 것으로 가정되어 왔다. 그러나 가치사슬의 관점에서 보면, 마케팅부서가 직접통제할 수 없는 하위의 마케팅믹스요소들이 존재한다. 이러한 직접통제 불가능한 하위믹스요소들은 직접통제가능한 하위믹스요소들의 효과에 영향을 미침으로 해서 궁극적으로 상위의 마케팅믹스의 효과에 강력한 영향을 미친다. 그러므로 마케팅부서는 직접통제가능한 하위믹스요소들에 대한 노력 못지 않게 외부의 가치촉진자들(이해관계자들)과 조직의 다른 기능부서들(내부의 가치생산자들)에게 주의를 기울여야 하고, 이들에 대한 마케팅믹스를 설계해야 한다. 이러한 노력의 성공여부는 직접통제 가능한 마케팅믹스요소들의 실제적 본질과 선택 그리고 믹스요소들간의 통합효과에도 영향을 미칠 것이 틀림 없다. 마케팅믹스에 대한 이러한 관점은 전통적 관점과는 중요한 차이가 있는 것이다.

Summary & Review _ 요약 및 복습

네 가지 마케팅믹스요소들 중에서 가장 쉽게 계량화될 수 있는 요소인 가격은 소비자들에게 자사의 제품과 경쟁제품들을 쉽게 비교할 수 있도록 해 준다. 가격은 또한 소비자들의 재무상태에 영향을 미친다. 이러한 이유로, 가격은 가장 중요한 경쟁무기로 취급된다. 그러나 가격은 다른 마케팅믹스요소들과 별개로 생각되는 경향이 있기 때문에, 가격에 대한 일반적인 가정들이 주의 깊게 검토되어져야 한다. 가격은 경쟁제품의 가격뿐만 아니라, 제품, 유통, 그리고 촉진을 고려하여 검토되어야 한다.

가격은 개념전달활동과 구매전환활동에 일관성을 가져야 하며 다른 마케팅믹스 요소들에 대해서는 보완성을 가져야 한다. 적당한 가격을 결정하기 위하여, 먼저 소비자들이 기대하는 가격범위를 찾아내어야 한다. 다음으로, 기업에 바람직한 이윤을 주고 동시에 소비자들에게 최고의 가치를 제공하기 위하여는 수요와 가격탄력성에 대한 분석을 기초로 하여 앞서의 가격범위 내에서 가격이 결정되어야 한다. 이렇게 해서 결정된 가격은 개념전달활동과 구매전환활동을 위한 다른 마케팅믹스요소들의 노력을 지원하게 된다. 그리고 긍정적인 시너지 효과가 나타나게 된다.

시장지향적 사고에 의하면, 마케팅믹스는 궁극적으로 최종소비자를 위한 가치를 창출하고 향상시키는데 기여하여야 하고, 동시에 관련되는 모든 중간고객들의 가치창출 및 향상과정에도 기여해야 한다. 다시 말해서, 마케팅믹스는 기업 내외의 모든 교환과정에서 일어나야 하는 필수적인 가치창출활동이며, 그 활동의 효과는 최종고객을 위한 가치창출로 모아져야 하는 것이다. 그런 의미에서, 마케팅믹스는 최종고객들을 위한 마케팅믹스인 상위 마케팅믹스와 중간고객들을 위한 마케팅믹스들인 하위 마케팅믹스들로 구성되어지며, 상위 마케팅믹스는 다양한 하위 마케팅믹스의 통합에 의하여 이루어진다고 할 수 있다. 그러나 상위 마케팅믹스를 관리하는 마케팅부서의 입장에서 볼 때, 직접통제가 가능한 하위 마케팅믹스들이 있는 반면, 직접통제가 불가능한 믹스들도 있다. 이들에 대한 조화로운 관리가 고객들의 가치를 향상시키는 데 필수적인 것이 될 것이다.

Issues raised & Question _ 문제제기 및 질문

1 왜 가격에 대한 정보 하나만으로 특정제품의 개념을 전달하지 못하는가에 대해 생각해 보시오.

2 개념전달활동과 구매장애요인제거활동을 성공적으로 수행함에 있어서 가격은 어떠한 공헌을 하는가 논하시오.

3 마케팅믹스요소들간의 긍정적인 시너지 효과의 창출이 실가격의 결정에 주는 의미에 대해 토론해 보시오.

4 최종고객을 위한 상위의 마케팅믹스와 중간고객을 위한 하위의 마케팅믹스를 구분하여 설명하시오.

참고문헌 _ R/E/F/E/R/E/N/C/E/S

김우식(2001), "Re-launching IMC 마케팅전략과 실전사례—하이트맥주의 '흑맥주 스타우트'," 마케팅 8월, pp. 38-44.

Ahtola, Olli T.(1984), "Price as a Give' Component in an Exchange Theoretic Multi-Component Model," in *Advances in Consumer Research*, T. Kinnear, ed.(Ann Arbor, MI.: Association for Consumer Research), pp. 623-626.

Alpert, Mark I.(1971) *Pricing Decisions*(GlenviewⅢ. : Scott, Foresman).

Jaworshi, Bernard J. and Ajay K. Kohli(1991), "Supervisory Feedback: Alternative Types and Their Impact on Salespeople's Performance and Satisfaction," *Journal of Marketing Research*, 28(May), pp. 190-201.

Nevin, John(1974), "Laboratory Experiments for Estimating Consumer Demand: A Validation Study," *Journal of Marketing Research*, (August), pp. 261-269.

Park, C. Whan, V. Parker Lessig, and James R. Merrill(1981), "The Elusive Role of Price in Brand Choice Behavior," *Association for Consumer Research Proceedings*, Andrew Mitchell(ed.)(St. Louis, Missouri), pp. 201-205.

Porter, Michael E., *Competitive Strategy : Techniques for Analyzing Industrial and Competitors*(Free Press).

The H. J. Heinz Company, Annual Report, 1985, 4-7.

"Tomato Ketchups," in *Consumer Reports, 1984 Buying Guide Issue*(Mount Vernon, N.Y.: Consumers Union, 1983), pp. 372-375.

about
PART 5

제Ⅴ부에 포함되어 있는 네 개의 장에서는 마케팅전략의 수행에 대해서 다루고 있다. 즉, 신제품이 시장도입과제를 성공적으로 수행한 후 이를 어떻게 지속적으로 유지 관리하면서 기업이 성장할 수 있는가에 대한 전략을 다룬다. 제15장에서는 제품(브랜드)의 장기적인 관리를 성공적으로 수행하기 위한 동태적인 마케팅관리체계를 제시한다. 이 전략체계의 첫째 단계인 도입단계에서는 제품을 우선 성공적으로 시장에 도입하여 강한 위상을 확립하여야 한다. 앞서 제시했던 신제품 도입 마케팅관리체계는 주로 이 단계에 초점을 맞춘 것이다. 다음으로, 제품개념의 정교화단계와 강화단계는 어떻게 제품(브랜드)을 지속적이고 장기적으로 관리하여 기업이 성장할 수 있는가를 설명해 주고 있다. 이러한 동태적인 마케팅관리체계를 바탕으로 제16장과 제17장에서는 기업의 장기적인 성장을 위해 수행하여야 할 두 가지 과제를 다루고 있다. 하나는 상표의 가치를 높여서 기존고객유지와 신규고객유치작업을 활성화시켜 주어야 하며, 두 번째는 기존고객들과의 관계를 철저히 관리하여 이들의 충성도를 높이고 또한 이들을 통해 신규고객이나 신규시장 개척을 효율적으로 하는 데 있다. 이런 맥락에서 제16장에서는 상표관리수준에서의 성장전략모형을 제시하고, 그것을 근거로 사업의 성장 및 확대를 꾀할 것을 제안한다. 한편 제17장은 기업의 마케팅관리자가 어떻게 고객과의 관계를 관리하고 고객들의 충성도를 높여서 기업이 성장할 수 있는가에 대한 전략을 다룬다. 마지막으로, 제18장에서는 경쟁기업들의 전략을 이해하고 그에 대한 대응전략을 수립하는 데 필요한 개념들을 서술한다.

PART 05

마케팅전략의 수행

제15장 동태적 마케팅관리: 장기적 제품(브랜드)관리

제16장 브랜드에 기초한 사업성장관리

제17장 CRM: 고객관계관리

제18장 경쟁적 마케팅관리

MARKETING MANAGEMENT

CHAPTER 15

동태적 마케팅관리: 장기적 제품(브랜드)관리

MARKETING MANAGEMENT

SK텔레콤 '티(T)' 고객 삶 · 문화 만들어가는 '감성브랜드'

SK텔레콤의 '생각대로 T'는 고객과의 감성적 소통을 바탕으로 고객의 삶과 문화를 만들어가는 감성문화브랜드를 지향한다. 이에 따라 T는 고객 삶의 가치를 높이는 최고의 경험을 제공하고자 고객의 일상생활과 밀착된 다양한 문화마케팅을 선보이고 있다. SK텔레콤은 T의 브랜드 슬로건을 '생각대로'로 정하고 핵심 가치인 '리얼라이징(Realizing)'을 고객친화적으로 전달하고자 대고객 캠페인을 전개하고 있다. 이를 위해 소비자들이 자신의 이야기로 재창작할 수 있는 '되고송'과 '비비디바비디부'를 내세워 고객과 소통하는 브랜드의 친근함을 전달했다. 이후 '생각대로 해 그게 답이야'로 이어지는 일관된 캠페인 전개를 통해 소비자의 공감을 이끌어내 친구처럼 가깝고 감성적인 브랜드로 각인시켰다.

올 들어 T는 고객만족을 위한 열정과 의지, 자신감과 경쟁력을 전하고자 '한마디로' 캠페인을 전개하고 있다. 캠페인 슬로건 '한마디로'는 T가 제공하는 최상, 최고의 서비스에 대한 의지와 열정을 나타내며 고객이 실생활 속에서 만나게 되는 유익하고 편리한 서비스가 바로 T라는 자신감을 친근하게 전달한다. T만의 다양한 서비스 혜택을 복잡한 설명 대신 간결하고 명쾌한 한마디로 소비자들이 쉽게 이해하고 기억할 수 있도록 재미요소를 높인 다양한 에피소드를 소개한다는 계획이다. 또 T는 고객이 상품과 서비스를 만나는 과정에서 브랜드의 실체를 경험할 수 있도록 체험요소를 확대하는 데 주력하고 있다. 2009년 4월부터 시작된 '위크&T'는 'T와 함께 하는 즐거운 일주일'이란 테마로 진행된 대표적인 문화 체험 이벤트다. 이 이벤트는 음악, 예술, 공연 등 고객과 만나는 일상의 모든 곳에서 보다 즐겁고 새로운 문화를 제시하고 함께 공유하기 위해 기획된 행사로, 지난 10월에는 디자인 스트리트 위크&T와 함께 한시적으로 선보인 브랜드 콘셉트 공간 T팝업스토어-T룸(Room)을 통해 고객과 직접 소통에 나서기도 했다.

이와 함께 고객이 무형의 이동통신 서비스를 오감으로 느낄 수 있도록 T만의 다양한 문화 마케팅 활동을 전개했다. T고유의 사운드 T링을 모티브로 실력파 뮤지션팀이 별도 제작한 T컴필레이션 앨범을 발매해 고객에게 청각을 통한 새로운 경험가치를 제공했다.

또한 T의 브랜드컬러 및 로고 등 디자인요소를 활용한 문구, 의류 등 브랜드 상품을 제작 판매하는 헬로T 샵을 운영 중이다. 판매수익금은 기부금 형식으로 전액 사회에 환원돼 고객의 소비를 자연스럽게 기부 활동으로 연결시켰다. 최근에는 유명 일러스트 작가와 코웍을 통해 타깃별 차별화된 디자인의 T멤버십카드 5종을 선보였다. T만의 감성을 통해 다양함과 차별화를 원하는 고객의 만족도를 높이기 위함이다.

SK텔레콤은 T 브랜드를 보다 체계적으로 관리하기 위해 브랜드전략실을 운영하고 있다. 브랜드전략실은 '언제 어디서나 함께하는 문화공동체(Ubiquitous Culture work)'라는 브랜드 비전아래 T를 고객의 사랑을 받는 러브마크로 만들어간다는 구상이다.

〈자료원: 서울경제, 2010. 4. 29〉

일정기간 동안 시장에서 상당한 성공을 누린 제품은 흔히 선두적인 자리를 급속히 잃게 된다. 물론, 어떤 신제품들은 초기의 성공조차 누려 보지도 못한다. 그런 의미에서 오랫동안 시장에서 선두자리를 유지하는 제품들은 성공적인 제품관리에 대한 중요한 교훈을 제공한다.

신규제품 또는 서비스의 마케팅계획을 수립하고 이를 관리하는 전반적 틀은 이미 제2장에서 제시한 바 있다. 그러나 지속적인 성공을 유지하기 위해서는 마케팅계획과 제품관리 노력을 시장여건의 변화에 따라 지속적으로 조정 및 관리하여야 한다. 본 장에서는 이러한 장기적인 마케팅관리에 대하여 살펴보기로 한다. 장기적인 마케팅관리를 위해서는 무엇보다도 시장의 미래를 내다볼 수 있어야 한다. 다양한 환경에 대한 적극적이고 지속적인 탐색을 토대로 환경의 변화를 예측하고, 그에 상응하도록 마케팅 의사결정이나 활동을 변화시킬 수 있어야 하는 것이다. 이는 환경의 변화가 기업의 마케팅노력의 효율성에 영향을 미칠 때 특히 중요하다.

제1절 제품수명주기모형(Product Life Cycle Model: PLC)

본 장과 다음 장에서 사용되는 제품군(product class), 제품형태(product form), 그리고 제품(product)의 세 가지 용어를 우선 구분할 필요가 있다. 제품군은 일반적인 소비자의 욕구를 만족시키는 제품의 모든 집합을 의미하며(예컨대, 운송욕구 충족을 위한 자동차), 제품형태는 제품군 내에서 보다 구체적인 욕구를 만족시키는 여러 가지 형태를 의미한다(예컨대, 레저활동을 위한 RV 차량). 그리고 제품은 제품형태에 포함되는 개별적 상표를 의미한다(예컨대, 기아의 카니발이나 현대의 트라제 XG).

장기적인 제품관리에 널리 사용되고 있는 접근방법 중의 하나는 제품수명주기(Product Life Cycle)의 개념이다. 이 개념은 시간의 경과에 따른 제품의 수명을 묘사하는 방법으로써 제품은 생성되고, 성장하며, 성숙하고, 쇠퇴하며, 사라지는 단계를 거치게 된다는 것이다. 이러한 개념에 근거를 둔 제품수명주기모형은 기본적으로 판매예측과 마케팅전략을 세우는 틀로서 사용되어 왔는데 처음에는 제품군의 수명주기를 묘사하기 위하여 사용되다가 차츰 제품형태와 제품에까지

그림 15-1

S곡선 제품수명주기 동안의 판매 및 이익

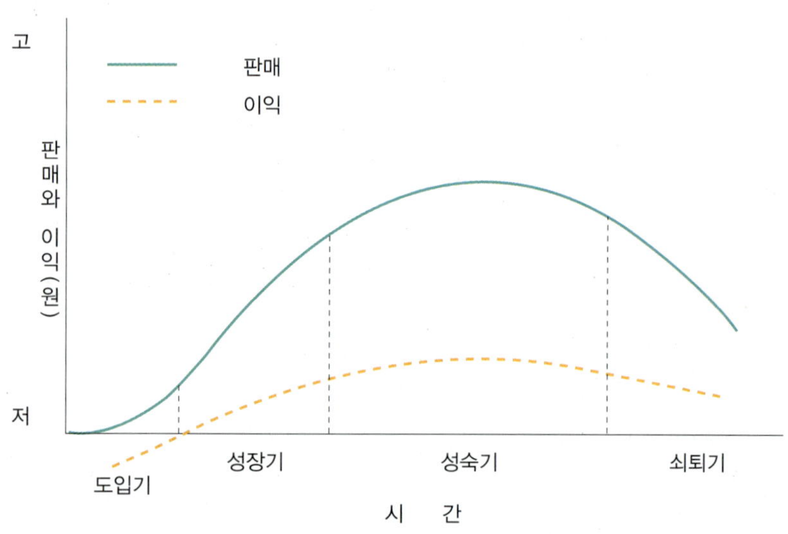

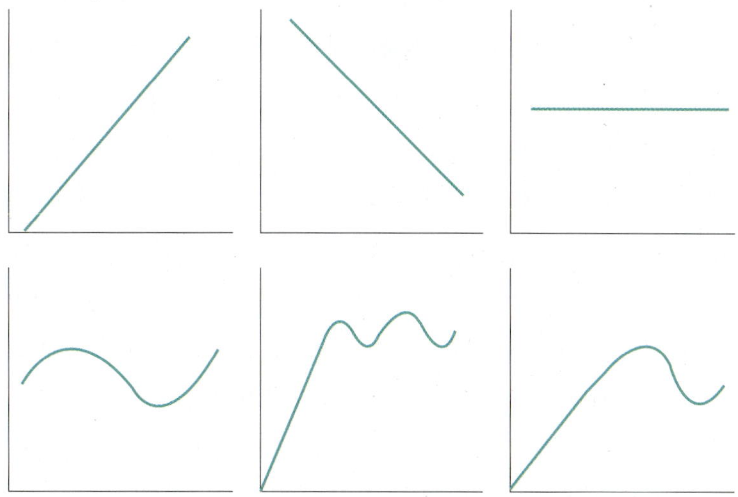

그림 15-2
S자 곡선 이외의 제품수명주기형태

확대되어 사용되고 있다.

제품에 따라 제품수명주기의 형태는 다르지만 일반적으로 도입기, 성장기, 성숙기, 쇠퇴기의 4단계를 거치는 S자 모양으로 나타난다(그림 15-1 참조).

〈그림 15-1〉은 또한 수명주기 각 단계에서의 판매이익도 보여 주고 있다. 그러나 제품수명주기형태는 〈그림 15-2〉에서 보는 바와 같이 다양한 형태로 나타날 수 있다.

1.1. 마케팅전략수립을 위한 제품수명주기모형의 적용

제품수명주기곡선이 S자 형태임을 가정하고 신제품에 대해 각 단계의 통상적인 기간을 알고 있다면 관리자는 제품이 각 단계에 접어들기 전에 마케팅전략을 수립할 수 있다. 물론, 이 논리에 의하면 제품수명주기는 대부분의 제품이 필수적으로 따라야 하는 독립적인 현상이라는 가정에 근거하고, 그에 따라 기업의 마케팅전략을 조정할 필요가 있다는 것이다. 제품수명주기 단계별 시장의 특성과 마케팅전략은 다음과 같으며 이 내용은 〈표 15-1〉에 요약되어 있다.

(1) 도 입 기

제품출시 초기에 해당되는 도입기에는 제품에 대한 인지도가 높지 않고 유통이 한정되어 있는 등의 이유로 제품판매는 제한을 받게 되며 따라서 낮은 판매성장률을 보인다. 물론 출시된 제품이 완전히 새로운 제품군을 창출하는 경우인가(예컨데, 일반전화가 처음 출시되었을 때) 혹은 단순히 새로운 형태의 제품인 경우인가(예컨데, 이동전화)에 따라 도입기의 진행속도는 매우 다를 수 있다. 전자인 경우가 훨씬 어렵고 위험부담이 높으며 시간도 많이 걸린다.

일반적으로 도입기에는 소비자가 가지고 있는 제품에 대한 지식이 제한적이고 그들의 선호가 충분히 형성되어 있지 않기 때문에 시장은 세분화되어 있지 않거나 소수의 세분시장만이 존재하게 된다. 시장에 진출할 수 있는 시간이 충분히 경과하지 않았기 때문에 경쟁자의 수 또한 한정적이다. 초기투자비용이 높기 때문에 진입한 기업들의 수익성은 매우 저조하다.

이 시기의 마케팅전략은 우선 전체적인 수요를 자극함으로써 시장 규모를 확대시키는 데 초점을 맞추게 된다. 특히, 초기제품은 품질이 안정되지 못한 경우가 많으므로 고품질의 제품을 시장에 충분히 제공하기 위하여 연구개발과 생산에 노력을 기울인다. 이러한 노력이 효과적이기 위해서는 제품라인의 확대를 제한하는 것이 바람직하다. 마지막으로, 제품에 대한 인지도를 조속히 높이기 위하여 적극적인 광고활동을 전개하는 반면 관리와 수익성을 고려하여 유통은 선택적으로 확대시켜 나가게 된다.

(2) 성 장 기

제품이 보다 널리 알려지고 구전이 확대되면서 판매성장이 가속화되며 시장은 성장기에 돌입하게 된다. 제품의 기술적 진보는 도입기에 비하여 둔화되는 반면 고객들이 제품에 대해 잘 알게 되면서 시장은 세분화되어 다양한 욕구를 가진 고객 집단들이 나타나게 된다. 또한 새로운 기업들이 다수 진입함으로써 경쟁자의 수는 많아지게 되지만 시장성장이 이를 충분히 수용하여 수익성은 향상된다.

성장기 마케팅전략의 초점은 성장하는 시장에서의 선택적 수요, 즉 점유율을 확보하는 데 맞추어지게 된다. 그 방법으로 제품개선에 대한 노력을 꾸준히 전개하는 동시에 세분화되는 시장욕구에 맞추기 위해 다양한 제품 종류를 출시하게 된다. 광고활동은 여전히 활발히 전개하지만 이제는 그 목적이 제품의 독특한 포지셔닝을 전달하는 것이 된다. 시장확대에 발맞추어 유통의 확장을 위해 노력하며 규모의 경제와 학습효과로 인한 원가절감과 경쟁심화는 가격의 하락을 초래하게 된다. 시장성장이 진행되면서 기업들은 성장기를 계속 연장시키기 위한 노력 또한 기울이게 되는데 여기에는 시장의 지속적인 세분화, 품질개선, 새로운 기능의 개발, 사용량과 사용용도의 증대 등이 포함된다.

(3) 성 숙 기

시장침투가 그 한계에 도달하면서 판매성장이 둔화되기 시작하며 시장은 성숙기에 접어들게 된다. 많은 제품군에서 성숙기는 장기적으로 지속된다. 예를 들어 대부분의 생활용품(비누, 샴푸, 세탁세제 등) 시장은 수십 년 동안 성숙기에 머물고 있다. 이 기간에는 재구매 고객에 의한 구매가 판매의 대부분을 차지하며 시장성장률은 표적시장의 인구증가율에 비례하여 유지된다. 고객들은 제품에 대한 전문가가 되어 있으며 제품특성에 따라 세분시장의 수는 다양하게 나타난다. 저성장 시장에서의 기업성장은 다른 경쟁자의 역성장으로부터만이 가능하기 때문에 가격경쟁이 심화되며 이로 인해 수익성이 낮은 기업들이 도태되며 따라서 전체 경쟁자수는 감소한다. 그리고 높은 점유율을 확보한 기업과 그렇지 못한 기업간의 수익성 차이가 심화된다. 시장선도기업은 규모와 학습으로 인해 저원가 우위를 확보하고 있는 동시에 신규투자에 대한 부담도 적기 때문에 높은 수익을 창출할 수 있게 된다.

이 시기의 마케팅목표는 대체적으로 점유율과 수익성을 유지하는 것에 둔다. 제품라인은 유지시키면서 제품기능을 강화하도록 하며 가격과 유통 또한 유지시키도록 노력한다. 광고는 점차 감소하며 상기광고 위주로 집행한다. 장기적으로는, 새로운 기술과 기능의 개발, 유통과 생산과정 등에서의 혁신을 통해서 제품 수명의 연장을 추구하고 나아가 새로운 성장기를 유도하기 위한 전략을 추진하게 된다.

(4) 쇠 퇴 기

대부분의 제품은 궁극적으로 쇠퇴기에 들어가게 된다. 쇠퇴기에서의 판매하락은 때로는 서서히 진행되기도 하고(예: 통조림) 때로는 급속하게 진행되기도 한다(예: 일부 처방 약품). 제품군이 쇠퇴기에 들어가게 되는 주된 이유로는 새로운 기술이나 제품에 의해 대체되는 경우(예: LP 음반에서 CD로; 피스톤 엔진에서 젯

표 15-1

제품수명주기단계에 따른 시장상황과 마케팅전략

영향과 반응	제품수명주기의 단계			
	도입기	성장기	성숙기	쇠퇴기
경쟁	한정적	약간 나타남	시장의 조그만 부분까지 경쟁자가 나타남	약한 경쟁자의 급격한 몰락으로 경쟁자 수가 감소됨
전반적인 전략	시장형성: 초기 채택자에게 해당 제품의 구매시도를 설득함	시장침투: 해당 상표를 선호하는 대규모시장을 설득함	상표위상의 방어: 경쟁에 의한 잠식을 체크함	이탈의 준비: 모든 가능한 이익을 뽑음
이익	높은 생산비와 마케팅비용으로 이익이 거의 없음	높은 가격과 수요의 성장으로 이익이 최고에 이름	경쟁이 증가되어 이익 폭이 감소되고 궁극적으로는 전체 이익이 감소됨	판매량의 감소로 이익이 완전히 제거됨.
소매가격	높음, 제품진입의 비용 중 일부를 회복	높음, 두터운 소비자 수용의 이점을 활용	가격하락 압력이 강해짐. 가격경쟁을 피하기 위한 노력	빠른 청산이 가능할 정도로 재고를 낮춤
유통	선택적: 유통망을 서서히 구축	전속적: 판매점의 거래욕구에 따라 약간의 거래할인 시작	전속적: 진열장의 공간확보를 위한 대규모 거래보상	선택적:이익이 적은 판매점을 서서히 제거
광고전략	초기채택자의 인지도 구축에 맞춤	상표의 편익들을 대규모시장 창출에 맞춤	다른 유사제품과의 차별화를 위한 수단으로 광고사용	재고를 제거하기 위한 저가격을 강조
광고의 중요성	높음, 초기채택자의 브랜드 인지와 흥미를 유도하고, 판매점들의 브랜드 취급을 설득함	보통. 입에서 입으로의 추천으로 판매를 증가시킴	보통. 브랜드 특성을 대부분의 구매자들이 알게 됨	제품소멸을 위한 비용을 최소화함
판매촉진 비용	높음, 제품의 사용을 이끄는 샘플, 쿠폰, 기타 유인물로 목표소비자에게 접근	보통. 상표선호(광고가 이에 더 적합)를 창출함.	높음. 상표전환을 유도하고, 기존고객들을 애호고객으로 전환시킴	최소화

엔진으로), 소비자의 장기적 생활패턴이 변화하는 경우(예: 화학 조미료에서 자연 조미료) 등을 들 수 있다. 판매가 축소되면서 원가상승을 경험하는 기업이 늘어나게 되며 따라서 적극적인 원가절감 노력이 매우 중요한 전략요소로 대두된다.

그러나 이에 성공하지 못하거나 규모가 적은 기업은 시장에서 퇴출되게 되며 이에 따라 남은 기업의 판매가 상승하는 현상이 나타날 수 있다.

일반적으로 쇠퇴기의 전략적 목표는 과거투자에 대한 회수(harvest)를 극대화하는 것이다. 이를 위해, 제품개발 혹은 개선에 대한 투자와 제품라인을 축소하고 광고, 판매촉진 등의 커뮤니케이션 활동을 최소화하며 확대되었던 유통을 감축한다.

이상에서 논의한 제품수명주기의 개념은 성공을 거둔 제품군이나 제품의 경우에 흔히 나타나는 시장진화과정을 설명해 주는 것이며 상황에 따라서는 이와는 굉장히 다른 시장변화과정이 나타날 수도 있다. 신제품 혹은 새로운 제품군의 상당부분은 성공적이지 못한 도입기를 거치고 짧은 시간 내에 시장에서 사라지기도 한다. 또한 어떤 제품군들은 장기간의 성장기를 즐기는 경우도 있다(예: 스카치 위스키, 소비자 대출, 등). 또 어떤 경우는 성숙기-성장기를 반복적으로 보이기도 한다(예: CPU 칩 – 386, 486, Pentium, Pentium4, PentiumD, 코어2 듀오, 코어2 쿼드, 코어 i7, 코어 i5, 코어 i3).

이러듯 시장은 다양한 형태로 진화할 수도 있고 각 진화단계에서의 시장특성과 기회가 다르기 때문에 마케팅전략을 수립하는 관리자에게는 시장의 진화를 분석하고 예측하는 것이 필수적이라고 하겠다.

1.2. 제품수명주기의 연장

S자 형태의 수명주기곡선은 다양한 방법으로 연장되어질 수 있다. 신제품이나 새로운 서비스의 개발 등을 통하여 일반적인 쇠퇴기 유형을 따르지 않고 판매와 수익곡선을 지속적으로 유지할 수 있게 되는 것이다. 다음에서는 제품수명주기의 연장을 위한 네 가지 마케팅전략을 제시한다.

첫째로, 기존제품을 기반으로 기존의 고객에게 빈번한 촉진활동을 함으로써 수요를 자극하는 것이다. 예컨대, 은행서비스의 이용을 높이기 위해 공항, 잡화점, 백화점 등과 같이 눈에 잘 띄는 공공장소에 자동예금인출기를 설치할 수 있다. 또한 과자회사는 5분 내에 과자를 제공한다는 개념을 촉진시킴으로써 점심식사로도 과자를 선택하게 할 수 있을 것이다. 미국의 AT&T사는 '누군가에게 연락하고 접촉한다'라는 촉진캠페인을 통하여 친구와 친척에게 보다 자주 전화하는 것을 권장한 바 있다. 우리나라의 럭키치약도 치솔에 치약을 많이 바르는 광고를 고지하여 1회 치약사용량을 증가시킨 바 있다.

두 번째로, 기존 고객에게 다양한 신제품을 제공하는 것이다. 예컨대, 전화기 생산자는 벽걸이형 전화기, 책상 전화기, 기억 장치와 자동 다이얼링 기능을 포함한 전화기 및 스피커폰 등을 개발하여 사무실, 집, 자동차, 보트, 비행기 등에 사용될 수 있는 다양한 전화기를 제공할 수 있다. Swatch에서는 다양한 디자인의 시계를 개발하여 의복과 장소에 맞는 시계를 소비자에게 권함으로써 1인당 시계소유수를 증가시켰다.

세 번째 전략은 기존제품에 대한 새로운 고객을 창출하는 것이다. 예컨대, 여성 화장품과 피부관리 제품의 선두주자인 Estee Lauder는 남성용 피부관리 제품을 도입하였다. 미국시장에 집중하던 코닥 복사기는 유럽시장에 새롭게 진출하였다. Johnson & Johnson은 성인들에게 유아용 샴푸의 사용을 권장하기 위하여 아기에게는 부드럽지만 남성의 요구에도 강력히 부응한다는 광고를 한 바 있다.

마지막으로, 신제품을 개발하여 신규고객을 창출하는 것이다. 이러한 전략은 제품의 기본재료가 다른 용도에도 사용된다는 점을 발견함으로써 가능해지는 경우가 많다. 열, 전기, 연마에 저항력이 있는 고품질의 알루미늄은 화장실의 노즐이나 고온을 이기는 용광로, 미사일 탄두에 이르기까지 다양한 제품에서 사용된다. 1970년의 유가파동으로 인한 석유화학제품의 급격한 가격인상으로 식물기름이 페인트와 인쇄 잉크제조에 부분적인 대체품으로서 쓰이기도 하였다. 방부제용 화학약품을 생산하는 일본의 생산업자는 동일한 화학약품이 선박페인트로 사용될 수 있음을 발견하였고 이러한 새로운 용도의 이용으로 이 화학약품에 대한 매출액은 22개월 내에 32%나 증가하였으며, 기존의 생산능력, 유통경로, 판매원을 이용함으로써 기업의 생산비용과 마케팅비용을 최소화하였다.

1.3. 제품수명주기전략의 한계점

제품수명주기에 따른 마케팅전략의 광범위한 활용에도 불구하고, 이 개념은 몇 가지 중요한 한계점을 가지고 있다. 첫째, 이 개념은 제품군들이 한정된 수명을 가지고 있다고 가정하고 있으나 상당수의 제품군들이 그 수명주기에 일치하기보다는 예외적인 경우를 더 많이 보이고 있다. 예컨대, 세탁기, 칫솔, 주택, 비누, 빵, 자동차 등은 비록 오래된 제품군들이지만 쇠퇴기를 맞고 있다는 어떠한 기미도 보이지 않고 있다. 이렇듯 제품의 특성에 따라 매우 다양한 수명주기형태가 나타나기 때문에 특정제품이 수명주기의 어떤 단계에 처해있는지를 판단하는 것이 어려운 경우가 많다.

두 번째로, 각 제품수명주기단계는 일반적으로 미래의 전략을 계획하는 데 있어서 독립적으로 변하는 요인으로 간주되는 경우가 많으나 사실은 그 이전 기간 동안의 마케팅활동의 결과일 수도 있다는 것이다. 예컨대, 판매가 감소하고 있다면 이것이 제품군 또는 개별제품이 쇠퇴기에 들어갔기 때문인지, 아니면 단순히 부적절한 전략의 결과인지를 확인하기 어려울 수 있다. 각 단계에서 수행된 전략의 효과를 정확히 알지 못하면서 다음 단계에 대하여 수립된 전략이 적절하다고 판단하기는 어렵다. 시장의 변화가 필연적으로 나타나는 진화과정의 일환으로 나타났다기보다는 그릇된 경영활동에서 기인할 수 있는 것이다. 그러므로 진단적 의미의 변수로서 수명주기의 단계에 의존하거나 모형의 각 단계에서 제시되는 전략을 무조건 따르는 데에는 보다 신중한 고려가 필요하다.

세 번째로, 제품수명주기모형이 제품군(자동차)이나 제품형태(중형자동차) 또는 상표(K5, YF소나타 등) 중 어떠한 것에 대한 것이냐에 따라 이 모형은 각기 다른 함축적인 의미를 지니게 된다. 예를 들어 제품군은 성숙기단계에 있으나 그 시장에서 새로운 상표를 도입하는 경우 마케팅전략은 일반적인 제품수명주기에 의거한 전략과는 매우 상이할 것이다.

마지막으로, 제품수명주기단계는 판매량의 변화에 의해 결정되는 것을 가정하고 있지만 사실 판매량은 직접적으로 마케팅부서의 통제하에만 있지는 않다. 다시 말해, 판매량은 마케팅부서 활동만으로 결정되기보다는 기업전체의 활동의 결과이다. 따라서 판매를 마케팅의 결과만으로 보는 것은 마케팅의 역할을 과대평가하는 것이며, 또한 조직 내 다른 기능부서의 역할을 무시하는 것일 수 있다. 마케팅의 기능이 잘 수행되어도 품질관리의 문제나 인사, 재무, 연구개발 등의 지원부족으로 판매량이나 시장점유율이 감소할 수 있는 가능성은 항상 있는 것이다. 실제로, 미국의 PIMS 자료를 이용한 연구들은 판매량에 영향을 주는 근본적인 변수가 제품의 품질이라고 지적하고 있기도 하다. 따라서 판매량의 변화에 기초를 둔 제품수명주기전략은 마케팅전략에 대한 지침으로 사용되기에는 부적절할 수도 있다.

요약하면, 비록 제품수명주기전략은 명백하고 활동지향적인 방향제시를 한다는 점에서 유용하지만, 마케팅전략 수립에 이러한 방법을 사용하기 위해서는 각 제품들과 시장조건의 본질에 대한 충분한 고려가 요구된다.

제 2 절 장기제품유지모델 (Long-term Product Maintenance Framework: PMF)

본 절에서는 제품이나 서비스를 장기적이고 동태적으로 관리하는 데 있어서 제품수명주기개념의 한계점을 보완하는 새로운 접근방법을 제시하기로 한다. 장기제품유지 모델이라 불리는 이 방법에서는 시장변화의 각 단계에 걸쳐 제품개념을 계획하고, 집행하며, 통제하고자 하는 것이다. 구제적으로, 이 방법은 (i) 제품개념이 초기에 어떻게 선택되어야 하는지, (ii) 동태적인 시장여건하에서 제품개념이 어떻게 유지되고 조정되어져야 하는지, 그리고 (iii) 시간의 흐름에 따라 제품개념을 유지하고, 성공적인 장기적 성과를 달성하기 위하여 어떤 업무를 수행해야 하는지에 초점을 맞추고 있다.

포지셔닝(위상)의 개념에 대해서는 제 7 장에서 자세히 언급한 바 있으며 본 절의 장기제품유지모델는 제품(브랜드)의 장기적인 포지셔닝전략을 체계화한 것이다. 즉, 제 7 장에서 다룬 정적인(static) 포지셔닝전략의 개념을 장기적으로 관리해 나가는 틀을 제시하고자 하는 것이다.

2.1. 장기제품유지모델의 네 가지 단계

마케팅관리자는 일반적으로 기능적 · 상징적 · 경험적 차원에서의 제품개념을 정의하고 그것을 시간에 걸쳐 성공적으로 관리하는 책임을 가지고 있다. 이러한 노력은 제품개념의 선택, 도입(introduction), 정교화(elaboration), 그리고 강화(fortification)의 네 가지 단계로 구분될 수 있다.

장기제품유지모델의 중요한 특성은 시장진입에 앞서 각 단계에서의 포지셔닝전략이 어떻게 진행되어야 하는지를 미리 정해야 하는 필요성을 강조하고 있다는 점이다. 이러한 선도적인 계획수립은 기업으로 하여금 적절한 자원의 개발을 가능케 하여 다음 단계에서의 포지셔닝전략을 보다 효율적으로 수행할 수 있게 한다. 한 단계에서 다음 단계로의 이동은 전체적인 전략의 일부분을 의미하며, 의사결정은 전체적인 계획을 고려하여 이루어져야 한다. 이러한 과정은 〈그

상표개념단계	선 택	도 입			정 교 화			강 화		
	시 간 →									
	제품개념의 형태:	기능적	상징적	경험적	기능적	상징적	경험적	기능적	상징적	경험적
	포지셔닝 전략:	문제 해결	자아 향상과 연결	자극	특정 문제 해결 ↓ 일반문제해결	시장 보호	상표악세사리 또는 상표 네트워크	이미지 묶기	이미지 묶기	이미지 묶기
	주어진 경쟁 상황하에서 의 마케팅 믹스 개발:	마케팅믹스를 통한 이미지 · 위상의 확립			마케팅믹스를 통한 이미지 · 위상의 향상			다른 제품과의 마케팅 믹스의 연결을 통한 이미지 · 위상의 강화		
	경쟁자와 대비하여 제품의 이미지 · 위상에 대한 소비자의 지각 개발									

그림 15-3 장기제품유지모델의 네 가지 단계: 세 가지 상표개념에 대한 포지셔닝전략

림 15-3〉에 도시되어 있다.

(1) 개념선택

제품개념의 선택은 내부환경, 과업환경, 그리고 거시환경에서 예측되는 변화의 추세에 적합한 일반적이고 포괄적인 제품의 의미를 선택하는 것을 말한다. 이러한 제품개념은 일반적으로 제품이 시장에 도입되기 전에 선택되어진다. 제품개념의 선택은 차후의 모든 제품개념 관리활동의 방향을 결정짓기 때문에 제품성과에 있어 지대한 영향을 줄 수 있다.

신제품의 개념을 선택하는 데 있어서의 세 가지 환경요소가 미치는 영향이 〈그림 15-4〉에 도시되어 있다. 우선, 신제품에 대한 아이디어는 거시환경의 흐름에 부합해야 한다. 또한 과업환경에서 소비자, 공급자, 유통업자, 주주, 정부와 같은 관련 집단들에 의해 지지를 받아야 한다. 이들은 제품의 실질적인 교환뿐만 아니라, 제품의미의 전달도 저해할 수 있기 때문에 그들에게 제품의 잠재적 유용성과 개념을 알리는 것은 필수적이다. 내부환경에 있어서도, 기업의 다른 기능적 부서들은 기업이 표적고객들에게 전달하려는 제품개념을 선정하는

그림 15-4

개념선택에 있어서 제품개념과 환경요소 간의 시너지

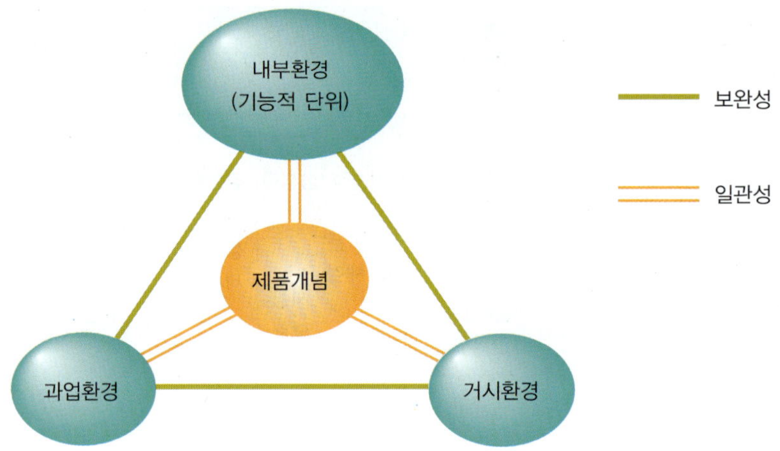

데 있어서 일정한 범위와 한계를 설정해 준다.

제품유지모델에 있어서 도입단계 이후의 나머지 세 단계에서는 제품의 수명이 계속되는 동안 선택된 제품개념을 관리하는 것에 초점을 두고 있다. 제품포지션에 대한 변화는 시장의 변화에 따라 신축적으로 시도할 수 있다. 그러나 이러한 포지션의 변화는 소비자가 제품에 대하여 이미 구축한 이미지와의 상호 연계 속에서 이루어져야 한다. 그리고 장기제품유지 모델을 토대로 마케팅활동을 관리함으로써 소비자로 하여금 제품의 개념을 이해하고, 평가하며(도입), 점진적으로 증가하는 가치를 쉽게 지각하고(정교화), 동일 기업으로부터 생산되는 다른 제품에 대하여 이러한 가치를 연계시켜 일반화하도록(강화)하는 것이다.

(2) 도입단계

도입이라는 개념은 시장진입 시기에 시장에서 제품의 위치를 확고히 하기 위한 활동들의 집합이다. 기업이 선택한 특정한 포지션(위상)은 이미 결정된 제품개념의 범위와 일치하여야 한다. 또한 개발된 제품의 위상은 후속단계로 쉽게, 그리고 논리적으로 확장될 수 있어야 한다. 이러한 방법으로 제품이 시장에 진입하면 후속단계에서의 포지셔닝노력은 더욱 효과적으로 수행될 수 있을 것이다. 마케팅믹스요소들은 제품의 개념전달활동과 구매전환활동에서 긍정적인 시너지 효과를 창출하도록 설계되어져야 한다. 물론 이러한 조건은 장기제품유지 모델의 모든 단계에서 필요한 것이기도 하다.

(3) 정교화(Elaboration)단계

정교화의 단계는 지각된 제품의 가치를 증진시켜서 제품의 개념을 더욱 차별화시키는 과정을 말한다. 특히, 동적인 시장상황에서 이러한 단계는 매우 중요하다. 예컨대, 성공적인 제품개념을 모방하는 경쟁자들이 증가하게 되면, 기존 상표들의 차별화 정도는 감소하게 된다. 또한, 제품에 대한 소비자의 지식이 증대하고 더 좋은 제품에 대한 갈망이 생겨나면서 소비자욕구의 변화가 일어나게 되며, 결국 제품의 가치를 증진시키기 위한 전략이 필요하게 한다. 이러한 노력은 도입기에서 사용된 마케팅믹스전략의 재조정을 통하여 이루어진다. 그러므로 제품개념의 정교화는 최초 포지션의 논리적인 확장을 의미하는 것이다.

제품의 가치를 향상시키는 제품개념의 정교화는 포지셔닝전략을 통하여 달성할 수 있다. 즉, 제품을 고객들의 사용상황에 보다 더 부합되도록 하거나, 보다 구체적인 욕구를 만족시킬 수 있도록 수정하는 것이다. 이 과정에서 새로운 특성을 추가하고, 낡은 특성은 제거하되, 독특한 특성은 확장되어야 한다. 결과적으로 상표의 독특성이나 희소성을 유지함으로써 제품의 지각된 가치를 증진시켜 나가는 것이다. 여기서 유의해야 할 것은 제품의 가치를 향상시키는 과정에서 처음에 설정한 제품의 개념이 유지되어야 한다는 것이다. 즉, 비록 정교화는 초기의 제품포지션을 조정하는 활동이지만, 처음에 설정한 제품의 개념으로부터 완전히 벗어나서는 안 되는 것이다.

또한 제품의 가치증진은 경쟁사로부터 제품을 보호하는 하나의 방법이기도 하다. 사실상 제품가치를 향상시키는 것은 경쟁전략에 있어서 보복적이고 침략적인 방법이라기보다는 경쟁에 대응하는 건전한 방법이라 할 수 있다. 많은 경우 경쟁자를 직접적으로 공격하는 광고는 실질적으로 자사의 매출을 신장시키지 못할 뿐만 아니라, 산업 전반의 총매출에도 부정적 영향을 준다. 그러므로 자사 제품의 독특한 가치에 대한 정보를 소비자에게 제공하는 것이 공격적인 광고보다 더 효과적이라고 할 수 있다.

(4) 강화(Fortification)단계

강화단계에서의 목표는 정교화된 제품의 포지션과 이미지를 해당제품의 개념과 유사한 다른 제품군과 연결시키는 것이다. 예컨대, Proctor & Gamble사는

Ivory 비누의 제품개념을 Ivory 액체비누와 Ivory 샴푸 등의 신제품에 연결시킴으로써 성공을 거두었다. 이 경우, 공통된 상표명(브랜드)을 유사한 제품개념을 지닌 여러 가지 제품에 사용함으로써 서로를 강화시키고 원래의 제품을 포함해서 각 제품의 이미지를 높이게 된 것이다. 그리하여 모든 제품은 이러한 전략에 의해 긍정적인 효과를 얻게 된다.

강화전략을 통한 제품 이미지의 강화는 제품의 정교화가 중단되었다는 것을 의미하는 것은 아니다. 정교화활동은 제품의 수명이 있는 동안 지속되어야 한다. 반면, 강화의 노력은 제품의 장기적 성공을 위해 항상 필요한 것은 아니다. 상황에 따라서 기업은 하나의 제품이나 서비스만을 지속적으로 제공함으로써 성공할 수도 있다. 다만 이때에는 (제품)개념시너지를 얻을 수 있는 기회가 존재하지 않는다. 또한, 강화전략이 성공적으로 행해지려면 제품과 제품 사이에 생산이나 관리상의 시너지와 같은 다른 중요한 시너지 분야에 대한 고려도 필요하다. 이러한 분야에서 시너지 효과가 없다면 강화전략의 실행을 불가능하게 하거나 어렵게 만들 수 있다.

강화단계는 여러 가지 이유에서 중요하다. 첫째, 기업은 신제품을 출시함에 있어서 기존제품에 대한 소비자의 지식을 이용하여 신제품에 대한 소비자의 이해와 수용을 높일 수 있어 효율적이 된다. 둘째, 유사한 제품개념은 보완적인 제품들이 함께 구매되거나 소비되어져야 한다는 지각을 일으키는 데 도움을 준다. 셋째, 유사한 개념을 지닌 제품들은 기업의 이미지를 전달하는 데 도움을 준다. 즉, 자사가 특정한 소비자욕구와 연계되어 있음을 알려 주는 역할을 한다.

2.2. 도입, 정교화, 강화단계에서의 포지셔닝

포지셔닝전략은 개념선택단계 이후부터의 모든 단계에서 중요한 전략요소로 작용하게 된다. 〈그림 15-3〉에서 나타나 있듯이 제품개념의 종류에 따라 각 단계별로 각기 다른 포지셔닝전략이 수립된다.

(1) 도입단계에서의 포지셔닝전략

이 단계에서의 포지셔닝전략의 목표는 마케팅믹스요소들의 적절한 조합을 통하여 제품의 포지션(위상)을 확립하는 것이다. 물론 포지셔닝컨셉의 구체적인 내용은 선택된 제품개념에 의하여 결정된다. 기능적 개념을 지닌 제품의 경우,

마케팅믹스는 고객의 중요한 문제를 해결해 줄 수 있는 능력을 강조해야 한다. 예컨대, 미국의 Clorox Bleach사와 우리나라의 (주)피죤과 광동제약은 도입기에 기능적 제품개념과 그에 적합한 제품포지션의 개념전달에 성공을 거두었다(표 15-2 참조). 또한 제품에 쉽게 접근하고, 이용할 수 있게 했을 뿐 아니라 제품이 약속대로 그 기능을 수행한다는 점에 대한 확신을 심어 줌으로써 구매전환활동

표 15-2 기능적 제품개념의 사례

1. Clorox Bleach(더욱 희고 더욱 밝은 의류)

개념도입	개념정교화	개념강화
1913년에 Clorox Liquid Bleach가 소개됨	일반문제해결전략: 제품사용용도가 면에서 합성섬유로 확대됨	• Clorox Pre-Washer: 세탁물의 흙과 얼룩을 제거하기 위해 사용됨 • Tackle Cleaner: 신선한 냄새를 지닌 다목적 가정용 세탁제

2. Vaseline Petroleum Jelly(일반용도의 약용크림)

개념도입	개념정교화	개념강화
1986년에 Vaseline Pet-roleum Jelly는 태양광선에 대한 피부관리용 향유로 시장에 소개됨	일반문제해결전략: 제품용도가 다양한 목적으로 확대됨; 기저귀를 차서 허는 것 방지, 눈화장 제거, 입술이 튼데	• Vaseline 건강 및 미용 관련제품: Intensive Care Lotion, Intensive Care Bath Beads, Constant Care, Dermatology Formula • Vaseline 유아 관련제품: Wipes' N Dipes Intensive Care Baby Lotion, Intensive Care Baby Shampoo, Intensive Care Baby Powder

3. 피 죤

개념도입	개념정교화	개념강화
(주)피죤은 세탁 후의 '정전기 방지' 제로서 피죤을 발매	일반문제해결전략: 제품사용용도가 정전기 방지에서 섬유유연제까지 확대됨	• 파란피죤: 겨울용, 세균방지, 섬유유연 • 노란피죤: 여름용, 땀흡수, 정전기 방지, 섬유유연

4. 광동제약

개념도입	개념정교화	개념강화
갑작스런 신체의 이상시 복용하는 옛부터 전해내려 온 우황청심환을 시판	일반문제해결전략: 신체의 위급시에 먹는 약 개념에서 신경안정이나 숙취에도 복용하는 light한 개념으로 이동	• 원방우황청심환 • 반방우황청심환 • 변방우황청심환 • 액체우황청심환

을 성공적으로 수행하였다.

상징적 개념의 제품에 있어서 마케팅믹스는 집단구성원으로부터의 인정, 또는 자아 이미지(본인이 희망하는 이상적 이미지)를 통하여 사용자의 자아를 증진시키는 제품의 능력을 강조하여야 한다. 이를 달성하기 위한 하나의 방법은 프리미엄가격을 부과하는 것이다. 이는 독특한 이미지를 강조하여 사용자의 자아이미지를 증진시킬 뿐만 아니라, 비표적 고객들의 구매를 억제시키므로 이러한 이미지를 지속시킬 수도 있다. 두 번째 방법은 표적고객들만이 주로 접할 수 있는 지역이나 입지에 소매 점포들을 제한하는 것이다. 마지막으로, 집단이나 자기 이미지와의 연계를 제품의 특성에 근거하여 확립되게 할 수 있다. 〈표 15-3〉이 보여 주듯이 미국의 Lenox 도자기와 Brooks Brothers 양복 등은 이러한 접근방법의 일관성 있는 적용을 통해서 시장에 진입하였다.

경험적인 개념을 지닌 제품의 경우 마케팅믹스는 감각적인 만족이나 지각적인 자극에 영향을 주도록 조정되어져야 한다. 예컨대, 생동감 있는 포장이나 두드러진 감각적 특성으로서 제품이 부각되어질 수 있다. 촉진활동은 소비와 관련된 경험적이면서, 환상적인 측면을 강조하여야 하며, 가격과 유통경로는 구매시도를 고무시키도록 짜여져야 한다. 또한 제품의 독특한 포지션이 정확한 마케팅믹스를 선택하는 데 도움을 주어야 한다. 미국에서 Barbie 인형과 Lego

표 15-3 상징적 제품개념의 예

1. Lenox China(세계는 다르지만, 이 제품이 당신의 세계를 나타내게 하십시오)

개념도입	개념정교화	개념강화
거의 1세기 전에 레녹스사는 좋은 도자기를 소개함	시장보호전략: 기존의 개념을 유지하기 위해 강력하게 통제된 마케팅믹스 사용	• 레녹스 크리스탈 • 레녹스 은도금 그릇 • 촛대 • 보석

2. Brooks Brothers(보수적이고 전문직업을 가진 신사를 위한 의복)

개념도입	개념정교화	개념강화
1818년 Brooks Brothers는 '신사정장'을 소개함	시장보호전략: 기존의 개념을 유지하기 위해 강력하게 통제된 마케팅믹스 사용(예; 미국 내 단지 26개 점포망, 주의 깊게 통제된 점포 내 상품구색)	• Brooks Brothers 신발 • Brooks Brothers cologne • Brooks Brothers 옷걸이 • Brooks Brothers 모자

표 15-4
경험적인 제품개념의 예

1. Barbie(특이한 10대)

개념도입	개념정교화	개념강화
1959년에 바비인형이 시장에 소개됨	브랜드 액세서리 전략: 바비와 켄(바비의 남자친구)을 위한 의복, 가구, 자동차, 보석	• 바비잡지 • 바비게임 • 바비부띠끄

2. Lego Building Blocks(창의력과 상상력을 강조하는 부서지지 않는 안전한 장난감)

개념도입	개념정교화	개념강화
3~8세를 위한 레고가 1960년에 소개됨	브랜드 액세서리 전략: • 소인형, 나무, 아이디어 책, 보관함 등과 같은 액세서리 • 1~5세를 위한 큰 벽돌과 같은 악세사리 • 바퀴, 기어, 굴대, 연결고리 등과 같은 7~12세를 위한 전문건축부품	• 레고의자, 소파, 책상, 책장 등과 같은 혼자 힘으로 만드는 가구

Building Blocks(표 15-4)는 도입기에서 소비자가 사용할 때 환상적인 측면을 강조하였고, 백화점에서의 광범위한 접근용이성과 적절한 가격은 높은 구매를 유도하였다.

(2) 정교화단계에서의 포지셔닝전략

정교화단계에서의 포지셔닝목표는 제품의 가치를 증진시키고 경쟁사의 제품과 차별화를 강화시키는 데 있다. 각 제품개념들을 정교화하는 목표는 서로 동일하지만 실행하는 수단은 근본적으로 다를 수 있다. 기능적 개념의 제품을 정교화시키기 위한 방안으로 생각할 수 있는 것은 특수한 문제해결전략이다. 특수한 문제해결전략은 신제품을 출시하면서 제한된 욕구에 소구하거나, 보다 한정된 욕구만을 만족시킴으로써 제품의 기능적 가치에 대한 인식을 향상 시키는 것이다. 예컨대, 미국의 한 신발회사는 특정 사용용도(예; 농구)에 적합한 다양한 운동화를 개발하여 기능적 제품개념을 정교화하였다. 동일한 전략이 Xerox 복사기와 IBM 컴퓨터에 사용된 바 있다.

이와 같은 제품군 내에서의 전문화는 소비자가 반복적 제품사용으로 이해 제품군에 대하여 높은 수준의 지식을 가지고 있거나 제품군에 대한 깊은 관심을 가지고 있을 때 효과적일 수 있다. 결국, 특수한 문제해결전략은 많은 잠재적

이익을 지닌 좁은 세분시장에 기업의 노력을 집중하는 것이다. 그러나 이 전략은 경쟁자들로부터 위협을 받을 가능성이 상존한다. 특정한 욕구를 충족시키기 위해 다수의 제품을 생산하는 기업은 경쟁사들이 여러 가지 사용용도에 적합한 단일제품을 제공하게 되면 위협을 받게 된다. 예컨대 어느 회사가 차별적인 용도를 위하여 다양한 브랜드의 베이킹소다를 출시하기로 한다면, 그 각각의 브랜드는 모든 기능을 수행할 수 있는 단일브랜드보다 취약하게 인식될 수 있다. 그러므로 제품전문화는 기능적 개념을 지닌 제품에 대한 제품전문화전략을 장기적으로 수행하고자 할 경우 일반화시킬 수 있는 제품기능을 지속적으로 확대해 나가는 노력이 필요하게 된다. 이것이 바로 밑에서 논의하는 일반적 문제해결전략이다.

일반적 문제해결전략의 목적은 종전의 특화된 용도를 벗어나 다양한 용도에 걸쳐 그 제품을 사용하게 하는 것이다. 〈표 15-2〉에 예시된 바와 같이, Clorox Bleach, Vaseline 등은 그들의 기능적 제품개념을 다수의 사용용도로 확대시켜 나갔다. 이러한 제품들은 다양한 욕구를 충족시키기 때문에 특정한 욕구만을 충족시키는 것으로 포지셔닝된 제품들보다 더 가치가 많은 제품으로 인정받게 될 것이다.

예컨대, 동일한 욕구를 충족시키려는 목적으로 다수의 제품들(각기 다른 브랜드로)을 제공하는 복수제품전략은 기능적 개념의 제품에 대한 정교화전략으로는 적절하지 못하다. 동일한 개념을 지닌 서너 개의 제품을 생산하는 것은 단지 자기잠식만을 초래하게 된다. 복수제품전략을 추구하는 회사는 여러 개의 제품들을 동시에 관리해야 하기 때문에 각 제품의 기능을 인식시키기 위해서 회사의 총력을 집중시키기 어렵게 되고 결국 각 제품의 가치를 하락시키게 되는 것이다.

한편, 상징적 개념을 지닌 제품의 경우, 정교화단계의 주요 포지셔닝전략은 고객들이 소속되기 원하는 집단이나 자아상과의 상호연계관계를 강화하는 것이다. 구체적으로, 정교화단계의 포지셔닝전략은 비표적 고객들(예컨대, 표적고객의 준거집단이 되지 않은 사람들)의 구매를 어렵게 하여 표적세분시장을 보호하는 데 초점을 두게 된다. 즉, 이 경우의 포지셔닝노력은 도입단계의 전략이 더 강화되는 것을 의미한다. 비표적 고객들의 구매에 대한 보다 엄격한 통제가 정교화 단계에서 요구되며 제품으로의 접근이 한층 더 어렵도록 추가적인 제약을 설정할 필요가 있다. 이러한 전략을 일반적으로 시장방어전략이라 하며, 이는 지속적으로 표적시장과 비표적시장에서 동시에 마케팅활동을 수행하여 두 시장

모두에서 브랜드에 대한 수요를 일으키데 공급은 표적시장에게만 가능하게끔 하는 것이다. 〈표 15-3〉은 시장방어(보호)전략을 사용하여 상징적인 제품개념을 정교화한 제품의 사례를 보여 주고 있다.

단기이익을 증가시켜야 하는 압력에 부디칠 때 제품의 포지션을 유지한다는 것은 어려운 일이다. 그러나, 상징적 개념을 지닌 제품의 가치를 강화시키는 유일한 방법은 기존의 포지션을 유지하는 것이며, 이는 시장방어전략을 통하여 가장 효과적으로 수행될 수 있다(제18장 경쟁적 마케팅 관리 참조). 패션제품들에 있어 상징성을 유지하기 위해 이러한 방어전략을 사용하면 그만큼 수명주기가 연장되고, 그 반대의 경우는 그 만큼 수명주기가 짧아질 것이다.

감각적 · 지각적 자극이 강조되는 경험적 제품의 경우 빈번한 구매가 이루어지는 특성을 가진 경우가 많다. 이러한 상황하에서는 제품관리활동을 통해 제품의 소비가 통제되지 않는다면 포화상태(신물난 상태)에 이르게 된다. 기능적 제품의 포화상태는 제품이 지속적으로 기능적 욕구만 충족시키면 되므로 큰 문제가 되지 않는다. 상징적 제품의 경우도 집단 및 자아상과의 관계가 적절히 유지만 된다면, 포화상태가 그다지 나타나지 않을 것이다. 그러나 경험적 제품의 경우는 과도한 소비에 의해 이러한 현상이 비교적 쉽게 일어날 수 있으며 결과적으로 제품의 장기적인 성과를 저해하는 결과가 나타날 수 있는 것이다.

경험적 개념의 제품을 정교화하는 데는 두 가지 전략이 사용된다. 첫번째 전략은 제품의 액세서리들을 제공하는 것으로서, 이는 제품 자체에 대한 권태나 감각의 포화상태를 사전에 방지하고 고객들이 원하는 수준의 감각적 자극을 유지시키고자 하는 것이다. 제품 액세서리 전략은 그 제품과 연관시켜 이용되어질 수 있는 액세서리들을 도입하는 것인데, 예를 들어 바비인형의 경우 옷, 핸드백, 구두, 다양한 스타일의 머리, 등을 제공함으로써 바비인형의 모습을 다양한 형태로 장식할 수 있게 해 주고 그 결과 바비인형 자체에 대해 신선한 감각적 느낌을 유지하고 그 제품의 가치를 제고시키는 데 도움을 주었다(표 15-4 참조).

경험적 개념을 가진 제품의 두 번째 정교화전략은 서로 상이한 자극을 제공하는 제품들의 네트워크를 만드는 것이다. 특정 제품군에 감각적인 특성이 다른 다수의 제품을 제공하는 것은 어느 한 제품에서의 실증이나 포화상태를 감소시킨다. 예를 들어 시리얼의 경우에 상표명이 다르고 맛이나 향이 다른 여러 제품들을 내놓아 한 가지 시리얼만을 계속 먹음으로써 생기는 권태나 실증을 피하게 하는 것이 가능하다. 이러한 경험적 제품의 네트워크전략은 자기잠식을 초래할 수도 있다. 그러나 이런 경우에의 자기잠식은 고객들이 감각적인 제품에서 느끼는 실증이나 권태를 줄여서 제품의 가치를 높이는 데 수반되는 어쩔 수 없는 현상이다. 즉, 이 경우의 자기잠식은 제품에 대한 권태감을 줄여서 기존고객이 지속적으로 기업 내에 남아 있게 해주는 긍정적인 측면이 내포되어 있는 것이다.

(3) 강화단계에서의 포지셔닝전략

제품개념을 강화시키는 목적은 최초의 제품계열 이외의 제품에까지 기존 제품의 의미를 확장시켜 정교화된 제품이미지를 강화시키고 보강하는 것이다. 기존 제품계열의 제품이미지를 새로운 계열의 제품이미지와 연결시키는 전략을 이미지 묶기 전략(Image Bundling Strategy)이라고 부른다. 이 전략의 목표는 제품개념상의 일관성을 유지하고, 개별적 제품개념들을 통합하는 하나의 포괄적인 이미지를 창출하는 것이다. 어떤 경우에는 포괄적인 이미지가 기업의 이미지를 상징하며, 또는 제품계열 내의 모든 제품의 일반적인 이미지를 반영한다(예컨대, 인켈). 이때, 신제품에 대한 마케팅믹스활동들은 기존 제품개념과의 연계를 창출하고, 이미지를 묶어주는 데 초점이 맞추어져야 할 것이다.

기능적 개념을 가진 제품의 경우, 이미지묶기전략을 통한 제품개념의 강화전략은 기존제품의 핵심기능이 확장대상이 되는 다른 제품에도 잘 적용될 수 있을 때 효과적이다. 〈표 15-2〉에서 도시된 바와 같이, 바셀린은 상표명을 미용관련 제품 및 유아관련 제품과 연계시킴으로써 약용크림의 개념을 강화시켰다.

상징적 개념을 지닌 제품들에 있어서는 기존제품의 이미지가 다른 유사한 제품에게로 쉽게 일반화되어질 수 있다. 예컨대, 미국의 Lenox사는 수정, 촛대, 보석 등을 출시함으로써 자사의 도자기 제품들을 강화시켰다. 또한 미국의 Brooks Brothers 의류회사도 겉옷, 모자, 셔츠, 우산 등을 출시하여 기존 정장류를 강화시켰다.

경험적 개념의 제품은 기존의 제품개념을 다른 경험적 제품군에 연계시키고 묶음으로써 강화될 수 있다. 예컨대 Lego사는 10대 소비자들을 대상으로 자가조립 책상, 의자, 책장 등을 출시하여 유아용 조립 장난감 제품계열을 강화시켜 나갔다(표 15-4 참조). 미국의 Barbie사도 바비잡지, 및 바비계열의 기타 제품을 소개하는 강화전략을 시행한 바 있다. 각 사례의 경우 최초의 제품이 다른 제품군과의 연계를 통하여 강화되었다. 이러한 상호간의 보완적 관계는 각 제품의 의미를 강화하는 데 도움을 준다.

제 3 절 제품개념의 수명

이론적으로, 제품은 무한히 많이 존재할 수 있다. 그러나 적절하게 관리된다고 해서 모든 제품이 무한한 수명을 지니게 된다고 보기는 어렵다. 효과적으로 개발되고 유지된 제품포지션조차도 퇴조할 수 있는데, 이는 제품관리의 잘못이라기보다 그 제품의 개념이 시장에서 더 이상 유용하지 않기 때문이기도 하다. 즉, 과거에 가치를 인정받은 개념이 미래에도 그 가치를 인정받는다는 보장이 없는 것이다. 예컨대, 표적고객들이 더 이상 기능적 개념의 제품을 가치 있게 평가하지 않을 수 있다(예, 기능적 개념의 청바지). 반면에 그들은 상징적인 어필을 하는 제품을 원하게 될 수도 있는 것이다(예, 디자이너의 청바지).

또한, 때에 따라서는 기업이 장기적 제품관리전략을 추구하지 않기를 원할 수도 있다. 즉, 기업이 단기적인 기회만을 이용하려고 할 수 있는 것이다. 이러한 경우에는 장기제품유지 전략이 운용되기는 어렵다.

제품에 대한 기본적인 욕구가 변화되는 경우, 기업은 두 가지 전략 대안을 생각할 수 있다. 하나는 제품의 개념을 변화시켜 고객의 욕구변화와 일관성 있는 방향으로 제품을 재포지셔닝하는 것이다. 그러나 이 전략은 이미 제품에 대해 알고 있는 고객들의 인식을 바꾸어야 하기 때문에 상당히 어려운 일이 될 수 있다. 다른 방법은 시장으로부터 제품을 완전히 제거하는 것이다.

제 4 절 장기제품유지모델과 제품수명주기모델

앞에서 보았듯이 장기제품유지모델은 신제품의 도입을 도와 주어 기업의 재무이익에 큰 공헌을 할 수 있다. 일단 제품의 개념이 도입되고, 그것이 정교화되고, 강화되어 그 상표가 고객으로부터 사랑을 받게 되면 같은 상표를 사용하여 신제품을 시장에 도입할 때 그 비용을 줄일 수 있다. 또한, 신제품을 도입단계에서 정교화단계로 움직이는 데 걸리는 시간이 짧아질 것이다. Ivory 샴푸와 액체 Tide(세제)가 쉽게 시장에 도입된 것은 Ivory 비누와 가루 Tide와의 연계에 의한 결과이다. 그러므로 장기적인 제품개념관리의 체계 속에서 볼 때, 재무적 이익이 하나의 제품에서만 고려되어져서는 안 될 것이다. 이와 같이 제품과 제품간의 상호 연관성을 고려하고 있다는 점에서 장기제품유지모델은 제품수명주기모델과 차이를 보인다.

제품수명주기모델과 장기제품유지모델의 또 다른 중요한 차이점은 종속변수의 차이에 있다. 제품수명주기모델은 제품수요를 유지하기 위한 제품판매와 그와 연관된 전략을 다루고 있는 반면에 장기제품유지모델은 교환과정을 용이하게 하기 위해 제품의 개념을 강화시키고 제품의 가치를 제고시키는 데 초점을 맞추고 있다.

마지막 차이점은 개별제품이나 서비스의 관리에 제품수명주기모형을 적용하기 위해서는 각 단계를 규정해야 하는데 이것이 애매한 반면 장기제품유지모델에서는 이러한 명시화가 보다 용이하다는 것이다. 도입단계에서 정교화단계를 거쳐 강화단계까지 이동하는 시기의 적절성은 다음의 네 가지 요소에 의해 영향을 받는다. (i) 제품의 기능에 대한 소비자의 기대, (ii) 기업의 제품개념과 위상과 비교한 경쟁사의 경쟁수준, (iii) 기업 마케팅믹스의 효과, 그리고 (iv) 기업의 능력과 자원의 이용가능성.

제품에 대한 소비자의 기능적, 상징적, 혹은 경험적 욕구가 빠르게 변하면 변할수록, 그리고 기업의 제품개념과 포지션에 대한 경쟁이 심하면 심할수록, 도입단계로부터 정교화단계까지의 기간은 짧아져야 한다. 이 때, 기업의 마케팅믹스가 효과적으로 진행되어 제품개념과 제품포지션 간의 관계가 명백해지면 도입기부터 강화단계까지는 상대적으로 짧은 기간이 걸릴 것이다.

기업은 또한 한 단계로부터 다른 단계로 이동하기 위해서 마케팅능력과 이용가능한 다른 자원을 확보하기 위한 계획을 수립해야 한다. 예를 들어, 신제품을 개발하기 위한 결정은 기존제품과의 관련성뿐만 아니라 이러한 개념의 신제품을 개발하고 생산할 수 있는 기업의 능력과 그 능력의 개발, 그리고 경쟁자에 비한 상대적 우월성 등을 종합적으로 고려해야 한다. 본질적으로, 장기제품유지모델의 성공적인 실행은 동태적인 시장의 변화에 대응하는 기업의 신속성에 달려 있는 것이다.

Summary & Review _ 요약 및 복습

개별제품과 서비스의 장기적인 성공을 위해서는 도입단계뿐만 아니라 모든 기간 동안에 효율적인 마케팅관리가 있어야만 한다. 제품수명주기전략이 장기적인 마케팅관리의 틀을 제공하기 위한 전략적 지침서가 되기 위해서는 몇 가지 문제점을 갖고 있다. 장기제품유지모델은 제품수명주기모델의 문제점들을 보완한 형태로서 제안된 것이다. 장기제품유지모델은 제품의 수명에 걸쳐 제품을 계획, 실행 및 통제하려는 것이며, 제품개념의 선택, 도입, 정교화 및 강화의 네 가지 단계로 이루어진다. 제품개념은 기능적이거나 상징적 또는 경험적일 수 있다. 선택된 제품개념은 환경믹스의 지원을 받아야 한다. 제품개념의 성격은 도입단계, 정교화단계, 강화단계에서의 특정한 전략실행을 결정한다. 비록 장기제품유지모델이 제품시장에서의 장기적 경쟁력을 향상시킨다고 할지라도 이는 적절히 관리된 제품이 모두 무한한 수명을 지니고 있는 것을 의미하지는 않는다. 성공적으로 개발되고 관리된 제품조차도 제품개념에 대한 표적고객의 관심을 상실하게 되면 퇴조하게 된다. 그러므로 개념 그 자체가 특정제품의 수명에 대한 상한선을 설정한다. 장기제품유지모델은 적절히 활용되는 경우 제품 또는 서비스의 판매와 비용에 영향을 주어 직접적으로 기업의 재무적 이익에 영향을 미친다. 장기제품유지모델에서 단계의 이동을 결정하는 것은 제품수명주기모델의 경우 보다 쉽게 이루어질 수 있다.

장기제품유지모델에 있어 강화단계에 대한 보다 자세한 설명은 다음 장에서 이루어진다.

Issues raised & Question _ 문제제기 및 질문

1 제품의 세 가지 수준(제품, 제품형태, 제품군) 중 전통적인 PLC곡선에 가장 적합한 것은 어는 것인가? 왜 제품의 수준에서 나타나는 PLC형태들에 차이가 나타나는가?

2 제품계열에서 모든 제품의 80%가 PLC곡선에 적합하고 20%는 적합하지 않다고 가정해 보자. 제품의 다수가 PLC곡선을 따르기 때문에 마케팅관리자는 PLC모델이 제시하는 전략을 따르는 것이 안전한가? 당신의 입장을 말하고 그것을 설명해 보라.

3 제품개념과 제품포지션(위상) 사이의 관계에 대해 논해 보라. 제품개념과 포지션이 잘 적용되는 세 가지 제품의 예를 들어 보라.

4 오늘날 시장에서 선보이고 있는 수많은 제품들의 개념이 분명하지 않기 때문에 상표

개념이 중요하지 않다고 주장할지 모른다. 당신도 여기에 동의하는가?

5 샴푸와 같은 제품군을 고려해 보자. 현재 시장에서 상징적, 경험적, 혹은 기능적 개념을 두드러지게 가지고 있는 제품들을 지적해 보라. 그리고 당신 자신이 원하는 상징적, 감각적, 기능적 본질의 샴푸제품의 원형을 개발해 보라.

6 PMF는 장기전략이다. 이것은 장기간에 걸친 하나의 전략을 의미하는가? PMF의 단계들은 재빨리 수용될 수 있는 것인가? 한 단계에서 다음의 단계로 빠른 전환을 이루는 조건은 무엇인가?

참고문헌 _ R/E/F/E/R/E/N/C/E/S

Cravens, David W.(2000), *Strategic Marketing*, 6th ed.(Irwin/McGraw-Hill).

Crawford, Merle C.(1984), "Business Took the Wrong Life Cycle from Biology," *Journal of Consumer Research*, pp. 5-11.

Dhalla, N. K. and S. Yusreh(1976), "Forget the Product Life Cycle Concept!" *Harvard Business Review*, 54(Jan.-Feb.), pp. 101-112.

Kotler, Phillip(2000), *Marketing Management*, Millennium Edition.

Lamkin, Mary and George S. Day(1989), "Evolutionary Processes in Competitive Markets: Beyond the Product Life Cycle," *Journal of Marketing*(July).

Mahajan, Vijay and Eitan Muller(1979), Innovation Diffusion and New Product Growth Models in Marketing," *Journal of Marketing*, 43(Fall), pp. 55-68.

Park, C. Whan, Bernard J. Jaworski, and Deborah J. MacInnis(1986), "Strategic Brand Concept-Image Management," *Journal of Marketing*, (October), pp. 135-145.

Porter, Michael E(1980). *Competitive Strategy*, (N.Y.: Free Press).

Porter, Michael E(1996). "what is Strategy?" *Harvard Business Review*(Nov-Dec).

Tellis, Gerard J. and C. Merle Crawford(1981), "An Evolutionary Approach Theory," *Journal of Marketing*, 45(Fall), pp. 125-132.

Wind, Yoram J.(1982)., *Product Policy: Concepts, Methods, and Strategy*(Reading, Mass: Addison-Wesley).

CHAPTER 16

브랜드에 기초한 사업성장관리

MARKETING MANAGEMENT

삼성전자의 하이브리드 카메라, NX10 = 창작의 도구

삼성전자 NX10의 출시 소식이 전해짐과 동시에 해외 유수의 전문 매체들로부터 쏟아진 NX10 제품에 대한 뜨거운 호평은 캠페인을 준비하는 데 큰 힘을 실어 주었다. 특히 NX10의 가장 큰 장점은 몸집은 줄이면서도 최고 수준의 화질과 성능을 갖춰 하이브리드 카메라의 본질에 가장 충실하다는 점이었다. 하지만 경쟁사 대비 시장에 다소 늦게 뛰어든 상황에서, '하이브리드 카메라 시장의 리딩 브랜드'가 되어야 한다는 과제를 해결하기 위해서는 NX10의 '낯선 차별화'가 필연적이었다. 단순히 제품의 USP를 자랑하는 것이 아닌, 향후 지속적으로 진화하여 출시될 NX 시리즈 브랜드 차원에서의 낯선 차별화. 하이브리드 카메라 시장의 새로운 기준을 제시할 삼성 NX10 캠페인 전략의 출발점이었다.

우리의 고민은 사진의 의미에 대한 재정의에서부터 시작되었다. 사진을 더 이상 단순히 찍는 것(Capture)이 아니라 자신이 표현하고 싶은 하나의 크리에이티브를 만드는 작업(Create)이라고 정의하였으며, NX10은 크리에이터에게 최적화된, 가장 진화된 형태의 카메라로 포지셔닝하였다. 나아가 'NX10 = 창작의 도구'라는 공식을 소비자의 마음속에 심기 위해서 '크리에이티브 클래스(Creative Class, 창조 계급: 예술, 디자인 분야에 종사하고 창조적 변화를 주도하는 사람들)'를 커뮤니케이션 상의 이미지 타깃으로 설정하였으며 이들이 NX10 제품을 사용하는 모습을 보여줌으로써 일반 소비자들에게 어필하자는 전략이 세워졌다.

Why Capture? Create!

이러한 이미지 타깃과 카메라 실제 소비자들의 공통된 특징은 제품의 구매의사를 결정짓는 주요 매체가 '온라인'이라는 것. 따라서 TV광고나 인쇄광고 같은 전통적인 매체에 의지하는 커뮤니케이션에는 한계가 있을 수밖에 없었다. 새로운 방법을 찾아 눈을 돌리게 된 커뮤니케이션 매체는 뉴미디어의 대표주자라고 할 수 있는 온라인이었고, 이에 온라인을 중심으로 NX10의 성공적인 시장 진출 및 주도권 확보를 위한 대대적인 브랜드 캠페인을 기획하게 되었다.

NX10 캠페인은 'Why Capture? Create!'라는 컨셉트 중심으로 카메라가 단순히 사진을 찍는 도구가 아니라 자신만의 이야기 만드는 창조적인 도구로 소비자에 다가가는 캠페인 활동을 전개하였다. 캠페인의 구조는 'Why Capture? Create!'라는 컨셉트 하에 커뮤니케이션 목적에 따라 온·오프라인을 나눠 진행하였다. 먼저 브랜드 캠페인의 중심이 된 온라인 상에서는, 처음 진출한 하이브리드 카메라 시장에서의 브랜드 이미지를 확실히 각인시키기 위해 NX 시리즈의 이미지 타깃인 크리에이티브 클래스를 메인으로 활용한 이미지성 캠페인을, 오프라인에서는 NX10의 우수한 제품 USP에 기반한 소비자 베네핏을 보여주는 매니페스토 필름(Manifesto Film), 인쇄광고, 애드버토리얼 등을 제작해 집행하였다.

Creative Moments

전체 캠페인을 이끌어간 온라인에서는 'Creative Moments'라는 주제로 자신만의 예술적 감각을 표현하는 컨테스트인 WCIC(World Creative ImagingCompetition)를 진행하였다. WCIC는 사진 전문가가 아닌 일반인들도 NX10 카메라의 장점을 활용해 창작의 도구로 활용할 수 있으며, 차세대 예술가들의 눈을 통해 사진영상 이미지를 창조적이고 감성적으로 표현할 수 있는 장을 마련하자는 취지로 시작하였다. 3월 2일 발대식을 시작으로 미국의 School of Visual Arts, 영국의 St. Martins College of Art and Design, 프랑스의 Ecole Estiennes, 독일의 Design Academy Berlin, 중국의 Central Academy of Fine Arts 포함 8개 대학, 한국의 홍익대학교와 중앙대학교, 서울예술대학 등 세계 유수의 예술대학생 120명이 참가하였다.

이후 NX10 카메라로 촬영한 자신만의 독창적이고 창의적인 사진영상 작품들을 캠페인의 마이크로사이트이자 온라인 갤러리인 www.cr8your-world.com에 등록 후, 전 세계 네티즌들의 투표를 거쳐 4월 28일 최종 10명을 선발했다. 최종수상자 10명을 서울로 초청, 수상하는 자리를 가졌으며 '2010 서울 국제 사진영상 기자재전' 행사에 이들의 작품을 전시하면서 WCIC 캠페인은 막을 내렸다. 이와 같은 장기간의 인터랙티브 캠페인을 진행하기 위해 마이크로사이트 또한 세 단계로 구성되었다. 1단계로 120명의 크리에이티브 클래스를 세계에 소개하며 론칭, 2단계로 그들의 작품 3장씩을 유저들이 투표하고 심사하는 사진 배틀이 메인, 마지막 단계인 3단계는 Final 10을 최종 선발하는 포스트로 진행되었다.

네티즌과 함께한 Buzz Creation!

WCIC 캠페인을 기획하고 진행하는 과정에서 제기된 가장 큰 우려는 이 캠페인이 자칫 크리에이티브 클래스들만의 잔치 끝나지 않을까라는 점이었다. 이러한 우려를 없애기 위해 온라인 상의 인터랙션을 통한 콘텐츠 확산에 우리의 전략을 집중하였다. 특히 사전 붐업을 위해 마이크로사이트 론칭 이전 단계에는 바이럴 영상을 배포하였다. 세 편으로 이루어진 바이럴 영상은 컨테이너 박스를 모티브로 '100 creative things you can do with a Blue Container'라는 타이틀로 제작되었다. 이후, 꾸준한 마이크로사이트 방문을 유도하기 위해 마이크로사이트 단계에 따른 맞춤 배너광고와 SEM (Search Engine Marketing)을 집행하였다.

무엇보다도 온라인 소비자와의 인터랙션을 통한 확산을 위해 진행한 SNS(Social Network Service) 연동 전략은 큰 반향을 일으켰다. 전 세계 3억 명 이상의 가입자를 자랑하는 세계 최대의 SNS사이트인 페이스북을 메인 플랫폼으로 활용한 전방위적 버즈 유발은 온라인 유저들로 하여금 캠페인에 대한 2차, 3차 버즈를 일으키게 하였다.

우선 페이스북 내 삼성 NX 팬 페이지의 노트 · 링크 · 월 메시지(Wall Message) 등을 통해 WCIC 캠페인에 관한 꾸준한 포스팅과 공식 이벤트 공지 노트를 게재하여 기존 삼성 카메라 팬들의 인터랙션과 마이크로사이트로의 트래픽 유도를 하였다.

두 번째의 버즈는 WCIC에 참가한 120명의 크리에이티브 클래스들이 펼친 페이스북과 트위터 상에서의 자발적인 캠페인 홍보였다. 컨테스트라는 WCIC의특성을 캠페인 기획단계에서부터 적극 반영했던 것이 주효했던 것이다. 다른 사진 공모전들과는 다르게 WCIC는 최종 10명 선발방식에 'Be Supporters' 라는 기능을 추가하였다.' Be Supporters' 란 인기상의 개념으로 작품에 대한 투표뿐 만이 아니라 120명의 참가자들 중 가장 많은 수의 팬을 확보한 1인을 최종 10명에 포함시킴으로써 이들의 자발적인 홍보를 유도한 것이다.

마지막 버즈는 WCIC 투표와 함께 진행된 페이스북상의 'Giveaway 이벤트' 진행을 통해 이루어졌다. 온라인 투표 및 작품 스크랩에 참여하는 유저들을 대상으로 한 이 이벤트를 통해 NX10으로 찍은 사진들이 자연스럽게 유저들의 페이스북 페이지에 공유됨으로써 2차, 3차 입소문이 늘어났다.

세계적 크리에이티브 클래스의 축제였던 WCIC

이와 같은 NX10의 차별화된 캠페인은 120명의 크리에이티브 클래스가 속한 6개 국가와 그 외 러시아와 스페인 등의 뜨거운 관심과 참여 속에 대단원의 막을내렸다. 글로벌을 대상으로 처음 진행한 실시간 소비자 심사라는 신선한 모티브를 가져왔을 뿐만 아니라, 캠페인을 통해 얻은 120명의 크리에이티브한 사진 360장과 120개의 자기소개 영상은 삼성 카메라만의 소중한 콘텐츠가 되었다.

무엇보다 반가운 소식은 WCIC 캠페인 집행 후 얼마 지나지 않아 들려온 NX10 판매 호조 뉴스이다. 국내 출시 2개월 만에 누적판매 1만 대를 돌파하면서 히트상품에 등극했다는 기사를 많은 언론을 통해 접했으며, 광고주로부터는 해외시장에서의 판매 또한 호조를 보이고 있다는 소식을 전해 들었다.

NX10은 사진은 더 이상 찍는 것이 아니라, 하나의 크리에이티브를 만드는 작업이라고 말한다. WCIC 캠페인은 이런 사진의 의미를 새롭게 부각시키는 데 초점을 맞췄으며 그 사진의 의미는 'Why Capture? Create!' 가 모토인 120명의크리에이티브 클래스, 창의적인 아트스쿨 학생들의 사진으로부터 찾게 되었다.

To Be Continued …

WCIC 캠페인이 마무리된 지 얼마 지나지 않은 지금, 기존 경쟁사는 더 많은제품을 출시하며 제품 라인업을 구축하고 소니와 같은 새로운 경쟁사들이 속속히 시장에 진출하는 등, 하이브리드 카메라 시장에서의 주도권 다툼이 본격적으로 시작되었다. 물론 삼성전자도 2010년 하반기 NX10의 후속 제품을 출시할 예정이다. 더욱 더 치열해지는 하이브리드 카메라 시장의 경쟁상황에서 어떠한 캠페인으로, 어떠한 크리에이티브 클래스를 통해, NX의 모토인 'Why Capture? Create!' 을 전달해야 할지에 대한 고민은 올해도 계속될 것이다.

〈자료원: 제일기획 CHEIL MEGAZINE〉

MIT 미디어 랩의 소장인 네그로폰테는 「Being Digital」이라는 책에서 20세기가 '크기와 형태'(tangibles)의 시대였다면, 21세기는 '의미와 상징'(intangibles)의 시대로 패러다임이 새롭게 변화되고 발전해 나갈 것이란 점을 지적하였다. 즉, 이제까지의 가치는 '크기와 형태'를 기준으로 평가되어 왔으나 새롭게 펼쳐지는 정보사회의 기본단위는 비트(bit)로서 '크기'와 '형태'도 없고 냄새도 없다. 그러므로 미래사회는 '크기'와 '형태'가 아닌, '의미'와 '상징'으로서 세상의 가치를 인식하게 될 것이라는 것이다.

이러한 패러다임의 변화는 마케팅에서도 그대로 적용되고 있다. 기업간 경쟁이 심화되고 기술의 격차가 감소함에 따라 소비자들의 품질에 대한 생각도 변화되어 왔다. 즉, 소비자들은 이제 더 이상 품질을 제품의 물리적인 속성이나 객관적인 특징으로 인식하는 것이 아니라, 소비자가 인식하고 느끼는 그대로를 품질로서 평가하게 되었다. 다시 말해, 소비자에게는 '지각된 품질'이 브랜드 이미지를 구성하는 중요한 요소가 되며, 이는 동시에 강력한 브랜드가 되기 위한 기본 바탕이자 브랜드 관리(Brand Manage-ment)의 핵심대상이 되고 있는 것이다.

코카콜라, IBM, 소니, 인텔, 말보로, 나이키 등과 같은 파워 브랜드를 가진 기업들을 살펴보면 브랜드 관리의 중요성을 다시 한번 깨달을 수 있다. 이들 기업은 수익성의 기반이 유통력이나 가격에 있지 않고 바로 이러한 브랜드 수준의 '지각된 품질'에 기인한다고 할 수 있다. 예를 들어, 나이키 운동화를 구매하려는 소비자는 그것이 저렴하거나 인접한 곳에서 쉽게 구입할 수 있는 제품이기 때문에 사려고 하는 것이 아니라, 나이키가 가지고 있는 브랜드 이미지('나이키를 신으면, 운동을 잘 할 것 같다'거나 '나이키를 신으면 훌륭한 선수같이 보인다')를 사고 싶은 것이다. 따라서 기업은 제품간의 경쟁을 넘어 브랜드 수준의 경쟁을 통해 사업을 성장시키고 확장해 나가야 하는 것이다.

이하에서는 우선 브랜드 관리의 중요성과 브랜드 관리의 체계에 관하여 살펴보고, 브랜드에 기초한 사업성장전략에 관하여 설명하기로 한다.

제 1 절 브랜드관리의 중요성

1.1. 브랜드관리의 중요성

삼성은 시드니올림픽이나 골프와 같은 스포츠경기의 공식파트너로 참여하여 상당한 브랜드 자산의 혜택을 축적하였고, LG전자는 해외의 막대한 글로벌화 작업에 본격적으로 나섰다. 또한 제일기획, LG애드, 오리콤과 같은 국내유수의 광고대행사들은 브랜드 매니지먼트 대행사를 미래 비전으로 표방하면서 사업을 전개해 나가고 있다. 뿐만 아니라 제일제당 및 여러 기업들은 마케팅조직을 브랜드 매니저(BM) 조직으로 재편하여 나가고 있는 등 현재 브랜드 매니지먼트는 하나의 거부할 수 없는 커다란 흐름으로서 기업의 '생존'을 위한 가장 중요한 경쟁력의 원천이 되고 있다.

지난 1980년대에 서구사회는 기업인수합병(M&A)의 열풍 속에서 브랜드 자산의 중요성을 인식하게 되었고 브랜드를 자산으로서 체계적으로 관리해야 된다는 인식이 팽배해졌다. 유사하게도 한국의 기업들은 금융위기를 겪으면서 '브랜드=기업자산'이라는 사실에 주목하기 시작하였다. 서구사회와 한국은 모두 M&A과정에서 장부가치의 몇 배에 달하는 가격으로 거래가 성사되는 되는 것을 보면서 무형자산으로서의 브랜드에 대한 관심이 증폭되었다는 공통점이 있다. 이제 브랜드를 기업의 중요한 무형자산으로 인식하면서 브랜드 자산을 효과적으로 키우기 위한 브랜드 관리(Brand Manage-ment)전략이 중요하게 대두된 배경이 무엇인지 이하에서 살펴보고자 한다.

첫째로, 합리적인 이성소비시대에서 경험적인 감성소비시대로의 전환을 들 수 있다. 즉, 물리적인 속성의 향상을 통해 설득적 메시지를 전달하는 것은 이제 호소력을 잃었으며, 오히려 소비자와의 공감대를 형성하는 것이 더 중요한 트렌드가 되었다.

둘째, 소비자가 품질을 판단하는 기준이 변화되고 있다. 즉, 제품수준에서 객관적인 속성을 중심으로 품질을 인식하는 것이 아니라 브랜드 수준에서 이미지를 중심으로 품질을 인식한다. 그 결과 경쟁의 양상은 제품간 경쟁에서 브랜드간 경쟁으로 변화되고 있는 것이다.

셋째, 제조업체 중심에서 유통업체 중심으로의 변화는 유통업체의 영향력을 증가시켰고 그 결과 제조업체간 가격경쟁이 더욱 치열해지면서 수익성의 악화를 가져왔다. 이러한 상황에서 기업들은 가격경쟁에서 탈피하기 위한 효과적인 수단으로서 브랜드를 인식하기 시작하였고, 강력한 브랜드의 구축이 장기적인 수익보장을 위한 시급한 과제로 떠올랐다.

1.2. 브랜드관리를 통한 사업성장의 중요성

브랜드관리를 통한 사업성장의 중요성은 이것으로부터 얻게 되는 이점과 밀접히 관련되어 있다. 기업이 브랜드 구축을 체계적으로 하여 파워 브랜드를 갖는다는 것은 말보로, 맥도날드, 아이보리와 같이 소비자에게 자신만의 독특한 브랜드 이미지와 연상을 심어 주는 것을 말한다. 이러한 브랜드들을 좋아하거나 구매하려는 소비자들은 그 브랜드가 가진 물리적인 속성의 장점보다는 그 브랜드가 주는 연상과 아이덴티티로부터 발생되는 혜택을 더욱 가치 있게 받아들인다. 이렇게 소비자가 어떠한 브랜드를 좋아하는 이유가 강력한 브랜드 연상과 자산에 있을 때 우리는 그것을 파워 브랜드라고 부른다.

파워 브랜드 구축을 통한 사업의 성장을 추구하는 기업은 그렇지 않은 기업에 비하여 크게 다음의 두 가지 측면에서 장점을 누릴 수 있다.

먼저, 기업이 제품개념을 제대로 반영하는 브랜드 연상을 충분히 가지고 있으며 아이덴티티가 확실한 브랜드는, 그렇지 않은 브랜드보다 제품의 개념전달 활동을 더욱 효과적으로 수행할 수 있게 된다. 예를 들어 아이보리 비누에서 연상되는 '99%의 순수함' 과 같은 연상은 아이보리 비누에서뿐만 아니라 아이보리 샴푸에서도 제품의 핵심개념을 더욱 잘 전달해 주는 기능을 한다.

둘째, 브랜드 자산을 통한 사업의 확장은 구매장애요인의 제거에 중요한 역할을 한다. 파워 브랜드들이 갖고 있는 공통적인 특징은 표적시장의 고객들에게 높은 인지도를 누리고 있다는 점이다. 파워 브랜드는 표적시장의 소비자에게 보다 확실한 아이덴티티를 심어 주고 있으며, 브랜드만의 독특한 연상이 강력하게 연결되어 있으므로 이것의 결과로 얻어지는 높은 브랜드 인지도는 구매장애요소의 제거에 도움을 주게 되는 것이다. 즉, 강력한 브랜드 연상과 높은 브랜드 인지도는 소비자가 구매시에 느낄 수 있는 지각된 위험을 감소시켜 주는 역할을 할 뿐만 아니라 브랜드에 대해 지불해야 하는 가격을 타당한 것으로 여기게 하여 소유에 대한 장애요인을 완화시키기도 한다. 따라서 강력한 연상과 높은 인지도를 가진 파워 브랜드의 가치는 사업이 성장할수록 더 두터워질 것이다. 거의 모든 소비자들에게 최초 상기도(top-of-mind)가 1위인 코카콜라는 마치 브랜드 이름이 제품군의 대명사처럼 불려질 정도로 강력한 연상과 높은 인지도를 가지고 있다. 따라서 코카콜라를 구매할 때 위험을 지각하는 사람은 거의 없으며, 콜라의 가격이나 유통상태 등에 대하여 구매 시에 불편함을 느끼는 사람도 거의 없다.

살펴본 바와 같이 브랜드자산의 구축은 기업에게 다양한 이점을 제공할 뿐만 아니라, 사업이 성장해 나가는 데 있어 제품의 개념전달활동을 원활하게 도우며, 구매장애요인의 제거에 지대한 영향을 미치기 때문에 중요하다. 따라서 이제 기업의 사업성장의 중심에 '브랜드'가 있다고 해도 과언이 아닐 것이다.

이하에서는 이렇게 구축된 파워 브랜드를 활용한 사업성장전략모형이 왜 중요하며, 브랜드에 기초한 사업성장전략모형이 무엇인지 살펴보도록 하겠다.

제 2 절 브랜드를 활용한 사업성장전략모형

2.1. 브랜드기초성장모형의 필요성

기업에 있어서 사업의 성장은 장기적 생존과 번영을 위한 핵심적인 과제이다. 그러나 성장은 반대급부로 항상 위험성을 내포하고 있으며 많은 비용을 필요로 한다. 그러므로, 경영정책 및 마케팅전략에 있어서 성장모형(growth framework)의 주된 관심은, 기업에게 위험을 덜어 주고, 비용면에서 효율적이며, 수익을 증가시킬 수 있는 성장전략을 어떻게 선택하느냐에 있다. 예컨대, Ansoff의 '제품-시장'(product-market)모형은 주로 제품범주 수준의 성장에 초점을 맞추고 있다. 즉 제품범주 내에서의 브랜드 성장에 초점을 맞추기보다는 제품범주 자체를 분석단위로 하여 다른 제품범주로의 확대를 시도하고 있다. 여기서 제품범주(product category)란 고객의 특정욕구를 충족시킬 수 있는 제품이나 서비스의 집단을 의미하며, 이것은 기업이 고객들의 핵심적인 욕구에 대하여 제품영역(시장영역)을 어떻게 구체화하느냐에 따라 그 범주가 달라질 수 있다. 예컨대, 어떤 기업들은 넓게 타이어 · 운동화 · 자동차 · 보험서비스 등으로 각각의 제품범주를 정할 수 있으며, 또 어떤 기업들은 보다 구체적으로 승용차 타이어 · 농구화 · 소형자동차 · 생명보험서비스 등으로 제품범주를 좁힐 수도 있다.

한편, Porter의 성장모형은 새로운 사업영역으로 진입할 때 기존의 사업영역에서의 이점을 어떻게 이용할 수 있는가에 대해 설명하고 있다. 또한, 여러 마케팅전략 문헌들도 주로 제품범주 수준과 사업영역 수준의 성장에 초점을 맞추고 있다. 사실 브랜드가 마케팅에서 많은 전략적 사고와 연계되는 중요한 분석의 단위이고, 사업을 성장시킬 수 있는 강점의 원천으로 여겨지고 있음에도 불구하고, 브랜드의 관점에서 사업성장을 연구하려는 체계적인 시도는 그 동안 없었다. 브랜드에 기초한 사업성장(이하 브랜드기초성장 또는 BBG : brand-based growth)은 한 제품범주의 성장을 위해 기업이 어떻게 전략적으로 브랜드를 이용할 수 있는지를 보여 주며, 제품범주 내 브랜드기초성장이 어떻게 다른 제품범주의 성장으로 연계될 수 있는지, 그리고 그것이 어떠한 점에서 유리한지를 설명해 줄 수 있다. 이는 제15장에서 다룬 장기브랜드관리에 대한 보다 구체적인 접근이라고 할 수 있다. 다시 말해서, 장기브랜드관리모형에 있어서 정교화단계는 제품범주 내의 브랜드기초성장에 의해, 그리고 강화단계는 기존 제품범주와 새로운 제품범주 간의 연계된 성장에 의해 각각 수행되어질 수 있는 것이다.

브랜드기초성장모형이 제품범주의 성장전략으로써 유용한 이유는 다양하다. 첫째, 브랜드는 마케팅관리에서 중심적 위치를 차지하고 있고, 마케팅전략에 있어서 기본적인 분석단위이기도 하다. 둘째, 기업이 브랜드를 기초로 고객을 만족시키고 제품범주의 성장을 추구한다면 브랜드와 관련된 제반 시너지의 이점을 개발할 수 있다. 브랜드에 기초한 시너지는 기업으로 하여금 위험부담이 적으면서, 비용효율적인 방식으로 새로운 시장에 진입할 수 있도록 도와 줄 것이며 이러한 전략은, 매출과 고객기반을 늘려줄 뿐만 아니라, 현재의 브랜드 이미지를 체계적으로 강화시켜 주어 차후의 브랜드 확장에도 도움을 줄 수 있다. 셋째, 기업이 성장단계에 따라 브랜드기초성장기회를 체계적으로 개발할수록 매출과 수익은 증가되고 브랜드가 강화될 뿐만 아니라, 경험곡선효과에 의하여 지속적으로 단위당 원가를 줄일 수 있게 된다. 이것은 시너지 효과와 경험곡선효과가 브랜드 수준에서 서로 최대한의 보완적 효과를 일으킬 수 있다는 것을 의미하는 것이다. 이러한 제품범주 내 브랜드기초성장전략을 성공적으로 수행한 예로는 풀무원, 다시다, Wrigley, Kleenex, 그리고 나이키 등을 들 수 있다.

이들은 하나의 공동 브랜드(family brand)이름을 사용할 뿐만 아니라 제품범주 내에서는 하위의 다양한 개별 브랜드(individual brand)들을 사용함으로써, 결과적으로 개별 브랜드들의 상호연계를 통하여 공동 브랜드의 이미지를 강화하고, 그를 바탕으로 사업성장을 지속적으로 추구하고 있다.

예를 들어 풀무원사는 풀무원이라는 공동 브랜드를 중심으로 찬마루라는 중가의 브랜드를 새롭게 출시하였다. 풀무원과 찬마루는 모두 자연, 신선함, 안전이라는 공동의 이미지를 추구하면서 일반 풀무원은 고가, 찬마루는 중가에 판매되고 있다. 풀무원이 출시한 찬마루 두부는 공동 브랜드 밑의 하위 개별 브랜드로서 모브랜드인 풀무원이 가지고 있던 긍정적인 이미지(자연, 신선함 등)를 더욱 확고히 하는 데 도움을 주고 있다.

한 걸음 더 나아가, 제품범주 내 브랜드기초성장과 다른 제품범주로의 브랜드 확장 간의 관계를 이해하는 것도 매우 중요하다. 이는 제품범주 수준의 확장을 시도하기 이전에 먼저 제품범주 내 브랜드 수준의 성장을 시도하는 것이 기업에게 도움이 된다는 것을 의미한다. 구체적으로, (i) 제품범주 내 브랜드기초성장은 다른 제품범주로의 확장을 통한 성장보다 덜 위험하고 비용면에서도 효율적이다. (ii) 제품범주 내 브랜드기초성장은 기존의 브랜드를 강화시켜 주고 고객기반을 증가시켜 줌으로써, 브랜드 확장을 통한 다른 제품범주에서의 성장 가능성을 증진시킨다. (iii) 일련의 제품범주 내 브랜드기초성장의 추구를 통해 축적된 지식과 경험은 다른 제품범주로의 성장전략을 추구할 때 밑거름이 되어 줄 것이다. (iv) 제품범주 내 브랜드기초성장은 브랜드를 더욱 강하게 만들어 주고, 다양한 표적시장에 대한 성장기회를 증대시켜 줄 것이다.

위에서 지적한 이점들을 얻기 위해서는, 그에 대한 개념적인 체계가 필요하다: (i) 제품범주 내 브랜드기초성장기회는 어떻게 발생하는가, (ii) 제품범주 내 브랜드기초성장은 기업에게 어떤 이점을 가져다 주는가, (iii) 어떠한 전략이 기업으로 하여금 제품범주 내 브랜드기초성장과 관련된 모든 이점을 최대한으로 이용할 수 있게 해 주는가, 그리고 (iv) 어떻게 제품범주 내 브랜드기초성장의 효과를 다른 제품범주에서의 성장을 위해 효과적으로 연계시킬 수 있는가. 아래에서는 이러한 문제들에 접근하기 위한 틀을 제시한다.

2.2. 브랜드기초성장(Brand Based Growth: BBG)전략모형

브랜드를 활용한 성장전략모형이 제품이나 SBU수준의 성장모형과 다른점은 크게 다음과 같은 세 가지가 있다. 첫째, 브랜드기초성장모형에서는 시장을 보다 구체적으로 개념화할 필요가 있다. 둘째, 브랜드에 기초한 성장을 이해하기 위해서는 시장변화(진화: evolution)에 보다 많은 주의를 기울여야 한다. 셋째, 브랜드 수준의 성장모형을 추구하기 위해서는, 브랜드와 시장간의 상호작용을 통한 브랜드 성장을 이해할 필요가 있다. 지금부터 세 가지 각각에 대해서 좀더 자세히 살펴보자.

(1) 시장의 구체적 개념화

일반적으로 기존의 사업성장에 관한 문헌들에서는 시장을 제품의 관점에서 접근하고 있다(예컨대, 음료시장). 그러나 이러한 제품관점의 접근은 시장의 기본적 구성을 제대로 설명하지 못한다. 제품범주 내에서 브랜드에 기초한 성장기회를 이해하기 위해서는 미시적 차원에서의 시장개념이 필요하다. 예컨대, 타이레놀 브랜드의 경우 미시적 차원에서 시장을 정의해 보면, 다양한 기능적 편익(두통, 감기, 알레르기)을 적절한 사용상황(일상용, 취침용)에서 이용하기를 원하는 다양한 연령층의 고객집단(아이들 혹은 성인)이라고 할 수 있을 것이다. 지금까지 시장의 개념은 한 두 가지의 시장의 기본적인 특성에 의해 묘사되어 왔다. 예컨대, 고령인구시장(senior citizen market), 고소득층시장(high-income market), 조직구매시장(institutional market)과 같이 고객집단들의 인구통계학적, 심리적 특징에 의해서 묘사되기도 하고, 건강의식시장(health-conscious market), 가치의식시장(value-conscious market), 지위추구자시장(status seeker' s market)처럼 제품으로부터 추구되어지는 편익의 관점에서 묘사되기도 한다. 또는 실외여가선용시장(outdoor recreation market), 심야스낵시장(late night snack market), 가정오락시장(home entertainment market)처럼 사용상황의 관점에서 묘사되기도 한다. 그러나 브랜드에 근거를 둔 성장을 꾀하기 위해서는 편익과 사용상황을 각기 분리하여 시장을 정의하기보다는 결합하여 개념화하는 것이 필요한 것이다.

(2) 시장의 변화(진화)에 대한 이해

시장의 진화는 기존 브랜드를 위협할 수도 있고, 반대로 브랜드를 기초로 한 사업확대에 기회를 제공할 수도 있다. 따라서, 브랜드기초성장모형에 있어서 시장의 변화(진화)는 매우 중요한 고려요소라고 할 수 있다. 예컨대, 미국사회에서 건강에 대한 인식이 점점 증대함에 따라, Kellogg는 '아침 식사용 씨리얼' 시장에서 점점 '건강 씨리얼' 시장으로 그 사업방향을 변화시킬 필요가 있었다. 이러한 시장의 변화에 따라, Kellogg는 건강에 대해 인식이 높은 소비자들을 공략할 뿐만 아니라, 새로운 종류의 아침식사를 원하거나 경쟁사의 씨리얼 제품으로 바꾸려고 하는 현재의 고객의 이탈을 방지하기 위하여, Kellogg K, Kellogg 19와 같은 '건강 씨리얼' 브랜드를 도입하였다.

제품범주나 사업단위에 주로 초점이 맞추어져 있는 전통적인 성장모형에서는 시장진화에 주의를 기울이는 데 소홀히 해 왔다. 구체적으로, 제품진화의 가장 중요한 결정요소 중의 하나인 시장변화와의 체계적 연관성 없이, 단순히 제품진화에만 관심을 기울여 왔던 것이다. 그러나 브랜드를 기초로 한 성장을 추구하기 위해서는 시장변화에 대한 세심한 고려가 매우 중요하며 따라서 시장의 진화와 발전에 대한 구체적인 이해가 필수적으로 동반되어야 한다.

본 장에서 제시하고 있는 브랜드기초성장모형은 브랜드성장기회를 규명해내기 위해 기업이 그 브랜드의 시장진화과정을 이해하고 활용할 수 있다는 전제를 바탕으로 하고 있다. 시장의 진화에 대해서는 이미 제6장에서 구체적으로 논의하였으므로 그것을 참조하기 바라며 여기서는 간단하게 설명하기로 한다. 시장은 크게 편익("왜")과 사용상황("언제," "어디서," "어떻게")의 변화에 따라 진화한다. 따라서 이 두 기준 중 어느 하나에 의해서도 새로운 시장이 형성될 수 있는 것이다. 〈그림 16-1〉에 나타나 있는 신시장도 이러한 변화에 의해 형성된 시장으로 이해할 수 있다.

이러한 시장의 변화를 효과적으로 인지하기 위해서는 다음의 두 가지 노력이 필요하다. 첫째는, 현재 고객들이 브랜드에 대해 갖고 있는 문제점이나 불만을 찾아내는 것이다. 이러한 문제점들은 고객이 추구하는 편익과 사용상황을 통해 찾아낼 수 있다. 즉, '언제' 사용할 때 불만을 느끼는가? '어디서' 그것을 사용하는 데 불만족스러운가? '어떤' 방법으로 사용할 때 사용이 불가능한가?, 브랜드가 '왜' 현재의 편익을 제공하기 위해 사용될 수 없는가 등, 고객들이 인식하고 있는 어떤 문제도 브랜드에 대한 새로운 시장기회를 제공할 수 있다.

둘째는, 현재 브랜드가 제공할 수 있는 편익과 사용상황의 모든 가능한 조합을 만들어 내는 것이다. 여기서 얻어지는 정보들은 기존 브랜드를 토대로 새로운 시장기회를 찾아내는 데에 도움을 줄 것이다. 기업은 다음과 같이 함으로써 발전가능한 시장들을 발견해 낼 수 있다. (i) 관리자들 사이의 브레인스토밍, (ii) 고객들에게 브랜드에 알맞은 새로운 편익, 또는 새로운 사용상황을 제시해 달라고 요청하는 것, (iii) 현재 혹은 관련된 편익이나 사용상황을 관찰하는 것 등의 방법을 통해 새로운 편익, 새로운 사용상황들을 반영하는 시장기회를 찾아 낼 수 있다.

40년 '넘버원' 달린 국민드링크 박카스, 61년 첫 등장 후 149억병 이상 팔려…

독일 함부르크 시청의 지하홀 입구. 이곳에는 동아제약의 성장신화를 잉태한 석고상이 있다. 추수와 술의 신 '바커스'다. 한손에는 포도송이를, 다른 한손에는 곡식뭉치를 든 채 유학생 '강신호'(현 동아제약 회장)에게 훗날 결정적인 힌트를 제공했다. 1956년 3월 청년 강신호는 독일 유학길에 올랐고, 그로부터 3년여 뒤 의학박사 학위(내과학)를 쥐고 금의환향했다. 그때 나이 32세. 귀국과 함께 회사경영(상무)에 본격 합류했다. 당시 동아제약의 경영환경은 어려웠고 뭔가 돌파구가 필요했다. 신제품 출시였다. 일본·동남아 등을 돌며 시장조사와 성장품목 조사에 나섰다. 해답은 '강간제'(强肝劑)로 모아졌다. 강신호 상무는 자연스레 유학시절을 떠올렸고, 이때 뇌리를 스치듯 '바커스' 석고상이 떠올랐다. 동아제약의 '박카스'가 태어난 배경이다.

1960년대 한국의 제약시장은 비타민 전성시대였다. 6·25전쟁 등으로 영양실조 상태에 있었던 국민들은 미국의 구호물자 중 비타민을 가장 선호했다. 몸을 튼튼하게 하는 강장제로까지 여겼었다. 업계도 보조를 맞췄다. 복합영양제 개발경쟁은 치열했다. 하지만 강신호 상무는 향후의 시장성을 감안해 비타민과 미네랄에 강간제를 배합하기로 결정하고, 이를 '박카스'로 명명했다. '술·담배·피로로부터의 간장보호'라는 개발동기와 바커스신의 이미지가 정확히 일치해서다. 1960년 5월 제조허가를 받았다. 그렇지만 제품발매는 쉽지 않았다. 자금사정 때문에 적잖은 산고를 치러야만 했다. 부친 강중희 사장의 기업가정신은 이때 유감없이 발휘됐다. 경영난 속에서 신규투자를 결정했고, 결국 바커스신은 그들의 손을 들어줬다. 아들의 분석과 아버지의 결단이 이뤄낸 쾌거였다.

박카스 앞에는 굳이 요란스러운 수식어가 필요 없다. 누가 뭐래도 '피로회복제의 지존'이라는 타이틀은 굳건하다. '국민드링크'답게 지난 40여 년간 의약품 매출 중 '부동의 1위'를 지켜온 맹주다. 발매 3년 만에 정상에 우뚝 선 이래 동아제약을 업계 1위에 등극시킨 효자상품이다. 2004년 말 현재까지 모두 149억병이나 팔려나갔다. 박카스병을 한 줄로 세우면 지구를 무려 44바퀴나 도는 엄청난 규모다. 그야말로 한국과 한국인을 바꾼 제품으로 손색이 없는 성과다. 1932년 서울 중학동에서 '강중희상점'으로 출발했던 동아제약은 2004년 말 현재 매출액 5,430억원의 견실한 우량기업으로 성장했다. 개중 박카스만의 매출액은 약 1,670억원이다.

'마법의 드링크' 박카스가 시장에 첫선을 보인 건 1961년 9월. 처음에는 알약 형태의 '박카스-정'

이었다. 불티나게 팔렸지만 알약에 입힌 당의가 녹는 문제가 발생했다. 한창 매출이 좋을 때의 청천벽력은 심각한 이미지 손상으로 직결됐다. 설상가상으로 자금압박에 경쟁구도까지 한층 치열해졌다. 일례로 드링크제의 효시라 불리는 동인화학의 '동인구론산'과 천도제약의 '단발구론산'이 대단한 인기 속에 선점효과를 톡톡히 누렸다. 대책회의가 거듭된 끝에 1962년 20cc 앰풀의 '박카스-내복액'으로 변신했다. 알약 때 단점을 보완했지만 역시 용기가 자주 파손되는 문제점이 또 부각됐다. 드링크제에 대한 강신호 상무의 확신은 점점 더해갔다. 문제는 돈이었다. 부채압박에 쩔쩔매던 터라 드링크제에 대한 막대한 투자는 일종의 도박이었다. 하지만 결국 밀어붙였다. 1963년 8월 강중희 사장은 직접 '박카스-D'의 제조허가를 얻어냈다. 그에게 드링크제 생산은 모든 것을 건 승부수였다. 얼마 후 불후의 명작 '박카스-D(Drink)'가 모습을 드러냈다. 장수 브랜드 박카스의 '신화창조'는 이렇게 첫발을 뗐다. 91년에는 성분이 더 보강된 '박카스-에프(Forte)'로 옷을 갈아입었다. 오늘의 '박카스D'는 2005년 3월 한층 업그레이드된 제품이다. 여기서 D는 타우린성분이 2배 보강됐다는 'Double'(1,000 → 2,000㎎) 의미다. 타우린은 박카스 주성분이자 인체의 필수아미노산이다.

박카스 성공신화에는 뛰어난 마케팅·광고전략이 주효했다. 제품(약효)부각보다 누구나 쉽게 공감하는 공익적 내용이 설득력을 얻었다는 평가다. 끊임없는 마케팅 혁신과 브랜드화 작업의 산물이다. 〈박카스 40년〉의 저자 신인섭씨는 "광고 없이는 박카스 신화는커녕 박카스라는 브랜드조차 생존하기 힘들었을 것"이라고 밝혔다. 실제로 박카스 케이스는 광고업계의 벤치마킹 대상으로 으뜸이다. '젊음과 활력', '활력을 마시자', '그날의 피로는 그날에 푼다', '지킬 것은 지킨다' 등 명문으로 꼽히는 헤드라인이 수두룩하다. 가령 1993년부터 시작된 '새 한국인' 시리즈는 숱한 찬사를 낳았다. 음지에서 땀 흘려 묵묵히 일하는 사람을 주인공으로 내세워 한국광고 사상 가장 오래되고 성공한 광고캠페인으로 기록됐다. 버스종점과 환경미화원 편 등이 대표적이다. 젊은층을 겨냥한 '한 게임 더 해?'라는 유행어를 낳은 농구 편도 재미난 광고로 기억된다.

박카스 광고가 탁월한 성과를 낸 데는 여러 이유가 복합적으로 작용한다. 대량광고에 의한 대량판매라는 마케팅전략과 박카스에 사운을 건 경영진의 전폭적인 지지가 있었기 때문이다. 처음에는 영업사원을 동원한 샘플공세 작전을 폈지만 곧 대중매체를 총동원한 대량광고로 이어졌다. 이후 연매출 53억원을 돌파한 1970년까지 무려 1.2억원의 광고비를 박카스 하나에 쏟아부었다. 종합강장영양제답게 음주전후·피로회복·체력증강 등의 수식어를 집중·강조했다. 매출은 곧 급증했다. 소비자뿐 아니라 회사에도 활력을 안겨줬다. 하지만 호사다마라고 위기가 닥쳤다. 1976년 정부는 자양강장드링크의 대중매체 광고를 금지했다. 의약품의 오·남용을 부추긴다는 이유에서였다. 1993년 문민정부가 광고규제를 풀 때까지 길고 긴 침체기가 이어졌다. 성장세도 '마이너스'였다. 1993년 광고 해금이 되고 나서야 다시 '브레이크 없는 성장'을 일궈낼 수 있었다.

박카스는 나라 밖에서도 유명세를 떨쳤다. 박카스의 해외수출은 1981년 중동의 아랍에미리트연합(UAE)이 최초다. 특히 동포 등 한국인의 입맛을 잡는 데 공을 들였다. '이민생활의 좋은 벗'이란 점을 내세워 향수병을 잊는 데 제격이란 이미지를 강조했다. 미국에 상륙했을 때는 동포 테니스선수인 오순택을 모델로 등장시켜 히트를 쳤다. 1989년에는 박카스 수출 300만병을 돌파했다. 최근 시장을 뚫은 이란을 비롯해 현재 박카스 수출국은 20여 개국을 훌쩍 넘는다. 중국에는 아예 현지공장까지 가동 중이다. 홍보 역량을 강화해 '고급음료'에서 '대중음료'로 정착되도록 각고의 공을 들이고 있다. 동아제약은 중국에서 또 한번의 신화창조를 기대하는 분위기다.

박카스 하면 빼놓을 수 없는 게 '대학생 국토대장정' 프로그램이다. 1998년 시작된 국토대장정은 단순한 일회성 광고 이벤트가 아닌 기업의 사회적 공익을 실천한 대표적인 성공사례로 손꼽힌다. 당시 매스컴의 반응은 대단했다. 각 도보구간을 지상 중계하거나 다큐멘터리로 내보내기까지 했다. 참가자들이 엮은 감동스토리는 많은 이들을 울렸다. 사서 한 고생은 감격의 눈물이 돼 돌아왔다. '해남~임진각'까지의 국토대장정은 이제는 대학생이라면 누구나 도전해봄직한 여름철 '빅이벤트'로 정착됐다. 실제로 해가 거듭될수록 열기가 뜨거워지는 추세다. 올해로 8회째를 맞은 이번 대장정에는 126대1의 경쟁률 속에 144명이 참가했다.

박카스의 브랜드 로열티는 실로 엄청나다. 30여종에 달하는 자양강장 드링크제 중 타의추종을 불허하는 'No.1'의 주인공이다. 34~37%의 인지도(1995~2000년 조사)는 전체 브랜드 평균인 15~18%의 2배 이상이다. 최근 유력한 경쟁제품 출현으로 판매액이 다소 떨어졌지만 인지도만은 변함없는 것으로 알려졌다. 전 연령층에 걸쳐 반복구매가 일어나는 수백만명의 충성고객도 여전히 요지부동이다. 회사측이 '박카스 모르는 한국사람은 없다'고 자신하는 데는 이런 독보적인 브랜드 파워가 작용한다. '박카스의 성공신화는 좋은 제품과 싼 가격, 그리고 훌륭한 광고가 낳은 필연'이라는 호평도 낭설은 아닌 셈이다.

〈자료원: 한국경제매거진, 2005. 8. 21〉

(3) 브랜드와 시장간의 상호작용을 고려(제품범주 내 브랜드확장전략)

브랜드기초성장모형에서는 브랜드와 시장이 독립된 차원으로 여겨져서는 안 된다. 〈그림 16-1〉에서 보듯이 브랜드와 시장이 함께 고려되었을 때만이 현재시장에서 기존의 브랜드를 통해 영위하고 있는 사업의 형태가 어떻게 변화해야 할 것인지에 대한 올바른 의사결정을 내릴 수 있게 된다.

〈그림 16-1〉에 의하면 브랜드를 기초로 한 성장은 크게 두 가지 축에 따라 진행될 수 있다. 하나는 브랜드의 축으로써 기존 브랜드를 토대로 성장하는 것과 신규 브랜드의 도입을 토대로 성장하는 것이다. 두 번째는 시장의 축으로서 기존시장을 토대로 성장하는 것과 신규시장으로 토대로 성장하는 것이다. 그리고 이 두 가지 축을 함께 고려함으로써 네 가지의 전략방향이 가능해진다. 즉, 기존시장에서 기존 브랜드의 시장침투를 확대해 나가는 전략(A), 기존시장에 신규 브랜드를 도입하는 전략(B), 기존 브랜드를 이용하여 새로운 시장으로 진출하는 전략(C), 그리고 신규 브랜드를 이용하여 신규시장으로 진입하는 전략이 가능하다.

예를 들어 한국에서 성공한 삼성의 애니콜 휴대폰을 같은 브랜드로 해외에 수출함으로써 신시장을 개척한다거나, 피존의 주방세척제를 같은 브랜드로 화장실용, 자동차용 싱크대용으로 시장을 넓게 확대시켜 나가는 것 등은 기존 브

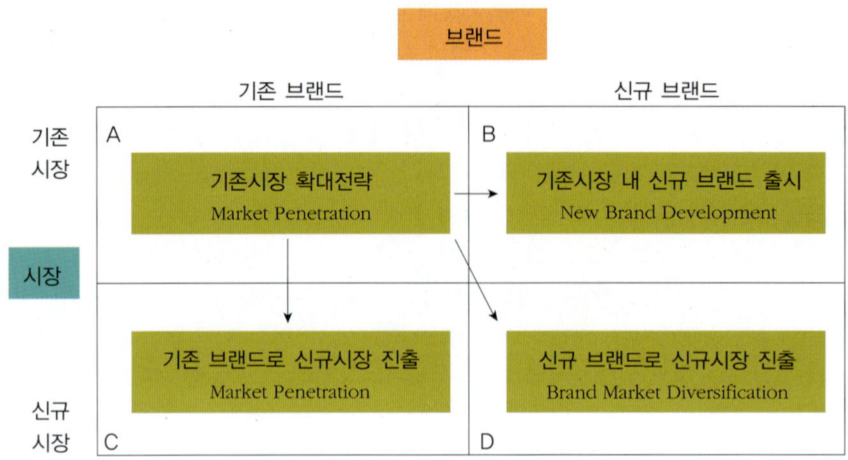

그림 16-1 브랜드와 시장의 상호작용을 고려한 브랜드기초성장 전략

랜드로 신규시장에 진출하는 전략을 사용한 것으로 볼 수 있다(C).

또한 삼성에서 내놓은 Zipel 냉장고는 기존의 시장에 새로운 브랜드를 내놓음으로써 모 브랜드에서 부족했던 면을 보완하여 보다 고급스러움을 강조해 성공한 예이다(B). 마지막으로 기업은 새로운 시장기회를 포착했을 때에 새로운 브랜드를 출시함으로써 시장을 개척할 수도 있다(D). 신규시장 진출시 기존의 브랜드가 진출하고자 하는 시장에 맞지 않을 경우가 있다. 즉 위의 피죤이나 애니콜과 같이 브랜드 이미지가 신규시장에 잘 적용될 가능성도 있으나 그렇지 못한 경우도 많다. 브랜드 관리로 유명한 Loreal사는 화장품 업계에서는 신규시장이라고 생각되는 피부보호용 약국전용 화장품에 진출할 때 Loreal이 기존에 보유하고 있던 Lancome, Loreal Paris, Maybelline NY 등의 브랜드를 적용하지 않고 Vichy를 새롭게 선보였다. 이는 기존에 쌓아 놓은 브랜드 이미지가 신규시장에 같은 브랜드로 진출했을 시에 긍정적인 면보다는 부정적인 면이 많다고 판단했기 때문일 것이다.

이러한 여러 가지 브랜드에 기초한 확장전략은 시장과 브랜드의 특성에 따라 다르게 나타나며 특히 시장은 고객욕구분석과정에서 나타나는 편익과 사용상황에서의 변화를 통해 분석가능하다. 특히, 신규시장으로 진출하려 할 때 두 가지 전략 중 어느 것이 기업에 가장 적합한 가는 다음 제4절의 브랜드명전략에서 보다 자세하게 다룬다. 즉, 어떠한 상황에서 어떤 브랜드명을 사용했을 때 가장 시너지 효과가 크게 나타나고 경쟁제품과 차별적인 경쟁우위를 확보할 수 있는지에 대해 종합적으로 살펴본다.

이 장의 나머지 부분에서는 우선 브랜드기초성장이 경쟁적 우위를 가지게 하고, 또한 제품 및 SBU 수준의 확장기회를 기업에게 제공해 줄 수 있는 시너지 효과와 경험곡선효과에 대하여 설명할 것이다. 그 이후에는 기업이 효율성 있는 성장을 하는 데 도움이 될 브랜드명전략을 제안할 것이다. 끝으로, 제품범주 내 브랜드기초성장전략이 어떻게 다른 제품범주로의 성장에 도움이 되는지를 토론할 것이다.

2.3. 브랜드기초성장모형의 전략적 의미

브랜드기초성장모형의 주요 전략적 의미는 다음과 같다. 주의 깊게 설계된 제품 범주 내의 브랜드기초성장전략은 기업의 성장을 위한 강한 기초를 제공함으로써 기업이 효과적으로 시장경계를 넓히고 다른 사업영역으로 성장할 수 있는 기회를 증진시킬 것이다. 즉, 제품범주 내 브랜드기초성장전략은 사업영역을 확장하는 데 많은 기회를 제공한다. 기업이 시장의 변화를 추적하고 동시에 시장의 두 가지 차원(편익과 사용상황)의 발전에 의해 생성된 기회를 포착하려는 노력을 한다면, 그것은 기존제품을 보완하거나 대체할 수 있는 새로운 제품을 발견할 수 있는 혜안을 제공해 줄 수 있는 것이다. 예컨대, 식품브랜드인 Jello-O의 브랜드 시장 수준에서의 다각화 노력은 Jello-O Jigglers와 같은 아동용 제품시장을 창출한 바 있으며, 이러한 노력들은 기업에게 기존 제품-시장 범주를 넘어서는 새로운 제품-시장 수준의 기회들에 대하여 중요한 혜안을 제공해 주었다.

또한, Canon은 복사기와 팩시밀리시장에 진입하기 전에 우선 카메라시장에서 그 위치를 강화시켰다. 이와 비슷하게, Casio는 시계로 다각화하기 전에 계산기시장에서 강점을 축적하였다. 현재 및 새로운 기술과 노하우 사이의 이 같은 연결은 기업의 강점들을 공고히 하고, 시장에서의 전체적인 관리능력을 향상시킨다. 한편, 모터 사이클에서 작은 가솔린엔진 제품들(소형차, 잔디깎기, 발전기, 제설기, 모터보트 등)로의 사업확장을 한 Honda의 경우와 같이, 새로운 제품범주는 기존의 고객기반과 기술적 노하우에 토대를 두는 것이 바람직하다는 것도 알 수 있다.

제품범주 내 브랜드기초성장에는 한 가지 잠재적인 위험요인도 존재한다. 즉, 기존의 브랜드를 이용하여 신규시장에 진출하였는데 그것이 실패한다면 그 여파가 브랜드의 원래 제품에까지 미칠 수 있다는 것이다. 예컨대, 몇 년 전에 타이레놀 브랜드 제품 중 하나에 문제가 있었다. 그 문제에서 발생된 위험이 타이레놀 브랜드 제품 전체에 영향을 미쳤다. 그러나, 이와 같은 경우 때문에 브랜드기초성장을 추구하는 전략자체를 포기해서는 안 된다. 기업은 이러한 문제들을 효과적으로 해결할 수 있는 위기관리팀을 가지고 위험에 대처하면서 브랜드기초성장전략을 추구하는 것이 바람직하다.

제 3 절 브랜드기초성장모형의 이점

제품범주 내에서 브랜드기초성장을 추구하기 위해서는 현재 브랜드가 가지고 있는 강점을 어떻게 활용해야 하는가의 문제가 다루어져야 한다. 그런데 시장이 진화, 발전함에 따라 브랜드가 축적하게 되는 강점의 원천들은 다음의 세 가지 형태로 나타날 수 있다: 경험곡선효과, 시너지 효과, 그리고 이 둘간의 상호작용 효과(그림 16-2 참조). 다음에서는 이들 세 가지 이점의 원천들과 그것을 이끌어내는 방법에 대해서 논의하기로 한다.

그림 16-2

브랜드기초성장 이점의 원천을 보여주는 다이어그램

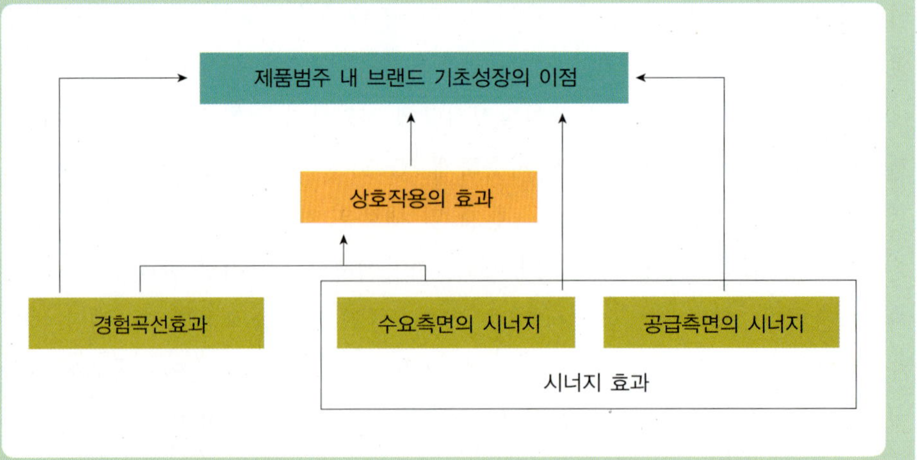

3.1. 경험곡선의 이점

성장모형에서 가장 광범위하게 사용되는 개념 중의 하나가 경험곡선효과이다. 경험곡선이란, 단일제품에 대한 기업의 총누적생산량이 증가함에 따라 단위당 생산비용이 체계적으로 감소하는 현상을 말한다. 단위당 비용의 감소는 그 이전에 비하여 높은 이윤을 보장하는 것이기 때문에 상당히 매력적인 개념이 된다. 또한, 경험곡선효과를 토대로 이룩한 원가우위는 경쟁자에 의해서 쉽게 모방될 수 없는 것이기 때문에 장기적인 경쟁우위요소로도 작용한다. 그리고 다른 시장에 적합하도록 제품이 약간 수정된다 하더라도, 기업은 여전히 경험곡선의 이점을 얻을 수 있다. 예컨대, 미국 Johnson & Johnson사는 타이레놀, 타이레놀 Extra Strength, 타이레놀 Gel Caps 등과 같은 타이레놀 시리즈의 제품을 도입했는데, 이 제품들은 기존제품을 부분적으로 수정한 것이서 경험곡선효과를 지속적으로 누릴 수 있었다. 이와 같이, 제품범주 내 브랜드기초성장기회는 기업에게 단위당 생산비용을 낮출 수 있는 잠재력을 제공한다.

일단 기존시장에서 브랜드가 정착된 뒤에는, 그 시장에서 브랜드의 매출규모를 증대시키는 데에는 한계가 있다. 그러므로, 기존시장 내에서 경험곡선을 통한 이점은 어떤 일정수준까지만 가능하다. 예를 들어, 진통제 시장에서 타이레놀(Tylenol)의 매출규모는 일정기간이 지나면 줄어들게 된다. 이때 기존시장의 범위를 넘어서서 경험곡선의 효과를 확대시키기 위해서는, 타이레놀이 타이레놀 Gel Caps, 타이레놀 PM, 타이레놀 Kids 등과 같은 제품을 만들어 냈듯이, 제품범주 내에서의 브랜드성장기회를 지속적으로 추구하여야 한다. 기업이 기존의 제품범주를 유지하면서, 기존 브랜드를 시장에 적합하도록 만들어 발전된 새로운 시장을 목표로 삼는다면, 기업은 경험곡선효과로 인해 발생되는 더 많은 이익을 누릴 수 있을 것이다. 그러므로, 제품범주 내 브랜드기초성장의 기회는 기업의 단위당 비용을 효과적으로 낮춤으로써 경험곡선의 이점을 제공해 준다.

이러한 경험곡선의 효과를 수식으로 표현하면 다음과 같다.

$$C_n = C_1 / (\Sigma n_i \lambda_i)$$

여기서,

i = (1,2,3 ………, k) 잠재시장

C_n = n번째 누적단위의 비용

C_1 = 첫번째 단위의 비용
n_i = i번째 시장에서 누적단위의 수
λ_i = i번째 시장에서의 경험률

위의 관계는 단위당 비용의 생산량함수로서, 생산량이 증가함에 따라 단위당 비용이 점점 줄어드는 곡선을 의미한다. 여기서 주의할 점은, 상기의 식에서 Σn_i가 점점 증가하면 비용은 0에 가까워진다는 것이다. 하지만, 시장확대가 어느 일정한 상한을 가지기 때문에 브랜드가 하나뿐인 시장의 경우에는 이러한 상황이 거의 발생하지 않는다.

3.2. 시너지 효과의 이점

경험곡선효과와 마찬가지로, 시너지 효과는 사업성장모형에 있어서 또 하나의 중요한 개념이다. 제 1 장에서도 자세하게 다루었듯이 시너지 효과란 두 요인이 동시에 존재함으로써 나타나는 총효과가 각각의 요인이 독립적으로 발생시키는 효과의 합보다 크게 나타나는 현상을 말한다. 두 개 혹은 그 이상의 단위들 사이에서 시너지 효과가 발생하는 과정은 대개 다음과 같은 형식을 따른다: A가 B와 연결될 때, 이 조합의 주요 편익은 A로부터 B로 그리고 B로부터 A로의 양방향으로 흐른다. 수학적으로 시너지 효과의 영향은 초월가법함수(superadditive function)라고 불리는 특정형태의 함수로 나타낼 수 있다. A와 B의 어떤 두 집합에 대해, $F(A \cup B) \geq F(A) + F(B)$이면, 함수 F는 초월가법적(superadditive)이라고 한다. 이 공식은 두 개의 힘이나 실체의 상호작용의 효과가 이들 실체 각각의 분리된 효과의 합을 초월한다는 개념을 반영하고 있다. 따라서 상기의 함수 F는 시너지 효과를 가지고 있다고 말할 수 있다.

한 기업이 이용할 수 있는 전반적인 시너지 효과는 크게 수요측면과 공급측면에서 발생될 수 있다. 시너지의 수요측면 원천은 주로 브랜드명과 브랜드에 대한 고객의 인식에 기초하고 있다. 그리고 공급측면의 원천은 시장에 대한 지식과 기술적 노하우와 같은 기업의 내부적 강점으로 구성된다.

(1) 수요측면의 시너지 원천

새로운 시장에 진입하기 위해 기존시장에서의 브랜드명을 사용하는 것이

기업에게 브랜드명 시너지의 이점을 가져다 줄 수 있다. 즉, 인지도가 높은 기존 브랜드명을 신제품에 적용함으로써 초기 인지도 구축을 위한 투자를 최소화할 수 있으며 고객들이 느끼는 위험을 감소시켜 줄 수 있다. 그리고 이에 따라 시장진입이 용이하게 되는 것이다. 예를 들어, 타이레놀(original Tylenol)이 진통제 시장에서 누려왔던 강한 명성 때문에 타이레놀 PM(밤시간용 진통제)과 타이레놀 Kids(어린이용 진통제)의 도입이 용이하였다. 이러한 새로운 시장에의 진입은 본래의 타이레놀 진통제 시장에서의 매출액 증가도 가져왔는데, 이는 타이레놀 PM과 타이레놀 Kids의 사용자들이 사용상황에 따라 본래의 타이레놀도 사용하였기 때문이다. 기존 브랜드를 이용하여 연관된 시장에 진입하는 것은 매출증가 효과 외에도 기존의 광고와 판매인력을 보다 효과적으로 이용할 수 있게 되기 때문에 마케팅비용의 감소를 가져오는 것이다.

또한, 관련된 시장에 진입하기 위해 현재의 브랜드를 사용하는 것은 현재시장에서의 그 브랜드 명성을 더욱 향상시킬 수 있다. 예컨대, 위에서 언급한 대로 타이레놀은 매우 다양한 브랜드들로 폭넓은 소비자집단들의 욕구를 충족시키는 데 성공하였다. 타이레놀이라는 브랜드와 연결된 다양한 관련 제품들은 고객들에게 타이레놀이라는 브랜드에 대해 더욱 호감을 갖도록 하였다.

브랜드명 다각화를 통해 달성된 브랜드 인지도와 선호도의 증가는 사용고객을 총체적으로 증가시킨다. 즉 타이레놀이 타이레놀 PM을 도입했을 때, 새로운 브랜드는 새로운 사용상황(밤시간대의 사용)에 처한 현재 고객들은 물론 전체적인 타이레놀 브랜드에 대한 고객의 증가를 통하여 다른 경쟁사들의 수면촉진 진통제 고객들을 뺏어 왔다. 이 예에서와 같이 관련이 있는 새로운 시장으로의 진입을 통해 폭 넓은 고객기반을 구축함으로써 현재 브랜드의 추가적인 성장을 이룩하고, 수익의 증가를 가져올 수 있다. 이러한 방식으로 브랜드에 대한 전체적인 고객기반이 증가하는 것이다.

(2) 공급측면의 시너지 원천

브랜드를 기초로 한 성장을 추구할 때 시너지 효과는 공급측면에 있어서의 두 가지 원천들로부터도 발생한다. 그 첫째는 시장에 대한 학습이고 둘째는 관리적 · 기술적 노하우의 축적이다.

브랜드기초성장전략에서는 시장의 각 성장단계마다 제한된 수의 상품과 시장에 모든 기업의 자원을 집중하기 때문에 이 분야에 대한 폭 넓은 학습이 이루어지게 된다. 시장에 대한 학습은 제품에 대한 고객의 기대, 고객행동, 경쟁상황, 유통경로행동 등에 대한 지식의 축적을 포함한다. 또한 시장에 대한 지식을 통해 고객들의 욕구를 더욱 만족시킬 수 있는 보다 향상되고 경제적인 방법들을 터득하는 것도 포함한다. 예컨대, 나이키(Nike)는 농구화, 테니스화, 그리고 축구화를 출시하는 과정에서 과거 런닝화의 개발경험을 활용하였던 것이다. 우선 각 경기종목의 최정상에 있는 선수들을 파악하고 기술적인 측면과 디자인의 관점에서 그들의 필요를 이해하기 위해 나이키의 엔지니어들과 디자이너들은 그들과 면담을 하는 데에 많은 시간을 투입하였다. 과거의 경험으로 인해 이 과정을 매우 효율적으로 진행할 수 있었던 것이다.

한편, 제품범주 내에서 브랜드기초성장을 할 때는, 기업의 자원과 연구개발활동이 유사한 제품들에 집중되기 때문에, 관리적 · 기술적인 효율성을 얻을 기회가 매우 높아진다. 예컨대, 소니(Sony)는 철저한 시장지식을 바탕으로 오디오와 비디오 시스템을 소형으로 만드는 데에 기술적 · 관리적 초점을 맞추었으며, 이는 Walkman이나 Watchman, Discman과 같은 혁신적인 제품의 생산과 판매를 가능하게 하였고, 결과적으로 소니 브랜드명의 이미지를 지속적으로 강화시키는 데 성공하였다. 1980년대 중반에 Nike는 Air Jordan 프로젝트를 수립하고, Nike 내의 새로운 세분시장을 겨냥한 공기쿠션의 농구화를 만들기 위해 런닝화에서 사용했던 공기쿠션 기술을 이용하였다. 런닝화에서의 기술적 · 관리적 전문력은 Air Jordan 농구화를 만드는 데 큰 도움을 주었으며, 궁극적으로 Nike의 이미지를 더욱 강화시켰다.

3.3. 경험곡선효과와 시너지 효과의 상호작용

이상에서 경험곡선효과와 시너지 효과에 대해서 살펴보았는데, 이 밖에도 브랜드기초성장의 관점에서 이러한 효과들 사이에는 상호작용의 관계가 존재하게 된다. 이러한 상호작용은 기업에게 단위비용의 감소라는 혜택을 주기 때문에 관련 제품범주의 경쟁적 우위를 얻기 위해서 각별한 주의를 기울여야 한다. 앞에서 설명한 바와 같이 기업은 우선 수요와 공급 두 측면의 시너지 효과로 인하여 현재 브랜드의 매출을 더욱 늘릴 수 있다. 이러한 시너지 효과에서 오는 매출증가는 경험곡선효과를 가속화시켜 단위비용을 더욱더 감소시키게 된다. 나아가 경험곡선효과를 통한 원가절감은 지속적인 판매와 이익의 증대를 초래하게 된다. 결국, 경험곡선효과와 시너지 효과는 서로 상호작용을 하며 선순환을 형성하게 되는 것이다.

이러한 상호작용 효과를 수학적으로 나타내 보면 다음과 같다. 브랜드명의 함수로서 S는 매출반응을 나타내고, B_1과 B_2를 각각 기존시장과 새로운 시장에서의 두 브랜드라 전제하자. 시너지의 정의를 사용하면, 브랜드들이 상호연결되어 있을 때 전체매출 $S(B_1 \cup B_2)$는 두 브랜드들이 상호 연결되어 있지 않을 때의 합산매출, 즉 $S(B_1) + S(B_2)$ 보다 커질 것이다. 즉 $S(B_1 \cup B_2) \geq S(B_1) + S(B_2)$가 되는 것이다. 다음으로, 위의 두 경우에 대하여 경험곡선공식에 매출액을 대입하여 단위비용을 구한다. 두 브랜드가 상호연결되어 있을 때의 단위비용, $C_{S(B_1 \cup B_2)}$는 브랜드들이 상호연결되어 있지 않을 때의 단위비용인 $C_{S(B_1)+S(B_2)}$보다 더 적어질 것이다. 즉 $C_{S(B_1 \cup B_2)} \leq C_{S(B_1)+S(B_2)}$가 된다. 이런 방식으로 브랜드명 시너지는 시장간의 매출을 증가시키고 그것은 다시 경험곡선효과을 통하여 원가우위를 가져오게 한다. 이것이 상호작용 효과의 요체인 것이다.

기업이 반복적으로 현재의 브랜드를 통한 제품범주 내의 브랜드기초성장전략을 추구한다면, 관련된 시장에 진입할 때마다 이 상호작용의 효과를 누릴 수 있기 때문에, 그 수익은 더욱 증가되고 단위비용은 더욱 감소되며, 현재 브랜드의 강점들은 더 강하게 결합될 수 있다. 따라서 기업은 이러한 전략의 수행을 통해 비용과 브랜드 명성면에서 경쟁자들보다 앞설 수 있게 된다. 그러므로 기업은 이러한 상호작용의 효과를 인식하고, 관련 제품범주 내에서 기존 브랜드를 통해 가능한 한 많은 브랜드기초성장의 기회를 모색해야 한다.

추가적으로, 기업이 강한 브랜드명의 도움으로 제품범주 내의 모든 성장기회에 체계적으로 접근할 수 있을 때, 보다 많은 세분시장들을 공략할 수 있을 것이다. 그러나 반드시 모든 기업이 이렇게 할 수 있다는 것은 아니다. 여기에는 몇 가지 전제조건이 있다. 브랜드기초성장모형에 따라 성공적으로 세분시장들을 공략하기 위해서는 우선 시장의 발전을 예견하고 확인할 수 있는 능력이 있어야 한다. 둘째로, 각 세분시장들을 공략할 수 있는 자원이 확보되어야 하며, 마지막으로 경험곡선효과와 시너지 효과를 극대화시킬 수 있는 집행, 운영능력이 있을 때만이 이러한 전략을 수행할 수 있을 것이다.

일본 카시오(Casio)시계의 성장은 시너지 효과와 경험곡선효과 사이의 상호작용을 성공적으로 이용한 좋은 예이다. 카시오는 계산기사업에서 브랜드명을 정립하고 전자제품사업의 경영에 대한 기술적 · 관리적 전문력을 확보한 이후

시계시장에 진입하였다. 전자시계 시장에서 카시오는 실질적으로 모든 신규시장에 진입하였다. 즉, 고객집단과 편익, 그리고 사용상황의 다양한 조합에 따라 100개 이상의 모델을 시장에 도입하였다. 그들은 또한 모든 표적시장에서 Casio라는 브랜드를 사용함으로써 제반비용을 절감할 수 있었으며 따라서 경쟁력 있는 가격으로 소비자들에게 공급할 수 있었다. 그 결과 시장에서 더 큰 점유율을 확보할 수 있었고 매출이 늘어남에 따라 경험곡선효과 때문에 단위원가는 더욱 감소되었다. 나아가 낮은 단위원가는 시장에서 낮은 가격을 유지하도록 도움을 주었고, 새로운 세분시장으로의 진입을 통해 매출은 더욱 증대 되었다.

공급측면의 시너지를 통하여 카시오는 전자기구의 핵심인 LIS 칩 디자인의 관리적 · 기술적 경쟁력 등 여러 가지의 내적강점을 구축하였고, 시계시장의 우수한 지식은 카시오로 하여금 여러 가지의 또 다른 혁신을 가능하게 하였다(예컨대, 수중시계, 스포츠시계, 오락게임시계 등). 이러한 혁신들은 매출을 증가시켰고, 그것은 단위원가의 감소로 이어졌다. 카시오가 다양한 시장을 표적시장으로 삼고 지속적으로 개척해 나감에 따라, 각 단계마다 브랜드의 명성은 증가하고, 높은 시장점유율과 단위비용감소의 결과를 낳았다. 이러한 브랜드명에 의한 시너지 효과와 경험곡선효과 사이의 상호작용은 카시오가 세계 시계시장에서 잠재 경쟁자들의 시장진입을 억제하면서 경쟁자들보다 앞서가는 데 크게 기여했던 것이다.

앞에서 지적한 주요 이점들은 기업이 시장, 시장의 발전과정, 그리고 브랜드와 시장의 조화에 등에 대하여 완전히 이해할 때만이 활용될 수 있다. 시장이 발전해 감에 따라, 기업은 새롭게 규명된 시장을 현명하게 선택해야 하며 조화롭게 브랜드들을 발전시켜야 하는 것이다.

본 장의 나머지 부분에서는 구축된 브랜드 자산을 효과적으로 활용하여 브랜드를 기초로 사업을 성장시켜 나가는 두 가지 방법에 대하여 설명하고자 한다.

제 4 절 브랜드자산의 전략적 활용: 동일 제품범주 내의 브랜드명 전략(Within-Product Category Extension Strategy)

지금까지 우리는 기업이 성장을 추구하는 여러 가지 방법 중 브랜드에 기초하여 사업성장을 추구하는 모형에 관하여 살펴보았다. 앞으로는 기업이 일정수준까지 구축해 온 브랜드 자산을 활용하여 지속적인 사업성장을 도모할 수 있는 방법에 관하여 자세히 살펴보도록 하겠다.

먼저, 기업이 브랜드 자산을 활용하여 사업의 성장을 추구하거나 굳건히 하기 위한 방법으로는 브랜드명전략이 있다. 브랜드명전략은 기존의 시장에서 성공한 브랜드를 새롭게 발전된 시장에 효과적으로 연결시키기 위한 방법을 말한다. 일반적으로 브랜드명은 중심요소(central element)와 주변요소(peripheral element)로 구성되어 있다. 여기서 중심요소는 브랜드명의 핵심개념으로써 고객들로 하여금 브랜드의 근본적인 특성을 파악할 수 있도록 하는 개념이다. 주변요소는 핵심브랜드개념의 수식어(modifier)로서의 역할을 한다. 주변요소는 고객의 관점에서 볼 때, 핵심적인 개념은 아니지만 핵심개념을 보조하는 수식적인 의미를 부여할 수 있는 것이다.

일반적으로 새롭게 발전된 시장에 대한 브랜드명의 결정에는 네 가지의 전략이 있다: 브랜드확장전략, 직접적 하위브랜드전략, 간접적 하위브랜드전략, 그리고 개별 브랜드전략. 다음에서는 각 브랜드명전략과 그것의 이점들, 그리고 각 전략에 알맞은 상황 등에 대해 보다 상세하게 설명하기로 한다.

4.1. 브랜드확장전략(Brand Stretching Strategy)

브랜드확장전략이란 새롭게 발전된 시장에서 기존의 브랜드를 그대로 사용하거나 약간의 변형만을 주는 것이다. 이 전략의 예로는 코카콜라사가 기존의 브랜드명을 그대로 이용하여 아침음료로서 포지셔닝한 것이나, 현대자동차가 기존의 Sonata를 개선해 EF-Sonata라는 브랜드명을 채택한 것 등을 들 수 있다. 이 전략에서 필수적인 것은 기존의 브랜드가 발전된 시장의 독특한 특성을 포함할 수 있도록 확장되어야 한다는 것이다. 이는 기존의 브랜드 개념의 단순한 확장을 의미한다. 즉, 세 가지 차원(고객, 편익, 그리고 사용상황) 중의 어떤 하나의 변화를 통해 그 브랜드에 대한 시장이 발전할 때는, 기존시장과 발전된 시장에서의 제품개념 사이에 별다른 갈등이 없을 것이다. 따라서 기존의 브랜드 개념에 단순한 확장이나 약간의 추가를 하는 브랜드확장전략이 가장 적절하다고 할 수 있다.

브랜드확장전략은 현재 브랜드명의 사용(Coke의 경우)이나 약간의 변형(EF Sonata의 경우)을 꾀하는 것이므로, 기업은 기존의 시장과 발전된 시장 사이의 브랜드명 시너지와 관련된 실질적인 이점들을 얻을 수 있다. 결과적으로 이 전략은 기업에게 경험곡선효과의 이점을 충분히 가져다 주게 되고, 따라서 단위당 비용도 더 낮아지게 된다. 시너지 효과와 경험곡선효과가 모두 강할 때에는, 이들 양자간의 상호작용 효과 또한 높아질 것이다. 그러므로 현재시장의 단순한 확장이나 추가를 통해 시장이 발전 할 때는, 시너지 효과, 경험곡선효과, 그리고 상호작용 효과의 이점들을 극대화할 수 있는 브랜드확장전략이 바람직하다고 할 수 있다.

4.2. 직접적 하위브랜드전략(Direct Sub-Brand Stretching: DSB)

이 전략에서는 기존의 브랜드명(혹은 그 일부)에 새로운 시장을 위한 새로운 브랜드명이 추가적으로 조합된다. 이 전략의 예로는 의류브랜드 Gap이 Gap Kids라는 브랜드명을 통해 아동복을 도입시키는 데 성공한 것이나, Honda가 Honda Civic의 성공 후에 Honda Accord를 도입한 것 등을 들 수 있다. 발전된 시장들에서도 그대로 사용되고 있는 공동 브랜드명(family brand name)인 'Honda'는 고객들에게 본래 브랜드명의 특징을 상기시키며, 한편 새로운 하위 브랜드명인 'Accord'는 발전된 시장에 적합한 새로운 의미를 전달할 수 있다. 특히 새로운 브랜드명(Accord)에 기존의 브랜드명(혹은 그 일부: Honda)을 사용함으로써 DSB전략은 현재의 브랜드가 가지고 있는 지식과 효과를 새로운 브랜드에 쉽게 이전시킬 수 있게 된다. 이와 동시에, 하위 브랜드는 기업이 발전된 시장에서 그 독특한 위치를 확립하는 데 도움을 준다.

이런 전략은 현재 브랜드 개념의 주변적 요소(peripheral elements)들을 수정함으로써 발전된 시장에 대한 기존의 브랜드 개념을 조정하는 것이다. 하위브랜드전략의 사용은 Honda 자동차회사의 성장전략을 통해 매우 잘 설명될 수 있다. 본래 미국시장에서 Honda사는 Honda Civic이라 불리는 유명한 자동차 모델을 소개하였다. 이 브랜드는 일상생활용으로 사용되는 중 · 저소득층의 개인 혹은 소가족을 위한 신뢰할 수 있고, 가치 있는 자동차라는 제품개념을 가지고 있었다. Honda는 곧 중간소득층 시장에 알맞은 가족용 승용차의 시장기회를 발견하였고, 이 시장에 현재의 브랜드를 약간 수정한 브랜드를 도입하였다. 그래서 브랜드명의 첫번째 부분에는 'Honda'라는 이름을 유지하면서, 두 번째 부분을 'Civic'에서 'Accord'로 바꾸었다. Honda라는 이름은 그 개념의 핵심특징(central element)으로서 '신뢰할 수 있고 가치를 제공하는 자동차'라는 의미를 전달하기 위해 그대로 사용되었고, 하위 브랜드인 Accord는 '중간소득층의 가족용 자동차'라는 주변적인 특징을 전달하기 위해 사용된 것이다.

직접적 하위브랜드전략의 경우에는 기존 브랜드명의 일부가 발전된 시장에서도 그대로 사용되기 때문에 기존 브랜드에 관련된 시너지의 이점을 그대로 이용할 수 있다(Gap과 Honda의 경우처럼). 그러나, 브랜드확장전략과 비교하여 볼 때, 직접적 하위브랜드전략에서의 시너지 효과는 브랜드확장전략의 경우보다는 상대적으로 적을 것 이다. 이 전략은 대개 현재 브랜드에 약간의 변화를 주는 것이 필요하기 때문이다. 예컨대, Gap Kids의 경우 기업은 디자인이나 포장 등을 새롭게 변경해야 한다. 또한 Honda Accord의 경우에도 제품의 재설계와 현재 생산설비를 어느 정도 변화시켜야 한다(새로운 금형, 주물의 사용). 그럼에도 불구하고 제품상의 유사점이 적지 않기 때문에 기업은 브랜드확장전략의 경우만큼은 아닐지라도 대부분의 현존 생산설비를 사용할 수 있고, 경험곡선효과의 이점을 부분적으로나마 이용할 수 있을 것이다. 요약하면, 시장이 발전하여 브랜드의 주변적 요소들과 갈등이 유발될 때에는 직접적 하위브랜드전략이 가장 적절하다고 할 수 있다.

4.3. 간접적 하위브랜드전략(Indirect Sub-Brand Stretching: ISB)

간접적 하위브랜드전략은 직접적 하위브랜드전략과 함께 하위브랜드전략의 한 형태이다. 간접적 하위브랜드전략의 한 가지 예로서 메리어트 호텔(Marriott Hotel)사의 신시장 진입을 들 수 있다. 이 호텔은 호화스러운 분위기, 높은 서비스 수준, 그리고 고가격으로 유명한데, 경제적인 숙박사업(economical lodging business)에 진출한 것이다. 이 숙박업체의 이름은 'Courtyard by Marriott'(번역하면, 'Marriott에 의해 운영되는 Courtyard 호텔')이었다. 이와 유사하게 로렉스(Rolex)도 Tudor라는 이름으로 저가시계시장에 진입한 바 있다. 이러한 경우에 새로운 이름으로 새로운 시장에 도입된 브랜드(예컨대, Courtyard, Tudor)는 기존 브랜드(Marriott, Rolex)와 간접적으로 연계되어질 뿐이다.

이러한 전략은 직접적 하위브랜드전략(예컨대, Honda의 Accord)과는 달리 공동 브랜드명(family brand name)을 사용하지 않는다. 직접적 하위브랜드전략과 간접적 하위브랜드전략 사이의 기본적인 차이는 발전된 시장이 모 브랜드와 어느 정도 연관되느냐에 달려 있다. 즉, 직접적 하위브랜드전략에서는 모 브랜드명이 새로운 브랜드 개념의 가장 중심적인 역할을 하지만, 간접적 하위브랜드전략에서는 모 브랜드명이 새로운 하위 브랜드명에 비해 훨씬 덜 부각되게 된다. 다시 말해 모 브랜드명이 하위브랜드명과 간접적으로만 연관되어지는 것이다.

새로운 브랜드명과 기존 브랜드명과의 간접적인 연계 뒤에 숨어 있는 명백한 가정은 기존 브랜드명에서의 믿음과 선호도가 새로운 브랜드명으로 단지 선택적으로만 이동되어야 한다는 것이다. 왜냐하면 새로운 브랜드와 기존 브랜드 간의 거리를 유지해서 새로운 브랜드에 적합하지 않은 측면들이 기존 브랜드로부터 옮겨 가는 것을 방지해야 하기 때문이다. Marriott 호텔의 경우, Courtyard 호텔은 Marriott 호텔체인과 연계되어 있어서 중심적인 특징들(예컨대, 편리한 장소, 청결하고 편안한 방, 신뢰할 수 있음 등)을 공유하고 있지만, 다른 특징들(예컨대, 가격과 서비스의 정도 등)에 있어서는 다르게 포지셔닝 되어 있다는 것을 고객들에게 알려 준다. 이렇게 되면, Courtyard가 Marriott와 가격과 서비스 등에서 차별화되는 특징을 지니면서도, Marriott으로부터 높은 선호와 신뢰를 옮겨 받을 수 있게 된다. 결과적으로, Marriott의 명성은 Courtyard가 성공적으로 시장에 진입하는 데 도움을 주었다. 더욱이 기존의 설비를 새로운 시장에서 이용할 수 있기 때문에(Marriott 호텔의 예약시스템을 Courtyard에게 제공하고 공유함) 경험곡선 효과의 이점도 얻을 수 있었다.

간접적 하위브랜드전략의 경우, 비록 새로운 브랜드와 기존 브랜드 사이의 연계가 간접적이고, 기존의 핵심적인 특징의 일부만 공유되지만, 기존 브랜드의 개념을 약화시킬 수 있는 다소간의 위험을 지니고는 있다. 그러나 기업이 브랜드 시너지의 이점을 이용할 수 있으므로 그러한 위험요소는 시너지 효과, 경험곡선효과, 그리고 상호작용의 효과로부터 나오는 이점에 의해 상쇄될 수 있을 것이다.

결론적으로, 새로이 진화된 시장의 특성이 기존 브랜드의 핵심개념과 상충되지만 그 일부가 전이될 수 있을 때에는 간접적 하위브랜드전략을 추구함으로써 기존 브랜드와의 구분을 어느 정도 유지하는 동시에 브랜드 명성과 경험곡선 효과를 가능한 최대로 활용하는 것이 바람직 할 것이다.

4.4. 개별 브랜드명전략(individual brand name strategy: IBN)

개별 브랜드명전략이란 기존 제품범주 내에서 새로 나타나는 시장에 완전히 새로운 브랜드명을 사용하여 진입하는 것이다. 이러한 전략의 좋은 예로는 Oscar Meyer사의 Mellow-Crisp의 시장진입과 Toyota 자동차회사의 Lexus 브랜드의 도입을 들 수 있다. 개별 브랜드명전략은 복수 브랜드전략(multiple brand strategy)이라 하기도 한다. 그런데 새로운 브랜드명을 통하여 원가나 시너지의 이점을 얻기는 쉽지 않으며, 다른 브랜드명전략에 비해 위험 또한 높다고 할 수 있다.

그러나, 이 전략의 주요한 이점은 기존 브랜드와 새로운 브랜드의 이미지를 완전히 분리시킬 수 있다는 데 있다. 이러한 분리는 사업성장에 있어 몇 가지 중요한 함축적 의미를 지니고 있다. 우선, 발전된 시장에서 기존 브랜드의 이미지와는 다른 브랜드가 적합할 때 이러한 새로운 브랜드는 기존시장 내에서 본래의 브랜드의 이미지를 보호하는 데 도움을 줄 수 있다는 것이다. Toyota 자동차의 Lexus가 그 예인데, Toyota가 호화스럽고 높은 신분을 상징하는 새로운 차를 시장에 도입하기로 결정했지만 그것은 기존의 신뢰성의 개념을 가진 Toyota 브랜드의 개념과는 상충되는 것이었기 때문에 Lexus라는 새로운 브랜드를 사용했던 것이다. 만일 발전된 새로운 시장에서 도요타 브랜드의 하위브랜드전략을 사용했다면 그것은 기존 브랜드와 발전된 시장의 새로운 브랜드 양자 모두에게 해를 끼쳤을 것이다(부정적인 상호작용효과).

Oscar Meyer사가 현재의 육류제품범주를 보호하기 위해 Mellow-Crisp라는 새로운 브랜드로 저가의 베이컨시장에 진입한 것은 브랜드 이미지를 보호하기 위한 또 다른 예라 할 수 있다. 이러한 새로운 브랜드의 도입은, 그동안 경쟁자들이 수많은 저가 브랜드들을 도입하여 저가육류시장을 형성해 놓았기 때문에 꼭 필요한 것이었다. Oscar Meyer사는 현재의 브랜드가 희석되거나 퇴색되기를 원치 않았기 때문에 새로운 브랜드를 사용하여 저가제품을 내어 놓았던 것이다.

이와 같이, 개별 브랜드전략하에서는 브랜드명 시너지 효과를 얻을 수 없기 때문에 브랜드명 시너지와 경험곡선간의 보완성과 관련된 이득을 얻을 수 없다. 그러나, 개별 브랜드전략은 새로운 브랜드와 기존 브랜드를 분리시킴으로써 다양성을 추구하는 소비자들에게 차별적으로 소구하는 데 도움을 줄 수 있다. 예컨대, 과자시장에서 M&M이 복수 브랜드를 가지고 있었기 때문에 한 브랜드

그림 16-3 브랜드 개념간의 갈등과 브랜드명전략

중심개념 \ 주변개념	갈등없음	갈등
갈등없음	브랜드확장전략	직접적 하위브랜드전략
부분적 갈등	간접적 하위브랜드전략	
갈등	개별 브랜드명전략	

(Snickers)를 통해 만족을 얻었던 소비자들이 다른 브랜드(Milky Way나 Mounds)로 전환하여도 욕구를 충족시킬 수 있었다. 그러나 이 경우에 브랜드명 시너지는 크게 일어나지 않는다.

결론적으로, 새로 형성된 시장의 특성이 기존 브랜드의 중심개념과 갈등을 일으키는 경우 기업은 개별 브랜드명전략을 추구함으로써 두 시장간의 분리를 꾀하는 것이 바람직하다. 이렇게 함으로써 기존 브랜드를 보호할 수도 있으며 혹은 신규 브랜드의 독립된 포지셔닝을 보다 효과적으로 구축할 수도 있는 것이다.

이상에서 살펴본 바와 같이 브랜드명전략은 기존 브랜드와 새로운 브랜드간의 중심개념 · 주변개념의 갈등 여부에 따라 선택되어질 것이다. 〈그림 16-3〉은 여러 가지 상황하에서의 브랜드명전략을 요약하고 있다.

기업은 제품범주 내에서 브랜드에 기초한 성장기회들을 체계적으로 탐색하고 난 후에는 그것을 바탕으로 다른 제품범주로의 확장(across product category)을 통한 성장기회들을 찾아보아야 한다.

메리어트 호텔

세계 최대의 호텔체인

메리어트 인터내셔날(Marriott International, Inc.)은 미국을 비롯한 전세계 58개 국에서 2200개가 넘는 호텔과 리조트를 운영하고 있는 명실상부한 세계 최대의 호텔체인이다. 36만 7200여개의 객실, 4900여개의 빌라와 콘도시설을 운영하는 '미국 군대를 빼고는 세계에서 가장 많은 식사와 잠자리를 제공하는 조직'이라는 이름을 가지고 있다.

서울에도 2000년 9월 'JW메리어트 호텔'이 문을 열었다. 서울에서는 12년만에 들어서는 특 1급 호텔인데다가, 창립자(J.Willard Marriott)의 이름을 딴 최상급 브랜드 'JW'의 이름을 건 호텔이다. 'JW메리어트 서울'은 메리어트인터내셔널의 출자로 이루어졌다.

최근 메리어트는 '리츠칼튼'(The Ritz-Carlton Hotel Company)의 지분 49%를 인수하고, '르네상스'(Renaissance Hotels and Resorts), '라마다인터내셔널'(Ramada International), '뉴월드'(New World) 등의 호텔그룹을 인수하였다. 현재 '메리어트 호텔', '메리어트 리조트', '메리어트 스위트'를 비롯, '페어필드인'(Fairfield Inn), '스프링힐 스위트'(Springhill Suite), '레지던스인'(Residence Inn), '타운플레이스'(Towneplace Suite) 등 전 세계 유수의 브랜드를 운영하고 있다.

이하에서는 이 같은 메리어트의 브랜드확장전략에 관하여 살펴보고자 한다.

메리어트의 경영철학

창립자인 윌리어드 메리어트는 1927년 'A&W 루트비어'(Root Beer)간이 식당으로 서비스 사업을 시작하였다. 나중에 '핫숍'(Hot Shoppe)이 된 이 식당 경영에서부터 메리어트의 서비스정신은 시작되었다.

'메리어트'에는 변치 않는 기본정신이 있다. '집으로부터 멀리 떠나 있는 동안에도 호의를 가진 친구들 속에서 소중한 존재로 잘 대접 받으며 만족감을 느끼게 하는 것', '편안함을 느끼게 하는 것'이 '메리어트'의 핵심 가치이다. 70여년이 지나도록 '메리어트'가 변치 않고 유지해 온 것은 이 서비스 정신이다. 또한 '메리어트'가 직원들을 만족시키면 그 직원이 '메리어트'의 고객들을 만족시켜 줄 것'이라는 신념으로 직원들을 최우선시하여, 회사에 대한 직원들의 높은 만족도, 가장 일하고 싶은 회사로 손꼽히고 있다.

최고수준의 서비스는 SOP(Standard Operating Procedure)라는 '표준운영시스템'으로 대표되는 '메리어트'의 시스템이 기초가 되었다. 철저한 기준으로 작성된 SOP는 언제 어디서나 최선의 서비스를 이어나가는 노하우가 되기도 한다.

위대한 기업은 변하지 말아야 할 것과 변화 발전을 거듭해야 할 것을 알고 거기에 온 힘을 쏟는다. 변화를 위해 최선의 노력을 다하면서도 본질을 지켜나가는 것이 메리어트의 기본철학이다. 현재 속에 안주하지 않고 도전 속에서 때로는 실패를 겪으며, 지금의 '메리어트'를 만들어 왔다.

메리어트의 브랜드확장

하나의 작은 간이식당으로 시작한 '핫숍'은 식당체인을 늘리고 기내식, 단체급식 사업에 진출하면서 사업다각화를 꾀하고 있었다. 1957년 자동차 여행객 대상 호텔인 '트윈브리지스호텔'(Twin Bridges Marriott Motor Hotel)로 시작한 호텔사업이 성공을 거듭한 것은 '메리어트'의 사업다각화 중 일부였다. '메리어트'가 '메리어트 호텔'이라는 이름으로 수많은 호텔을 가지게 된 것은 상표 프렌차이즈 덕분이다. '메리어트'는 호텔을 소유하기보다는 또 다른 호텔을 지어 팔고 다시 그 경영을 대행하며, 그 매각자금으로 또 다른 호텔을 건설하는 식으로 그들의 호텔을 늘려 갔다. 호텔업의 특성상 전세계 어느 곳을 가더라도 '메리어트'를 만날 수 있어야 고객들에게 제대로 된 서비스를 제공할 수 있다는 생각에서였다.

1970년대에 '메리어트'는 적극적으로 사업다각화를 시작하였다. 하지만 여행사, 유람선, 놀이공원 등은 기대한 성과를 이루지 못했다. 이 실패로 깨달은 것은 '해서는 안 되는 사업을 하지 않도록 하는 것'이다. 그들이 가장 잘 할 수 있는 일은 '메리어트'의 시발점인 식음사업과, 숙박사업이라는 것을 알게 된 것이다. 그 후로 '메리어트'는 '디즈니'(Disney)를 인수할 기회가 있었지만 하지 않았다. 그것은 '메리어트'가 잘 할 수 있는 일이 아니기 때문이다.

1980년대에는 호텔산업의 전혀 다른 시장층을 겨냥하며 뛰어들었다. 특급호텔체인인 '메리어트'가 중가격대 호텔인 '코트야드 바이 메리어트'(Courtyard by Marriott)를 여는 것은 '메리어트'가 여태껏 쌓아 놓은 고급 이미지에 손상을 끼치는 위험을 무릅쓴 다소 도전적인 결정이었다. 이런 걱정들을 뒤로 하고 '코트야드 바이 메리어트'는 큰 성공을 거두었다. '메리어트'는 이 기세를 몰아 모든 계층으로 숙박사업을 다각화하였다.

일반적으로 브랜드의 하향확장은 모 브랜드의 이미지를 손상시킬 수 있는 위험을 안고 있다. 이미지를 전이하는 과정에서 원래의 브랜드의 이름이 저가 이미지로 희석될 수 있기 때문이다. 이를 의식하여 브랜드명에 메리어트라는 이름을 직접포함하지 않고 단지 코트야드라는 브랜드명의 수식어로만 사용했던 것이다. 이렇게 함으로써 모 브랜드와의 차별성을 유지하는 동시에 모 브랜드가 가지고 있는 일관된 서비스의 개념을 계승시키려 했다. 즉, 메리어트 서비스정신의 핵심가치를 지키며, 타겟과 서비스가 확실히 구분되어 서로간의 분명한 차이를 가지고 브랜드의 정체성을 잃지 않으려 했던 것이다.

확장을 거듭하던 '메리어트'는 1990년대 초반 세계경기침체에 직면하여 어려움을 겪게 된다. '메리어트'는 1993년에서 1998년 사이에 회사 분리를 단행하게 되는데, 그 결정은 분리된 각 회사들이 각자의 정체성을 분명히 하고, 주어진 철학과 사명에 충실할 수 있도록 해 주어 '메리어트'에 새로운 성장의 활력을 불어 넣어 주었다.

현재 '메리어트'는 호텔 위탁 운영회사인 '메리어트 인터내셔날', 빌딩, 학교 등에서의 식음 및 매장사업을 하는 '소덱소 메리어트 서비스'(Sodexho Marriott Service, Inc), 부채와 재산을 관리하는 부동산 회사인 '호스트 메리어트'(Host Marriott Corporation), 부동산 회사 '크레스트라인 캐피탈'(Crestline Capital Corporation), 공항, 쇼핑센터, 유료고속도로의 식음 및 매장사업을 하는 '호스트 메리어트 서비스'(Host Marriott Corporation)로 나누어져 운영되고 있다. 우리가 익히 알고 있는 '버거킹'(Burger King)과 '스타벅스'(Starbucks)도 그들이 운영하고 있는 브랜드이다.

'메리어트 인터내셔널'은 늘어난 여러 브랜드를 고려해서 조직을 재정비하고, 전체적으로 조화를 이루면서도 개별 브랜드의 고유한 특성이 손상되지 않도록 각자 고유의 브랜드 경영자를 두어 운영하고 있다. 살아 있는 브랜드들과 변치 않는 핵심가치, 그리고 오늘도 계속되는 변혁은 호텔업계의 신화를 이어가고 있다.

〈자료원: brand report, 통권 2호, 「메타브랜딩」, 2000. 9〉

브랜드자산의 전략적 활용: 다른 제품범주로의 브랜드확장 전략(Across-Product Category Extension Strategy)

제 5 절

제품범주 내에서의 브랜드 기초성장이 경험곡선효과와 시너지 효과를 바탕으로 한다면 다른 제품범주로의 브랜드 확장은 범위의 경제(economies of scope effect)효과를 기초로 한다. 기존에 사업을 영위하던 제품범주에서 벗어나 사업을 다각화하는 것은 새롭게 진출하는 제품범주에 제품이나 서비스를 내놓음으로써 기존의 제품이나 서비스와 긍정적인 시너지를 나타낼 수 있다는 전제하에 이루어진다. 최고의 사진기 제조업체가 자사가 보유한 광학기술을 바탕으로 항공기 제조에 필요한 부품을 공급한다면 이는 제품범주를 벗어난 성장이 될 것이다. 그러나 보유기술의 적용측면에서 부합하는 부분이 많았기 때문에 이러한 결정이 가능했던 것이고 소비자들도 이러한 동질성을 인지 했을때 기존 제품범주에서는 물론 새롭게 시작한 제품범주에 대해서도 긍정적으로 평가를 하게 될 것이다.

즉 다른 제품범주로의 브랜드 확장을 고려할 때에 가장 중요한 것은 제품특성에서의 유사성과 소비자가 인식하는 제품개념에 있어서의 일치성이다. 먼저 제품특성에 있어서의 유사성은 제품기능, 사용상황, 제품속성 및 필요기술 및 필요자재에 있어서 기존제품과 확장하려는 제품간의 유사성이 어느 정도인가로 판단된다. 즉, 복사기를 판매하는 제록스나 캐논사에서 카메라, 프린터, 팩스 등 관련 기술을 활용하여 브랜드를 여러 제품범주로 확장한다면 이는 두 제품범주간에 유사성이 높아 긍정적인 효과를 얻을 수 있으나 전혀 다른 오디오나 TV와 같은 제품범주로의 확장을 하려한다면 제록스나 캐논이라는 브랜드명으로는 확장할 수 없을 것이다.

또한 소비자가 인식하고 있는 제품개념에 있어서 기존제품과 확장제품간의 일치성이 있을수록 브랜드 확장시 긍정적인 효과를 얻을 수 있다. 즉, 저가의 브랜드로 인식되어 있는 Timex라는 시계 브랜드를 이용하여 고가의 반지나 팔지, 향수, 넥타이 등의 다른 제품범주로 브랜드를 확장시켜 나가는 것은 소비자가 인식하기에 기존 브랜드와 확장제품간의 일치성이 낮다고 생각되어 긍정적인 반응을 유도해내기 어려울 것이다. 그러나 저가의 튼튼한 이미지를 가진 Timex 브랜드를 배터리나 공구세트 등으로 확장한다면 소비자들로부터 전자의 경우보다 긍정적인 반응을 얻을 수 있을 것이다. 이와는 반대로 고가의 제품인

표 16-1
역할과 역할적합제품

확장제품	Timex(저가의 탄탄한 시계)	Rolex(고가의 패션시계)
반지	×	○
팔지	×	○
고급넥타이	×	○
향수	×	○
공구세트	○	×
배터리	○	×

×: 기존 브랜드와 확장제품과 개념일치도 낮음
○: 기존 브랜드와 확장제품과 개념일치도 높음

Rolex의 경우는 고가의 패션 지향적인 제품군으로 확장이 더 설득력이 강할 것이다(표 16-1 참조).

위에서 설명했듯이 다른 제품범주로의 브랜드확장전략에 있어서도 제품범주 내 브랜드 성장과 같이 직접 하위브랜드전략, 간접 하위브랜드전략, 개별 브랜드전략 모두 활용될 수 있다. 먼저 기존 브랜드와 확장하려는 제품범주의 제품특성 및 개념이 매우 유사할 때에는 직접 하위브랜드전략을 사용하는 것이 가장 효율적일 것이다. Honda사는 엔진을 만드는 최고의 기술을 보유하고 있었기 때문에 잔디깎기와 자동차 모두에 Honda라는 모 브랜드를 사용하여도 소비자들로부터 긍정적인 평가를 받을 수 있었던 것이다.

반면 앞에서도 언급한 'Syntax batteries by Timex'의 경우와 같이 어느 일정 부분의 제품개념(저가, 탄탄함, 오래감)만을 연결시키고자 할 때에는 간접적 하위브랜드전략을 사용하는 것이 바람직하다. 동일 제품범주 내에서의 브랜드성장전략과 마찬가지로, 이 전략은 직접 하위브랜드전략보다 모 브랜드의 강점이 확장제품으로 연결되는 정도가 낮을 수밖에는 없다. 그러나 일치하지 않는 일정부분의 제품개념이 존재하고, 제품특성상 관련성이 낮게 평가되는 상태에서 직접 하위브랜드전략은 확장제품의 실패시 모 브랜드에 더 많은 악영향을 미칠 가능성이 높기 때문에 이와 같이 연결고리만을 만들어 주는 차원에서 브랜드명을 결정하게 되는 것이다.

마지막으로 기존 브랜드와 제품특성이나 개념에 있어서 일치성이 매우 낮은 경우는 개별 브랜드전략을 사용하여야 한다. P&G에서는 프링글즈라는 과자와 비달사순이라는 샴푸, 팸퍼스라는 유아용품을 판매하고 있다. 이와 같이 제품특성이나 개념간의 동질성이 거의 없는 경우 P&G가 동일한 브랜드를 가지고 각각의 시장을 공략한다면 이는 매우 부정적인 이미지를 얻게 될 것이다. 따라서 현재와 같이 독립된 개별 브랜드를 가지고 각 제품범주에 진출하고 있는 것이다.

결론적으로 기존 브랜드와 확장하려고 하는 다른 제품범주간의 제품특성과 개념에 있어서의 동질성 정도에 따라 확장의사결정 자체는 물론, 확장시 선택해야 할 브랜드명전략도 다르게 고려되어야만 하는 것이다.

요약 및 복습 _ Summary & Review

기업이 사업을 성장, 발전시키기 위해서는 사업의 성장과정에 지침을 제공할 수 있는 적절한 틀이 필요하다. 기존의 문헌들은 사업의 성장과정을 제품이나 사업단위(SBU)를 기초로 하여 설명하고 있다. 그러나 이들의 설명은 몇 가지 중요한 점을 간과하고 있다. 즉, 제품범주 내에서 브랜드를 기초로 한 사업성장의 역할과, 그러한 제품범주 내의 성장이 다른 제품범주로의 성장으로 연계되어지는 과정에 대한 이해가 부족하였던 것이다. 본 장에서는 이러한 문제점들을 보완할 수 있는 하나의 새로운 사업성장모형, 즉 브랜드에 기초한 사업성장모형을 제시하고 있다.

브랜드에 기초한 사업성장모형을 이해하기 위해서는 먼저 시장의 개념을 브랜드의 개념과 연계시킬 수 있도록 보다 구체화시켜야 하고, 나아가 시장의 발전과정을 주의 깊게 관찰하여야 한다. 브랜드기초성장모형의 주요내용은 다음과 같다. ① 시장발전을 통해 나타나는 성장의 기회에 초점을 맞추며, ② 브랜드에 바탕을 둔 성장전략을 통하여 경험곡선효과, 시너지 효과, 그리고 이 두 가지 효과간의 상호작용 효과를 극대화시킬 수 있는 메커니즘을 강조하며, 그에 따라 기업의 경쟁적 우위를 확고히 해 나갈 수 있도록 하고, ③ 또한 기존 제품범주 내에서 비용효율적이고, 수익을 높일 수 있는 브랜드명전략이 무엇인지를 제시하며, ④ 나아가, 제품범주 내 성장전략이 다른 제품범주으로의 브랜드 확장을 통한 성장전략과 어떻게 연계되어야 하는지를 보여 준다. 브랜드성장모형의 전략적 의미는 우선 제품범주 내에서 시장의 발전에 대응하는 강한 브랜드력을 개발하여야 한다는 것이며, 다음으로, 그를 바탕으로 다른 제품범주에서도 성장기회를 발견하여 효과적으로 접근할 수 있는 능력을 제공해 주어야 한다는 것이다.

문제제기 및 질문 _ Issues raised & Question

1 기존의 사업성장모형을 비판해 보고, 브랜드에 기초한 새로운 사업성장모형의 필요성에 대해 설명해 보라

2 특정의 제품범주를 정하여 그에 관련된 시장의 발전과정을 설명해 보라.

3 네 가지의 브랜드명전략이 각각 어떠한 상황에서 적합한지 비교 설명해 보라.

4 기존의 제품범주 내 브랜드기초성장이 다른 제품범주로의 브랜드 확장을 통한 성장전략에 어떻게 도움을 줄 수 있는지 실례를 들어 설명하라.

5 다른 제품범주로의 브랜드확장전략에 있어서 가장 중요한 고려사항이 무엇인지 논하시오.

6 브랜드기초성장모형이 주는 전략적 의미를 설명하시오.

R/E/F/E/R/E/N/C/E/S _ 참고문헌

Brand Report, (2001).9, 메타브랜딩, 통권 2호.

LG Ad, (2002). 2, 엘지애드.

Aaker, David A.(1984), *Strategic Marketing Management*(New York: John Wiley and Sons).

Asker, David A.(1991), *Managing Brand Equity*(New York : The Free Press).

Baumol, William J., John C. Panzar, and Robert D. Willig(1982), "Contestable Markets and the Theory of Industry Strucure"(New York : Harcourt, Brace Jovanovich, Inc.).

Day, George S. and David B. Montgomery(1983), "Diagnosing the Experience Curve," *Journal of Marketing*, 47(spring), pp. 44-58.

Hay, D.A.(1976), "Sequential Entry and Entry-Deterring Strategies in Spatial competition," *Oxford Economics Papers*, Vol. 28, No. 2(July), pp. 240-257.

Park, C. Whan, Bcmard J. Jawotski, and Deborah J. MacJnnis(1986), "Strategic Brand Concept Image Management," *Journal of Marketing*, 50(October), pp. 135-145.

Smith, Daniel C. and C.Whan Park(1992), "The Effects of Brand Extensions on Market Share and Advertising Efficiency," *Journal of Marketing Research*, 29(August), pp. 296-313.

Tauber, Edward M.(1981), "Brand Franchise Extensions : New Products Benefit from Existing Brand Mnames," *Business Horizons*, 24(2), pp. 36-41.

CHAPTER 17

CRM: 고객관계관리

MARKETING MANAGEMENT

은행도 웃고 고객도 웃고…
'G-CRM 효과' 고객 지리적 · 입체적 분석 '똑똑한 마케팅' 확산

#1. 올 초 신한은행의 A지점은 이색 캠페인을 벌였다. 인근 아파트 단지 전체가 아니라 일부 동에 사는 주민들에게만 대출 이자를 기존보다 0.2%포인트를 낮춰주기로 한 것. 고객 정보를 지도상에 한눈에 보여 주는 G-CRM 시스템을 통해 분석한 결과, 같은 아파트 단지라도 유독 해당 동에 사는 주민들의 경우, 최근 3년간 연체율이 제로였을 만큼 '초우량 고객'들로 나타났기 때문이다.

#2. 얼마 전 국민은행 B지점은 인근의 KB카드 가맹점을 상대로 'KB가맹점 우대통장 유치 마케팅'을 펼쳤다. KB카드 가맹점이면서도 국민은행 아닌, 다른 은행 결제계좌를 쓰고 있는 가맹점주들이 많았기 때문에 이들을 유치하기 위한 것이었다. 국민은행 관계자는 "G-CRM 시스템을 도입하니까 특정 지역의 취약고객층을 육안으로 한 눈에 확인할 수 있게 됐다"면서 "이젠 이런 특정 고객, 특정 계층을 타깃으로 한 마케팅이 가능해져 업무의 효율성이 높아졌다"고 말했다.

은행권에 'G-CRM' 바람이 불고 있다.

G-CRM이란 고객 유형별 분포를 지도상에 그려줌으로써, 다양한 마케팅이 가능하게 하는 고객관리 방식이다. 고객이 많은 백화점 등에선 전부터 활용되고 있었지만, 이젠 그 효용성이 입증됨으로써 금

표 17-1

은행의 기존 CRM과 G-CRM 비교

내용	기존 CRM	G-CRM
형식	고객의 직업, 재산 등 신상명세 중심의 단순 관리	고객 신상정보 외 고객이 거주하는 지역 특성을 지도상에 구현해 시각화
정보 내용	해당 거래 고객의 정보에 한정	해당은행 고객정보 + GPS 기반의 지리정보 + 통계청 자료(소득 · 지역별 분포)
고객 분석	자기은행 거래 고객 외에 타은행 고객 정보 확보가 어려움	타은행 거래 고객 비율이 한눈에 나타나 영업 집중도 높일 수 있음
마케팅 방식	각 점포 중심의 대인 마케팅에 치중해 차별화된 점포별 마케팅 사실상 전무	지리정보를 활용한 고객 세분화로 각 점포별로 고객 맞춤형 마케팅 구현 가능

융권까지도 속속이 방식을 도입하고 있다.

26일 은행권에 따르면 2008년 국민은행이 처음으로 G-CRM을 도입한 데 이어, 신한은행과 하나은행도 이미 구축을 완료했다. 우리은행도 10월까지 G-CRM을 완성한다는 계획 아래, 최근 시스템개발업체와 계약을 맺었다. '빅4' 시중은행이 이제 모조리 G-CRM을 고객관리 및 마케팅을 위한 핵심도구로 사용하게 된 것이다.

왜 G-CRM인가

은행들이 G-CRM 구축에 경쟁적으로 나서는 이유는 G-CRM 자체가 단순한 '고객 관리'를 넘어, '고객 창출'을 위한 중요 수단으로 부상하고 있기 때문. 한 시중은행 관계자는 "금융업종간 장벽이 무너지고 다양한 금융상품의 출현함에 따라 이젠 고객확보 경쟁이 은행간 차원을 넘어 은행 보험 증권을 망라하는 범 금융권으로 확대되고 있다"면서 "고객관리와 확보를 위한 방법이라면 어떤 것이라도 시도하는 추세"라고 말했다. 또 다른 관계자는 "그냥 창구를 앉아서 찾아오는 고객에게 마구잡이식으로 예금이나 카드, 펀드가입을 권해선 아무 성과도 낼 수 없다"면서 "체계적으로 고객층을 분석하고 거기에 맞는 맞춤형 접근해야 하는데 G-CRM이 매우 유용하다"고 말했다.

뭐가 달라졌나

종전 같으면 고객을 직업별로, 소득별로, 예금이나 대출규모별로 구분하는 게 고객분석의 전부나 다름없었다. 하지만 G-CRM은 기본적으로 '공간' 개념이 가미되어 있어 A지역엔 회사원이 많은지 자영업자가 많은지, B아파트 단지에는 1억원 이상 예금자가 얼마나 많은지, C아파트에는 고객연체율이 얼마나 되는지 등을 지도상으로 표현할 수 있다. 조건입력에 따라 ▦ 1,000만원대 예금자, ▦ 5,000만원대 예금자, ▦ 1억원 이상 예금자 식으로 얼마든지 세분화도 가능하다. 뿐만 아니라 보다 많은 변수를 입력하면, 'A지점 반경 500m 이내에 월 소득 30만원 이상인 40대 남성 고객 분포'까지도 지도상에서 확인할 수 있는 것이다.

G-CRM의 또 하나 장점은 단지 은행 거래 관계뿐 아니라, 그 지역 거주자들의 특성파악이 가능하다는 사실이다. G-CRM을 구축할 때 지도 정보뿐 아니라 통계청의 소득별, 직업별 자료를 함께 넣으면 은행거래가 없는 고객군까지 보다 세밀하게 파악할 수 있어 '맞춤형 접근'이 가능하다.

예컨대 은행지점을 찾은 사람이 전세비율이 높은 지역 아파트에 산다고 확인이 되면 주택담보대출 상품보다는 전세자금대출 상품을 권유하고, 소득은 높은데 투자자산이 거의 없는 지역주민이라고 확인되면 펀드 상품을 소개하는 것이 가능해지는 것이다. 신한은행 멀티채널부 관계자는 "G-CRM을 도입하니까 고객에게 쓸데 없는 상품을 권유하지 않을 수 있게 됐다"면서 "이것 만으로도 고객 만족도가 상당히 높아져 은행 이미지가 개선되고 있다"고 말했다.

전문가들은 G-CRM의 활용가능성은 앞으로도 무궁무진하다고 보고 있다. 하나은행 관계자는 "지금은 입력되는 정보가 제한되어 있지만, 인구통계 사업체 통계 심지어 생활양식이나 심리정보까지 확대되면 사실상 '무한대 활용'이 가능할 것"이라며 "고객입장에서도 그만큼 다양한 서비스를 받을 수 있어 윈-윈이 가능하다"고 말했다.

*G-CRM
지리정보시스템(GIS)에 고객관리시스템(CRM)을 더한 개념. 기업들이 지리정보를 활용해 고객을 관리하는 방식이다. 고객의 다양한 개인정보를 공간에 표시해주고, 해당지역의 특성까지 가미함으로써 보다 체계적인 고객분석 및 관리가 가능하다.

제 2 장은 물론이고 본 책의 전반에 걸쳐 제시된 바와 같이, 제품의 장기적인 성공을 위해서는 제품이 시장에 출시되고 정착되는 과정에서의 신규고객확보전략(customer acquisition task)과 그 이후 기존제품의 강화 · 유지, 즉, 기존고객의 유지전략(customer retention task)에 관한 마케팅전략이 지속적이고 면밀하게 수행되어야만 한다. 그런데 최근 정보기술의 급속한 발전으로 인해 이러한 노력들이 한층 더 효과적으로 수행되고 있다. 즉, 기업들이 방대한 양의 정보를 관리하고 활용할 수 있게 됨에 따라 고객에 대한 상세한 정보를 바탕으로 고객 개개인이 가지고 있는 욕구나 문제점을 체계적으로 이해하고 구체적이고도 섬세한 해결책을 그들에게 직접 제시하는 마케팅 커뮤니케이션이 가능하게 된 것이다. 그 결과, 예전에는 불가능했던 수준의 관심과 만족감을 고객들에게 제공할 수 있게 되었고 이러한 접근방법은 고객유지전략에 매우 중요한 역할을 하게 되었다. 물론, 모든 업종과 기업에서 이러한 형태의 커뮤니케이션이 가능한 것은 아니며 또한, 이러한 방법을 활용해야만 고객유지의 목표가 달성되는 것도 아니다. 기업에 따라 불특정 다수로 구성된 시장전체를 대상으로 커뮤니케이션을 하는 것이 가장 효율적이거나 아니면 그렇게 할 수밖에 없는 시장구조를 가지고 있을 수 있다. 그러나 독특한 제품이나 서비스, 그리고 개인적인 관심을 요구하는 고객들이 많아지고 창의적인 마케팅 커뮤니케이션이 강조되고 있는 현실에서 고객 개개인에 대한 정보를 지속적으로 관리하여 고객이 자사의 제품을 구매하는 데 있어서 야기되는 장점을 부각시키고 재구매에 대한 저해요소를 제거하는 노력을 함으로써 고객에게 한발 더 가까이 다가가는 것은 많은 기업이 안고 있는 과제일 것이다.

본 장에서는 기존고객유지전략의 중요한 축으로 대두되고 있는 CRM(customer relationship management), 즉, 고객과의 관계유지 및 관리에 대한 개념과 방법들에 관하여 알아보기로 한다.

CRM(Customer Relationship Management)에 대한 개념적 이해

제 1 절

1.1. 고객관계관리(CRM)란 무엇인가

CRM에 대해 간단한 정의를 내리기는 어렵다. 그러나 미국 가트너(Gattner) 그룹의 정의를 바탕으로 하면, CRM이란 "신규고객확보, 기존고객유지 및 고객수익성의 증대를 위하여, 지속적인 커뮤니케이션을 통해 고객행동을 이해하고, 영향을 주기 위한 광범위한 접근"으로 볼 수 있다. 즉, 고객에 대한 매우 구체적인 정보를 바탕으로 개개인에게 적합한 차별적인 제품 및 서비스를 제공함으로써 고객과의 개인적 관계를 지속적으로 유지하고 새롭게 변화시키려는 일련의 경영활동을 말한다고 할 수 있다. 이는 단순한 고객과 기업간의 가치교환(즉, 거래)의 증가를 의미하는 것이 아니다. 고객이 제품을 인지하고 선호하게 되어 사용하게 되기까지의 고객확보과업(customer acquisition task)을 출발점으로 하여 제품사용과정과 사용 후에 만족감을 느껴 지속적인 구매를 하는 애호도 높은 고객으로 유지시키는 과업(customer retention task)이 연속적으로 행해져야 한다. 이 과정 속에서 고객에게 감정적 차원에서의 애착(emotional attachment)을 심어 주어야 하며, 이는 맞춤화(customization)와 개인화(personalization)를 바탕으로 고객에게 기업에 대한 신뢰감을 형성시켜 줄 수 있을 때만이 가능하다. 여기서, 맞춤화란 특정고객집단 혹은 개인고객의 독특한 요구에 응대해 주는 제품이나 서비스를 생산 및 제공하는 것을 말한다. 이것은 단순히 여러 종류의 제품을 시장에 출시하는 제품다양화(product variety)의 개념과는 분명히 다른 것이다. 예를 들어 카드(생일카드, 크리스마스 카드 등)를 만드는 회사가 매우 다양한 종류의 카드를 제작하여 제공하는 것은 제품다양화전략에 해당된다. 그러나 이 회사가 인스턴트 카드제작기계를 주요 장소에 설치하여 고객들이 각자의 취향과 필요에 따라 직접 제작할 수 있게 해 준다면 이는 맞춤화가 되는 것이다. 반면, 맞춤화에서 한발 더 나아가 고객 한 명 한 명을 개인적으로 알아 주고 그에 따라 응대해 주는 것을 개인화라고 할 수 있다. 위의 카드 예에서, 만약 인스턴트 카드제작기를 이용한 각 고객의 과거구매기록을 분석하여 그 사람의 취향을 기억해 둘 수 있다면 그 고객의 다음 구매에는 취향에 맞는 스타일이나 문구 등을 제안해 줄 수 있게 되며 결과적으로 고객의 구매가 쉽고 유쾌해질 뿐만 아니라 고객 마음속에는 그 회사에 대한 애착심과 관계가 형성될 것이다. 나아가, 고객의 반복구매가 많아질수록 그 고객의 취향은 보다 섬세하게 파악되며 개인화 정도는 지속적으로 향상될 것이다. 이는 다시 고객과의 관계를 강화시키는 선순환으로 이어지는 것이다. 결국 기업과 고객간에는 '학습'의 관계가 구축되는 것이며 바로 이것이 고객유지, 즉, 고객과의 관계구축에 핵심적인 요소가 된다. 이와 같은 고객가치실현의 개념은 마케팅목표로서만이 아니라 전사적 차원에서 다루어져야 할 것이다.

일대일로 접촉하고 개인화된 마케팅노력을 전개하려면 우선 개별고객에 대한 정보를 가지고 있어야 한다. 우리가 자주 들리는 단골식당의 주인 아줌마는 우리를 개인적으로 맞아 줄 뿐만 아니라 평소에 우리가 무엇을 즐겨 먹고 무엇을 싫어하는지를 머릿속에 기억하고 있다가 그에 맞추어 서비스를 해 준다. 즉 개개인에게 맞춤 서비스를 제공하는 것은 소단위의 생산자-고객관계에서 이미 정착된 것이라고 할 수 있다. 그러나 고객수가 많은 기업의 입장에서는 고객들에 대한 이러한 정보를 어느 한 관리자의 기억에만 의존할 수가 없기 때문에 고객들에 대한 체계적인 데이터베이스가 필요하다. 최근 IT 기술의 발달로 이러한 정보관리측면의 한계가 극복되면서 이를 이용하여 다수의 고객들을 대상으로 하는 기업들도 각 고객 개개인별로 특화된 마케팅활동을 수행해 나갈 수 있게 되면서 CRM이 부각되기 시작하였다.

우리나라에서도 현재 많은 기업들이 단기적인 데이터베이스 마케팅에서 진일보 한 CRM의 개념을 도입하고 있다. 기업들은 고객들의 거래실적정보를 활용함으로써 우수고객을 색출하고 이들에게 각종 물질적인 보상을 제공하여 지속적인 구매를 유도하려 하고 있다. 예를 들어, SK와 LG를 비롯한 모든 주유소에서는 고객카드를 발급하여 주고 주유금액을 누적하여 그 실적에 따라 선물을 지급한다. 현대백화점의 경우 백화점 신용카드고객들을 중심으로 고객의 구매활동에 대한 기록을 분석하여 고객별로 적합한 행사를 안내해 준다. 항공사들도 각종 마일리지 프로그램(mileage program)을 실시하여 고객의 탑승실적에 따라 무료항공권을 제공하고 있다.

이렇게 물질적인 보상을 제공하는 방법 이외에도 기업들은 고객들을 대우해 주고 그들에게 개인적인 관심을 보여 줌으로써 장기적인 관계를 형성해 나갈 수 있다. 피자헛(Pizza Hut)에 피자를 주문하려 전화를 하면 응답하는 직원이 가장 먼저 요구하는 것이 주문자의 전화번호이다. 이것을 이용하여 그들은 고객의 이름과 주소뿐만 아니라 그 고객의 과거 주문기록을 조회하게 된다. 이 기록에는 예전에 구입했던 피자의 종류와 함께 양파를 빼거나 치즈를 추가하였다는 등의 특별요청사항도 기록되어 있어 고객들은 주문하는 과정의 불편함을 겪지 않고도 자기의 취향에 맞는 피자를 제공받을 수 있게 된다. 또, 하이얏트 호텔의 투숙객은 객실에서 룸서비스를 받기 위해 전화를 걸면, 바로 "안녕하세요 ○○○ 씨"라는 말을 들을 수 있다. 이러한 응답을 받은 고객의 입장에서는 마치 상대방이 내 전화를 받기 위해 기다리고 있었던 것 같은 뿌듯함을 느끼게 되고 그 호텔에 대한 충성심이 싹트기 시작하는 것이다.

이렇듯, CRM은 단순히 고객들의 구매를 유발시키는 것에 그치는 것이 아니라 그들의 마음을 사로잡아 장기적으로 우리 제품 혹은 우리 서비스를 고집하여 주게 만드는 것이다. 즉, 단순히 시장점유율(market share)만을 추구하는 것이 아니라 고객의 마음 속에 얼마나 깊이 자리잡고 있는가를 나타내는 '마음점유율'(mind share)을 확보하려는 도구인 것이다.

물론 기업이 모든 고객에 대하여 개인적인 관심을 보여 주고 특화된 제품과 서비스를 제공할 수 있다면 사회적으로는 가장 좋을 것이다. 그러나 기업은 이익창출이라는 과제를 안고 있기 때문에 고객과의 관계형성도 기업의 수익에 기여할 때에 비로소 의미를 갖는다. 그렇기 때문에 모든 고객에 대해 무차별적으로 서비스의 질을 높이는 것은 수익구조측면에서 불가능할 것이다. 따라서 CRM에서는 개별고객의 기여도를 판단하여 이에 따라 적합한 대우를 한다는 원칙 또한 내포하고 있다.

1.2. 매스마케팅과 CRM의 비교

CRM은 고객의 욕구를 이해하고 이를 충족시키기 위하여 마케팅믹스를 포함한 여러 마케팅수단을 적절히 활용함으로써 고객만족을 극대화하고, 나아가 이를 토대로 시장에서의 경쟁력을 확보한다는 본질적인 면에서 대중마케팅과 동일하다. 그러나 고객만족을 추구하는 데 있어서 고객욕구를 어떻게 파악하고 어떠한 수단을 활용하는가라는 측면에서 CRM은 다음과 같은 차별적 특성을 가지고 있다(그림 17-1 참조).

첫째, CRM은 과거 대중마케팅에서 지향하고 있는 불특정 다수를 대상으로 하는 마케팅노력이 아닌 고객 개개인을 대상으로 하는 일대일 마케팅을 지향하는 개념이다. 따라서 고객의 인구통계적 특성, 과거 구매패턴, 판매촉진에 대한 민감성 등과 같은 상세한 고객지식을 토대로 고객 개개인의 독특한 처지를 알아내고 각자에게 특화된 제품과 서비스를 제공하는 것이다.

둘째, CRM에서는 쌍방향적이면서도 개인적인 커뮤니케이션이 필수적이다. 고객과의 관계를 지속시키기 위해서는 고객들에게 많은 정보를 제공해 주어야 할 뿐만 아니라 동시에 개별고객들로부터 많은 정보를 얻어야 하기 때문이다. 즉, 기업의 마케팅 활동에 대한 고객의 반응을 즉각적으로 측정하고 고객센터를 통해 제품에 대한 고객평가 혹은 사용상의 문제점을 실시간으로 파악할 수 있게 해 주는 고객피드백(feedback)경로가 구축되어 있어야 하는 것이다. 그리고 이를 토대로 기업과 고객간에 학습의 관계를 구축하는 것이다. 이와 같은 개념은 매스마케팅에서의 일방적인 정보전달과 대조를 이룬다.

고객으로부터의 피드백정보는 전통적으로 대인접촉이나 전화를 활용하여

그림 17-1

매스마케팅, 표적마케팅, CRM간의 비교

	매스마케팅	표적마케팅	CRM
시 대	1960년대	1970~1980년대	1990년대 이후
매체형태	대중매체	대중매체의 효과 측정	대중매체+디지털 매체
목표고객	불특정 대다수	특정고객집단	고객 개개인
소비자의 욕구	동질적 구매욕구	이질적 구매욕구	특화된 욕구
커뮤니케이션 방식	일방향 커뮤니케이션	쌍방향 커뮤니케이션	개인적 커뮤니케이션
생산방식	대량생산, 대량판매	소품종 대량생산	다품종 소량생산

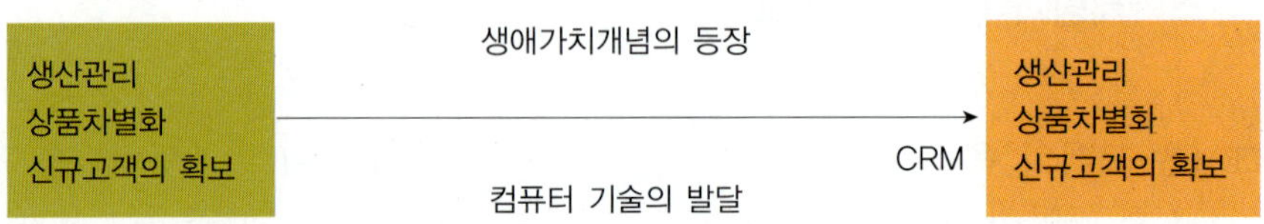

수집되어 왔다. 그러나 최근에 와서는 구매시점의 POS(point of sales)시스템을 이용하여 고객구매정보를 실시간으로 포착한다거나 인터넷을 이용하여 고객이 가지고 있는 의문사항이나 의견을 24시간 접수하는 등 고객의 반응을 파악하는 방법이 매우 다양해지고 있다. 특히 인터넷은 고객으로부터 정보를 받는 수단인 동시에 고객 개개인에게 접근하여 특화된 정보를 전달할 수 있는 중요한 매체가 되고 있다. 사실 이러한 정보기술의 발달이 CRM을 가능하게 해 주는 것이다.

셋째, CRM은 개별고객에 대한 상세한 데이터베이스의 구축이 있어야 비로소 가능해진다는 점에서 매스마케팅과 두드러진 차이를 보인다. 고객이 제품에 대한 정보를 요청할 때, 제품을 구입할 때, 구매 후 고객등록카드를 보내 올 때, 혹은 제품사용에 대한 문의를 해올 때 등, 고객과의 접촉이 일어나는 모든 시점에서 포착된 정보를 데이터베이스에 기록하여 그것을 토대로 고객별로 적합한 마케팅전략을 계획하고 이를 효과적으로 집행하며, 나아가 전략의 효과까지 측정하게 되는 것이다.

1.3. 고객관계관리의 원천

고객관계관리를 위해서는 고객의 욕구를 바탕으로 기업이 고객에게 전달하는 가치에 대한 분석이 필수적이다. 즉, 기업이 고객에게 가치를 제공함에 있어서 경쟁사에 비하여 더 많은 혜택을 제공하고 비용을 절감할 수 있는 원천이 어디에 있는지를 찾아내어야만 고객관계관리가 효과적으로 수행될 수 있게 되는 것이다. 고객가치분석에서도 또한 고객욕구에 대한 분석이 기본이 된다. 제 5장에서 언급하였듯이, 고객이 느낄 수 있는 가치의 원천을 사용단계상의 고객욕구 유형별로 분석함으로써 아이디어를 얻어내고 이를 통해 고객에게 어떠한 가치를 제공할 때 고객과의 관계를 경쟁기업과 차별적으로 형성해 나갈 수 있을 것인지를 규명할 수 있게 된다.

〈표 17-2〉을 토대로 16가지 유형의 가치의 원천이 규명되며 이러한 분석은 제5장에서 제시된 고객욕구분석틀에 근거하고 있음을 알 수 있다(제 5 장 참조). 즉, 〈표 17-2〉의 '가치의 원천'에서, '제품의 핵심기능 관련' 가치는 5장의 고객욕구분석틀에 포함된 고객욕구의 발생원천 중 '왜'(구매목적)에 해당되며 '제품의 사용과정 관련' 가치는 '언제', '어디서', 그리고 '어떻게'에 대한 욕구에 해당된다. 한편, '무엇을 제공할 것인가?'는 표의 해당칸에서 고객이 추구하는

표 17-2

가치의 원천

고객욕구 발생시점	가치의 원천			
	제품의 핵심기능 관련		제품의 사용과정 관련	
	무엇을 제공할 것인가?	어떻게 제공할 것인가?	무엇을 제공할 것인가?	어떻게 제공할 것인가?
구매이전 단계	• 포장 – 진열 – 내용물 보호 • 제품디자인 • 성능인지도	• 제품개선정보 제공방법 – 시각 – 청각 – 촉각 – 미각	• 접근가능한 정보 • 제품정보 접근성 촉진기구 설치 • 판매장소 증가	• 콜센터 직원의 응답 능력 향상 • 점포 위치의 현실화(접근 가능성)
구매단계	• 적정가격 • 제품디자인 – 적정중량 – 적정크기	• 설치 편리성 • 유연한 지불 방식 • 저장 편리성	• 카운터 수 증가 • 제품구색 확충 • 적절한 점원 수 확충	• 점포 청결도 • 점포내 안내 • 점포 분위기 • 점원 친절도 및 정보제공 능력
사용단계	• 중요 기능 향상 • 유지비용 절감	• 사용 편리성 용이성	• AS센터 확충 • 제품 보증서 신뢰성 • 내구성	• 빠르고 친절한 서비스 • 서비스 접근 가능성
처분단계	• 교체 후 정보	• 교체방법 및 처분 장소 안내	• 중고제품 판매 시스템 • 중고제품 수거 시스템	• 제품 환불시 친절 대응 • 전문적이고 친절한 중고제품 수거 서비스

욕구, 즉, 기업이 최대한으로 충족시켜 주어야 하는 욕구를 의미하며 '어떻게 제공할 것인가?'는 고객이 이러한 욕구를 해결하는 과정에서 회피하고자 하는 비용(금전적 비용 혹은 심리적, 시간적 불편함 등), 즉 기업이 최소화해 주어야 하는 비용을 의미하는 것이다. 이와 같은 분석을 통하여 결국 최대한의 혜택제고와 고객비용의 절감을 달성할 수 있는 방안들이 제시되게 된다.

고객가치와 가치제고방안에 대한 1차적인 분석이 위에서와 같이 수행되고 나면 제공되어야 하는 여러 형태의 가치(즉, 표 17-2의 각 칸에서 제시된 가치)를 〈그림 17-2〉에서와 같은 4가지 유형으로 분류하여 장기적으로 관리하여야 한다. 이때 사용되는 두 가지 분류기준은 먼저 전달하려는 가치가 기능적 측면의 가치인지 아니면 심리적 측면의 가치인지로 구분하는 것이고, 두 번째 기준은

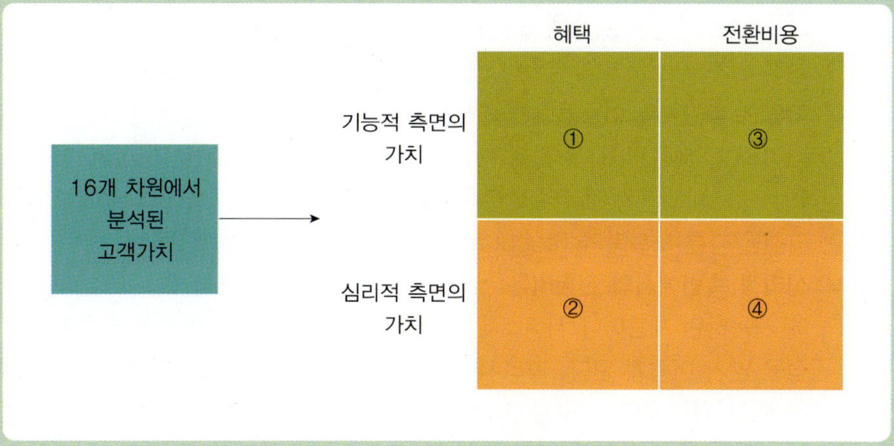

그림 17-2 고객관계관리를 위한 고객가치의 분류

각 가치가 고객이 기업의 제품을 계속 사용할 시 얻을 수 있는 혜택(gains from staying)을 반영하는 것인지 아니면 타사의 제품으로 전환했을 때 느끼게 되는 전환비용(losses from leaving 혹은 switching cost)을 반영한 것인지로 구분하는 것이다. 여기서, 계속사용을 통한 혜택에 해당되는 가치란 경쟁자가 제공하는 가치를 우리도 충분히 제공함으로써 고객이 경쟁제품으로 이전할 이유가 없도록 하는 것을 말하며 고객의 전환비용에 해당되는 가치는 경쟁자가 제공하지 못하는 가치를 독특하게 제공함으로써 고객이 경쟁제품으로 이전하였을 때 전환비용을 느끼게 되는 것을 의미한다.

이상에서 볼 수 있듯이, 모든 분류기준은 고객의 입장에서 설정된 것으로써 분석은 철저히 고객반응에 근거하여 이루어져야 한다.

① **기능적 측면에서의 혜택:** 고객이 기업의 제품을 계속해서 사용함으로써 얻을 수 있는 기능적인 혜택으로, 항공사에서 제공하는 마일리지나 지속적인 구매로 인한 할인혜택 등이 이에 속한다. 또한, 개인화를 통한 사용상의 편이성을 제공하는 것도 기능적 혜택의 중요한 방법이다. 예를 들어 Amazon.com에 접속하면 고객의 과거 구매성향을 토대로 관심 있을 만한 책을 추천해 준다. 이러한 서비스로 인해 고객들은 자기가 필요한 책을 쉽게 찾아보고 구입할 수 있게 되며 이것은 도서유통서비스에서 중요한 기능인 것이다.

② **심리적 측면에서의 혜택:** 특정제품을 사용함으로써 고객이 느끼게 되는 심리적 · 감정적인 만족감으로서, 고객이 특정호텔을 지속적으로 이용할 때나 제품을 장기간 이용함에 따라 VIP로 인정받고 대접을 받는다는 느낌을 가지게 되는 것 등이 대표적인 예라고 할 수 있다.

③ **기능적 측면에서의 전환비용:** 특정제품이나 서비스를 이용하다가 다른 제품이나 서비스로 전환했을 때 발생하는 기능적 손실을 의미한다. 이는 대체로 경쟁자에 비해 우수하거나 독특한 가치를 제공할 때 발생한다. 예를 들어 서비스가 탁월한 항공사를 이용하다가 다른 항공사로 바꾸어 타게 되면 필요한 서비스를 편리하게 제공받지 못하기 때문에 불편을 감수하게 될 것이다. 또, IBM Thinkpad 노트북 컴퓨터의 독특한 기능 중의 하나인 Trackpoint에 친숙해진 고객은 다른 노트북의 Touchpad에 대해 불편함을 느끼게 된다.

④ **심리적 측면에서의 전환비용:** 새로운 제품이나 서비스를 이용하게 되면 기존에 사용하던 제품이나 서비스제공자로부터 받을 수 있는 만큼의 관심과 VIP 대접을 받기 어렵게 된다. 따라서, 심리적 전환비용이란 고객이 예전수준의 대접을 받기 위한 각종 노력을 수행하는 데 수반되는 심리적 · 감정적 비용을 말한다. 예를 들어, 한 호텔의 장기고객으로 여러 직원들로부터 개인적인 대접을 받던 고객이 생소한 호텔을 사용하게 되면 예전만큼의 대접을 받기 위해 자신에 대해 알리고 낯을 익히려는 노력을 해야 하며 이 과정에서 상당한 쑥스러움과 불편함을 느끼게 될 것이다.

기업은 위에서 언급한 4가지 유형의 고객관계관리의 원천을 바탕으로 고객에게 전달할 혜택과 고객이 다른 제품으로 전환할 때 잃게 되는 가치를 동시에 부각시켜야 한다. 그런데, 고객과의 관계를 형성해 나가는 데 있어서 기능적인 측면에서의 경쟁적 우위를 강조하는 것보다 심리적 측면에서의 우위요소를 제공하는 것이 보다 효과적인 경우가 많다. 즉, 기능적인 측면에서의 혜택 및 전환비용은 경쟁자의 반응(동일한 물질적인 혜택의 제공)에 따라 그 영향력이 쉽게 감소할 수도 있으나 심리적인 측면에서의 혜택 및 전환비용은 경쟁자의 영향을 적게 받으므로 고객과의 감정적인 애착형성과 유지가 더욱 수월해지는 것이다.

1.4. CRM 프로세스

고객관계관리의 과정은 〈그림 17-3〉에서와 같이 설명될 수 있다. 구체적으로, 고객과의 모든 접촉은 그들에 대한 데이터를 수집할 수 있는 기회가 되며 이러한 데이터는 마케팅의사결정에 필요한 정보로 변환되고 고객에 대한 지식을 축적하는 데 활용된다. 즉 고객에 대한 인구통계학적 정보나 구매정보를 바탕으로 고객세분화 및 고객행동패턴, 신용상태, 이탈가능성 등에 대한 지식을 축적할 수 있게 된다. 이렇게 얻어진 고객에 대한 지식은 고객과의 장기적 관계를 형성시켜나가는 실용적인 전략의 기초가 되며 결국 매출로 이어지게 된다.

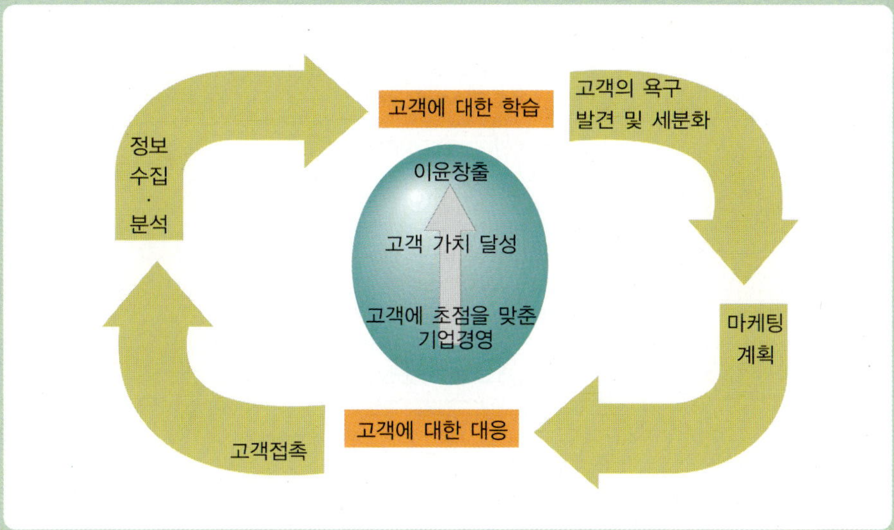

그림 17-3
CRM의 순환과정

끝으로, 매출은 또다시 고객과의 접촉을 유발시켜 데이터를 형성하게 해 주며 이러한 순환은 반복되게 된다.

1.5. CRM의 목적

기업들은 신규고객을 확보하는 것보다 기존고객을 유지하고 관리하는 것이 더 비용효율적이라는 것을 알게 되었다. 실제로 신규고객 한 명을 확보하는 데 필요한 비용은 기존고객을 유지하는 데 필요한 비용의 7~10배에 달한다고 알려져 있다. 또한, 고객 일인으로부터 창출될 수 있는 이익규모는 오래된 고객일수록 높다는 것도 잘 알려져 있다. 라이켈드와 새서(F. Reichheld and W. Sasser)의 연구에 의하면 신용카드산업의 경우 1년 된 고객으로부터의 연평균 이익이 30달러인 반면 5년 된 고객으로부터의 연평균 이익은 55달러로서 월등히 높다고 보고하고 있다. 또한 불만족 고객의 4%만이 불만족을 직접적으로 표현하는 반면 65~90%는 재구매를 하지 않는 방법으로 불만족을 나타낸다. 이러한 현상은 거의 모든 산업에서 유사하게 나타나고 있다고 말한다. 이와 같은 현실로 인해 기존고객을 유지하는 것의 중요성이 부각되는 것이다.

따라서 CRM의 주된 목적은 고객에 대한 상세한 지식을 토대로 그들과의 장기적 관계를 구축하고 충성도를 제고시킴으로써 고객의 생애가치(lifetime value)

그림 17-4
관계 사다리

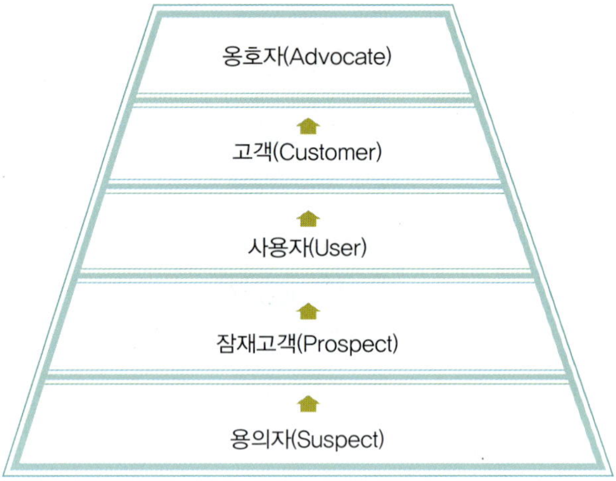

를 극대화하는 것이다. 여기서, 생애가치란 한 고객이 처음 구매를 한 시점부터 그가 이 기업의 고객으로 남아 있는 동안의 총누적구매액으로 이해할 수 있다. 물론 이 금액에 할인율을 적용하여 현재가치로 환산하는 것이보다 정확한 생애가치 계산방법일 것이다. 고객생애가치의 계산법은 본 장 뒷부분에서 보다 상세히 다루게 된다.

현시점에서의 고객생애가치를 알게 되면 그 고객을 확보하고 그를 장기충성고객으로 유지하기 위한 마케팅활동에 어느 정도가 투자되어야 하는지를 판단할 수 있게 된다. 나아가, 우수고객 우대프로그램을 제공하거나 고객취향에 맞는 제품 혹은 이벤트를 제공하는 등의 방법으로 관계를 구축하고 고정고객화를 도모함으로써 궁극적으로는 고객의 잠재적 생애가치를 극대화할 수 있는 노력을 수행하게 된다.

그러면 고객과의 관계를 어떻게 발전시켜야 하는가? 관계 사다리(Relationship Ladder)라는 개념에 의하면 고객과의 관계는 여러 단계를 거치게 되며 CRM의 모든 노력은 고객을 이 사다리의 상위단계로 옮겨 놓기 위한 것이라야 한다는 것이다. 〈그림 17-4〉에서 보듯이 관계 사다리는 용의자(suspect), 잠재고객(prospect), 사용자(user), 고객(customer), 옹호자(advocate)의 다섯 단계로 구성되어 있다.

- **용 의 자:** 이들은 고객이 될 가능성이 높은 사람들이다. 예를 들어, 와인을 제조하는 회사입장에서는 골프 혹은 테니스를 즐기는 사람이 용의자가 될 수 있을 것이다. 또한, 노무직 남자보다는 직장여성이 용의자일 가능성이 더 높을 것이다. 기업은 이들을 겨냥한 판매촉진활동을 통해 개인에 관한 정보를 수집하는 것이 가장 효과적이다. 그러나 이 단계에서 구축된 목록은 이들이 다음단계로 발전하기 전까지는 데이터베이스라고 간주하기는 이르다.
- **잠재고객:** 조만간 자사 혹은 경쟁사 제품을 구입할 것이 거의 확실시 되는 사람들이 여기에 포함된다. 예를 들어, 모든 낚시꾼은 벌레 퇴치 약품의 잠재고객이 될 것이다. 이들을 상대로 한 노력으로부터의 마케팅성과는 용의자들을 상대로 한 노력으로부터의 마케팅성과보다 대게 5~10배가 된다.
- **사 용 자:** 이들은 자사제품을 적어도 한번 이상 구매한 경험을 가지고 있는 사람들이다. 구매 시 고객카드를 작성하게 하거나 판촉 이벤트에 참가하기 위해 정보를 제공하게 하거나 아니면 할인쿠폰을 우편으로 받기 위해 제공한 정보 등을 이용하여 사용자를 색출할 수 있다. 특정제품을 여러 차례 구매해 보아야만 진정한 고객이 되기 때문에 기업들은 이들의 재구매를 촉진시키기 위한 활동을 전개하게 된다.
- **고가가객:** 고객은 자사의 제품을 구입하는 것이 습관화되어 있는 사람들을 말한다. 이들은 구매하는 브랜드에 대해 상당한 호감을 가지고 있고 나아가 같은 브랜드로 출시된 다른 제품에 대해서도 호의적인 태도를 가질 가능성이 높다.
- **옹 호 자:** 주위사람들에게 권유를 할 만큼 자사제품에 대해 신념을 가지고 있는 고객들이 여기에 해당된다. 활발한 권유활동을 할 수 있도록 이들에게 충분한 정보와 동기를 제공할 때 이들은 기업의 CRM전략에 있어서 가장 중요한 자원이 된다.

관계 사다리의 개념을 통해서 알아보았듯이, CRM의 목적 중의 하나인 고객생애가치의 극대화를 달성하기 위해서는 사다리의 각 단계에 있는 고객들을 다음 단계로 올려 주는 마케팅활동이 필요한 것이다. 즉, 고객이 현재 어떤 단계에 있는지를 파악하고 이에 적합한 마케팅활동을 전개할 뿐만 아니라 이에 대한 반응을 또한 추적하며 이를 토대로 미래의 마케팅활동을 지속적으로 수정해 나감으로써 고객들과의 관계를 발전시키려는 노력이 필요한 것이다. 이러한 과정을 통하여 기존고객과의 장기적인 관계를 구축함으로써 고객가치의 증대 및 고객관리 비용을 감소시킬 수 있을 뿐 아니라 더 나아가서 고객에 대한 정보를 바탕으로 새로운 시장을 창출 · 선점할 수 있는 역량과 신규고객의 확보 등도 가능하게 된다.

카드마케팅을 통한 고객 고정화: SK 엔크린보너스카드

SK에너지는 1962년 대한석유공사로 출발하여, 1980년 ㈜선경의 지분 인수로 선경그룹의 일원이 됐다. 이후 1998년 SK그룹의 CI변경과 함께 SK 주식회사라는 사명으로 새롭게 태어났으며, 2007년 7월 지주회사와 사업회사로 분리를 통해 SK에너지로 거듭났다. 2008년 2월에 SK인천정유와의 합병 완료해 111만 5천배럴의 정제능력을 보유한 대한민국 최대의 에너지, 화학 기업으로 자리매김했다.

1980년 ㈜선경에 인수될 당시 1조 9,676억원에 머물렀던 매출액은 지난 2009년에는 18배 이상 증가한 35조 8,275억원을 달성했으며, 9,078원의 영업 이익을 달성하였다. 우리나라의 에너지 사업을 주도하고 있는 SK에너지는 매출액의 59%를 수출(2009년 기준)하여 수출액 규모로 국내 2위권에 위치한 수출기업으로 변모하고 있다. 2009년 21조 1천억원의 수출실적을 달성했다. 특히, 2조원을 투자해 2008년 6월 상업생산에 들어간 제3고도화설비를 통해 일일 7만 배럴 규모의 고부가가치 휘발유, 경유 등을 추가 생산함으로써 회사의 수익성 강화에도 나서도 있다.

국내 최대 정유사인 SK에너지는 국내시장 점유율 30% 이상을 꾸준히 유지하며 국내 1위의 위치를 공고히 하고 있다(2009년말 기준 36%). 생산설비 운영 측면에서 아시아 태평양 지역 Top-tier 수준의 생산 경쟁력 확보를 위해 경제성 있는 원유구매 및 제품 수출입, 물류시스템의 개선 등 Value Chain 전반에 걸친 최적화를 지속적으로 추진하였으며, 인천컴플렉스와의 시너지 창출 및 해외매출수익 확대를 위해 등유, 경유 등 고마진 경질제품을 중심으로 해외 신규시장의 적극적인 개척을 통하여 수익성 개선을 위해 노력하고 있다.

마케팅 측면에서는 고급 휘발유 브랜드인 Solux를 출시함으로써, Premium 유류시장의 선도자 역할을 하고 있다. 아울러, 전국 주유소를 대상으로 엔크린보너스카드 및 멤버쉽 프로그램의 고도화 등 차별화된 서비스 경쟁력 확보를 위해 노력하여 2009년까지 한국산업의 고객만족도(KCSI) 주유소 부문 11년 연속 1위 및 한국서비스 품질지수(KS-SQI) 주유소 부문 7년 연속 1위에 선정되었다.

또한, 1982년 '자원기획실'을 설치하고 민간기업 최초로 석유개발 사업에 뛰어든 SK에너지는 현재 16개국 31개 광구에서 석유, 가스 등의 탐사, 개발, 생산활동을 벌이고 있다. 현재 확보한 지분원유는 5.2억 배럴에 달한다. 이는 우리나라가 8개월간 사용할 수 있는 양이다. SK에너지는 11개 생산광구에서 일일 5만1천 배럴의 지분원유를 생산하고 있다. SK에너지는 2009년 석유개발에서만 3천억원의 영업이익을 달성하는 등 석유개발에서 정제, 제품 생산 및 판매까지 이어지는 Value Chain을 구축하여 명실공히 대한민국 대표 에너지 기업으로서의 위상을 이어가고 있다.

아울러, SK에너지는 ▲그린카 배터리 ▲청정 석탄 에너지 ▲이산화탄소를 이용해 생산하는 친환경 플라스틱 제품인 '그린폴(Green Pol)' 등 '미래 녹색성장'과 관련하여 중점 추진분야를 정하고 '저탄소 성장' 청사진을 펼치고 있다.

브랜드 마케팅활동 및 차별화 포인트

석유제품은 그 특성상 소비자들이 품질을 직접 체감하여 인지하기가 쉽지 않다. 그럼에도 불구하고 당사는 강력한 브랜드 구축의 기반이 되는 근원적 제품/서비스에 대한 중요성을 인식하고, 최고 수준의 제품과 서비스를 제공하기 위해 최선을 다 하고 있으며, 이와 더불어 SK주유소만의 차별적 혜택을 통하여 고객들이 전반적으로 브랜드를 체험하고 만족을 느낄 수 있도록 다양한 마케팅활동을 시행하고 있다.

차량을 소유하고 운전을 하는 소비자(운전고객)에게 있어 "注油"는 "생활"의 일부이다. 이러한 관점에서 당사의 모든 마케팅활동은 No.1으로서 경쟁사가 결코 쉽게 모방할 수 없는 핵심 경쟁력과 차별성을 근간으로, SK주유소를 지속 이용함으로써 고객들의 생활에 진정 보탬이 되고 궁극적으로 삶의 질을 높일 수 있는 Value 와 Benefit 을 제공함으로써 SK 브랜드의 정신인 "고객 행복"을 구현하기 위한 "고객사랑 의지"에서 출발한다.

엔진과 환경을 보호하는 깨끗한 에너지 - SK EnClean

"Engine Clean, Environment Clean, Energy Clean"라는 뜻을 담고 1995년 10월 출시된 SK EnClean은 세계 초일류 수준의 품질과 최고의 고객만족을 위한 다양한 마케팅 활동으로 소비자들의 가장 큰 사랑을 받고 있는 SK에너지의 대표 브랜드이자, 대한민국의 대표적 파워 브랜드이다. 더불어, 1996년 당사가 선도적으로 도입하여 이제는 멤버쉽 카드의 대명사가 된 엔크린보너스카드를 기반으로 고객들에게 다양한 혜택을 제공함으로써 SK주유소에 대한 고객만족도를 한 층 제고하고 있다.

내 차를 위한 프리미엄 - EnClean Solux

SK에너지는 소비자들의 삶의 질적 향상에 의한 시장 Mega Trend와 소비자 Needs 변화에 따라 한 단계 높은 프리미엄 제품 EnClean solux (엔크린 솔룩스)를 출시하였다. (solux: '태양神, Power, Premium'의 "Sol"과 '고급스러움'의 "Luxury"의 합성어) 솔룩스는 옥탄가를 일반 휘발유(옥탄가 92~94)보다 월등히 높여(옥탄가 100 수준) 녹킹현상을 줄여주는 한편, 청정제와 연비개선제를 추가로 주입해 엔진보호 성능을 극대화한 제품이다. 이와 함께 승용차의 가속성능도 개선시켜 스포츠카, 수입차 등 고급승용차의 최적 운전에 큰 도움을 준다. 또 황 함량을 일반 휘발유보다 30% 이상 낮춘 10ppm 이하로 유지해 환경을 고려한 친환경제품이기도 하다.

고객과의 점품 공급 약속 - 품질보증 프로그램

고유가에 따른 유사석유제품 범람으로 인하여 고객들의 주유소 품질에 대한 불신이 증폭됨에 따라 SK에너지는 '07년 5월부터 對 고객 약속인 "품질보증 프로그램"를 운영하고 있다. 품질보증 프로그램 가입 주유소에 대해서는 최상의 SK제품을 공급할 수 있도록 주기적인 품질점검을 실시하고 있으며 또한, SK주유소 이용 후 차량에 이상이 발생한 경우 당사 품질운영센터 인력이 즉시 현장에 출동하여 그 원인을 규명하는 한편 보상이 필요한 경우 당사에서 고객에게 先 보상을 실시한다. 이를 통하여 고객과 주유소와의 불필요한 마찰을 줄임으로써 고객에게 SK주유소에 대한 신뢰도 제고에 앞장서고 있다.

더불어 SK주유소에 대한 품질관리를 고객의 눈을 통해 실시하겠다는 취지로 당사 우수 주유고객 1만명을 선정하여 'SK품질지킴이'로 위촉하였다. SK품질지킴이로 선발된 고객은 SK주유소에서 유사석유제품을 취급하는 것으로 의심되거나 SK도색이 없는 유조차의 유류공급 등을 목격한 경우 SK고객행복센터 또는 EnClean.com을 통해 신고할 수 있다. 자체 조사를 통해 SK정품 제품을 취급하지 않은 것으로 확인될 경우 'SK품질지킴이'에게는 소정의 포상을 또한 해당 주유소에게는 영업상 불이익조치를 취함으로써 정유사 차원에서 적극적으로 소비자 권익 보호에 앞장서고 있다.

국내 최고의 정유사 마케팅 사이트 - 엔크린닷컴

SK에너지의 마케팅 홈페이지인 엔크린닷컴(www.enclean.com)은 주유고객 중심의 Loyalty 웹사이트로 개편과 함께 정유업계 최초로 스마트폰 기반의 모바일 서비스를 런칭하였으며, 2010년 9

월 현재 860만 명의 온라인 회원을 보유하고 있습니다. 엔크린닷컴은 고객에게 제공하던 기존의 혜택을 더욱 강화하기 위해 우수고객 특화 서비스인 "우수고객 Zone"을 신설하였으며, 주유실적 확인, 고객참여형 각종 문화행사(뮤지컬/연극/전시회) 초청, 무료 영화 관람 프로그램 '무비플러스' 등 주유고객 및 일반고객 대상의 다양하고 차별화된 이벤트를 매월 지속적으로 운영하고 있다.

운전자의 필수 아이템 – 엔크린보너스카드

1996년 정유사 최초로 멤버십을 도입하고 1999년 범용 마일리지인 OK캐쉬백을 통한 주유포인트 적립 체계를 구축한 후, 멤버십 서비스 고도화를 지속적으로 유지하고 있다. 96시간 자동차 상해보험 무료 가입, 엔진오일/렌터카·여행 할인 등의 운전 관련 멤버십 서비스를 고객등급(Platinum/Classic)에 따라 제공하고 있으며, 2010년 9월에는 생활 속 다양한 제휴사에서 5%~40% OK캐쉬백포인트 적립 또는 할인을 받을 수 있는 엔크린Plus+를 런칭하여 엔크린보너스카드 이용고객에게 더욱 큰 혜택을 제공하고 있다.

엔크린보너스카드의 특별한 혜택 – 엔크린Plus+

SK주유소를 이용하시는 운전고객들에게 생활 속 다양한 제휴사에 엔크린보너스카드만 제시하면 OK캐쉬백 적립 또는 할인을 받을 수 있는 특별한 혜택, 엔크린Plus+를 2010년 9월 런칭하였다. 엔크린Plus+의 적립/할인 서비스는 2011년 2월 현재 VIPS, 아웃백스테이크하우스, Mr.Pizza, CGV, MINISTOP, yes24, 키자니아, 하겐다즈 등 30여개 제휴사에서 제공되고 있으며, 전월 1일 이후 SK주유소를 한 번 이상 방문한 고객이 엔크린Plus+ 제휴사에서 엔크린보너스카드를 제시하고 결제하는 경우 서비스를 받을 수 있다.

고객에게 영화/공연/캠핑 등 다양한 영역의 문화체험을 제공 – 문화마케팅

SK에너지는 운전고객에게 다양한 영역의 문화 체험 기회를 제공하는 감성 마케팅을 활발히 펼치고 있다. 매일 주유소에서 즉석당첨을 통해 연간 60만 고객에게 무료 영화 관람의 기회를 제공하는 '무비플러스'는 SK에너지의 대표 문화 프로그램으로 고객의 큰 호응을 얻고 있다. 또한 이외에도 대형 공연 초대 이벤트인 '컬처클럽', 교과서에 실린 유적지를 탐방하는 '교과서 여행', 자연 친화적 캠핑 프로그램인 '오토캠핑', 어린이 직업 체험 테마파크인 키자니아 가족고객 초청 이벤트 등 다양한 체험형 레저 프로그램을 함께 제공하여 고객의 Lifestyle별로 골라 즐길 수 있도록 하고 있다.

적립도 할인도 최대로 – 엔크린보너스카드, 제휴신용카드

1996년 정유사 최초 포인트 적립프로그램인 엔크린보너스카드를 도입한데 이어, 고유가 시대 고객의 기름값 부담을 덜어드리고자 全 신용카드사와 적극적인 제휴를 통해 ℓ 당 최고 150원 적립 또는 할인되는 다양한 제휴신용카드를 지속적으로 출시하고 있다.

모두가 행복한 세상, SK에너지가 만들겠습니다

기업의 사회적 역할에 대한 인식이 급변함에 따라 기업의 사회공헌 활동 형태도 크게 달라지고 있다. 전세계적으로 '자선'에서 '참여'로 패러다임이 변화하고 있으며, 형식적인 봉사활동의 차원을 넘어서 사회문제를 근본적으로 해결할 수 있도록 기업의 사회공헌 방향 또한 많이 변화하고 있다. 이에 SK에너지는 사회공헌을 통해 삶의 가치를 향상시키는 기업이라는 추진방향을 설정하고, 재정지원과 자원봉사의 병행이 가능한 복지 교육 분야 및 환경 분야를 중점 분야로 선정하여 집중적이고 지속적인 사회공헌 활동을 펼쳐가고 있다. 더불어, 2004년 7월에는 전사 차원의 자원봉사단을 조직하였으며, 현재까지 3,100여 명의 임직원이 복지기관 지원, 환경정화 활동 등의 자원봉사 활동을 수행하는 등 우리 사회가 보다 행복해질 수 있도록 노력하고 있다.

〈자료원: 2011 한국산업의 브랜드파워: 휘발유 부문_SK EnClean_SK에너지㈜〉

1.6. CRM의 효과

앞에서도 언급하였듯이, CRM을 통하여 고객들에게 개인화된 제품이나 서비스를 제공해 준다는 것은 그것이 기업의 성과에 기여를 할 때만이 의미가 있다. 따라서 기업은 CRM전략으로부터 추구하고자 하는 효과가 무엇인지를 명확히 설정하는 것이 매우 중요하다. CRM활동을 통해 기업이 추구할 수 있는 효과는 다음과 같다.

(1) 시장성과 향상

1) 재구매율 향상

개인적 관심과 개인화된 서비스로 인해 만족한 고객들은 그만큼 재구매할 가능성이 높다. 뿐만 아니라, 기존고객에 대한 데이터베이스를 분석함으로써 고객의 미래 구매 특성과 시기를 알아내어 그들의 구매를 지속적으로 유치할 수

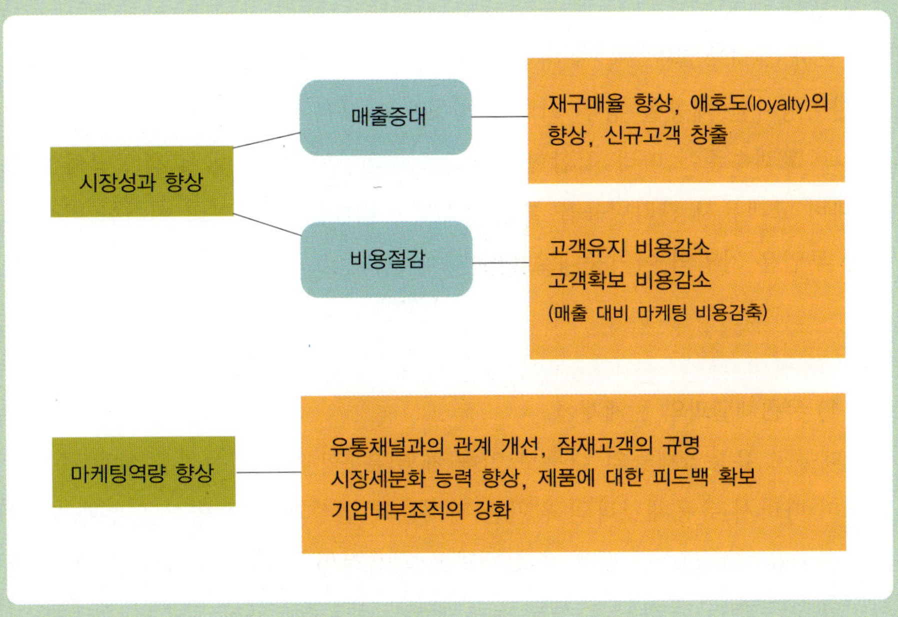

그림 17-5
CRM을 통한 기대 효과

있게 된다. 일반적으로 처음 구입하는 고객보다는 재구매하는 고객으로부터의 이익이 월등히 크기 때문에 기업에게 있어서 가장 중요한 미래고객은 재구매를 하는 기존고객들일 것이다.

2) 애호도(Loyalty)의 향상 및 신규고객 창출

CRM을 통해 고객들과 좋은 관계를 구축한다는 것은 그들의 애호도를 고취시키는 결과를 낳는다. 애호도란 단순히 재구매만을 의미하는 것이 아니다. 애호도가 높은 고객은 좋은 구전을 퍼뜨려 신규고객 확보에 도움을 줄 뿐만 아니라 기업의 실수에 대해서도 보다 관대하다. 또한 관계 사다리에서 보듯이 잠재고객을 CRM전략에 의한 적절한 마케팅노력으로써 신규고객화할 수 있다.

3) 비용절감

고객의 양적 증대보다 질적 향상을 먼저 생각하는 CRM이기 때문에 불특정 다수에 대한 마케팅을 지양하며 일대일 접근을 하더라도 그 고객의 기여도 및 욕구에 알맞은 대응을 함으로써 과다한 경품이나 광고비용을 들이지 않음으로써 신규고객 확보에 필요한 비용을 줄일 수 있다. 즉 고객화될 가능성이 낮은 대상에 대한 불필요한 마케팅비용의 지출을 최소화함으로써 효율성을 높일 수 있다는 것이다. 그러나 이런 것은 일대일 마케팅이 고객별 욕구에 적합할 경우이며 목표고객의 설정이 잘못되었을 경우에는 매스마케팅에 비해 비효율적일 수도 있다.

또한 CRM프로세스를 토대로 반응 가능성이 높은 기존고객에게만 선별적으로 판촉행사를 제공할 경우 저렴한 비용으로 많은 매출을 달성할 수 있을 것이다. 즉 고객수준에 따라 적합한 마케팅노력의 투입을 통해 고객 1명의 매출기여 대비 고객유지 관리비용을 줄임으로써 효율성을 얻게 되고 이러한 비용의 효율적 투입은 기업의 이익증대로 이어지게 된다.

(2) 마케팅역량 향상

1) 유통채널과의 관계개선

대규모 유통업체들의 대두로 인해 채널(유통업체)의 협상력은 날로 증대되고 있으며 따라서 유통채널과의 원만한 관계는 기업성과에 큰 영향을 주게 되었다. 기업은 CRM프로세스를 통하여 고객과의 직접적인 교류를 수행할 수 있을 뿐만 아니라 이로부터 축적된 지식을 유통채널과 공유함으로써 양쪽의 성과를 모두 증대시킬 수 있게 된다. 예를 들어 고객구매정보를 분석하여 이를 유연적인 공급체계를 설계하는 데 활용한다면 유통채널의 재고비용을 감소시켜 줄 수 있게 되며 결과적으로 유통의 지원을 얻게 되어 기업의 성과를 향상시킬 수 있다. 뿐만 아니라 유연적 공급체계는 품절률의 감소로 이어지기 때문에 고객만족을 증대시키는 효과가 있다.

2) 시장세분화 능력 향상

CRM프로세스에서 나타나는 고객행동정보(구매행동, 판촉에 대한 반응 등)는 고객을 유형별로 분류하는 데 효과적으로 활용될 수 있다. 예를 들어, 고객행동정보를 이용하여 고객들을 충성구매자(loyal buyer), 간헐적인 구매자(occasional buyer), 상표전환자(brand switcher), 경쟁제품의 충성구매자(competitive brand loyal) 등으로 분류하여 각 집단에 적합한 마케팅전략을 설계할 수 있을 것이다. 이러한 세분화 방법은 고객특성 혹은 고객태도와 같은 기준으로 세분화하는 전통적 방법을 효과적으로 보완하여 준다.

3) 제품에 대한 피드백 확보

급변하는 시장환경하에서 고객의 욕구변화를 지속적으로 감지하여 마케팅전략에 반영하는 것은 필수적이다. 고객과의 쌍방향 커뮤니케이션경로를 구비해 놓은 CRM 시스템은 기업으로 하여금 고객의 목소리를 끊임없이 들을 수 있게 하여 시장변화에 대한 파악을 원활히 해 준다.

4) 기업내부조직의 강화

기업 내의 각 부서에는 다양한 정보가 존재한다. 그러나 이 많은 정보들은 서로 연계되어 분석될 때 진정한 지식으로 변환될 수 있다. CRM시스템은 기업 내 많은 정보들을 한 곳으로 모음으로써 부서간에 시너지(synergy)를 발생시킬 수 있도록 해 준다.

이상에서 보았듯이 기업들은 CRM을 통해 실질적인 시장성과(재구매율 증대, 비용절감, 애호도 향상 등)를 추구할 수 있을 뿐만 아니라 시장에 대한 지식의 축적과 마케팅역량의 향상(시장세분화 능력 향상, 고객 피드백 확보, 조직강화 등)을 기대할 수 있다. CRM을 도입하는 기업으로서는 흔히 도입 즉시 즉각적인 시장성과에 관심을 집중하는 경우가 많다. 그러나 CRM은 획득된 정보가 기술적인 과정을 거쳐 매출이익으로 증가되는 데 기여할 것이라는 단순한 개념이 아니라 고객에게 접근하는 관점 혹은 가치관적 개념으로 시스템을 이용하여 시장에 대한 근본적인 지식을 쌓고 기업의 장기적인 역량을 키워나가는 것이라는 점을 간과해서는 안 될 것이다.

제 2 절 CRM을 위한 정보시스템 구축

앞서 언급하였듯이 CRM은 고객에 대한 상세한 정보를 그 근간으로 하고 있다. 물론 소수의 고객을 대상으로 하는 동네 구멍가게의 경우 고객에 대한 정보가 주인의 기억 속에서 관리될 수 있다. 그러나 대부분의 경우 마케팅 데이터베이스는 컴퓨터기술을 이용하여 관리되게 된다. 본 절에서는 이러한 마케팅 데이터베이스를 구축하는 데 필요한 개념들을 논의해 보기로 한다.

2.1. 데이터베이스 시스템의 구성요소

일반적인 의미에서 데이터베이스란 컴퓨터 등으로 신속하게 조사하고 검색할 수 있도록 구성된 데이터집단이라고 이해할 수 있다. 그런데 여기서 데이터베이스는 데이터의 단순집합으로만 이해되어서는 안 되고 몇 가지 중요한 요건을 갖추고 있어야 한다. 데이트(Date)는 데이터베이스가 가지고 있어야 할 특징으로 통합(integration)과 공용(sharing)을 들고 있다. 통합이란 여러 곳에 분산되어

그림 17-6
데이터베이스 시스템의 구성요소

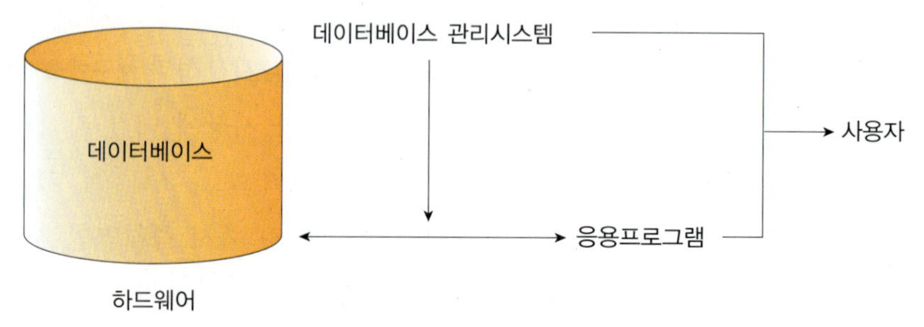

있는 데이터를 단일화하여 중복을 최소화하고 나아가 데이터간의 연계성을 쉽게 이해할 수 있도록 하는 것을 말한다. 공용이란 여러 다른 사용자가 데이터베이스에 수록된 데이터를 각자의 목적을 위해 사용할 수 있게 하는 것을 말한다.

데이터베이스 시스템이란 각종 데이터를 축적 · 보관하였다가 고객의 요구에 따라 필요한 정보를 제공해 줄 수 있게 하는 데 필요한 제반 자원의 집합체를 의미한다. 데이터베이스 시스템은 구체적으로 데이터, 하드웨어, 소프트웨어, 그리고 사용자의 네 가지 요소로 구성되어 있으며, 〈그림 17-6〉은 요소들 간의 관계를 나타내고 있다.

데이터베이스의 기본 구성단위인 데이터(data)는 사람, 사물, 사건, 또는 다른 어떤 것에 관한 '있는 그대로의 사실'을 의미한다. 데이터는 그 자체로서 의미를 갖기보다는 사용자의 목적에 따라 변형되었을 때 비로소 의미 있는 정보(information)가 된다. 예를 들어 매장에서 구매가 발생할 때마다 기록되는 자료는 단순히 데이터이지만 이를 품목별로 구분하여 정리하면 품목별 판매현황이라는 정보가 되는 것이다. 이러한 데이터를 저장할 수 있는 물리적 장치와 그것과 연결된 입·출력 장치를 하드웨어라 하며, 하드웨어는 지속적으로 갱신 및 추가되는 마케팅데이터를 장기적으로 수용할 수 있고 방대한 자료를 신속하게 조회하고 분석할 수 있을 만큼의 충분한 용량과 성능을 갖추고 있어야 한다.

또한 데이터와 하드웨어가 갖추어진 상태에서 사용자가 데이터베이스에 쉽게 접근하여 사용할 수 있도록 해 주는 각종 응용프로그램 및 데이터의 입력, 저장, 추출, 삭제, 수정 등을 수행할 수 있도록 도와 주는 데이터베이스 관리시스템(database manage-ment system: DBMS) 등의 소프트웨어도 데이터베이스 시스템에서 중요한 구성요소이다.

마지막으로 데이터베이스 시스템을 운영하고 활용하는 사용자들은 데이터베이스를 구축하고 관리하는 책임을 맡는 데이터베이스 관리자(database administrator), 최종 사용자들이 요구하는 데이터베이스의 조회와 분석을 수행할 수 있는 응용프로그램을 개발하는 응용시스템 개발자(applications developer), 그리고 DBMS나 응용프로그램을 이용하여 데이터베이스로부터 원하는 정보를 추출하는 최종사용자(end user) 등 세 부류로 나뉜다.

2.2. 마케팅 데이터베이스의 요건

마케팅 데이터베이스가 효과적으로 활용될 수 있기 위해서는 다음과 같은 요건을 충족하여야 한다.

첫째, 맞춤설계(custom design)가 되어야 한다. 마케팅 데이터베이스의 설계는 사용자들이 이것을 어떻게 활용할 것인가에 의해 결정되므로 기업마다 처해 있는 독특한 상황에 따라서 맞춤설계되어야 하는 것이다.

둘째, 동태적(dynamic)이어야 한다. 데이터베이스는 시장환경의 변화에 따른 관리자의 정보욕구 변화에 부응할 때 그 가치를 인정받을 수 있다. 즉, 데이터베이스에 수록된 자료를 첨가 · 수정 · 삭제하는 작업이 쉽게 이루어져야 하며, 이를 위해서는 데이터베이스 시스템 자체가 유연성을 가지고 있어야 할 뿐만 아니라 기업조직 내의 정보수집 및 흐름체계가 원활해야 한다.

셋째, 포괄적(comprehensive)인 동시에 수익성(profitability)이 있어야 한다. 마케팅데이터베이스는 각 고객에 대한 다각적인 분석이 가능하도록 상세한 정보가 수록되어 있어야 한다. 그러나 많은 정보를 담을수록 데이터베이스를 구축하고 갱신하는 데 많은 비용과 시간이 들기 때문에 데이터베이스를 구축하고 유지하는 데 들어가는 비용과 이로부터 기업이 얻는 효익이 명확하게 평가될 수 있어야 한다.

마지막으로 원활한 사용이 가능해야 한다. 사용자가 어떠한 조회를 하더라도 빠른 시간 내에 해답을 줄 수 있도록 설계되어야 한다. 뿐만 아니라, 기업의 모든 조직원이 데이터베이스를 활용할 수 있어야 한다.

2.3. 마케팅 데이터베이스의 구성

앞에서도 언급하였듯이 마케팅 데이터베이스를 구성하는 고객기록(customer record)에 어떠한 항목(field)이 포함되어야 하는지는 어떠한 목적으로 활용될 것인가에 의해 결정된다. 고객기록에 일반적으로 포함되는 항목들은 다음과 같다.

① 고객 식별자료 및 인구통계적 자료
② 상품구입에 대한 자료
③ 판촉의 활용여부 및 기업의 판촉활동 자료
④ 고객에 대한 심리적 자료

각 자료 항목에 포함되는 구체적인 요소는 〈표 17-3〉에 제시되어 있다.

고객 식별자료와 인구통계적 자료는 기초적인 분석(예를 들어 나이, 소득, 성별 등에 따른 차이 분석)에 많이 사용될 뿐만 아니라 다른 데이터베이스와의 연결고리역할을 하기 때문에 표준화하여 기록하는 것이 매우 중요하다. 예를 들어 A/S센터에서 서비스를 받은 고객의 과거 구매기록을 조회하기 위해서는 고객번호와 같은 식별자료가 양쪽 데이터베이스에서 동일하게 사용되어야 하는 것이다. 추가적으로, 각 자료가 최초로 언제 수집되었으며 어떠한 경로를 통해 수집되었는지에 대한 정보도 함께 포함함으로써 자료의 신뢰성을 판단할 수 있게 해준다.

상품구입에 대한 자료는 구매가 발생할 때마다 축적되는 것이 보통이며 데이터분석의 핵심이 된다. 판촉의 활용여부 및 판촉활동 자료는 판촉에 대한 고객의 반응을 분석하는 데 활용된다. 여기서 주의해야 할 점은 고객이 구매할 때 쿠폰과 같은 판촉물을 제시하였다는 정보뿐만 아니라 구매시점에서 기업이 시행하고 있던 모든 판촉행사에 대한 기록이 포함되어 있어야 한다는 것이다. 이러한 정보는 각종 판촉의 효과와 나아가 판촉의 수익성을 분석할 때 필요하다. 마지막으로, 고객에 대한 심리적 자료에는 각종 조사를 통해 나타난 고객의 라이프스타일, 태도, 의견 등에 대한 정보가 포함된다.

표 17-3 고객 데이터베이스의 구성

데이터 항목	고객 식별자료 및 인구통계적 자료	상품구입에 대한 자료	판촉의 활용여부 및 기업의 판촉활동 자료	고객에 대한 심리적 자료
포함요소	• 고객번호 • 이름 • 주소,우편번호 • 나이 • 성별 • 소득 • 전화번호 • 직업 • 최초자료수집일 • 자료원 • 자료수집에 활용된 판촉	• 거래날짜 • 거래금액 • 거래장소 • 구매량 • 지불방법	• 판촉 · 쿠폰활용여부 • 카테고리 내 다른 상표 • 구매정보 • 판촉우송여부 · 종류 • 특별전시 · 진열여부	• 라이프스타일 정보 • 설문조사를 통한 고객태도자료

이와 같이 기본적으로 축적되는 정보 이외에도 자료의 분석을 통해 얻어진 정보를 데이터베이스에 추가할 수 있다. 예를 들어 뒤에서 자세하게 다루게 될 RFM분석을 통해 나타난 고객의 유형을 파악하여 이 정보를 고객기록에 추가할 수 있다. 이상에서 언급한 자료 이외에도 기업의 필요에 따라 데이터베이스에 추가할 수 있는 자료는 많을 것이다.

2.4. 마케팅 데이터베이스의 원천

CRM활동을 성공적으로 수행하기 위해서는 정확한 데이터베이스를 구축하는 것이 필수적이다. 적합한 고객을 찾아내고 적절한 수단을 이용하여 그들을 접촉하는 과정에서 데이터베이스의 정보가 정확하지 못하다면 이러한 노력은 성공할 수 없을 것이다. 따라서 어떠한 고객정보를 수집할 것인가에 못지 않게 이것을 어디에서, 어떻게 수집할 것인가 또한 데이터베이스 구축과정에서 매우 중요한 부분을 차지한다.

마케팅 데이터베이스에 포함될 고객정보를 수집할 수 있는 경로는 크게 세 가지로 구분되는데, 그것은 내부정보시스템으로부터 수집하는 방법, 마케팅활동을 통하여 수집하는 방법, 그리로 외부로부터 구입하는 방법이다.

첫번째로 내부정보시스템으로부터 수집될 수 있는 고객정보는 기업의 정상적인 경영활동과정에서 축적되는 고객들의 거래정보로서, 수집과 관리가 가장 용이하며 그 정확성도 매우 높다. 따라서 마케팅 데이터베이스의 구축은 기업 내부자료로부터 시작하는 경우가 많다.

내부고객자료에는 기존고객리스트, POS(point of sales)시스템을 이용하여 축적된 고객구매정보, 고객주문리스트, 고객문의자료, A/S 자료 등이 있다. 예를 들어 수퍼마켓 혹은 할인점에서 고객에게 카드를 발급해 주어 고객이 구매할 때마다 제시하도록 한다. 고객입장에서는 누적된 구매금액에 따라 각종 혜택을 받을 수 있기 때문에 카드를 제시하게 되지만, 기업입장에서는 이를 통하여 각 고객의 구매를 상세하게 기록하게 되는 것이다. 이와 같이 고객카드를 이용하여 고객구매정보를 확보할 수 있는 업종은 이밖에도 주유소, 음식점, 자동차 정비소, 미용실 등 실로 매우 다양하다. 반면 통신회사나 은행과 같은 경우에는 사업의 특성상 모든 고객의 거래정보를 빠짐 없이 기록하고 있다.

두 번째로 마케팅활동을 통하여 고객자료를 수집한다는 것은 기업의 판촉활동이나 광고에 대하여 반응을 보인 고객의 리스트를 구축하는 것을 의미한다. 고객자료의 수집을 목적으로 하는 판촉활동에는 여러 가지가 있다. 예를 들어, 제품에 쿠폰을 넣어놓거나(in-pack coupon) 제품포장에 쿠폰을 인쇄하여(on-pack coupon), 제품을 구입한 고객이 쿠폰에 이름과 주소를 기입하여 보내면 다음 구매에 사용할 수 있는 할인쿠폰을 보내 주겠다는 행사를 통하여 고객정보를 확보할 수 있다. 이러한 방법은 씨리얼(cereal) 회사들이 자주 활용 한다. 신문이나 잡지광고를 통해서도 이와 유사한 행사를 수행할 수 있다. 미국의 쉘오일(Shell Oil)사는 신문광고를 통해 자사 주유소에서 주유시 1달러를 할인해 주는 쿠폰을 배포하였다. 물론 이 쿠폰에는 고객에 대한 간단한 정보를 기입하도록 되어 있었다. 또, 미국의 제너럴 모터스(General Motors)사는 TV를 통해 신형 자동차를 광고하면서 수신자부담 전화번호에 전화를 하는 고객에게 신차에 대한 자세한 소개를 담은 비디오 테이프를 무료로 배포한다는 것을 알렸다. 고객은 이 비디오 테이프를 우편으로 받기 위해서 본인의 이름과 주소를 알려 주었다. 이상과 같은 방법으로 구축된 고객리스트의 중요한 장점은 자사제품을 한번이라고 구입하였거나 적어도 관심을 갖고 있는 고객들로 구성되어 있다는 것이다. 그리고 데이터베이스 마케팅활동을 이들에게 집중시킴으로써 신규고객 확보가능성을 높일 수 있게 되는 것이다.

마지막으로 외부로부터 고객정보를 구입하는 것은 그 동안 우리 회사와 별다른 관계가 없었던 고객에 대한 정보를 획득한다는 점에서 앞서 언급한 두 가지 방법과 차이를 보이기는 하지만 많은 비용과 시간을 들이지 않고 많은 양의 고객정보를 획득할 수 있다는 장점을 가지고 있다. 고객정보를 외부로부터 확보하는 방법으로는 우선 타회사가 보유하고 있는 고객리스트를 사용하는 방법이 있다. 타기업의 고객정보는 구입을 하는 경우도 있지만 기업간의 전략적 제휴를 통해 교환하는 경우도 많다. 어떤 방법을 취하던 타기업으로부터 확보된 리스트의 고객이 우리 회사의 제품에 어느 정도 적합해야만 의미가 있을 것이다. 고객정보를 외부로부터 확보하는 또 하나의 방법은 판매를 목적으로 고객정보를 수집하는 기관들로부터 구입하는 것이다. 이러한 기관들은 단순한 고객리스트를 판매하는 경우도 있고 소비자 패널(consumer panel)을 구성하여 이들의 구매활동을 장기간 추적한 소비자 패널자료를 판매하는 경우도 있다. 고객리스트를 구입할 경우 기업들은 특정 조건에 부합되는 고객들만을 선별한 리스트를 구입하게 된다. 소비자 패널자료는 외국에서 널리 활용되고 있으나 아직 한국에서는 초보적인 단계이다.

제 3 절 고객정보의 분석과 이해

CRM 수행과정은 크게 두 개의 단계로 나누어 살펴볼 수 있다. 첫번째는 마케팅 데이터베이스를 분석하여 고객과 시장에 대한 이해를 도모하는 단계이다. 예를 들어 고객의 특성이나 구매행동에 관한 정보를 분석하여 고객들의 유형을 규명하거나 그들의 반응에 영향을 미치는 요소를 규명하는 작업은 마케팅전략의 수립에 필요한 정보를 제공한다. 두 번째는 데이터베이스의 분석을 통해 얻어진 지식을 활용하여 마케팅전략을 수립하고 실제로 고객들과의 다각적인 커뮤니케이션을 수행하는 단계이다. 본 절과 다음절에서 이 두 단계에 대하여 자세히 살펴보기로 한다.

3.1. 마케팅 데이터베이스의 분석방법

마케팅 데이터베이스 자체는 데이터일 뿐이다. 이것이 관리자에게 유용한 정보로서의 가치를 발휘하기 위해서는 여러 가지 방법으로 가공되거나 분석되어야 한다. 마케팅 데이터를 분석하는 데 사용되는 방법은 매우 다양하다. 각종 통계분석 방법들과 데이터마이닝(data mining) 기법들이 동원될 수 있고 또한 데이터베이스 마케팅에 고유한 분석방법들이 많이 활용된다. 그러나 대부분의 분석방법들은 상당히 기술적이기 때문에 자세하게 다루기에는 적합하지 않고 여기에서는 가장 자주 활용되는 방법들을 중심으로 살펴보기로 한다.

CRM의 관점에서 마케팅전략을 수행하는 데 있어서 마케팅노력의 대상이 되기에 적합한 고객(즉, 가치가 높은 고객 혹은 구매가능성이 높은 고객)을 색출하고 이들의 다양한 특성을 규명하는 일은 필수적이다. 이러한 정보가 없이는 CRM에서 추구하는 개별고객에 대한 타겟팅(targeting)이 불가능하며, 잠재고객 혹은 기존고객 중에 반응확률이 가장 높은 집단을 정확하게 선별하여 마케팅캠페인의 성공가능성을 향상시키는 것 또한 어렵게 된다. 이러한 이유로 인해 마케팅 데이터베이스의 분석은 고객의 분류를 위해 행해지는 경우가 많다. 그러나 각종 마케팅노력이 시장 및 고객의 반응에 미치는 영향을 분석하는 데 쓰이는 방법들도 자주 활용된다.

(1) RFM분석법

CRM을 수행함에 있어서 기존고객들을 분류하는 방법으로 가장 많이 사용되고 있는 것이 RFM(Recency, Frequency, Monetary) 분석법이다. 이 방법은 매우 간단하면서도 합리적인 전제를 토대로 고객들을 쉽게 분류하고 가치 있는 고객들을 선별해내는 방법으로, 기업에게 가장 가치 있는 고객은 가장 최근에 구입하였고, 자주 구입하였고, 많은 양을 구입한 고객일 것이라는 전제를 하고 있다. 따라서 RFM 분석법에서는 다음 3가지 기준을 가지고 고객을 분류한다.

① 얼마나 최근에 구매했는가(최근구매)
② 일정기간 동안 얼마나 자주 자사제품을 구매했는가(구매빈도)
③ 일정기간 동안 얼마나 많은 액수의 자사제품을 구매했는가(구매액)

첫번째 기준인 최근구매(recency)의 경우 우선 고객별로 직전에 구매한 시점이 언제인가를 확인하여 가장 최근에 구매한 고객부터 가장 오래 전에 구매한 고객까지 순서대로 나열(sort)한다. 그리고 이를 몇 개의 동일 크기 그룹으로 나눈다. 대체적으로 5등분을 하는 경우가 많다.

두 번째 기준인 구매빈도(frequency)의 경우 각 고객별로 그 고객이 처음 자사제품을 구매한 이후로부터 현재까지의 총구매회수를 집계한다. 그리고 구매회수가 가장 많은 고객부터 가장 적은 고객까지 순서대로 나열하여 이를 역시 5등분한다.

마지막 기준인 구매액수(monetary)에 따른 고객분류에서는 우선 각 고객별로 그들이 자사로부터 최초로 구매한 시점 이후로 현재까지 구매한 총금액을 산출한다. 그리고 구매금액이 많은 고객부터 가장 적은 고객까지 순서대로 나열하여 이를 5등분한다.

위의 과정을 모두 거치고 나면 각 고객은 세 가지 기준에 의해서 분류되게 된다. 즉, 최근구매, 구매빈도, 그리고 구매금액 각각의 기준에서 몇 번째 집단인지가 밝혀지고 이에 따라 3자리 숫자를 부여받게 된다. 예를 들어, 만약 갑이라는 고객이 최근구매에서 두 번째 집단에 속하고, 구매빈도에서 첫번째 집단에 속하며, 구매금액에서 세 번째에 속한다면 그 고객은 '453' 이라는 숫자를 부여받게 되고 이것이 바로 그 고객의 RFM코드가 된다. 결과적으로 총 125(5개의 최근 구매집단×5개의 구매빈도집단×5개의 구매금액집단)개의 RFM셀(cell)이 형성되게 된다.

(2) 고객생애가치(Lifetime Value) 계산법

고객을 분류하는 또 하나의 기준으로 고객생애가치를 활용할 수 있다. 고객의 생애가치는 기업이 어떤 특정고객과 지속적인 관계를 유지하는 동안에 그 고객으로부터 얻을 수 있는 총수익을 말한다. 고객이 한번 구매하고 영영 돌아오지 않는다면 그 고객의 생애가치는 첫구매로부터 얻은 이익일 것이다. 반면, 여성의류를 판매하는 어떤 점포에서 A라는 20세의 여성고객이 매 2년마다 20만원 상당의 의류를 구매하며 50세까지 구매가 이루어진다고 하면 이 고객의 생애가치는 20만원×(30년÷2년)=300만원이 된다. 물론 여기에는 추가적 으로 기업의 비용이 반영되어야 할 뿐만 아니라 구매패턴의 장기적 변화 등도 고려되어야 할 것이다.

(3) OLAP(On Line Analytical Processing)를 통한 분석법

OLAP은 최종사용자(end-user)가 다차원 정보에 직접 접근하여 대화식으로 정보를 분석하고 의사결정에 활용하는 과정으로 사용자로 하여금 데이터를 다차원적으로 쉽고 선택적으로 추출하고 분석할 수 있도록 해 준다. 정보의 다차원성은 OLAP시스템을 다른 시스템과 구분하는 중요한 개념이다. 최종사용자는 온라인상에서 직접 데이터에 접근하며, 대화식으로 정보를 분석하므로 최종사용자가 기업의 전반적인 상황을 이해할 수 있도록 도와 준다.

예를 들어, '이번달 매출액이 지난달에 비해서 얼마나 상승했는가 혹은 하락했는가?' 또는 '지난해 같은 달에 비해서 어떠한가?' '경쟁사의 매출액과 비교해서는 어떠한가?' 등과 같은 정보를 분석하고자 할 때 온라인상에서 이러한 질문을 입력하면 데이터 분석결과가 그대로 출력된다. 즉, 데이터베이스 사용자가 월별 각 지역의 매출액을 분석해 보고 싶다면 필요한 월 및 지역을 선택하여 하나의 스프레드시트를 요청함으로써 비교해 볼 수 있는 것이다. 이러한 종류의 분석을 쉽게 하기 위해 OLAP데이터는 다차원 데이터베이스 내에 저장된다. 관계형 데이터베이스가 2차원이라고 생각할 수 있는 데 반해, 다차원 데이터베이스란 각 데이터 속성(제품, 매출지역, 기간 등과 같은)이 각기 별개의 차원으로서 간주되는 것으로 OLAP 소프트웨어는 이러한 다차원들 간의 교점을 찾아내어 그것들을 표시하는 것이다.

CRM전략의 수립 제 4 절

CRM전략이란 기업이 구축한 마케팅 데이터베이스를 활용하여 경쟁력을 향상시키기 위한 구체적인 방안을 의미한다. 즉, 마케팅 데이터베이스의 구축 자체가 목적이 되는 것이 아니라 이를 이용하여 고객과의 관계를 형성하고 생애가치를 극대화하는 것이 CRM의 목표인 것이다. 따라서 기업은 초기단계에서부터 고객 데이터베이스가 어떻게 활용될 것인가에 대한 구체적인 전략을 수립해야 하고 이러한 전략에 가장 적합한 시스템을 설계해야 하는 것이다.

CRM의 근간은 고객과의 장기적인 관계를 구축하고 관리한다는 것이다. 따라서 기존고객들에 대한 상세한 지식을 기반으로 이들의 구매를 활성화하고 애호도를 향상시키는 것은 CRM에서 가장 중요한 부분을 차지한다. 그러나 데이터베이스를 이용하여 잠재고객을 찾아내고 이들을 신규고객으로 전환하는 작업 또한 이에 못지 않은 중요성을 갖는다. 따라서 본 절에서는 CRM전략을 기존고객의 관리에 활용되는 것들과 신규고객 확보에 사용되는 것들로 분류하여 알아보기로 한다.

4.1. 기존고객을 유지하기 위한 전략

기업이 기존고객에 대해 관심을 갖는 데에는 중요한 이유가 있다. 앞에서도 언급하였듯이, 기존고객 한 명을 유지하는 데 필요한 비용은 신규고객 한 명을 확보하는 데 필요한 비용의 1/4에 불과한 경우가 많기 때문이다. 뿐만 아니라 오래된 고객일수록 구매량도 많아진다는 사실도 잘 알려져 있다. 따라서 신규고객의 확보보다는 기업이 가지고 있는 고객정보를 토대로 기존고객들과의 유대를 강화하는 것이 이윤극대화에 큰 도움이 되고 나아가 위험을 감소시켜 주는 것이다.

한편 기존고객을 대상으로 하는 전략의 기조에는 전체고객을 우리에게 도

VIP 고객 모시기 위한 CRM 경쟁

금융불안을 거치면서 금융기관의 선택기준이 '수익성'보다는 '안정성' 위주로 급속히 전환, VIP고객 확보여부가 '소매금융' 공략의 성패여부와 직결된다고 보기 때문에 특정고객을 위한 'VIP CRM'이 은행권을 중심으로 급속히 확산되었다.

기존의 CRM은 전체고객 중 20%의 고객이 해당 금융기관의 수익성을 좌우한다는 '8:2' 원칙이 작용했었다. 그러나 이 'VIP CRM'은 이 20%의 고객 중 다시 20%를 분류하는게 일반적이다. 결국 전체 비율로 보면 상위 약 3~4%에 해당하는 고객들을 타겟으로 하는 전략이 중요시되고 있는 것이다.

S은행은 안정적인 수익기반의 우수고객 이탈방지와 거래활성화 촉진을 명분으로 '주거래고객 전용창구 운용'(One-Stop Banking) 서비스를 실시하였으며. 내부기준에 의해 분류한 VIP고객들에게는 일반창구와는 확연히 틀리게 레이아웃이 설계된 별도 전용창구에서 접대한다. 이 은행은 슈퍼 VIP(수신 5억원 이상), 로얄 VIP(수신 2억원 이상), VIP고객(수신 7천만원 이상) 등으로 VIP를 다시 세분화한다. 이 같은 VIP는 매월말일을 기준으로 선정한다.

J은행도 '릴레이션십 마케팅'을 추진, 각계 저명인사를 대상으로 한 VIP공략에 나서고 있다. 이 은행은 VIP를 전담관리하기 위해 점포당 4명씩의 PB(Private Banker)를 별도로 배치하고, 이들을 통해 직접 맨투맨으로 VIP를 관리한다. 현재는 J은행과 거래하고 있지 않지만 '잠재고객'이 될 만한 고객들도 포섭대상이다. 또 신분노출을 꺼려하는 고객의 특성을 고려, 부득이 할 때만 메일링서비스로 대체할 뿐 정보기술(IT)인프라를 이용한 기존의 CRM기법은 적용하지 않는다.

이밖에 C은행은 'DM본부 집중관리 업무'를 실시하고 있다. VIP를 관리하기 위한 마케팅채널의 통합이 목적으로 정보시스템부가 VIP고객 리스트를 출력하면 영업점에서 최종대상자를 확정한다. 영업점에서 보유하고 있는 모든 주요고객의 명단을 DM센터에 집중시켜 의사회, 약사회, 변호사, 회계사 등 마케팅에 유효하다고 판단되는 모든 고객들의 명단을 관리하게 된다. 이 은행은 또한 '자동발송시스템' 도입도 검토중에 있다.

증권업계에서는 이러한 VIP CRM이 더욱 은밀하게 진행된다. S증권은 압구정동 모처에 VIP전용센터를 가동중으로, 이른바 자사 고객의 1%에 해당하는 고객들을 모아 놓고 골프강습을 비롯한 포괄적 고객관계관리 서비스를 2001년 초부터 가동중이다. H증권도 여의도 모처에 최근까지 내부 마무리공사를 끝내고 이 같은 VIP룸을 개설한 것으로 전해졌으며 여타 대형증권사들도 오픈을 준비중이다.

일본의 경우 이러한 VIP CRM이 한발 앞서 있다. 니혼게이자인신문 최근 호는 다이와은행이 주로 '유언(遺言)신탁'을 취급하는 등, 부유층 자산의 승계와 관리서비스에 나서고 있다고 보도했다. 또 스미토모은행은 상장을 준비중인 사업가를 대상으로 자산의 운용 및 관리, 기업공개시의 절차를 도와주고 있으며, 야스다신탁은행은 총자산 3억엔 이상의 고객을 중심으로 서비스를 전개하고 있다.

또 일본 시티은행도 금융자산 1억엔 이상, 총자산으로는 3억엔 이상이 되는 고객들을 선별해 자사의 선진금융기법을 이용한 파생금융상품투자에 투자해 주고 옵션및 스왑거래를 통해 금융리스크를 줄이는 첨단 고객관리기법을 선보이고 있다. 은행권 관계자는 "VIP를 어떻게 관리하느냐가 금융기관의 성패"라며 "이들은 외부신분노출을 꺼리기 때문에 별도의 CRM전략이 필요하다"고 지적했다.

〈자료원: www.mcredit.co.kr〉

움이 되는 고객과 그렇지 못한 고객으로 구분하여 차별적인 활동을 전개한다는 것도 깔려 있다. 이와 같은 생각은 널리 알려진바 있는 '20/80 법칙'에 그 근거를 두고 있는데 이 법칙에 따르면 상위 20%의 고객이 전체매출의 80%를 차지한다는 것이다. 심지어 한 미국 은행에서는 이익기여도를 기준으로 고객을 분류해 본 결과 상위 3%의 고객이 전체 이익의 50%를 차지한다는 사실을 발견하기도 하였다. 이 얘기는 하위그룹에 속한 고객들로부터는 적자를 보고 있었다는 것이다. 이러한 상황에서 기업이 모든 고객을 동일하게 대우한다는 것은 미련한 일이 될 것이다.

(1) 고객활성화전략

기존고객을 위한 전략의 한 유형은 기존고객 중 자사와 지속적인 관계를 유지하는 우량고객에게 반복구매를 유도하거나 사용빈도를 높일 수 있는 인센티브를 부여하여 충성도가 높은 고객으로 발전시키는 것이다. 이러한 전략은 고객활성화전략(customer activation strategy)이라고 불리며, 항공사, 주유소, 카드회사, 레스토랑과 같은 다양한 산업에서 실시하고 있는 마일리지 프로그램이나 포인트 누적프로그램이 이에 속한다. 예를 들어, 대한항공을 비롯한 세계의 모든 항공사는 고객이 탑승할 때마다 항공거리에 해당하는 마일리지를 누적해 주어 누적된 점수에 따라 무료항공권 혹은 좌석 업그레이드를 제공하고 있다. 뿐만 아니라 대한항공의 경우 누적 마일리지가 60,000마일 이상이 된 고객은 '모닝캄'(Morning Calm) 회원으로 분류하여 별도의 체크인 카운터를 제공하는 등 추가혜택을 제공한다.

SK의 경우 OK 캐쉬백 프로그램을 통해 자사 주유소와 이동통신 고객, 그리고 TGIF와 같은 제휴사의 고객 모두에게 거래실적에 따른 점수를 누적해 준다. 고객들은 점수를 이용하여 선물을 받거나 현금을 되돌려 받을 수 있다. 기업간의 제휴를 통한 점수 누적은 다양한 형태를 띠고 있다. BC카드, SK주유소, 대한항공은 상호 제휴를 통해 고객이 SK 주유소에서 BC-SK 제휴카드로 결제할 경우 주유금액 1000원당 3마일을 대한항공에 누적시켜 준다. 이것은 일반적으로 제공되는 1000원당 1마일에 비해 혜택이 월등히 큰 것이다.

위에서 소개된 은행의 경우 총수익의 50%를 차지하는 상위 3%의 고객에 대해 무엇을 해 줄 수 있을까? 이들은 우선 이 고객들의 전반적인 금융 니즈(needs)를 분석하였다. 그 결과, 이러한 우량고객들은 은행으로부터 5~6종류의 상품을 필요로 하는 것으로 밝혀졌는데 여기에는 개인수표구좌(checking account), 단기예금구좌, 장기예금구좌, 신용카드, 융자 등이 포함되었다. 그 후 기존고객들이 당 은행으로부터 받고 있는 서비스가 평균 3~4종류에 불과하다는 것을 알았다. 즉, 이들 고객은 나머지 서비스를 다른 은행에서 받고 있다는 의미였다. 따라서 이 은행의 전략은 각 고객별로 현재 받고 있지 않는 금융상품을 포함한 금융 패키지를 좋은 조건에 제안함으로써 우수고객의 거래를 증대시켰다. 참고로, 손실을 끼치고 있는 하위 50%의 고객에 대해서는 모든 서비스에 수수료를 부과하기 시작하여 이들로 하여금 이익기여도를 높이거나 아니면 다른 은행으로 이전하도록 하였다. 이렇듯, 가치가 낮은 고객에 대해서 역 마케팅(demarketing)을 하는 것도 데이터베이스 마케팅의 중요한 전략요소가 된다.

현대자동차는 '재이용 고객 우대 프로그램'을 통해 현대자동차를 두 번째 구매하면서 할부 서비스를 받는 경우, 고객은 1%의 금리할인 혜택을 받으며, 세 번째 구매할 경우에는 2%의 금리할인을 받을 수 있는 서비스를 제공하고 있다.

미국의 고급 백화점인 니먼 마커스(Neiman Marcus)의 고객은 세계 어디서나 쇼핑을 즐길 수 있을 만큼 부유한 사람들로 구성되어 있다. 따라서 이 백화점의 과제는 고객들로 하여금 미국 내에서의, 즉 니먼 마커스에서의 쇼핑비중을 높이도록 하는 것이었다. 이를 위해 이들은 인서클(InCircle)이라는 멤버십카드를 발

포인트제도(마일리지제도)의 종류

포인트제도는 CRM에 있어서 고객에게 제공되는 중요한 부가적인 혜택의 하나로 이것을 시행함에 있어서 다음과 같은 문제를 반드시 고려해야 한다.

1. 포인트 누적방법

포인트를 어떻게 누적할 것인가의 문제는 누적비율을 고객이나 구매 건당 동일하게 적용할 것인가, 차등적으로 적용할 것인가를 결정하는 것이다.

2. 포인트 사용방법

포인트 누적방법뿐 아니라 누적된 포인트를 고객이 어떻게 사용하도록 할 것인가의 문제도 매우 중요하다. 포인트의 사용방법은 마케팅비용과 직결된 문제이며, 타겟고객이 보다 더 많은 효용 가치를 느끼도록 할 수 있는 적절한 포인트 사용방법을 채택하여야만 포인트제도의 효과를 극대화할 수 있는 것이다.

고객 포인트 사용방법의 문제는 누적된 포인트를 시간과 단위에 관계 없이 자유롭게 사용할 수 있도록 할 것인가, 일정한 제약조건을 둘 것인가에 따라 달라진다.

〈자료원: 「e-비즈니스 모델에 맞는 eCRM」, pp. 152-157, 거름, 2000.〉

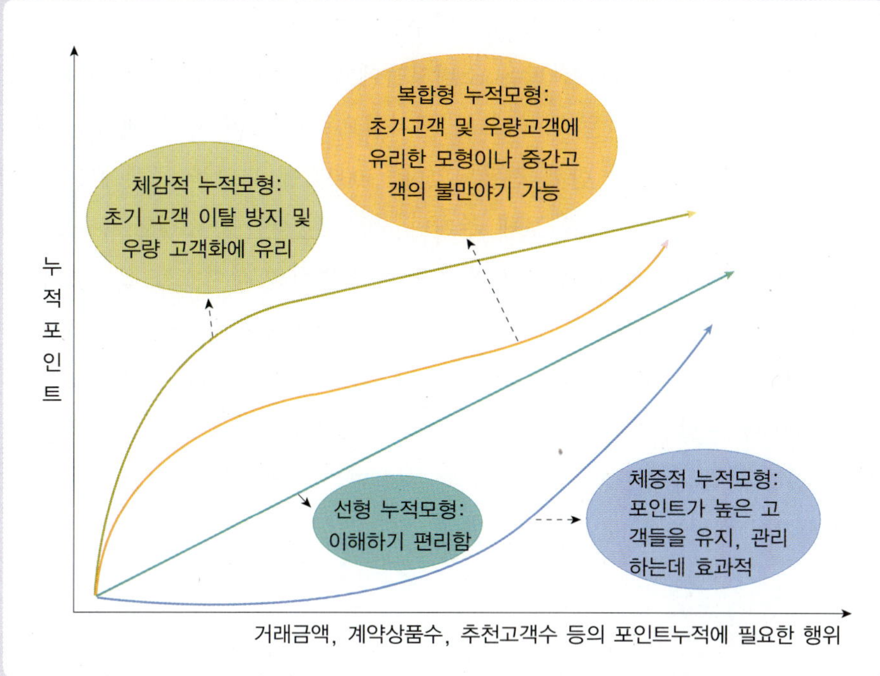

그림 17-7
고객 포인트 누적 방법의 대안

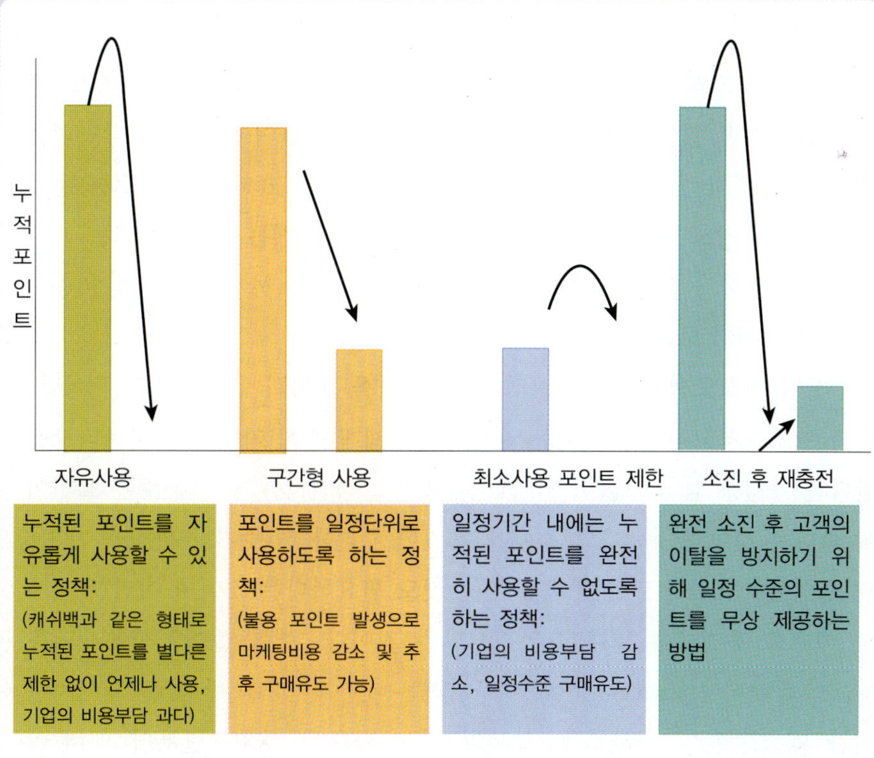

그림 17-8
고객 포인트 사용 방법의 대안

급하여 소비자들에게 구매에 따른 물질적인 혜택을 주었다. 모든 고객들에게 멤버십카드를 발급한 것이 아니라 구매액수에 따른 점수가 3000점을 넘은 고객들에게 발급하였다. 이 카드를 받은 소비자들에게는 “우리 회사제품을 구입해 주셔서 감사 드리며, 당신은 이 카드를 제시함으로써 여러 가지 혜택을 받을 수 있습니다”라는 메시지가 함께 전달되었다. 3000점에 도달한 고객에게는 4개월에 한 번씩 무료 요리책자를 보내 주거나, 밤늦은 시간에 쇼핑할 수 있는 기회를 주었고, 예약서비스, 여행정보 제공 등의 차별화된 서비스를 실시했다. 7500점에 도달한 고객에게는 햄, 백화점 상품권, 외국요리 책자 등을 발송하였으며, 15,000점에 도달한 고객에게는 와인을 보내 주고, 은 제품을 선물로 보내 주었다. 45,000에 도달한 고객에게는 하와이나 카리브해의 고급 리조트 시설을 이용할 수 있도록 해 줌으로써 고객들이 점수에 따라 차별적인 서비스를 받도록 하여 지속적인 애호도를 지니도록 하였다.

(2) 애호도제고전략

기존고객을 위한 전략의 두 번째 유형은 고객의 이탈(churn 혹은 defection)을 방지 한다는 것인데 이를 애호도제고전략(loyalty enhancement strategy)이라고 한다. 여기서, 고객이탈이란 고객이 경쟁사 제품으로 전환한다는 것을 말한다. 최근에 발표되고 있는 연구결과들을 보고 많은 기업들이 고객이탈 방지의 중요성을 깨닫고 있다. 예를 들어 라이켈드와 새서(Reichheld and Sasser, 1990)는 고객이탈률을 5% 감소시키면 고객의 평균생애가치가 많게는 85%, 적게는 25% 증대된다고 보고하고 있다. 또한, 고객이탈률을 2% 감소시키면 원가를 10% 절감하는 것과 동일한 효과를 본다고 말하고 있다.

사실 애호도제고전략과 고객활성화전략을 명확하게 구분하기는 어렵다. 그러나 애호도제고전략의 취지는 우량고객에게 단순히 가시적인 인센티브를 제공한다는 차원을 넘어 그들이 얼마나 중요한 고객인지를 인정해 주는 표현이 있어야 한다는 것이다. 즉, 고객들에게 특별한 배려를 해 주거나 관심을 가져줌으로써 정신적이고 소프트한 혜택을 주는 것도 필요하다는 것이며 이러한 것이 고객의 애호도 증진에는 보다 효과적이라는 것이다. 예를 들어, 신용카드를 골드(gold), 플래티늄(platinum) 등으로 구분하는 것은 흔히 볼 수 있는 일이지만 아메리칸 엑스프레스(American Express)의 경우 카트에 'XXXX년부터 멤버'(Member since XXXX)라는 문구가 찍혀 있다. 카드에 이 문구를 포함시키기 위한 프로그램은 네 줄에 불과하지만 이로부터 고객들이 느끼는 애정은 특별한 것이다. 항공사들은 3등석에 탑승한 고객 중 우수고객을 즉석에서 선별하여 2등석으로 업그레이드해 주기도 한다. 이를 통해 고객들은 기업이 자기에게 관심을 가지고 있다는 뿌듯함을 느끼게 된다.

고객애호도제고전략의 예로 리츠칼튼 호텔(Ritz Carlton Hotel)을 들 수 있다. 미국출장을 나선 어느 고객이 샌프란시스코의 리츠칼튼 호텔에 묵게 되었다. 서양식 푹신한 베개가 싫어 프런트에 전화해 약간 딱딱한 베개를 달라고 했다. 이곳 용무를 마치고 다음 목적지인 뉴욕으로 이동해 그곳 리츠칼튼 호텔에 투숙했을 때 그 고객은 상상도 하지 못했던 것을 발견했다. 고객의 침대 위에는 딱딱한 베개가 놓여져 있었던 것이다. 샌프란시스코의 종업원이 '고객의 기호 핫라인'(customer preference hotline)이라는 내선번호에 전화를 해 고객이 좋아하는 베개를 등록해 놓았기 때문이다. 이처럼 리츠칼튼에는 고객이름만 입력하면 고객기호를 알게 해 주는 공유 데이터베이스가 있다. 이 호텔은 현재 약 50만명 이상의 고객프로필을 축적하고 있고 그 중 50% 이상의 고객에 대해 기호를 파악하고 있다.

아비스 렌터카(Avis Car Rental)는 고객의 지역적 특성을 고려한 프로그램으로 고객애호도 증진에 나서고 있다. 뉴욕 시민들은 도시의 특성 때문에 자동차를 소유하지 않고 필요할 때마다 렌트를 한다. 따라서 여름에는 수요가 폭발하여 자동차를 렌트하기가 매우 어렵다. 아비스사는 이점에 착안하고 회사 데이터베이스를 조회하여 기존 여름 렌트카 고객들을 대상으로 '여름 렌트 컨트롤'(Summer Rent Control)이라는 회원제 프로그램의 멤버십 카드를 무료로 제공하였다. 이 카드를 소지한 고객은 저렴한 가격, 렌트의 우선권, 여러 대를 렌트할 수 있는 권한 등이 부여되었다. 고객들이 렌트하는 데에 어려움을 느끼는 시기에 이러한 혜택을 줌으로써 고객애호도증진에 많은 성과를 거두고 있다.

피자 피자(Pizza Pizza)라는 캐나다의 한 피자점은 고객 데이터베이스를 이용하여 고객애호도를 증진시키고 고객이탈을 억제하고 있다. 이 회사는 고객거래기록을 지속적으로 분석하여 고객별 구매패턴을 파악한다. 그리고 고객이 주문하기를 기다리는 것이 아니라 주문하지 않는 고객을 발굴해 낸다. 예를 들어 평균 3주에 한번씩 주문을 하던 고객이 5주간 주문을 안 하게 되면 이 고객에 대한 정보가 콜센터(call center)에 제공되어 거기에서 고객에게 전화를 건다. 전화를 통하여 우선 고객이 불편했던 일이 있었는지를 확인하고 할인가격에 피자를 주문할 것을 제안한다. 때에 따라 이탈가능성이 높다고 판단되는 고객에게는 무료로 피자를 배달해 준다. 이 회사는 오는 고객에 대해 관심을 가질 뿐 아니라 오지 않는 고객, 즉, 이탈가능성이 있는 고객을 적극적으로 찾아가 애호도를 관리해 주는 것이다.

일본에서도 고객애호도 제고를 위한 다양한 마케팅 프로그램이 진행되고 있다. 일본의 전자제품 판매 단지인 아키하바라의 다이치사는 계절별로 쓰지 않는 전자제품을 보관해 주고, 보증기간을 늘림으로써 고객과의 필연적 접촉기간을 늘렸으며, A/S 담당 직원이 방문 수리시 그 집안의 다른 가전제품 상태를 점검하면서 이를 데이터베이스화하여 차기 구매시점을 파악, 제품구매를 유도하는 등의 고객관리 프로그램을 실시하였다. 즉 A/S의 개념에 더하여 사전서비스(before service)를 실시한 것이다. 이로써 다이치는 고객들로 하여금 자사에 대한 높은 신뢰감을 형성하도록 할 수 있게 되었다.

(3) 교차판매전략

기존고객을 위한 전략의 세 번째 유형은 교차판매전략(cross-selling strategy)이다. 이 전략은 기업이 여러 가지 제품을 생산하는 경우 한 제품의 고객 데이터베이스를 이용하여 다른 제품의 판매를 촉진하는 것이다. 예를 들어, LG전자는 와이드TV를 팔기 위해 에어컨을 보유한 고객의 명단을 입수했다. 에어컨을 보유하고 있는 고객은 와이드TV를 구입할 만한 구매력을 가지고 있을 가능성이 비교적 높다고 판단한 것이다. 그러나 에어컨을 보유한 고객의 명단을 뽑는 데에만 한 달이 걸렸고, 이러한 비효율성을 줄이기 위해 LG전자는 20여억 원을 들여 통합고객정보시스템을 구축했다. 이제 위에서와 같은 자료를 추출하는 데 단 10분이면 충분하다. 에어컨을 보유한 고객을 거주지, 연령 등 몇 가지 조건으로 분류하는 일도 간편해졌다. 또한 출력아이콘을 클릭하면 이 고객들에게 와이드TV광고물을 발송하기 위한 편지봉투가 각 지역별로 분류되어 인쇄된다.

4.2. 신규고객 확보를 위한 전략

기존고객의 유지가 강조되고 있지만 기업이 장기적으로 성장하기 위해서는 신규고객의 창출도 매우 중요한 의미를 갖는다. 일반적으로, 신규고객을 확보하기 위해서는 잠재고객을 규명하고 이들을 고객으로 전환하는 것이 필요하며 이 때 각종 마케팅데이터베이스가 유용하게 활용될 수 있다. 그러나 무엇보다도, 신규고객을 확보하기 위한 장기적인 수단으로는 기존고객들을 활용하는 것이 가장 중요하다.

구체적으로, 기업과 장기적인 관계를 형성하고 있고 감정적 애착을 가진 고객들은 그 기업에 대한 좋은 구전을 유발시켜 새로운 고객들을 창출하여 준다. 그리고 다른 고객의 호의적인 평가나 추천에 영향을 받아 구입하게 되는 신규고객들은 장기적인 고객으로 전환될 가능성 또한 높다. 따라서 기업은 지속적인 가치제고를 통해 기존고객과의 관계를 관리해 나가는 것이 필요하며 또한, 기존고객이 신규고객들을 추천하고 소개하는 것에 대해 보상해 주는 제도를 개발함으로써 이러한 노력을 촉진시켜나갈 수 있다.

이밖에도, 신규고객을 확보하기 위한 방법은 다양하다. 그 중 가장 손쉬운 방법이 타 기업의 데이터베이스를 활용하는 것이다. 예를 들어, 신세계 백화점과 SK텔레콤은 신규고객확보를 위해 제휴카드를 발급하였다. SK텔레콤의 150만명 주부회원들은 신세계백화점에게 중요한 잠재고객이 된 것이다. 제휴카드를 발급받은 고객에게는 가격할인이나 특별행사참가권의 제공과 같은 다양한 혜택이 주어졌다. 한편, SK텔레콤은 가입고객에게 신세계 쇼핑정보를 문자서비스로 제공하며 마일리지제도를 통해 무료통화나 신세계상품권을 사은품으로 제공함으로써 양사는 신규고객을 확보하는 동시에 경쟁력도 강화할 수 있게 되었다.

신규고객을 확보하기 위하여 직접반응광고나 행사도 많이 활용된다. 예를 들어 핀치 양주(Pinch Scotch Whiskey)에서는 소득수준이 높은 사람들을 잠재고객으로 생각하여 이들을 대상으로 모의 주식투자 이벤트를 개최하였다. 월스트리트저널(Wall Street Journal)에 광고를 실어 참가자를 모집했고 일정기간 동안의 모의 주식투자 기간 동안의 실적에 따라 사은품을 증정하였다. 이벤트 참가자들은 결국 향후 마케팅노력의 대상이 되었다. 화장품 회사들도 정기적으로 메이크업 행사를 실시하여 잠재고객 리스트를 확보한다.

미국의 한 유아식품 회사는 아기를 낳은 산모들에게 할인쿠폰을 발송하였다. 쿠폰에 각 고객을 식별할 수 있는 코드를 미리 인쇄해 놓음으로써 쿠폰을 사용한 고객이 누구인지를 알 수 있게 하였다. 이러한 방법으로 확보한 데이터베이스는 신규고객으로 전환될 가능성이 높은 산모들에 대한 정보를 포함하고 있을 뿐만 아니라 앞으로 유아기를 지나 성인이 될 때까지 충성스러운 고객으로 확보할 수 있는 아이들에 대한 정보도 포함하고 있었다.

경쟁사의 고객들로 하여금 브랜드 스위칭을 하도록 유도하는 방법으로 신규 고객을 확보하는 경우도 있다. 미국의 펩시사는 고객 데이터베이스 공급업체로부터 코카콜라를 선호하는 고객리스트를 확보하여 100만 명에게 펩시콜라 24캔씩을 우송하였다. 이들은 고객들이 펩시를 24캔 정도 소비하게 되면 그 맛에 익숙해질 것이라고 판단하였다. 미국의 포드(Ford)사는 자동차 등록자료를 이용하여 2년 이상 된 경쟁자 자동차를 소유하고 있는 운전자를 대상으로 텔레마케팅(telemarketing) 캠페인을 벌여 자사의 신규모델에 대한 홍보를 성공적으로 하였다.

다양한 예를 통하여 신규고객 확보에서의 데이터베이스 활용방안을 알아보았으나 이러한 노력 이전에 마케팅 데이터베이스를 이용하여 신규고객을 확보하는 경우 신뢰를 유지한다는 것이 매우 중요하다. 어느날 아침 고등학교에 다니는 딸에게 배달된 모 백화점으로부터의 속옷 광고물을 전해받은 어머니는 반가움보다는 당혹감을 느낄 것이다. 어떤 경로를 통해 주소를 알게 되었는지를 의심하게 되고 딸에게 확인해 보려고 할 것이다. 일대일 관계의 유지를 위해서는 상대방과의 신뢰가 전제되어야 하며 이럴 때 지속적인 관계가 형성되는 것이다. 그리고 이러한 신뢰는 고객정보에 대한 철저한 보안의 유지가 근본이 된다. 보안을 위한 시스템적 장치를 구축하고, 이 점에 대해 고객에게 충분히 인식시키는 것이 필요하며 무엇보다도 고객정보를 고객가치의 제고를 위해서만 활용한다는 기업의 확고한 철학이 필요할 것이다. 물론, 앞으로 정보유출방지에 대한 법규들이 지속적으로 만들어지면서 신뢰의 문제는 한층 더 완화될 것이다.

Summary & Review _ 요약 및 복습

CRM이란 '신규고객 확보, 기존고객 유지 및 고객 수익성의 증대를 위하여, 지속적인 커뮤니케이션을 통해 고객행동을 이해하고, 영향을 주기 위한 광범위한 접근'으로 볼 수 있다. 즉, 고객에 대한 매우 구체적인 정보를 바탕으로 개개인에게 적합한 차별적인 제품 및 서비스를 제공함으로써 고객과의 개인적 관계를 지속적으로 유지하고 새롭게 변화시키려는 일련의 경영활동을 말한다고 할 수 있다. 이와 같은 고객관계관리를 위해서는 고객의 욕구를 바탕으로 기업이 고객에게 전달하는 가치에 대한 분석이 필수적이다. 구체적으로, 고객가치를 고객이 기업의 제품을 계속 사용할 시 얻을 수 있는 혜택(gains from staying)과 타사의 제품으로 전환했을 때 느끼게 되는 전환비용(losses from leaving 혹은 switching cost)의 차원으로 구분하여 관리하여야 하며 관계사다리의 개념을 토대로 고객과의 관계를 발전시켜 나가야 한다.

성공적인 CRM활동은 우선 기업과 고객간에 학습의 관계를 구축해 주면 이를 통해 시장과 고객에 대한 지식을 축적할 수 있게 된다. 즉, 기업의 마케팅역량이 향상되게 되는 것이다. CRM의 두 번째 효과는 물론 매출증대 혹은 비용절감과 같은 시장에서의 장기적 성과를 향상시켜 준다는 것이다.

CRM을 수행하기 위해서는 우선 고객에 대한 방대한 데이터베이스의 구축과 관리, 그리고 분석이 기초가 되어야 한다. 이러한 데이터베이스는 기업의 일상적 거래활동, 정보수집을 위한 마케팅활동, 그리고 외부로부터의 구입 등을 통해 구축될 수 있다. 상세한 고객정보를 토대로 수행할 수 있는 CRM전략 유형은 다양하다. 그러나 가장 근본이 되는 전략방향은 기존고객의 이탈을 방지하여 지속적으로 유지시키는 것이며 이러한 전략으로는 고객활성화전략, 애호도제고전략, 교차판매전략 등이 있다. 반면 신규고객을 확보하기 위한 노력도 지속적으로 필요한데 이는 기존고객들의 구전과 추천을 활용하는 것이 중요하며 추가적으로 외부 고객정보를 구입하거나 제휴기업과의 정보공유를 통해서 가능하다.

Issues raised & Question _ 문제제기 및 질문

1 고객과의 관계를 관리하고자 하는 CRM의 개념을 설명하고 이 것이 전통적인 마케팅 개념과 어떻게 비교되는지 토의하자.

2 CRM을 위한 마케팅데 이터베이스는 일반적으로 어떠한 원칙으로 구성되어야 하며 백화점과 제과업에 각각 적용해 보자.

3 〈표 17-1〉에서 제시한 16가지의 가치원천 각각에 대한 예를 에어컨산업에서 찾아보자.

4 CRM을 수행하는 데 있어서 전통적인 굴뚝산업과 .com 산업에서의 공통점과 차이점에 대해서 논의해 보자.

5 고객에 대한 맞춤화와 개인화를 가장 효과적으로 수행할 수 있는 산업을 선정해 보고 구체적인 전략들을 제시해 보자.

6 자동차메이커가 축적할 수 있는 고객정보의 종류를 생각해 보고 이를 토대로 고객과의 장기적 관계를 구축하는 데 활용될 수 있는 전략방안을 모색해 보자.

참고문헌 _ R/E/F/E/R/E/N/C/E/S

이화직(2000), 「CRM의 이론과 사례」, 한국능률협회.

김재문(2000), 「e-비즈니스 모델에 맞는 eCRM」, 거름.

최정환, 최종학(2001), 「CRM을 위한 데이터 베이스 마케팅」, 다산.

안광호, 김상용, 김주영(2001), 「인터넷 마케팅 원론」, 법문사.

박찬욱(1996), 「데이터베이스 마케팅」, 연암사.

서길수(2000), 「데이터베이스 관리」, 박영사.

Curry, Jay, Adam Curry(2000), *The Customer Marketing Method*(Free Press).

Rapp, Stan and Tom Collins(2000), *The Great Marketing Turnaround*(Prentice Hall).

Reichheld, Frederick F. and W. Earl Sasser Jr.(1990), "Zero Defections: Quality Comes to Service," *Harvard Business Review*, Sept.-Oct.

Date, C. J.(1990), *An Introduction to Database Systems*(Addison-Wesley).

Hughes, Arthur M.(1996), *The Complete Database Marketer*(McGraw-Hill).

Nash, Edward L.(1992), *Database Marketing* (McGraw-Hill).

Shaw, Robert and Merlin Stone(1998), *Database Marketing*(Gower).

http://terms.co.kr/OLAP.htm

CHAPTER 18

경쟁적 마케팅관리

MARKETING MANAGEMENT

아디다스, 리복 합병 "나이키 나와"

세계 스포츠용품업계 2위 아디다스가 3위 리복을 전격 합병해 부동의 1위 나이키에 도전장을 냈다. 아디다스는 리복의 주식을 총 38억달러(3조 8500억원, 주당 59달러)에 사들여 내년 상반기까지 합병을 마무리할 계획이라고 4일 공식 발표했다. 인수가는 리복의 현 주가에 34% 가량의 프리미엄을 얹은 것이다. 이에 따라 연간 1450억 달러 규모의 전세계 스포츠 의류 · 신발시장에서는 나이키와 아디다스 두 공룡 업체간 광고-마케팅 경쟁이 한층 가열되고, 퓨마와 뉴밸런스 등 중위업체들의 추가 합병 바람도 거세질 전망이다. 아디다스와 리복의 매출 규모과 시장점유율을 단순 합산하면 각각 110억 1천만달러와 26%로, 1위 나이키(137억달러와 33%)에 상당히 근접하게 된다.

월가에서는 "유행 따라잡기에 민감한 리복과 전통적으로 기술력이 강한 아디다스의 합병은 괜찮은 조합"이라는 평이 많다. 아디다스는 앞으로 최대 시장인 미국 공략에 적극 나설 계획이다. 매출의 절반이 유럽에 편중된 약점을 미국 시장 매출 비중이 55%에 이르는 리복을 통해 보완하겠다는 셈법이다.

특히 아디다스는 부동의 1위 자리를 지켜온 축구화 시장에서도 불과 10여 년 만에 나이키에 추월당하면서 위기의식이 커졌다. 지난 5월에는 매출이 신통치 않은 겨울 스포츠용품 생산부문을 팔아치우고 의류와 신발에 집중해왔다. 떠오르는 중국시장을 선점하기 위한 경쟁도 가열될 전망이다. 아디다스는 2008년까지 현재 1300개인 중국 내 매장을 4000개로 늘리고 매출 규모를 현재의 10배인 13억달러까지 끌어올린다는 계획이다. 아디다스는 이를 위해 일찌감치 2008년 베이징올림픽 공식후원업체를 꿰찼다. 미 프로농구에서 활동하는 중국의 농구 스타 야오밍은 리복의 전속 모델이다. 아디다스의 아태지역 수석부사장 크리스포트 베수는 "현재 중국의 스포츠용품 시장은 미국의 몇십분의 1에 불과하지만, 올림픽 때까지는 세계 2~3위 시장으로 성장할 것"이라고 말했다.

〈자료원: 한겨레경제, 2005. 8. 4.〉

제1절 경쟁에 대한 접근 시각

기업이 사업에 성공하기 위해서는 무엇보다도 고객의 현재 및 미래 욕구에 대한 이해를 토대로 그들에게 독특한 가치를 제공해야 한다. 그러나 여기에는 한 가지 중요한 전제가 있다. 그것은, 이 모든 노력이 경쟁자에 비해 더 효과적으로 이루어져야만 한다는 것이다. 즉, 오늘의 치열한 경쟁환경 속에서, 동일한 고객욕구를 충족시키고자 하는 기업은 우리 이외에도 많기 때문에 우리는 언제나 경쟁자보다 더 높은 가치와 만족을 고객에게 제공해야 그들을 확보하고 유지할 수 있는 것이다. 그리고, 기업의 시장환경을 구성하는 요소들 중 경쟁자의 행동은 기업에게 가장 직접적이고 즉각적인 영향을 미치게 된다. 이러한 관점에서 볼 때, 마케팅전략이란 항상 경쟁적 마케팅전략(competitive marketing strategy)을 의미한다.

따라서, 효과적인 마케팅전략을 수립하기 위해서는 경쟁자를 이해하는 것이 필수적이라고 할 수 있다. 기업은 자사의 제품, 가격, 유통, 촉진 등의 전략을 경쟁자의 그것과 지속적으로 비교함으로써 자신의 경쟁우위(competitive advantage)요소와 상대적 약점을 판단하고 있어야 한다. 이를 토대로 기업은 경쟁자에 대한 보다 정확한 공격전략을 수립하거나 그들의 공격에 대해 보다 효과적으로 대응할 수 있게 되는 것이다.

그러나 한편으로는, 경쟁의 순(順)기능이 존재한다는 사실 또한 간과해서는 안 된다. 구체적으로, 경쟁은 다음과 같은 두 가지 차원에서 기업의 성과를 향상시켜 줄 수 있다. 첫째, 경쟁은 흔히 전체산업수요를 확대시키거나 또는 이러한 수요확대에 따르는 마케팅비용을 관련회사들간에 공유하게 해 줌으로써 개별기업의 단위당 평균 마케팅비용을 절감시켜 준다. 예를 들어, 제일제당의 식물나라가 업계최초로 할인점이나 백화점이 아닌 일반 수퍼마켓을 통해 화장품을 유통시켰을 때, 만약 경쟁자들도 이에 대응하여 수퍼마켓용 제품라인을 개발하여 진출하였다면 이 시장의 규모가 훨씬 빠른 속도로 증대했을 것이다. 그러나 경쟁업체들은 수퍼마켓 시장이 성장할 경우 그들의 전통적인 화장품 시장이 축소될 것을 우려하였고 이 시장으로의 진출을 의도적으로 피함으로써 시장확대를 방지한다는 대응전략을 수립하였던 것이다. 이에 따라 수퍼마켓을 통하여 유통되는 화장품시장의 확대는 활발히 진행되지 못하게 되었다. 둘째, 기업을 경쟁자의 마케팅노력에 대한 시장의 반응을 관찰하고 분석함으로써 중요한 정보를 얻을 수도 있다. 즉, 경쟁자의 마케팅활동과 그 효과를 벤치마킹(benchmarking)함으로써 마케팅노력의 비효율성을 사전에 예방하고 보다 효과적인 마케팅전략을 수립할 수 있게 되는 것이다.

경쟁상황을 단순히 폐쇄적인 제로섬게임(zero-sum game)으로만 인식하기보다는 시장과 경쟁, 그리고 자사가 서로 유기적인 영향을 미치고 있는 동태적인 개방체계로 보는 것이 바람직하다. 따라서, 장기적으로 기업이 효과적인 경쟁관리를 하기 위해서는, 경쟁자지향적이기보다는 고객지향적인 차원에서 고객의 욕구변화를 미리 탐지하고 이를 주도적으로 충족시켜 나가야 하며, 이러한 맥락안에서 경쟁상황을 이해해야 하는 것이다.

본 장에서는 경쟁을 효과적으로 관리하고 기업에게 최대한의 경쟁우위를 제공하는 마케팅전략을 수립하기 위한 방법에 대해 알아보기로 한다. 그 첫단계로, 경쟁자와 경쟁환경에 대한 분석방법을 소개하고 그 다음에는 여러 가지 경쟁상황에 적합한 경쟁적 마케팅전략 유형들에 대해 살펴보도록 한다.

제 2 절 경쟁자와 경쟁환경의 분석

기업이 경쟁환경분석을 하는 이유는 우선 포지셔닝의 차별화나 혁신적인 아이디어 등과 같이 경쟁적우위의 바탕이 되는 마케팅전략요소들에 대해 학습함으로써 새로운 시장기회를 포착할 수 있기 때문이다. 또한, 경쟁환경분석을 토대로 기업이 처해 있는 경쟁상황에 맞는 효과적인 대응전략을 세워나갈 수 있게 되는 것이다. 본 절에서는 먼저, 시장과 경쟁상황에 대한 학습을 위한 경쟁분석방법에 대해 서술하고 그 후, 여러 경쟁상황하에서의 대응전략에 대해 알아보고자 한다.

2.1. 경쟁환경분석의 틀

경쟁환경은 우선 시장에서의 기업의 성과를 결정해 주는 본질적인 과업의 관점에서 파악되어야 한다. 일반적으로 기업의 마케팅성과는, 소비자의 욕구를 만족시키는 자사제품의 개념을 얼마나 효과적으로 전달하느냐(개념전달활동)와 표적시장과의 거래를 원활하게 하기 위하여 필요한 자원을 얼마나 소유하고 있으며 이를 얼마나 효과적으로 활용하고 있는가(구매전환)에 달려 있다.

이러한 두 가지 과업의 어떤 측면에서라도 우리와 유사한 성격을 가지고 있는 기업은 모두가 경쟁자로서 정의될 수 있다. 그러므로 이들 두 활동에 있어 기업들간의 유사점을 검토해 봄으로써 경쟁이 이루어지고 있는 기반을 파악할 수 있다.

개념전달활동 차원에서의 경쟁여부를 파악하기 위해서는 소비자들이 인식하고 있는 제품간의 유사성을 확인해야 한다. 이는 소비자의 지각을 조사하거나 그들의 구매행동(예컨대, 어떠한 제품들을 서로 대체하여 구매하는지)을 분석함으로써 파악될 수 있다.

구매전환에서 경쟁의 기반을 진단하는 데에는, 거래를 원활하게 하기 위해 필요한 자원을 얼마나 소유하고 있고, 또한 이것을 얼마나 효과적으로 활용하고 있는가 하는 것을 파악해야 한다. 이러한 자원에는 기능적 · 전환적 · 거래적 자원이 있는데, 기능적 자원(functional resources)은 제품을 만들어 내기 위해 필요한 기본적인 투입물로서 원재료, 이용가능한 재무자원, 경영자질 등이 있다. 전환적 자원(transformational resources)은 기본적인 투입물을 완성된 제품으로 변환시키는 것으로서 생산기술, 공정개선능력, 숙련된 노동의 사용, 이용가능한 생산설비 등을 의미한다. 거래적 자원(transactional resources)은 교환을 원활히 하는 데 직접적으로 사용되는 것으로서 유통경로나 판촉전략이 여기에 속한다.

이상에서와 같은 두 가지 경쟁기반(제품개념과 운영자원)의 유사성을 기준으로 경쟁의 범위를 규명할 수 있는데, 이를 통하여 잠재적 경쟁자에서부터 실제적

그림 18-1

경쟁환경을 진단하기

		운영자원의 유사성	
		유사하지 않음	유사함
제품개념의 유사성	유사함	Ⅰ 거리가 먼 잠재적 경쟁	Ⅱ 자원에 기초한 잠재적 경쟁
	유사함	Ⅲ 제품개념에 기초한 잠재적 경쟁	Ⅳ 즉각적인 경쟁

자료원: Park, C. Whan and Daniel C. Smith(1990), "Product Class Competition as Sources of Innovative Marketing Strategy," *The Journal of Consumer Marketing*, vol. 7, 2(Spring), pp. 27-38.

경쟁자에 이르기까지 하나의 연속선상에서 기업들을 분류할 수 있게 된다.

구체적으로 〈그림 18-1〉은 네 가지 경쟁자유형이 존재할 수 있다는 것을 보여 주고 있다. 여기서, 네 개의 부분은 각각 실제적 · 잠재적 경쟁의 범위를 나타내고 있다. Ⅱ 집단과 Ⅲ 집단에 속해 있는 기업에 비하여 Ⅰ 집단에 있는 기업들은 상대적으로 거리가 먼 잠재적 경쟁자라고 볼 수 있다. Ⅰ 집단의 기업은 소비자의 욕구를 충족시키는 능력과 경쟁을 하는 데 활용되는 구매전환활동자원 모두가 다르기 때문에 거리가 먼 잠재경쟁자로 인식될 수 있다. Ⅱ 집단에 분류되어 있는 기업들은 개념전달활동의 관점에서는 자사와 무관해 보이지만 이 기업들은 해당시장에 진입하는 데 필요한 구매전환활동자원을 소유하고 있으므로 자원을 기반으로 한 잠재적 경쟁이 된다. Ⅲ 집단의 기업들은 개념전달활동에 기반을 둔 잠재적 경쟁자들이다. 즉, 이들은 대안적인 제품을 통해서 자사가 대상으로 하고 있는 소비자들의 욕구를 충족시키고 있는 것이다. 그러나 이들 기업이 마지막으로, 시장에 본격적으로 진입하기 위해서는 구매전환활동자원을 조정해야만 한다. 마지막으로, Ⅳ 집단이 가장 직접적인 형태의 경쟁자를 나타내는데, 같은 제품군내의 경쟁 브랜드가 여기에 속한다.

결론적으로 〈그림 18-1〉에 나타나는 4개의 집단에 속해 있는 기업들은 관련기업과의 유사성 정도가 모두 다르기는 하지만, 이들은 모두 관련기업에 대한 잠재적 · 실제적 경쟁자가 된다.

2.2. 경쟁환경의 분석과정

위에서 소개한 개념적 틀을 이용하여 경쟁환경을 분석하는 데는 다음과 같은 과정을 거치게 된다.

① 경쟁적인 제품군의 확인: 자사제품과 개념이 유사하거나 유사한 운영자원을 이용하는 대안제품군을 규명
② 경쟁제품(대안)을 제공하는 기업의 파악: 상기의 제품들을 제공하는 기업의 파악
③ 경쟁환경의 분석: 개념전달활동과 운영활동차원에서 자사제품과 경쟁제품과의 위상 비교분석
④ 경쟁환경분석에 기초한 마케팅전략의 개발

(1) 경쟁(대안)적인 제품군의 확인

자사제품의 개념과 유사하거나 자사제품의 운영자원과 유사한 것을 이용하는 제품부류들을 파악하여야 한다. 먼저 전자의 경우, 즉 자사제품의 개념과 유사한 것으로 소비자가 인식하고 있는 제품들을 파악하기 위해서는 세 가지 종류의 제품유사성을 측정해야 한다: 지각적 유사성, 기능적 유사성, 개념적 유사성. 이 단계에서 파악된 제품들은 〈표 18-1〉의 예시와 같은 양식에 기록되어진다.

우선, 동일한 욕구를 충족하지는 않지만, 제품특성을 공유하는 정도에 기반을 두고 제품을 군집화하는 것을 '지각적 유사성'(perceptual similarity)에 근거한 분류라고 한다. 예컨대, 제초기(잔디 깎는 기계)와 오토바이의 경우, 크기 등과 같은 물리적 특성이 비슷하고 소형 가솔린 엔진과 같은 동일한 부품을 사용하며, 차고와 같이 동일한 곳에 저장을 하기 때문에 소비자들에게는 유사한 것으로 지각될 수 있다. 이러한 지각적 유사성은 소비자들에게 제품의 물리적 특성 등을 제시함으로써 측정될 수 있다. 예컨대, 제초기에 대해서는 패널집단에게 '소형 가솔린 엔진을 사용하는 제품' 또는 '제초기와 같은 곳에 보관하는 제품' 등의 단서를 제공하여 그와 관련되는 모든 제품들의 목록(예컨대, 체인톱이나 오토바이 등)을 나열하도록 요구함으로써 대안적인 제품들을 확인해 볼 수 있을 것이다.

기능적 역할이 유사한 제품군을 규명하기 위해서 조사자는 우선 기업이 만족시키고자 하는 특정욕구를 확인해야 한다. 그리고 난 후 사용자집단에게 해당 욕구를 충족시켜 주는 제품을 가능한 한 많이 제시하도록 요구한다. 예컨대, 어

표 18-1 경쟁적인 제품군을 규명하기 위한 기록양식

Toro 잔디깍기 기계에 대한 원천적인 유사성	제품형태	제조회사	자원 유사성			Total
			R1	R1	R1	
유사한 물리적 형태	오토바이	Honda	7	7	5	19
		Harley-Davidson	7	5	3	15
		Yamaha	5	7	5	17
		Kawasaki	8	7	5	20
	해외자동차	Johnson	5	5	2	12
		Mercury	5	4	2	11
		Evenrude	7	6	3	16
	잡초제거제	Black & Decker	4	8	9	21
유사한 기능 욕구에 대한 만족	제초기	Snapper	10	10	7	27
		Lawn-Boy	10	10	9	29
		Jacobsen	10	10	6	26
	전동톱	Stihi	8	8	6	22
		McCulloch	8	7	9	24
		Homelite	8	7	9	24
		Pollan	8	6	8	22
유사한 고도욕구에 대한 만족	비료	Scotts	2	1	8	11
		Miracle-Gro	2	2	8	12
		Agrico	3	2	8	13
	울타리 정원사	Black & Decker	4	8	9	21

* 자원은 1점에서 10점의 척도로 측정되었으며, 1점은 그 기업이 특정한 자원을 소유하지 않은 것을 나타내며 10점은 관련기업과 동일 수준의 자원을 수유하고 있는 것을 나타낸다.

R1=기능적인 자원

R2=전환적인 자원

R3=거래적인 자원

자료원: Park, C. Whan and Daniel C. Smith(1990), "Product Class Competition as Sources of Innovative Marketing Strategy," *The Journal of Consumer Marketing*, vol. 7, 2(Spring), pp. 27-38.

떤 기업이 골프장이나 공원 등에서 사용되는 것이 아니라 개인가정에서 사용되는 제초기를 표적시장으로 삼고 있다고 하자. 이 경우 소비자 집단에게 '당신 정원의 잔디를 깍는 제품'에 대한 질문을 하고 가능한 한 많은 제품(예컨대, 풀베는 기계, 잔디 깍는 가위 등)의 이름을 제시하도록 요구하게 된다.

관련상품과 유사한 개념적 단서를 지닌 제품들을 확인하기 위해서는 그 제품의 기능적 편익에 관련된 상위차원의 욕구(high-order needs)에 대한 정의가 필

요하다. 이 작업이 끝난 후 소비자들에게 그 제품이 제공하는 기능적 욕구(즉, 제품을 사용함으로써 얻어지는 직접적이고 특정한 편익)를 제시하고, 그러한 특정욕구가 어떻게 충족될 수 있는가에 대해 질문을 한다. 예컨대, 제초기가 제공하는 기능적 편익은 정원의 '잔디를 깎는 것' 이다. 이 경우 당신은 왜 정원의 잔디를 깎습니까?' 라는 질문을 하면, 응답자들은 '집안의 정경을 보다 아름답게 하기 위해서' 와 같이 좀더 추상적이고 높은 수준의 편익을 제시한다. 그리고 난 후, 높은 수준의 욕구와 관련된 모든 제품(예컨대, 연료, 자동물 뿌리개, 잔디 보호 서비스 등)을 제시하도록 하여 파악할 수 있을 것이다.

경쟁분석을 위해 관련되는 제품을 파악하기 위해서는 제품개념의 유사성과 함께 운영자원의 유사성도 검토되어야 한다. 이는 거래를 원활하게 하기 위해 자사가 사용하는 기능적 · 전환적 · 거래적 자원과 유사한 자원을 사용하는 제품군을 규명하는 것이다. 이를 위해 자사제품에 있어 어떠한 기능적 · 전환적 · 거래적 자원이 중요한 것인지를 구체화시키고, 각 자원의 형태에 따라 유사성이 큰 제품들을 간단한 비율평가와 함께 브레인스토밍을 통해 밝혀낸다. 이에 대한 보다 구체적인 설명은 다음 단계의 자원유사성지표와 연계되어 제시된다(표 18-1 참조).

상기분석의 목적은 자사의 제품과 관련이 있는 어떠한 제품도 경쟁분석에서 간과하지 않으려는 것이다. 다시 말해서 자사의 제품개념과 운영자원이 유사한 제품들의 집합을 밝혀 냄으로써 어떤 제품도 경쟁분석에서 빠뜨리게 되는 오류를 피할 수 있는 것이다.

(2) 경쟁제품(대안)을 제공하는 기업의 파악

일단 관련된 제품군에 대한 확인이 되었으면, 현재 이러한 제품을 생산하고 있거나 앞으로 생산할 가능성이 있는 기업을 파악해야 한다. 여기에는 두 집단의 소비자 패널이 필요한데, 우선 이미 파악해 놓은 일련의 제품들을 첫번째 소비자 패널집단에게 제시하고, 각 제품을 생산하고 있거나 생산할 수 있다고 생각되는 기업들을 말해 줄 것을 요구한다. 여기서 기업들의 목록이 만들어지면 두 번째 소비자 패널집단에게 기업목록과 관련제품들을 알려 주고, 이 제품들에 대하여 특정시장에서 경쟁을 할 수 있는 기업들을 제시된 목록으로부터 찾아 보도록 요구하는 것인데, 그 범위는 해당기업에게 가장 관련이 크다고 생각되는 기업으로 한정시킨다. 그러나 소비자 패널들은 시장에서 실제로 경쟁할 수 있는 많은 기업들을 간과할 수도 있다. 이러한 오류를 방지하기 위해서는 경영자 스스로가 자신의 정보를 이용하여 누락된 경쟁기업이 없도록 소비자들이 만들어낸 기업목록을 보완하는 것이 중요하다.

(3) 경쟁환경의 분석

이 단계에서는 자사제품의 실제적인 혹은 잠재적인 경쟁자들이 어떠한 차원에서 어떻게 위치되어 있는지를 보다 명확히 밝혀 내는 것이다. 이를 통하여 경쟁의 구조를 파악하고 새로운 마케팅전략 개발의 방향을 설정하게 되는 것이다.

1) 개념전달차원에서의 경쟁상황분석

타겟시장의 욕구를 충족시키는 능력면에서 앞에서 만들어진 목록에 포함된 각 기업들이 자사와 얼마나 유사한가를 분석해야 한다. 앞의 두 단계에서는 상대적으로 적은 수의 소비자들을 이용하였으나 이 단계에서는 많은 수의 표본이 필요하게 된다. 여기서 응답자들은 지각적 · 기능적 · 개념적 유사성의 측면에서 기업들을 포지셔닝하게 된다.

이 작업에는 여러 가지 척도가 사용될 수 있는데, 지각적 유사성에 대해서는 제품형태의 유사성, 보관장소의 유사성, 점포 내 진열위치의 유사성 등을 나타내는 척도가 사용될 수 있다. 소비자들은 이러한 척도를 이용하여 해당기업의 제품과 다른 기업 제품들간의 유사성을 평가하게 되는 것이다. 기능적 유사성을 측정하기 위해서는 소비자들로 하여금 동일한 기능적 욕구를 충족시키는 제품을 각 기업이 어느 정도 제공할 수 있는가를 평가하도록 한다. 또한 보다 높은 수준의 욕구를 만족시켜 주는 제품을 제공할 수 있는 각 기업의 능력을 평가하도록 한다. 마지막으로, 각 기업에 대해 자사의 제품과 유사한 제품을 제공할 수 있는 능력을 평가하게 함으로써 개념적 유사성을 측정하게 된다.

이와 같은 세 가지 유사성 측정 척도에 대해서 응답을 한 후, 응답자들은 관련기업과 다른 기업간의 전체적인 유사성에 대해서도 평가를 한다.

2) 구매전환활동차원에서의 경쟁상황 분석

다음 단계로는 시장에서 경쟁하는 데 필요한 구매전환활동자원을 소유한 정도에 따라 각 기업들을 포지셔닝하여야 한다. 개념전달차원에서는 기업들의 포지셔닝이 주로 소비자들에 의해 이루어졌으나, 구매전환활동차원에서의 포지셔닝은 경영자의 판단에 의해 이루어진다. 이 과정에서는 자원유사성지표(IRS: Index of Resource Similarity)를 개발하는 것이 중요한데, IRS는 세 가지 유형의 구매전환활동자원(기능적, 전환적, 거래적 자원)을 경쟁기업들이 소유하고 있거나 소유할 수 있다고 판단되는 정도를 가중평균한 값이다. IRS는 다음과 같은 3단계를 통해 만들어진다.

① **개별자원으로의 분리**: IRS 작성의 첫번째 작업은 구매전환활동자원을 〈표 18-2〉에 설명한 것처럼 개별 부분으로 나누는 것이다. 제초기를 예로 든다면, 기능적 자원으로는 알루미늄이나 소형엔진의 이용가능성, 전환적 자원으로는 생산능력, 거래적 자원으로는 판매원이나 딜러망 등이 고려될 수 있을 것이다.

② **자원의 이용가능성**: 다음으로는, 이 경쟁기업들이 앞에서 분석된 자원들을 얼마나 소유하고 있고 얼마나 용이하게 이용할 수 있는가를 평가해야 한다. 이를 측정하기 위한 방법으로, 특정 자원을 소유하고 있지 못하고 이용할 가능성도 거의 없는 경우에 1을 주고, 충분히 자원을 공급받고 있는 경우에는 10을 부여하고 난 후, 각 자원의 상대적인 중요성을 나타내는 가중치를 이용하여 가중계산한다. 가중계산된 각 자원에 대한 값들이 합해지면 경쟁자들이 각 구매전환활동자원을 어느 정도 소유하고 있는가를 평가할 수 있게 된다. 전체적인 자원이용 가능성(AOR: Availability of Operating Resrources)은 세 가지 유형의 자원에 대한 가중평균값을 계산함으로써 얻을 수 있다. 여기에 사용되는 가중치

표 18-2
자원유사성지표(IRS)의 계산

기능적 자원			전환적 자원			거래적 자원		
자 원	가중치	이용 가능성	자 원	가중치	이용 가능성	자 원	가중치	이용 가능성
FR 1	.1	7	TR 1	.1	5	TR′ 1	.1	9
FR 2	.3	4	TR 2	.2	2	TR′ 2	.1	2
FR 3	.6	9	TR 3	.3	6	TR′ 3	.2	9
		7.3	TR 4	.4	9	TR′ 4	.6	3
					6.3			4.7

자원	가중치	이용가능성
기능적(FR)	.2	7.3
전환적(TR)	.2	6.3
거래적(TR′)	.6	4.7
AOR′		5.5

▶ IRS=경쟁자의 AOR/자사의 AOR

IRS: 경쟁자 A=5.5/10.0=0.55

는, 특정산업에서 성공하는 데 필요한 각 자원유형의 상대적인 중요성에 대한 경영자의 판단에 기반을 두고 있다.

③ **자원유사성 지표(IRS)의 계산**: IRS는 AOR에 의해 구해진 특정 경쟁회사의 관련 자원소유 정도와 자사의 자원소유 정도의 비율이다. 자사는 연구하고자 하는 시장에서 이미 활동을 하고 있으므로 AOR 값은 10점을 받는다. 여기에서 IRS 값이 1.0에 가까울수록 경쟁기업과 자사와의 유사성은 크다는 사실을 알 수 있다.

3) 개념전달활동과 구매전환활동차원에서의 종합적 위상 정립

특정제품에 대한 기업의 경쟁환경을 최종적으로 도식화하면 〈그림 18-2〉와 같은데, 이 예는 미국 토로(Toro)사의 제초기를 대상제품으로 이용한 것이다. 그림을 이용하여 직접적인 경쟁자뿐만 아니라 잠재적인 경쟁자도 파악할 수 있다. 토로사의 제품은 Lawn-Boy나 Snapper와 같이 유사한 기능적 제품개념(즉, 가정용 고급 제초기)을 제공하는 제조업체와 직접적인 경쟁을 하고 있다. 그리고

그림 18-2

Toro사가 직면하고 있는 경쟁적 환경에 대한 진단적 틀의 적용

자료원: Park, C. Whan and Daniel C. Smith(1990), "Product Class Competition as Sources of Innovative Marketing Strategy," *The Journal of Consumer Marketing*, vol. 7, 2(Spring), pp. 27-38.

Jacobsen과 같이 약간 다른 제품개념(즉, 전문가용 대 가정용)을 제공하거나, 서로 다른 구매전환활동자원(예를 들면, 인적판매 대 전문점)을 이용하는 기업과는 간접적인 경쟁을 하고 있다.

토로제품은 '집안의 잔디관리'라는 약간 추상적인 욕구를 만족시키는 제품들과도 경쟁을 하고 있지만(예컨대, Scotts의 비료) 운영자원에 있어서는 어느 정도 차이를 보이고 있다.

마찬가지로 Homelite, Stihi의 전동톱 그리고 Black & Decker의 잡초제거기는 제품의 물리적 속성(예컨대, 경량의 가솔린엔진)이라는 측면에서 경쟁자로 나타나고 있다.

Honda, Kawasaki, Evinrude 그리고 Mercury와 같은 기업들도 소형 가솔린엔진을 사용하고, 저장하는 곳이 동일하다는 측면에서 볼 때, 소비자들에게 비슷하게 인식될 수 있는 제품을 제공하고 있다. 하지만 이 예에서 Honda와 Kawasaki는 다른 구매전환활동자원(예컨대, 인적판매 대 전문점)을 사용하기 때문에 Evinrude, Mercury와는 차이가 있다.

(4) 경쟁환경분석에 기초한 마케팅전략의 개발

실제적, 잠재적 경쟁자들이 모두 경쟁의 대상이 될 수 있지만, 이들 기업에 모두 똑같은 관심을 두어야 하는 것은 아니다. 어떤 경쟁기업에게 더 많은 관심을 둘 것인가는 두 가지 경쟁기반에 대한 경쟁기업들의 독특한 강점과 이것이 자사에 미치는 영향에 대한 경영자의 판단에 달려 있다.

비록 기업의 관심이 실제적 경쟁자들(IV번 집단)에 쏠리는 것이 일반적이지만, 그 외의 다른 기업들도 혁신적인 마케팅프로그램개발을 위한 새로운 아이디어 발견의 원천으로 사용될 수 있다. 물론 실제적 경쟁자는 경쟁적으로 유사한 기업을 의미하므로 경쟁우위를 확보하는 데 있어서는 중요한 대상이 되지만, 장기적으로 보면, 잠재적인 경쟁자를 확인하고 분석하는 것이 중요하다. 잠재적 경쟁자에 대해 검토함으로써 얻을 수 있는 이점은 다음과 같이 크게 두 가지가 있다. 첫째, 기업이 가지고 있는 마케팅 관습으로부터 탈피하여, 새로운 마케팅 전략을 찾을 수 있는 계기를 제공해 줄 수 있다. 둘째, 기업이 새롭게 진입할 수 있는 잠재시장을 알려 줌으로써 새로운 시장진입의 기회를 포착할 수 있다.

지각적, 개념적으로 관련기업과 유사한 기업들을 검토함으로써 혁신적인 포지셔닝 기회를 발견할 수 있다. 예컨대, 토로사는 Honda가 '가볍다'는 특성에

사진 18-1
혼다의 잔디깍기 기계

기반을 둔 유사한 제품을 만들어 내는 회사라고 소비자들에게 인식되고 있음을 알아낼 수 있다. 이러한 특성은 제초기 시장에 있어 잠재적인 것이지만, 자사를 기존 경쟁기업들과 차별화시키는 데 유용한 기반을 제시해 줄 수 있고, 그러한 특성을 지닌 기업이 새로이 시장에 진입할 경우에 대비할 수 있게 해 준다.

구매전환활동과업을 분석하는 것에 의해서도 혁신적인 아이디어를 얻을 수 있다. 예컨대, 유사한 거래적 자원을 사용하는 기업들을 체계적으로 분석해 봄으로써 경로관계관리, 매체조정, 판매원관리 등을 더 잘 할 수 있는 방법을 찾아낼 수 있다. Quaker State가 자동차 오일을 강철캔 대신 플라스틱으로 포장한 것이나, Heinz가 플라스틱 케찹용기를 도입한 것, 또는 Hanes가 팬티스타킹을 수퍼마켓을 통해 판매한 것 등은 모두 유사한 운영활동 특성을 지닌 산업에서 사용되는 전략에 기반을 두고 혁신적인 마케팅 프로그램을 개발해 낸 예이다.

마찬가지로, 유사한 기능적 · 전환적 자원을 사용하는 기업들에 대해서 조사를 해 봄으로써, 대안적인 원재료원을 발견하거나 공급자와의 관계를 더 잘 관리할 수 있는 방안들을 발견해 낼 수 있다.

또한, 유사한 고객욕구를 충족시키는 기업(즉 개념적으로 유사한 기업)의 경험으로부터도 새로운 포지셔닝의 기반을 발견해 낼 수 있으며 이를 토대로 관련시장으로 진입이 용이해질 수도 있는 것이다. 예컨대, '잔디보호'라는 욕구의 만족이라는 관점에서 소비자들이 Scott(비료)나 Rain Bird(물뿌리는 기계)를 제초기와 유사하다고 인식하는 것은 토로사가 그러한 시장에 잠재적으로 진입할 수 있다는 것을 시사해 주는 것이다. 토로사의 제품을 '잔디보호'라는 측면에서 광범위하게 포지셔닝하면 이후에 이러한 시장에 진입하기가 용이해지기 때문이다.

실제로 부엌가구 업체였던 한샘이 기능성 가구에 대한 전문성을 토대로 일반가구 시장으로 진입하는 데 성공하였다. 또한, Johnson & Johnson사는 유아용품 시장에서 '어린이들의 복지와 관련된 기업'이라고 자사를 포지셔닝시켜 왔다. 이러한 개념과 관련된 암시를 사용함으로써 '어린이들의 교육용 장난감'이라는 개념적으로 관련된 시장으로 진입하는 데 성공하였다.

제 3 절 시장위치별 경쟁적 마케팅전략의 수립

각 기업은 경쟁적 전략의 수립에 앞서 먼저, 자사가 선택한 표적시장에서 자사의 위치를 경쟁사와 대비하여 명확히 파악할 필요가 있으며, 나아가 기업은 향후 어떠한 시장위치를 목표로 경쟁할 것인지를 규명해야 한다.

일반적으로 시장위치는 시장선도자, 시장도전자, 시장추종자, 시장적소자로 구분되는데 이것은 표적시장 내에서 기업들이 차지하는 비중이나 경쟁하는 양상, 또는 성취하려는 목표에 따라 결정되는 것이다.

시장선도자는 표적시장에서 가장 큰 시장점유율을 획득하고 여타 마케팅활동을 통해 다른 경쟁기업들을 선도해 나가는 기업을 말하며, 시장도전자는 시장점유율을 증대시키기 위해 시장선도자에게 도전하여 적극적인 공격전략을 시도하는 기업을 의미한다. 시장추종자는 시장선도자의 마케팅믹스나 전략을 그대로 모방하여 큰 위험없이 기존의 시장점유율을 유지하려고 애쓰는 기업이다. 마지막으로, 시장적소자는 대규모 기업들이 관심을 기울이지 않는 작은 세분시장이나 틈새시장을 표적시장으로 공략함으로써 대기업과의 경쟁은 피하고 그 적소시장에서 선도자가 되고자 노력하는 기업이다. 예를 들어, 우리나라의 화장품시장의 경우 시장선도자로서 태평양이 있으며, 시장도전자로는 LG생활건강이, 그리고 시장추종자로는 한불화장품, 한국화장품, CJ 등이 있으며, 시장적소

표 18-3 1925년과 1985년의 선도 브랜드(미국시장)

제품영역	1925년의 선도 브랜드	1985년의 위치
베이컨(bacon)	스위프트(Swift)	1위
건전지(batteries)	에버레디(Eveready)	1위
비스킷(biscuits)	나비스코(Nabisco)	1위
시리얼(cereal)	켈로그(Kellogg)	1위
사진기(cameras)	코닥(Kodak)	1위
과일통조림(canned fruits)	델몬트(Del Monte)	1위
껌(chewing gum)	리글리(Wrigley)	1위
밀가루(flour)	골드메달(Gold Medal)	1위
면도기(razors)	질레트(Gillette)	1위
재봉틀(sewing machines)	싱거(Singer)	1위
쇼트닝(shortening)	크리스코(Crisco)	1위
비누(soap)	아이보리(Ivory)	1위
청량음료(soft drinks)	코카콜라(Coca-Cola)	1위
수프(soup)	캠벨(Campbell's)	1위
홍차(tea)	립튼(Lipton)	1위
타이어(tires)	굳이어(Goodyear)	1위
치약(toothpaste)	콜게이트(Colgate)	1위
쵸코렛(chocolates)	허쉬(Hershey)	1위
셔츠(shirts)	맨하탄(Manhattan)	1위

자료원: Loden, C(1992)., "Megabrands," *Harper Business*, p. 10.

자로는 참존, 사임당화장품 등이 존재한다.

각 기업은 표적시장에서 자사가 누리고 있는 시장지위를 파악하고, 각 기업의 시장위치에 적합한 목표와 경쟁적 마케팅전략을 수립할 수 있어야 한다. 그러므로 이하에서는 표적시장 내 4가지 시장지위(시장선도자, 시장도전자, 시장추종자, 시장적소자)별 가능한 전략목표와 경쟁적 마케팅전략에 관하여 살펴보고자 한다.

3.1. 시장선도자의 경쟁전략

시장선도자는 표적시장 내 다른 경쟁기업들로부터 항상 도전과 모방의 대상이 되는 모델기업을 의미한다. 또한 시장선도자는 표적시장 내에서 가장 큰 시장점유율을 가지고 있어서, 강력한 시장 지배력을 행사하는 기업을 의미한다. 따라서 이들은 보통 가격변화나 신제품 도입, 제품규격 등에서 다른 기업들을 선도하고 있는 것이 특징이다. 예를 들어, 세탁세제시장의 선도기업인 제일제당은 '비트 퀵 파우더'라는 신제품을 출시하였는데, 이파우더는 물에 녹는 특수포장으로 제작되어 한팩씩 포장째로 넣도록 만들어진 세제이다. 세척력도 우수할 뿐만 아니라 세제를 얼만큼 넣어야 하는지 고민하는 일도 줄일 수 있는 환경친화적제품이다. 이와 같이 선도기업은 적절한 시기에 신제품을 런칭하는 등 시장을 선도할 수 있어야 한다.

시장선도자는 시장지배력이 독보적이기 때문에 안전적인 시장지위를 가질 수 있는 반면, 항상 자신의 위치를 노리는 도전자들의 공격때문에 방어전략에도 심혈을 기울여야 한다. 또한 시장선도자는 표적시장에서 좀더 다양한 역할을 담당하게 되는데, 시장추종자들에게는 모방의 대상이 되기도 하며, 시장적소자에게는 회피의 대상이 되기도 한다. 이러한 시장선도브랜드의 예로는 시리얼제품의 켈로그(Kellogg), 면도기제품의 질레트(Gillette), 복사기의 제록스(Xerox), 그리고 비누제품의 아이보리(Ivory), 비스켓제품의 나비스코(Nabisco) 등이 있다. 우리나라의 경우에는 서울우유, 박카스, SK텔레콤, 삼성전자 등이 각 제품군에서 시

선도브랜드(OB맥주)의 방어전략의 실패 사례

OB맥주는 끊임없이 크라운 맥주의 공격을 받아 왔다. '드라이', '마일드' 등 새로운 범주의 맥주는 대부분 크라운이 먼저 만들어 시장에 내 놓았다. 그러나 OB맥주는 크라운 맥주의 공격을 매번 성공적으로 봉쇄해 왔기 때문에 시장선도브랜드의 명성을 지킬 수가 있었다. 이렇게 계속되는 성공으로 OB맥주의 방어자세는 해이해지게 되었고, 그 결과 하이트가 나왔을 때도 별 것 아니라고 생각하게 되었다.

그런데 OB맥주가 크라운의 움직임을 지켜보는 동안 상황은 너무 빨리 전개되어 버렸으며, 그 결과 OB맥주는 단 한번의 방심으로 뒤집기를 당하고 만 것이다.

〈자료원: 홍성태, 「보이지 않는 뿌리」, 박영사, p. 355.〉

장선도자로서 지위를 확보하고 있는 상태이다.

시장선도자가 지속적인 시장지배력을 유지하기 위해서는 철저한 방어와 혁신을 게을리해서는 안된다. 실제로 국내 맥주업계에서 오랜 기간 1위 자리를 누려온 OB맥주는 Hite의 '천연암반수'라는 틈새공격에 1위 자리를 내어주고 말았기 때문이다. 따라서 시장선도자는 자신의 위치를 유지하기 위하여 첫째, 기존 제품의 전체시장규모를 확대해야 하며, 둘째, 기존 시장점유율의 유지와 수익성의 증대에 힘써야 한다.

(1) 전체 시장규모의 확대

시장선도자는 기존 제품의 전체시장 규모를 확대함으로써 시장지배력은 물론이고 이익의 증대까지도 꾀할 수 있다. 예를 들어 국내 껌시장에서 시장점유율 1위를 지키고 있는 롯데제과의 경우, 자일리톨이라는 신제품을 출시하면서 우선적으로, 이 제품에 대한 근원적 수요를 불러일으키기 위하여 '핀란드에서는 자기 전에 자일리톨을 씹는다'라는 광고를 실시하여 자일리톨껌 시장의 전체 시장규모확대에 집중하였다. 그 결과 자일리톨껌에 대한 수요가 증가하고 자일리톨껌 전체시장의 규모가 확대되면서 오리온, 해태 등의 경쟁자가 대거 진출하자, '자일리톨은 롯데껌'라는 카피를 삽입하여 자사의 껌이 시장에서 선도적인 위치임을 각인시키고 있다. 이렇게 롯데제과는 먼저 자일리톨껌의 전체 시장규모를 확대함으로써 시장지배력을 확고히 하였으며, 그 결과 종전에 비해 이익도 증가시킬 수 있게 되었다.

일반적으로, 시장선도자는 전체 시장규모를 확대하기 위하여 그 제품에 대한 새로운 사용자를 창출해야 하며, 새로운 용도 및 사용량 증대 등을 추구하는 것이 바람직하다.

1) 새로운 사용자

시장선도기업이 전체 시장의 규모를 확대시키기 위해서는 새로운 사용자를 찾아내어야 한다. 새로운 사용자를 발굴한다는 것은 새로운 지역이나 성별, 소득층을 겨냥하여 새로운 고객으로 유인하는 전략을 말한다. 모든 제품군에는 기존의 관념이나 지식의 부족, 또는 동기의 결여나, 가격 등의 여러 가지 이유 때문에, 어떤 제품의 존재를 알지 못하거나 구매하지 않는 구매자가 있을 수 있다. 시장 선도자는 이러한 구매자를 찾아내어 자사 제품의 새로운 사용자로 유인함으로써 전체 시장의 규모를 확대할 수 있다. 예를 들어, Johnson사는 베이비붐 시대가 지나고 신생아 출생률이 낮아지자 베이비샴푸에 대한 새로운 사용자를 찾아야 했다. 관찰결과 아기 이외에 다른 가족들도 머리를 감는데 유아용 샴푸를 자주 사용하고 있다는 사실을 알아내었고, 곧 성인을 목표로 한 광고 캠페인을 개발하였다. 이와 같이 Johnson사는 베이비샴푸의 새로운 사용자를 창출해냄으로써 전체 샴푸 시장에서 선도적 상표의 자리를 굳히게 되었다.

2) 새로운 용도

시장선도자는 제품의 새로운 용도를 찾아내고 촉진함으로써, 전체 시장규모를 확대시킬 수 있다. 예를들어, Du Pont사의 나일론은 성숙기의 제품이 되어 시장이 정체될 때 마다 새로운 용도를 찾아내어 시장규모를 확대시킨 대표적인 사례이다. Du Pont사의 나일론은 처음에는 낙하산의 재료로만 사용되었으나, 그 다음에는 여성용스타킹으로, 그리고 그 후에는 셔츠와 브라우스의 주원료로 사용되었고, 그 후에도 자동차 타이어와 카페트 등의 용도로 다양하게 사용되었다.

3) 사용량 증대

시장확대전략의 마지막 방법은 고객들로 하여금 그 제품을 사용할 때마다 더 많이, 그리고 보다 자주 사용하도록 유도하는 것이다. Campbell사는 여러 가정용 잡지에 스프의 새로운 조리법이 담겨진 광고를 계속 보여 줌으로써 사람들로 하여금 더 자주 스프를 먹도록 권장하였다. 또한, 요즘 식기세정제 회사들은 기존의 그린색 세제유액을 무색으로 바꾸었는데, 이것은 사용자가 자신이 어느 정도 세제를 덜었는지 알아차리지 못하도록 함으로써, 세제를 더 많이 사용하도록 유도하기 위해서이다. 이외에도 페리오 치약이나 질레트의 면도크림제품은 광고를 통해 풍부한 양을 덜어 사용하는 모습을 보여줌으로써 사용자들이 양을 늘려 사용하도록 자연스럽게 권장하고 있다.

(2) 시장점유율 방어(유지)

시장선도자는 시장전체의 규모를 확대시키는 한편, 경쟁자의 공격으로부터 현재의 시장점유율을 유지하기 위하여 성공적으로 방어할 수 있어야 한다. 선도자는 벌떼의 공격을 받는 커다란 코끼리와 비유될 수 있는데, 성가신 벌들은 시장선도자를 계속 괴롭히려고 할 것이다. 예를 들어, LG텔레콤과 KT는 SK텔레콤을 계속 공격하고 있으며, 아시아나는 대한항공을, 르노삼성과 한국GM은 현대자동차를 괴롭히는 벌떼와 같다. 따라서 선도자는 항상 2, 3위 기업의 도전을 항상 경계하고 공격에 방어할 수 있어야 한다. 즉, 맥도날드는 버거킹의 공격을 경계해야 하며, 코카콜라는 펩시의 공격을, 또한 캐논 DSLR은 올림푸스 DSLR의 공격을 항상 주시하고 방어해야 한다.

먼저, 시장선도자는 자신의 시장점유율을 유지하기 위해 마케팅 활동에 집중하여야 한다. 즉, 시장선도자는 기존의 제품이나 서비스보다 더욱 바람직한 상태를 제시함으로써 시장을 주도해 나가야 하며, 효과적인 유통력뿐만 아니라 원가절감에도 지속적인 노력을 기울여야 한다. 나아가 선도기업은 고객에게 지속적인 가치와 만족을 제공하여야 하며, 지속적으로 애호도를 제고시킬 수 있는 방안을 모색하여야 한다.

시장선도자가 효과적인 마케팅활동을 통해 고객에게 지속적인 가치를 제공할 수 있다 하더라도, 도전자들은 쉬지 않고 공격해 온다. 따라서 시장선도자는 항상 경쟁자를 주시하고 경계를 늦추지 말아야 한다. 즉 선도자는 경쟁자가 쉽게 공격하지 못하도록 원가 절감 등의 마케팅전략을 주도할 수 있어야 하며, 동시에 경쟁자가 쉽게 진입하거나 공격해오지 못하도록 주요 시장에 재원을 집중

그림 18-3
방어전략

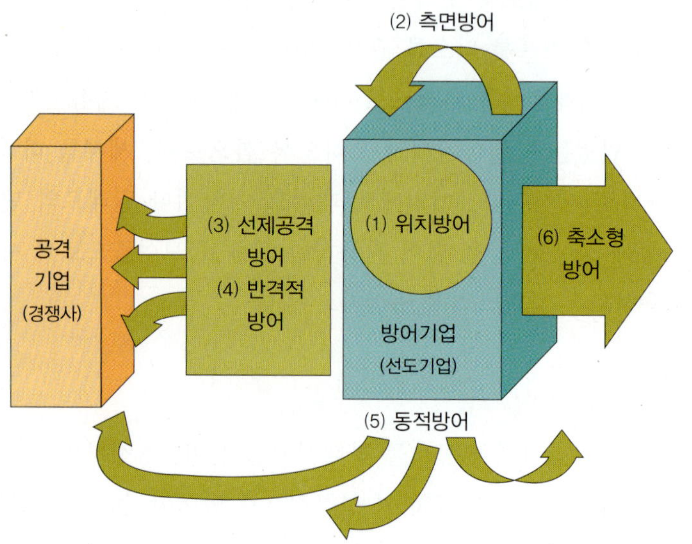

하여 방어할 수 있어야 한다. 왜냐하면, 아무리 선도적인 위치의 기업일지라도 전체시장에 진입해 오는 경쟁자들의 모든 공격을 방어하기는 어려운 일이기 때문이다.

그러나 싸움터에서 먼저 진을 치고 적을 기다리는 군대는 뒤늦게 싸움터에 달려가 공격하는 군대보다 편하다고 할 수 있다. 다시 말해 고객의 마음속에 1등으로 인식되면, 그 후에 따라가는 기업은 어쩔 수 없이 힘든 게임을 해야 한다. 그러므로 선도기업은 1등을 지키기 위하여 적극적인 방어전략을 취하게 되는 것이다.

따라서 선도기업이 취하는 방어전략의 목표는 세가지로 요약된다. 첫째는 가능한 공격받을 기회를 줄이는 것이며, 둘째는 위험이 적은 다른 시장으로 도전자의 공격을 유인하는 일이고, 셋째는 공격의 강도를 줄이는 일이다.

〈그림 18-3〉은 선도기업이 실제로 사용할 수 있는 6가지 방어 전략을 제시한 것이다. 이하에서는 이러한 전략들에 관하여 설명하기로 한다.

1) 위치방어(Position Defense)전략: 요새화 전략

중국의 만리장성, 프랑스의 마지노선, 독일의 지그프리트선 등과 같은 전선들은 모두 어떤 요새를 만들어 현재의 위치를 방어하고자 시도한 결과들이다. 이러한 요새화전략들은 모두 적의 공격의도를 저하시킨다는 의미에서 절대무기와 같은 효과를 기대한 것이었다.

방어전략의 가장 기본적인 형태라고 할 수 있는 위치방어(position defense)전략은 이렇듯 현재 자신의 위치주변에 요새를 쌓아가면서 방어하는 전략을 말한다. 그러나 만리장성, 마지노, 지그프리트 등 난공불락의 요새처럼 보이던 방어진들도 결국은 모두 무너지고 말았다. 이처럼 위치방어전략은 단순히 자신의 현재 위치나 제품을 방어하는 것만으로는 효과가 없으며, 그렇게 하는 것은 오히려 마케팅 근시안에 빠지기 쉬운 함정이다. 즉, 공격을 받는 선도기업이 현재 제품주위에 요새를 구축하기 위하여 모든 자원을 쏟아 붓는 것은 어리석은 일이 될 수도 있다. 그러므로 아무리 지속적으로 잘 팔리는 제품이라 하더라도 변화하는 환경에 따라 개선되고 적응해 나가야 한다. 또한 관련제품이나 관련사업의 다각화를 통해 제품브랜드나 마케팅 및 생산관리상 시너지를 얻을 수 있도록 노력해야 한다.

실제로 미국의 청량음료시장의 40% 이상을 점유하고 있는 Coca-Cola 사는 음료계열을 적극적으로 확대하고 있을 뿐만 아니라, 담수화 설비나 프라스틱 사업으로 다각화하고 있다. 또한 풀무원은 무공해 두부의 성공을 시작으로 그 후에 각종 유기농 채소는 물론이고 무공해 식품과 생식, 무공해 세제 등으로 다각화함으로써 성공을 거듭하고 있다.

2) 측면방어(Flanking Defense)전략

경쟁사들은 보통 선도기업의 약점을 공격하려고 할 것이다. 예를 들어, 일본기업들은 미국 자동차 회사들이 소형차이하의 시장을 내버려 두었기 소형차 시장에 성공적으로 진입할 수 있었다. 따라서 아무리 선도기업이라고 할지라도 자신의 약점을 주의 깊게 검토하여 가장 피해 받기 쉬운 부분을 방어할 필요가 있는 것이다.

3) 선제방어(Preemptive Defense)전략

보다 적극적인 방어는 경쟁자가 자기에게 공격하기 전에 먼저 경쟁자에게 공격하는 것이다. 즉, 미리 공격함으로써 경쟁자의 사기를 꺾을 수 있는 것이 선제방어(preemptive defense)전략이다. 선제방어란 '공격이 최선의 방어'라는 공격적 자세를 일컫는 말인데, 이때 성공을 위해 가장 중요한 점은 현재의 경쟁구조에서 자신이 남보다 잘하는 강점을 찾아내어 이를 더욱 강화시키데 있다.

따라서 선제방어전략은 가만히 앉아서 방어만 하는 것이 아니라, 먼저 공격을 가하여 힘을 과시하고, 그 우위를 이용하여 다른 경쟁자를 누르고 이런 방법을 지속하면서 경쟁자들에게 압박을 가하는 전략이다. 예를 들어, 1980년대 말에 일본기업은 미국자동차 시장에서 성공적으로 진입한 뒤, 더욱 위치를 확고히 하기 위하여 전자기술을 자동차에 적극 도입하였다. 일본기업은 마케팅으로 지배적인 위치를 누리고 있음에도 불구하고 끊임없이 딜러들을 추가하고 판매망을 강화하였다. 뿐만 아니라 미국기업의 반격에 대응하기 위하여 광고 및 판촉활동을 대폭 증가시켰다. 이러한 지속적인 선제공격을 통해 일본기업은 주도권을 갖기 시작하였고 미국기업이 전략적인 시장기회를 개발하거나 포착할 기회마저 사전에 막을 수 있었다.

선제방어를 위해서는 무엇보다 기술력이 뒷받침되어야 한다. 예를 들어, 일본 기업들은 기존의 텔레비전이나 카세트에 만족한 소비자들에게 VTR과 CD를 안겨줌으로써 아무시간에나 보고 싶은 영화를 볼 수 있게 해 주었고, 깨끗한 음질의 음악을 더욱 편하게 들을 수 있다는 것을 알려 주었다. 또한, Apple은 아이폰의 앱스토어를 통해 여러 가지 어플을 다운받아 쓸 수 있게 함으로써, 소비자들에게 편의를 제공하는 것도 동일한 맥락에서 이해할 수 있다. 이와 같이 선도기업은 기술력을 바탕으로 충족되지 않은 고객의 욕구를 미연에 발견하여 소비자 자신도 미처 인식하지 못했던 욕구를 새로이 개발하여 촉진함으로써 시장을 주도해 나가야 한다.

이밖에도 선제방어를 위해서 선도기업은 두 가지 전략을 생각해 볼 수 있다. 먼저, 관련사업으로의 다각화를 통해 방어할 수 있는 폭을 넓힐 수도 있고, 두번째는 마케팅 근시안적 관점에서 벗어나 방어의 중심을 더욱 보강하여 깊이를 더하는 방법도 있다. 소니가 인쇄업이나 건설업등에 진출한 예는 다각화를 통해 폭을 넓혀 방어한 예이고, 소니가 기존 사업의 목표를 엔터테인먼트 사업이라고 정하고 영화사업까지 진출한 것이나 기존의 '석유회사'가 '에너지 회사'로 거듭나는 것 등은 사업영역을 새롭게 정의함으로써 깊이를 더하는 전략이 되는 것이다. 그러나 이렇게 깊이를 더하여 선제방어하는 경우 자칫, 기업의 힘이 분산되어 경쟁적 지위가 약화될 수 있으므로 과도한 시행은 지양해야 한다.

4) 반격방어(Counteroffensive Defense)전략

선제방어가 경쟁자의 공격이 있기 전에 사전에 공격을 하여 방어하는 것이라면, 반격방어(counteroffensive defense)는 경쟁자의 공격이 가시화되거나 예상되는 시점에 맞받아 경쟁자를 반격하는 것을 말한다. 즉, 선도자는 경쟁자의 가격인하, 제품개선, 혹은 기습적인 촉진활동이나 판매영역의 침투 등에 수동적이

휴블라인(Heublein)의 스머노프(Smirnoff)보드카의 반격방어

볼프슈미트(Wolfschmidt)보드카는 휴블라인(Heublein)의 스머노프(Smirnoff)보드카보다 1달러 싸게 팔면서도 품질은 동일하다고 촉진하여 시장을 공격해 오기 시작하였다. 이에 휴블라인은 모든 전면적인 반격의 가능성을 타진한 끝에 스머노프의 가격을 오히려 1달러 올려 기존의 스머노프 고객들에게 한층 더 고급화 이미지를 심어줌으로써 고객이 볼프슈미트로 상표를 전환하는 것을 막을 수 있었다. 또한 볼프슈미트와 동일한 가격의 제품과 더욱 저렴한 가격의 제품들을 런칭시킴으로써 경쟁자의 공격에 반격을 가하고 시장선도자의 위치를 고수할 수 있었다.

〈자료원: 홍성태, 「보이지 않는 뿌리」, 박영사, p. 361〉

어서는 안 되며, 오히려 경쟁자의 공격에 정면으로 맞서거나 측면에서 공격함으로써 경쟁자를 반격하여야 한다.

특히, 도전자의 공격으로 인한 시장잠식이 빠르게 진행될 경우 선도기업은 정면으로 마주쳐 방어하는 전략이 필요하다. 1970년대 말에 일본 기업은 미국 기업들이 16K RAM을 개발하여 공격해 오는 데 위협을 느끼고 대폭적인 가격인하로 반격을 가하여 신속히 시장의 40% 이상을 점유할 수 있었다. 일본 기업의 이와 같은 반격에 대하여 미국 기업들은 이익도 내지 못하는 무모한 가격덤핑일 뿐이라고 비난하였으나 결과적으로 미국 기업들은 16K RAM을 포기하고 64K RAM의 개발에 집중하였다. 그러나 그 후 1980년대 말 즈음 미국 기업이 견본품을 만들자, 일본은 먼저 64K RAM칩을 만들어 시장에 내놓아 선제방어까지 더한 결과가 되었다.

이러한 반격방어가 성공하기 위해서 선도기업은 '모방(me-too)전략'을 효과적으로 이용할 수 있어야 한다. 선도기업은 경쟁자의 공격에 곧바로 대응하기보다는 반격할 준비를 갖추고서 좀 더 좋은 기회에 효과적으로 응수하기 위하여 모방시점을 기다리고 살필 줄 알아야 한다. 즉, 시장잠재력이 경쟁기업에 의해 검증되고 나면 선도기업은 강한 이미지와 유통력을 등에 업고 정면 돌파하여야 한다.

이때 선도기업이 취할 수 있는 '모방(me-too)전략'에는 '유사한 제품'을 이용하여 반격하는 방법과 '유사한 상표명'을 이용하여 반격하는 방법이 있다. 예를 들어, 해태에서 무설탕 껌인 덴티큐가 히트를 치자 껌시장을 주도하던 롯데는 슈가프리라는 무설탕껌을 만들어 방어하고자 하였다. 그러나 소비자들의 반응이 냉담하자, '덴티큐'와 비슷한 '덴티스트'라는 상표명으로 모방(me-too)전략을 감행함으로써 반격에 성공할 수 있었다.

모방(me-too)전략에 의한 경쟁

모방전략이 다른 어느 업계보다 치열한 곳은 분명 식품업계이다. 롯데제과는 해태제과, 빙그레 그리고 동양제과와, 제일제당은 풀무원과, 그리고 롯데칠성은 웅진과 서로 상대방이 자사의 제품을 베꼈다는 비난전이 가열되고 있다.

먼저, 제과시장에서는 롯데제과와 아이스크림인

식품업계 중에서도 경쟁제품을 베끼는 모방이 가장 심각한 분야는 음료제품이다. 업계에서는 보통 '물타기'라고 알려져 있는데, 일단 신제품이 나와서 인기를 얻고 나면 나머지 회사에서는 비슷한 제품을 내놓고 물타기를 하게 된다.

'월드콘'을 빙그레가 모방하여 '메타콘'이라는 제품을 내놓았다고 주장하면서 양측간에 비난전이 한동안 계속되었었다.

또 비슷한 시기에 롯데제과와 동양제과는 자일리톨껌과 초코파이를 둘러싸고 법정공방전이 벌어지기도 하였다. 초코파이 용어와 관련해서 동양제과는 이 명칭은 고유명사라며 롯데를 상대로 법원에 용어사용금지가처분신청을 냈으나 기각당했다. 이에 맞서 롯데는 자일리톨 껌을 동양제과가 모방해 제품을 내놓은데다가 비방광고를 했다며 공정거래위원회에 제소하였는데 결국 동양제과가 시정명령을 받게 되었다.

면류시장에서도 제일제당이 풀무원을 상대로 냉면과 비빔생면 등의 제품 모방에 대한 비난이 있었으며, 주류시장에서도 영국의 얼라이도멕이 위스키 발렌타인스를 롯데칠성음료가 모방해 '스카치블루'를 시판하고 있다면서 상표와 도안의 변경을 요구하기도 하였다. 이밖에도 상표문제는 계속되고 있는데 동원과 웅진식품은 '초록사이다'의 상표를 두고 서로 싸우고 있다.

예를 들어 웅진은 대추(가을대추), 쌀(아침햇살), 매실(초록매실) 등 아무도 생각지 못했던 재료를 이용하여 시장을 먼저 개척하였으나 다른 경쟁사들이 곧바로 유사품을 만들어 '물타기'에 들어가면서 웅진은 번번이 시장을 지배하는 데 실패했다. 매실제품만 하더라도 웅진식품이 '초록매실'을 선보여 월 60~70억원대의 매출을 올리며 승승장구하자, 동원산업의 '청매실'. 해태제과의 '참매실', 가야농장의 '매실농장'이 나와서 소비자들을 혼란에 빠트렸다. 이에 더하여 롯데칠성이 '모메존매실'을 출시하여 지금은 시장을 나눠 갖고 있는 상황이다. 롯데칠성은 음료시장의 선도기업으로 앞서 설명한 반격방어를 성공적으로 취하고 있는 기업이다. 롯데칠성은 웅진에서 가을대추가 나오자 '홍대추'를 출시하였고, 아침햇살에는 '별미별곡'을 그리고 초록매실에는 '모메존 매실'로 정면대응하면서 막강한 유통망을 이용해 웅진의 뒤를 추격해 왔다. 그러나 이러한 롯데칠성의 반격방어를 예측한 웅진이 '모메존 머루'를 선점하자, 롯데칠성은 머루를 소재로 한 제품을 출시하면서 상표를 '모메존 산 머루'로 하게 되었다.

5) 동적방어(Mobile Defense)전략

공격을 받는 선도기업이 현재의 제품에 높은 방벽을 쌓으려고 모든 자원을 동원하는 것은 가장 고전적인 위치방어전략이다. 이것은 자칫 선도기업이 자기의 위치에 만족하여 조금도 새로운 시도를 하지 않고 마케팅근시안에 빠져 절대적인 방어무기를 만들고자 하는 것과 같다. 그러나 절대적으로 움직이지 않는 시장환경이란 있을 수 없다. 따라서 이러한 자기만족적인 위치방어전략은 위험할 수 있으며, 오히려 기업은 자기 스스로를 끊임없이 공격하면서 자신의 제품이나 서비스를 부단히 개발함으로써 자신을 움직이는 표적으로 만들 필요가 있다. 왜냐하면 움직이는 표적은 정지해 있는 표적보다 따라잡기가 어렵기 때문이다.

동적방어(mobile defense)전략이란 선도기업이 자신의 기존제품을 진부화시킬 수 있는 새로운 제품과 서비스를 끊임없이 개발함으로써 자신의 기존제품들을 끊임없이 공격해 나가는 방어전략이다. 예를 들어 70년대 초, 휴렛패커드나 제

질레트(Gillette)의 동적방어전략

1970년대 이전까지 질레트(Gillette)는 슈퍼블루 블레이드(Super Blue Blade)라고 하는 스테인리스 면도날로 시장을 장악하고 있었다. 그런데 1970년대에 들어서면서 제2의 경쟁자인 윌킨스 스워드(Wilkinson Sword)가 면도날을 플라스틱에 접합시킨 편리한 면도기를 출시하여 공격을 시도하였다. 질레트는 곧이어 동적방어전에 돌입하였는데 즉, 질레트는 면도날을 플라스틱에 접합시켰을 뿐만 아니라 세계 최초로 이중면도날을 자랑하는 '트랙-II'(Trac-II)를 출시해 반격하였던 것이다. 또한 광고에서는 "두개의 면도날이 하나짜리보다 낫습니다."하는 메시지를 통해 고객들로 하여금 '트랙-II'가 '슈퍼블루 블레이드'보다 낫다고 인지시켰다. 이것은 물론 자기살을 깎아 먹는 셈이 되는 것이었다.

6년 후에 질레트는 '에트라'(Atra)를 내놓았는데, 이것은 이중면도날이면서 얼굴의 굴곡에 따라 헤드가 움직이도록 설계되어 있었다. 헤드가 움직이지 않는 '트랙-II'보다 우수한 제품을 내놓은 것이다. 질레트는 그 후에 다시 '센서'(Sensor)라는 제품을 내놓는다. 이 면도기는 두 개의 고감도 스프링 위에 면도날을 균형 있게 장착하여 피부 굴곡을 부드럽게 감지하면서 면도를 하게 되어 있다. 최근에는 또 '마하 3'(Mach 3)라는 삼중면도날의 신제품을 내놓았다. 이는 피부에 자극을 덜 주면서도 더욱 바싹 깎이게 디자인 된 면도기이다. 이처럼 질레트는 새로운 아이디어를 통해 부지런히 제품을 개선함으로써 자기 자신을 공격해 왔으며, 그 결과 부동의 선도적 이미지를 확고히 하였고, 경쟁자에게 쫓아 올 여지조차 남기지 않았다.

〈자료원: 홍성태, 「보이지 않는 뿌리」, 박영사, p. 358〉

록스등의 회사들은 모두 IBM의 메인 프레임컴퓨터 시장을 넘보기 시작하였다. 그러나 IBM은 자신의 기존제품보다 월등한 성능을 갖추었으면서도 가격조건이 좋은 제품들을 계속하여 출시하였다. 그 결과 다른 기업들은 IBM의 신제품들을 쫓아가기에도 벅찼기 때문에 제품생산을 포기하게 이르렀고, IBM은 타의 추종을 불허하는 선도기업이 될 수 있었다.

6) 축소방어(Contraction Defense)전략

선도기업은 여러 경쟁자가 시장을 잠식해 오고 있는 것을 발견하거나 자원의 배분이 너무나 분산되어 있다고 판단될 경우, 가장 먼저 축소방어(contraction defense)전략을 고려해 볼 수 있을 것이다. 즉, 축소방어전략이란 자신들의 포트폴리오전략를 재정비함으로써 전보다 숫적으로 줄어든 시장에서 고객을 충족시키고 성과를 올리고자 노력하는 소극적인 방어전략이다.

축소방어전략은 일부제품을 철수하거나 또는 특정시장에서 철수하는 방어전략이다. 즉, 축소방어전략은 현재의 사업영역을 좁히는 데 주안점을 두고 경쟁사를 지치게 하거나 불리한 상황을 모면하기 위한 전략으로 사용될 수 있다. 축소방어전략의 궁극적인 목표는 경쟁사를 지치게 하고 마음을 놓게 하는 한편, 자사의 전투력을 보강하고 유리하게 조성하는 데 있다.

이와 같이 선도자는 다양한 방어전략을 통해 자신의 시장점유율을 유지하고 자신의 위치를 고수할 수 있을 것이다. 일반적으로 시장선도자들은 시장점유율을 증대시킴으로써 그들의 수익성을 향상시킬 수 있다. 그러나 시장점유율을 증가시키는 것이 곧 수익성의 증가로 연결된다는 생각은 위험할 수 있다. 왜냐하면 높은 시장점유율을 유지하기 위하여 지출해야 하는 비용이 그로 인한 수익보다 훨씬 초과될 수도 있기 때문이다. 따라서 시장선도자는 시장점유율을 맹목적으로 추구하기보다는 다음의 세 가지 요인을 고려하는 것이 중요하다.

첫째, 경쟁자들이 반독점에 대한 규제나 조치를 취할 가능성을 고려해야 한다. 만약 어떤 선도기업이 시장점유율의 확보에 더욱 집중하게 된다면, 경쟁기업이나 정부는 독점을 규제하기 위하여 여러 가지 제제를 가할 수 있기 때문이다.

둘째, 시장점유율을 증대시키기 위해 소요되는 비용이 수익을 초과할 수도 있다는 점을 고려해야 한다. 예를 들어 시장 내 경쟁이 심화될수록, 경쟁기업들은 자신들의 시장점유율을 선도기업으로부터 지키기 위하여 더 많은 마케팅비용을 지출하려고 할 것이다. 이에 선도기업은 가격인하와 판촉 등에 경쟁기업보다 더 많은 투자를 함으로써 시장점유율을 확대하려고 노력할 것이다. 또한 선도기업은 법적인 문제나 공중관계, 로비 등에도 기꺼이 투자함으로써, 시장점유율 증대로 인한 수익보다도 오히려 이것에 소요되는 비용이 더 클 위험도 있을 수 있다.

그러므로 선도기업은 맹목적으로 높은 시장점유율을 추구하기보다는 시장점유율의 확대가 수익성의 확보에 도움이 되는 상황인지를 먼저 살펴보아야 한다. 높은 시장점유율의 확보가 곧 수익성의 보장으로 연결되기 위해서는 다음의 두 가지 조건을 만족하여야 한다. 첫째, 시장점유율이 증감함에 따라 단위당 생산원가는 낮아져야 한다. 둘째, 고품질의 차별화된 제품생산이 가능해야 하며, 이로 인해 소요되는 비용이 상으로 가격을 인상할 수 있어야 한다.

3.2. 시장도전자의 경쟁전략

Asiana, Pepsi-Cola 사와 같이 어떤 업계에서 2위나 3위 혹은 그 보다 낮은 위치에 있는 기업들을 차위기업 혹은 추적기업이라고 부른다. 이러한 차위기업들은 두 가지 경쟁전략 중 하나를 택할 수 있다: 하나는 지금 설명하고자 하는 '시장도전자'로서, 시장점유율을 확보하기 위하여 적극적으로 선도기업이나 경쟁자를 공격하는 것이며, 다른 하나는 '시장추종자'로서 경쟁기업과 공존하며 현재의 위치에 만족하는 기업들이다.

먼저, 시장도전자로서 가능한 경쟁전략에 대하여 살펴보고 난 후, 시장추종자에 대하여는 다음의 3에서 살펴보기로 한다.

(1) 시장도전자의 전략목표

시장도전자는 먼저 전략적 목표를 명백히 정의해야 한다. 시장도전자들의 전략목표는 대부분 시장점유율 증대 통해 수익을 증대시키는 것이다. 이것은 시장점유율의 증가가 곧바로 수익의 증대와 맞물려 있다고 생각하기 때문이다. 그러나 전략적 목표는 당기업이 어떤 경쟁자에게 도전할 것인가에 따라 좌우되기 때문에 먼저 도전할 대상을 선택하는 일이 중요하다.

우선 도전자가 진입하고자 하는 시장에는 이미 경쟁자가 존재하고 있기 마련이다. 따라서 대개의 경우에 도전하고자 하는 기업은 경쟁할 상대방을 선택할 수 있다. 도전자들은 기본적으로 다음의 두 가지 유형 중 하나의 기업을 선택하여 경쟁의 목표로 삼게 된다.

① **시장선도자를 공격:** 먼저, 도전자는 시장의 선도자를 공격의 대상으로 선택할 수 있다. 이러한 전략은 매우 위험하지만 동시에 이익도 클 수 있다는 장점이 있다. 특히, 시장 내 선도자가 진정한 선도자로서 시장을 잘 서브하지 못하고 있다면, 이것은 매우 의미 있는 전략이 될 수 있을 것이다. 이러한 시장선도자에 대한 공격이 성공하기 위해서 도전기업은 선도자에 비하여 지속적인 경쟁우위를 누릴 수 있어야 한다. 그리고 지속적 경쟁우위는 소비자의 욕구와 불만족을 먼저 조사하고 그것을 잘 서브하는 것으로부터 출발한다. Hite는 깨끗한 물의 순한 맥주를 원하는 고객의 욕구를 파악하여 이에 부응하는 제품개발과 광고활동을 전개한 결과, 시장내 선도기업(OB맥주)의 시장점유율을 성공적으로 잠식할 수 있었다. 또한 Xerox사는 보다 좋은 복사과정을 개발함으로써 복사기 시장을 3M사로부터 빼앗아 올 수 있었던 것이다. 따라서 시장선도자를 대상으로 공격할 경우가 시장도전자의 목표는 시장점유율을 잠식하거나 시장의 선도기업이 되는 것, 또는 시장선도력을 장악하는 것으로 볼 수 있다.

② **자신과 같은 규모 또는 더 작은 지역 및 지방의 기업들을 공격:** 도전자는 선도기업을 피하여 자신과 같은 규모이거나 혹은 더 작은 지역이나 지방의 기업들을 대상으로 공격할 수도 있다. 이런 공격대상이 되는 소규모 기업들은 자금압박을 받아 자금사정이 좋지 못하거나 고객의 욕구를 충분히 파악하고 있지 못해서, 소비자들이 불만을 갖고 있는 기업일 가능성이 크다. 게다가 소규모의 지역업체들을 계속 인수해 옴으로써 성장한 기업이라면, 도전기업의 목표는 그 지역의 소규모 기업들을 그 사업분야에서 축출하는 것이 될 수도 있다.

결론적으로, 모든 도전기업은 먼저, 공격할 대상을 선택해야 한다. 또한 그에 적합한 공격전략의 목표를 분명하게 정의하여야 하며, 성취가능한 목표로서 정립되어져야 할 것이다.

(2) 시장도전자의 공격전략의 선택

시장도전자가 공격할 대상과 목표를 분명하게 정의하였다면, 이제 전략적 목표를 달성하기 위하여 어떻게 공격해야 할지, 공격방법을 결정해야 한다.

시장도전자가 선택할 수 있는 공격전략 5가지를 〈그림 18-4〉에 제시하였다.

1) 정면공격(Frontal Attack)

시장도전자는 점차 제품라인을 확장하고 유통커버리지를 늘려감에 따라 시장에서의 위치가 더 확고해지고 점차 표적기업의 영역으로 근접해 가게 된다. 또한 시장이 성숙하고 경쟁이 치열해짐에 따라서 시장점유율의 확대는 표적기

그림 18-4
공격전략

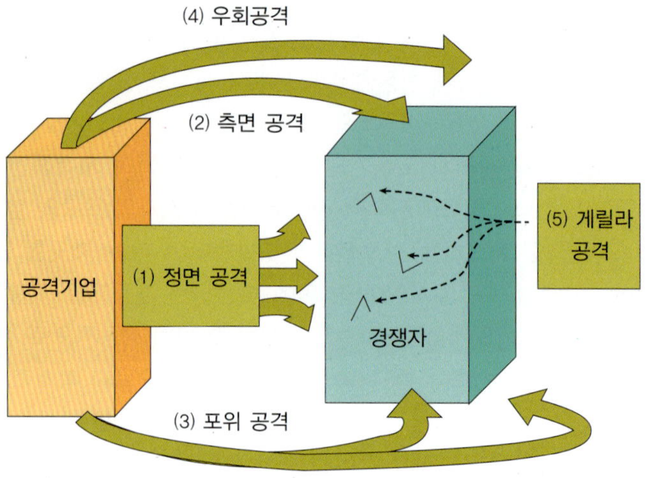

업이나 선도기업의 희생에 의해서만 이루어질 가능성이 많아진다. 따라서 이제까지의 포지티브 섬 게임은 전형적인 제로섬 게임으로 변화되면서, "이에는 이, 눈에는 눈' 과 같은 정면대결로 이어지는 것이다.

이렇게 도전기업이 표적기업(혹은 선도기업)과 정면으로 맞부딪쳐서 경쟁하는 것을 정면공격(frontal attack)이라고 한다. 정면공격은 상대편의 약점을 공격하는 전략이 아니라, 상대편의 강점을 정면으로 공격하는 전략이므로, 누가 더 강한 인내심과 자금력 등을 가졌는지가 승패의 관건이 될 것이다.

정면공격을 실행하는 기업은 시장의 변화에 대하여 선도기업보다 신속하고 유통성 있게 움직일 수 있어야 한다. 소비자의 변화에 발빠르게 대처하는 기업만이 살아남을 수 있기 때문이다.

또한 정면공격을 감행하려는 기업이 가장 많이 시도하는 전략은 모방전략이다. 모방을 통해 공격하는 도전자는 신제품 개발비가 절약되기 때문에 가격측면에서 선도기업보다 경쟁력이 있을 수 있다. 또한 선도기업은 상대적으로 높은 원가(개발비, 초기설비투자 등)구조 때문에 후발 공격기업의 가격중심적 전략에 대응하기도 힘들게 될 것이다.

정면공격이 성공하려면, 공격자는 경쟁자보다 더 강한 경쟁우위는 물론이고 정면공격을 감행하기에 충분한 자원을 가지고 있어야 할 것이다. 진정한 의미에서 정면공격은 제품에 대해서는 제품으로 경쟁하고, 가격에 대해서는 가격으로, 그리고 광고에 대해서는 광고로 경쟁하는 것을 의미하지만, 경쟁이 장기화되다 보면, 정면공격을 시행하는 기업은 무엇보다 마케팅이나 재무적 기능능력이 경쟁사에 비해 탁월해야 할 것이다. 예를 들어, VTR 시장에 뒤늦게 진출한 마쓰시타의 VHS가 소니의 우수한 베타멕스(Betamax)를 누르고 산업의 표준이 된 것도 정면공격의 좋은 예가 될 것이다. 마쓰시타의 VHS는 기술면에서나 시장선도력에 있어서도, 소니의 베타멕스에 못미치는 것이었지만 기술을 개방하는 마쓰시타의 과감한 정면공격 때문에 베타멕스는 시장에 발도 디디지 못하게 되었다.

정면공격이 실패할 경우에는 재무적 손실이 막대할 뿐 아니라 사기가 크게 저하되므로, 정면공격을 보다 신중하게 결정되어야 한다. 만약, 공격기업이 장기전에 버틸 준비와 자원이 충분하지 않다면 초기에 공격에 의해 쏟아 부은 투자비용은 허사가 되고 말 것이기 때문이다.

2) 측면공격(Flanking Attack)

측면공격은 타겟기업의 방어가 약한 곳으로 먼저 침투해야 하는 전략이다. 즉, 이미 기존제품이 막강하게 자리를 잡고 있는 곳에 도전장을 내어서는 성공하기 힘들기 때문이다. 시장선도기업에 도전하는 기업은 현재 지배적인 제품이나 시장과는 명백히 구분되는 틈새를 찾아 공격할 수 있어야 한다. 예를 들어, 미국에는 대형 복사기, 대형 자동차, 중량급 오토바이가 우세한 반면, 컴팩트 카메라가 주류를 이루고 있다. 그러나 일본에는 정반대의 제품들이 주류를 이루고 있다. 즉, 소형 복사기, 소형 자동차, 그리고 경량급 오토바이와 SRL 카메라

사진 18-2
측면공격으로 성공한 소니 워크맨

등이 그것이다.

도전자가 측면공격에 성공하기 위해서는 첫째, 시장측면의 세분화에 대한 분석이 선행되어야 한다. 즉, 세분된 시장 중에서도 타겟기업이 목표로 정하지 않고 무시하는 세분시장(segment)이나 틈새시장(niche)을 먼저 공략해야 하는 것이다. 그렇지 않고 타겟기업이 먼저 참여하고 있는 세분시장을 타겟으로 한다면 그것은 이미 정면공격이 되는 것이다. 따라서 도전자는 가능하면 경쟁자가 없는 곳이야 한다. 예를 들어, 1962년에 시작한 월마트는 인구가 2만 5천에서 5만 명 정도되는 작은 소도시에만 상점들을 세워 성공한 측면공격의 대표적 사례이다. 또한 제일제당의 식물나라는 방문판매나 화장품매장이 아닌 수퍼마켓

농축세제 비트의 측면공격

제일제당의 비트는 측면공격으로 성공적으로 시장에 진입한 사례이다. 분말세제 시장은 당시 럭키가 선두의 위치를 확고히 지키고 있었으나 애경이 후발업체로 애경써니, 스파크 등을 출시해 선도기업의 추격을 계속해 오고 있었다. 당시 소비자들은 수질오염이라는 사회적 환경문제에 깊이 관여되어 있었으며, 소비자들 역시 기존 분말세제의 큰 부피 때문에 사용상의 불편함을 느끼고 있었다. 그러던 중 럭키와 애경이 시장을 양분하고 있는 상황에서 시장진입을 노리던 제일제당은 정면으로 승부하기보다는 두 회사와 차별화된 제품으로 측면에서 진입하기 위하여 농축세제인 비트를 개발하고 시장진입을 시도하였다. 농축세제는 양을 적게 사용해도 기존 분말세제 못지 않은 세척력이 있기 때문에 수질오염뿐만 아니라 부피도 줄일 수 있었다. 또한 제일제당이 농축세제를 가지고 시장에 진입한 시기는 사회적인 여건과 소비자 욕구가 부합되는 시기였으며, 그 결과 농축세제 시장은 처음 제품이 출시된 이후 1년 만에 전체 분말세제 시장의 약 25%를 점하는 급성장을 보였다. 농축세제 비트의 측면공격으로 제일제당은 애경을 누르고 단번에 2위를 차지하게 되었다.

제일제당 비트의 또 다른 성공요인은 분말세제 시장이 커가고 있는 성장기라는 시기적인 잇점 때문에 선두기업들의 대응공격으로부터 피할 수 있었던 것이다. 그 밖에도 제일제당은 식품업계에서 쌓아 온 강력한 유통지배력과 풍부한 자금력을 등에 업고 있으면서도 기존의 세제시장에 정면공격하지 않고 농축세제를 통해 측면공격을 시도한 것이 주요했을 것이다.

〈자료원: 홍성태, 「보이지 않는 뿌리」, 박영사, p. 327〉

을 유통채널로 선택하였는데, 이러한 측면공격결과, 화장품 업계에 뛰어든지 1년만에 5백억 원이라는 놀라운 매출을 거두어 성공할 수 있었다.

측면공격을 성공하기 위한 두 번째 전략은 제품차별화를 통해 경쟁자가 만족시키지 못하는 욕구를 찾아 내어 그것을 만족시키는 전략이다. 이것은 소니의 워크맨이나 디카페인 제품과 같이 기존제품의 크기를 변경하거나 제품속성을 추가 혹은 제거하거나 제품의 가격을 조정함으로써 달성할 수 있다.

이밖에도 측면공격은 특히 전반적으로 시장규모가 성장하는 경우에 더욱 유리하다. 즉, 제로섬(zero sum)게임이 아닌 포지티브섬(positive sum)게임인 경우에, 각각의 경쟁자는 자신의 시장을 확장하기에도 바쁘기 때문에 경쟁자나 열세기업의 측면공격쯤은 무시할 수 있기 때문이다.

또한 측면공격은 성격상 기습공격이기 때문에, 공격의 타이밍이나 방향 등을 예측하기 어렵다. 따라서 측면공격이 기습적으로 이루어지면 이를 방어해야 하는 기업은 사기가 떨어지기 쉽기 때문에, 정면공격에 비하여 성공하기 쉽다는 장점이 있다.

3) 포위공격(Encirclement Attack)

포위공격(encirclement attack)은 경쟁자의 여러 곳에 대대적인 공격을 가함으로써 경쟁자가 자신의 정면과 측면 및 후면을 동시에 방어하도록 만드는 전략이다.

포위공격이 측면공격과 다른 점은 전략이 사용되는 목적에서 찾아볼 수가 있다. 즉, 측면공격의 목적은 기존경쟁자의 약점을 파고 들어 허를 찌르는 데 있지만, 포위공격의 목적은 기존선도기업의 방어전선을 흐트려서 적의 차별화 요소(상표애호도 등)가 희석되어 엷어지도록 만드는 것이다. 즉, 포위공격은 기존 선도자의 방어전선을 여러 곳으로 분산시킴으로써 효과적인 자원집중를 방해하고 그 결과 허약해진 방어망을 뚫고 침투하는 것이 목적이 된다.

미국의 자동차 시장은 본래 포드가 선도기업이었으나 GM의 시장분할 정책과 포위공격에 따라 고지의 자리를 내어 주고 말았다. GM은 캐딜락, 올즈모빌, 뷰익, 폰티악, 쉐보레 등 다섯 개의 시장에서 포드를 포위하고 그 입지를 약화시켰던 것이다. 따라서 포위공격을 받는 기업은 방어할 범위를 더 확대해 나가거나 그것이 어려우면 중요한 시장에 자원을 집중하여 방어할 필요가 있는 것이다.

포위공격이 성공하기 위해서는 첫째, 공격하는 도전기업은 상당한 자원을 확보하고 있어야 하며, 기존의 선도기업이 이미 확보해 놓은 영역을 빠른 시일 내에 무너뜨릴 수 있다고 판단되어야 한다. 둘째, 포위공격을 하려면 무엇보다도 모(母)상표의 강한 이미지가 뒷받침될 때 더욱 성공할 가능성이 높아진다. 왜냐하면 모상표의 이미지가 아직 미비하거나 호의적이지 않을 경우, 하위상표나 확장상표들을 내놓는 전략은 무모한 자원만 낭비하는 결과를 초래할 것이기 때문이다.

4) 우회공격(Bypass Attack)

도전자는 우회공격(bypass attack)으로 경쟁자와의 정면대결은 회피하면서 좀 더 쉬운 시장을 표적으로 삼는 전략이다. 도전자들은 경쟁자들을 우회하기 위하여 비관련 다각화를 시도하기도 하고, 새로운 지리적 시장에 진출하거나, 기존의 제품을 대체하는 새로운 기술을 통해 도약을 거듭할 수도 있다. 즉, 도전자는 비용이 많이 드는 정면공격을 하는 것이 아니라 기술적 도약을 통해 경쟁사를 우회하는 전략을 말한다. 신도리코는 끊임없는 기술개발을 통하여 소비자의 신뢰를 구축하였고 그것이 진입장벽이 되어 자신들만의 시장을 지킬 수 있었다. 이렇게 신도리코가 대형 가전회사들의 틈바구니 속에서도 복사기 시장의 선두자리를 유지할 수 있었던 비결은 기술개발에 사활을 걸었기 때문일 것이다.

5) 게릴라식공격(Guerrilla Attack)

게릴라식공격은 도전자가 영구적인 발판을 마련하기 위하여 소규모의 불규칙적인 공격을 통해 경쟁사를 당황하게 하고 사기를 저하시키는 전략이다. 즉, 게릴라식공격(guerrilla attack)이란 소규모로 행해지는 간헐적인 공격을 통해 경쟁

삼성에 대한 외국기업들의 게릴라식 공격

게릴라 전략은 작은 기업이 큰 기업을 공격하는데 주로 이용되지만, 큰 기업이 공격을 당했을 때 시간을 벌 방어의 목적으로, 공격기업에 대해 쓸데없는 트집을 잡는 데 쓰기도 한다. 삼성이 VHS를 8mm 카세트로 손쉽게 복사할 수 있는 비디오 기계를 미국시장에 내어놓자, 외국기업들은 불법복제를 운운하며 삼성의 진출을 일단 저지 하였다. 그러나 2년 뒤, 미국시장에는 복사 가능한 비디오 기계(Doubledeck VCR)의 아이디어를 모방한 제품들이 줄줄이 나오기 시작하였다. 공연한 시비를 걸어 시간을 번 것이다.

〈자료원: 홍성태, 「보이지 않는 뿌리」, 박영사, pp. 361–362〉

자를 지긋지긋하게 만듦으로써 경쟁자의 심리적, 그리고 실제적인 에너지까지 완전히 소진시켜 버리는 전략을 말한다.

게릴라식공격은 대부분 시장지위가 열세이거나 소규모 기업이 정상적인 공격으로는 효과를 보기 어려울 때 대규모 기업을 괴롭히기 위한 목적으로 자주 사용되는 방법이다. 예를 들어, 일본 기업들은 기습적인 가격인하, 급작스러운 판촉공격, 판매조직이나 유통경로에 대한 기습적 침투 등을 행위로 미국 기업을 괴롭히곤 한다.

3.3. 시장추종자의 경쟁전략

일반적으로 시장선도자는 신제품을 개발하여, 고객들에게 신제품에 대한 정보를 제공하고 교육을 시키는 데 엄청난 비용을 지불하게 된다. 시장선도자는 이러한 위험을 감수하는 과정을 통해 시장지배력을 가지게 되는 반면, 차위기업들 모두가 시장선도자에게 도전하려고 하지는 않기 때문에, 시장선도자의 제품이나 마케팅전략을 그대로 따르고자 하는 시장추종자들이 존재한다. 일반적으로 시장선도자들은 장기적인 경쟁에서의 지구력이 다른 기업에 비하여 뛰어나기 때문에 전면적인 격전에서 지구력을 보다 많이 가지고 있기 때문에, 상당수의 나머지 기업들은 선도자를 공격하기보다는 선도기업의 신제품이나 마케팅활동을 모방하려고 한다.

이러한 추종기업들은 먼저 시장선도자의 경험을 통해 배우거나 선도자의 제품과 마케팅 프로그램을 그대로 모방할 수 있으므로 혁신비용을 부담하지도 않기 때문에 보다 높은 이익을 창출할 수 있다.

또한 추종한다는 것이 단순히 수동적으로 행동하거나 선도자를 무조건적으로 모방하는 것을 의미하지는 않는다. 시장추종자들은 어떻게 하면 현재의 고객을 놓치지 않고 유지할 것이며, 신규고객 중 몇 %를 자신의 고객으로 만들 수 있는지에 대하여 알아야 한다.

각 추종자들은 도전자들의 주요한 표적이 되기 때문에 자신들이 표적시장에서 독특한 우위를 가질 수 있도록 항상 노력해야 하며, 제조원가를 낮추고 제품품질과 서비스를 높게 유지할 수 있어야 한다.

3.4. 시장적소자의 경쟁전략

대부분의 중소기업들은 대기업과의 충돌을 피하기 위해 일부 틈새시장에서 그들만의 전문화된 서비스나 제품을 가지고 효과적으로 활동하고 있다. 이렇게 주요 기업들이 간과하고 있거나 관심을 기울이지 않는 소규모의 세분시장이나 틈새시장을 표적시장으로 정하고 그 시장에서 선도자가 되기 위해 노력하는 기업들을 시장적소자라고 한다.

시장적소자는 대부분의 기업들이 무시하거나 소홀히 하는 세분시장을 표적으로 하기 때문에 대기업과의 직접적인 충돌이나 격렬한 경쟁을 피할 수 있으며, 틈새시장을 공략하기 때문에 해당분야에서 전문화된 이미지를 구축하는 데에도 도움이 될 수 있다. 이러한 이점 때문에 소규모 기업뿐만 아니라 선도자가 될 수 없는 대기업 내의 작은 사업부서들은 시장적소화전략에 지속적인 관심을 기울이게 된다.

시장적소화전략을 선택하는 기업은 경쟁이 적은 시장을 선택하는 반면, 보다 규모가 큰 시장을 포기해야 한다. 따라서 시장적소화전략을 택한 기업들은 보다 안전하고 수익성이 있는 하나 또는 그 이상의 적소시장을 찾기 위해 노력해야 한다.

다음은 이상적인 적소시장과 적소기업의 특징을 열거한 것이다.

- 적소시장은 수익성을 높이기에 충분한 시장규모와 구매력을 가지고 있어야 한다.
- 적소시장은 성장잠재력이 있어야 한다.
- 적소시장은 주요 경쟁자들이 무시하고 있어야 한다.
- 적소기업은 효과적인 마케팅활동이 가능하도록 필요한 기술과 재원을 가지고 있어야 한다.
- 적소기업은 소비자의 애호도를 구축하여 주요 경쟁자의 공격으로부터 자신을 방어할 수 있는 능력을 갖추어야 한다.

적소시장의 전문적인 아이디어는 전문화이다. 즉, 적소기업은 다양한 시장과 고객, 그리고 제품 또는 마케팅믹스의 활동에 있어서 전문화되어야 한다. 적소기업이 이용할 수 있는 몇 가지 전문가적 역할들은 다음과 같다.

① **최종용도전문가:** 적소기업은 고객이 제품을 사용하는 최종용도 중 하나에 전문화하는 것이 이롭다. 예컨대, 법률회사는 형법, 민법, 혹은 상법중 하나에 전문화할 수 있다.

중소가전업체들의 기능성 제품을 내세운 적소전략

산뜻한 디자인은 대기업 제품만 있는 것은 아니다. 삼성과 LG에 이은 업계 3위의 모니터 브랜드 '알파스캔' 역시 올 7월 디자인과 기능을 모두 겸비한 신제품을 통해 그 두 가지를 모두 추구하는 소비자들에게 어필한다는 방침이다. 새롭게 출시한 '알파스캔 2353 IPS LED'는 기존에 알파스캔이 선보인 초슬미 '레이저(Razor; 면도날)' 시리즈의 최신 모델로, '면도날'이라는 명칭이 어울리는 9.2mm의 초슬림 두께는 대기업 제품 못지 않은 날씬함을 자랑한다. 또 화면 테두리 베젤과 스탠드 상단에 메탈 소재를 적용해 더욱 세련되고 고급스러운 분위기를 연출하는 등 디자인적으로도 한층 업그레이드 됐다.

무엇보다 알파스캔 2353 IPS LED는 그동안 '초슬림' 모니터 제품에서 보기 드문 광시야각 IPS 패널을 채택해 어떠한 각도에서 화면을 보더라도 색상 왜곡이 없는 화면을 볼 수 있는 장점과 특유의 선명한 색감을 지녔다. '멋진 디자인'과 '광시야각'이라는 두 마리 토끼를 모두 잡음으로써 디자인을 우선하는 소비자와 기능성을 우선하는 소비자 모두 탐을 낼 만한 제품으로 개발했다.

중소업체임에도 불구하고 스팀청소기로 이미 많은 사람들에게 알려져 있는 ㈜한경희생활과학은 자사의 트레이드마크인 스팀청소기, 스팀다리미 등에 이어 침구살균청소기 '침구킬러'를 새롭게 선보였다. 침구킬러는 한경희생활과학이 독자 개발한 '인텔리전스 히팅 시스템' 기술이 적용됐다. 이는 제품 바닥의 '살충 열판'이 패브릭 제품의 살균 및 살충 최적 온도인 120도로 상승해 집먼지 진드기를 비롯해 유해 세균에 열을 가해 제거하는 방식이다. 또 1분에 3600회 작동하는 '두드림 기능'으로 침구류를 털고 '진공청소 기능'으로 살충된 집먼지 진드기를 비롯해 미세 먼지를 깔끔히 제거한다. 이에 따라 빠르고 간편하게 알레르기와 아토피의 원인이 되는 침구 속 해충 및 세균을 제거해 영유아 및 가족의 피부 건강을 지킬 수 있다.

또한, 애너하임사의 음식물처리기는 원터치로 싱크대에서 투입하면 바로 분쇄하여 배수구로 즉시 처리되는 장점을 지니고 있다. 천연미생물 제재의 분해 작용으로 악취제거와 유해세균제거로 청결하고 위생적이며 칼날을 사용하지 않고 전통 맷돌 방식으로 처리되는 반영구적 친환경적 특징을 가지고 있다. 오픈기념으로 집들이 선물로 최고의 인기상품인 애너하임 음식물처리기가 현재, 런칭기념 특별행사를 실시하고 있다.

〈자료원: 베타뉴스, 2011년 7월 15일자; 내일뉴스, 2011년 5월 1일자; 스포츠조선, 2011년 7월 24일자〉

② **수직적 수준의 전문가:** 기업은 생산부터 유통에 이르기까지의 순환단계에서 어떤 수직적 수준의 관계에 전문화 할 수 있다. 예를 들어, 출판사는 (표지)디자인 업무에서부터 책의 유통까지 통합적으로 전문화할 수 있을 것이다.

③ **고객 규모면의 전문가:** 기업은 소규모 고객, 중간규모 고객, 대규모 고객 중 하나에게 판매하는 것으로 전문화시킬 수 있다. 그러나 많은 적소기업들은 대규모 기업들이 무시하는 소규모 고객에게 전문화하고 있다.

④ **특정고객 전문업체:** 기업은 하나 또는 소수의 주요 고객에게만 판매를 제한하여 전문화할 수 있다. 특히, 많은 기업들이 생산물 전부를 Sears나 General Motors사와 같은 단 하나의 기업에만 판매하고 있다.

⑤ **지리적 전문업체:** 기업은 어떤 지역이나 특정지역에만 판매하고 있다.

⑥ **제품 또는 제품계열 전문업체:** 기업은 하나의 제품계열이나 제품만을 생산하여 전문화할 수 있다.

⑦ **제품-특성 전문업체:** 기업은 특정종류의 제품이나 제품특성만을 생산하여 전문화할 수 있다.

⑧ **주문생산식 전문업체:** 기업은 고객의 주문에 따라 생산하는 것에 전문화할 수 있다. 어떤 신발제조업체는 고객의 주문을 받아 수공으로 하나하나 생산하는 데 전문화할 수 있다.

⑨ **품질-가격 전문업체:** 기업은 그 시장의 하위 또는 상위 양 극단에서 전문화할 수 있다. 시슬리 화장품은 화장품 시장에서 고품질, 고가격으로 전문화되어 있는 제품이다.

⑩ **서비스 전문업체:** 기업은 다른 기업들이 제공하지 않는 하나 또는 그 이상의 서비스를 제공한다. 예를 들어 어떤 은행은 전화로 대출신청을 받아서 그 고객에게 돈을 가져다 주는 서비스를 제공할 수 있다.

⑪ **경로 전문업체:** 기업은 단지 하나의 유통경로를 이용하는 데 전문화될 수 있다.

예를 들어, 어떤 청량음료회사는 주유소에만 이용할 수 있는 대형 크기의 청량음료를 생산하기로 결정하였다.

적소기업이 매력적인 적소시장을 창출하거나 발견했다면 이제 적소기업은 그 시장을 유지하도록 노력해야 한다. 특히, 적소시장은 고갈되기 쉬우며, 성장잠재성이나 수익성이 좋다면, 다른 경쟁사들의 공격을 받을 가능성이 크기 때문에, 다음의 세 가지의 과제를 안고 해결해야 한다. 첫째는 적소시장을 창조하는 것이며, 둘째는 적소시장을 확장하는 일이고, 셋째는 적소시장을 보호하고 방어하는 일이다.

적소시장에 참여하는 기업은 대부분 2개 이상의 적소시장을 개발하여 기업의 생존을 위한 기회를 증대시킬 수 있다. 또한 대규모 기업들조차도 전체시장을 충족시키는 전략보다는 복수시장을 대상으로 전문화하는 적소화전략을 선호하고 있다.

만도 위니아 '딤채' 냉장고-**틈새를 채우되 확실하게 채워라**

김치냉장고의 원조인 딤채의 아성은 굳건했다. '딤채가 김치냉장고의 대명사'라고 해도 과언이 아니었다. 8년 연속 브랜드 경쟁력 1위였다. 현재 딤채를 들여놓지 않은 소비자들도 딤채의 브랜드 파워만큼은 높이 평가했다. 딤채의 이미지가 그만큼 소비자들 뇌리에 강하게 각인돼 있다는 의미다.

김치냉장고

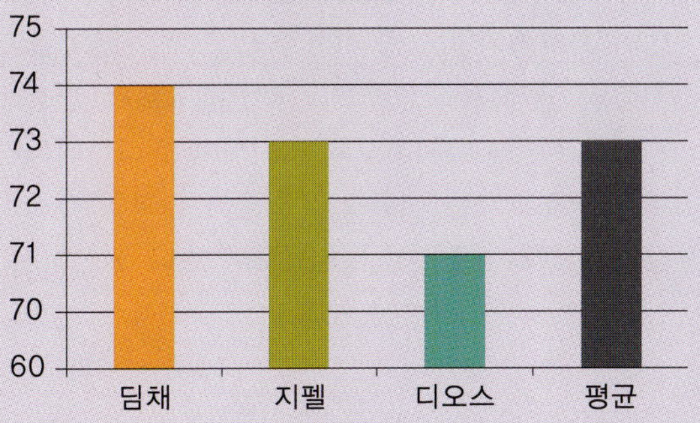

만도의 브랜드 파워는 단지 '원조'라는 이유만으로 구축된 게 아니다. 소비자들이 원하는 것, 그리고 생활·행동 양식의 변화를 한발 앞서 파악하고 제품에 반영했다. '발효과학'이란 용어를 탄생시킨 게 그 예다. 김치의 맛과 영양을 좌우하는 유산균이 잘 크도록 하는 것은 물론 김치 속에 뇌 활성 아미노산이 더 많이 생기도록 하는 방법까지 고안했다.

지난해부터는 '맛있는 발효과학'을 내세웠다. 김치 맛을 좌우하는 제일 중요한 요소인 '온도'에 더 신경을 썼다. 냉각장치를 김치냉장고의 꼭대기에 올리는 방식으로 차가운 공기가 냉장고 안에서 더 잘 순환되도록 해 냉장고 안 어디든 같은 온도가 유지되도록 했다. 올해는 '인텔리전트 + 발효과학'을 내세우고 있다. 칸마다 인공지능 감지장치가 있어 배추김치·물김치 등 들어 있는 김치 종류에 따라 최적의 온도와 습도를 맞춰준다. '원조'라는 장점에 끊임 없는 혁신을 더해 딤채는 1995년 11월 출시 이래 지난해 말까지 모두 560만 대를 팔았다. 하지만 안심할 상황은 아니다. 딤채의 브랜드 점수는 74점으로 경쟁 브랜드인 지펠(73점), 디오스(71점)와 별 차이가 없다. 더구나 요즘 김치냉장고는 위뚜껑을 열고 김치통을 꺼내던 '뚜껑형'에서, 냉장고와 같은 '스탠드형'으로 바뀌는 추세다. 지펠과 디오스는 바로 이 스탠드형 쪽에서 공격적인 마케팅을 펼치고 있다. 이에 대응해 기존 뚜껑형 딤채 사용자들이 김치냉장고를 바꿀 때 스탠드형 딤채를 택하도록 하고, 신혼부부 같은 신규 고객들이 딤채를 선택하도록 하는 것이 브랜드 경쟁력을 지키는 관건이다.

요약 및 복습 _ Summary & Review

경쟁을 바라 보는 마케팅적 시각에는 경쟁자지향적인 차원과 고객지향적인 차원이 있다. 경쟁상황을 단순히 폐쇄적인 제로섬게임(zero-sum game)으로만 인식하기보다는 시장과 경쟁, 그리고 자사가 서로 유기적인 영향을 미치고 있는 동태적인 개방체계로 보는 것이 바람직하다. 따라서, 장기적으로 기업이 효과적인 경쟁관리를 하기 위해서는, 경쟁자지향적이기보다는 고객지향적인 차원에서 고객의 욕구 변화를 미리 탐지하고 이를 주도적으로 충족시켜나가야 하며, 이러한 맥락 안에서 경쟁상황을 이해해야 한다.

기업은 경쟁분석을 통해 포지셔닝의 차별화나 혁신적인 아이디어 등과 같이 경쟁적 비교우위를 누릴 수 있는 마케팅전략을 학습함으로써 새로운 시장기회를 포착할 수도 있으며, 또한 각 경쟁상황에 맞는 효과적인 대응전략을 세울 수 있기 때문에 경쟁분석은 반드시 필요하다.

경쟁상황을 분석하는 4단계의 접근방법은 첫째, 경쟁적인 제품군의 확인, 둘째, 경쟁제품(대안)을 제공하는 기업의 파악, 셋째, 경쟁환경의 분석 그리고 넷째, 경쟁환경분석에 기초한 마케팅전략의 개발이다.

한편 기업이 처한 여러 가지 경쟁상황(시장선도자, 시장도전자, 시장추종자, 시장적소자)에 따라 적합한 마케팅목표와 전략을 선택해야 한다. 즉, 시장선도자는 전체시장규모의 확대를 통해 이익을 증대시키거나 시장점유율 유지를 위해 도전자들로부터 자신의 위치를 방어할 수 있는 능력을 갖추어야 한다. 또한 시장도전자는 다양한 공격전략을 이용하여 선도기업이나 추종기업을 공격할 수 있으며, 시장추종자는 시장의 원리를 모방하거나 학습함으로써 현상태의 시장점유율을 유지하도록 노력해야 한다. 마지막으로 시장적소자는 대규모 기업들이 간과하는 적소시장의 고객욕구를 충족시킴으로써 보다 안전하게 자신들의 영역을 지킬 수 있다.

문제제기 및 질문 _ Issues raised & Question

1 기업이 자사와의 경쟁환경을 진단하기 위하여 이용될 수 있는 두 가지 차원이 있다. 이 두 차원의 개념이 경쟁상황분석에 어떻게 이용되는지 설명하시오.

2 경쟁환경의 분석과정의 4단계에 대해 논하라.

3 시장선도자가 취할 수 있는 목표와 경쟁전략에 관하여 논하라.

R/E/F/E/R/E/N/C/E/S

_ 참고문헌

홍성태(1999), 「보이지 않는 뿌리」, 박영사.

Bernard Catry and Michel Chavalier(1974), "Market Share Strategy and the Product Life Cycle," *Journal of Marketing*, October, pp. 29-34.

C. David Fogg(1974), "*Planning Gains in Market Share*," *Journal of Marketing*(July), pp. 30-38.

Jordan P. Yale(1964), "*The Strategy of Nylon's Growth*," *Modern Textiles Magazine*(February), p. 32.

Loden, C.(1992), *Megabrands*, Harper Business, p. 10.

Michael E. Porter(1980), *Competitive Strategy*, New York: Free Press.

Park, C. Whan and Daniel C. Smith, "Product Class Competition as Sources of Innovative Marketing Strategy," *The Journal of Consumer Marketing*, vol. 7, 2(Spring), pp. 27-38.

Philip Kotler and Armstrong Gary, *Principles of Marketing*, Prentice · Hall, 7 Edtion.

Philip Kotler and Ravi Singh(1981), "Marketing Warfare in the 1980s," *Journal of Business Strategy*(Winter), pp. 30-41.

Theodore Levitt(1965), "Exploit the Product Life Cycle," *Harvard Business Review*(November · December), pp. 81-94.

about
PART 6

제Ⅵ부에서는 기업의 마케팅활동을 원활하게 하기 위한 조직문제와 마케팅활동의 지속적인 성공을 위해 필요한 통제기능의 구성에 관한 문제들을 다룬다. 제19장에서는 마케팅부서의 조직형태와 부서 내 다양한 기능들에 대한 조정에 대해 서술하고 제20장에서는 마케팅관리에 있어서 각 단계의 활동들이 기업의 효율성과 효과성을 향상시키기 위하여 어떻게 탐색되어야 하고, 주기적으로 어떻게 조정되어져야 하는지에 대해서 설명한다.

마케팅조직 및 통제

제19장 마케팅조직

제20장 마케팅통제

PART 06

MARKETING MANAGEMENT

CHAPTER 19

마케팅 조직

MARKETING MANAGEMENT

왜 어떤 기업들은 다른 경쟁기업들에 대해 신속히 대응하지 못하는가? 왜 새로 부임한 경영자는 그 회사의 전체 마케팅부문을 재조정하고, 각 부서책임자들을 교체하는가? 왜 세계수준의 컴퓨터업체가 지금까지 기술지향적이던 회사를 시장지향적으로 바꾸기 위해 노력하고 있는가? 왜 반도체산업의 선두기업에 종사하던 유능한 직원들이 신규 소형컴퓨터사업에 뛰어들기 위해 사직해야 하는가? 이러한 질문들에 대한 답은 각 기업의 조직구조가 기업이 처한 환경에 적합하지 않았기 때문이라는 데 있다.

기업의 조직구조는 구성원의 사고와 행동을 형성하는 데 큰 영향을 미친다. 그리고 결과적으로 기업의 성과에 영향을 미치게 된다. 상기 기업체들의 경우, 각 부서의 활동은 개념전달 및 운영활동에 있어서 그 상위 전략사업단위(Strategic Business Unit; SBU)와 일관성과 보완성을 이루지 못하고 있었을 가능성이 높다. 그 결과, 판매손실, 시장기회 상실, 시장점유율 하락, 사기 저하, 부서간 갈등 및 보이지 않는 태업 등을 경험했던 것이다. 이처럼 기업의 조직구조는 마케팅성과에 영향을 미치는 중요한 요인으로 작용한다.

일반적으로, 기업의 조직구조는 기업이 3Ms(Marketing, Management, Marketplace)

및 3Ms간의 시너지 효과를 통해 성과를 달성하는 과정에 영향을 미친다. 다시 말해, 기업의 조직구조는 내부환경, 과업환경, 거시환경 사이에서, 그리고 전략사업단위 및 제품이나 서비스의 마케팅믹스 구성요소 사이에서 나타나는 상호작용에 영향을 미친다.

조직구조의 주요 구성요소 제1절

조직구조란 조직의 목표달성을 위한 구성원의 배치라 할 수 있다. 이 배치에 따라 기업의 형태 또는 구조가 결정된다. 따라서, 기업의 조직구조는 기업목표를 달성하기 위해 가장 효율적인 방법으로 인적자원을 배치하여야 하며, 기업구성원들이 각자의 차별적 역할을 수행할 수 있도록, 권한과 책임의 위임방법을 제공해야 한다. 다시 말해, 기업의 조직구조는 다음의 두 가지 기능을 수행한다.

① 조직구조는 공식적인 업무를 할당하고, 각 업무의 담당자를 지정한다.
② 조직구조는 이러한 업무를 통합 · 조정하기 위한 권한과 책임의 범위를 설정한다.

이러한 조직구조의 기능을 수행하기 위해서는 조직구조의 구성요소들을 적절히 관리해야 하는데, 마케팅에서는 공식화, 집중화, 복잡성의 세 가지 구성요인들에 초점을 맞추게 된다. 이 세 가지 요인들은 기업 전체 혹은 기업 내의 부서, 그리고 유통경로 구성원 등의 조직구조를 설명하는 이론적 틀로서 자주 활용되고 있다.

1.1. 공식화(Formalization)

공식화란 판매관리자나 제품관리자가 업무를 수행하는 데 있어서 정해진 규칙과 절차를 얼마나 잘 따르고 거기에 어느 정도의 중요성을 두는가를 의미한다. 공식화가 높다는 것은 신입사원의 고용, 신제품 아이디어의 심사, 혹은 공식적인 시장조사의 수행여부 결정 등과 같은 다양한 업무에 대해 명백히 규정된 규칙이나 절차, 그리고 방법에 의존하는 정도가 높다는 것을 의미한다. 반대로, 낮은 공식화는 여러 가지 업무에 대해 명시된 지침이 적은 경우이다.

이 때, 높은 공식화는 의사결정을 내리고 그것을 수행하는 방법을 명확히 할 수 있다는 장점이 있다. 예컨대, 외부 조사원을 고용해야 할 때 누구의 서명이 필요하고, 광고 대행사를 바꾸기 위한 결정을 누가 내릴 것인가 등의 의사결정 사항은 지침서나 문서를 통해 정해 놓음으로써 명확해지는 것이다. 그러나 많은 규칙을 준수하다 보면 사고가 경직되고, 기계적 행위가 되기 쉽다. 따라서 지나치게 높은 공식화로 인하여 새로운 아이디어의 도입이 종종 제한되기도 한다.

1.2. 집중화(Centralization)

집중화란 조직에서의 권한과 의사결정이 특정 부서 또는 특정 개인에 집중되어 있는 것을 의미한다. 권한의 위계가 클수록(즉, 중요한 의사결정이 최고경영층에서만 이루어지는 빈도가 많을수록), 그리고 의사결정에 다른 사람의 참여 정도가 낮을수록 집중화의 정도는 높아진다.

높은 집중화는 일관된 의사결정을 내리는 데 도움이 된다. 예컨대, 신제품의 도입에 어떤 아이디어를 채택할 것인가에 관한 의사결정을 항상 고위 마케팅관리자가 내린다면 동일한 기준으로 의사결정이 내려지게 되는 것이다. 반면에, 새로운 아이디어 개발자 또는 그에 대한 특별한 지식이나 관심을 가진 하위의 제품관리자가 의사결정을 내린다면 경우에 따라 전혀 다른 기준이 사용될 수 있다. 분권화된 조직은 빠른 의사결정을 내릴 수 있다는 장점을 가지고 있다. 이것은 변화속도가 빠른 경쟁적 환경에서는 특히 중요하다.

예컨대, 어떤 경쟁자가 기존의 시장점유율을 위협하는 제품을 도입한다면, 마케팅관리자는 기존 소비자의 이탈을 막기 위해 시험적으로라도 가격을 인하하거나 한시적인 판매촉진을 전개할 필요가 있게 된다. 만약 가격인하나 판매촉진 제공이라는 의사결정을 업무가 바쁘고 경쟁상황을 정확히 파악하고 있지 못한 고위관리자가 담당한다면, 부적절한 결정을 내리게 되거나 그 고위관리자의 인식을 변화시키기 위한 노력 때문에 귀중한 시간을 낭비할 수도 있다. 반면 제품관리자가 가격결정과 일반적인 판매촉진 의사결정권을 갖게 되면, 상황에 신속히 대처할 수 있게 된다.

그러나 제품관리자 수준에서 내려지는 의사결정이 반드시 좋다고 할 수는 없다. 고위관리자는 기업의 장단기 목표를 알고 있고 시장의 거시적인 요소들을 복합적으로 이해하고 있기 때문에 장기적으로 보다 타당한 의사결정을 내릴 수도 있는 것이다. 뿐만 아니라 이들은 한 제품의 관점이 아니라 관련된 모든 제품의 관점을 가지고 있기 때문에 총체적으로 보다 일관성이 있고 상호보완적인 판단을 내릴 수 있게 된다.

1.3. 복잡성(Complexity)

복잡성은 조직이 수행하는 과업이 얼마나 많고 복잡한가를 의미하며, 조직의 특별한 작업이나 과업의 수로 측정된다. 일반적으로 직무의 수가 많고, 부문이나 부서의 수가 많을수록 조직은 더 복잡해진다. 기업들은 수평적인 복잡성 — 판매관리자와 같이 특정업무를 수행하는 데 필요한 사람의 수 — 에 있어서 다양한 형태를 가지고 있다. 〈그림 19-1 a〉에서는 단순한 수평적 배치상황을 볼 수 있다. 이 경우 한 명의 판매관리자가 판매원에 관련된 모든 업무를 처리하게 된다. 좀더 복잡한 수평적 배치는 〈그림 19-1 b〉에서 볼 수 있는데, 여기에서는 판매원 관리에 세 명의 관리자가 배치되어 있다. 또한, 기업들은 수직적 복잡성 — 상 · 하위 관리자간의 관리단계의 수—에 따라서도 다양한 형태를 가지고 있다. 〈그림 19-2 a〉와 〈그림 19-2 b〉는 각각 단순한 수직적 구조와 복잡한 수직적 구조를 보여

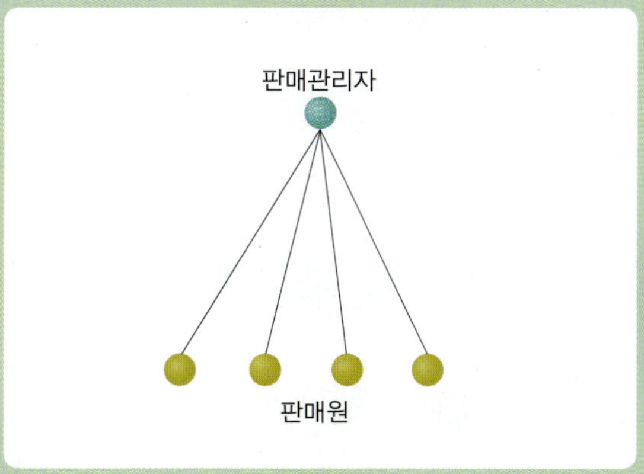

그림 19-1 a
단순한 수평구조

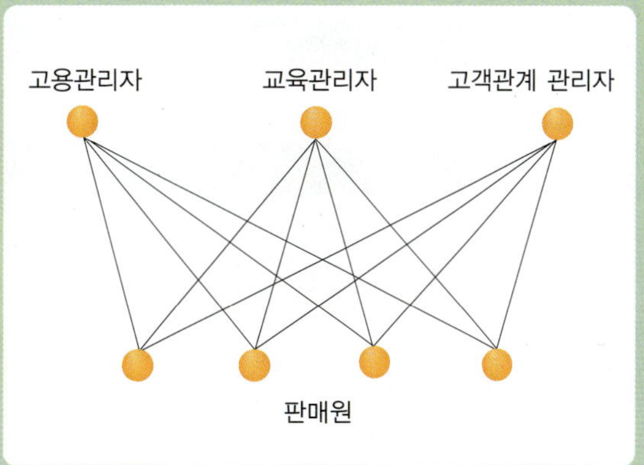

그림 19-1 b
복잡한 수평구조

그림 19-2 a

단순한 수직구조

그림 19-2 b

복잡한 수직구조

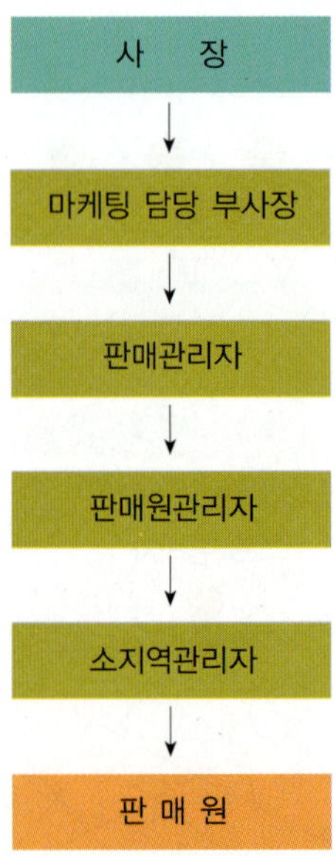

주고 있다.

마지막으로, 기업들은 수평적 · 수직적인 두 가지 차원에 따라 그 복잡성이 서로 다르다. 높은 수직적 · 수평적 복잡성을 갖는 경우가 〈그림 19-3〉에 나타나 있다.

이러한 경우는 영업부문이나 생산라인이 넓게 확산된 기업에서 흔히 볼 수 있다. 〈그림 19-1a〉 및 〈그림 19-2a〉와 〈그림 19-3〉을 비교해 보면 조직구조가 고도로 복잡해질 때 고위관리자에 의한 조정 및 통제가 매우 어려워진다는 것을 알 수 있다. 모든 유형의 개인과 집단은 조정되어야 하는데 복잡성은 변화를 어렵게 만든다. 반면 개인이나 집단에 따라 외부세계에 대한 시각이 다를 수 있으므로, 복잡한 조직을 가진 기업은 단순한 조직에 비해 좀더 세심한 대응을 할 수 있게 된다. 왜냐하면 기업에 유입되는 정보가 다양할수록 중요한 변화에 대한 의사결정이 용이하게 되기 때문이다.

한편, 조직구성원의 지위에 따라 같은 문제를 보는 시각이 달라지는 경향이 있다. 이것은 서로간의 의견불일치가 아니라, 단지 서로

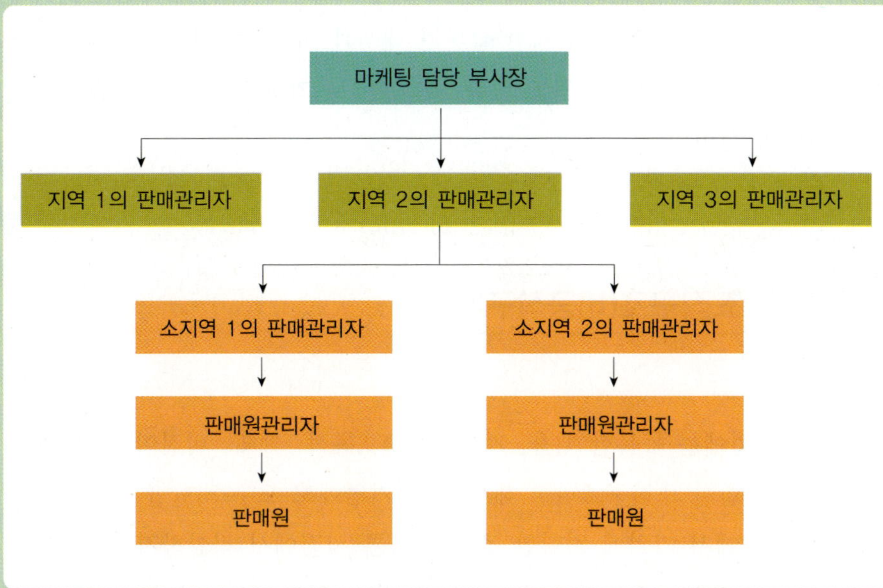

그림 19-3
수평적 및 수직적 조직의 복잡성

다른 문제를 제기하고, 다른 정보에 집착한다는 것을 의미한다. 〈표 19-1〉은 상위 마케팅관리자와 하위 마케팅관리자가 똑 같은 다섯 가지 문제를 어떻게 보고 있는가를 보여 준다.

각각은 문제들에 대한 가정, 기대, 의사결정원칙에서 조금씩 다르다. 단계

표 19-1
다섯 가지의 마케팅문제: 고위관리자(하향식)와 하위관리자(상향식)의 시각

문 제	하향식 시각	상향식 시각
1. 시장정의	시장은 기업의 자원이 이익을 내도록 이용되는 경쟁의 장	시장은 고객의 욕구가 여러 가지 방법으로 충족되는 변동의 장
2. 시장환경의 분석	경쟁자에 대한 강약점의 측정 : – 비용측면 – 경험의 이전능력 – 시장포괄범위(coverage)	경쟁자에 대한 고객인식의 측정 : – 제품특성과 고객욕구의 연결 – 포지셔닝 정립
3. 세분시장의 규정	비용불연속의 중시	시장노력에 대한 소비자반응의 유사성을 중시
4. 적소시장의 확인	신기술, 원가우위, 경쟁자의 약점 포착	만족되지 않은 욕구, 해결되지 않은 문제, 고객의 욕구변화 탐구
5. 시 간	2~5년	1~3년

가 많아질수록, 즉 마케팅기능이 수직적으로 복잡해질수록 관점이 다양해진다. 이것은 특히 시장조사결과에 대한 잘못된 해석과 적용으로 이어져, 원활한 의사소통을 방해하는 원인이 되기도 한다. 이 문제는 기업의 집중화와 공식화 정도가 높을수록 심화된다.

제 2 절 비공식적 조직구조(비공식구조)

모든 기업에는 독특한 제품, 자원, 기술, 목적, 계획, 비전이 있다. 따라서 한 기업에 적합한 조직구조라고 해서 다른 기업에도 모두 적합할 수는 없다. 게다가 한 시점에서 기업에 적합한 조직이 다른 시점에서 적합하지 않을 수도 있다. 따라서, 매우 효과적인 조직구조를 가지게 되면, 그 자체가 궁극적으로 조직구조에 적합한 변화를 이끌어 낼 수 있는 것이다.

기업들의 연차보고서나 공식문서들을 보면, 많은 기업들이 비슷한 조직구조를 가지는 것으로 보인다. 어떤 조직구조는 업종이 매우 다른 기업들에게도 아주 적합한 것처럼 보인다. 그러나 이러한 시각은 위험할 수 있다. 기업연감과 보고서에는 명확히 규정된 배치 및 절차를 가진 공식적인 조직구조만이 나타나 있다. 공식적 조직구조가 비슷하다는 점은 실제로 여러 종류의 기업에게서 발견되지만, 모든 기업은 비공식적인 구조도 또한 가지고 있다. 비공식구조에는 명백히 명시되어 있지는 않지만 책임과 보고에 관련된 중요한 역할의 배치, 규칙, 및 절차 등이 있다. 실제로 비공식구조는 공식구조의 효과성에 영향을 미친다. 특히, 동태적이고 변화무쌍한 시장에서는 비공식구조가 중요하다고 할 수 있다. 마케팅관리자가 공식구조와 보완적 관계에 있는 비공식구조를 이해하고 이용하지 못한다면, 시장에서의 상호작용을 효과적이고 효율적으로 관리하기 어려울 것이다.

비공식적인 조직구조형태는 여러 가지 요소들의 상호작용 때문에 나타나는 것이다. 이러한 요소로는 특정관리자의 인격, 기존의 원칙과 절차로 대응할 수 없는 환경의 변화, 기업의 자원이나 기술의 변화 등이 포함된다. 이러한 요소들과 기업의 내부, 외부 환경변화에 따라 새로운 관계가 전개되고 기존의 관계가 바뀌는 것이다.

기업의 행동에 영향을 미치는 비공식구조는 점차 공식구조만큼이나 중요하게 되고 있다. 예컨대, 국내조직의 각 지역판매관리자가 지역담당 부사장에게 직접판매원을 증가시켜야 된다는 보고를 하고 지역담당 부사장은 이 건의를 심의하고, 판매할당을 변화시키는 등의 업무를 수행한다고 조직도표와 직무기술서에 나타나 있다고 하자. 그러면 모든 중요한 마케팅의사결정은 지역담당 부사장이 내리게 되고, 이것은 본사의 마케팅담당 부사장의 재가를 받게 된다. 이러한 행위는 어떤 공식적인 방법으로 조정되는 것이 아니고, 지역담당 부사장 개인의 스타일과 그 지역판매담당관리자로서의 오랜 경험에 의해 다루어져야 할 문제들이다.

그러나 많은 판매관리자들은 자기지역의 부사장이 판매보다는 생산에 관심이 있기 때문에 판매관리의 요구를 충분히 이해하지 못하고 있다고 생각할 수 있다. 그 결과로 판매관리자들은 종종 어떤 문제를 자기식으로 고집하여 지역담당 부사장보다는 본사의 마케팅 부사장과 먼저 의논을 할 수도 있다. 어떤 아이디어에 대해 본사의 부사장이 후원할 것인지의 여부는 판매관리자가 지역담당 부사장에게 보고할지의 여부와, 만약 그렇다면 어느 정도 보고해야 하는가의 문제에 영향을 미친다. 처음에는 공식구조에 따라 지역담당 부사장에게 접근하게 되지만(그림 19-4 a), 비공식적으로는 아예 본사의 부사장과 의논하게 되고 부사장은 경우에 따라 지역판매관리자로부터 제안받은 것을 지역담당 부사장에게 지시하기도 한다(그림 19-4 b).

이러한 절차는 판매관리자가 본사의 부사장에게 보고하는 공식구조를 애초

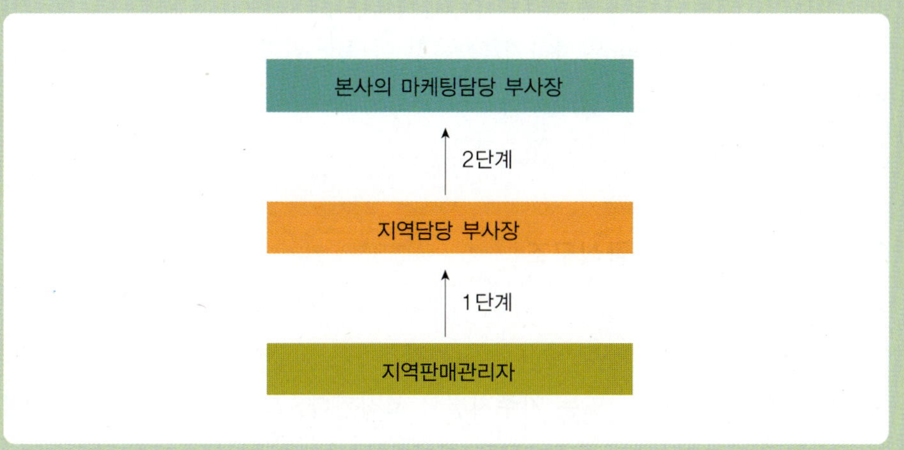

그림 19-4 a

판매관리자로부터 지역 및 본사의 부사장으로의 새로운 아이디어나 제안을 위한 공식조직

그림 19-4 b

판매관리자로부터 지역 및 본사의 부사장으로의 새로운 아이디어나 제안을 위한 비공식 조직

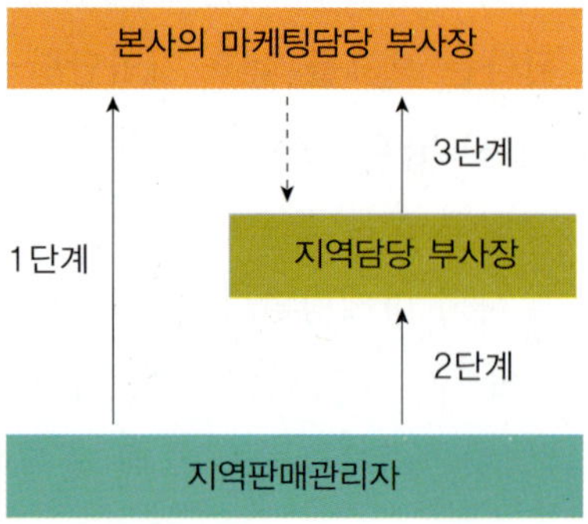

부터 만들어 놓을 필요가 있었다는 것을 시사해 준다. 본사의 부사장과 직접 의논하게 되면, 판매관리자의 건의가 지역 및 국내 본사의 수준에서 동시에 받아들여질 수 있는 가능성이 높아지게 되지만, 지역담당 부사장의 사기저하가 우려되기 때문이다.

내부 및 외부 환경변화에 대한 개인과 집단의 비공식적인 반응이 기업의 공식구조에 반영되지 못하는 경우가 종종 있다. 실제로 공식구조와 비공식구조간에는 상당한 불일치가 있을 수 있다. 결과적으로 유사하거나 동일한 공식구조를 갖는 기업들도 대개 비공식구조에서 차이를 보이고 있는데 이러한 점은 제3자에 의해 쉽게 파악되기 어렵다. 왜냐하면 비공식구조는 확연히 드러나지 않는 것이 일반적이기 때문이다.

따라서, 단순히 성공적이라는 사실 때문에 경쟁자의 조직구조를 따른다면 이는 시장지향적 관리와 일치하지 않을 뿐 아니라 위험할 수도 있다. 환경의 변화에 따라 비공식구조가 출현하여 공식구조의 부족한 부분을 보충하고 있을 수도 있기 때문이다.

2.1. 이해관계자와 비공식구조

조직을 설계할 때 가장 중요한 이해관계자는 고객이다. 기업은 일반적으로 고객의 유형, 구매상품, 또는 거주지별로 조직된다. 그러나 그밖의 다양한 이해관계자도 존재하며, 의사결정자들은 어떠한 형태로든 그들을 고려하여야 한다.

이러한 의미에서 비공식구조는 중요하다.

비공식구조는 대개 이해관계자들간의 변화에 따라 가장 먼저 반응하고 변화한다. 따라서, 비공식조직은 완충작용의 기능을 수행한다. 예컨대, 냉동식품시장에서 가격과 촉진활동의 잦은 변화에 따라, 경쟁이 치열해질 때 여러 지역에서 다양한 상품에 대해 신속하고도 다양한 방법으로 대응해야 할 필요성이 높아질 것이다.

한편, 가격과 촉진의 변화에 대한 최종의사결정은 흔히 제품이나 브랜드관리자 보다 더 높은 관리층에서 이루어진다. 하지만 고위관리자는 급변하는 경쟁적 위협에 대응하기 위해 사전협의 없이 비공식적인 방법을 통해 브랜드관리자에게 가격을 변동시킬 수 있도록 허락할 수 있다. 이러한 비공식 조직구조는 결국 기업의 조직구조에 중요한 변화를 초래하기도 한다.

2.2. 시장조사와 비공식구조

시장이 점차 복잡해지고 변화함에 따라 경쟁자와 소비자행동을 이해하기 위한 시장조사의 필요성이 커진다. 그러나 공식구조에서는 시장조사를 기업의 주요기능으로 여기지 않는 경우가 많다. 즉, 시장조사에 대한 공식적인 부서나 직책이 없는 경우가 많은 것이다. 이러한 경우 시장조사는 외부조사기관을 통하여 수행된다. 시장정보와 조언을 제공하는 외부조사기관은 기업의 공식구조는 아니라 하더라도 기업들의 중요한 의사결정에 능동적이고, 주된 참여자가 될 수 있다. 이 때, 외부 조사기관은 비공식적 조직이지만, 공식적인 구조에 첨가될 수 있다. 시장조사기관과의 강한 유대관계를 통해, 공식구조를 유지해 나갈 수 있는 것이다.

공식적 조직구조(공식구조) 제 3 절

마케팅기능을 수행하는 데 있어서는 다양한 조직구조의 형태가 존재한다. 그 중 중요한 것으로는 기능별 조직, 제품별 조직, 지역별 조직, 메트릭스 조직, 합작투자 등을 들 수 있다.

3.1. 기능별 조직

기능별 조직에서는 구성원들을 유사한 작업(예컨대, 마케팅, 생산, 재무 등)을 수행하는 집단들로 분류한다. 따라서 기능별 부서 내의 의사소통은 원활한 편인데, 이것은 주요 구성원의 배경이 비슷하기 때문이다. 그러나 그러한 이유로 인해 다른 부서와의 조정이 어려워지는 면도 있다. 뿐만 아니라 각 기능집단이 조직전체의 목적과 무관하게 자기부서가 가지고 있는 하부목적의 달성만을 추구하는 경우도 많다.

이와 같은 기능별 조직은 구조가 단순하다는 장점이 있지만, 특정 제품과 시장에 대한 계획이 부정확하다는 단점 또한 가지고 있다. 예를 들어 마케팅부서에서는 기업의 여러 제품에 대한 마케팅기능을 총체적으로 수행해야 하기 때문에 제품 하나 하나에 대한 충분한 검토가 이루어지지 못하는 경우가 많은 것이다. 이는 특히, 개별제품에 대해 책임지는 사람이 없기 때문이다. 일반적으로 기능별 조직에서는 마케팅기능과 기타 다른 기능간의 관계를 조정하는 책임이 마케팅관리의 최고책임자에게 있다. 그러나 마케팅활동이 기능라인에 따라 조직될 때는 의사결정이 지연되고, 최고책임자가 제품에 관한 모든 정보를 취합하기가 어렵게 된다.

예를 들어, 마케팅부문 내에서 정의되는 기능에는 광고, 시장조사, 상품기획, 판매촉진, 고객서비스, 판매분석, 시장계획 등이 있다. 기능별 조직은 제품의 수가 비교적 적고, 시장조사, 광고, 영업, 및 유통경로관리 등의 방식이 제품별로 유사한 경우에 흔히 사용된다.

3.2. 제품별 조직

제품이나 서비스를 중심으로 조직을 구성할 수도 있다. 이러한 조직에서는 하나의 제품 혹은 하나의 브랜드를 마케팅하는 데 필요한 모든 인력을 단일 전략사업단위로 구성하게 된다. 즉, 생활용품회사의 경우 치약제품을 관리하는데 필요한 모든 인력을 묶어 하나의 부서로 조직하는 것이다. 이렇게 구성된 조직은 목표지향적이라고 할 수 있다. 왜냐하면, 한 제품부서의 관리자들은 주어진 제품을 관리한다는 동일한 목적을 위해 각자의 기능을 수행하게 되기 때문이다. 이러한 제품별 조직은 제품과 그 수익성에 초점을 맞추고 있으므로, 다양한 개념의 제품들을 취급하는 기업에게 적당하다.

한편 제품별 조직에서 한 제품의 책임자는 제품 혹은 브랜드의 관리자가 된다. 이때, 관리자는 내부와 외부환경의 차이를 연결시키는 '경계인'(boundary-spanning agent)이다. 1927년 미국의 Procter & Gamble사에서 유래된 브랜드 관리조직은 1950년대부터 급속히 퍼져 오늘날까지 보편적인 조직유형이 되고 있다.

제품별 조직의 단점은 각 제품별 마케팅계획을 조정하는 개별 관리자들이 그 제품에 대해서는 잘 알지만, 적합한 의사결정에 필요한 전문력이 부족하다는 것이다. 다시 말해, 제품관리자는 한 제품에 대한 전문가이지만 제반기능들에 대한 전문가는 아니다. 뿐만 아니라 제품관리자는 제품의 수익성을 보장할 책임을 져야 함에도 불구하고, 제품변경에 필요한 권한은 부족한 편이다. 결국 그들은 일상적인 업무를 수행하는 데 급급하여 장기계획수립에 충분한 시간적 여유가 없는 경우가 많다.

이러한 제품별 조직은 다국적 기업의 경우에서도 찾아 볼 수 있는데, 다국적 기업의 제품별 조직의 예가 〈그림 19-5〉에 나타나 있다.

다국적 기업의 제품별 조직이 갖는 장점과 단점은 국내기업의 경우와 유사하다. 그러나 다국적 기업의 경우에는 여러 지역에서 축적된 경험으로 인해 새로운 지역에서 업무를 수행하는 방법을 보다 신속히 배울 수 있다는 특별한 장점이 있다. 또한, 제품 중심화 현상(product-centeredness), 즉 지나치게 표준화된 제품에 집착하여, 시장간의 차이를 제대로 반영하지 못한다는 특별한 단점도 가지고 있다. 왜냐하면, 다국적 기업의 본부는 세계 여러 지역의 시장상황을 본부의 관점에서 바라보는 경향이 있기 때문이다.

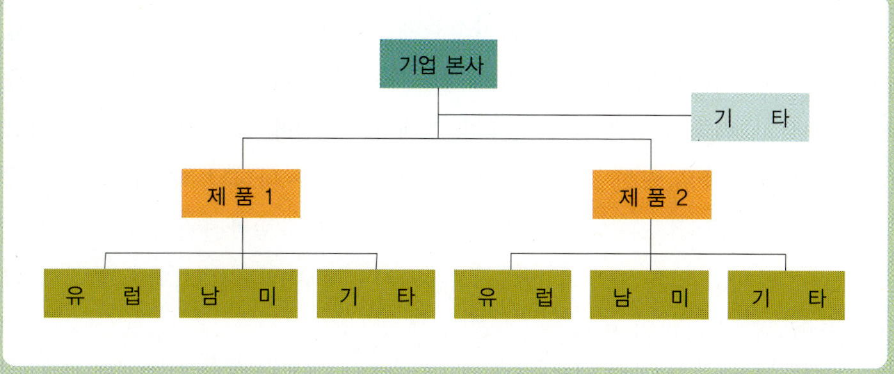

그림 19-5
다국적 기업의 제품별 조직

표 19-2

기능별 조직과 제품별 조직의 비교

1. 기능별 조직은 문제에 적용되는 기술지식의 수준이 제품별 조직보다 높다.
2. 기능별 조직은 제품별 조직보다 사업부 간의 갈등이 심하다.
3. 사업부 단위 내의 의사소통은 제품별 조직보다 기능별 조직에 있어서 더 용이하지만 사업부 단위 간의 의사소통은 그 반대이다.
4. 기능별 조직은 일반적으로 제품별 조직보다 더 좋은 품질의 제품을 생산한다.
5. 기능별 조직은 제품별 조직보다 행동의 일관성이 높다.
6. 기능별 조직은 제품별 조직보다 인적자원이나 설비가 중복되지 않는다.
7. 전문인력은 제품별 조직보다 기능별 조직에서 더 효율적으로 사용된다.
8. 제품별 조직에서 요구되는 일반적인 관리자를 찾아 충원하는 것보다 기능별 조직에서 필요로 하는 전문가를 모집하는 것이 더 쉽다.
9. 제품별 집단보다 기능별 집단이 더 전문적이고 그 규모가 크다.
10. 제품별 조직은 기능별 조직보다 고객서비스가 우수하고 배달을 신속하게 한다.
11. 제품별 조직은 기능별 조직보다 통제와 책임소재를 명확히 할 수 있다.
12. 제품별 조직은 기능별 조직보다 최고경영자를 훈련시키는 데 더 적절하다.
13. 제품별 조직은 전문인력간의 상호의존성과 꽉 짜여진 생산계획이 요구되는 경우, 기능별 조직보다 그 성과가 크다.
14. 제품별 조직은 기능별 조직보다 덜 정교한 협력구조를 요구한다.
15. 장기적인 조직문제에 대한 관심은 기능별 조직보다 제품별 조직에서 더 크게 나타난다.

지금까지 기능별 조직과 제품별 조직에 대해 살펴보았는데 〈표 19-2〉에서는 두 조직 유형의 특징을 보다 세부적으로 비교하고 있다.

3.3. 지역별 조직

지역별 조직은 특정지역에 대한 상세한 지식이 필수적인 경우에 적합한 조직이다. 특히, 특정지역의 마케팅시스템에 대한 다양한 지식이 요구되는 상황에서 효과적이다. 예컨대, 판매와 유통체계가 복잡하기로 알려진 일본에 제품을 수출하기 위해서는 일본의 경제와 마케팅시스템에 대한 전문지식이 필요하다. 지역별 조직은 또한 지역별 소비자간에 차이가 나타날 때 유용하다. 예컨대, 식품에 관한 선호는 지역별로 다르며, 따라서 식품관련기업들은 지역별 조직구조를 기지고 있는 경우가 많다. 식품회사에서 사용하는 지역별 조직의 예가 〈그림 19-6〉에 나타나 있다.

많은 다국적 기업들 또한 지역별 조직을 선호하고 있다. 지역별 본부를 두

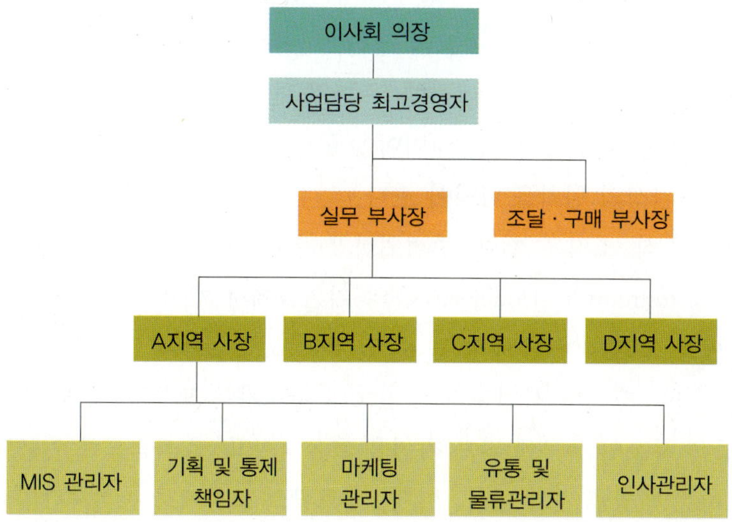

그림 19-6
식품회사의 지역별 조직

고 상당히 자율적으로 운영될 수 있게 함으로써 각 지역의 변화에 빠르게 대처할 수 있기 때문이다. 이것은 대응 자체가 긴급을 요하기도 하지만, 특정지역의 시장여건에 대해서 국제본부보다 지역본부가 더 많은 지식을 가지고 있기 때문이기도 하다. 그러나 서로 다른 지역본부간의 조정이 중요한 경우에, 각 지역본부가 해당지역의 이익에 집착하여 국제본부의 방침에 비협조적이 될 수도 있는 문제점을 가지고 있기도 하다.

3.4. 매트릭스(Matrix) 조직

사업환경이 점차 복잡해짐에 따라 기업들은 여러 가지 형태의 유연성이 필요하게 된다. 예를 들어 기능별 조직은 점차 부문별 구조가 필요하게 되고, 부문별 조직은 기능별 구조가 필요하게 된다. 지역별로 조직된 기업은 제품별 구조를 원하게 되고, 반대의 경우도 발생한다. 이는 상호연관적이면서 점점 분화되고 있는 시장, 제품 진부화의 가속, 국제화의 증가, 정부 규제활동의 증가, 개별제품보다는 제품군(상품기획세트)으로 판매하려는 경향, 그리고 생산성의 중요성 증대 등의 결과라고 할 수 있다.

이러한 변화에 대한 조직구조상의 대안이 바로 매트릭스(matrix)식 조직인

데, 여기에는 두 가지 유형의 관리자와 그에 따른 책임이 존재한다. 첫번째 관리자는 사업결과에 대한 관리자로서 특정사업에 관련된 모든 업무의 관리를 책임진다. 두 번째는 자원관리자로서 생산, 마케팅, 인력의 고용 및 훈련에 필요한 자원을 책임지는 것이다. 이러한 두 가지 관리자의 노력은 상호보완적이어야 하며, 조직의 사명과 일치하는 것이어야 한다. 즉, 양 관리자들은 업무수행시에 일관성과 보완성의 원칙을 따라야 한다.

매트릭스식 조직은 현재 광범위하게 활용되고 있으며, Volvo, Siemens, IBM, Texas Instrument, Honeywell 등의 기업들에서 채택하고 있다. 매트릭스식 조직의 예를 〈그림 19-7〉에서 볼 수 있다.

〈그림 19-7〉에서 사업 A와 사업 B의 관리자는 모두 사업결과의 관리자이다. 이들은 시장의 욕구에 맞게 자원을 효율적이고, 효과적으로 이용할 수 있도록 관리하는 책임을 지고 있다. 이때, 매트릭스 조직에서 관리자간의 연계적 역할은 각 사업에 배정된 자원관리자들의 책임이다.

이러한 연계 담당자의 책임과 인원은 매우 다양하다. 먼저, 모든 관리자들로부터 보고를 받는 사람을 전체감독자(the common supervisor)라고 한다. 이 사람은 흔히 분쟁의 조정자로서 행동한다. 예를 들어, 자원 1의 관리자는 사업 A와

그림 19-7
매트릭스식 조직

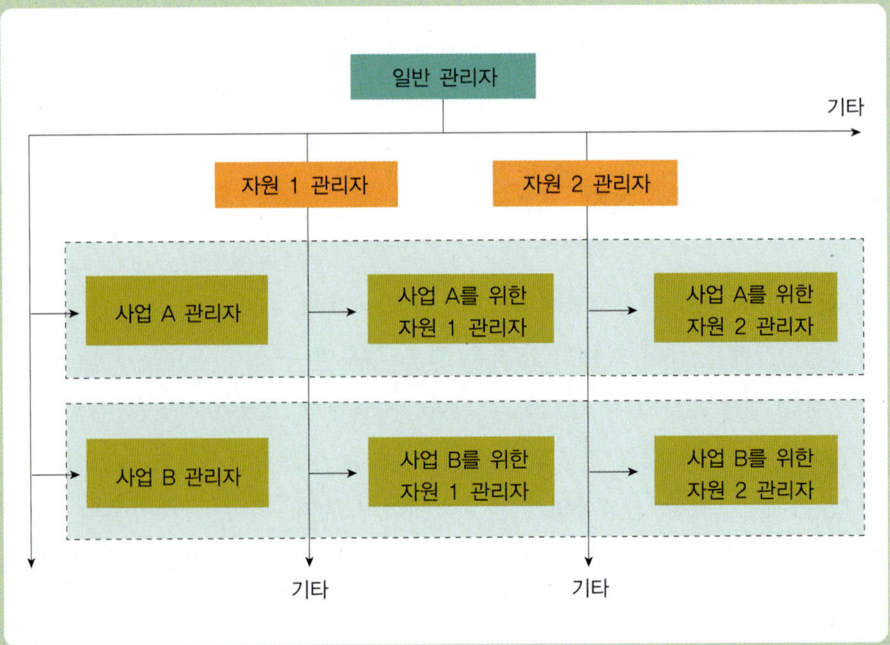

사업 B— 예컨대, 구리배관과 전력송신라인 — 모두를 취급하는 판매원을 관리하고 있다고 하자. 또한 자원 2의 관리자는 사업 A와 사업 B에서 새로운 시장을 개척할 수 있도록 재무자원을 이용할 수 있다고 하자. 사업 A(구리배관)의 관리자는 해외시장기회를 개척하기 위해 이용가능한 자원에 맞게 필요한 인력을 조정해야 한다. 이것은 구리배관을 위한 보조 판매관리자(즉 사업 A를 위한 자원 1의 관리자)와 구리배관을 위한 보조재무관리자(즉, 사업 A를 위한 자원 2의 관리자)의 지원으로 완수될 수 있다.

한편, 〈그림 19-8 a〉와 〈그림 19-8 b〉에는 다차원 매트릭스 조직의 예가 나타나 있다. 다우코닝(Dow Corning)은 처음에는 〈그림 19-8 a〉에서 보는 바와 같이 제품-기능라인에 맞춰 매트릭스 조직을 개발했다. 예컨대, 사업 2의 관리자는 특정사업의 이윤목적에 맞도록 마케팅, 생산 및 기타의 자원들을 효율적이고, 효과적으로 조직해야 한다. 반면 마케팅관리자(자원관리자)는 필수적인 마케팅자원(판매원, 마케팅정보 등과 같은)을 사업 2의 관리자가 이용가능하도록 해야 한다.

다우코닝은 처음에 미국 내의 영업에서만 사용했던 이러한 구조가 성공을 거둠에 따라 세계의 다른 지역으로 확대시켰다. 이 때, 각 개별사업과 마찬가지

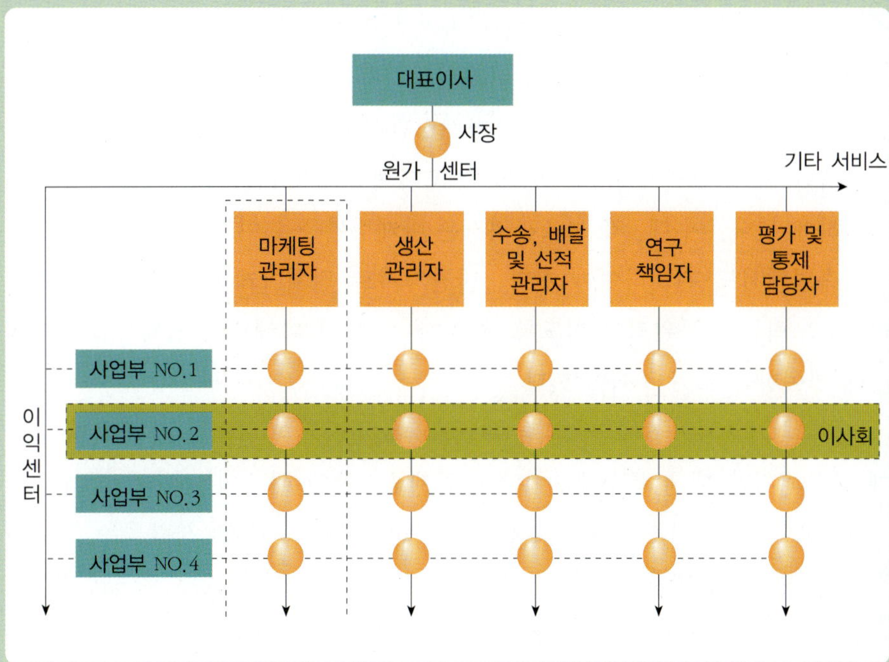

그림 19-8 a

Dow Corning의 생산기능라인에 따른 매트릭스식 조직

그림 19-8 b

Dow Corning의 생산지역에 따른 매트릭스식 조직

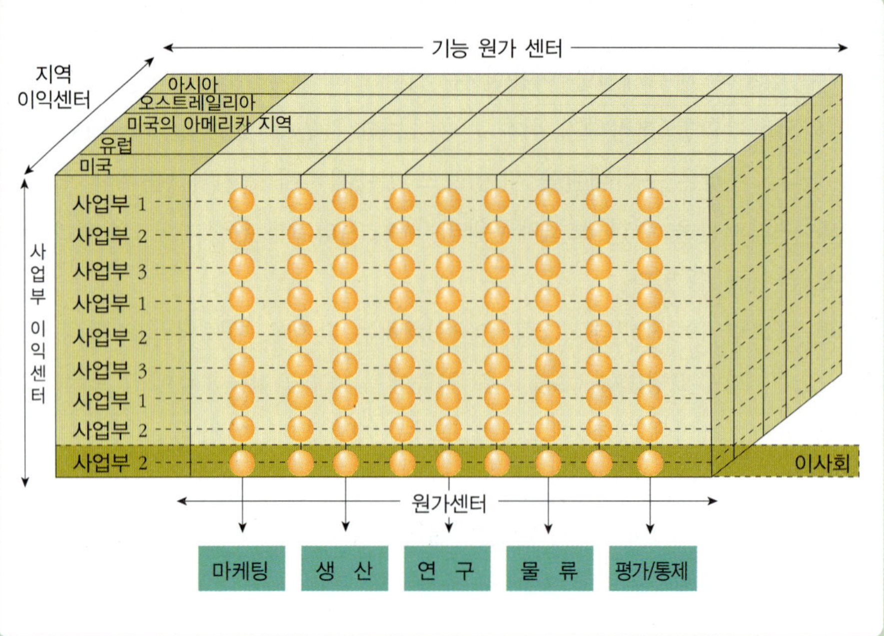

로 각 지역이 이익센터로 간주되었다. 이에 따라 다우코닝은 〈그림 19-8b〉에서 볼 수 있듯이, 제품-기능 매트릭스 구조에 제품-지역차원을 추가시켰다. 각 사업관리자는 각 지역에 하위관리자가 있음에도 불구하고 모든 지역의 특정 사업에 관계하였다. 마찬가지로 마케팅관리자는 모든 지역의 마케팅기능이 효율적·효과적으로 수행되도록 보조마케팅관리자의 지원을 받게 되었다.

이와 함께 전체마케팅관리자와 보조마케팅관리자는 시너지 효과의 창출에 관여하게 된다. 이 때, 각 보조관리자는 마케팅활동을 이익창출뿐 아니라, 비용절감측면에서도 관리하여야 한다. 마찬가지로 전체마케팅관리자는 각 지역의 마케팅노력들이 보완적이 되도록 해야 하며, 또한 마케팅이 전체사업의 이익창출에 기여함을 보여 주어야 한다.

한편 〈그림 19-8a〉와 〈그림 19-8b〉에 명시된 이사회는 기업에 따라 다르게 구성되지만 대개 특정제품이나 관련제품집단에 관계되는 마케팅, 생산, 연구개발과 같은 여러 기능부서의 관리자로 구성된다. 이러한 사람들은 '사업 1을 위한 자원 1의 관리자', '사업 1을 위한 자원 2의 관리자' 등으로 불린다. 이들은 관련사업의 결과관리자와 함께 팀을 이루고 일을 한다.

3.5. 합작투자

최근에는 합작투자형태의 조직구조가 많은 산업과 국가에서 활용되고 있다. 합작투자란 둘 또는 그 이상의 기업, 혹은 정부와 기업이 함께 투자하여 새로운 기업을 만들고 자원과 위험을 공유하는 형태의 조직이다. 즉, 법적 실체들 간의 협력관계를 말한다. 이때, 합작회사의 파트너들은 각자의 지분율에 따라 경영권을 공유하게 된다.

이러한 협정은 특히 국제경영에서 활발하게 이루어지고 있다. 예를 들어 〈포츈(Fortune)〉 500대 기업의 대부분이 한 가지 이상의 중요한 국제합작투자에 참여하고 있다. 또한, 많은 외국기업들이 국내에서의 시장확대를 위해 국내기업들과의 합작투자를 시도하고 있다.

합작투자가 활발하게 진행되고 있는 데에는 여러 가지 이유가 있다. 합작투자는 새로운 시장에 신속히 진입할 수 있는 길을 열어 줄 수 있고, 석유와 같은 원자재의 확보를 보장해 줄 수도 있으며, 위험을 공유하며, 그 지역에 있는 상대방에게 다른 사업활동을 할 수 있는 길을 열어 주기 때문이다. 또한, 합작투자를 통해서 신기술의 판매창구를 확보하는 것도 가능하게 된다. 예컨대, 파트너사와 합작투자회사를 설립하고 그 회사와 기술라이센스 협정을 체결할 수 있는 것이다.

합작투자는 단일 지배구조를 가진 조직이 아니라는 점으로 인해 다음과 같은 몇 가지 조직특성을 가지게 된다. 첫째, 합작회사의 이사회는 관례적 기능을 행사하는 것 뿐만 아니라 파트너간 분쟁의 억제와 해결을 담당하고 있다. 둘째는, 내부관리에 관한 것으로서, (i) 독자적인 기업으로 운영되도록 하고, (ii) 파트너들과 영업면에서 관계를 가지며, (iii) 파트너들의 상이한 이해관계를 통합하도록 하는 것이다. 내부관리는 일반적으로 관리책임자, 재무담당자, 기술담당자, 인사담당자, 마케팅담당자로 구성되어 있다. 셋째, 경영층간에, 그리고 내부관리자간의 연계를 제공하는 데에 보다 중요한 역할을 하는 한쪽이 관리파트너로 지정될 수 있다는 것이다. 대개 관리파트너는 정규 관리통제기능을 원활하게 하고, 그것이 없는 경우에는 조정역할을 맡도록 하는 것이다.

한편, 합작투자는 조직 내 권한 또는 활동수준의 배분에 따라 크게 다르다. 때에 따라서는 관리파트너가 이사회와 핵심관리자를 독점적으로 선정하는 정도까지 지배적인 위치를 차지할 수도 있다. 이것은 합작투자가 상대적으로 단기적인 활동으로 인식되거나, 특히 합작투자에 관련된 위험이 높을 때 나타난다. 그 밖의 경우에 있어서는 관리이사회가 중추적인 역할을 수행하고, 내부관리자들이 제안한 주요활동의 수행 여부를 심사함으로써 경영의 핵심기능을 하게 된다. 이것은 장기적 협정으로 계획되는 합작투자의 경우에 보다 많이 나타난다.

대부분의 경우 합작회사의 주요 의사결정은 기업의 내부관리층에서 이루어지기 보다는 각 관리담당자나 이사회에 의해서 이루어진다. 물론, 경우에 따라서는 합작회사의 내부관리층이 매우 중요한 권한을 갖기도 한다. 이러한 상황은 고도로 정비된 합작회사에서 나타나는데, 여기에서는 내부관리층이 관리담당자와 이사회 모두로부터 신뢰를 얻고 있는 경우이다.

이처럼 합작투자에서 파트너들간의 관계가 긴밀할수록 조직구조는 각 파트너에 의해 크게 영향을 받는다. 그러나 지역파트너가 주도적인 역할을 하게 되면, 합작투자의 목적달성이 쉬워진다는 몇 가지 사례도 있다.

"일본에서의 우리의 합작투자는 우리가 미국식 광고와 유통방식을 고집했기 때문에 실패했다. 우리는 일본측 파트너에게 귀를 기울여야만 했다. 지금은 라이센스계약을 통해 우리 제품의 판매가 더욱 잘되고 있는 실정이다."(미국 소비재 제조회사)

"우리의 파트너는 그들의 시장과 시장요구를 우리보다 더 잘 알고 있다. 그들은 우리가 시장에 내놓으려던, 매우 복잡하고 비싼 제품을 원하지 않았다. 그 대신 보다 단순한 제품의 공정에 대해 우리의 도움을 청했다. 결과는 역시 그들의 말대로 되었다."(미국 전기기계회사)

"요즘 한국에서 우리 제품의 시장은 2차 대전 후의 미국에서처럼 성장하고 있다. 자본은 풍부하고 우리 파트너가 손대는 것은 무엇이든 이윤을 남기고 있다. 그들은 우리의 상세한 이윤계획을 이해하지 못했고, 솔직히 나 자신도 이해하지 못했다. 왜냐하면 경영을 그들에게 맡기면 더 잘 되기 때문이다." (미국 화학제품 제조회사)

다국적 성격을 띠는 상황에서 선택된 몇 가지 조직구조의 예가 〈표 19-3a〉에 제시되어 있다. 〈표 19-3b〉에 나타난 조직행동은 명시된 조직의 선정 혹은 발생배경을 보여 주기 위한 것이다. 이러한 결과들은 한 시점에서는 적합할지 몰라도 시장의 성격이 변함에 따라 부적합하게 될 수도 있다.

표 19-3 a

다국적 기업의 제품설계

– 다양한 조직구조의 의미

• 제품별 조직

미세한 수정을 법적으로 강제하고 있는 국가를 제외하고는 미국제품은 거의 모든 국가에서 팔릴 수 있다. 제품표준화는 연구개발비의 원가가 크거나 또 다른 제품을 도입하는 데 따르는 고정비가 클 경우에 정당화된다. 신제품은 거의 도입되지 않는다.

• 지역별 조직

비록 경험곡선의 상호연관 효과를 얻을 수 없더라도 제품은 각 국가별 자회사에 맞게 설계된 것이다. 각 국가별 요구에 따라 제품을 설계함으로써 자회사는 수입관세를 낮추고, 현지국의 안전기준과 공학표준을 충족시키고, 원자재의 현지요구 등급과 형태를 사용하고, 고객의 기호를 만족시킬 수 있도록 제품을 재분류한다.

• 매트릭스 조직

가격 이외의 마케팅의 관심사는 설계된 제품을 확산시키는 것이다. 생산에서 고려할 사항은 전세계를 대상시장으로 하는 단일제품을 설계하는 것이다. 지역중심적 해결방법은 지역별 하부조직에서 제품을 조립을 할 수 있도록 하는 것이다. 즉, 어떤 모델은 전세계적으로 표준화시켜야 하고, 어떤 모델은 현지국에 맞게 설계해야 한다는 것이다.

표 19-3 b

다국적 기업의 신제품 도입

– 다양한 조직구조로부터 나오는 행동

• 제품별 조직

미국기업의 경우 미국은 본국시장이며, 다행히 세계에서 가장 발달된 시장이기 때문에 신제품은 미국에서 제일 처음 도입된다. "제품 XB155가 잘 팔리고 있다"와 같은 미국시장에서의 현상이 해외의 다른 자회사와 심층적으로 관련이 있는지를 명확히 하기 위한 포괄적인 시장조사는 없다.

• 매트릭스식 조직

한 국가는 세계시장에 대한 시험시장이 될 수 있다. 이것은 도입국을 1단계, 2단계 등으로 분류하는 것을 말한다. 1단계로 분류된 국가는 유용하고 시기 적절한 정보를 제공할 수 있도록 선정되어야 한다. 이것은 다른 국가에 제품을 진입시킬 것인가, 아니면 포기할 것인가의 의사결정에 사용될 수 있다.

미국 United Airlines사 사례

미국에서 가장 큰 항공사 중의 하나인 유나이티드 항공사의 모회사인 UAL그룹은 렌트카업체인 허쯔(Herzt)를 588만 달러에 인수하였다. 그러한 기업 인수는 마케팅 시너지를 창출하기 위한 작업의 일환이었다. 유나이티드 항공사의 승객은 짐을 공항 터미널에서 찾아 바로 허쯔 렌트카의 트렁크에 옮겨 싣고 떠나거나, UAL그룹의 체인 호텔인 웨스틴 호텔에 투숙할 수 있었다. UAL그룹의 사장인 페리스는 관련 사업운영의 연계가 가장 중요하다고 말하고 있다. 예컨대, 컴퓨터시스템과 연결되어 있는 유나이티드 항공사의 아폴라(Apolla) 예약시스템은 항공기좌석, 호텔방, 렌트카 등의 판매율을 현저히 높일 수 있다. 더욱이 이 세 회사는 모두 동일하게 여행객이라는 고객을 대상으로 하고 있기도 했다.

UAL은 조직의 문제에 있어서도 이들 3개사의 마케팅활동을 조화시키려는 노력을 하였다. 세 회사 모두를 통괄할 획일적이고, 공식적이며, 중앙집중화된 마케팅부서를 신설하였던 것이다. 이 마케팅부서는 유나이티드, 허쯔, 웨스틴 3회사를 촉진할 수 있는 광고의 개발에 노력을 기울였다. 또한, 이 부서는 고객서비스 담당부서와 예약 담당자들에게 한 회사의 고객이 다른 두 회사의 서비스를 이용할 수 있게 효과적으로 운영하도록 교육시켰다. 결국, 이 부서에서는 고객이 유나이티드 항공 비행기를 타고, 허쯔 렌트카로 여행하며, 웨스틴 호텔에 머무르는 경우에 특별한 할인을 제공하는 체계적인 촉진방안을 내어 놓았다.

회사 각각의 목적을 효과적이며 효율적으로 달성하기 위해서, 중앙 마케팅부서가 UAL그룹에 의해 조직되었던 것이다. 이 부서의 구성원들은 세 회사에 이익이 되고 궁극적으로는 UAL그룹 전체에 이익이 되도록 마케팅 프로그램을 실행하기 위해서 힘과 공정성을 가져야 했다.

제 4 절 환경변화와 조직구조의 개편

대부분의 기업들은 외부환경이 10년, 심지어는 5년 전에 비해 더욱 복잡해지고 동태적이며, 앞으로 더 그렇게 될 것이라고 느끼고 있다. 이 때, 기업의 내부 및 외부환경은 상호영향을 미치기 때문에, 내부환경도 점차 변화하게 된다. 마케팅관리자는 양쪽 환경에서 일어나는 중요한 변화에 주의를 기울여야 하며, 마케팅 조직구조를 이에 적응시켜야 한다. 예컨대, 1960년대와 1970년대 미국에서 강력하고 지속적인 소비자 보호운동이 나타났을 때, 기업들은 소비자업무부서를 설치하기 시작했다. 이러한 부서를 설치할 수 없었던 중소기업들도 소비자업무에 대한 책임을 기존의 부서에서 담당하도록 하는 방법으로 대처해 나갔다.

하지만 대부분의 조직은 변화에 대해 딜레마에 빠지게 된다. 많은 사회적 · 심리적 장벽으로 인해서 조직구조를 크게 변화시키는 것이 어려운 경우가 많기 때문이다. 또한 변화를 일으키는 데에는 상당한 비용과 시간이 필요하다. 요컨대, 조직구조는 자주 변화시킬 수 없는 성질을 가지고 있는 것이다. 그렇지만 시장환경과 고객들은 이러한 어려움에 아랑곳하지 않고, 계속하여 변화한다. 그리고 그에 대한 조직의 변화를 요구한다.

사실, 대기업들은 이러한 환경변화에 대응하는 조직변화를 빨리 이루어내지 못하기 때문에 많은 중소기업들이 생겨나게 된다. 특히, 최근에 설립되는 중소기업들은 시장의 기회에 맞추어 기업활동을 조직하기 때문에 상당한 유연성을 가지고 있다. 그러나 기업의 규모를 막론하고 모든 기업은 시장변화에 따른 조직구조의 개편을 위해 여러 가지 방법으로 대응해야 한다. 이러한 대응에는 다음과 같은 것이 있다.

① 합작투자의 형성
② 적합한 조직구조를 가진 기업의 인수
③ 사내의 벤처팀 설치
④ 조직구조의 부분적이고 한시적인 변화 시도

벤처팀의 설치는 여러 기업에서 아주 유용하다고 밝혀지고 있다. 벤처팀의 사원들은 종종 현재의 어떤 전략사업단위의 영역으로도 분류될 수 없는 새로운 사업에 대한 아이디어를 제공한다. 만약 이 아이디어가 환경변화에서 나타나는 중요한 욕구를 반영하는 것이라면, 이 아이디어를 심층적으로 평가해야 하며 이 아이디어가 채택되면 전혀 새로운 전략사업단위를 만들거나 기존의 것을 개편하게 된다.

한편 조직구조에 제한적이고 한시적인 변화를 도모하는 것도 점차 일반화되고 있다. 예컨대, 시장여건이 급격하게 변화할 때 1,000,000원 이상의 지출에 대해 고위 마케팅담당 부사장의 인가를 필요로 했던 기업은 제품관리자에게 일시적으로 그 권한을 이양하게 된다. 이처럼 의사결정 시간을 줄임으로써 제품관리자는 환경변화에 훨씬 민감하게 대응할 수 있게 되는 것이다.

마케팅기능을 통해서도 조직변화를 이룩할 수도 있다. 위에 나열한 네 가지 방법들은 사실 마케팅기능의 변화를 내포하고 있다. 마케팅기능의 변화가 없더라도 마케팅관리자는 주요 마케팅변수를 창의적으로 관리함으로써 마케팅부문의 공식구조 또는 기업 전체의 공식구조에서 비롯되는 어려움을 해결해 나갈 수 있는 것이다.

제 5 절 조직구조에서의 시너지 효과 창출

일관성과 보완성의 원칙은 공식구조의 유형에 관계없이 마케팅 기능조직에 적용된다. 사실상 이 원칙들은 재무, 생산, 인사 및 이들간의 상호작용을 포함한 모든 경영기능을 조직하는 데 적용된다.

예를 들어, 마케팅관리자는 주어진 환경에서 긍정적 시너지 효과를 창출하기 위해, 그리고 새로운 마케팅 기회의 확인 및 평가를 위해 다른 기능 부서들로부터 협력을 구해야 한다. 내부의 관리자뿐만 아니라 서로 다른 전략사업단위의 마케팅관리자들과 협력해야 하는 것이다. 결국 마케팅관리자는 개별적인 상품과 서비스의 마케팅믹스에서 긍정적인 시너지 효과를 창출하기 위해 마케팅담당자들과 다른 기능 부서들의 협력이 필요하며 그들에게 의존하게 되는 것이다.

환경의 변화에 적응하면서 마케팅기능에서 시너지 효과를 창출하는 하나의 예로서 이탈리아에 있는 전자장비 제조업체의 사례를 들 수 있다. 이 회사는 제품을 산업재용(주로 과학설비의 부품)과 일반 소비자용(여러 유형의 라디오)으로 구분하여 판매하고 있다. 이 회사 제품들은 서유럽과 중동, 그리고 최근에는 북미지역으로 판매가 확대되고 있다. 이 기업의 마케팅 프로그램에 대한 원래의 조직구조는 〈그림 19-9〉에서 볼 수 있는 것처럼 제조업체 속에 내재된 '품질 좋은 전자제품'(quality electronics)이란 개념을 매우 잘 전달해 왔다. 뿐만 아니라 이 조직구조는 거래장애를 제거하는 데에도 효과적이었다.

그런데 1983년부터 여러 나라에서 산업재 제품에 대한 수요가 빠른 속도로 증가하기 시작했다. 1985년에 가서는 소비자용 제품에 대한 수요도 거의 모든 나라에서 현저하게 증가하기 시작하였다. 북미 산업재 시장이 특히 빠른 성장을 보이고 있었다.

기존 조직구조에서는 각 지역의 판매대리인이 소비재제품의 유통업자로서뿐만 아니라, 과학장비 부품의 제공자라는 기능도 함께 수행하고 있었다. 각 판매대리인이 두 가지 유형의 소비자 모두를 상대하고 있는 것이었다. 그런데 판

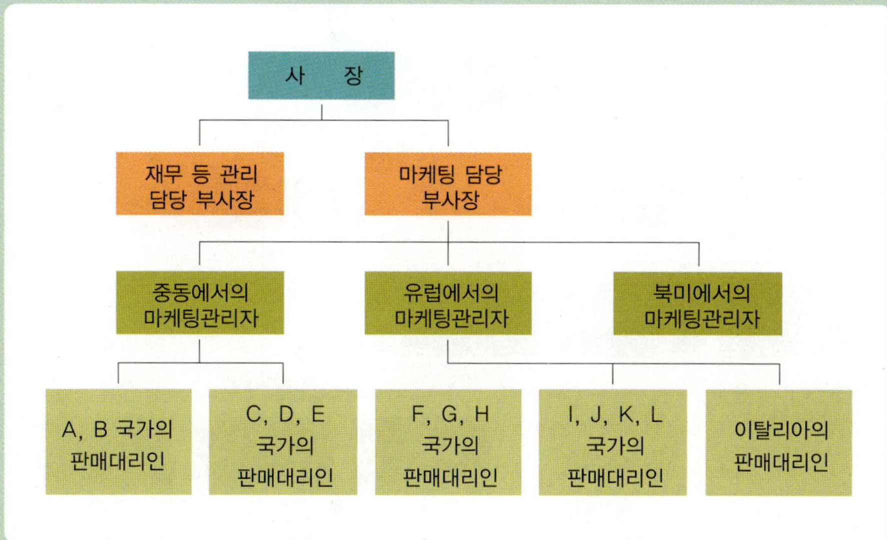

그림 19-9 다국적 전자장비업체의 조직구조

매대리인은 일반적으로 문제해결 상담자로서 산업재 고객과 친밀한 관계를 유지해야 되기 때문에 산업재 고객의 수요증가가 특히 문제가 되었다. 산업재 시장에서의 수요증가로 인해 소비재 시장에 대한 관리가 희생되고 있었던 것이다. 이에 대응하기 위하여 각 지역에서는 판매원의 수를 급격하게 확대하였고 이에 따라 비용지출이 증가하기 시작하였다. 또한 새로운 판매원에 대한 교육에 많은 시간을 투입해야 했다.

결국 이 회사는 수요증가에 대응하기 위해 생산능력을 확장하는 데 투자하기로 하였다. 그리고 이곳으로 자원을 전환시키는 대신 마케팅기능의 일부를 큰 비용 투자 없이 개편하기로 하였다.

이 개편에는 산업재 및 소비재 시장을 위한 독립적인 판매관리자 조직의 구축이 포함되었다(그림 19-10). 이에 따라 각 시장에서 독특하게 필요한 사항들에 대한 지원을 판매대리인들에게 충분히 제공할 수 있게 되었다. 그리고 판매대리인은 이를 토대로 기존고객 및 잠재고객들에게 보다 많은 시간을 할애할 수 있었으며 신규판매원의 필요성도 감소하게 되었다. 나아가 고객과의 접촉이 빈번해지고 제품과 시장에 관한 지식이 증가함에 따라 판매원에 대한 고객들의 평가가 향상되었으며 결과적으로 좋은 전자제품이라는 핵심개념의 전달이 강화되었다.

이 과정에서 판매대리인과 기업의 판매보조관리자는 역시 상호보완적이었다. 많은 판매촉진투자가 두 시장 모두에 적용될 수 있게 하였으며 어떤 경우에

그림 19-10

새로운 조직구조 – 유럽시장

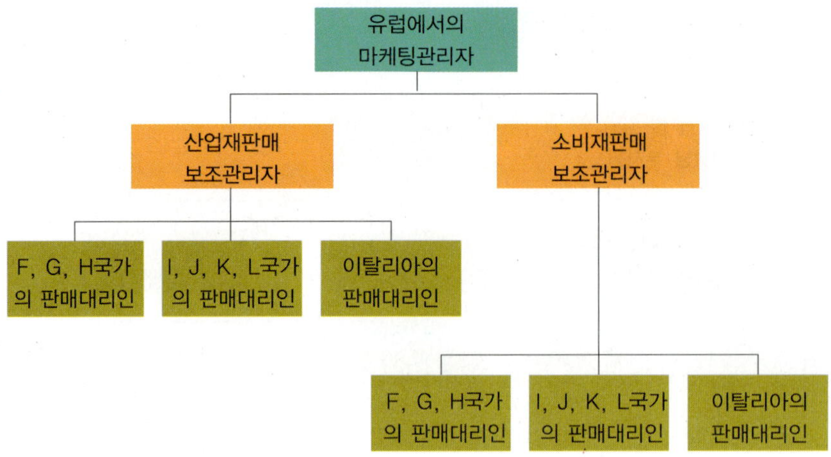

는 공동유통시스템을 사용하기도 하였다. 이러한 노력들이 효율성 증가의 원천이었다. 뿐만 아니라 산업재 및 소비재 제품 모두에서 질 좋은 전자제품이라는 동일한 제품개념을 강조하고 있었기 때문에, 개념이 강화되기도 하였다.

Summary & Review

_ **요약** 및 **복습**

한 기업의 조직구조는 구성원들의 사고와 행동을 형성하고, 이것은 다시 3Ms의 내부 혹은 외부에서 긍정적인 시너지 효과를 창출하는 기업의 능력에 영향을 미친다. 또한 조직구조는 내부환경, 과업환경, 그리고 거시환경 사이의 상호작용에 영향을 미치며, 기업의 제품이나 서비스에 대한 마케팅믹스구성요소들 사이의 상호작용에도 영향을 준다.

한편 조직구조의 세 가지 구성요소인 공식화, 집중화, 복잡성이 이론적으로 중요하게 대두되고 있다. 이 때, 공식화는 일을 수행하는 데 있어 조직 내의 정해진 규칙과 절차를 얼마나 강조하는가를 의미하고, 집중화는 조직에서의 의사결정과 권한의 소재가 특정부서나 개인에게 얼마나 집중되어 있는가를 의미하며, 복잡성은 조직이 수행하는 과업이 얼마나 많고 복잡한가를 의미한다.

공식구조와 비공식구조간에는 차이가 있어야 한다. 공식구조는 기업의 연차보고서와 그 외의 공적기록을 나타내고 있고, 비공식구조란 경영자들의 특별한 인성, 기존의 규칙과 절차로는 감당할 수 없는 환경의 변화, 기업의 자원이나 기술변화를 포함하는 조직 내의 수많은 세력들로부터 발생한다. 이러한 비공식구조는 공식구조의 효과성에 영향을 준다.

공식조직구조의 형태는 기능별 조직, 제품별 조직, 지역별 조직, 매트릭스 조직, 그리고 합작투자 등이 있다. 기업이 채택하는 조직이 무엇이든지 간에 기업 내에 있는 기능부서들간의 비공식적인 상호작용은 이루어져야 하고 지켜져야 한다.

최근 매트릭스 조직의 실패를 경험한 몇몇 기업들은 미래의 다양한 환경변화에 대처할 수 있는 새로운 조직형태에 관심을 가지기 시작하였다. 그런 의미에서 부록 "기업 조직의 미래의 발전방향: 마케팅회사로의 발전"은 좋은 참고자료가 될 것이다.

Issues raised & Question

_ **문제제기** 및 **질문**

1 기업(혹은 기업 내의 특정집단)의 조직구조상의 세 가지 주요 구성요소를 서술해라.

2 공식화, 집중화, 복잡성 등이 높고 낮음에 따른 이익과 불이익은 무엇인가?

3 공식, 비공식 조직구조에 이해 관계자들은 얼마나 많은 영향을 주는가?

4 다음의 사항에 대해 토의해 보라. "조직에 있어 모든 비공식구조는 분명히 어떤 공식구조로 전환되어야 한다. 그렇지 않으면, 이들 두 조직간의 갈등은 항상 존재하게 된다."

5 공식적 조직구조의 형태(예, 기능별, 제품별, 지역별, 매트릭스 등)를 서술하고, 각각이 지

니는 장점과 단점을 설명해 보라.

6 주요조직을 변화시키는 데에는 많은 어려움이 있다. 동태적인 시장세력의 변화에 직면하여 조직은 그들의 구조를 어떻게 적응시켜 나가야 하는가?

참고문헌 _ R/E/F/E/R/E/N/C/E/S

David P. Rutenberg(1982), *Multinational Management*(Boston: Little, Brown).

Gerald Zltmanand Robert Duncan(1977), *Strategies for Planned Change*(New York: Wiley Interscience).

Matrix Organization of Complex Business(New York: Conference Board, 1979).

Rohit Deshpande(1982), "The Organizational Context of Market Research Use," *Journal of Marketing Research*, 46(Fall), pp. 91 – 101.

CHAPTER 20
마케팅 통제

MARKETING MANAGEMENT

환경관리, 표적시장의 선택, 그리고 마케팅믹스의 개발은 기업이 고객들과의 교환을 수행하는 데 있어서 중요한 마케팅관리활동이다. 따라서 기업의 입장에서 이들 활동을 수행할 때 다음과 같은 여러 가지 기본적인 의문이 제기된다: 기업의 목표는 성취되고 있으며, 또 얼마나 효율적으로 성취되고 있는지를 어떻게 알 수 있는가? 이러한 평가를 위해 어떤 지표들을 관찰해야 하는가? 선정한 지표들을 언제 어떻게 관찰해야 하는가? 누가 그것들을 관찰하고 평가해야 하는가? 이러한 문제들과 관련된 사항들이 관리통제과정의 중심적인 과제가 된다. 기업을 효과적이고 효율적으로 운영하려면 계획된 전략을 집행하고 평가하여야 하기 때문에 통제과정의 중요성이 크다고 할 수 있다.

통제는 주어진 계획이 실현되고 있는지를 확인하기 위하여 수행되는 관리활동들의 집합이다. 여기에는 투입통제, 과정통제, 그리고 성과통제의 세 단계가 있다. 투입통제는 어떤 바람직한 성과를 위해 계획이 수행되기 이전에 이루어지는 활동들로 구성된다. 예컨대, 광고대행사의 선택과 시장조사활동은 실제의 촉진프로그램에 앞서 이루어지는 중요한 활동들이다. 이들 두 활동들은 모두 실제로 행해지는 촉진활동에 중대한 영향을 미친다. 과정통제는 계획의 수행중에 행해지는 활동들로 구성된다. 예컨대, 촉진의 경우에 표적고객들에게 어떤 매체를 통해 광고할 것인가를 결정하는 것 등이다. 마지막으로, 성과통제는 계획을 수정하거나, 계획에서 벗어난 것을 바로잡으려는 노력들이 포함된다. 이것은 목표자체나 목표에 도달하기 위한 전략의 수정을 포함할 수도 있다.

통제활동을 투입, 과정, 성과의 세 단계로 분류하는 것은 관리자에 따라 또는 기업에 따라 다를 수 있다. 예컨대 판매관리자는 유능한 판매사원을 고용하는 것을 자신의 계획에 대한 중요한 투입요소로 보는 반면, 인사관리자는 그것을 성과로 본다. 또, 광고대행사는 고객을 확보하는 것을 중요한 투입요소로 보는 반면, 인사관리자나 고객의 입장에서는 그것을 성과로 볼 수 있는 것이다.

통제과정은 마케팅관리의 각 단계에서 체계적이어야 하고, 상호조정되어져야 한다. 다른 마케팅관리활동들과 마찬가지로 통제과정도 긍정적인 시너지 효과를 창출하기 위하여 관리되어지는 상호관련된 활동들의 집합체로 인식되어져야 한다. 보다 구체적으로, 마케팅통제는 마케팅활동과 조직의 정책 및 전략이 상호부응하도록 하기 위한 제반 방법, 절차, 장치의 종합시스템인 것이다. 이와 같이 정의된다면 마케팅통제는 처음의 목표와 실제성과 간의 차이를 관찰한 후에만 사용되는 시정장치라기보다는 오히려 하나의 감시장치로 이해되어져야 한다.

제 1 절 마케팅 통제시스템의 구성요소

가장 효과적인 마케팅 통제시스템은 공동의 목표에 이바지하기 위하여 일관성이 있으면서 또한 서로 충분히 통합될 수 있는 활동들의 집합이라 할 수 있다. 〈그림 20-1〉에서처럼 이러한 활동들은 다음과 같은 내용을 포함한다.

① **마케팅계획**: 명시된 제반 목표 및 목표를 달성하는 데 필요한 전략과 행동들의 순서.

② **통제변수**: 마케팅부서에 의해 감시되는 투입, 통제, 또는 성과변수들(마케팅관리과정의 각 단계는 상응하는 통제변수들을 가지고 있음.)

③ **성과기준**: 주어진 활동에 대해 기대되는 성과의 수준(이들은 대체적으로 계량화할 수 있는 용어들로 표현됨. '제품의 인지도를 10% 증가시키는 것'이 하나의 예가

그림 20-1

시장 내 경쟁 위협 요소(M. Porter의 5 Factors)

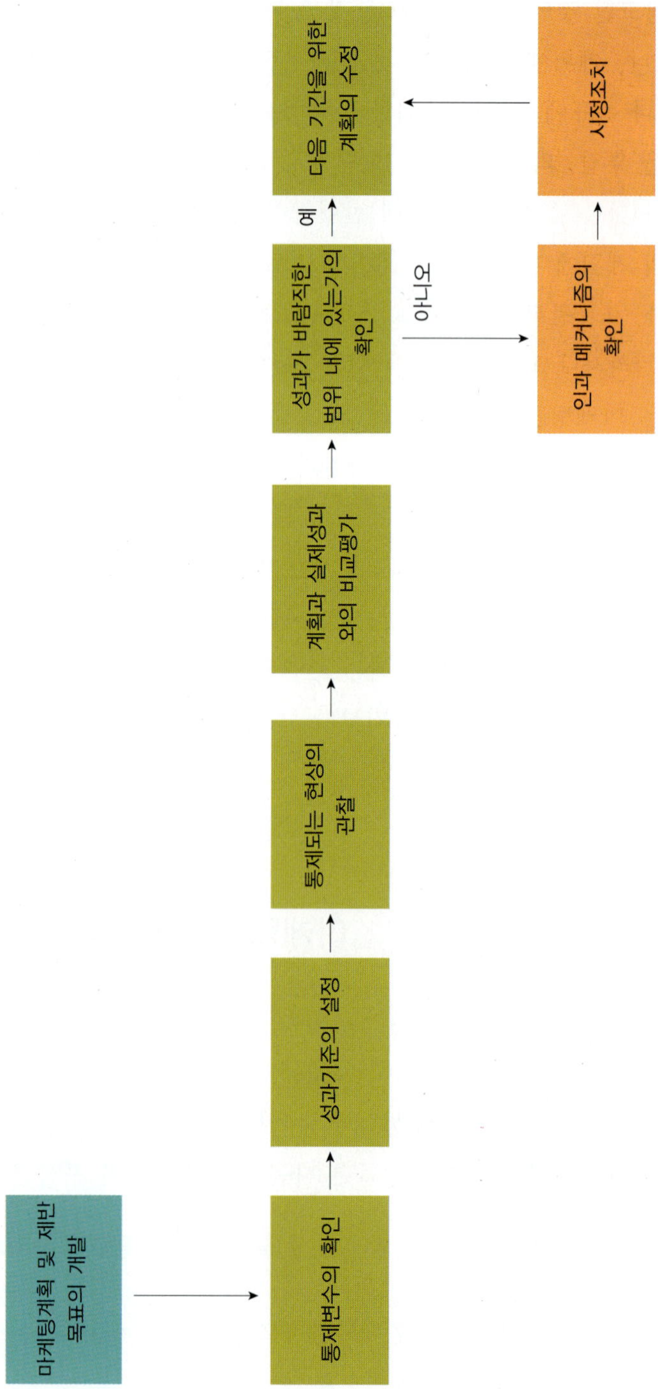

될 수 있음.)

④ **평가**: 보통 어떤 기준이나 기대에 의해 상대적으로 활동이 평가되는 과정. 통제를 벗어난 활동들이 확인되고 경영진에 보고됨.

⑤ **필요한 경우의 시정행위**: (i) 행동을 취하지 않을 것인지, (ii) 변화를 시도할 것인지에 대한 결정. 이는 계획이나 기대로부터의 이탈이 일어난 원인을 파악하고 해결할 것을 요망함.

⑥ **개념전달과 피드백 장치**: 정보를 적절한 사람들에게 전달하는 수단.

가정용 온도조절장치는 아마도 통제시스템의 운영을 빗대기 위해 가장 자주 사용되는 예일 것이다. 온도조절(성과통제)을 위해 가정은 실내온도(통제변수)를 섭씨 22도(성과기준)로 유지하려는 계획을 세운다. 온도조절기의 온도계는 온도를 성과기준과 비교하면서 실내온도를 지속적으로 평가한다. 온도가 이 기준으로부터 벗어났을 때 난방을 켜거나 끄라는 신호가 난방기에 보내진다. 이 경우에 의사소통망은 배선체계를 통하여 보내지는 전기흐름이 될 것이다.

1.1. 마케팅계획

마케팅계획은 마케팅통제활동을 위한 필수적인 선행조건이다. 계획수립과정에서 목표가 수립되지 않으면, 의미 있는 통제는 일어날 수 없다. 계획수립과 통제활동이 모두 뚜렷하다 하더라도 그에 대한 성공은 그들이 얼마나 잘 통합되느냐에 달려 있다. 예를 들어, 신제품개발계획은 조직이 현재상태(신제품 아이디어)로부터 바람직한 미래의 상태(제품의 본격적인 시판)에 어떻게 도달할 것이냐에 대한 내용이다. 이러한 상황에서 통제는 기업이 얼마나 효율적이고 효과적인 방법으로 제품의 아이디어 단계로부터 시판단계에까지 이르는지를 확인하려는 노력으로 이루어진다.

1.2. 통제변수

통제변수는 성과의 형태와 수준에 관한 지표이다. 운동경기에서의 통제변수는 일반적으로 시간(단거리 트랙경기)과 점수(농구, 축구)이다. 마케팅에서의 통제변수는 경우에 따라서 비계량적 변수로도 정의되지만 일반적으로는 계량적인 변수(시장점유율 2% 증가)로 표현된다. 통제변수의 형태는 계획수립단계에서 정해지는데, 일반적으로 다음과 같은 사항이 고려되어져야 한다.

① 주어진 마케팅 활동의 성공이나 실패를 설명하는 데 적절해야 한다.
② 변화가 발생할 때 시기적절한 행동을 유발할 수 있어야 한다.
③ 직접적으로 또는 대용물을 통하여 측정할 수 있어야 한다. 예컨대, 조사를 통해 소비자 만족도를 직접적으로 측정하기 어려울 경우에는 불만편지의 수와 같은 대용물을 통해 쉽게 측정할 수도 있다.

상기 사항과 함께 통제변수는 목표에서 이탈한 사실뿐만 아니라 이탈의 원인에 대해서도 초점이 맞추어져야 할 것이다. 그러므로 마케팅 통제시스템은 성과뿐만 아니라 투입과 다양한 활동들의 과정에 관계되는 변수들을 포함해야 한다.

1.3. 성과기준

마케팅 통제시스템의 개발에서 가장 어려운 것 중의 하나는 각 통제변수에 대한 성과기준을 설정하는 것이다. 이것이 통제시스템설계의 핵심이기는 하지만 적절한 성과수준의 결정에 유용하게 사용되는 방법이나 지침은 아직까지는 흔치 않은 실정이다.

성과기준은 계획수립과정중에서 구체화된다. 일반적으로 성과기준을 설정하는 것은 부분적으로는 이론적이고 또 일정부분은 추측에 의해 이루어지며, 부분적으로는 관리적 경험에도 의존한다. 성과기준은 종종 마케팅담당자의 전문적 판단, 과거의 성과, 공식적인 예측절차, 마케팅모델, 산업평균, 그리고 관련 부서원들의 직감에 근거를 둔다. 그러므로 부정확하거나 정교하지 못하고, 불완전한 성과기준들이 많이 있을 수 있다. 만약 계획수립활동이 체계적이고, 포괄적이며, 완전하다면 성과기준들은 이 활동들을 효과적으로 감시할 수 있도록 보다 상세하게 구체화되어야 한다.

1.4. 평　가

평가는 마케팅 통제시스템의 핵심이다. 이 단계에서는 관찰된 결과가 성과기준과 비교되고 통제를 벗어난 사항이 지적된다. 실제결과와 성과기준과의 간격을 차이(variance)라고 한다. 차이에 대한 평가를 통해 주어진 마케팅활동을 통제한다는 것은 예외에 의한 관리(management by exception)라고 불린다. 이 과정은 관리자의 관심이 구체적인 성과지표에 집중되도록 하기 때문에 효율적이다. 나타난 성과지표들이 미리 정해진 범위 내에 있을 때 마케팅활동은 통제하에 있는 것이다. 그와 반대로 성과지표들이 정해진 범위 밖에 있을 때에는 마케팅활동이 통제를 벗어났다고 지적되어진다. 예컨대, 판매사원들이 매달 12개에서 14개의 고객회사들과 접촉하도록 계획되어 있을 때, 만약 두 달 동안 너무 많거나 너무 적은 회사들과 접촉했다면 판매관리자는 기존 고객들에 대한 관심의 정도가 적당한지를 알아보기 위해 보다 면밀히 판매사원의 성과를 분석해야 한다.

1.5. 시정조치

만약 목표가 진로를 벗어났다면 (i) 새로운 정보에 근거하여 목표를 수정하거나, (ii) 목표로 한 진로방향으로 조직을 되돌리는 개선행동을 취해야 할 필요가 있다. 만일 판매가 불순한 일기, 정치적 위기, 또는 잘못된 계획수립과 같은 기대하지 못한 환경적 상황 때문에 감소된 것이 분명하다면, 목표는 수정될 필요가 있을지 모른다. 그러나 판매가 판매사원들의 낮은 동기부여와 같은 마케팅믹스에 대한 통제의 문제에 기인한다면 그에 대한 시정을 해야 하는 것이다.

마케팅활동은 진로를 벗어났지만, 기존의 계획들이 계속적으로 실행되고 또한 합리적으로 고려되고 있을 경우, 기업은 진로를 벗어난 이유와 원상태로 돌릴 수 있는 방법을 찾아야 한다. 훌륭한 통제시스템은 이탈의 확인뿐 아니라 이탈의 원인규명에도 도움이 되는 정보를 관리자에게 제공하여야 한다. 그러나 통제시스템에서 고객들이 제품개념을 이해하지 못하고 있거나, 관리자가 시장점유율의 점진적 감소에 대한 원인을 찾지 못한다면 아무런 가치도 없다. 그러므로 마케팅관리자는 정확한 원인을 발견하고, 연속적인 통제활동을 향상시키기 위해서는 실무경험으로부터도 많은 것을 배워야 한다.

1.6. 의사소통과 피드백

의사소통과 피드백은 통제에 있어 필수적인 요소들이다. 성과기준들이 감시되고, 평가될 수 있을지라도 이 정보가 관리자에게 적절히 알려지지 않는다면 전혀 도움이 되지 않는다. 통제의 각 단계들은 정보의 흐름을 원활하게 하도록 연결되어 있어야 한다. 나아가 통제시스템이 조직에 가치가 있으려면 적절한 시기에 알맞은 정보를 관리자에게 제공하여야 하는 것이다. 만약 이런 기본사항에 대한 고려 없이 통제시스템이 개발된다면 통제변수의 이탈을 찾고, 감시하고, 분석하고, 보고하는 활동들이 적합한 담당자에게 전달되지 않을 것이다. 따라서 정보를 조사하고 평가하는 과정에 관련된 모든 담당자들은 정보의 최종사용자와 상호작용을 할 수 있어야 한다.

미국 Gilbert 장난감 회사의 파멸

1916년 이래로 미국의 A. C. Gilbert사는 6살에서 14살 사이의 아동을 대상으로 한 고품질의 장난감을 제조하여 판매하는 일류 장난감 제조회사였다. 이 회사의 가장 성공적인 제품은 Erector set와 American Flyer trains였다. 이 제품들은 아동들과 그들의 부모들에게 잘 알려져 있었다. 그러나 1960년대부터 나타난 장난감 시장에서의 중요한 변화들은 연간 평균매출액 1,700만 달러 규모의 Gilbert사를 파멸의 길로 몰아갔다.

1960년대에 장난감 시장에서는 많은 변화가 일어났다. 무엇보다도 1960년대는 미국에서 장난감붐이 일어난 번영의 시기였다. 그러나 Erector set이나 과학용 장난감(예, 망원경, 과학상자)과 같은 장난감류에는 시장수요가 거의 나타나지 않았다. 소비자들은 즉각적인 인기를 끄는 훌라후프나 Batmobile과 같은 다양하고 새로운 것을 원했다.

또 다른 중요한 변화는 새로운 촉진매체(TV)의 출현이었다. 그전에는 카탈로그나 진열장이 주된 촉진경로였다. TV는 특히 새로운 장난감의 도입기에 제품의 지각에 상당한 영향력을 발휘하였다. Gilbert사는 이러한 변화를 알아내는 데 실패하였던 것이다. 사실 이러한 변화들은 조사되고 언급되기는 했으나 이에 대한 Gilbert사의 대응은 적절치 못했다. 만약 Gilbert사가 효과적인 마케팅 통제시스템을 마련하여 운영하고 있었다면 상기의 변화들은 쉽게 확인되었을 것이고, 나아가 계획된 수행활동을 통해서 마케팅활동을 개선시킬 수도 있었을 것이다.

예컨대, 판매수준과 같은 세밀한 통제변수를 가지고 있었다면, Gilbert사가 주의를 기울여야 하는 문제들에 대해 민첩하게 대응할 수 있었을 것이다. 또한 인구통계학적 변화에 대한 분석에 있어서도 아동들의 장난감 시장이 상당히 증가하고, 미취학 아동들에 대한 시장이 성장할 것이며, 6살에서 14살까지의 남자아이뿐만 아니라 여자아이들의 장난감 시장도 크게 성장하리라는 것 등을 예측할 수 있었을 것이다. 촉진을 위한 새로운 매체의 선정에 대한 고려도 없었다. 결국, 판매수준, 시장잠재력 제고 및 마케팅믹스전략에 관한 성과기준이 없었던 Gilbert사는 상기의 변화들을 시기적절하게 파악하지 못하였고 어떠한 시정조치도 취할 수가 없었던 것이다.

Gilbert사의 시장위상과 재무상태는 급속도로 악화되었고(판매가 1,000~1,200만 달러 감소되었고, 이는 1960년대에 걸쳐 계속되었다), 한해에 50여개의 새로운 장난감을 출시하는 등의 제품계열확장이라는 잘못된 의사결정만 하였던 것이다. Gilbert사는 성장하는 시장에서 고가격, 고품질을 고수하기보다는 저가격 장난감을 만들기로 결정하였다. 그러나 그 어떤 것에 대해서도 TV광고를 하지 않았다. 그리고 조악한 디자인과 저품질은 소비자들을 실망시켰을 뿐만 아니라, Gilbert사의 높은 기업명성에도 손상을 끼쳤다.

장난감 시장에 영향을 주는 핵심통제변수를 확인할 수 있는 마케팅통제시스템의 설계 및 운영에 대한 실패로 인해 Gilbert사는 문제에 너무 늦게 대응하게 되었고, 비효과적인 방법으로 대처하게 되었던 것이다. 장난감 시장의 붐에도 불구하고 그들은 시장에서 퇴출되었던 것이다.

통제의 수직적 관리단계별 적용 제 2 절

통제시스템은 기업 내의 여러 단계에서 사용될 수 있다(표 20-1). 제일 높은 단계로는 전략운영활동에 사용되며 두 번째 단계로 거래과정(마케팅관리)을 원활하게 하는 데 사용된다. 마케팅관리자는 개념전달 및 구매전환활동의 기준을 설정하고 이러한 기준을 감독하기 위해 정기적으로 평가를 하며, 마케팅 프로그램이 계획에 어긋나지 않도록 행동을 취한다. 개념전달활동과 구매전환활동이 기준으로부터 벗어나는 것은 여러 가지 마케팅관리대상들 중의 하나 혹은 그들의 조합에 문제가 발생했기 때문이다.

세 번째 단계로 통제시스템은 마케팅관리계획의 여러 가지 구성요소들이 다양한 목적의 달성에 적절하게 기여하고 있는가를 판단하기 위한 분석에 이용된다. 개별계획에 비추어 각 구성요소의 투입물, 과정, 산출물을 평가함으로써 이러한 분석을 할 수 있다. 예컨대, 환경관리의 경우, 기업은 환경의 투입물, 그들을 평가하는 방법, 그리고 환경예측의 정확성에 대해서 감독해야 하는 것이다.

통제의 이와 같은 위계적 성격은 〈표 20-1〉의 첫열에 잘 나타나 있는데, 각 단계는 보다 세부적으로 나누어질 수 있다. 예컨대, 기업의 경영전략단계에서 마케팅관리가 예기치 않은 이탈현상을 보인다고 결론을 내릴 수 있다. 마케팅관리단계에서 통제의 과정을 통해 마케팅믹스 구성요소에 문제가 있음을 알 수 있다. 그리고 마케팅믹스단계에서는 제품상의 문제점이 발견될 수 있는 것이다. 따라서, 통제과정에는 제품구성요소가 포함되어야만 하는 것이다.

통제단계들에 대한 이러한 구분은 중요한 것이다. 왜냐하면 시너지 효과는

표 20-1
마케팅과 기업 내의 통제단계

	산출물 목표의 예	산출물의 기준	측정 · 평가	발생가능한원인
단계 1: 기업경영전략	일정한 투자 수익률 실현	특정 투자수익률의 선택	투자수익률이 이루어졌는가?	마케팅 생산 회계
단계 2: 마케팅관리	제품개념의 전달	소비자 이해 정도의 특정수준	목표가 달성되었는가?	1. 부적절한 표적시장 2. 부적절한 마케팅목표 3. 마케팅믹스 상의 문제
단계 3: 마케팅관리요소 (예: 환경관리)	사회환경의 변화 예측	바람직한 미래 상황의 기대되는 특정수준	변화가 일어났는가?	1. 투입물문제 2. 과정문제 3. 산출물문제
단계 4: 마케팅믹스 구성요소 (예: 제품)	제품개념 이해에 이바지해야 함	제품전략에 의해 개념이 이해된 정도	원하는 수준이 되었는가?	1. 투입물문제 2. 과정문제 3. 산출물문제

상향(bottom-up)과정을 통해 서로 창출되기 때문에, 하위단계에서 무엇이 일어나고 무엇이 일어나지 않는지에 대하여 아는 것이 중요한 것이다. 각 단계에 있어 기준으로부터 이탈된 원인의 규명은 관리자의 판단에 달려 있는 경우가 많다. 효과적인 시장정보시스템(market intelligence system)이 존재한다면, 통제의 일정부분은 각 단계가 진행됨에 따라서 계속적으로 시행되어질 수 있다. 이러한 방법을 사용하면 각 단계에서 감지된 문제에 대해 훨씬 신속하고 면밀한 대응을 할 수 있게 된다.

제 3 절 마케팅관리활동의 통제

마케팅관리계획은 간단하게는 (i) 환경변화의 관리, (ii) 제품에 가장 적절한 표적시장의 확인, (iii) 확인된 표적시장접근을 위한 마케팅목표의 구체화, (iv)

교환을 원활히 할 수 있는 믹스의 개발로 이루어져 있다. 이러한 계획의 취지는 표적시장에 제품개념을 전달하고 기업과 소비자 사이에 존재하는 거래장애를 제거하거나 감소시키는 것이다. 이 계획이 성공적으로 수행되고 다른 기능부서(생산부서나 재무부서 등)로부터 도움을 얻을 수 있다면, 판매의 증가나 시장점유율의 증가 또는 이윤의 증가 등과 같은 바람직한 재무적 성과를 쉽게 달성할 수 있다.

따라서 개념전달목표와 구매전환활동목표 각각에 대해 기준이 설정되어야 한다. 개념전달활동의 기준은 일정기간 내에 기업이 달성하고자 하는 개념전달 수준을 반영해야 한다. 예컨대, 개념전달목표는 '판매개시 6개월 후에 표적시장고객의 40%가 특정제품개념을 이해할 수 있어야 한다'라고 표현될 수 있다. 마찬가지로, 구매전환활동에도 기준이 설정되어야 한다. 예컨대, '평균적으로 배정된 진열공간의 80%에 해당하는 재고를 가지고 있어야 한다'(소유 장애제거) 또는 '판매개시 6개월 후에 표적시장고객의 15%는 우리 제품이 경쟁사의 제품보다 우수하다는 것을 인식해야 한다'(인지적 장애제거)라는 식으로 표현할 수 있다. 이처럼 측정가능한 기준이 주어지면, 기업은 실제결과가 원하는 범위에 어느 정도 부합되는지를 감독할 수 있는 기반을 마련하게 되는 것이다.

결과가 원하는 범위에서 이탈하게 되면 기업은 왜 이러한 이탈이 발생했는지를 알아내기 위해 조사작업을 시작한다. 조사작업이 일찍 시작되면 될수록 기업에 유리한 것은 당연한데도, 많은 기업들은 판매나 시장점유율 등이 심각하게 감소하고 나서야 비로소 시정작업에 착수한다. 개념전달활동과 구매전환활동을 지속적으로 평가함으로써 기업은 판매의 감소를 기다리기보다는 시장에서 발생하는 문제를 빨리 찾아내고, 신속한 대응을 할 수 있게 되는 것이다.

조사작업은 두 가지 사항에 대해 이루어진다. 첫째는 전체과정이 설정된 기준과 어느 정도 일치하느냐를 판단하는 것이고, 둘째는 과정상의 개별요소들이 계획대로 진행되고 있는 정도를 조사하는 것이다. 첫번째에서는 먼저 마케팅관리활동이 계획에 따라 수행되고 있는가를 살펴본다. 환경관리과업이 완수되었는가? 표적시장이 확인되었는가? 믹스가 사용되었는가? 이러한 절차들이 적절한 차례로 이루어졌는가? 전체과정이 얼마나 진행되었는가? 등이 조사되는 것이다. 두 번째 분석에서는 과정의 개별구성요소에 관심이 모아지게 된다. 개별 마케팅구성요소들이 어느 정도 올바른 투입물을 이용했는가? 계획된 방법이 사용되었는가? 그리고 각 구성요소들이 얼마나 효과적인 결과를 가져왔는가? 등에 대하여 체계적으로 평가한다. 요컨대, 개념전달목표와 구매전환목표를 더 잘 달성하려면 마케팅관리계획의 어느 부분을 수정해야 하는가? 하는 것을 파악하는 것이 필요한 것이다. 어떤 요소의 결과가 의도한 목표로부터 벗어나는 이유는 부적절한 투입물 때문일 수도 있고 부적절한 절차를 거쳤기 때문일 수도 있으며 부적절한 목표(예컨대, 지나치게 높은 기준) 때문일 수도 있다.

궁극적으로, 기업의 관심은 개념전달활동 및 구매전환활동이 판매액이나 수익, 또는 시장점유율과 같은 재무성과로 전환되고 있는가에 있다. 그러므로 마케팅관리통제의 문제도 재무적 운영목표에 기반을 두고 검토되어야 한다. 따라서 기업은 개별 기능단위들이 재무성과에 어느 정도 공헌했는지를 조사해야 한다.

환경관리, 표적시장확인, 마케팅목표, 마케팅믹스에 대한 통제변수들이 〈표 20-2〉에 요약되어 있다.

표 20-2
마케팅관리과정의 통제

마케팅 관리단계	개념전달을 위한 투입물	과정관리	과업의 결과
환경관리	환경에 대한 올바른 입력자료를 이용하는가? 개별환경의 미래상황을 구체화시켰는가? 과업수행을 위해 충분한 자원을 할당하였는가?	계속적인 환경관리시스템을 활용하고 있는가?	개별환경에 대한 예측이 얼마나 정확했는가?
표적시장 확인	의사결정시에 적절한 변수들이 고려되었는가?	표적시장을 확인하는 방법이 사용되었는가?	올바른 표적시장이 선택되었는가?
마케팅목표	목표를 구체화시킬 때 적절한 변수들이 고려되었는가?	마케팅목표를 결정하는 방법이 사용되었는가?	마케팅목표가 선택된 표적시장에 적절한가?
마케팅믹스	마케팅믹스 결정에 적절한 변수들이 고려되었는가?(예:촉진→판매촉진→특정유형의 판매촉진방법)	개념전달활동을 위한 방법·설계가 사용되었는가? 구매전환활동을 위한 방법/설계가 사용되었는가?	개념전달활동평가 • 효율성 • 효과성 구매전달활동평가 • 효율성 • 효과성

3.1. 환경관리

(1) 투 입 물

환경관리는 (i) 환경변화의 감시(monitoring)와 예측, (ii) 이러한 변화가 마케팅에 주는 시사점의 파악으로 이루어져 있다. 여기서는 첫번째 내용에 대해서만 초점을 맞추기로 한다.

환경의 감시와 예측은 투입자료에 의해 이루어진다. 기업은 제일 먼저 투입자료의 선정을 감독하고 통제하여, 이들 자료가 적절하고 신뢰성 있으며 타당하도록 해야 한다. 환경감시와 예측을 위한 투입통제변수에는 바람직하거나 바람직하지 않은 미래상태의 선정과 상태를 파악하기 위하여 사용되는 자료원(저널, 정부간행물, 시장조사결과, 전문가의견 등)의 두 가지가 있을 수 있다. 이러한 두 가지 변수 각각에 대하여 기준을 설정하고 기준이 얼마만큼 달성되었는지를 평가한다. 예컨대, 기업은 자료원의 활용에 대하여 기준을 설정하기로 결정을 내릴 수 있다. 명백하고 수치적인 기준 대신에 질적이고 주관적인 기준을 사용할 수도 있다. 어떤 자료원(예: 정부통계)이 만족스럽지 못할 때, 좀더 개선된 자료수집과정을 거치거나 좀더 질이 좋은 자료를 얻기 위하여 새로운 자료원(예: 시장조사)을 사용함으로써 문제를 해결할 수 있다.

(2) 과　　정

환경관리의 투입물에 대한 감시와 더불어, 환경관리과정의 수행에도 관심을 기울여야 한다. 과정통제변수들은 다음과 같다.

① 환경의 범주(category) 구분(1차, 2차 범주의 개발)
② 변화에 대한 예측이 가능한 징후(signal)변수의 선택
③ 징후변수와 미래상황 간의 관련성 확인
④ 상기 변수들의 관계성 확인 방법
⑤ 학습과 피드백이 일어나는 정도(예컨대, 첫번째 과정통제변수로 되돌아가는 정보의 순환주기)

바람직한 성과기준이 각 변수에 대하여 설정되어질 수 있다. 각각에 대한 점검표(과정이 이루어진 정도와 수행된 정도)를 준비하고 단계를 배열해야 한다. 예컨대, 기업은 환경범주의 구축에 대해 일정한 성과기준을 설정할 수 있다. 이에 관련된 차원으로는 환경범주의 이용가능성, 범주의 상호배타성, 범주의 수 등

이 있다. 받아들일 수 있는 수준 이하로 성과가 떨어지면 시정행위가 실시된다.

(3) 산 출 물

환경감시와 예측의 가장 밑바탕을 이루는 것은 환경에 대하여 예측한 사건이 기대한 대로 발생한 정도이다. 산출물에 관련된 통제시스템의 개발은 상대적으로 직선적이다. 통제변수로는 예컨대, 건강식품의 경우 (i) 건강식품에 대한 소비량의 변화와 같은 예상되던 사건이 특정범주(카테고리)에서 실제로 발생하였는가의 여부, (ii) 이러한 사건이 다른 범주(예컨대, 온천장 고객의 증감 변화)의 예상되는 변화와 관계되는가의 여부, (iii) 건강에 관련된 환경에 있어 전체적인 변화가 발생하였는가의 여부, (iv) 이러한 변화가 여가시간과 같이 다른 환경변화와 관련이 있는가의 여부 등이 있다. 성과기준은 이러한 예측의 정확성을 반영하여 설정된다(예컨대, 80%의 정확도). 나중에 예측사건의 정확성을 이 기준과 비교하여 평가해 본다. 즉, 예측한 사건이 기대한 대로 발생하였는가를 파악하는 것이다. 마지막으로, 기업은 투입물을 변화(예컨대, 인력이나 자료원의 변화)시키거나, 혹은 과정(환경평가절차)을 변화시키거나, 아니면 산출물의 목표를 변화시킴으로써 시정조치를 취하게 된다.

3.2. 표적시장확인

(1) 투 입 물

시장확인단계의 투입물은 (i) 제품사용, (ii) 특정 세분시장 고객이 제품을 구입하는 동기, (iii) 세분시장 내에서의 수요강도 차이, (iv) 세분시장의 특징에 대한 정보들이다. 대부분의 경우, 각 정보유형의 성과기준은 정보의 양과 정확성이다. 예컨대, 제품사용상황에 대한 정보는 충분한가? 이 정보는 정확한가? 등에 대한 답을 필요로 한다. 정보가 적절하다면 변화시킬 필요가 없으나, 정보가 부적절하다고 판단되면 시정조치를 취해야 한다.

(2) 과 정

표적시장의 파악과정은 (i) 제품사용상황의 확인, (ii) 이러한 상황에서 제품을 소비하는 동기의 평가, (iii) 수요강도 차이의 확인, (iv) 표적시장의 선택 등으로 이루어진다. 이 단계에서의 통제는 다음과 같은 질문에 응답하기 위해 다양한 분석기법을 활용하게 된다. 사용상황이 충분할 정도로 상세히 확인되었는가? 얼마나 정교하게 정의되었는가? 어떤 상황에서 제품의 사용이유를 파악하는 작업이 이루어지는가? 동기파악을 위하여 어떤 방법을 사용했는가? 목표 세분시장별로 방법상의 차이가 많은가?

이러한 질문에 관한 성과기준은 과정이 얼마나 잘 수행되었는가를 판단할 수 있도록 설정된다. 다시 말해서, 수용가능한 특정 수준의 기준을 제시하는 것이다. 실제 성과가 이 기준을 넘지 못하면 시정조치를 취한다. 이러한 조치로는 시장정보수집의 예산을 증가시켜 소비자 욕구와 행동을 좀 더 정확히 조사하거나, 더 정교하고 적절한 분석방법을 사용하는 것 등이 있다.

(3) 산 출 물

이 과정의 주요 관심은 가장 좋은 표적시장이 파악되었는지의 여부이다. 이 단계에서의 평가기준은 (i) 욕구와 선호의 측면에서 표적시장고객의 동질성 정도, (ii) 기업의 마케팅노력에 대한 반응의 동질성 정도, (iii) 이러한 세분시장에 접근하는 데 수반되는 비용과 판매결과이다. 신제품의 경우, 제품에 대한 소비자 태도와 구매의도조사를 통해 위험신호를 미리 얻어낼 수 있다. 제품이 시장에 판매되기 시작한 후에도, 기업은 선택한 표적시장에서 이익이 가장 많이 나는지(또는 투자수익률이 가장 높은지)를 알아보기 위해 주기적으로 조사를 실시하여야 한다.

수집한 정보를 통해, 선택된 표적시장의 수익성이 좋지 않다는 것이 확인되면, (i) 이러한 결론을 확인하기 위해 자료를 더 수집하거나, (ii) 세분시장의 반응을 높이기 위해 마케팅 프로그램을 조정하거나, (iii) 새로운 세분시장을 선택하는 등 여러 가지 가능한 대안들을 사용할 수 있다.

3.3. 마케팅목표

일단 표적시장의 고객이 확인되면, 표적고객의 욕구와 선호에 맞는 제품개념을 정립해야 한다. 또한 여섯 가지 유형의 거래장애를 제거할 방법도 마련해야 한다.

(1) 투 입 물

소비자욕구, 구매 및 소비패턴, 또는 기존제품에 대한 선호를 나타내 주는 자료에 기반을 두고 제품개념을 설정해야 한다. 마찬가지로, 이러한 자료나 방송매체의 시청습관과 가격탄력성 등과 같은 변수들에 대한 자료를 토대로 거래장애를 제거하는 방법을 고안해낼 수 있다. 투입물의 평가기준은 두 가지 마케팅활동(개념전달활동과 구매전환활동)에 대한 마케팅목표를 설정하는 데 도움을 주는 것으로서, 소비자에 대한 정보의 양에 의해 영향을 받는다.

(2) 과 정

제품개념은 형태학적 분석이나 인식도, 또는 컨조인트 분석과 같이 여러 가지 분석방법을 통해 정립될 수 있다. 이러한 방법들은 본질상 투입된 자료를 통해 수행된다. 자료에 대한 관리상의 해석에 따라 제품개념이 나오는 것이다. 거래장애의 존재 여부도 인식된 가치나, 제품에 대한 접근, 또는 기타의 지표를 이용하여 파악할 수 있다. 과정에 대한 성과기준은 개념전달목표와 구매전환목표를 확인하는 데 따르는 방법과 절차에 대한 고려 정도이다.

(3) 산 출 물

소비자가 제품개념을 이해하지 못하거나, 관리자가 의도한 대로 경쟁제품과 관련지어 파악하지 못한다면, 개념전달목표가 달성되지 않았다는 것을 의미한다. 마찬가지로, 제품구입가능성이나 신용조건, 제품의 가치나 구매와 관련된 다른 조건에 대해 소비자의 불만이 있으면, 구매전환활동목표가 제대로 달성되지 못한 것이다. 그러므로 투입과정을 변화시키거나 개념전달목표와 구매전환활동목표를 다시 설정해야 한다.

3.4. 마케팅믹스

일반적인 마케팅믹스의 목표는 제품개념을 표적시장에 전달하거나 기업과 표적시장의 구성원 사이에 존재하는 거래장애요소를 제거하는 것이다. 이것을 성취하기 위해서 기업은 마케팅믹스의 투입물, 과정, 그리고 산출물에 대하여 계획을 수립하고, 평가하며, 조정하여야 한다.

(1) 투 입 물

입력변수는 크게 제품, 유통, 촉진과 가격변수로 구성되어 있다. 각각의 변수에 대한 입력은 다양한 전략대안들에 대한 상세한 분석과 각 변수의 전략적 방향에 영향을 주는 다른 요소들을 파악함으로써 이루어진다. 마케팅믹스의 효율성은 기업의 마케팅계획뿐만 아니라, 마케팅계획의 보완적 요소들에 의해 영향을 받기 때문에, 후자에 대한 상세한 정보는 통제에 있어서 특히 중요하다. 예컨대, 광고대행사와 기업의 관계는 촉진요소에 상당한 영향을 미친다. 광고가 일관성과 보완성의 원칙을 만족시키려면 제품과 서비스에 대한 기업의 마케팅목적에 대해 대행사가 분명히 이해하고 있어야 하기 때문이다. 유사하게, 기업과 언론매체와의 관계는 제품홍보(publicity) 목표를 달성하는 데 매우 중요하다. 만약 인적판매가 개념전달목표와 구매전환목표에 공헌하는 요소라면 신입사원 모집, 훈련과 판매력유지에 적절한 통제를 가하는 것이 필수적이다. 마지막으로, 기업의 유통전략에 있어서 독립적인 유통업자들이 기업의 촉진노력에 대해 이해하도록 하는 것은 판매촉진을 통하여 이익을 실현하는 데 또 하나의 중요한 요소가 될 것이다. 결국, 마케팅믹스전략의 성공을 보장하기 위해서는 여러 가지 대안 중 최상의 전략을 선택할 수 있는 정보가 있어야 하는 것이다. 그리고 목표달성의 정도는 각 마케팅믹스변수에 대한 이용가능한 전략의 수와 마케팅믹스전략수행에 영향을 주는 요인들에 대해 얼마나 많은 정보를 가지고 있는지에 달려 있는 것이다.

(2) 과 정

마케팅믹스의 구성과정은 (i) 세 가지 마케팅믹스요소(제품, 유통, 촉진) 간에, 혹은 각 믹스 내에서 가장 높은 일관성과 보완성을 확보하는 것이며, 나아가 (ii) 가격과 함께 세 가지 믹스요소들을 통합하는 것이다. 여기서 통제는 마케팅믹스가 적절히 이루어졌는가와 마케팅믹스의 구성요소를 배합하는 데 있어서 일관성과 보완성의 원칙이 지켜졌는가를 확인하는 것이다.

(3) 산 출 물

개념전달수행의 기준은 '표적시장 중 적어도 70%가 그 제품에 대한 개념을 이해해야 한다' 등의 목표로 설정될 수 있다. 또한, 구매전환활동에 대한 업무수행의 기준으로는 (i) 적어도 75%의 표적시장의 소비자가 그 제품명을 다시 기억해 낼 수 있어야 하며(지각장애), (ii) 적어도 70%는 필요한 때 언제나 그 제품에 접근할 수 있어야 하고(장소, 시간 장애), (iii) 적어도 60%는 그 브랜드를 구입하는 과정에서 특별한 어려움을 겪지 않아야 한다(소유장애)는 등이 포함될 수 있을 것이다.

마케팅믹스가 업무수행기준과 빗나간 결과를 나타낼 때, 그것은 마케팅믹스를 재검토해야 할 필요성이 있다는 것을 의미한다. 소비자조사나 시장조사 등은 제품디자인, 상표명, 포장, 그리고 다른 제품구성요소들이 제품개념을 얼마나 잘 전달하고 있는지를 평가하는 데 도움을 줄 것이다. 이와 유사하게, 시장정보수집노력은 거래장애의 실제를 파악하고 그 장애를 마케팅믹스 변수들이 얼마나 잘 제거하고 있는지를 평가하는 데 도움을 주게 된다. 즉, 다음과 같은 질문들에 대해 정보를 수집함으로써 마케팅믹스 수행결과를 통제할 수 있다. 기업이 적절한 유통 리더십을 발휘하고 있는가? 유통구성원들은 거래장애를 제거하는 데 협조적인가? 기업이 신뢰할 수 없는 의사전달체계나 혹은 소비자에게 쉽게 접근하지 못하는 대리점을 이용함으로써 거래장애를 만들고 있지는 않은가? 촉진요소가 자사 제품의 독자적 위치를 구축하는 데 도움을 주고 있는가? 판매원의 재편성은 비효과적인 인적판매 전략을 개선하는 데 공헌하고 있는가? 소비자들이 가격에 있어서 소유의 장애를 인지하고 있는가? 즉 그들은 제품의 가격에 비해 효용이 떨어진다고 생각하지는 않는가? 소비자들이 구매 후 서비스에 관심을 가지고 있는가?

제 4 절 예산통제

예산통제는 관리통제에 있어 매우 중요한 역할을 한다. 관리자들은 업무를 효과적으로 수행해야 할 뿐만 아니라 제한된 예산범위 내에서 실행해야 한다. 예산은 조직의 모든 단계에 작용되기 때문에 가장 넓은 통제기법으로 활용되기도 한다. 또한, 특정 기간 동안 특정공장에서의 생산과정에서부터 기업의 전략에 이르기까지 다양하게 적용될 수 있다. 예산은 자원의 구입(예컨대, 유통에 있어서의 트럭구입)과 특정기간 동안의 사용(예컨대, 어떻게 트럭을 운영할 것인가?)을 통제하는 데 도움을 주는 재무적 활동이라고 정의된다. 이렇게 정의할 경우, 예산은 마케팅목표를 달성하는 데 있어 일련의 마케팅변수들을 어떻게 잘 조작해야 하는지 지침을 줄 수 있다. 뿐만 아니라, 예산통제는 마케팅기능이 기업전체의 운영이라는 맥락 안에서 관리될 수 있는 시각을 제공해 주며 결과에 대한 책임소재 또한 분명히 해 준다.

기업의 예산은 하나의 제품단위에서부터 기업전체의 단위에까지 존재한다. 그러나 어떠한 예산단위에서라도, 효과적인 예산통제를 위해서는 다음과 같은 조건에 관심을 기울여야 한다.

① 예산목표는 잘 설정되어야 한다.
② 최고경영진은 정해진 예산에 따라야 한다.
③ 예산은 예측되지 못했던 환경상의 문제를 다룰 수 있을 정도로 신축성이 있어야 한다.
④ 예산은 특정기간 단위로 편성되어야 한다.
⑤ 예산은 기업 내의 다른 부서들로부터 적절한 지원을 받아야 한다.
⑥ 조직구조가 예산획득에 도움이 되어야 한다. 즉, 규정과 절차가 예산획득에 방해가 되어서는 안 된다.
⑦ 관리자들은 예산개발에 대한 기본적인 능력이 있어야 한다.

이러한 조건에 맞게 예산통제가 이루어질 때 기업은 그 기능을 보다 효과적으로 수행할 수 있다. 반면, 예산계획이 빗나가게 되면, 몇 가지 형태의 관리활동을 점검해 보아야 한다. 즉, (i) 만약 할당이나 평가에 문제가 있다면 예산을 다시 검토해 보아야 하며, (ii) 만약 개선이 필요하다면 예산편성과정을 살펴보아야 한다. 그리고 (iii) 예산이 빗나간 원인을 확인하고 적당한 조치가 있어야 한다.

예산통제시스템이 기업에 더 유용하게 이용되려면 변화하는 환경여건에 따라 예산이 신축적으로 적용될 수 있어야 한다. 고정된 예산과는 달리 신축적 예산은 그 기업이 실제로 경험하는 활동 수준에 따라 변할 수 있다는 것을 의미한다.

예산은 목표를 달성하기 위한 수단이며, 예산이 적합하다고 모든 것이 다 잘되는 것은 아니다. 경영자들은 엄격히 예산을 따름으로써 나타날 수 있는 행동결과에도 관심을 가져야 한다. 예컨대, 종업원의 불만족, 회계숫자의 조작 등이 그러한 행동결과에 포함된다.

제 5 절 재무성과통제

마케팅노력은 결과적으로 판매, 시장점유율, 이익과 같은 재무성과에 영향을 준다. 물론, 기업 내의 다른 기능단위나 경쟁자들, 그리고 거시환경의 이해관계자들도 상당한 영향을 미친다. 그러므로 마케팅의사결정은 제품이나 서비스의 재무성과에 영향을 주는 많은 요소들 중의 하나라고 할 수 있다.

5.1. 투 입 물

재무성과를 달성하기 위해서는 마케팅의 개념전달활동과 구매전환활동이 효과적으로 수행되어야 한다. 물론 이것은 이 책 전체에서 다룬 중요한 주제이기도 하다. 또한, 마케팅예산에 대한 고려도 역시 중요한 문제이다. 여기서, 경쟁자들의 마케팅비용에 대한 조사는 기업자신의 마케팅예산을 평가하는 데 도움을 준다. 어떤 기업들은 경쟁적 균형(competition parity) 방법을 토대로 경쟁업체의 마케팅비용과 같은 수준의 예산을 수립하기도 한다. 또한 기업의 다른 기능단위로부터 받는 예산상의 투입물도 검토되어야 한다. 이런 투입물의 보기는 다음과 같다.

단 위	투입물에 대한 설명
연구개발	제품의 질 개선
생 산	생산계획에 대한 신뢰성: 품질의 유지
회 계	정확한 손비자료
재 무	자원배당의 효율성

5.2. 과 정

재무성과에 관한 과정변수는 기업 내의 다른 부서와 마케팅기능 간의 조화에 초점이 맞추어진다. 여기서의 주요 관심사는 공식적 · 비공식적 구조가 기능을 적절히 수행하는지의 여부로 다음과 같은 질문을 하게 된다. 핵심적인 관리자들이 각 부서의 계획을 이해하고 있으며 그들은 다른 부서에 어떠한 영향을 주고 있는가? 각 부서는 다른 부서의 효과성과 효율성에 도움을 주고 있는가? 예컨대, 만약 시장조사부서가 신제품에 대한 수요를 효과적으로 측정했다면 다른 부서도 상당한 이익을 얻을 수 있을 것이다. 정확한 수요예측은 생산시간을 줄이고, 과잉시간에 대한 임금을 줄이는 데 유용할 것이다. 올바른 시장조사의 또 다른 결과는 재무담당자로 하여금 정확한 비용계산을 가능하게 해 주고, 효과적인 예산할당이 가능하도록 해 준다.

5.3. 산 출 물

대부분의 기업들에 있어 경영성과의 기저가 되는 기준은 매출액, 시장점유율, 이익과 같은 재무성과를 달성하는 정도이다. 이때, 마케팅은 기업의 재무성과에 중요한 역할을 하는 동시에 다른 기능부서의 성과에도 영향을 주게 된다. 결과적으로 재무적 산출물을 통제한다는 개념은 마케팅통제에 국한되기보다는 기업의 재무적 성공에 중요한 역할을 하기 때문에 재무성과통제에 있어서도 그 역할이 중요하다고 할 수 있다.

(1) 판매 · 이익

판매량과 이익은, 비록 마케팅을 포함한 많은 요소들에 의해 영향을 받지만 마케팅기능에 대한 재무성과지표로서 가장 널리 사용된다. 실제로 판매량은 마케팅활동이 어떻게 수행되었는지에 의해 상당히 좌우되기 때문이다. 그리고 판매결과는 이익에도 직접적인 영향을 준다. 그러나 실제로, 판매는 증가했지만 이익은 감소하는 경우도 적지 않다. 예컨대, 어떤 기업이 가격을 낮추어 판매는 증대시켰지만 그것이 수지타산에 있어서 개선을 가져오지 않는 경우도 있는 것이다. 즉, 제품의 판매량을 늘리는 데 드는 비용의 증가가 너무 커서 증가된 판매로부터의 이익공헌도를 오히려 낮추거나 심지어 손해를 초래할 수도 있다. 이런 점에서 기업의 다른 기능적 단위들과 함께 마케팅업무를 조화롭게 수행하도록 해야 한다.

(2) 세분시장별 수익

주어진 제품이나 생산라인의 수익성을 조사하는 것과 함께 세분시장의 수익성을 조사하는 것도 바람직하다. 왜냐하면 표적시장이나 세분시장의 선정은 마케팅운영의 효율성에 영향을 미치는 핵심업무이기 때문이다. 〈표 20-3〉과 〈

표 20-3
제품수익성 분석-공헌도 접근방법
(단위: 만원)

	회사전체	풀키보드	디럭스10키	베이직10키
순매출액	10,000	5,000	3,000	2,000
변동제조원가	5,100	2,500	1,375	1,225
제조공헌도	4,900	2,500	1,625	775
마케팅비용				
변동비:				
판매위탁비	450	225	135	90
변동비 공헌도	4,450	2,275	1,490	685
할당가능비용:				
임금-판매원	1,600	770	630	200
임금-마케팅관리자	100	50	25	25
제품광고	1,000	670	200	130
총계	2,700	1,490	855	355
제품공헌도	1,750	785	635	330
할당불가능 비용:				
기간광고	150			
마케팅공헌도	1,600			
고정결합비				
일반관리비	300			
생산제조	900			
총계	1,200			
순익	400			

표 20-4

세분시장 수익성 분석–공헌도 접근 방법

(단위: 만원)

		풀키보드		디럭스 10키		베이직10키
	회사전체	은행시장	다른소비자 집단	제조업자 시장	다른소비자 집단	소매상 집단
순매출액	10,000	3,750	1,250	2,550	450	2,000
변동제조원가	5,100	1,875	625	1,169	206	1,225
제조공헌도	4,900	1,875	625	1,381	244	775
마케팅비용						
변동비:						
판매위탁비	450	169	56	115	20	90
변동비 공헌도	4,450	1,706	569	1,266	224	685
할당가능비용:						
임금–판매원	1,600	630	140	420	210	200
임금–마케팅	100	38	12	19	6	25
제품광고	1,000	670	0	200	6	130
총계	2,700	1,338	152	639	216	355
제품공헌도	1,750	368	417	627	8	330
할당불가능 비용:						
기간광고	150					
마케팅공헌도	1,600					
고정결합비						
일반관리비	300					
생산제조	900					
총계	1,200					
순익	400					

표 20-4〉는 한 계산기 제조업체에 있어서 제품수익성분석과 세분시장수익성분석을 각각 보여 주고 있다. 〈표 20-3〉의 첫번째 열(회사 전체)에서는 변동비와 할당가능비용을 계산한 후 이 세 가지 제품모델의 공헌도가 1,750만 원임을 보여 주고 있다. 할당불가능 비용을 빼고 난 후 마케팅공헌도는 1,600만원이 되었다. 고정비를 고려한 후 이익은 400만원이 된다.

그러나 〈표 20-4〉에서처럼 분석이 세분시장별로 확대되면 어떤 일이 일어나는지 고려해 보자. 이 보기에서 세분시장은 (i) 은행집단 대 다른 소비자집단, (ii) 제조업자집단 대 다른 소비자집단, (iii) 소매상집단을 포함하고 있다. 〈표 20-3〉은 전체이익에 대한 각각의 세분시장의 공헌도뿐만 아니라 각 세분시장의 수익성을 나타내고 있다. 예컨대, 제조업자세분시장은 전체 세분시장 공헌도의 36%(627만원/1,750만원)를 차지하고 있다. 반면, 은행세분시장은 약 21%(368만원

/1,750만원)의 공헌도를 보이고 있다. 또한, 〈표 20-3〉을 통하여 각 세분시장의 상대적 수익성을 측정할 수 있다. 예컨대, 제조업자세분시장의 공헌도(627만원)는 순매출액의 약 25%에 달한다(2,550만원)(627/2,550만원). 그러나 은행세분시장의 공헌도(368만원)는 불과 10%밖에 되지 않는다. 하지만, 마케팅비용은 제조업자세분시장에 대한 것보다 은행세분시장에 대한 것이 훨씬 높은 것으로 나타난다. 전체 세분시장에서 풀키보드(full-key board)제품에 대한 비은행고객(다른 소비자집단)의 공헌도는 아주 크지만, 순매출액(1,250만원)에 대한 마케팅비용(152만원)은 아주 낮은 편이다. 즉, 비은행고객집단의 마케팅비용은 순매출액의 12%에 불과한 것이다. 분명히 마케팅담당자는 은행세분시장에 관련된 마케팅믹스의 효율성을 재점검해보아야 한다. 또한, 풀키보드 사용자의 세분시장이 되지 않은 집단(비은행고객집단)에 대해서도 다시 고려해 보아야 한다. 아마 이 집단은 더 세분화되어야 할지 모른다. 또한 세분시장을 더 발전시키기 위해서는 더 많은 투자가 따라야 할 것이다. 즉, 은행세분시장으로부터 나오는 재원은 세분화되지 않은 집단과 다른 제품세분시장으로 전환하는 것이 좋을 것이다.

(3) 시장점유율

기업성과의 지표로서 단순히 판매량에 의존하기보다는 시장점유율을 사용할 수도 있다. 시장점유율에 관한 자료를 통해 동일시장에서 다른 기업과 비교하여 자기 회사의 성과를 추정할 수 있게 된다. 시장점유율에 관한 정보는 야구선수의 타율 혹은 선거에서의 득표율과 유사하다. 타율이 주요 경기시의 타율, 경기후반의 평균타율 등에 따라 분석될 수 있듯이, 시장점유율도 여러 가지 상황에 맞게 계산될 수 있다. 시장점유율 계산과정에 있어서 시장분석가는 다음과 같은 다섯 가지 문제에 직면하게 된다.

① 분자를 어떻게 계산할 것인가?: 제품의 총매출이 가장 흔히 사용된다.

② 분모를 어떻게 계산할 것인가?: 가장 흔히 사용되는 분모는 제품군 전체의 총매출액이다. 제품의 총매출액을 제품군 전체의 총매출액으로 나눈 것을 전체 시장점유율(overall market share)이라고 한다. 때에 따라서는 비교대상 기업과의 상대적 점유율을 사용한다. 예컨대, 제품의 점유율을 (i) 선도적 경쟁자 또는 (ii) 선두 3개사의 점유율과 비교 분석할 수 있다. 선도적 경쟁자와 비교 분석했을 때, 1 이상의 숫자가 산출되면 이 기업의 제품이 시장에서 선두임을 의미한다. 여러 회사의 점유율이 모두 높을 경우 선두 3개사와 비교하게 된다.

③ 제품을 어떻게 정의할 것인가?: 제품은 단일상표의 관점에서 정의될 수 있

고, 모양, 유형, 크기를 기준으로 될 수 있으며, 전체 제품라인이 고려될 수도 있다. 이 역시 각각 독특한 관점을 제시한다.

④ 시장을 어떻게 정의할 것인가?: 시장경계(market boundaries)는 점유율 계산에 있어서 매우 중요하다. 시장은 기업이 소구하고 있는 기존시장, 전체시장, 또는 적당한 제품을 기준으로 한 몇 가지 서로 다른 유형의 시장 중 어떤 것으로 제한해야 하는가?

⑤ 시간이 고려되어야 하는가?: 시장점유율의 측정치는 안정적이어야 한다. 그러나 급변하는 시장에서 안정적인 추정치를 구한다는 것은 어려운 일이다. 따라서 어떤 기간 동안의 판매를 기준으로 점유율을 계산할 것인가를 판단해야 한다.

위에서 설명했듯이 소요되는 비용과 이용가능한 자료의 종류 및 양을 고려하면서 되도록이면 많은 종류의 점유율 계산하는 것이 바람직할 것이다. 여기서 한 가지 주의할 것은 마케팅관리자에 대한 보상이 시장점유율과 너무 밀접하게 관련되어 있다면 점유율 경계(share boundaries)를 조작하여 시장점유율을 증가시키려는 경향이 나타난다는 것이다.

제 6 절 마케팅관리활동의 주기적 점검(마케팅 감사)

전체 마케팅활동을 체계적이고 주기적으로 평가하는 것은 뒷북치는 운영(management by hindsight)을 방지한다는 의미에서 중요하다. 사실상 내부환경, 과업환경, 거시환경상의 계속적인 변화는 어떠한 마케팅 프로그램도 그 환경과 완전히 조화되지는 못한다는 것을 의미한다. 마케팅 프로그램을 수정하지 않으면 시간이 흐름에 따라 수정은 점차 어렵게 된다. 널리 사용되는 방법 중의 하나로는 문제점과 쟁점들에 관한 기본적인 점검목록(checklist)을 살펴보는 방법이 있다. 이러한 점검목록을 감사목록이라 하기도 한다. 한 다국적 화학회사는 자사의 점검목록을 관리활동점검표(management thinking probes: MTPs)라고 부르고 있다. 몇 달마다 세계 각지의 지사 중역들이 모여서 MTPs를 검토하고 있다. 이러한 설문형식의 조사는 모임에 앞서 매달 참석자에게 전해지기 때문에 참석자는 심층적 토의에 적절히 대비할 수 있게 된다. MTPs는 회사의 목적, 정책 그리고 절차 및 구성원이 적절히 평가되어 보안되어질 수 있도록 설계되어지고 사용되어질 수 있다. 그러므로 기존에 사용되고 있는 MTPs항목들도 특별한 욕구와 상황, 혹은 고객의 조언에 따라 새로운 항목이 추가되기도 하고 기존 항목이 제외되기도 한다.

이와 같은 형태의 점검목록표는 각 회사와 그 구성원들의 독특한 상황뿐만 아니라 제품이나 서비스의 형태, 시장환경에 따라 다양하게 활용될 수 있다. 일반적으로 점검목록표는 전반적인 마케팅 프로그램의 효과성과 효율성을 측정하는 데에 활용되는 것이다. 그런데 마케팅성과는 환경의 변화에 의해 민감한 영향을 받으므로 환경과 그 변화에 초점을 맞추는 것이 중요하다. 한편, 점검목록표는 관리자의 직관이나 과거경험에 지나치게 의존하는 경향을 피하게 해 주는 효과도 있다. 이 목록의 사용이 체계적일수록 마케팅에 관한 모든 중요한 문제점이 드러날 가능성이 높아진다. 그리고 이러한 과정에서의 객관성을 높이기 위해 외부인의 조언을 듣는 것도 필요할지 모른다.

이 책에서 다룬 중요한 아이디어를 반영한 예시적인 점검목록표가 〈표 20-5〉에 나타나 있다. 여기에는 기업의 마케팅노력에 영향을 미치는 중요한 문제와 쟁점에 관한 점검사항들이 제시되어 있다. 각 기업은 자기가 처한 특별한 상황과 필요에 따라 〈표 20-5〉에 제시한 항목들을 적절히 조정하면서 사용할 수 있다. 표에 나타난 문제들과 쟁점들은 투입, 과정, 산출의 세 영역 중 하나로 분류될 수 있다. 즉, 〈표 20-5〉에 있는 몇몇 항목은 준비적인(pre-implementation) 활동에, 다른 것은 시행적인(implementation) 활동에, 나머지 것들은 시행노력의 효과 또는 결과에 대한 것들이다.

표 20-5

제품 수익성 분석–공헌도 접근방법

일반계획수립에 관한 질문

1. 기업의 전사적 사명은 무엇인가? 그것은 최상의 것인가? 적절하게 정의되었는가?
2. 전략적 사업단위(Strategic Business Unit: SBU)의 목표는 무엇인가?
   –각 SBU의 목표는 기업의 전사적 사명과 일관성이 있는가?
   –각 SBU의 목표는 서로 보완적인가?
3. SBU 내의 각 제품과 서비스의 목표는 무엇인가?
   –각 제품과 서비스의 목표는 SBU의 목표와 일관성이 있는가?
   –SBU 내의 각 제품과 서비스의 다양한 목표는 서로 보완적인가?
4. 기업의 개념전달활동과 구매전환활동 안에서 또는 그 사이에 긍정적인 시너지 효과가 달성되고 있는가? 개념전달활동목표와 구매전환활동목표는 각각 명확하게 설정되어 있는가?
5. 가장 적절한 자원할당절차가 사용되고 있는가? 각 절차의 한계와 유용성을 이해하

고 있는가?
6. 현재 기업의 시너지 효과를 더욱 강화시킬 수 있는 새로운 사업기회는 무엇인가?
7. 기업 내의 비공식구조는 공식구조와 효과적으로 상호작용하고 있는가?
   –마케팅부서의 공식적 · 비공식적 구조는 마케팅부서의 목표와 일관성이 있는가(부응되고 있는가)?
   –그들은 서로 보완적인가?
8. 마케팅부서의 구조는 제품시장의 성격에 부응하고(일관성이) 있는가?

마케팅환경감사

1. 관련되는 이해관계자는 누구이며, 관련되는 요소는 무엇인가?
   –과업환경에서는?
   –거시환경에서는?
2. 기업의 내부환경은 마케팅기능에 어떻게 영향을 미치는가? 즉, 기업 내의 개개인과 부서들이 마케팅 프로그램을 원활하게 하거나, 저해할 수 있는 능력이 있는가?
   –기업의 내부환경이 기존의 마케팅활동을 보완하고 있는지를 확인하기 위해 무엇이 행해지고 있는가?
   –기업 내 각 부서들의 능력은 시장에서 나타나는 기회나 요구에 부응하고 있는가(일관성이 있는가)?
3. 과업환경 내의 주요 이해관계자들은 어떻게 마케팅기능에 영향을 미치고 있는가?
   –과업환경 내의 주요 이해관계자들이 마케팅기능을 보완하는지를 확인하기 위해 무엇이 행해지고 있는가?
   –다양한 이해관계자들의 행동들이 시장에서 나타나는 기회와 요구에 부응하고 있는가?
4. 거시환경, 특히 경제적, 기술적, 문화적, 사회적, 법적 그리고 경쟁적 환경에서 어떠한 변화가 일어나고 있는가?
   –이러한 변화는 시장에서의 선호도를 변화시키는가?
   –선호도에 있어서의 이러한 변화는 새로운 기회를 제공하는가 아니면 기회를 감소시키는가?
   –특정 거시환경의 변화는 마케팅믹스관리에 어떠한 영향을 주는가? 새로운 전략과 전술을 요구하는가?
   –거시환경에서 변화가 진행되고 있는 구성요소는 기존의 (혹은 변화하는) 다른 구성요소와 보완적인가?
   –거시환경의 다양한 구성요소들의 변화는 지금의 마케팅기회와 부응되는가(일관성이 있는가)?
   –다양한 구성요소들의 변화 속에서 발생할 수 있는 갈등은 무엇인가?
5. 세 가지 기본적인 환경(내부, 과업, 거시환경) 각각의 변화는 어느 정도 서로 보완적인가?
6. 환경의 변화는 얼마나 가능성이 있는가? 어디에서? 어떤 규모로?
7. 변화가 발생한다면 가능한 결과는 무엇인가?
8. 각각의 가능한 결과에 대해 어떠한 마케팅 프로그램의 대응이 적절한 것인가?
9. 각각의 환경구성요소의 바람직한 미래의 상태는 무엇인가? 바람직하지 못한 미래의 상태는?
10. 어떤 변화의 지표들이 탐색(monitor)되어져야 하는가?
   –이들은 어떻게 측정되어져야 하는가?
   –자료분석을 위해 어떤 기술적인 절차가 적합한가?
11. 소비자와 같은 핵심적 이해관계자들의 다양한 관점이 변화의 징후(signal)를 해석하는 데 쓰여지고 있는가?
   –해석은 의미가 있는가?

-그것은 믿을 만한가?
-타당성이 있고 신뢰할 만한 기법이 자료수집과 분석에 쓰여지고 있는가?

12. 시장정보의 개발과 적용과정에 책임 있는 관리자가 개입하고 있는가?
  -욕구평가과정 동안은?
  -시장측정과정 동안은?
  -의사결정의 저장, 회생, 전개과정 동안은?
  -서술적 분석과정 동안은?
  -지식-사용 평가과정 동안은?

고객감사

1. 고객들에게 영향을 주는 핵심적인 교환 전 조건들을 이해하고 있는가?
  -고객들이 구매의도를 가지고 있는가?
  -그렇다면, 그들은 언제 구매를 하려고 생각하고 있는가?
  -고객들이 그들의 요구에 적절하다고 느끼는 기능적 · 상징적 · 경험적 제품은 무엇인가?
2. 경쟁제품과 비교해서 자사제품에 대해 고객이 인지하는 비교우위는 무엇인가?
3. 정보탐색에 대한 고객의 동기를 이해하고 있는가?
  -고객들은 어디에서 정보를 찾는가?
  -고객들은 정보탐색을 위해 얼마나 많은 노력을 기울이는가?
4. 고객들이 구매를 할 때 일반적으로 고려하는 대안들의 집합은 무엇인가?
  -대안의 수가 변화하는가?
  -만약 그렇다면, 어떤 방향으로 변화하는가?
5. 실제적인 교환과정을 촉진하거나 저해하는 환경의 결정적인 요소는 무엇인가?
6. 선의의 구전효과나 재구매를 향상시키기 위해 무엇이 필요한가? 즉, 교환 후 과정을 관리하는 전략은 무엇인가?

시장세분화

1. 1차적 시장에서 2차적 시장으로 진화하는 과정에서 제품이나 서비스가 나아가는 방향은 무엇인가?
2. 1차적 수준이나 2차적 수준에서 중심적인 고객욕구의 본질을 이해하고 있는가?
  -사용상황(usage situation)이 정의되어 있는가?
  -추구해야 할 유용성은 정의되었는가?
  -구매강도가 확인되어 있는가?
  -서술적(descriptive)목록이 개발되어 있는가?
3. 고객을 분류하는 기준이 분명히 확립되어 있는가?
4. 기업이 가장 효과적이고 효율적으로 교환할 수 있는 고객들의 집단이 규명되어 있는가?
5. 세분시장을 선정할 때 기업의 자원과 능력이 고려되고 있는가?
6. 기업이 제공하는 것에 대한 고객들의 반응을 통해서 고객분류의 적절성과 고객들의 변화가 고려되고 있는가?
7. 특정 세분시장과의 거래에 대한 경쟁의 영향이 이해되고 있는가?
8. 비차별적, 차별적 그리고 집중적 세분시장전략의 수립에 대한 조건들이 충분히 검토되었는가?

장기제품관리와 신제품의 출시

1. 제품개념과 제품포지션닝간에 일관성이 있는가?
  -제품개념이 정확히 정의되어 있는가?
  -제품포지션이 정확히 설정되어 있는가?

2. 제품개념(예컨대, 기능적, 상징적 그리고 경험적)의 형태가 정확히 확인되고, 고객들에 대한 의사소통을 위해 정확히 선택되고 있는가? 그리고 이 개념이 세 가지 주요 환경의 조건과 추세에 일관성이 있는가?
3. 시장에서 제품개념을 특정 제품포지션으로 전환하는 포지셔닝전략은 무엇인가?
   -포지셔닝전략에 대한 각각의 마케팅믹스구성요소의 역할을 정확히 이해하고 있는가?
   -각 구성요소들은 제품개념과 일관성이 있는가?
   -각 구성요소들은 서로 보완성이 있는가?
4. 제품개념을 정교화하는 것, 즉 적절한 시기에 제품의 가치를 향상시키는 것에 대한 계획을 가지고 있는가?
5. 제품개념강화는 적절한가? 즉, 정교화된 제품의 이미지가 그 기업의 다른 제품들이나 서비스와 연결될 수 있는가?
6. 언제 기업은 정교화전략이나 강화전략을 수행해야만 하는가?
7. 신제품 기회를 평가하는 데 공식적인 체계가 사용되고 있는가? 아이디어 창출, 아이디어 추출, 제품개념, 포지션분류, 시장성과 측정, 마케팅믹스설정, 시험마케팅 그리고 시판에 어떤 절차가 사용되고 있는가?
8. 신제품이나 서비스에 대한 아이디어는 그것이 강조하는 의미와 기업의 기존 제품이나 서비스와의 관계에서 시너지 창출기회를 제공하는가? 마케팅능력이나 자원과 관련해서는 어떠한가? 다른 관리기술들에 관련해서는 어떠한가?

경 쟁

1. 기업이 제공하고자 하는 제품과 유사하게 고객이 인지하고 있는 제품은 무엇인가?
   -인지적 유사성의 관점에서는?
   -기능적 유사성의 관점에서는?
   -개념적 유사성의 관점에서는?
2. 기업이 생산하는 제품이 갖고 있는 인지적 · 기능적 · 개념적 유사성은 무엇인가?
3. 동일 산업 내에서 학습의 원천으로서 유사한 기업은 누구인가?
   -그들의 개념전달활동목표와 구매전환활동목표는 자사와 얼마나 유사한가?
   -그들의 운영 중 어느 면이 검토될 필요가 있는가?
4. 자사의 상황에 대한 경쟁기업의 지식은 얼마나 포괄적인가? 다른 산업이나 다른 기업과 자사가 시장에서 대처하는 방법과 관련 있는 변수는 무엇인가?

제 품

1. 제품 및 그 하부구성요소들이 정의되어 있는가?
2. 구성요소 각각이 일관성의 원리를 사용하고 있는가?
3. 구성요소 각각에 보완성의 원리가 적용되었는가?
4. 제품을 구성하는 요소들에 개념전달활동목표와 구매전환활동목표가 고려되고 있는가? 이 두 가지 활동들 사이의 상호작용이 고려되고 있는가? 그리고 그들의 긍정적인 시너지 효과가 측정되고 있는가?
5. 제품명, 로고, 포장과 같은 제품 구성요소들이 여러 제품에 걸쳐 긍정적인 시너지 효과를 달성하고 있는가?

유 통

1. 형태와 수를 바탕으로 잠재적인 경로구성원이 확인되고 있는가?
2. 경로통제의 근본적인 원천이 확인되고 있는가?
3. 유통시스템에 대한 바람직한 추세들에 대한 평가가 이루어지고 있는가?
4. 구성요소 각각이 일관성의 원리를 사용하고 있는가?
5. 구성요소 각각에 보완성의 원리가 적용되었는가?

6. 유통을 구성하는 요소들에 개념전달활동목표와 구매전환활동목표가 고려되고 있는가?
7. 유통에 있어 여러 제품들 사이에 긍정적인 시너지 효과가 창출되고 있는가?
8. 유통에 있어 개념전달활동 및 구매전환활동을 조사하고 평가하는 절차가 있는가?

촉 진

1. 촉진의 세부적인 구성요소들이 확인되고 있는가?
2. 구성요소 각각이 일관성의 원리를 사용하고 있는가?
3. 구성요소 각각에 보완성의 원리가 적용되었는가?
4. 촉진을 구성하는 요소들에 개념전달활동목표와 구매전환활동목표가 고려되고 있는가? 이 두 가지 활동들 사이의 상호작용이 고려되고 있는가?
5. 촉진수행에 대한 예산상의 문제가 신중하게 고려되고 있는가?
6. 촉진구성요소들을 조사하고 평가하는 절차가 있는가?

가격과 마케팅믹스

1. 제품, 유통, 촉진에 대한 의사결정시에 가격의 의미가 정확히 정립되고 있는가?
2. 비용에 관계되는 여러 가지 차원들과 비용측정의 문제가 신중히 고려되고 있는가?
3. 제품, 유통, 촉진의 구성요소들이 전체 마케팅믹스의 개념전달활동 및 구매전환활동을 수행하는데 서로 적절히 통합되어 있는가?
   - 개념전달활동과 구매전환활동에 관한 긍정적인 시너지 효과를 달성할 수 있는 각 구성요소 내의 활동들이 확인되고 있는가?
   - 각 구성요소들의 활동이 서로 최상의 보완성을 갖는 것으로 확인되고 있는가?
4. 관련 가격범위가 바람직한 마케팅의사결정은 물론 경쟁자들의 가격과 조화를 이루고 있는지 확인되고 있는가?
5. 관련 가격범위 내에서 가격의 탄력성을 조사하는 데 쓰이는 적절한 절차와 기술이 있는가?
6. 자사 제품에 대해 고객들이 인지하고 있는 가치는 무엇인가? 자사 제품에 대해 고객들이 평가한 효용은 무엇인가?
7. 자사 제품과 경쟁사들의 제품 사이에서 인지된 효용과 가격의 차이는 무엇인가? 그리고 그 차이가 고객들이 인지한 가치에 얼마나 영향을 주는가?
8. 보완적인 제품들은 적절하게 가격이 책정되고 있는가?
9. 가격은 긍정적인 시너지 효과를 창출하는가?
10. 경쟁자들이 가격을 변화시킬 것으로 기대된다면 자사의 가능한 대응은 무엇인가?
11. 가격을 변화시킬 필요가 얼마나 강한가? 그리고 그것이 고객들과 경쟁자들에게 주는 의미는 무엇인가?
12. 유통업자, 공급자, 정부 등과 같은 서로 다른 이해관계자들의 관점에서 가격의사결정의 중요성이 고려되고 있는가?

Summary & Review _ 요약 및 복습

통제는 마케팅계획을 조정하는 것으로 표현되며, 또한 그것은 바람직한 방향으로 마케팅계획을 안내하는 과정이다. 기본적인 통제시스템은 계획된 목표와 실제결과 사이의 성과측정과 필요하다면 그것을 수정하는 것을 목표로 하고 있다.

마케팅에서, 기본적인 통제시스템은 마케팅활동과 그것의 하부구성요소를 포함하는 몇 가지 단계에서 쓰여진다. 통제시스템은 각각의 단계에서 주어진 업무의 투입물, 과정, 산출물에 적용되어진다. 재무성과분석은 판매, 수익률, 그리고 경영활동에 대한 기준을 마련하고, 기업의 다른 기능부서와 마찬가지로 마케팅활동의 수행을 돕는 데 필요하다. 마지막으로, 기업은 수행되고 있는 마케팅활동을 계속할 것인지의 여부를 판단하기 위해 기간별로 마케팅감사를 실시해야 한다.

Issues raised & Question _ 문제제기 및 질문

1 통제라는 말은 흔히 기업의 사전 행동이나 의사결정에 따른 오류를 수정하는 것으로 이해된다. 해석에 따라서 통제시스템은 경영활동이나 의사결정의 결과로서 나타나는 궁극적인 시장성과와 최초의 목표간의 불일치를 인식한 후에 수행하는 사후적인 성격으로 여길 수 있다. 이러한 접근방법은 본 장에서 제시된 것과 어떻게 다른가?

2 어떤 기업이 4P를 보다 세밀하게 분석하려고 할 때, 그에 적합한 투입, 과정, 산출통제변수가 무엇이라고 생각하는가?

3 마케팅감사를 실시할 때 내부감시자를 이용함으로써 생기는 이익과 불이익은 무엇인가?

참고문헌 _ R/E/F/E/R/E/N/C/E/S

Anthony, Robert N., John Dearden and Norton N. Bedford(1984) *Management Control Systems*, 5th ed.(Homewood, Ill.: Irwin).

Beik, Leland L. and Stephen L. Buzby(1973) "Profitability Analysis by Market Segments," *Journal of Marketing*, 37(July), pp. 48-53.

Hulbert, James M. and Norman E. Toy(1977), "A Strategic Framework for marketing Control," *Journal of Marketing*, 41(April), pp. 12-20.

Wilson, Michael(1982), *The Management of Marketing*(New York: Wilet).

Wind, Yoram and Vijay Mahajan(1981), "Market Share; Concepts, Findings, and Directions for Future Research," in B.M.Enis and K. Roering(eds.), *Review of Marketing*(Chicago: American Marketing Association).

MARKETING MANAGEMENT

제 4 판

찾아보기

INDEX

ㄱ

INDEX

ㅇ

INDEX

ㅊ

INDEX

ㅋ

INDEX

ㅌ

INDEX

ㅍ

INDEX

ㅎ

[박 충 환]

약 력

· 서울대 문리대 독문과 졸
· 美 일리노이 주립대학 마케팅 석사 및 박사
· 美 캔사스 주립대학 조교수 및 부교수 역임
· 美 U.C.L.A. 초빙 부교수 역임
· 美 피츠버그 경영대학 마케팅 석좌교수 역임
· 현재 美 남가주대 경영대학 마케팅 석좌교수

논문, 저서 및 연구 분야

· Journal of Marketing, Journal of Marketing Research, Journal of Consumer Research, Journal of Advertising 등 세계 top journal에 다수의 논문발표 및 논문심사위원
· 주요 연구 분야: 마케팅전략, 소비자행동, 브랜드관리, 광고

수 상

· Journal of Marketing에서 수여하는 최우수 논문상인 Alpha Kappa Psi Award 수상(1987)

[김 동 훈]

약 력

· 연세대 상경대학 경영학과 졸
· 美 Columbia University Graduate School of Business 석사
· 美 Columbia University Graduate School of Business 박사
· 美 State University of New York at Buffalo 조교수 역임
· 현재 연세대학교 경영대학 교수

논문, 저서 및 연구 분야

· Journal of Applied Social Psychology, European Journal of Operations Research, Psychology and Marketing, Journal of International Consumer Marketing, 경영학연구, 마케팅연구, 소비자학연구, 유통연구, 광고학연구 등에 다수 논문발표
· 주요 저서: 마케팅 신조류(경문사), 마케팅커뮤니케이션관리(학현사), 마케팅전략(학현사) 등
· 주요 연구 분야: 계량마케팅, 마케팅데이터베이스의 분석과 CRM, 마케팅믹스 효과분석, 고객 의사결정 모형

수 상

· 한국경영학회 최우수논문상(1996)
· 한국마케팅학회 최우수논문상(2000)

[오 세 조]

약 력

· 연세대 상경대학 경영학과 졸
· 美 신시내티대학 경영학 박사
· 현재 연세대학교 경영대학 교수

논문, 저서 및 연구 분야

· Journal of Marketing, Journal of Marketing Research, Journal of Marketing Channels 등 top journal과 국내의 경영학연구, 마케팅연구, 유통연구 등에 다수의 논문발표
· 주요 저서: 마케팅원론, 유통관리, 소매경영, 프랜차이즈경영, 물류관리 등
· 주요 연구 분야: 마케팅관리, 유통관리, 소매경영, 프랜차이즈관리

수 상

· American Marketing Association에서 수여하는 최우수 논문상인 Best Paper Award 수상(1987)
· 「시장지향적 유통관리」로 정진기언론문화상 수상(1997)

[박 진 용]

약 력

· 연세대 상경대학 경영학과 졸
· 연세대 대학원 경영학 석사
· 연세대 대학원 경영학 박사
· 현재 건국대학교 경영대학 교수

논문, 저서 및 연구 분야

· International Marketing Review, Australian Journal of Psychology, Behavior & Information Technology, International Journal of Retail and Distribution Management, 경영학연구, 마케팅연구, 유통연구 등에 다수 논문발표
· 주요 저서: 유통관리, 소매경영 등
· 주요 연구 분야: 마케팅관리, 유통관리, 관계마케팅, 소매마케팅

수 상

· 최우수논문상 유통학회(2001)
· 우수논문상 유통학회(2008)
· 강의평가최우수교수상 건국대학교(2010)

제4판

마케팅관리-시장지향적

1993년 7월 20일 초판발행
1995년 9월 15일 개정판발행
2002년 4월 20일 전정판발행
2011년 9월 20일 제4판인쇄
2011년 9월 25일 제4판발행

공저자 박충환 · 오세조 · 김동훈 · 박진용

공저자와 협의하여 인지를 생략함

발행인 안 종 만

발행처 (주) 박영사
서울특별시 종로구 평동 13-31번지
전화 (733)6771 FAX (736)4818
등록 1959. 3. 11. 제300-1959-1호(倫)

www.pakyoungsa.co.kr e-mail: pys@pakyoungsa.co.kr

정 가 35,000원 ISBN 978-89-6454-187-6